कथा शिखर

हरिशंकर परसाई

कथा शिखर

हरिशंकर परसाई

संपादक

विजय गुप्त

Kautilya

ISBN : 978-93-90885-23-7

मूल्य : ₹ 750

पहला संस्करण : 2021

दूसरा संस्करण : 2025

प्रकाशक एवं मुद्रक : कौटिल्य बुक्स

ई-2/59, सेक्टर-11, रोहिणी

नई दिल्ली-110 085

फोन : 011-49936265, +91 99115 54346

ई-मेल : mail@kautilya.in

वेबसाइट : kautilya.in

आवरण चित्र : कौटिल्य स्टूडियो

Katha Shikhar : Hari Shankar Parsai

Ed. by Vijay Gupt

अनुक्रम

संपादकीय

संकल्पधर्मा चेतना का रक्तप्लावित स्वर

जबलपुर। मध्य प्रदेश की मौलिक सांस्कृतिक राजधानी। मूल्यवान स्मृतियों और धरोहरों का शहर। अपनी तमाम बदकारी और आवारगी के बीच सुवासित होते नेकनामों का शहर। आधुनिक हिंदी व्यंग्य के प्रथम नागरिक हरिशंकर परसाई का शहर। उनका घर।

परसाई जी का घर नेपियर टाउन में है। बड़ी-बड़ी भव्य इमारतों और संस्थानों की चमक-दमक के उस पार। शांत और सहज ऋषि आश्रम-सा। घर कम, साधना स्थली ज्यादा। और साधक भी कैसा? विवेकवान, सतत् जागरूक और सक्रिय पक्षधरता से लैस। हर संदेहास्पद और अतर्क्य की धज्जियाँ उड़ाता, अघाए हुए, शब्द–जुगाली करते विशिष्ट जनों के संघर्षहीन कलाफलों पर प्रहार-दर-प्रहार करता ज्ञानयोग को साधता वस्तून्मुखी विचारक। ठेठ देसी। प्रतिबद्ध मार्क्सवादी। सामान्य मनुष्य के पक्ष में खड़ा हिंदी का दिव्य कलाधर।

परसाई जी के लेखन की सरलता विस्मित कर देती है। सीधी-सच्ची बात। बेलाग। कोई लल्लो-चप्पो नहीं। ठीक समय पर बिल्कुल मर्मबेधी आक्रमण। सटीक। चुस्त-दुरुस्त। उनके लेखन की ऋजुता को, उसके अचूक प्रभाव को जानने-समझने के लिए उस कालखंड की पड़ताल जरूरी है, जिसमें भारतीय समाज टूट रहा था, परंपरापोषित मूल्यों में दरारें पड़ रही थीं। जीवन-पद्धति के प्राचीन ढाँचे छिन्न-भिन्न हो रहे थे। पुनर्निर्माण के कोई लक्षण नहीं दिखाई दे रहे थे। एक दुःख भरी उदासी ने भारतीय जनमानस को जकड़ रखा था। मार्क्स के शब्दों में कहूँ तो ब्रिटेन के शासन के तहत हिंदुस्तान अपनी समस्त परंपराओं से कट गया था। यह विच्छिन्न समाज परसाई जी के दृश्यपटल पर था। वे सामाजिक, राजनीतिक और सांस्कृतिक परिदृश्य में हो रहे परिवर्तन और उथल-पुथल को बहुत ध्यान से देख रहे थे। उनके कारणों पर भी उनकी नजर थी। भारत में स्वतंत्रता आई ही थी, युद्ध का विनाश इस देश ने नहीं भोगा

था। विभाजन और नरसंहार अवश्य भोगा था। नव स्वतंत्र देश के निर्माण में उत्साह के बजाय निराशा और कुंठा आखिर क्यों थी? कारण—एक तो यह है कि स्वतंत्रता आंदोलन में भावुकता अधिक थी और आर्थिक, सामाजिक क्रांति के तत्त्व लगभग नहीं थे। हमने स्वतंत्रता में बहुत जल्दी बहुत अधिक आशा कर ली और एक क्रांति के बाद निर्माण का जो उत्साह होता है वह गायब था। फिर बहुत जल्दी राजनैतिक, आर्थिक, सामाजिक क्षेत्र में भ्रष्टाचार फैल गया। उस समय जो लिखा गया उसके कुछ कारण तो ये थे, पर ऐसा लेखन बहुत कुछ झूठा और नकल था।' (रचनावली, खण्ड 6, पृ. 410, ज्ञानरंजन को दिए गए साक्षात्कार से)

तिरोहित होते जीवन—मूल्य कर्मक्षेत्र को निरंतर संकुचित कर रहे थे। लोक को अपदस्थ कर व्यक्ति फिर सर उठा रहा था। लोक हित की जगह व्यक्ति हित और संघर्ष की जगह कर्महीन जड़ सौंदर्य ने ले ली थी। परिणाम—अकर्म के दर्शन की प्रतिष्ठा। परसाई जी का संपूर्ण साहित्य इस अकर्मण्य जीवन दर्शन के प्रतिपक्ष में खड़ा है। उनका विश्वास गत्यात्मकता में है, व्यक्ति और समाज की एकतानता में है। और यह एकलयता, एकतानता स्वस्थ सामूहिकता के बीच ही संभव हो सकती है। 'मुक्ति अकेले की नहीं होती। अलग से अपना भला नहीं हो सकता। मनुष्य की छटपटाहट है—मुक्ति के लिए, सुख के लिए, न्याय के लिए। पर यह लड़ाई अकेले नहीं लड़ी जा सकती है। अकेले वही सुखी हैं, जिन्हें कोई लड़ाई नहीं लड़नी। उनकी बात अलग है। अनगिनत लोगों को सुखी देखता हूँ और अचरज करता है। कि ये सुखी कैसे हैं! न उनके मन में सवाल उठते हैं, न शंका उठती हैं।' (रचनावली, खंड 4, पृ. 552, गर्दिश के दिन)

मुक्ति और न्याय की लालसा ने ही उनके हाथों में कलम दी जिसे उन्होंने कारगर हथियार के रूप में इस्तेमाल किया। आजादी के बाद के स्वप्नभंग को उन्हें जनता के सामने रखना था, वह भी जनता की भाषा में, अपने विशिष्ट और चेतन व्यक्तित्व को चौतरफा हमलों से बचाते हुए। कठिन चुनौती थी। यहाँ भावोच्छ्वास और दुःख भरी बदली से कुछ नहीं होने वाला था। यहाँ तो चाहिए था प्रबल घनप्रहार। और भला इसके लिए व्यंग्य से बेहतर विधा और क्या हो सकती थी! संभवतः इसीलिए परसाई जी ने व्यंग्य को अपना उपकरण बनाया, अपना औजार बनाया और हिंदी साहित्य को एक ऐसा ब्रह्मास्त्र दिया जिसे सधे हुए अभ्यास सिद्ध हाथ ही चला सकते हैं। अनाड़ी हाथों में यह जी का जंजाल बन सकता है। बहुत से लोग—मूर्द्धन्य लोग—व्यंग्य को आसान और सहज मानते हैं। ठिठोली और छिछोरेपन को व्यंग्य समझना, केवल विनोद और

हास्यास्पद हास्य को व्यंग्य मानना मूर्खता की निशानी है। वह हास्य विनोद जो समाज से असंपृक्त हो, सामाजिक चेतना से शून्य हो, मानवीय गरिमा और जिजीविषा पर चोट करने वाला हो, वह चाहे जो हो लेकिन व्यंग्य हरगिज नहीं हो सकता। आचार्य रामचन्द्र शुक्ल का एक कथन याद आ रहा है—'सत्य सबकी सामान्य संपत्ति होता है, झूठ हर एक का अलग-अलग होता है।' हास्यास्पदता पर आधारित मूर्द्धन्य विनोदी लेखकों का संकीर्ण हास्य साहित्य 'मेनी डाइमेंशनल' होता है, जिधर से देखिए झूठ ही झूठ नजर आएगा। एक सच्चा व्यंग्य लेखक सत्य का संधान करता है। वह समाज के झूठ, छल-कपट और पाखंड का पर्दाफाश करता है। अपनी व्यंग्य रचना के जरिए, सूक्ष्म वीक्षण-अनुवीक्षण के माध्यम से वह परजीवी रक्तपायी वर्ग को समाज के सामने निर्वस्त्र करता है ताकि उसका भ्रष्ट और अत्यंत हेय चरित्र प्रकट हो। वह सोए हुए जन को उत्तेजित करता है, क्रुद्ध करता है, सचेत करता है ताकि वे जागें, एक हों और लड़ें—न्याय के लिए, मुक्ति के लिए। 'तुम मुझ पर या हम सभी पर हँस रहे हो, उन पर जो अँगुली छिपाए और तलुए घिसाये चल रहे हैं, उन पर जो टीले को बरका कर बाजू से निकल रहे हैं। तुम कह रहे हो—मैंने तो ठोकर मार-मार कर जूता फाड़ लिया, अँगुली बाहर निकल आई, पर पाँव बचा रहा और मैं चलता रहा, मगर तुम अँगुली को ढाँकने की चिंता में तलुए का नाश कर रहे हो! तुम चलोगे कैसे!' (रचनावली, खंड 3, पृ. 34, प्रेमचन्द के फटे जूते)

गांधी युग से 'जनता जनार्दन' शब्द नेताओं की जबान पर चढ़ गया है। कितने लोग मंच से घोषणा करते हैं—'मैं जनता जनार्दन का सेवक हूँ!' इस मखमली म्यान के भीतर यह तलवार होती है—'मुर्खो! मैं तुम्हारा भाग्य विधाता हूँ।' (रचनावली, खंड 3, पृ. 26, मखमल की म्यान)

व्यंग्य क्रोध की कोख से जन्म लेता है। यह क्रोध मूल्य-बंजर जीवन-प्रणाली पर होता है। लेकिन इस क्रोध की तह में करुणा की धारा सतत् प्रवाहित होती रहती है। इसीलिए सच्चा व्यंग्य बेहद तुर्श, तीक्ष्ण, तलवार की धार होते हुए भी बेहद मानवीय होता है क्योंकि उसकी चिंताएँ और घृणाएँ सात्त्विक होती हैं, शुभ और सुंदर होती हैं।

परसाई जी का व्यंग्य मानवीय शुभ चिंताओं का उत्कर्ष है। संघर्षशील जनता का सत्य है। जीवन संघर्ष की आग में दहकर, छनकर निकले अपने अनुभव के ताप को उन्होंने हजारों, करोड़ों अन्याय पीड़ितों के हृदय से मिला दिया। एक बहुत बेचैन आत्मा राष्ट्रात्मा बनी और राष्ट्रात्मा विश्वात्मा।

हरिशंकर परसाई हिंदी के जातीय गद्य के अद्वितीय रचनाकार हैं। हम उन्हें केवल व्यंग्यकार नहीं मानते हैं। उनकी सामान्य जन के पक्ष में खड़ी निर्भीक गद्य शैली जहाँ एक ओर भारतीय क्लासिक परंपरा से शक्ति ग्रहण करती है तो दूसरी ओर सुसंगत वैज्ञानिक समाजवादी विचारधारा से तालमेल बिठाती है। अतीत और वर्तमान के बीच का यह द्वंद्वात्मक संबंध ही वह कुंजी है जिसके द्व ारा उनके गद्य की विशिष्टताओं को समझा जा सकता है।

परसाई जी ने कथा, निबंध, रिपोर्ताज, उपन्यास और समाचार-पत्रों में स्तंभ लिखे हैं, लेकिन उनका मन निबंध में ज्यादा रमा है। उनके निबंध अपनी बनावट में बेहद चुस्त हैं। कसे हुए। शब्दों के मामले में इतने मितव्ययी कि क्या मजाल जो एक भी पंक्ति आप अनावश्यक या सजावटी समझ उसे निकाल सकें। कलेवर में छोटे, मगर विन्यास में पुष्ट। ये निबंध छोटे आर्केस्ट्रा वाली भाव सघन सिम्फनी की याद दिलाते हैं। नपा-तुला फैलाव, निश्चित, दिशाबद्ध उड़ान लेकिन प्रभावान्विति में असाधारण, अद्भुत रूप से मारक—लगभग अचूक। कथ्यात्मक सघनता और गहनता का विरल संश्लेष!

परसाई जी ने भाषा को सर्वथा नवीन संस्कार दिया। एक टटकी भाषा। तथ्य संवलित, दो टूक और अर्थवान्। इस मामले में वे मुझे सीधे-सादे मगर चौकन्ने किसान की तरह लगते हैं—धरती-सा ठोस—आकाश की नब्ज पर हाथ रखने वाला, उर्वरता का रक्षक और भविष्योन्मुखी दृष्टि रखने वाला।

प्रेमचन्द के बाद परसाई जी हिंदी के एकमात्र ऐसे गद्यकार हैं जिन्हें अपने युग का महाकाव्य लिखने के लिए कभी-कभी एक सूत्र-वाक्य ही पर्याप्त प्रतीत होता है—

'नए अंधों के तीर्थ भी नए हैं।' (रचनावली, खंड 3, पृ. 20, कंधे श्रवण कुमार के)

'सृष्टि निर्माता से सृष्टि लूटने वाला बड़ा होता है।' (रचनावली, खंड 3, पृ. 26, लिटरेचर ने मारा तुम्हें)

'पाठ्य पुस्तक से कुंजी ज्यादा बिकती है।' (वही, पृ. 26)

'मैंने दस-बारह मालाएँ पहनीं और मेरी सारी उद्धतता चली गई।' (खंड 3, पृ. 62, दिशा बताइए)

'कई बार एक वाक्य का ही एक पैराग्राफ होता है :

'लिटरेचर ने मारा तुम्हें—मेरा वह दोस्त कहता है।' (लिटरेचर ने मारा तुम्हें)

'सब संतों ने जो कुछ कहा है, संतों के लिए ही कहा है।' (खंड 4, पृ. 321, व्यर्थ की बात)

'मैंने फिर ईमानदार बनने की कोशिश की और फिर नाकामयाब रहा।' (खंड 3, पृ. 191)

'इस देश का आदमी कब चूहे की तरह आचरण करेगा।' (खंड 1, पृ. 161, चूहा और मैं)

परसाई जी के निबंधों की एक अन्यतम विशेषता, उनका लयात्मक होना है। लय से यहाँ तात्पर्य गेयता से नहीं है बल्कि शब्द-संगति और शब्दांतराल से है। ऐसे निबंध, निबंध-कविताओं से लगते हैं। बिंबों का लगातार प्रयोग उन्हें कविता के बहुत निकट पहुँचा देता है।

'आज पहला सफेद बाल दिखा। कान के पास काले बालों के बीच झाँकते इस पतले रजत-तार ने सहसा मन को झकझोर दिया।

ऐसा लगा जैसे वसन्त में वनश्री देखता घूम रहा हूँ कि सहसा किसी झाड़ी से शेर निकल पड़े।

या पुराने जमाने में। किसी मजबूत माने जाने वाले किले की दीवार पर रात को बेफिक्र घूमते गरबीले किलेदार को बाहर से चढ़ते शत्रु की कलगी दिख जाए।

या किसी पार्क के कुंज में अपनी राधा को हृदय से लगाए प्रेमी को एकाएक राधा का बाप आता दिख जाए।' (खंड 3, पृ. 195, पहला सफेद बाल)

'पुरुष का रोना कुछ वैसा ही भय व आशंका उत्पन्न करता है, जैसा सबेरे-सबेरे द्वार पर कुत्ते का रोना।' (खंड 2, पृ. 230, भूख के स्वर)

परसाई जी के गद्य का कवित्व शब्दों का इन्द्रजाल नहीं रचता। वह किसी अकाश मार्ग का अनुसरण भी नहीं करता। वह तो प्रखर सूर्य की किरणों-सा 'प्रिज्म' के आर-पार निकल जाता है और 'स्पेक्ट्रम' में बदल जाता है। सौंदर्य, विद्रूप, करुणा, विडंबना, गौरव, संवेदना और प्यार जैसे आत्मा के आदिम सत्यों और तत्त्वों से बने इस 'स्पेक्ट्रम' का आधार है प्रकृत जीवन—अपने सारे अंतर्विरोधों के साथ।

परसाई जी का साहित्य-पुरुष व्यक्तित्व के दो छोरों को एक साथ स्पर्श करता है। एक छोर पर है कथाकार-निबंधकार व्यक्तित्व और दूसरे पर पत्रकार व्यक्तित्व। उनका पत्रकार भू-मंडल पर घटने वाली हर घटना से उन्हें जोड़े रखता है। एक उदग्र बेचैनी उनके हृदय में घुमड़ती रहती है। इस बेचैनी को उनका

कथाकार-निबंधकार संवेदित और नियमित करता है। उनका 'जर्नलिस्ट' उन्हें एकाग्र, सारगर्भित, प्रासंगिक और तथ्य-सम्मत बनाए रखता है, जबकि उनका 'नावलिस्ट' उन्हें रचनात्मक कल्पनाएँ सौंपता है, एक्शन में लाता है और एक 'वैलिडिटी' प्रदान करता है।

दोनों व्यक्तित्वों के संतुलन से परसाई जी मानवीय मुहावरों की एक ऐसी आत्मीय भाषा की सर्जना करते हैं जो अपनी बुनावट में बहुत सरल होती है, इतनी सुबोध कि एक बच्चा भी समझ जाता है और इतनी अर्थगंभीर और 'सेंसिटिव' कि विवेकवान, प्रबुद्ध मस्तिष्क भी चकित रह जाता है।

निष्कर्षतः यह बात मैं दृढ़तापूर्वक कह सकता हूँ कि हमारे अवमूल्यित और तार-तार होते समय के तमाम पिछड़ेपन को, उसके सद्-असद् को, अमृत-विष को हरिशंकर परसाई ने अपने रक्त में संचरित होने दिया है। आदमी के जीवन को बचाने और खूबसूरत बनाने के लिए समाज-विरोधी क्रूर शक्तियों से उन्होंने अनथक लड़ाइयाँ लड़ी हैं। अपनी कला से उन्होंने नागरिकता के संस्कार विकसित किए हैं। आदमी के जीवन को गौरवान्वित किया है और उसके सुनहले भविष्य में अपनी अटूट आस्था की लौ जलाई है। मुक्तिबोध के शब्दों में कहूँ तो—

> महसूस होता है कि वह बेनाम
> बेमालूम दर्रों के इलाके में
> सचाई के सुनहले तेज अक्सों के धुँधलके में
> मुहैया कर रहा लश्कर
> हमारी हार का बदला चुकाने आएगा
> संकल्पधर्मा चेतना का रक्तप्लावित स्वर
> हमारे ही हृदय का गुप्त स्वर्णाक्षर
> प्रकट होकर विकट हो जाएगा!!

हिंदी गद्य की जातीय परंपरा में एक मूल्यवान अध्याय की हैसियत रखने वाले हरिशंकर परसाई का लेखन समकालीन साहित्यालोचन के लिए एक गंभीर सरदर्द का पर्याय बन चुका है। हमने इस आयोजन के जरिए इस चुनौती का सामना करने की एक छोटी और विनम्र कोशिश की है। संकल्प रहा है कि प्रदत्त या उपलब्ध साहित्य-प्रतिमानों की परिधि से सदा 'बाहर' रहते आए इस विलक्षण गद्यकार की देन के सृजनात्मक स्वरूप के आकलन और मूल्यांकन की दिशा में एक सार्थक पहल की जा सके। इस संकल्प को आकार दे पाने में हम कितने

सफल हो पाए हैं, इसका निर्णय तो सुधी जन ही करेंगे हाँ, हमारे लिए यह संतोष ही कुछ कम नहीं है कि स्वयं परसाई जी से ही सीखकर हमने भी लीक छोड़ने और तोड़ने का एक उपक्रम किया है।

–विजय गुप्त

vijay.samya@gmail.com

अलखनारायण

एक अशांत संतान

हरिशंकर परसाई हिंदी साहित्य की एक 'अशांत संतान' हैं। समाज और सभ्यता स्पष्टतः द्विधा-विभक्त है, वर्ग विभाजित है। एक ओर भाषाविहीन शोषित, अत्याचारित निपीड़ित साधारण मनुष्य है और दूसरी ओर मुट्ठी भर 'भाषा का नट अत्याचारी, उत्पीड़क, अर्थगिद्ध लोभी शोषक है। परसाई जी ने इस जीवित प्रक्रिया को गहरे जाकर पकड़ा है और यही उनकी अशांति का कारण है। ताल्सताय, गोर्की, बर्नार्ड शॉ, लु शून व प्रेमचंद की तरह परसाई भी अपने देश-समाज की नाड़ी की धड़कन को बहुत अच्छी तरह पहचान रखते हैं। सामाजिक परिज्ञान की सुसंगत उपलब्धि के कारण ही परसाई की व्यंग्य संबंधी दृष्टि नितांत स्वतंत्र (मौलिक) है। सामाजिक परिज्ञान तथा व्यक्ति की आत्म-चेतना की पारस्परिक सक्रियता से ही सामाजिक परिवर्तन की जमीन तैयार होती है। उनके साहित्य में मौलिकता के तत्त्व का समावेश इस कारण ही सहज लक्ष्य है कि वह जीवन-संघर्षों से निर्मित है, सामाजिक परिवर्तन के संघर्ष में शरीक है।

मुक्तिव्रत प्राण, अतृप्त, नाखुश, न झुकने वाला वह मनुष्य, लेखक हरिशंकर परसाई, किसी प्रकार की विघ्न बाधा की परवाह किए बिना दृढ़ विश्वास और निश्चित गति से आने वाले कल का गीत गाता बढ़ता चला जा रहा है।

परसाई जी की रचनाओं के पाठ से यह धारणा बनती है कि वे मानते हैं कि समकालीन समाज अन्याय और चतुर्दिक शोषण से प्रपीडित है, साधारण जन-गण किंकर्तव्यविमूढ़ है। वे इस जनगण को अन्याय और शोषण के प्रति आगाह करते हुए मुक्ति का मार्ग भी बताना चाहते हैं। बतौर उपाय उन्होंने द्वंद्वमूलक वस्तुवादी विचारधारा का आश्रय लिया है और अपनी रचनाओं के माध्यम से इस विचारधारा को पाठकों के समक्ष स्पष्ट करना चाहा है, वर्ग बँटित समाज के आंतरिक गठन से उन्हें अवगत कराना चाहा है। परसाई की पर्यवेक्षण-समय और

विश्लेषण क्षमता वहाँ देखी जाती है जहाँ वे एक सामान्य-सी प्रतीत होने वाली घटना और अनुभव को अपने उद्देश्य की पूर्ति के लिए एक प्रभावशाली रचना का रूप प्रदान कर देते हैं। 'दो नाक वाले लोग', 'जमाखोर की क्रांति', 'संस्कारों और शास्त्रों की लड़ाई' जैसी रचनाओं में परसाई की उक्त क्षमता द्रष्टव्य है। यह क्षमता उन्होंने कैसे हासिल की? वे बतलाते हैं—'मैंने देखा कि जीवन में बेहद विसंगतियाँ हैं। अन्याय, पाखंड, छल, दोमुँहापन, अवसरवाद, असामंजस्य आदि हैं। मैंने इनके विश्लेषण के लिए साहित्य, दर्शन, समाजशास्त्र, राजनीतिशास्त्र का अध्ययन किया। मैंने जाना कि जीवन की सबसे सही व्याख्या कार्ल मार्क्स ने की है। मनुष्य की नियति को बदलने वाला सबसे श्रेष्ठ और अंतिम दर्शन मार्क्सवाद ही है, (मेरी श्रेष्ठ व्यंग्य रचनाएँ, पृ. 6) समाज के साथ लेखक के रिश्ते की पहचान का अर्थ उसके सामाजिक सरोकार से जुड़ा होता है। समाज के साथ लेखक का रिश्ता और सार्थक सरोकार सायास, सप्रयत्न बनाना पड़ता है। परसाई जी ने यह रिश्ता कैसे बनाया, यह आपने देखा।

व्यंग्य का संबंध भावात्मकता से नहीं बल्कि बौद्धिक सक्रियता से है। जिस व्यंग्यकार की सामाजिक समझदारी जितनी प्रखर होगी, उसका व्यंग्य उतना ही तीक्ष्ण और मारात्मक होगा। हिंदी में व्यंग्य लेखन की शुरुआत ही सोद्देश्यता और बौद्धिक सक्रियता का परिणाम है। इतिहास बताता है कि 1857 के असफल सैनिक विद्रोह ने हमारे देश में ऐसी परिस्थितियाँ उत्पन्न कर दीं जो व्यंग्य-लेखन के लिए अत्यंत माकूल हो उठीं। अँग्रेजी राज का दमन-चक्र जोरों पर था। बोलने-लिखने-छपने-छपाने पर इंतहा अंकुश और पाबंदी लगी थी। किंतु समाज-सचेतन तथा दायित्वबोध के प्रति सजग भारतेन्दु-युग के प्रतिनिधि साहित्यिकों ने जनजागरण का अपना अभियान जारी रखा और अपने उद्देश्य की सफलता के लिए 'व्यंग्य' का आश्रय लिया। अभिप्राय यह कि तत्कालीन परिवेश में व्यंग्य का आश्रय लिए बिना कुछ कह पाना संभव नहीं रह गया था। हिंदी नवजागरण के अग्रदूत की हैसियत से स्वयं भारतेन्दु ने अँग्रेज सरकार की नीतियों का प्रतिवाद करते हुए अनेक उच्चकोटि के व्यंग्य लिखे—माध्यम चाहे प्रहसन, नाटक या निबंध रहा हो। 'वैदिको हिंसा हिंसा न भवति', 'भारत दुर्दशा' तथा 'अंधेर नगरी' जैसी रचनाओं का सृजन-माध्यम व्यंग्य ही है। भारतेन्दु ने एक व्यंग्यकार के रूप में इन रचनाओं द्वारा तत्कालीन समाज में व्याप्त गंदगी को साफ करने का काम मुक्तिबोध परिकल्पित उस 'मेहतर' की तरह : 'जैसी दुनिया है, उससे बेहतर चाहिए, सारा कचरा साफ करने को एक मेहतर चाहिए' किया था। भारतेन्दुनिर्मित व्यंग्य-लेखन परंपरा को बालमुकुन्द गुप्त, प्रतापनारायण

मिश्र, बालकृष्ण भट्ट आदि ने विकसित और समृद्ध करने में खुलकर हिस्सा लिया। इनके व्यंग्य तत्कालीन दुनिया की बेहतरी के निमित्त किए गए संघर्ष की रचनाएँ हैं।

अपनी सक्रिय व्यंग्य-रचनाओं के माध्यम से उन्होंने इस धारणा को धूल चटाई कि 'व्यंग्य साहित्य' सामयिक समस्याओं से संबद्ध होने के कारण जीवन-काल की दृष्टि से अपेक्षया न्यून या संक्षिप्त होता है। दीर्घजीविता की दृष्टि से भारतेन्दु का 'अंधेर नगरी' उत्तम उदाहरण है। जिस साम्राज्यवाद और सामंतवाद की मुखालिफत उन्होंने इस प्रहसन में किया था, क्या हमारा देश उससे मुक्त हो सका है? 'हजम कर जाने वाली' जिस संस्कृति और सभ्यता की कहानी भारतेन्दु ने कही है, फूट और बैर को जातीय संहति में बाधक बताया है, आज तक हमें उनसे निजात मिल सकी है? अंधेरगर्दी की उस अवस्था का कि, अपराध कोई और करे तथा दंडित किसी और को किया जाता है का अपहरण आज तक हो सका है? यही कारण है कि सामंती व्यवस्था पर भारतेन्दु वा बालमुकुन्द गुप्त द्वारा की गई चोट की आवश्यकता आज भी बनी हुई है और हरिशंकर परसाई जैसा प्रगतिशील रचनाकार अनुच्चरित श्लेष तथा व्यंग्य के माध्यम से समाज में व्याप्त शोषण और घृणा का जो पिरामिड है उसकी ओर संकेत करते हुए सामंततांत्रिक अत्याचार-अनाचार का मुखौटा खोल रहा है।

हिंदी में व्यंग्य लेखन की एक बहुत मजबूत कड़ी बालमुकुन्द गुप्त हैं। हरिशंकर परसाई के 'और अंत में', 'सुनो भाई साधो' आदि स्तंभों के अंतर्गत प्रकाशित रचनाओं को पढ़ते हुए गुप्त जी के 'शिव शम्भु के चिट्ठे' का स्मरण हो आना अवश्यंभावी है। गुप्त जी को 'राजनीतिक' तथा 'साहित्यिक' व्यंग्य क्षेत्र में महारत हासिल थी। भारतेन्दु या प्रतापनारायण मिश्र की अपेक्षा विषय को 'चुनने' वा 'छाँटने' की दृष्टि से भी उन्होंने अधिक प्रवीणता दिखाई है। पराधीन देश में इनके समक्ष देश की दुर्दशा और लेखन की स्वाधीनता ही मुख्य प्रेरणाएँ थीं, इस तरह इनके व्यंग्य का लक्ष्य भी एकदम स्पष्ट था। यद्यपि गुप्त जी भाषा में व्यंग्य-युक्त प्रतीकात्मकता एवं वक्रोक्ति का यथेष्ट कलात्मक प्रतिफलन हुआ है फिर भी उनके व्यंग्य की भाषा की वास्तविक शक्ति प्रहारात्मकता है।

इसका एक कारण यह भी है गुप्त जी बँगला के तत्कालीन प्रहसन और हास्य-व्यंग्य-लेखकों की रचनाओं से अवगत थे। उस समय बँगला में लिखी जा रही रचनाओं में व्यंग्य की अपेक्षा 'हास्य' तथा कौतुक की ही प्रधानता थी। संभवतः, तब यह माना जाता था कि 'व्यंग्य' से उच्चस्तरीय कला 'हास्य' में प्रतिफलित होती है क्योंकि व्यंग्य का आधार 'आत्मश्लाघा' और आक्रमण

होता है जबकि हास्य-कौतुक का आधार होती है निर्मल सहानुभूति। इसी वजह से हास्य-कौतुक उत्कृष्ट 'हास्यरस' है। हरेन्द्र लाल मित्र, अमृत लाल बसु, सुरेन्द्र नाथ बंद्योपाध्याय, हरिहर नन्दी, भूपेन्द्रचंद्र मुखोपाध्याय ऐसे ही हास्यरस के लेखक थे। कई ऐसे भी थे जिनमें राजनीतिक तथा समाजार्थिक प्रश्नों के प्रति आग्रह मिलता है। प्रियलाल दत्त (भारत दुर्दशा), अहमद बख्श (नशेबाज संन्यासी), नकुलेश्वर विद्याभूषण (अपूर्व भारत उद्धार) जैसे हास्य-व्यंग्य के लेखक इसी कोटि में रखे जाएँगे; फिर भी इनके लेखन को उस अर्थ में 'व्यंग्य' नहीं कहा जा सकता जिस अर्थ में परशुराम की रचनाओं को कहा जाता है। उक्त लेखकों के साथ ही कुमारेश घोष, विरूपाक्ष आदि भी ऐन मौके पर व्यंग्य की पट्टी से उतर शुद्ध मनोरंजन मार्ग का पथिक बनकर 'हास्य' की पगडंडी पकड़ लेते हैं। अमृत लाल बसु ने एक निश्चित सीमा तक अपनी राजनीतिक सचेतनता के कारण व्यंग्य की धार को बनाए रखा है और उस समय के 'चुनाव' और 'मतदान' में होने वाले भ्रष्टाचार, मतपत्रों में उलट-फेर तथा उम्मीदवारों द्वारा अपने प्रतिद्वंद्वियों पर आक्रमण तथा हत्या, मतदाताओं को खरीदने तथा मतदान-केंद्रों पर न जाने देने जैसी घृण्य प्रवृत्तियों का म्युनिसपैलिटी के चुनाव को आधार बनाकर उद्‌घाटन किया है।

त्रैलोक्य नाथ मैत्र की रचनाओं की तुलना हिंदी के जी.पी. श्रीवास्तव की रचनाओं से की जा सकती है जिन्होंने स्त्री-शिक्षा, विधवा-विवाह, वेश्यावृत्ति व लाम्पट्य दोष आदि विषयों को आधार बनाया है जिनमें व्यंग्य का पैनापन कम तथा यथातथ्य की प्रधानता है। दीनबंधु मित्र की रचनाओं के संदर्भ में भगवती चरण वर्मा, अमृतलाल नागर तथा यशपाल की 'व्यंग्य कथाओं' का उल्लेख किया जाना चाहिए जिन्होंने 'प्रच्छन्न, अश्रु' पूरित हास्य-व्यंग्य लिखे हैं फिर भी यशपाल की 'काला आदमी', 'फुलों का कुर्ता' अथवा 'अस्सी बटा सौ' जैसी तल्ख व्यंग्यपूर्ण कहानियाँ दीनबंधु मित्र के यहाँ नहीं हैं। यह अवश्य है कि शेक्सपियर और चेखव की तरह उन्होंने अपनी रचनाओं में 'करुण हास्य' है की अजस्र धारा प्रवाहित की है।

परशुराम (राजशेखर बसु) की व्यंग्य रचनाएँ, खास तौर से—श्यामानन्द ब्रह्मचारी, गंडुरिराम बाटपड़िया, नन्द बाबू, तारिणी कविराज तथा केदार चाटुर्ज्या पढ़ते हैं तो हमें हरिशंकर परसाई की बालासाहब देवरस, राजनारायण, अटल बिहारी वाजपेयी, विजयराजे सिंधिया, माधवराव और माया जी आंग्रे सिरीज वाली रचनाओं की याद आती है जिनसे यह ध्वनि किसी न किसी रूप में निकलती ही है कि यदि दुनिया ही 'बुरी' है तो मैं सच्चा-भला कैसे हो सकता है। इस

संदर्भ की सर्वोत्कृष्ट रचना 'तीसरी आजादी का जाँच कमीशन' है जिसकी चर्चा अन्यत्र करूँगा। कौन नहीं जानता है कि जिस भूभाग को आज अमरीका के नाम से जाना जाता है उसका अस्तित्व आरंभ से ही था किंतु कोलम्बस ने उसका आविष्कार किया, उसी तरह उपर्युक्त नाम तो वर्षों से थे या है किंतु परसाई जी ने समाज के समक्ष उनके आंतरिक व्यक्तित्व को खोलकर रखा जिससे प्रमाणित यह होता है कि ये नाम 'प्रवृत्ति' विशेष के परिचायक हैं, प्रतिनिधि हैं, व्यक्तित्व नहीं। यही वह स्थल है जहाँ परसाई परशुराम को पीछे छोड़कर अग्रगमन कर जाते हैं अर्थात् परशुराम पाठकों को बहलाने की वृत्ति को छोड़ नहीं पाते जबकि परसाई पाठकों की आलोचना–वृत्ति को उकसाते हैं, सद्भावना को जगाते हैं मनुष्यत्व का विस्तार करते हैं।

भावावेश में नहीं बल्कि पूरी सतर्कता के साथ ऐसी रचनाओं में परसाई जी व्यंग्य के समस्त अनिवार्य उपकरणों का इस्तेमाल अपने 'साध्य' को प्राप्त करने के निमित्त करते हैं, इस सिलसिले में उनका समस्त साधन निःशेष हो जाता है तब भी उन्हें कोई परवाह नहीं। उनकी रचनाओं में काल्पनिक जगत का जो अभाव देखा जाता है, निश्चिततः इसका मुख्य कारण उनके समक्ष स्वाधीन देश के क्षत-विक्षत चेहरे का होना है। साधारण जनगण को निगल जाने को उतावली वे शक्तियाँ हैं, जो नगर-निगम किसी का हो, चुंगी-चोरी पक्की कर लेती हैं, वह परिवेश है जहाँ सारी पार्टियों को तिजोरी में बंद कर लिया जाता है और वह मानसिकता है जहाँ 'संसद' को फ्रिज में कैद कर दिया जाता है। कहना न होगा, जो प्रत्यक्षतः सामंतवादी चेतना का अवशेष है।

हास्य-व्यंग्य की रचनाओं के सदर्भ में सामान्यतः यह बात मान-सी ली जाती है कि ऐसी रचनाएँ 'आराम' और 'निश्चितता' प्रदान करती हैं—कर्मसंकुल वर्तमान समय से, उसके यथार्थ से लगभग मुक्ति मिल जाती है। किंतु, हिंदी में व्यंग्य-लेखन के संबंध में ऐसा कहने का सुयोग नहीं है। हरिशंकर परसाई के लेखन के संदर्भ में तो बिल्कुल ही नहीं।

शिवपूजन सहाय, निराला आदि के सान्निध्य में निकलने वाली 'मतवाला' अपने विलक्षण व्यंग्य के लिए प्रकाशन काल में तो ख्यात थी ही आज भी उन्हें पढ़ते हुए व्यंग्य लेखन की शक्ति और सामर्थ्य का पता चलता है। दो-टूक कथन और बेबाक वचन तत्कालीन व्यंग्य-लेखन का वैशिष्ट्य था। इस संदर्भ में यह उदाहरण ही पर्याप्त होगा। प्रसंग साइमन कमीशन के बहिष्कार का है। जब लाला लाजपत राय की पुलिस द्वारा इतनी पिटाई की गई कि चोट के कारण ही उनकी मृत्यु हो गई। 'चारों ओर साइमन कमीशन के बहिष्कार की खबर सुनकर

नौकरशाही चौकन्नी हो गई है और राँड़-बहादुरों तथा दस्तरखान बहादुरों को बलिदान का बकरा बनाकर, अपना उल्लू सीधा करने की फिक्र में दिलो-जान से लग गई है। जमींदार के पैगम्बर श्री दरभंगेश, मुसलमानों के पैगम्बर पंजाब के सर सैफी वगैरह और अछूतानन्द आदि सरीखे खास सफखाइयों ने घोषणा निकाल-निकालकर कमीशन के बहिष्कार की जड़ में मट्ठा डालने का प्रयत्न प्रारंभ कर दिया है' ('मतवाला', 10 12, 1927)। निराला जी का 'नेहरू से दो बात-चीत' आदि के परिप्रेक्ष्य में परसाई जी के व्यक्ति संदर्भित रचनाओं के पाठ से कुछ और प्रमाणित हो या नहीं इतना अवश्य प्रमाणित होता है कि इनकी दृष्टि में जनता की राजनीति और जनता के साहित्य में भेद असंभव है यानी ये दो अलग सत्ताएँ नहीं हैं।

निराला ने हिंदी हास्य-व्यंग्य लेखन का उद्धार किया, सतहीपन से उबारकर उसे साहित्यिक गरिमा प्रदान की। 'कुकुरमुत्ता', 'मास्कोडायलाग्स', 'थोड़े के पेट में बहुतों को आना पड़ा', 'महँगू महँगा रहा', 'डिप्टी साहब आए', 'मैं भी होता यदि राजपुत्र' जैसी व्यंग्य-कविताओं का सृजन यह सिद्ध करता है कि निराला अपने समकाल के प्रति कितने सजग थे। अभिप्राय यह है कि सामाजिक संरचना की गहरी सूझ-बूझ के कारण निराला की व्यंग्य रचनाएँ नफरत और गुस्से को, आक्रोश और आक्रमण को सही परिप्रेक्ष्य में प्रतिफलित कर सकी हैं। 'अबे सुन बे गलाब' में व्यक्त दृढ़ प्रत्यय, साधारण मनुष्य पर निश्चित विश्वास, निर्यातित अवहेलितजन के प्रति गंभीर समवेदना, अत्याचारियों के प्रति निदारूण घृणा उनकी सुदीर्घ जीवन-अभिज्ञता का प्रतिफल है।

यह कहना अधिक कहना न होगा कि हरिशंकर परसाई ने स्वाधीनता के बाद के गद्य-साहित्य में व्यंग्य-विधा को प्रतिष्ठित किया। अपने पूर्वजों और अग्रजों की अपेक्षा परसाई के समक्ष लेखकीय दायित्वबोध और सृजनात्मक परिदृश्य अधिक कर्म संकुल, जटिल तथा विसंगति और विडंबना से युक्त था। स्वाभाविक रूप से उनके व्यंग्य की शैली भी बदली। उनकी रचनाओं में वह 'हास्य' नहीं रहा जिससे हिंदी के पाठक परिचित थे। हर रचना व्यंग्य की मारक बौछार से लैस है, हर रचना चोट करती है और यह चोट 'कारक' के मूल पर होती है अर्थात् परसाई अनवरत् आक्रमण करते हैं और 'केंद्र' पर आक्रमण करते हैं, उस केंद्र पर जो समकालीन देश-दशा व जघन्य क्रियाकलापों की नियामक-संचालक सत्ता है। परसाई के तीव्र आक्रमण और कठोर प्रहार से तिलमिलाकर देश-समाज को 'हत्या और आत्महत्या-गृह' में तब्दील करने पर आमादा प्रतिक्रियावादी तत्त्व

आक्रमण करता है किंतु इस प्रत्याक्रमण का माध्यम भाषा नहीं होती—बेंत, डंडे तथा लेजिम भाँजने वाले सनातनी पंडे होते हैं।

परसाई के पास एक आईना है जिसे उन्होंने स्थिर रूप से, सख्त हाथों से पकड़ रखा है। पिछले तीन दशकों में आड़ी-तिरछी कितनी छायाएँ इस पर पड़ी हैं। वे इस तथ्य को समग्रता में आत्मसात कर सके हैं कि यदि आईना काँपता है तो उससे प्राप्त छवि भी अवास्तव हो जाएगी अर्थात् यथार्थ अपने प्रकृत रूप में प्रतिफलित न हो सकेगा। गत तीन दशकों में टूटे सपनों के जितने भग्न स्तूप इकट्ठे हुए, जितनी खंडित भावमूर्ति की करुणा जमी उसकी जितनी जीवंत और मर्मस्पर्शी अभिव्यक्ति परसाई जी के साहित्य के माध्यम से हुई, वह अन्यत्र दुर्लभ है।

परसाई के व्यंग्य चित्र हमें हँसाते न हों ऐसा नहीं किंतु उस हँसी का स्वाद तिक्त है; थोड़ा नूनछाह। सचाई यह है कि उनके व्यंग्य पाठक को सोचने के लिए, विचार करने को प्रेरित करते हैं या कहें बाध्य करते हैं। ऐसा क्यों? इसलिए कि परसाई व्यंग्य को मनोरंजन नहीं मानते, गदगदाने की खातिर व्यंग्य नहीं करते। सही और वास्तविक व्यंग्य जीवन-परिवेश को समग्रता में समझने से आता है। व्यापक समाजार्थिक, राजनीतिक परिवेश की विसंगति, मिथ्याचार, अन्याय, व्यभिचार आदि को गहराई में जाकर देखने-परखने और इनके वस्तुपरक विश्लेषण से ही सार्थक व्यंग्य बनता है। परसाई समाज की विडंबना के व्यंग्यकार हैं। यही कारण है कि उनका व्यंग्य कहीं नस्तर का तो कहीं मुँह पर पड़े थप्पड़ या तमाचे का तथा गोरक्षा आंदोलन के नेता पंडित द्वारिकानाथ के संदर्भ में जूते का काम करता है। (देखें : 'मेरी श्रेष्ठ व्यंग्य रचनाएँ, पृ. 136)

'देव-भक्ति', 'जाति' (सदाचार का ताबीज, पृ. 134-35) 'एक गो-भक्त से भेट' (निठले की डायरी, पृ. 132-38) आदि में व्यक्त व्यंग्य सामंतवादी बोध को नंगा करके लतियाने के लिए किया गया व्यंग्य है, सही और अर्थवाही व्यंग्य। उनके व्यंग्य में एक निश्चित ठोस वैचारिक आधार होता है और चीजों, स्थितियों और घटनाओं को समग्रता में परखने की अंतर्दृष्टि होती है जिसके आधार पर वे नए तथ्यों का साक्षात्कार करते हैं। बाबू रामसेवक मिश्र लिखित नव्य-रामकथा में (निठल्ले की डायरी, पृ. 67-71) नल-नील द्वारा निर्मित पहले पुल के भरभरा कर गिरने के पीछे जो व्यंग्य है उस वास्तविकता का साक्षात्कार बिहार में गंगा पर बने पुल और बंगाल में हुगली पर बने पुल के उद्घाटन के पूर्व ही धँस जाने या भरभराकर गिर पड़ने में आज हम कर रहे हैं। परसाई अपने व्यंग्य को धारदार

बनाने के लिए कथन-पद्धति में एक विलक्षण नाटकीयता का समावेश करते हैं, इस नाटकीय विकास-क्रम में वे संपूर्ण परिवेश का सूक्ष्म पर्यवेक्षण करते चलते हैं और जीवन के जीवंत-यथार्थ संदर्भों को वस्तुगत स्तर पर उद्घाटित अनावृत्त भी।

परसाई की चौकस दृष्टि अपसंस्कृति, धार्मिक प्रदूषण की ओर तो लगी ही रहती है किंतु सर्वाधिक सजग वे राजनीतिक प्रदूषण की व्याप्ति के प्रति रहते हैं। शायद यही कारण है कि लोग उन्हें अत्यधिक 'राजनीतिक' लेखक कहते हैं। मुझे लगता है, परसाई समाजार्थिक प्रश्नों के प्रति सर्वाधिक सचेत लेखक हैं जैसे विश्वविख्यात कथाशिल्पी लू शुन तथा बँगला-साहित्य की आश्चर्य में डालने वाली प्रतिभा मानिक बंद्योपाध्याय। अपने अभिप्रेत को संप्रेषित करने के निमित्त इन प्रतिभाओं ने किसी परम्परित शिल्प-रूप की परवाह न की थी; प्रतीकों तथा उपमाओं के क्षेत्र में भी नई जमीन तोड़ी थी। परसाई जी की कहानियाँ भी उनके समकालीनों द्वारा प्रयुक्त शिल्प से पृथक् हैं और उन्होंने व्यंग्य के अलम्बनों की दिशा में नए सिरे से पदक्षेप किया है। ठीक यहीं उनकी व्यंग्य-कला अपनी विशिष्टता प्रदर्शित करती है।

परसाई जी के बहुमात्रिक व्यक्तित्व के बारे में यह कहना अत्यधिक समीचीन प्रतीत होता है कि, कथाकार परसाई एक क्रांतिकारी डेमोक्रेट हैं, निबंधकार परसाई मार्क्सवाद मतावलंबी। कहानियों में क्रिटिकल रियलिस्ट वा आलोचनात्मक यथार्थवादी हैं और निबंधों में समाजवादी यथार्थवादी कथा-साहित्य के शिल्प की सीमाबद्धता के कारण, अनेक रूप-कल्प के प्रयोगों के बावजूद, आर्थिक शोषण, राजनीतिक छल-छंद तथा सामाजिक वैषम्य के विरुद्ध संघर्ष में कहानी व उपन्यास का उपयोग कारगर ढंग से वे न कर सके। अपनी विचारधारा के प्रकाशन का सर्वथा उपयुक्त वाहन उन्हें व्यंग्य और विद्रूप से लैस लेख ही मालूम पड़े। किंतु इस तथ्य को नजरअंदाज नहीं किया जाना चाहिए कि परसाई की कहानियाँ हमें कभी रेखाचित्र के रूप में मिलती हैं कभी संस्मरण के रूप में, कभी स्वगत-कथनों के रूप में और कभी ठेठ निबंध के रूप में और कभी फैंटेसी की शक्ल में। (द्रष्टव्य : 'अकाल उत्सव', 'पहला सफेद बाल' आदि।

परसाई जी ने वचन विदग्धता से पाप के घड़े भी फोड़े हैं तथा ढोंगों का पर्दाफाश भी किया है साथ ही अनेक टुच्चे व लुच्चे पात्रों ('वैष्णव की फिसलन' का 'वैष्णव' तथा 'साहब महत्त्वाकांक्षी' का 'वह आदमी') की सृष्टि करके उनके अपने किए का फल भोगने को छोड़ दिया है। उन्होंने बहुत अच्छी तरह प्रतिपादित कर दिया है कि मनुष्य वह खतरनाक जानवर है जिसमें मूर्खतापूर्ण

कार्य करने की असंभव क्षमता होती है। उक्त दोनों रचनाओं में प्रतिफलित व्यंग्य 'कठोर हास्य' का उद्गाता है।

परसाई जी की व्यंग्य-रचनाएँ इस मान्यता को ठेंगा दिखाती हैं कि, गद्य में शब्दों का आधिक्य व्यंग्य की तेजी को कम कर देता है। काव्य सीधी तुरंत चोट पहुँचाता है। परसाई जी की बात छोड़िए। व्यंग्य को 'साहित्यिक विधा' का आकार देने वालों में अग्रणी भारतेन्दु तथा बाल मुकुंद गुप्त की गद्य रचनाओं में व्यक्त व्यंग्य ही इस तथ्य का यथेष्ट प्रमाण है कि गद्य में व्यक्त व्यंग्य किसी भी स्तर और कोण से काव्य की तुलना में हीन नहीं है। भारतेन्दु और बालमुकुन्द गुप्त की परंपरा को परसाई जी ने 'तात्कालिक परिवेश' की जटिलता से युक्त रचनाओं के माध्यम से अत्यधिक समृद्धि प्रदान की है तथा कतिपय नए क्षितिज का उद्घाटन भी किया है। यही वजह है कि व्यंग्य-लेखन के क्षेत्र में परसाई के साथ आसानी से किसी दूसरे लेखक का नाम नहीं लिया जा सकता, जिसका इस दिशा का लेखन इतना कलात्मक, व्यापक, परिष्कृत, मारक और वैज्ञानिक सामाजिक चेतना से इस कदर संपृक्त हो।

'विट' के माध्यम से बुद्धिवृत्ति का कुशल प्रकाशन तथा हास्य के बीच हृदयवृत्ति की स्वतः स्फूर्त अभिव्यक्ति की दृष्टि से राधाकृष्ण की व्यंग्य रचनाएँ आज भी पाठकों के एक बड़े समुदाय को आकृष्ट कर सकती हैं, फिर भी वाग्वैदग्ध्य के माध्यम से 'रससृष्टि' करने में रचनाकार के बुद्धिदीप्त रचना-स्तर के अवस्थान का प्रयोजन होता है, जिस निरपेक्ष-दूरत्व की रक्षा करनी होती है वह बंगाल के शरतचन्द्र की तरह ही राधाकृष्ण में भी नहीं है। उन्होंने हृदय की अनुभूति में अपनी रचना को स्निग्ध और सरस बनाकर प्रस्तुत किया है। गौर करने की बात है कि इस तरह की सरसता परसाई के 'रानी नागफनी की कहानी' उपन्यास में भी नहीं मिलती जहाँ पात्रों के 'नामकरण' में 'हास्य' की जगह 'व्यंग्य' की झलक ही प्रमुख है। इसका कारण एकदम स्पष्ट है, सोद्देश्य–लेखन के प्रति लेखक की प्रदीर्घ आस्था। इस संदर्भ में ये उदाहरण ही पर्याप्त होंगे। राजकुमार अस्तभान का मन बहलाने के लिए आया हुआ एक कवि अपना परिचय इस तरह दे रहा है : 'हाँ, हमारी घड़ी घंटा और मिनिट नहीं बताती, क्षण बताती है। हम क्षण में जीते हैं। हर क्षण अलग है। जो काल को अनंत और सतत् प्रगतिशील मानते हैं, वे व्यर्थ ही पिसते हैं। वे पीठ पर युगों का बोझ लादे रहते हैं। और आगे न जाने कहाँ देखते हैं। हम केवल वर्तमान क्षण में जीते हैं। और इस क्षण से पिछले क्षण का कोई संबंध नहीं है और न आने वाले से होगा। हर क्षण का अनुभव स्वतंत्र है।' इस तरह के भाववादी, क्षणवादी व मनवादी

कवियों से पाठकों का परिचय नितांत पुराना है जो 'व्यापकता' और 'गहराई' की चपेट में एकदम धँसते चले गए हैं और 'सोच' के एक निश्चित तहखाने में जाकर कैद हो गए हैं। ऐसे कवियों का होश ठिकाना मुफतलाल कैसे करता है, देखिए : 'ऐसा कैसे होता होगा कविराज? पिछले क्षण आपने जो बका, उससे हमें इस क्षण गुस्सा आ जाए और आपको हम चाँटा मार दें तो अगले क्षण आपको दर्द तो होगा। इस तरह क्षणों के अनुभव संबद्ध हो गए।' अस्तभान के इस प्रश्न के उत्तर में कि वह कोई काम भी करता है, कवि कहता है—'काम क्यों करें? कुछ करने का दम्भ मनुष्य की सबसे बड़ी विडंबना है। बिल्कुल निश्चेष्ट होकर अपने को बहाव में छोड़ दो। मनुष्य नियति का दास है। नियति ही उसे चलाती है। जैनेन्द्र जी की याद आपको नहीं आ रही है? वैसे इस 'निष्काम' और परजीवी दर्शन के वे अकेले प्रतिनिधि नहीं।

यह निर्विवाद है कि निरालोत्तर हिंदी कविता में व्यंग्य-रचना की दृष्टि से नागार्जुन की समकक्षता कोई नहीं प्राप्त कर सका। फिर भी ध्यान में रखने की बात है कि नागार्जुन की कहानियों और उपन्यासों में ह्यूमर और विट दोनों की बड़ी ही सावलील अभिव्यंजना हुई है। हास्य और विट के संपूर्ण मिलन के परिणामस्वरूप ही उनकी गद्य रचनाएँ (वैसे उनकी 'एक व्यक्ति : एक युग' गद्य-पुस्तक में उत्कृष्ट व्यंग्य मात्र की अभिव्यक्ति है।) इतनी गंभीर और सोद्देश्य हो सकी हैं। हास्य-विद्रूप व व्यंग्य की मारक तथा साधक व्यंजना की दृष्टि से उनका 'हीरक जयन्ती' उपन्यास देखा जाना चाहिए। विट व वाग्वैदग्ध्य की शक्ति से संपन्न डॉ. रामविलास शर्मा के कतिपय निबंध और समीक्षाएँ खास तौर से मदनगोपाल की 'प्रेमचंद : कलम का मजदूर' तथा फिराक गोरखपुरी से संबंधित सामग्रियाँ देखी जानी चाहिए। इसी संदर्भ में परसाई की 'उर्वशी प्रसंग', 'नई कहानी और धंधे वाले', 'मुक्ति बोध : एक संस्मरण', 'लघु पत्रिकाओं' आदि रचनाएँ ध्यान आकृष्ट करती हैं।

परसाई की तरह रवीन्द्रनाथ त्यागी ने भी विचार, सिद्धान्त, पेशा, साहित्य और धर्म के क्षेत्र में व्याप्त व्यभिचार के संदर्भ में अत्यंत सफल व्यंग्य रचनाएँ लिखी हैं, फिर भी उनमें 'हास्य-कौतुक-व्यंग्य' की वर्णसंकरता परिलक्षित हुए बिना नहीं रहती। यद्यपि परसाई के यहाँ भी जहाँ-तहाँ ऐसे प्रसंग आते हैं जो रचना के पूरे विधान में एकदम अनिवार्य प्रतीत नहीं होते अथवा बिना इनके कहे भी लेखक का अभिप्राय संप्रेषित हो जाता है। उदाहरण के लिए इन पंक्तियों पर गौर कीजिए : (क) 'मैं बड़ी तेजी से श्रद्धेय हो रहा हूँ, जैसे कोई चलतू औरत शादी के बाद बड़ी फुर्ती से पतिव्रता होने लगती है।' (परसाई रचनावली,

3/227) (ख) 'कुछ औरतों को दाढ़ी पसंद होती है। मैंने सुना है कुछ औरतें पति की दाढ़ी को इतना पसन्द करती हैं कि सुबह दाढ़ी में पेस्ट लगाकर उसी से ब्रश कर लेती हैं।' (वही, 1/71) (ग) मेरे एक मित्र बीमार पड़े थे। जैसे ही कोई स्त्री उन्हें देखने आती, वह सिर पकड़कर कराहने लगते। स्त्री पूछती, क्या सिर में दर्द है? वे कहते, हाँ, सिर फटा जा रहा है।' स्त्री सहज ही उनका सिर दबा देती। (वही, 3/222)। (घ) 'मेरी कोई संतान नहीं है क्योंकि उनकी माँ ही नहीं थी। कहीं कोई बेटा-बेटी हो भी तो मैं उनका उल्लेख करके पतिव्रताओं को संकट में नहीं डालना चाहता।'

अन्नपूर्णानन्द वर्मा, अलबर्ट कृष्णअली, केशवचन्द्र वर्मा, इन्द्रनाथ मदान आदि की रचनाओं में जो हास्य-व्यंग्य हैं वे किसी को पीड़ित नहीं करते जैसे बँगला के परशुराम की अधिकांश हास्य-व्यंग्य वाली कहानियाँ। उदाहरण के लिए, 'लम्ब-कर्ण', 'श्री श्री सिद्धेश्वरी लिमिटेड', 'चिकित्सा का संकट' आदि। अभिप्राय यह कि इनकी रचनाओं का सरोकार मुख्यतः रंजन से है, किंतु परसाई ठीक इसके विपरीत अर्थ प्रदान करते हैं अर्थात् उनका व्यंग्य निरुद्देश्य नहीं होता—वह जिसे लक्ष्य कर किया जाता है, वह पीड़ित हुए बिना नहीं रह पाता। कुछ ऐसे बाजीगर हास्य-व्यंग्यकार भी होते हैं जिनकी रचना हर पाठक को यह विश्वास दिलाती है कि उसका लक्ष्य 'वह' नहीं है, इस कारण हर पाठक हँस या मुस्करा लेता है। यह सुयोग परसाई के व्यंग्य में नहीं है।

परसाई के व्यंग्य में कबीर की तिक्तता, भारतेन्दु की करुणा, निराला की वक्रता, प्रेमचन्द का निर्मम कटाक्ष तथा नागार्जुन के विनोद मिश्रित प्रहारात्मकता का विलक्षण समन्वय है। वे सर्वतोमुखी चैतन्य और सर्वथा निरंकुश व्यंग्यकार हैं, अन्य व्यंग्यकारों की तरह परसाई को व्यंग्य बनाने में एड़ी-चोटी एक नहीं करनी पड़ती। उनकी सोच व्यंग्य के मध्य प्रकृत रूप में व्यक्त होती है। इसका मुख्य कारण परसाई का समाजार्थिक अध्ययन है, विचारधारा की परिपक्वता है। उन्होंने युवाकाल से ही संघर्ष झेला है, सामाजिक विषमता, अन्याय और मानव विरोधी सचाइयों का साक्षात्कार किया है; स्वाभाविक रूप से प्रतिवाद और विद्रोह उनके लेखन का प्रकृत व स्थायी गुण बन गया। व्यंग्य-विधा ने उसे और अधिक रुक्ष, और अधिक आक्रामक तथा 'राजनीतिक' बना दिया। वे सामयिक घटनाओं, राजनीतिक चालबाजियों, सांस्कृतिक छद्मों पर कठोर व्यंग्यात्मक प्रहार करते हैं अर्थात् उनके व्यंग्य का मुख्य केंद्र पूँजीवादी, सामंतवादी व्यवस्थाजनित अपसंस्कृति है।

हम जिस व्यवस्था में हैं वहाँ यह बात आश्चर्यजनक या आघातपूर्ण नहीं मानी जानी चाहिए कि 'धर्म' का उपयोग बड़े अश्लील ढंग से धनोपार्जन के लिए किया जाता है। मंदिरों में 'मनी चेंजर' सहज ही उपलब्ध होता है चाहे वह स्वयं पुजारी हो या किसी सेठ का 'आदमी'। मंदिरों में होने वाले कुकर्मों पर, पंडे, पुरोहितों की असामाजिक वृत्ति पर तो स्वयं प्रेमचन्द ने भी उँगली रखी थी और धर्म के ठेकेदारों का पर्दाफाश किया था। परसाई जी के समक्ष 'नई नैतिकता' का प्रश्न था। उन्हें मंदिरों में पुजारियों द्वारा रंडी नचाना अच्छा नहीं लगा। यह खाँटी जमींदारों के जमाने की बात होती, नवधनकुबेरों के लिए पुरोहित जी को नव-व्यवस्था करनी ही पड़ेगी। मानो वह भगवान का भक्त नहीं, भड़ुआ हो।

धर्म को धंधे से जोड़कर विष्णु मंदिर के पुरोहित ने ('वैष्णव की फिसलन', पृ. 6) काफी धन जमा कर लिया है और प्रभु की लीला ऐसी कि धन बढ़ता ही जाता है सो उसने पवित्र आत्मा के प्रदेश या परामर्श से एक विशाल होटल खोल दिया। दुरात्मा वैष्णव ने पवित्र आत्मा की गुहार पर भगवान विष्ण को ताक पर रखकर होटल में गोश्त, मुर्गा, मछली की भी व्यवस्था कर दी। अब, गोश्त आदि पचाने के लिए औषधि या शराब की तलब हुई। दुरात्मा वैष्णव इस माँग पर 'सन्न' होने का ढोंग रचता है कि, यह महान संकट है, और तब भारतेन्दु बाबू के 'वैदिकी हिंसा हिंसा न भवति' का वह तीन नम्बरी पुरोहित वैष्णव की 'पवित्र आत्मा' में प्रवेश कर मद्यपान तथा मैथुन को शास्त्रोचित सिद्ध कर उसे संकट से उबार लेता है! अब क्या था। पुरोहित के होटल में औरत नंगी होकर कैबरे नाचने लगी, पके गोश्त के साथ-साथ कच्चा गोश्त भी मिलने लगा। भारतेन्दु के उक्त नाटक में ही विदूषक ऐसे ही छद्म पुरोहितों को सलाह देता है : 'हे पुरोहित, रोज देवी के सामने मराया करो और प्रसाद खाया करो।' यद्यपि परसाई जी ने लगभग ग्राम्य दोष से ग्रस्त ऐसी कोई पंक्ति 'वैष्णव की फिसलन' कहानी में नहीं लिखी है फिर भी जब वैष्णव बेचारे को ग्राहकों के लिए 'गर्म माल', 'चुपचाप इंतजाम करने' तथा 'पच्चीस फीसदी' भगवान की भेंट 'स्वरूप' लेने की बात कहता है तो पाठकों के हाथ जूते खोलने को तत्पर हो उठते हैं।

भारतीय समाज में फैले अज्ञान, अंधविश्वास और अंधकार के संदर्भ में, दो सौ वर्षों की पराधीनता—अँग्रेजी राज में शिक्षा, विज्ञान, औद्योगिक विकास से वंचित रखकर चिर अंधकार में डुबाए रखने की चर्चा तो की जाती है किंतु कुंभ स्नान, तथाकथित पुण्य के प्रति दूर्वार आकर्षण, कुसंस्कार, वर्ण-भेद आदि का हमारे जनजीवन पर जो व्यापक क्षतिकारक प्रभाव धर्म-ध्वज धारियों द्वारा हजारों वर्षों से आरोपित किया जाता रहा है, उसकी ओर कम ही ध्यान दिया गया है

या उसकी जानबूझकर अपेक्षा की गई है। किंतु, धर्मगुरुओं द्वारा फैलाए गए इस अंधकार की संकटपूर्ण आलोचना करने में परसाई जी ने एक लड़ाकू का परिचय दिया। इस संदर्भ में उनका सधा हुआ व्यंग्य 'एक शंकराचार्य के नाम' रचना में व्यक्त हुआ है जिसकी तान इस पंक्ति पर टूटती है–'हे प्रभु, अपने इस भक्त का अज्ञान निरंतर बनाए रखिए, यही विनय है, (रचनावली, 5/336)। मार्क्स ने ऐसे ही नहीं कहा था–'अज्ञान एक राक्षसी शक्ति है और हमें डर है यह कई त्रासदियों का कारण बनेगा।'

'अनशन की पवित्र क्रिया' में परसाई जी का आघात अत्यंत तीव्र एवं अभिप्राय अतिशय स्पष्ट होने के बावजूद रचनाधर्मिता अक्षुण्ण रहती है। उनकी व्यंग्य-कलाआयरनी अथवा श्लेषात्मक व्याजस्तुति का कैसा उपयोग करती है, देखिए : सब पवित्र। झगड़े प्रॉपर्टी के होते हैं। स्वामी दयानन्द के चेले प्रॉपर्टी पर लड़ते हैं। कबीर के चेलों ने भी कबीर समाज रजिस्टर्ड बना लिया है। कबीर सिर पीटते होंगे। गुरु नानक के चेले गुरुद्वारे पर कब्जे के लिए बयान निकालते हैं। ब्रह्म ही सत्य है, जगत मिथ्या है, सब माया है, यह शंकराचार्य सिखाते हैं, पर सोने के सिंहासन पर बैठते हैं, और सोने के कमंडल से पानी पीते हैं।' इसमें कोई आश्चर्य नहीं कि धार्मिक दंड के रूप में पंजाब के मुख्यमंत्री बरनाला जूते की सफाई करके सिखों को संस्कृति नहीं समझाते हैं, मध्य प्रदेश विधान सभा में जनसंघी विधायक उपाध्यक्ष को जूता फेंककर–मारकर भी संस्कृति समझाता है।

पौराणिक मिथकों और लोककथाओं का प्रयोग परसाई ने जहाँ किया है वहाँ वे बँगला के अल्पख्यात कथा-शिल्पी सोमनाथ लाहिड़ी की याद दिलाते हैं। इन्होंने जिन मिथकों का प्रयोग किया है उनसे मिथक प्रयोग के नाम पर 'झूठे और परिवृत्तिमूलक मिथ-प्रयोग' की कलई खुलती है जिनके माध्यम से अंधविश्वास, संकीर्णता, पुनरुत्थानवाद का प्रचार-प्रसार किया जाता है। कुछ रचनाओं में परसाई ने चूहा, हनुमान, कुत्ता आदि रूपकों के व्याज से समाज में व्याप्त विकृति, निष्क्रियता, निर्बुद्धिता आदि दुर्गुणों पर विद्रूप वर्णन किया है। रूपक के आवरण में आवृत्त ऐसी रचनाओं में व्यंग्य की उपयोगिता में वृद्धि हुई है। इस संदर्भ में 'चूहा और मैं' (मेरी श्रेष्ठ व्यंग्य रचनाएँ, पृ. 65-67) रचना ध्यातव्य है। इसमें भारतीय जनगण को अपने हक के प्रति उदासीनता या निष्क्रियता के प्रति क्षोभ प्रकट किया गया है, क्रोध व्यक्त किया गया है कि, एक चूहा तो अपने अधिकार के प्रति सजग हो सकता है, अपना हक पाने के लिए दूसरों की नींद हराम कर सकता है किंतु यह मनुष्य! इसी तरह परिवेशजन्य अंतर्विरोधों, असंगतियों तथा निकम्मेपन के प्रति आक्रोशयुक्त प्रतिवाद 'निठल्लेपन का दर्शन' (निठल्ले की

डायरी, पृ. 14) में परिव्याप्त है। परसाई इस तरह रचनाओं में सामाजिक छल को प्रकाशित करने के निमित्त जहाँ 'रूप' और रूपकों को प्रकाशित करते हैं वहाँ रूप और रूपक के पात्रों के बीच कोई टकराव नहीं होता बल्कि इसके भीतर से सामाजिक और वैयक्तिक पीड़ा ही सघन रूप में प्रतिफलित होती है। अपनी मृत्यु के एक दिन पूर्व पण्डित नेहरू ने रात के ग्यारह बजे कहा था : 'मैंने सब फाइलें निपटा दीं। मेरा सब काम पूरा हो गया। इससे देशवासियों को क्या शिक्षा ग्रहण करनी चाहिए? यह कि अपना-अपना काम पूरा करना खतरनाक है। जिसकी सब फाइलें पूरी हो जाएँ, उसकी मृत्यु हो जाती है। केंद्रीय सरकार को सहज हिदायत देनी चाहिए कि जो अपना काम पूरा कर देगा, उसे नौकरी से निकाल दिया जाएगा। वह मर कर अपनी सेवा से देश को वंचित करना चाहता है।' ऐसे ही प्रसंगों के संदर्भ में परसाई जी के व्यंग्य में निराशा व नकारात्मक दृष्टिकोण की बात कही जाती है। ऐसी बात वे कहते हैं, जिन लोगों की दृष्टि रचना के बाह्य ढाँचे तक रुकी रहती है, वे उसके 'कथ्य' की ओर देखे बिना, अंतर्वस्तु की पड़ताल किए बिना, किसी रचना के प्रति अपना मत व्यक्त कर देते हैं। ऐसा मत 'रचना' को 'अधूरी समझ' से निर्गत होता है।

साहित्य-लेखन को हथियार मानने वाले लेखकों के लिए हरिशंकर परसाई का लेखन एक कम्पास या आदर्श का काम कर सकता है। पूँजीवादी व्यवस्था और सामंती सोच के विरुद्ध परसाई निरंतर इस हथियार का प्रयोग करते हैं : अटल बिहारी बाजपेयी से मिलने जाते हैं तब भी यह हथियार उनके पास होता है और राजनारायण वा विजय राजे सिंधिया से मिलने जाते हैं तब भी। परसाई जितनी सफलता से विसंगतियों को उजागर करते हैं उतने ही आत्मविश्वास से उन पर आक्रमण भी करते हैं। यह उनके व्यंग्य का एक असाधारण गुण है।

'लू शुन को लेखन-कला के वैशिष्ट्य की चर्चा करते हुए माम्रो जे दुंग ने कहा था कि—'लू शुन की निर्मम लेखनी ने तलवार की तरह समस्त घृण्य तत्त्वों का सिरच्छेद किया है।' ध्यान में रखना चाहिए लू शुन की यह तलवार सीधी सरल रेखा की तरह न थी—उसमें थी व्यंग्य की वक्रता। व्यंग्य की यह वक्रता ही हरिशंकर परसाई के रचना-कौशल की सार-वस्तु है।

परसाई जी अपने 'दर्पण' को (मुख्यतः व्यक्ति केंद्रित व्यंग्यों में) थोड़ा टेढ़ा कर देते हैं जिसमें दर्शक अपने चेहरे को ठीक-ठीक देख-समझ न पाकर खूब हँसता है। ऐसे अवसर पर परसाई थोड़ी अतिरंजना का आश्रय ग्रहण कर अपने उद्देश्य में सिद्धि प्राप्त करते हैं। ऐसी रचनाओं में वे प्रायः 'अप्रत्याशित' का समावेश करते हैं किंतु, ये अप्रत्याशित अतार्किक वा तर्कहीन नहीं होते।

उदाहरण के लिए 'देशवासियों के नाम सन्देश' जो मोरारजी भाई के प्रधानमंत्रित्व काल में दिए गए भाषणों तथा सन्देशों पर आधारित है कि ये पंक्तियाँ—'देश के सामने बहुत बड़ी समस्याएँ हैं। पिछली सरकार ने समस्याएँ ही समस्याएँ छोड़ी हैं। आखिर हम क्या हैं? हम भी तो पिछली सरकार की छोड़ी समस्या हैं।' अथवा—'हम दस वर्षों में गरीबी और बेकारी खत्म कर देना चाहते हैं। पर आप कहेंगे यह बहुत जल्दबाजी है बीस साल में खत्म होना चाहिए। खैर, हम समझौता कर लेते हैं—पन्द्रह सालों में गरीबी और बेकारी मिटाएँगे। आप भी खुश और हम भी खुश। पर मैं आपसे साफ कहे देता हूँ कि आप कितना भी जोर डालें, पन्द्रह साल से एक दिन भी ऊपर हम गरीबी और बेकारी नहीं चलने देंगे। श्राप को भला लगे, चाहे बुरा।' कुछ लोगों को ये 'अप्रत्याशित' बुरे लग सकते हैं और उन्हें परसाई जी पर क्रोध आ सकता है। यदि पाठकों को क्रोध आता है तो परसाई जी सफल हुए। इस तरह के अप्रत्याशित को 'एपिग्राम' कहा जा सकता है। प्रभेद की दृष्टि से ये 'भावमय एपिग्राम' हैं, चित्रमय नहीं। इस तरह के एपिग्राम का स्फुलिंगवर्णन जितना ही आवश्यक है, उतना ही आकर्षक भी। 'चित्रमय एपिग्राम' के लिए इन पंक्तियों को देखिए : ''और भी कई समस्याएँ हैं। लोग पान की पीक सड़क पर थूक देते हैं। ढोर कहीं भी गोबर कर देते हैं। कुत्ते भौंकते हैं। गधे रेंकते हैं। भैंस दूध में पानी की मिलावट करती है। जानवर खुलेआम प्रेम-व्यापार करते हैं। सूअर मैला खाता है। शेर बिना पकाए गोश्त खा जाता है।' यह व्यंग्य न केवल परंपरागत व्यंग्य से नितान्त पृथक् है बल्कि व्यंग्य की सामाजिक जिम्मेदारी के प्रति भी पाठकों को सचेत करता है। इसे राजनीतिज्ञों की गैरजिम्मेदाराना हरकतों का संकेत भर नहीं मानना चाहिए। स्पष्ट ही, परसाई का प्रतिवाद-स्वर गरजन-तरजन या मार-काटवादी नहीं है। जो है वह व्यंग्य की मार है।

'जयप्रकाश नारायण से भेंट' रचना को 'तथ्यगत व्यंग्य' की कोटि में रखा जा सकता है, जहाँ कबीरदास के कटु तथ्य-कथनों के आलोक में जयप्रकाश नारायण के 'अनकंट्रोल्ड एंगर' तथा पराभूत व्यक्तित्व की छवि दर्शनीय हो उठी है। 'भेंटों' में यह दुर्लभ भेंट है।

इस भेट में (पृ. 76) एक पंक्ति आती है : 'तुम कबीर हो। तुम्हारी बात-बात में व्यंग्य और पेंच होता है। कबीर के व्यंग्य-बाण से विद्ध होकर वे चिढ़ते और खीझ कर कहते हैं—'तुम संत और रवि हो, इसलिए माफ करता हूँ वरना छात्रों को बुलाकर तुम्हें पिटवा देता। कबीरदास कब चूकने वाले थे। नहले पर दहला फेंकते हुए बोले—'मैं सिर्फ संत और रवि ही नहीं था। मेरे हजारों गुण्डे चेले थे

जो नीची जातियों के थे। ये मेरी रक्षा करते थे। वरना पाँच सौ साल पहले मेरा सिर कोई भी बैंगन की तरह काट लेता। क्योंकि मैंने सब की चमड़ी उधेड़ी थी।' यहाँ जहाँ एक ओर व्यंग्य की प्रबल धारा है वहाँ दूसरी ओर एक ऐसा सत्य कथन है जिसके संबंध में जितना भी कहा जाए, थोड़ा ही होगा। अंत में, 'नैतिक बल बहुत कम हो गए, जयप्रकाश जी को जैसे सांत्वना देते हुए (खतरनाक बदमाश) कबीरदास उनके ही बारे में अपनी एक कविता-पंक्ति कहता है : 'नाव नदी को लील गई रे, भेद न जाना कोई, (वही, पृ. 79)। यह राजनीतिक व्यंग्य की पराकाष्ठा नहीं तो और क्या है? विसंगतियों को उजागर करने तथा बहुत ही सहज-सरल शब्दों में उसे विद्रूप के हवाले कर देने—जिसकी गूँज काफी देर तक पाठकों का पीछा करती रहती है, की दृष्टि से 'देसाई-चरण भेट' अत्यंत सफल रचना है। मोरारजी भाई और चरण सिंह सद्भाव स्थापित करने के लिए एक दूसरे से मिलने जा रहे हैं। इस अवसर पर सुरक्षा अधिकारियों का यह कथन परसाई की व्यंग्य-कला का उत्तम है : 'हम दोनों को अकेले नहीं मिलने देंगे। हमारे आदमी वहाँ मौजूद रहेंगे। कहीं कोई किसी को अकेले में कुछ कर बैठे तो जिम्मेदारी हमारी होगी।' (रचनावली, 5/351)

हरिशंकर परसाई ने अति आधुनिक व्यंग्य-रचनाएँ लिखी हैं। अति आधुनिकता यदि रचना को दुर्बोध्य, मस्तिष्क निबद्ध तथा अतिशीलित बनाती है तो इस तरह की धारणा का खंडन परसाई की रचनाएँ सहज ही कर देती हैं। आशंकापुत्र, शब्दचलन, राजनीति का बँटवारा, एक जोरदार लड़के की कहानी इस प्रसंग में देखी जानी चाहिए। 'ठिठरता हुआ गणतंत्र' में व्यवस्था के सामयिक दोष को आलंबन बनाने के कारण हास्य-व्यंग्य का अस्त्र अति विद्रूपशीणित हो उठा है। गणतांत्रिक अवस्थान की जगह मनतात्रिक अवस्थान के संदर्भ में किया गया व्यंग्य रचना में क्लाइमेक्स और एंटीक्लाइमेक्स की सीमारेखा को तोड़कर रख देता है। यह निर्विवाद है कि परसाई के ठीक पूर्व के तथा उनके समकालीनों ने अनुरूप विषय को आधार बनाकर हास्य-व्यंग्य रसात्मक रचनाएँ लिखी हैं। 'ह्यूमर' और 'विट' के सफल प्रतिफलन की दृष्टि से श्रीलाल शुक्ल का उपन्यास 'रागदरबारी' एक विलक्षण कृति है किंतु जिस 'व्यक्ति' और जिस 'समाज' को व्यंग्य का लक्ष्य बनाया गया है, उन्हें वह लगता नहीं है। फिर भी बँगला में कुमरेश घोष या संजीव चट्टोपाध्याय (कलिकाता आछे, कलिकाता तेई) की तरह इनकी रचनाओं को 'महज हास्य रस' की श्रेणी में नहीं रखा जा सकता। शुक्ल जी की रचनाओं में जिस 'सकेत विधि' (देखें : 'सारिका'

नवम्बर, 85 में प्रकाशित कहानी 'दंगा') का आश्रय ग्रहण किया जाता है, उसके कारण उनमें हास्य-व्यंग्य विधा की विशिष्ट विधियों—'अनति प्रच्छन्न अश्रु' तथा 'अनतिप्रच्छन्न तिरस्कार' के तत्त्वों का समावेश नहीं हो पाता। परसाई के व्यंग्य के चरमसाफल्य का बहुत कुछ रहस्य 'अनतिप्रच्छन्न तिरस्कार' के तत्त्वों का भरपूर उपयोग ही है।

शरद जोशी के व्यंग्य में सामाजिक बुराइयों और असंगतियों की ओर संकेत न होता हो ऐसा नहीं किंतु 'विशुद्ध कौतुक हास्य' का उस पर चढ़ बैठने के कारण वह थककर पसर जाता है। शरद जोशी के यहाँ अनेक बार 'विट' अतिशयित अगिक विलास भी बनकर उपस्थित होता है, परसाई के यहाँ 'विट' भी जीवन के साथ गंभीरता से जुड़ा है। चरित्रों का बहुधा व्याप्त सामग्रिक रूप विकसित करने एवं व्यंग्य-विद्रूप की तीक्ष्णता तथा मर्मभेदी दृष्टि के कारण अमृत राय की व्यंग्य-रचनाएँ भी विशिष्ट कोटि में आती हैं जिनमें बँगला के अबुल मंसूर अहमद की तरह वैज्ञानिक दृष्टिकोण का कलात्मक प्रतिफलन हुआ है। बदीउज्जमा ने 'एलिगरी' व फैंटेसी विधा में समाज और देश की सेवा करने के नाम पर नाना प्रकार के जो गैर—सामाजिक काम किए जाते हैं। उनके 'कर्ताओं' के 'कर्म' और क्रियाओं की सारवस्तु को बड़े ही लाक्षणिक ढंग से प्रस्तुत किया है। बदीउज्जमा के हास्य-व्यंग्य में उनका विदग्ध, संयत और रुचिसम्मत मानव हृदय का परिचय सर्वत्र ही प्रस्फुटित है। हास्य, वक्रोक्ति तथा वचनविदग्धता जैसे व्यंग्य के उपकरणों का उनके कथा-साहित्य में सफलतम उपयोग हुआ है। फैंटेसी, एलिगरी, परिवर्तित दृष्टिकोण तथा हास्य-व्यंग्य, विद्रूप का नए दृष्टिकोण से मूल्यांकन प्रारंभ होगा तब इनकी कहानियों और उपन्यासों पर विचार किया जा सकेगा। मेरा अभिप्राय यह नहीं है कि बदीउज्जमा की उपेक्षा की गई बल्कि यह कि वह पढ़े ही नहीं गए। हरिशंकर परसाई की बात छोड़ें, यदि नरेन्द्र कोहली (प्राइवेट सेक्टर का व्यंग्यकार) की तरह भी वर्गबंटित पूँजीवाद के बहुरूपी चरित्र तथा उसकी समर्थक शक्तियों की सार्थक पहचान अपनी उसी निजी व विशिष्ट शैली में की होती तो संभवतः सजग पाठक वर्ग को उन्होंने अवश्य ही आमंत्रित किया होता या वह वर्ग अनामंत्रित ही चला आया होता। जो हो, उत्तर स्वाधीनता काल खंड के व्यंग्य—लेखकों में परिमाण, श्रेणिभेद, भाषा-शिल्प, वर्णनाचातुर्य, वैचित्र्य तथा विचारधारागत निष्ठा की दृष्टि से ही नहीं सूक्ष्मता, गुणवत्ता, तीक्ष्णता एवं बौद्धिक अनुशीलन की दृष्टि से भी परसाई बेनजीर हैं। कुछ उदाहरणों से यह कथन स्पष्ट हो जाएगा।

परसाई की एक रचना का नाम 'साहब महत्त्वाकांक्षी' है जिसमें उन्होंने दोगले चरित्र वाले सफेदपोशों को नंगा किया है। किसी क्लब में ढोंग और ढकोसले में पगे चरित्रों के बीच देश की बदहाली पर व्याख्यान हो रहा है। वस्तुतः वहाँ व्याख्यान नहीं देश के जनगण का अपमान हो रहा है—अपमान इस तरह कि श्रोताओं को व्याख्यान 'मोस्ट इंटरेस्टिंग' तथा 'शॉर्ट एंड स्वीट' लगता है। जाहिर है, न वक्ता को सुनना श्रोता का उद्देश्य है, न ही देश-दशा से कुछ लेना-देना। वे यहाँ रिझाने-बुझाने आए हैं। यदि ऐसा न होता तो यह कैसे होता कि, बात देश की दुर्दशा की हो रही है और श्रोता तालियाँ बजा रहे हैं। मछली-सलाद खाते हुए 'द होल कंट्री इज स्टारविंग' की चर्चा की जा रही हो! यह वणिक संस्कृति की निजी विशेषता है। इस संस्कृति में पगे लोगों के ही पैंट झंडे के ऊपर जाते ही नीचे खिसक जाते हैं जो यह जानते हैं कि 'अपने देश का चुनाव तो एक नाटक है' जहाँ की जनता घबड़ाते हुए मतदान केंद्र में घुसती है और किसी भी 'चिह्न' पर सील लगा देती है। राजनीति के प्रति ऐसी ही असामाजिक दृष्टि रखने वालों के प्रति विद्रूप करते हुए जहाँ एक ओर लुई स्टिवेशन कहते हैं—'पॉलिटिक्स इज परहैप्स द ऑनली प्रोफेशन फॉर ह्विच नो प्रिपरेशन इज थॉट नेसिसरी', वहाँ दूसरी ओर विश्वविख्यात प्रवीण व्यंग्यकार बनार्ड शॉ ऐसे चरित्रों पर इस तरह आघात करते हैं—'ही नोज नथिंग; एंड ही थिंक्स ही नोज एवरीथिंग, दैट प्वॉइंट्स क्लिअर ली टु अ पॉलिटिकल कैरियर।' परसाई ने इस रचना के मुख्य पात्र की जमानत जब्त करवाकर न केवल साधारण जनता के प्रति आत्मीय विश्वास प्रकट किया है बल्कि उस जैसे गिरे हुए लोगों के सामाजिक अस्तित्व को भी खारिज कर दिया है।

'संलाप' और 'संवाद' परसाई की रचनाओं में एक अन्यतम हथियार की तरह प्रयुक्त हैं। कभी शणित व्यंग्य, कभी झलमल सरसता। उदाहरण के लिए यह संलाप 'देश को परिवर्तन चाहिए।' मैंने कहा—'कैसा परिवर्तन? जैसे कपड़े बदलना?' वह गंभीर था। कहने लगा—'मजाक छोड़िए। देश की हालत इस समय बहुत नाजुक है।'

मैंने कहा—'सो तो देख रहा हूँ। और नाजुक हो जाएगी, तब क्या एकदम नंगे हो जाएगे?' अथवा आवेगानुभूति से पूर्णतः मथित सलाप :

पत्नी : 'अपने पास बँगले हैं, कारें हैं, गहने हैं, पैसा है। अब कोई और बढ़िया चीज लाओ।' पति : 'क्या ले आऊँ?' पत्नी : 'कोई ऐसी चीज, जिससे इज्जत बढ़े। पैसा तो बहुत है।' पति : 'अच्छा, इस बार 'लोकसभा' घर में ले

आऊँगा।' पत्नी ' 'हाँ, जरूर ले आओ। हम उसे फ्रिज में रख देंगे।...कितने में आ जाएगी लोकसभा?' पति : 'लेनी है तो दाम की क्या चिंता? पहले सस्ती आती थी। अब कुछ कीमत बढ़ गई है।' यह संलाप सिर्फ पति के चरित्र को ही नंगा नहीं करता बल्कि महाजनी सभ्यता की। जड़ पर कुल्हाड़ी चलाता है अर्थात् यह तिर्यक वाकरीति एक साथ ही क्रोध और घृणा की सृष्टि करती है।

विचारधारा और अनुभव को सटीक अभिव्यंजना तथा इस बहुव्यवहृत व अनेकशः परीक्षित मत की सटीक अभिव्यक्ति कि, विरोधी संस्कृतियों की द्वंद्वात्मकता से ही साहित्य उत्पन्न होता है, 'कर कमल हो गए' कहानी के इस संवाद में देखी जा सकती है। एक 'कर कमल' जी युवा पीढ़ी की एक सभा को संबोधित करने पहुँचे हैं। मुख-कमल से कुछ ऊल-जलूल उगलते ही युवक बमक उठते हैं :

> 'भाषण नहीं नौकरी दो।' वक्ता बहलाने की मुद्रा में कहता है।
> 'यह देश तुम युवकों का है।
> लड़के चिल्लाते हैं—'बकवास बंद करो।'
> वक्ता कहता है—'इस देश का तुम्हें निर्माण करना है।'
> लड़के डपटते हैं—'चुप रह बे।' वक्ता बहलाता है।
> 'हमें तुमसे बड़ी-बड़ी आशाएँ हैं।'
> लड़के चिल्लाते हैं—'शटप।'

फिर घेराव, नारे, जूता-फेंक और पिटाई भी होती है। यह विद्रोह सिर्फ झूठे आश्वासनों व धप्पाबाजी के प्रति ही नहीं है—दो पीढ़ियों और इस तरह दो संस्कृतियों का संघर्ष भी है। 'पीढ़ियाँ और गिट्टियाँ' में साहित्य में पीढ़ियों के संघर्ष के ब्याज से लोभ और असहिष्णुता का जो पर्दाफाश किया गया है, पथराव और गाली-गलौज को दो पीढ़ियों के कलागत मूल्यों पर 'बहस' बताया गया है, यह 'चुप रह बे' और 'शटप' की अगली कड़ी है। इन आधुनिक कमलों की भीड़ में परसाई जी ने एक ऐसे कमल की कल्पना की है जिसे खिलते देख आप किसी खूनी, किसी डकैत अथवा किसी लुच्चे-लफंगे की कल्पना करने लगते हैं जो हमारे समाज में 'क्या-क्या' बना हुआ है। यही 'कमल' कभी पिपरिया में खिलता है कभी अरबल में, कभी बेलगाँव और कनसारा में तो कभी अलीगढ़ और इलाहाबाद में। इनका खिलना देखिए : 'ये कमल अब पुलिस की सुरक्षा में खिलते हैं। यह नई किस्म का कमल इस देश में पैदा हुआ है, जो तभी खिलता

है, जब आसपास पुलिस हो। कमल सूर्य को देखकर खिलता है, यह कमल पुलिस को देखकर, पुलिस न दिखे तो मुरझा जाता है। बड़ा सुंदर दृश्य होता है—आगे पुलिस, पीछे पुलिस, बाएँ पुलिस, दाएँ पुलिस और बीच में यह कमल मुस्कराता चलता है। एक सूखा सरोवर है, जिसमें खाकी लहरें उठ रही हैं। खाकी लहरों के बीच यह कमल खिलता है।'

परसाई जी की लगभग सभी रचनाएँ व्यंग्य के आधार से रचित हैं। उन्होंने नए-नए विषय चुने हैं। विषयों के चुनाव से प्रकट है कि उनकी खुली और चौकन्नी दृष्टि अपने समय की बड़ी-बड़ी घटनाओं अथवा सामाजार्थिक समस्या मात्र पर ही नहीं अपितु ऊँचे वर्गों से लेकर निम्न वर्गों तक मनुष्यों की जिंदगी के उन पक्षों पर भी पड़ती है जो देखने में अत्यंत सामान्य और महत्त्वहीन प्रतीत होते हैं किंतु जो उनके जीवन के किसी एक पक्ष को समग्रता में उद्भाषित कर देते हैं। वह जो आदमी है न। 'सबटेनेंट की कथा', 'एक तृप्त आदमी', 'एक और जन्मदिन', 'ग्रांट अभी तक नहीं आई', 'सदगुरु का कहना है', 'निन्दारस' जैसी रचनाओं में समाज और युग की उलझनें हैं, खूबियाँ और खराबियाँ हैं, कमीनपन और हर-मजदगी का यह 'एंड' वह 'एंड' है और इनके कार्य-कारण संबंध भी हैं।

नितान्त परिच्छन्न, बाहुल्यवर्जित, सुप्रयुक्त भाषा परसाई जी की रचनाओं की विशेषता है। उनको भाषा कभी उग्र नहीं होती तथा विचार-विश्लेषण लगभग सर्वत्र पूर्णतः संतुलित है। पीछे मुड़कर देखें तो ज्ञात होता है कि बाबू बालमुकुन्द गुप्त ही नहीं 'मतवाला मंडल' के व्यंग्य-लेखकों की भाषा में भी यत्र-तत्र उग्रता पाई जाती थी। परसाई जी ने अपनी आंतरिक आग को रचनात्मक जीवंतता और सामाजिक सौंदर्य में बदल दिया। उत्तरस्वाधीनताकाल में, परसाई मुख्यतः जिस काल खंड के रचनाकार हैं—'जातीय परंपरा से कटी हुई बनावटी भाषा का बड़ा विस्तार हुआ है, जिसके निर्माण में 'परिमलियों' की सक्रिय भूमिका रही है, किंतु परसाई का गद्य भाषा के खुरदुरेपन के बावजूद परंपरा से कटी बनावटी भाषा से सर्वथा पृथक्, जीवंत और प्राणशक्ति से पूर्ण है। मुहावरों, लोकोक्तियों, लतीफों, उपमाओं, उत्प्रेक्षाओं तथा सूत्रात्मक वाक्यों के सावलील एवं प्रसंगानुकूल प्रयोग के कारण ही वे उस सामाजिक मानव का चित्रण कर सके जिनके तलवे में नाक होती है और कभी 'तलवे में हृदय'। यद्यपि फणीश्वरनाथ रेणु की तरह भाषा-प्रयोग के कारण परसाई पाठकों को चौंकाते नहीं, फिर भी पाठक चमक उठते हैं काश उनकी भाषा सचमुच विस्मयकर थी। यह न केवल व्यंग्य की अंतर्वस्तु की विशिष्टता को अभिव्यक्त करने के कारण थी बल्कि उसका आधार लेखक की राजनेतिक व सामाजार्थिक प्रश्नों की गहरी समझ थी।

जब हम परसाई को पढ़ रहे होते हैं; रचना की सुपाठ्यता के कारण, तब यह लगभग खयाल नहीं रहता कि उनकी भाषा बोलभाषा है या कथ्यभाषा। पीछे विचारने घर प्रतीत होता है कि यह बोलभाषा और कथ्यभाषा का समिश्रण है। जनभाषा है। यहाँ यह कहना अप्रासंगिक न होगा कि व्यंग्य रचनाओं में, रचना के चरित्र की रक्षा की दृष्टि से, भाषा का संदर्भानुसार 'परिनिष्ठित' (साधुभाषा) होना प्रायः अनिवार्य होता है क्योंकि भाषा के गांभीर्य और भाव की 'लघुता' में जो द्वंद्व की सृष्टि होती है वह हास्य के लिए परिवेश सृष्टि में सहायता प्रदान करती है। कथ्य भाषा की चटुलता और 'हास्य' को चटुलता एकीकृत हो जाती है। वैसे, ध्यान देने की बात यह है कि परसाई ने ऐसी रचनाएँ अथवा भाषा नहीं के बराबर लिखी हैं, कहना चाहिए लिखना ही नहीं चाहा है। नहीं चाहने का कारण यह है कि उनके समक्ष साहित्य-सृजन न मनोरंजन था, न ही कामाध्यात्म विषयक समस्याओं का आश्रय स्थल। वे साहित्य को वैचारिक क्रांति का माध्यम मानते हैं, सामाजिक-परिवर्तन में इसकी आपेक्षिक भूमिका स्वीकार करते हैं, उसके लिए संघर्ष करते हैं। और हम यह ठीक-ठीक जानते हैं कि सामाजिक परिवर्तन के संघर्ष के दौरान यह प्रश्न ही केंद्र में होता है कि परिवर्तन किस वर्ग के स्वार्थ में घटित होगा? यहाँ साहित्य में प्रतिबद्ध शिल्प का प्रयोजन महत्त्वपूर्ण हो उठता है।

एक व्यंग्य लेखक के लिए सर्वथा दुस्साध्य कर्म है व्यंग्य और 'प्रकृति' का संयोग तथा व्यंग्य और 'प्रेम' का संपर्क। किंतु यह परसाई की निजता ही है कि उन्होंने यह कार्य भी बड़ी सफलतापूर्वक संपन्न किया है। ऐसे अवसर पर रचनाओं में प्रयुक्त छंद, गति और भंगिमा किसी दूसरे व्यंग्यकार के यहाँ तो दुर्लभ है ही स्वयं परसाई जी की किसी अन्य व्यंग्य रचना में भी संभवतः अनुपलब्ध है। उदाहरण के लिए व्यंग्य और प्रकृति के संयोग—दृश्य देखें : (क) हे हनुमान, ये बादल कैसे उमड़ रहे हैं, जैसे 20 गाने, 25 नाच, दो हत्या और एक आत्महत्या वाली 'बाक्स ऑफिस फिल्म के पहले शो वाली भीड़ उमड़ रही हो' (मेरी श्रेष्ठ व्यंग्य रचनाएँ, 'आई बरखा बहार', पृ. 18)। (ख) देखो, सूर्य बादलों में ऐसे छिप गया जैसे, नई और पुरानी कहानी के विवाद के घटाटोप में अच्छा लेखक छिप गया है। (ग) सुनो, मेढ़क कैसा शोर कर रहे हैं, जैसे जीते हुए उम्मीदवार का जुलूस निकल रहा है। (घ) हे भाई, हवा के झोंके से ये वृक्ष इस तरह झुक-झुक पड़ते हैं, जैसे सेक्रेटरी की लड़की की शादी में अफसर लोग झुक-झुककर बारातियों को पान दे रहे हों। (वही, पृ. 19)। (ङ) हे बन्धु, इस कटे पेड़ के ठूँठ पर फिर एक हरी फुनगी फूट आई है, जैसे संसद के चुनाव का

हारा, म्युनिसिपल चुनाव में खड़ा हो गया हो। (च) देखो, अंधकार में कभी-कभी बिजली चमक उठती है, जैसे किसी रद्दी कविता में एक अच्छी पंक्ति आ गई हो।

व्यंग्य और प्रेम का संयोग भी एक कठिन साहित्य-कर्म माना गया है। व्यंग्य लेखक की कलम की धार ही कुछ ऐसी होती है कि, वस्तुतः 'प्रेम' हो ही नहीं पाता यदि हो भी जाता है तो कलम की धार उसे काटकर रख देती है। बर्नार्ड शॉ तथा वाल्टेयर जैसे प्रतिभावान व्यंग्य लेखक भी कोई 'मधुर रस' की प्रेम कहानी न लिख सके। ऐसा क्यों होता है?

'व्यंग्य की आँखें' स्वाभाविक रूप से जीवन को अपूर्णता की ओर निबद्ध रहती हैं और प्रेम जीवन में पूर्णता का पर्याय जैसा है। दोनों में मौलिक प्रभेद है। फिर ध्यान देने की बात यह भी है कि एक 'लिरिक कवि' प्रेम लगभग जिसका प्रधान उपजीव्य होता है—उसकी कलम से व्यंग्य शायद नहीं उतर पाता, बायरन और हाइने को व्यतिक्रम माना गया है और कीट्स को काव्य-क्षेत्र का 'ऑल राउण्डर'।

परसाई जी उन्हीं आँखों से प्रेम की ओर देखते हैं। जैसे, 'एक लड़की, पाँच दीवाने', 'मौलाना का लड़का : पादरी की लड़की', 'एक जानदार लड़के की कहानी' व 'मेनका की तपोभंग' में। किंतु व्यंग्य के स्वाभाविक उपादान से निबद्ध उनकी लेखनी की धार की काट ऐसी कि एक साथ पाँच-पाँच गर्दन कटती हैं (एक लड़की, पाँच दीवाने)। विलक्षण बात यह है कि पहली दृष्टि में ये कहानियाँ 'प्रेम कहानी' प्रतीत नहीं भी हो सकती हैं किंतु ये प्रेम कहानी के अतिरिक्त और कुछ नहीं हैं और ये कहानियाँ उनकी 'श्रेष्ठ' कहानियों में हैं। सामान्य प्रेम कहानियों में गो मामूली वा हल्का उपादान तथा मनस्तात्विक दाँव-पेंच होते हैं, वे उनमें एकदम नहीं हैं। एक तृप्त आदमी की कहानी में भी 'पनपते हुए प्रेम' को कतरकर रख दिया गया है : 'एक दिन अनायास आमना-सामना हो जाने पर भाभी (जिसके अंतर में प्रेम पनप या सनक रहा था) डबडबाई आँखों से बोली : 'क्यों लाला, ऐसा ही नेह निभाया जाता है।' मास्टर—तृप्त आदमी ने कहाः 'सोचो तो लोग क्या कहेंगे।' कुछ दिनों बाद किसी ने उनसे कहाः 'आजकल बैंक मैनेजर भाभी को मोटर में घुमाने ले जाता है।' मास्टर ने जवाब दिया : 'ठीक ही है, समरथ को नहीं दोष गुसाईं।'

सोमनाथ लाहिड़ी व 'आयरनी दीप्त' कहानियों की तरह परसाई को व्यंग्य विद्ध रचनाएँ समकालीन जीवन की विडंबनाओं और विसंगति को चतुर्दिक उजागर करती हैं। इन विडंबनाओं और विसंगतियों के चित्र हमारे चित्त पर

अत्यंत स्वाभाविक रूप में उभरते हैं अर्थात् वे कभी विच्छिन्न प्रतीत नहीं होते। परसाई के व्यंग्य हृदय की अपेक्षा बुद्धि को संबोधित है। 'हास्य' का मुख्य उद्देश्य 'आनन्ददान' के अतिरिक्त और कुछ नहीं होगा, यही 'हास्य' और 'व्यंग्य' का मुख्य अंतर भी है। हास्य-लेखक आनन्द प्रदान करता है, व्यंग्य-लेखक विचार करता है, हास्य-लेखक 'उत्सवबाज' होता है, व्यंग्य-लेखक विचारक। जानसन के 'द वैनिटी ऑफ ह्यूमन विशेज' की भूमिका में टी.एस. इलियट ने इसे 'शुद्ध व्यंग्य' कहा है और लिखा है कि उसमें अपने काल और स्थान के प्रति एक 'नैतिक भावना' भी थी।

प्रसिद्ध व्यंग्य-लेखक वायन्धमलिविस ने व्यंग्य संबंधी धारणाओं को खारिज करते हुए 'नन मोरल सटायर' का सिद्धांत प्रतिपादित किया है, जिसका अभिप्राय यह है कि 'व्यंग्य' निरुद्देश्य होता है और इसे 'शुद्ध साहित्य' की श्रेणी में रखा जाना चाहिए (देखें : 'स्टडीज इन मॉडर्न फिक्शन', शिव एम. पाण्डेय, पृ. 79)। लिविस की दृष्टि में 'मोरल' बदलता रहता है किंतु श्रेष्ठ व्यंग्य कभी नहीं बदलता; इसलिए अनिवार्य नहीं है कि हर व्यंग्य में कोई सीख, कोई शिक्षा, कोई सकारात्मक वा नकारात्मक संकेत हो ही। उसने स्पष्ट लिखा है कि : 'आइ एम अ सटायरिस्ट। देयर इज नो यूज डिनाइंग दैट। बट आइ एम नॉट अ मोरलिस्ट, एंड अबाउट दैट आइ मेक नो बोनस आइदर' (लिविस, 'मेन विदाउट आर्ट', पृ. 20)। घोर भाववादी और अराजकतावादी की तरह वह व्यंग्य की सामाजिक भूमिका को नकारते हुए कहता है—व्यंग्य-रचना कभी आक्रमण नहीं करती। सामाजिक विसंगतियों, विकृतियों, अन्याय, शोषण आदि के उद्घाटन से उसका कोई प्रत्यक्ष संबंध नहीं होता। जाहिर है, इस प्रकार की धारणा व्यंग्य (सटायर) के मूल चरित्र से ही दूर चली जाती है क्योंकि आज तक विश्व के श्रेष्ठ व्यंग्यकारों ने यही प्रतिपादित किया है कि सामाजिक बुराइयों पर आक्रमण व्यंग्य का प्राथमिक दायित्व है। स्टेफेन स्पेंडर ने लिविस की सटायर संबंधी धारणा पर प्रश्न-चिह्न लगाते हुए पूछा है कि : 'बिना किसी 'मोरल मोटिव' के किसी व्यंग्य की क्या आवश्यकता है? क्या व्यंग्यकार 'मानव' को 'रेडिक्यूलस' बनाना चाहता है' (डिस्ट्रक्टिव इलेमेंट, पृ. 210)।

इसी तरह के अन्य प्रश्नों और अभियोगों के प्रति नकारात्मक रुख अपनाते हुए कूपमंडूक की तरह अहंवाद का घोर शिकार लिविस कहता है कि 'मैं अपना निर्माता आलोचक, प्रकाशक, एजेंट, चेयरमैन, Shoe-Shiner सब कुछ हूँ।' यह कोई नई बात नहीं है। साम्राज्यवाद, पूँजीवाद की कोख में पले ऐसे अनेक विचारक-लेखक हो चुके हैं। लिविस जैसे व्यंग्यकारों को लक्ष्य कर ही लू शुन ने

कहा होगा : 'उनके व्यंग्य का निशाना समाज है और जब तक समाज बदल नहीं जाता उनका व्यंग्य कारगर रहेगा' आप उन पर व्यक्तिगत रूप से प्रहार करते हैं किंतु जब तक उनका व्यंग्य कारगर रहता है, आपके प्रहार का कोई मूल्य नहीं होता। अतः ऐसे हीनमन्य व्यंग्यकारों को मात देने के लिए समाज को ही बदलना अनिवार्य है' (सटायर से ह्यूमर लेख में)।

लिविस ने, लू शुन के शब्दों में 'भाड़े के विद्वान' की तरह यह भी लिखा है। कि राजनीति, सामाजिक बुराइयाँ (सोशल इविल्स), धर्मों-संप्रदायों (कैथोलिक-प्रोटे-स्टेंट) के मसलों पर किसी व्यंग्य लेखक से पक्ष में सिर खपाना और तत्संबंधी अपनी धारणा या निर्णय आरोपित करना गैर-मुनासिब है। लेखन वा व्यंग्य-लेखन के संदर्भ में ज्ञानरंजन से अपने साक्षात्कार में हरिशंकर परसाई ने कहा है कि 'कुछ लेखक निशिरूप से और जानबूझकर शोषक वर्ग के समर्थन में लिखते हैं। ये भी व्यंग्य लिखते हैं। पर इनकी चोट जनवादी शक्तियों पर होती है। ये धन और सुरक्षा के लिए ऐसा करते हैं। कुछ लेखक हैं जो लोकप्रिय भी हैं जिनकी भाषा सधी हुई है, खूब पढ़े भी जाते हैं, लेकिन सामाजिक-राजनीतिक दृष्टि से मूर्ख हैं। प्रगतिशील लेखन आंदोलन का विरोध कुछ संपादक, लेखक जिम्मेदारी के कारण करते हैं तो कुछ मूर्खता के कारण (परसाई रचनावली, 6/415)। वायन्धम जैसे भारतीय लेखक दूसरी कोटि में आते हैं। परसाई एक प्रतिबद्ध लेखक हैं इसलिए धर्मों-संप्रदायों, सामाजिक बुराइयों अथवा उस घातक दर्शन पर जो समाज और उसकी जीवन परंपरा पर कुण्डली मारकर बैठा है, पर विचार भी करते हैं और धारणा भी बनाते हैं। 'कविता, विज्ञान और धार्मिक मूढ़ता', 'कबीर का स्मारक बनेगा', 'एक शंकराचार्य के नाम' जैसी रचनाओं में परसाई भारतीय समाज में व्याप्त उस भाव प्रणाली पर आक्रमण करते हैं जो साधारण जनता को यह सीख देती है कि 'प्रभुवर्ग' के समक्ष संपूर्ण समर्पण उसका परम कर्तव्य है, नैतिक दायित्व है। मनुष्य के भीतर दासत्व बोध पैदा करने वाला ऐसा दर्शन (?) दुनिया में कम ही देखा गया है। तत्कालीन चीन में एक ऐसा ही दर्शन व्याप्त था जिसने पूरे चीन को अज्ञान के नरक कुण्ड में परिण ात कर दिया था, जिसने मनुष्य को मनुष्य का खून पीना सिखाया था; लू शुन का संपूर्ण साहित्य इसी का प्रतिवाद करता है। उन साम्राज्यवादी डाकुओं और देशी सामंतों के विरुद्ध क्रोध और घृणा का प्रचार करना लू शुन एक लेखक और संस्कृति-कर्मी की हैसियत से अपना नैतिक दायित्व मानते थे, जो चीन को दोनों हाथों लूटते और ठहाके लगाते थे।

हरिशंकर परसाई का लगभग संपूर्ण लेखन उसी दर्शन के प्रतिवाद में है जो मनुष्य में 'दासत्वबोध' पैदा करता है, आदमी को जड़ और कूपमंडूक बनाता है। इस 'दर्शन' की ओर संकेत करते हुए परसाई जी पाठकों के साहित्य-विवेक को उकसाते हैं। वे बार-बार पूँजीपतियों और सामंतों के उन हथियारों पर उँगली धरते हैं जिनका 'वार' कभी खाली नहीं जाता। सांप्रदायिकता, क्षेत्रीयता, पुनरुत्थानवाद तथा वर्णवाद रूपी हथियारों से सभी परिचित हैं। हरिशंकर परसाई ही नहीं, बी.टी. रणदिवे जैसे मार्क्सवादी विचारक भी यह स्वीकार करते हैं और कहते हैं—''आर्थिक बुराइयों, गरीबी, राजनीतिक दमन की कलई खोलना काफी नहीं, इससे भी ज्यादा-ज्यादा जरूरी है कि आर्थिक, जात पातगत अत्याचार, अंधविश्वास, पुनरुत्थानवाद का भंडाफोड़ किया जाए क्योंकि मजदूर किसान ही नहीं, शिक्षित लोग, मध्यम वर्ग, अध्यापक, वकील सभी इस झूठी विचारधारा के शिकार होते हैं।' यह झूठी विचारधारा है पूँजीवाद। पूँजीवाद का अर्थ है : एक ओर पूँजी का बटोर और दूसरी ओर भुखमरी का फैलाव पूँजीवाद रूपी कारखाने में भुखमरी रूपी मशीन की सहायता से देश्या नामक वस्तु हर वक्त ढाली जाती है। परसाई इस झूठी विचारधारा का यह रूप ही नहीं वह रूप भी पहचानते हैं जो अपने को इस शैली में व्यक्त करता है : 'जब सब सदस्य अपने चंगुल में रहें, तब संसदीय प्रजातंत्र का मजा आता है' (रानी नागफनी की कहानी, पृ. 106)।

परसाई जी के साहित्य-सृजन का स्रोत उनका देशप्रेम, साधारण जनता के लिए ममत्व और सहानुभूति है। उनकी शायद ही कोई ऐसी रचना हो जिसका हमारे जीवन के लिए कोई उपयोग न हो। 'परसाई रचनावली खंड 6' में पृ. 147 से 225 तक परसाई जी की साहित्यिक टिप्पणियाँ संकलित हैं, ऐसी और भी दूसरी टिप्पणियाँ हैं जिनसे ज्ञात होता है कि परसाई जी प्रेमचन्द की तरह हिंदी गद्य को एक नए सौंदर्यशास्त्र से परिचित करा रहे हैं। उनके लेखन का मूल जनशिक्षण है अर्थात् अपने संपूर्ण लेखन के माध्यम से उन्होंने प्रतीकों, उपमाओं, उत्प्रेक्षाओं वा व्यंग्य विद्रूप का आश्रय लेकर जनता में सामंतीबोध तथा समस्त शोषक तत्त्वों के विरुद्ध व्यापक प्रचार किया है, कला जनता की थाती है, इसे उन्होंने बहुत अच्छी तरह प्रमाणित किया है। हरिशंकर परसाई सोद्देश्य लेखन के जीवंत प्रतीक हैं।

डॉ. रामकृपाल पाण्डेय

विजीगीषु योद्धा का स्वर

गद्यकार परसाई के लेखन को हम दो वर्गों में बाँट सकते हैं—व्यंग्य-लेखन और प्रकृत ऋजु-लेखन। उनके लेखन में व्यंग्य-लेखन की प्रधानता है। अतः वे उचित ही व्यंग्य-लेखक के रूप में समूचे हिंदी-जगत् में विख्यात हैं। हम उनके इन दोनों प्रकार के लेखनों पर क्रमशः विचार करेंगे। पहले हम उनके व्यंग्य-लेखन पर ही विचार करते हैं। किंतु इसके पूर्व हमें व्यंग्य के स्वरूप और प्रकृति की जानकारी कर लेनी चाहिए।

व्यंग्य क्या है—यह बतलाना बहुत कठिन है। उसे परिभाषित करना और भी कठिन है, साथ ही अनावश्यक और अनुपयोगी भी। इसके विपरीत व्यंग्य को पहचानना और उसकी प्रकृति के मुख्य लक्षणों को समझना अपेक्षाकृत सरल है। अतः यही मार्ग अपनाना चाहिए।

हमारे महाविद्यालय के अँग्रेजी के एक प्रोफेसर साहब 'योग' को अँग्रेजी स्टाइल में 'योगा' कहते हैं और अवसर पाते ही उसकी तान छेड़ देते हैं। हम लोग उनके इस अतिशय योगा-प्रेम और अनावश्यक रूप से मौके-बेमौके उसकी चर्चा छेड़ देने की प्रवृत्ति को नापसंद करते हैं और अनुचित तथा असंगत मानते हैं। अतः मजाक उड़ाते हैं। उन्हें आते देखकर हम आपस में कहते हैं—'मिस्टर योगा आ रहे हैं। यह निश्चित ही व्यंग्यात्मक उक्ति (Satirical Expression) या अभिव्यक्ति है। इसे पहचानने में किसी को भी दिक्कत नहीं होगी।

स्पष्ट है व्यंग्य एक अभिव्यक्ति पद्धति है जिसके द्वारा किसी व्यक्ति, प्रवृत्ति, विचार, सामाजिक रूढ़ि, असंगति या किसी भी अन्य बात का, जिसे हम सदोष और अनुचित समझते हैं या नापसंद करते हैं, मजाक उड़ाते हैं और इस प्रकार उसका खंडन या पर्दाफाश करते हैं। साहित्य से बाहर दैनिक जीवन में भी व्यंग्य का नित्य-प्रति प्रयोग होता रहता है। अतः व्यंग्य अभिव्यक्ति की सहज मानवीय

प्रवृत्ति है। अतः उसका इतिहास भी उतना ही पुराना होना चाहिए जितना पुराना वाणी और साहित्य का इतिहास। संभवतः वाणी का आविष्कार होने पर उसके विकास की प्रारंभिक मंजिलों में ही व्यंग्य का भी आविष्कार हो गया होगा।

व्यंग्य की शक्ति को समझने के लिए मैं एक दूसरा उदाहरण दूँगा—आज से 10 वर्ष पूर्व हमारे महाविद्यालय में 'साहित्य का समाजशास्त्र' विषय पर एक विचारगोष्ठी हुई। उसमें कुछ विचारकों ने साहित्य के समाजशास्त्र के औचित्य और अस्तित्व पर ही गंभीर संदेह प्रकट किए। परिणामतः विचारक दो खेमों में बँट गए। पक्ष ने बीसों समाजशास्त्र के नाम गिनाए जैसे अपराध का समाजशास्त्र, युद्ध का समाजशास्त्र आदि। विपक्ष ने कहा कि समाजशास्त्र (Sociology) को अपने अध्ययन का क्षेत्र सुनिश्चित करना चाहिए, अन्यथा वह ब्रह्म की भाँति शून्य हो जाएगा और बीसों समाजशास्त्र के अस्तित्व और औचित्य का खंडन करते हुए कहा कि अपराध का वैज्ञानिक अध्ययन करने वाली ज्ञान की शाखा अपराधशास्त्र (Criminology) कहलाती है। और उसे यही कहना भी चाहिए, न कि अपराध का समाजशास्त्र। इसी प्रकार साहित्य का वैज्ञानिक अध्ययन करने वाली ज्ञान की शाखा को 'साहित्यशास्त्र' कहते हैं और कहना चाहिए। उसे साहित्य का समाजशास्त्र कहने की न तो कोई आवश्यकता है और न औचित्य। पक्ष के चौधरी ने पुनः कुछ और समाजशास्त्रों के नाम गिनाए और जोर देकर कहा कि सैकड़ों समाजशास्त्र होते हैं। इस पर एक विपक्षी विचारक ने व्यंग्य में कहा—'क्यों महोदय, हजामत का समाजशास्त्र भी आपके यहाँ है या नहीं?' सारा हाल ठहाके से गूँज गया और पक्ष श्रोताओं को दृष्टि में धराशायी हो गया। किंतु पक्ष के विचारक कटुता से भर गए और उनके चेहरे विवर्ण हो गए। ऐसी होती है व्यंग्य की शक्ति और अमोघता।

इस विवेचन के आधार पर हम कह सकते हैं कि आलोचना या दोषोद्घाटन से व्यंग्य का जन्मजात संबंध है। वस्तुतः आलोचना व्यंग्य की प्रकृति है और हँसी या मजाक उड़ाना (To ridicule) उसका चरित्र। व्यंग्य की प्रहार क्षमता या संहार शक्ति को देखकर हम यह कह सकते हैं कि व्यंग्य आलोचना का ब्रह्मास्त्र है। और यहीं पर कह दें; क्योंकि आगे याद रहे या न रहे कि परसाई ने इतनी बड़ी संख्या में और इतने शक्तिशाली (Powerful) व्यंग्य-ब्रह्मास्त्रों का निर्माण किया है कि उनसे लैस होकर अर्थात् उनकी रचनावली का सम्यक् अध्ययन कर और उसे पचाकर कोई भी शास्त्रार्थ में दिग्विजय के लिए बेखटके निकल सकता है।

व्यंग्य का प्रहार एकदम अचूक होता है। अतः उसका प्रयोग बहुत ही सावधानी से करना चाहिए। अनुपयुक्त स्थान पर उसका प्रयोग अत्यंत अनिष्टकारी एवं अनर्थकारी हो सकता है। परसाई के व्यंग्य के विवेचन के संदर्भ में हम इस प्रश्न पर भी विचार करेंगे कि उन्होंने उसका प्रयोग अनुपयुक्त स्थान पर किया है या नहीं? व्यंग्य का एक शब्द या एक पदबंध (Phrase) या वाक्य वह कार्य कर सकता है जो प्रायः दर्जनों साधारण वाक्य नहीं कर सकते।

व्यंग्य की अंतर्वस्तु उसकी अपनी विशिष्ट प्रकृति के कारण अनुचित, असंगत, असुंदर आदि होते हैं, उचित, संगत और सुंदर आदि नहीं। यह उसकी स्वाभाविक सीमा है। इस सीमा के कारण उसमें व्यंजित यथार्थ स्वभावतः अधूरा या एकांगी होने के लिए बाध्य होता है। संतुलन के लिए इतना और कहना आवश्यक प्रतीत हो रहा है कि यद्यपि उसमें सुंदर आदि का विशद चित्रण नहीं होता, फिर भी उनकी संभावनाएँ उसमें अवश्यमेव ध्वनित होती रहती हैं। व्यंग्य मूलतः ध्वंसात्मक कार्य करता है। निर्माण या सृजन की प्रत्यक्ष शक्ति उसमें प्रायः नहीं होती। यह उसकी दूसरी सीमा है। परंतु यह समझना बहुत बड़ी भूल होगी कि निर्माण से उसका कोई संबंध ही नहीं होता वास्तव में वह निर्माण का मार्ग साफ करता है, क्योंकि निर्माण के लिए अनुचित, असंगत, असुंदर आदि का ध्वंस आवश्यक ही नहीं, अपितु अनिवार्य होता है। अतः यह निष्कर्ष निकालना अनुचित न होगा कि एक समर्थ व्यंग्यकार का तर्क और औचित्य बल से परिपुष्ट व्यंग्य सहृदय सामाजिकों को न केवल असुंदर आदि के ध्वंस के लिए वरन् अभिनव सौंदर्यपूर्ण नव-निर्माण के लिए भी प्रेरित करता है। कम से कम सही दिशा का निर्देश तो वह करता ही है।

पाठक या श्रोता को प्रभावित करने की प्रक्रिया भी प्रकृत ऋजु-लेखन की प्रक्रिया से निश्चय ही भिन्न होती है। व्यंग्य-रचना पाठक को धीरे-धीरे धैर्यपूर्वक सौंदर्यपूर्ण चित्रों द्वारा आकर्षित और कांविंस (Convince) करने की प्रक्रिया नहीं अपनाती। इसके विपरीत उसका लक्ष्य होता है पाठक की भावना को आवेग या त्वरा के साथ या झटके देकर अपनी ओर बलपूर्वक मोड़ लेना। वह एक नुकीले तीक्ष्ण अस्त्र की भाँति कार्य करता है जो अपने लक्ष्य असुंदर को सहज ही भेद या छेद देता है और साथ ही पाठक को चमत्कृत और भावाविष्ट कर देता है। व्यंग्य की रचना करने में व्यंग्य-लेखक को एक विशेष प्रकार की दक्षता का विकास करना पड़ता है जो उसकी रचना को नावक के तीर की भाँति लघु और तीक्ष्ण बना देती है। व्यंग्य का थोड़ा-बहुत प्रयोग लगभग प्रत्येक लेखक करता है, किंतु हम प्रत्येक लेखक को व्यंग्यकार या व्यंग्य-लेखक (Satirist) नहीं कह

सकते। आचार्य शुक्ल और डॉ. रामविलास शर्मा ने अपने निबंधों और अपनी आलोचनाओं में व्यंग्य का बहुत सटीक और सधा हुआ प्रयोग किया है, पर हम उन्हें व्यंग्य लेखक नहीं कह सकते। शेक्सपियर के नाटकों में बहुत ही प्रभावशाली व्यंग्यात्मक अंश यत्र-तत्र पाए जाते हैं, किंतु वे अंश उनकी शेष विस्तृत विचार सरणि में पूरी तरह लीन हो जाते हैं। अतः उन्हें व्यंग्य-लेखक नहीं कहा जा सकता। यदि कोई ऐसा कहता है तो वह वस्तुतः शेक्सपियर को विकृत करता है। इसी प्रकार हर रचना को व्यंग्य नहीं कहा जा सकता, भले ही उसमें सशक्त व्यंग्यांश विद्यमान हों। वस्तुतः उसी रचना को व्यंग्य कहेंगे जिसमें व्यंग्यांश की प्रधानता हो, अनुपातिक दृष्टि से उसका आधिक्य हो।

परसाई की मान्यता है कि–'व्यंग्य कोई विधा नहीं है। इसका अपना कोई 'स्ट्रक्चर' नहीं है। यह एक 'स्पिरिट' है जो हर विधा में आ सकती है। (रचनावली, खंड-6, पृ. 411, 'ज्ञानरंजन द्वारा लंबी बातचीत')। यह सही है कि व्यंग्य का अपना कोई निश्चित स्ट्रक्चर नहीं होता और वह हर विधा में प्रयुक्त हुआ है और हो सकता है। लेकिन व्यंग्य मूलतः स्पिरिट नहीं, अपितु अभिव्यक्ति की एक प्रणाली है जिसकी अपनी स्पिरिट अर्थात् अंतर्वस्तु और ऊर्जा होती है। सटायरिकल स्पिरिट (Satirical Spirit) पदावली से भी यही बोध होता है। आधुनिक युग में छापेखाने के आविष्कार और औद्योगिक विकास के साथ-साथ दैनिक समाचार-पत्रों साप्ताहिकों, मासिकों एवं अन्य सावधि पत्र-पत्रिकाओं का जबरदस्त प्रचलन हुआ। इसके परिणाम स्वरूप गद्य-लेखन के क्षेत्र में रोचक और आकर्षक सामग्री की विशेष आवश्यकता उत्पन्न हुई। इसी आवश्यकता की पूर्ति के लिए चुटकुले, हास्य-व्यंग्य और व्यंग्य का लेखन बहुत बढ़ गया। हास्य-व्यंग्य और व्यंग्य में भी अंतर है, यद्यपि व्यंग्य में भी हास्य का पुट होता है और हो सकता है। हास्य-व्यंग्य में लेखक की दृष्टि गंभीर नहीं होती और उद्देश्य होता है पाठक को सिर्फ हँसाना। पर व्यंग्य-लेखक अपनी दृष्टि में गंभीर होता है और उसका उद्देश्य होता है असंगत आदि आलोच्य वस्तु की हँसी उड़ाना, उसका तिरस्कार और पर्दाफाश (Expose) करना और पाठक को न केवल हँसाना अपितु उसे असंगत आदि आलोच्य वस्तु के विरुद्ध खड़ा कर देना अर्थात् जनमत को बदलना। अगर हम यह फर्क नहीं करते, तो हम परसाई जैसे व्यंग्यकार के वास्तविक महत्त्व को भली-भाँति समझ नहीं सकेंगे। परसाई वस्तुतः व्यंग्य-लेखक हैं, हास्य-व्यंग्य-लेखक नहीं।

ज्ञानरंजन ने अपनी बातचीत में परसाई से एक ऐसा प्रश्न पूछा है जिससे व्यंग्य और व्यंग्यकार दोनों की व्यंग्येतर-साहित्य-सापेक्ष त्रुटि भी सामने लाई जा

सकती है। पर ज्ञानरंजन ने परसाई को ज्यादा कुरेदा नहीं। प्रश्न है : 'जीवन के प्रति व्यंग्य का लहजा क्या हमें दार्शनिक रूप से एक अस्थिर और सिनिक नहीं बना देता?' (रचनावली, खंड-6, पृ. 411 'ज्ञानरंजन द्वारा लंबी बातचीत')। प्रश्न की भाषा बहुत सधी हुई नहीं है, क्योंकि विशेषण 'अस्थिर' को संज्ञा बना दिया गया है, पर प्राशय स्पष्ट है। बरसाई का उत्तर इस प्रकार है : 'व्यंग्य एक पॉजिटिव चीज है; उसे नकारात्मक नहीं मानना चाहिए। व्यंग्य-लेखक यही तो बताता है कि समाज में यह बुरा है यह असंगत है, यह अकल्याणकारी है। वह ऐसा इसलिए करता है, क्योंकि वह दुखी है कि इतना बुरा क्यों हुआ? वह एक बेहतर मनुष्य, एक बेहतर समाज-व्यवस्था के प्रति आस्था रखता है। इसलिए जो बुराई आज उसे दिखती है, उसे इंगित करता है। डॉक्टर अगर मरीजों को रोग बताता है तो वह निराशावादी, नकारात्मक और 'सिनिकल' नहीं है, वह आदमी को स्वस्थ करना चाहता है, इसलिए रोग बताता है।' (रचनावली, खंड-6, पृ. 411)। मैं परसाई से सोलह आने सहमत हूँ। वास्तव में व्यंग्य और व्यंग्य-लेखक की दृष्टि जीवन की बुराइयों के प्रति नकारात्मक होती है, न कि जीवन के प्रति। उसका आक्रमण जीवन की बुराइयों पर होता है, न कि जीन पर। लेकिन समस्या यह है कि जीवन में बुराइयाँ ही नहीं होतीं, अच्छाइयाँ भी होती हैं। अतः व्यंग्य और व्यंग्य-लेखक सिर्फ बुराइयों का चित्रण करने के कारण व्यंग्येतर प्रकृत ऋजु साहित्य और साहित्यकार की सापेक्षता में निश्चय ही एकांगी या अधूरा होता है। मेरा विचार है कि चित्रकला के क्षेत्र में जो स्थान कार्टून और कार्टूनिस्ट का होता है, वही स्थान साहित्य के क्षेत्र में व्यंग्य और व्यंग्य-लेखक का होना चाहिए। इस दृष्टि से महान् कथाकार प्रेमचन्द और महान् व्यंग्यकार परसाई की तुलना साहित्यकारों के रूप में करना, मेरी दृष्टि में, न केवल अनुचित है, अपितु मूर्खतापूर्ण भी। केवल विचारधारा की दृष्टि से दोनों को एक परम्परा या धारा के अंतर्गत रखकर अवश्य उनकी तुलना की जा सकती है।

अब हम परसाई के व्यंग्य-लेखन पर विचार प्रारंभ करते हैं। उनके व्यंग्य-लेखन की अंतर्वस्तु बहुत व्यापक और अत्यंत वैविध्यपूर्ण है। सामाजिक, सांस्कृतिक, धार्मिक, आर्थिक, नैतिक और राजनैतिक आदि जीवन के विविध क्षेत्रों की शायद ही कोई ऐसी बुराई हो जो उनके व्यंग्य-बाण के प्रहार से बच गई हो। जीवन के सभी प्रकार के असौंदर्य पर वह बाज की तरह टूट पड़ा है और भले ही वह उन्हें समाप्त न कर सका हो, पर उसने उन्हें लहूलुहान अवश्य कर दिया है। उसका यह युद्ध अपने आप में भव्य और स्तुत्य है।

भौगोलिक दृष्टि से भी परसाई के व्यंग्य-लेखन की अंतर्वस्तु की कोई सीमा नहीं है। राष्ट्रीय सीमा में न बँधकर उनकी दृष्टि ने सारी धरती को अपने भीतर समेट लिया है, विशेष रूप से राजनैतिक प्रसंगों में। 1950 ई. के बाद की राष्ट्रीय व अंतर्राष्ट्रीय राजनैतिक गतिविधियों और व्यक्तित्वों की दिलचस्प और यथार्थ झाँकी उनके व्यंग्य-लेखन में हमें मिल जाती है। राजनारायण, मोरारजी देसाई, अटल बिहारी वाजपेयी, विनोबा भावे, इंदिरा गांधी, जनाब भुट्टो, चिली के तानाशाह विनोशे, किसिंगर साहब, राष्ट्रपति निक्सन आदि से परसाई की काल्पनिक भेंट का व्यंग्य साहित्य ऐसा यथार्थ और प्रभावशाली जान पड़ता है कि मुझे यह कहने में संकोच नहीं कि परसाई की अंतर्दृष्टि ने उपर्युक्त महापुरुषों के अतरिक्त व्यक्तित्वों के 'एक्सरे' चित्र प्रस्तुत कर दिए हैं।

विवेचन को अमूर्त होने से बचाने के लिए और प्रामाणिकता के लिए भी यह उचित प्रतीत होता है कि हम परसाई के विविध क्षेत्रों से चुने हुए कुछ व्यंग्यात्मक रचनाओं का अवलोकन करें और उन्हीं के माध्यम से अपनी बातें कहें। सबसे पहले मैं सामाजिक क्षेत्र को लेता हूँ। स्त्री के विधवा हो जाने पर उसे जीवित जला देने की घटनाएँ हमारे समाज में अभी भी (यद्यपि कम) होती रहती हैं। अभी हाल में राजस्थान में दिवराला कांड हुआ।। नवयुवती रूपकँवर को जिंदा मुर्दे पति के साथ जला दिया गया। ऐसी घटना को लेकर परसाई का क्षोभ इतना बढ़ जाता है कि व्यंग्य का अस्त्र उनके हाथ से छूट जाता है और वे सपाट शैली में आरोपों की बौछार करने लगते हैं। ऐसी ही एक घटना को लक्षित कर 'किस विधि नारि रचेउ जग माँही' लेख में कहते हैं: 'हम बहुत पाखंडी लोग हैं। हम अपने को प्राचीनतम और महान् संस्कृति वाले कहते हैं, आदर्शवादी समझते हैं, नैतिक मानते हैं, मगर हमसे ज्यादा क्रूर और नीच जाति दुनिया में कोई नहीं। अफ्रीका के जंगली कबीलों में भी नारी पर उतने अत्याचार नहीं होते, जितने हम करते हैं और कहते हैं कि नारी पवित्र है, पूज्या है, माता है। जहाँ नारी पूज़ा होती है, वहाँ देवता रमते हैं।' (रचनावली, खंड 5, पृ. 129)। इस मामले में हमारी क्रूरता को वे जनरल जिया की क्रूरता से बढ़कर बतलाते हैं। कहना न होगा परसाई की दृष्टि में यह ऐसा गंभीर मामला है कि उस पर उन्हें हँसी नहीं आती, अपितु करुणा और क्रोध का ज्वार उनके हृदय में उमड़ पड़ता है। ऐसे मामलों में पुलिस की क्या भूमिका होती है?

'पुलिस वाले तहकीकात करने पहुँचे, तो पहले सती की चिता के पास जाकर माथा टेका और राख कपाल पर लगाई। XX ये पुलिस वाले क्या रोकेंगे अपराध! इण्डियन पेनल कोड तो सती मैया के साथ खाक हो गया।' (रचनावली,

खंड- 5, पृ. 130)। भारतीय कानून और उसके रखवाले पुलिस वालों का संयुक्त दाह-संस्कार अपने इस व्यंग्य-लेख की चिता पर परसाई ने अच्छी तरह कर दिया है। फिर भी कोई भला आदमी उन्हें जीवित समझे और उनसे कुछ उम्मीद करे तो इसमें परसाई का क्या दोष!

विवाहित-अविवाहित स्त्रियों के साथ बलात्कार की घटनाएँ हमारे देश में भी होती ही रहती हैं। परसाई की दृष्टि में बलात्कार से जघन्य अपराध और कोई नहीं! (रचनावली, खंड 5, पृ. 128)। किंतु 'इस अपराध को स्त्री-परिवारजन खुद छिपा लेते हैं, क्योंकि बदनामी का डर है।' (रचनावली, खंड 5, पृ. 128)। इसका कुफल क्या होता है? 'बलात्कारी इससे बेखटके हो जाते हैं।' (रचनावली, खंड 5, पृ. 128)। प्रेरणा यह कि स्त्री के परिवार के लोगों को बदनामी के डर से बलात्कार की घटना छिपानी नहीं चाहिए। किंतु दूसरी ओर भी खतरा है। आगे कुआँ, पीछे खाई—की स्थिति है। क्योंकि ऐसे मामलों में पुलिस की भूमिका के बारे में परसाई बतलाते हैं कि 'यदि कोई स्त्री पुलिस थाने में रिपोर्ट करने जाए कि उस पर बलात्कार हुआ, तो भारतीय पुलिस बड़ी मुस्तैदी से अपना कार्य करती है। पुलिस वाले खुद उस स्त्री पर प्रयोग करके पक्का कर लेते हैं कि जो हुआ वह ऐसा ही हुआ, जैसा हमने किया।' (रचनावली, खंड 5, पृ. 128)। इस कटु सत्य का उद्घाटन करने के बाद परसाई व्यंग्य का परशु इस प्रकार चलाते हैं—'बलात्कार को 'पाशविक' कहा जाता है, पर यह पशु की तौहीन है। पशु बलात्कार नहीं करते। सूअर तक नहीं करता, मगर आदमी करता है' (रचनावली, खंड 5, पृ. 128)। परसाई जी के कुछ आलोचकों का कहना है कि परसाई जी बुराइयों की तह तक जाते हैं और उनकी जड़ें यानी कारणों की खोज करते हैं। यहाँ हम देख सकते हैं कि परसाई ने ऐसा नहीं किया है। अक्सर वे ऐसा नहीं करते हैं। कारण यह कि व्यंग्य में प्रायः गंभीर विश्लेषण विवेचन का अवसर ही नहीं होता है। इस लेख में बलात्कार के सामाजिक-आर्थिक, मनो-शरीर वैज्ञानिक कारणों को पकड़ने का कोई प्रयास लक्षित नहीं होता। ध्यातव्य है कि परसाई ऐसा करने में समर्थ हैं, फिर भी ऐसा नहीं करते, कारण है व्यंग्य की अपनी सीमा। इतना उन्होंने अवश्य कहा है कि 'बलात्कार निम्न वर्ग, विशेषकर हरिजन स्त्रियों के साथ देश भर में होते हैं।' (रचनावली, खंड 5, पृ. 128)। इस वाक्य से कारण का कुछ संकेत अवश्य मिलता है, लेकिन सत्य को अन्वेषित करने का कोई प्रयास परिलक्षित नहीं होता। जब उच्च वर्ग की गैर-हरिजन स्त्रियों के साथ बलात्कार होते हैं जब पिता अपनी पुत्री के साथ बलात्कार करता है, जब श्वसुर अपनी पुत्र-वधू के साथ बलात्कार करता है, जब एक मित्र अपने मित्र

की पत्नी या बहिन के साथ बलात्कार करता है तो आप उसे क्या कहेंगे और उसकी व्याख्या कैसे करेंगे? हरिजन-गैरहरिजन का लोहियावादी चिन्तन और शोषक-शोषित का मार्क्सवादी चिन्तन अपने सरलीकृत रूप में यहाँ घुल-मिल गए हैं, तथापि यह सत्य से दूर है। कठमुल्ले मार्क्सवादी से अगर पूछा जाए कि जुकाम का क्या कारण है तो भी वह चटपट यही कहेगा कि शोषण। परसाई समर्थ विचारक हैं, पर यहाँ कारण का विवेचन उनका उद्देश्य ही नहीं है। अतः वे अखबारी सत्य का उल्लेख कर ही संतोष कर लेते हैं।

'गणेश जी और गधा जी' (रचनावली, खंड 5, पृ. 30)। परसाई का एक रोचक और वर्तमान ; X की एक प्रमुख विशेषता को रेखांकित करने वाला लेख है। पहले बच्चे पढ़ते थे 'ग' से गणेश और अब पढ़ते हैं 'ग' से 'गधा'। यह परिवर्तन एक बहुत बड़े, सामाजिक परिवर्तन की ओर इशारा करता है। बात यह है कि गधे ने गणेश को पराजित कर सत्ता पर अधिकार जमा लिया है। परसाई का निष्कर्ष यह कि आज का जमाना गधों का है। उनकी सलाह है कि 'वस्तु स्थिति को स्वीकार करना चाहिए।' और वस्तु स्थिति यह है कि—'जगह-जगह गणेश परास्त होता रहा है और गधा जीतता रहा है। शासन में, शिक्षा में, विश्वविद्यालय में, सार्वजनिक जीवन में, सब जगह गणेश हार रहे हैं। पहले दर्जे वाला सड़क नापता है और तीसरे दर्जे वाला अच्छी नौकरी पाता है।' (रचनावली, खंड 5, पृ. 30)। वस्तुस्थिति परसाई ने आपके सामने रख दी। आपको गणेश बनना है या गधा अथवा आप गणेश हैं या गधे, स्वयं सोच लीजिए।

'वो जरा वाइफ हैं न' परसाई का एक उत्कृष्ट सामाजिक व्यंग्य है। हमारे समाज की आज स्थिति यह है कि हमें आगे बढ़ने के रास्ते तो दिखाई पड़ते हैं और उन पर हम चलना भी चाहते हैं, पर इसके लिए आवश्यक परिवर्तन हम अपने व्यवहार में नहीं लाना चाहते। उदाहरणार्थ हम स्त्रियों को समाज में आगे बढ़ाना भी चाहते हैं, साथ उन्हें पर्दे में भी रखना चाहते हैं। एक सांस्कृतिक संस्था के लोगों को शिकायत है कि पार्ट करने के लिए स्त्रियाँ मिलने में बड़ी कठिनाई होती है। ये लोग अपनी पत्नी को स्टेज पर नहीं लाते। इन लोगों से परसाई ने कहा—'हमारी मुश्किल यह है कि हम हमेशा दूसरे की बीवी की खोज करते हैं। दूसरे की स्टेज पर आ जाए, अपनी न आए। दूसरे की नहीं आती, तो कहते हैं कि बड़े पिछड़े हुए लोग हैं। हम पिछड़े हुए नहीं हैं, जिन्होंने उसका मुरब्बा बनाकर घर में रख छोड़ा है।' (रचनावली, खंड 3, पृ. 106)। एक दूसरे सज्जन की पत्नी परीक्षा में बैठ रही हैं, किंतु वे उसे कबीर का अर्थ समझते न भेजकर खुद परसाई के पास पहुँच जाते हैं, तो परसाई ने सोचा—'यह या तो मुझे लम्पट

समझता है या अपनी पत्नी को कुलटा। इसे डर है कि कबीर समझाते-समझाते मैं विद्यापति न समझाने लगूँ।' (रचनावली, खंड 3 पृ. 105)। एक अन्य महाशय अपनी पत्नी को कवयित्री बनाना चाहते हैं और उसकी प्रारंभिक कविताएँ लेकर छपवाने के लिए परसाई जैसे संपादक के पास पहुँचते हैं। कविताएँ कमजोर हैं—मालूम पड़ने पर उनकी कमियाँ खुद समझना चाहते हैं, तो परसाई कहते हैं—'इसे तो जो लिखता है, वही समझ सकता है। मैं उन्हीं को बता दूँगा।' तो वे परेशान होकर बोले—'बात यह है कि वो जरा वाइफ हैं न!' (रचनावली, खंड 3, पृ. 105)। इन महाशय का बहुत दिलचस्प कार्टून परसाई ने खींचा है। इस प्रवृत्ति की सामान्यता प्रदर्शित करने के लिए उन्होंने एक घटना के उल्लेख से संतोष न कर तीन घटनाओं का चित्रहार रच दिया है। इससे उसकी विश्वसनीयता और शक्ति बहुत बढ़ गई है। आंतरिक संघटन की दृष्टि से यह व्यंग्य लेख सघन और सुगठित कहा जा सकता है।

ईमानदारी, सचाई आदि सामाजिक मानव-मूल्यों में परसाई की आस्था बड़ी दृढ़ और गहरी है। जब वे मठाधीशों महंतों, साधुओं और बाबाओं की शोभायात्राएँ निकलते देखते हैं, तो उन्हें मर्मन्तुद पीड़ा होती है और फिर वे उनका कार्टून बनाकर ही संतुष्ट होते हैं। हमारे समाज में लोगों को वास्तव में यह बोध ही नहीं कि हम किसकी शोभायात्रा निकालें, किसकी नहीं। परसाई का कहना है कि शोभायात्रा निकलनी चाहिए उस रिक्शेवाले की जो अपने रिक्शे पर छूटे हुए नोटों से भरे हुए बटुए को उसी सवारी को वापस कर देता है। उसे फूलों से लाद देना चाहिए। (रचनावली, खंड 5, पृ. 24)। 'कारण यह कि उसने वह गुण दिखाया है और उस आचरण की शिक्षा दी है, जो अब खत्म होने लगा है। इस रिक्शेवाले को मैं जगत् गुरु मान सकता हूँ।' (रचनावली, खंड 5, पृ. 24)।

शिक्षा, शिक्षक और शिक्षार्थी को लेकर परसाई ने अनेक व्यंग्य लेख लिखे हैं जिनमें उन्होंने यथार्थवादी दृष्टिकोण से एक डॉक्टर की भाँति उनकी शल्य-क्रियाएँ की हैं। स्थानाभाव के कारण मैं उनका विवरण नहीं दे रहा हूँ। ऐसे लेखों को पढ़ते समय मेरे मन में यह बात उठी, जो उनके संपूर्ण व्यंग्य-लेखन का अवलोकन करने पर भी सही प्रतीत होती है, कि परसाई हमारे समाज की यौन-भावनात्मक असंगतियों से दुहरा कर लेते हैं। एक तो वे उनका उद्घाटन करते हैं और दूसरे अपने और पाठक के यौन अतृप्त मानस को रससिक्त भी करते हैं। बचाव पक्ष का बचपन में वे कहते हैं—'मास्टर होना एक अभिशाप है। आपने कोई प्रेमिका पटाई है। मिलने की जगह तय कर रखी है। पर एकाएक

एक विद्यार्थी निकलता है। पूछता है, 'सर, कैसे खड़े हैं?' घबड़ाकर मास्टर कहता है, 'रिक्शे का इंतजार कर रहा हूँ।' (रचनावली, खंड 3, पृ. 262)। मैं—शैली में व्यंग्य-लेखक के मित्र की दिलचस्प प्रेम कथा भी वहीं मौजूद है। मैं कुछ झलकियाँ यहाँ दिखा देता हूँ। संपूर्ण आप वहीं से पढ़ लीजिएगा। 'मैं जिस स्कूल में पढ़ाता था, वहाँ टीचर्स ट्रेनिंग कॉलेज की छात्राएँ अभ्यास के लिए आया करती थीं। XX में जवान और खूबसूरत। अपने को दे देने में कोई हर्ज न मानने वाली जवान स्त्रियाँ भी मेरे पास आती थीं। XX एक मुझे अच्छी लगी।' (रचनावली, खंड, 3, पृ. 262)। आदि। 'प्रेमपत्र और हेडमास्टर' में अंकित लड़के का विडंबनामय चित्र देखिए—'लड़कियों के कॉलेज के फाटक पर छुट्टी के वक्त बेचारा भला-सा लड़का खड़ा है।' उससे पूछा—'क्यों खड़े हो यहाँ? वह घबड़ाकर कहता है। सिस्टर को ले जाना है। और मैंने देखा है, कई बेचारों की कलाई से लेकर कंधे तक राखी बँधी होती हैं। (रचनावली, खंड 3, पृ. 274)। 'लुच्चन की भीड़ में (जो चित्रकूट के घाट पर लगी थी) परसाई ने मास्टर शिवनारायण का एक चित्र खींचा है। वे अपने लगभग आधे अंधे, दमाग्रस्त और बूढ़े ससुर को छोड़कर एक लड़की के पीछे पड़ गए थे। ससुर चिल्ला रहे हैं, पर मास्टर साहब उस लड़की की माँ की सेवा में लगे हैं। कारण यह कि ससुर ने उन्हें जो 'सप्लाई' की थी, वह 3-4 बच्चे पैदा करके ढल चुकी होगी। ढली हुई औरत के बाप की सेवा करने को बेवकूफी शिवनारायण जैसे बुद्धिमान मास्टर नहीं कर सकते। वे ताजा, लड़की की माँ की सेवा में लगे थे। (रचनावली, खंड 4, पृ. 101)।

'मनुष्य का गोश्त बच्चे भी क्यों न चखें' में परसाई ने जगन्नाथ मिश्र जैसे भ्रष्टाचारी नेताओं द्वारा प्रजा को सदाचारी बनाने के प्रयत्नों को भ्रष्टाचार सिद्ध किया है। शिक्षा के क्षेत्र में व्याप्त भ्रष्टाचार पर उन्होंने विशेष प्रहार किए हैं और न छात्रों को बख्शा है और न ही अध्यापकों को। चरम सीमा यह कि सदाचार की शिक्षा देना एक प्रकार से छात्रों की जिंदगी बर्बाद करना है। अतः वे सदाचार की शिक्षा देने वाले पाखण्डियों से प्रश्न करते हैं जब सत्ताधारी और नेता तथा सारे बड़े लोग जानते हैं, मानते हैं और जिनके पास जीवन से प्रमाणित यह सत्य है कि दुराचरण से ही सुख, सफलता और संपत्ति मिलते हैं तो सदाचार सिखाकर इन छात्रों की जिंदगी क्यों बर्बाद करने पर तुले हैं।' (रचनावली, खंड 4, पृ. 267)। 'परीक्षा और पतझड़' (रचनावली, खंड 4, पृ. 365) भी शिक्षा की दुर्दशा पर प्रकाश डालता है। 'प्रायवेट कॉलेज का घोषणापत्र लिखकर' परसाई ने स्कूल-कॉलेज खोलने के पीछे निहित सेठ-साहूकारों के स्वार्थों का भण्डाफोड़ किया है।

परसाई व्यंग्य, शोषण और अंधविश्वास के विरुद्ध युद्ध में एक सीमा तक हमारी सहायता कर सकते हैं। 'हरिजन को पीटने का यज्ञ' में यज्ञों की बाढ़ को लक्ष्य कर उन्होंने गंभीरतापूर्वक बतलाया : 'यह अनायास नहीं है। इसके पीछे योजना है। इस योजना का उद्देश्य है जनता को पिछड़ा हुआ रखना, उसकी समझ को वैज्ञानिक न होने देना, उसे अन्धविश्वासी और दकियानूस रखना, उसे भरेयवादी और सघर्षहीन बनाना।' (रचनावली, खंड 4, पृ. 194)।

अंधविश्वासों के कारण हमारे समाज की स्थिति बहुत बुरी है। इस संदर्भ में अशिक्षितों और शिक्षितों, बूढों और नौजवानों में कोई विशेष अंतर नहीं है। परसाई का कहना है कि। 'ये तरुण जिन्हें मुझसे अधिक वैज्ञानिक और प्रगतिशील होना चाहिए, जिन्हें परिवर्तन के संघर्ष का नेतृत्व करना चाहिए, जिन्हें विद्रोही की भूमिका निभानी चाहिए, वे क्यों अपने बाप की पौढ़ी के हो रहे हैं।' (रचनावली, खंड 4, पृ. 195)। परसाई हमें बताते हैं कि यह एक योजनाबद्ध षड्यंत्र है, जिसे यथास्थितिवादी और पुरातन-पंथी इस देश में चला रहे हैं।' (रचनावली, खंड 4, पृ. 195)। संसार के लिए भले ही यह विज्ञान का युग हो, पर हमारे देश में तो अभी भी अंधविश्वास का युग है। हमारे देश का अंधविश्वास संगठित होकर विज्ञान पर हमला बोल रहा है और उसे मैदान से खदेड़ रहा है। परसाई ने एक घटना के माध्यम से इसे इस प्रकार चित्रित किया है : 'गोरखपुर के आसपास के किसी गाँव में पार्वती प्रकट हो गई थीं। सोलह-सत्रह साल की एक लड़की, जिसके बालों का जूड़ा फिल्मी पार्वती की तरह बना दिया गया था, हल्ला कर दिया गया कि यह तो साक्षात् पार्वती है। सोती नहीं है। रात-दिन शंकर का नाम लेती रहती है। खाना नहीं खाती। पानी नहीं पीतौ। XX श्रद्धालु उमड़ने लगे XX भेंट चढ़ने लगी।' (रचनावली, खंड 4, पृ. 194)। और जब हमारे देश का विज्ञान कुम्भकर्ण की नींद से जागा और मेडिकल कॉलेज के तीन डॉक्टर उस पार्वती की टट्टी-पेशाब आदि की डॉक्टरी जाँच करने पहुँचे तो श्रद्ध ालुओं ने आँखें निकालकर कहा—तुम साक्षात् पार्वती की जाँच करने वाले कौन? और अंत में उन्होंने हाँका लगाया भक्तों को कि—'ये पापी डॉक्टर देवी की टट्टी-पेशाब की जाँच करना चाहते हैं, मारो सालों को। आखिर विज्ञान वहाँ से दुम दबा कर भागा।' (रचनावली, खंड 4, पृ. 195)। इस प्रकार हम देखते हैं कि विज्ञान दुम दबाकर भाग रहा है हमारे देश में। लगता है कि वह अंधविश्वास का साला ही बना रहेगा हमेशा!

'मिलावट की सभ्यता में परसाई ने व्यापारियों की मिलावट को वैसे ही तोड़ा है जैसे बिल्ली चूहे को तोड़ती है। भरे पेट बिल्ली की तरह वे उससे खेलना शुरू

करते हैं, न कि भूखी बिल्ली की तरह उसे झट चट कर जाते हैं। स्विट्ज़रलैंड के व्यापारियों ने शिकायत की कि भारत से उन्होंने जो इलायची खरीदी उसमें कचरा मिला हुआ था। इस पर परसाई का व्यंग्यकार कटाक्ष करता है–'ये विदेशी भारत को अभी तक समझ ही नहीं पाए हैं। XXX जो विदेशी हमारे माल में मिलावट की शिकायत करते हैं, वे नहीं जानते कि यह मिलावट नहीं है, 'समन्वय' है जो हमारी संस्कृति की आत्मा है। XXX इसलिए स्वाभाविक है कि महान् समन्वित संस्कृति वाले भारतीय व्यापारी इलायची में कचरे का समन्वय करेंगे, शक्कर में सफेद पत्थर का, मक्खन में स्याही-सोख कागज का। (रचनावली, खंड 5, पृ. 21)। इस समन्वय की महान् संस्कृति के प्रति भारतीय व्यापारियों की दृढ़ आस्था का साक्षात्कार कीजिए–'और चाहे कोई हमसे एक पैसे का पान भी न खरीदे, पर हम अपनी प्यारी प्राचीन संस्कृति को नहीं छोड़ सकते।' (रचनावली, खंड 5, पृ. 21)। शिकायत स्वीकार करने वाले भारतीय अफसर पर परसाई अपना कृत्रिम क्रोध दिखाते हुए भारत सरकार को सलाह देते हैं कि वह स्विस सरकार को फौरन विरोधपत्र भेजे कि–'तुमने मिलावट की शिकायत करके हमारी राष्ट्रीय संस्कृति का अपमान किया है।' (रचनावली, खंड 5, पृ. 21)। फिर परसाई भूखी बिल्ली की तरह मन ही मन अपना इरादा बदलते हैं, पर चूहे से खेलना जारी रखते हैं और कहते हैं कि इन व्यापारियों ने भारत में एक नवीन सभ्यता का सूत्रपात किया है। इस सभ्यता का पूर्व वतिनी सभ्यता से अंतर स्पष्ट करने के लिए वे एक अत्यंत सारगर्भित वाक्य रचते हैं : 'सामंत इज्जत के लिए जान दे देता था–व्यापारी पैसे के लिए इज्जत दे देता है।' (रचनावली, खंड 5, पृ. 22)। अब बिल्ली चूहे को चट कर जाने की उपयुक्त भूमिका तैयार कर अपने दाँत और नाखून उस पर पूरी तरह गड़ा देती है : 'सामंत को कोई एक जूता मार देता था, तो वह मारने वाले की जान ले लेता था और अपनी दे देता था। एक व्यापारी को कोई कहे कि एक जूता मारकर 5 रुपया दूँगा, तो वह कहेगा कि तू मुझे दस जूते मार ले और पचास रुपये दे दे–कमीशन काटकर चालीस में भी मार सकता है। (रचनावली, खंड 5, पृ. 22)। यही इस व्यंग्य-लेख का क्लाइमेक्स है। यहीं पर उसे समाप्त हो जाना चाहिए था, पर परसाई ने उसे यहाँ पर समाप्त नहीं किया है, वरन् आगे बढ़ाया है और फिर उसी प्रसंग को लेकर वे खेलने लगे : स्विस व्यापारी को अगर हमारा दूतावास पहले बता देता कि भाई, इलायची में कचरा मिलाकर भेजा जाता है, तो इतना हल्ला-गुल्ला क्यों होता? 'स्विस व्यापारी हमारी इलायची को नमन करके स्वीकार करता और हमारी सरकार को लिखता कि धन्य हैं भारतीय व्यापारी, जो एक चीज माँगने पर दो भेज देते हैं।'

(रचनावली, खंड 5, पृ. 22)। स्पष्ट है कि यह बात पहले भी लिखी जा सकती थी और क्लाइमेक्स पर बाद में पहुँचा जा सकता था। पर परसाई ने ऐसा नहीं किया है। जाहिर है कि उनके व्यंग्य में अंतर्वस्तु की प्राणवत्ता और शक्ति तो बहुत है, किंतु उसमें तर्कसंगत संघटन की ओर कलात्मक स्ट्रक्चर की कमियाँ भी हैं जिन्हें दूर किया जा सकता है। वास्तविकता यह है कि इस ओर परसाई बहुत ध्यान नहीं देते। मेरा विचार है कि जिस प्रकार निराला की कविताओं में, यहाँ तक कि कुकुरमुत्ता में भी, एक तर्कसंगत आंतरिक स्ट्रक्चर, वस्तु-तत्त्व का संघटन और गति पाई जाती है, उसी प्रकार का तर्कसंगत स्ट्रक्चर और संघटन आदि व्यंग्य-लेखों में भी संभव है। लेकिन परसाई इस ओर विशेष सजग नहीं प्रतीत होते। उनके लेखन में व्यंजित अपार मानसिक ऊर्जा से सहज ही यह निष्कर्ष निकाला जा सकता है कि यह कार्य उनके लिए कठिन नहीं था, फिर भी उन्होंने ऐसा नहीं किया है। इसके दो मुख्य कारण हैं—पहला कारण है उनका आंतरिक व्यक्तित्व जिसमें त्वरा या जल्दबाजी एक प्रमुख तत्त्व है। यही त्वरा उन्हें एक सीमा तक अपने लेखन के प्रति जाने या अनजाने गैर-जिम्मेदार और लापरवाह बना देती है। गैर-जिम्मेदारी और लापरवाही की सीमाओं को अपनी गोद में समेटती हुई मस्ती उनके व्यक्तित्व की स्थायी विशेषता है जिसकी पुष्टि 'गर्दिश के दिन' (रचनावली, खंड 4, पृ. 448) की आत्माभिव्यक्तियों से भी होती है। दूसरा कारण है उनका मुख्यतः अखबारों के लिए लिखना जिसमें समय पर माल तैयार कर भेजना जरूरी ही नहीं, अपितु अनिवार्य-सा होता है।

हास्य और विनोद का तत्त्व परसाई के व्यंग्यों में प्रचुर मात्रा में मिलता है, पर उनके व्यंग्य-लेखन के लिए हास्य अनिवार्य नहीं है। इसका कारण उनकी परिपक्व और प्रौढ़ विचारधारा है। उनकी यह मान्यता सौ फीसदी सही है कि—'हँसना स्वास्थ्य का लक्षण है, पर हर बात पर हँसना गैर-जिम्मेदारी और मूर्खता है। जीवन में हर बात पर हँसी नहीं आती। किसी बात पर करुणा पैदा होती है, किसी से घृणा होती है, किसी से क्रोध होता है।' (रचनावली, खंड 6, पृ. 411)। परसाई के उक्त कथन में मैं इतना और जोड़ना चाहूँगा कि हर बात पर हँसना न केवल गैर-जिम्मेदारी और मूर्खता है, अपितु पागलपन या राक्षसत्व भी है। परसाई का हास्य प्रायः स्वस्थ और संगत होता है, क्योंकि उसमें परिस्थितिगत औचित्य निहित होता है। रेलवे का दर्शन (रचनावली, खंड 5, पृ. 48) पढ़ते समय हल्की-हल्की मुस्कानों का सिलसिला आरम्भ से अंत तक पाठक के ओंठों पर जारी रहता है। भारत सरकार के बजट से बात शुरू होती है—'साधुओं का खयाल करके धार्मिक वृत्ति वाले मोरारजी भाई ने गाँजे पर टैक्स

नहीं बढ़ाया। साधो, इस लिहाज से इस बजट को साधुओं का बजट कह सकते हैं! XX लोग इसे 'गंजेड़ियों का बजट कहें तो भी अनुचित नहीं।' साधुओं को रेल-किराये में वृद्धि की भी शिकायत नहीं करनी चाहिए क्योंकि उनको तो 'भारत भर में बिना टिकट सफर करने का भगवा पास मिलता है।' अमर भगवा पास के बावजूद कोई टिकट-कलेक्टर पूछताछ करे, तो उसे पास बिठाकर उसका हाथ देखकर उसे बताना चाहिए कि वह तरक्की कब पाएगा। उसके कपाल पर भभूत का टीका करना चाहिए। वह टिकट तो माँगेगा ही नहीं, ऊपर से गाँजे और रबड़ी के लिए रुपये दे देगा।' (रचनावली, खंड 5, पृ. 48)। इस प्रकार परसाई ने साधुओं को पहले गुदगुदाया फिर उन्हें चिकोटी काटी–'साधो, XX तुम्हारा दर्जा संसद-सदस्यों से कम नहीं है। उन्हें भी पास मिलता है। मगर वे तुमसे नीचे हैं। उन्हें प्रथम श्रेणी का पास मिलता है, पर तुम्हें सब श्रेणियों का मिला है। तुम चाहे जिस दर्जे में सफर कर सकते हो। तुम पाखाने में, पटिये पर और सीट के नीचे लेटकर भी सफर कर सकते हो।' (रचनावली, खंड 5, पृ. 49)। पाठक ध्यान से देखें, परसाई ने कितनी कलात्मकता के साथ साधुओं को पहले संसद-सदस्य का दर्जा देकर ऊपर उठाया और फिर धीरे से उन्हें पाखाने में और सीट के नीचे सुला दिया है।

इस प्रकार का राष्ट्रीय एकीकरण है कि एक राष्ट्र डिब्बे के भीतर और दूसरा आक्रामक राष्ट्र डिब्बे के बाहर और दोनों परस्पर युद्धरत होते हैं। डिब्बे की भीड़ से और भी लाभ होते हैं–'एक तो सहनशीलता बढ़ती है। तुम्हारे बगल में अगर ऐसा आदमी बैठा है, जिसके शरीर से बदबू आ रही हो, तो तुम 4-6 घंटों में इस हद तक सहनशील हो जाओगे कि खुशबू और बदबू में भेद नहीं कर पाओगे।' (रचनावली, खंड 5, पृ. 49)। दूसरा लाभ तो खुद व्यंग्यकार ने भी प्राप्त किया है। सुनिए–'साधो, मैंने एक बार ग्रैण्ड ट्रंक में 24 घण्टे एक ही जगह बैठे-बैठे और आदमियों के बीच कसे हुए यात्रा की। उस अभ्यास का नतीजा यह है कि मैं समाधि लगा सकता है, हठयोग कर सकता हूँ। (रचनावली, खंड 5, पृ. 49)। एक अन्य लाभ यह है कि–'ऐसी यात्रा में इंद्रिय दमन का अभ्यास होता है। तुम कसे-कसाये बैठे हो, निकलने की जगह नहीं है। तुम संडास तक नहीं जा सकते। तब तुम इंद्रिय दमन करोगे।' (रचनावली, खंड 5, पृ. 49)। भीड़ के कारण होने वाले कष्टाधिक्य को उभारने के लिए परसाई ने अंत में प्रसिद्ध वीर हनुमान जी को लक्ष्य कर बड़े प्रभावशाली ढंग से लिखा–'गनीमत है कि सीता लंका में थीं और हनुमान को उड़ना आता था। सीता मद्रास में होतीं, राम दिल्ली में होते और सफर रेल का होता, तो वे दिल्ली स्टेशन पर ग्रैण्ड ट्रेक से कट जाते, पर उसमें

चढ़ते नहीं।' (रचनावली, खंड 5, पृ. 49)। इस प्रसंग में पाठक की मुस्कान हँसी के नजदीक पहुँच जाती है।

निस्संदेह, इस व्यंग्य में परसाई ने बड़े संयम और कलात्मक कौशल से मुस्करा-मुस्कराकर तीसरे दर्जे की रेल-यात्रा में भीड़ के कारण होने वाले कष्ट, जनता की सहनशक्ति और रेल-विभाग की उपेक्षा आदि को सफलतापूर्वक उभारा है जिससे पाठक को स्वच्छ हास्य की विशद अनुभूति होती है, किंतु फिर भी उसमें भुक्तभोग यात्रियों और रेल विभाग के प्रति क्रमशः कराय और क्रोध उत्पन्न करने की शक्ति नहीं है। वस्तुतः यह परसाई की नहीं, हास्य-व्यंग्य की सीमा है जिसमें सारे मनोभावों को हास्य में प्रायः परिणत कर दिया जाता है।

जुलाई, सन् 61 में भारत सरकार के स्वास्थ्य विभाग ने 'मक्खीमार सप्ताह' मनाया। परसाई को प्रेरणा मिली सरकार की धुनाई करने की। अतः उन्होंने उस शीर्षक से एक व्यंग्य लिख डाला। इस वृहद् आयोजन के गुप्त लक्ष्य को उन्होंने इस प्रकार उद्घाटित किया। 'मक्खी मारने के लिए एक सप्ताह निश्चित करके सरकार यह विश्वास दिलाना चाहती है कि हम लोग 365 दिनों में केवल 7 दिन मक्खी मारते हैं, बाकी 358 दिन काम करते हैं।' (रचनावली, खंड 5, पृ. 23)। पर वास्तविकता को परसाई ने एक सरकारी अफसर की जबान में इस प्रकार नंगा किया—'जो मक्खी हम हर साल मारा करते हैं, उसका हिसाब तो सरकार रखती नहीं है और जब मक्खी बची नहीं, तब हुकम होता है कि मक्खी मारो।' (रचनावली, खंड 5, पृ. 23-24)। 'मक्खीमार सप्ताह' पर लिखते-लिखते परसाई को हाल ही में पुलिस के लिए आयोजित 'शिष्टाचार-सप्ताह' की याद आ जाती है जिसका उद्देश्य था पुलिस कर्मचारियों को नागरिकों के साथ शिष्ट व्यवहार करना सिखाना जिसमें मुख्य बात थी। नागरिकों को श्रीमान जी कहकर संबोधित करना। उस शिक्षा को पुलिस वालों ने अपने व्यवहार में इस प्रकार के ठोस रूप दिए—(1) 'बाएँ चल। पूरी सड़क तेरे बाप की है, क्या श्रीमान जी', (2) 'साले, श्रीमानजी, ठीक-ठीक पता लिखा', (3) 'जूते पड़ेंगे तो सब बता दोगे श्रीमान जी', (4) 'अबे श्रीमान जी के बच्चे, यहाँ क्यों घूम रहा है?' आदि। निष्कर्षात्मक टिप्पणी यह कि पुलिस की परंपरा (गौरवमयी जोड़ना परसाई भूल गए) भी नहीं टूटी और शिष्टाचार-सप्ताह भी मन गया।' (रचनावली, खंड 5, पृ. 24)। थोड़ा विषयांतर तो यहाँ जरूर हुआ, पर इन समानांतर दृश्यावलियों ने परस्पर मिलकर हमारी सरकार की कार्य-पद्धति के चमत्कारपूर्ण चित्रण में चार चाँद अवश्य लगा दिए हैं। इसके बाद परसाई को पुनः 'मक्खीमार-सप्ताह' की याद आती है और वे उसे राष्ट्रव्यापी कार्यक्रम और राष्ट्रीय चरित्र के रूप में चित्रित करते हैं। सारे

कार्यालयों में तो यह कार्यक्रम निरपवाद रूप से लागू है ही, उनके बाहर भी समूचे देश में उसका सम्यक् प्रचार है–'चौराहे पर दुर्घटना हो गई। पूछा कि ट्रैफिक पुलिसमैन कहाँ था? मालूम हुआ कि वह पास के होटल में बैठा मक्खियाँ मारता था। XXX शहर में दंगा हुआ। लोग पूछते हैं कि अफसरान क्या करते थे? जवाब देता हूँ कि बैठे मक्खियाँ मारते रहे' (रचनावली, खंड 5, पृ. 25) आदि।

उक्त कार्यक्रम में सफलता कहाँ तक मिली? परसाई ने बताया–'साधो, आगे इस युग का इतिहास लिखा जाएगा। इतिहास लिखेगा कि ज्योंही भारत में राष्ट्रीय सरकार स्थापित हुई, त्योंही हैजे की बीमारी समाप्त हो गई। कारण यह था कि सरकार ने हुक्म दे रखा था कि हर सरकारी कर्मचारी का पहला उद्देश्य मक्खी मारना है। भारत में उस युग में प्राणिशास्त्र का अध्ययन करने वालों को मक्खी विदेश से बुलानी पड़ती थी, जिसके बदले में हाथी देना पड़ता था।' (रचनावली, खंड 5, पृ. 25)। हाथी देकर मक्खी लेने की बात पर आप बिना हँसे या मुस्कराए रह नहीं सकते। पर जरा सोचिए और समझिए कि क्या पूँजीवादी विश्वव्यापी बाजार में विनिमय की जो सनकपूर्ण रुझानें चलती हैं, उनके रहते क्या यह असंभव है ? जी नहीं, बिल्कुल संभव है।

परसाई के बौद्धिक व्यक्तित्व की अभिलाक्षणिक विशेषताओं–गहन चिंतन-शक्ति, प्रखर प्रतिभा, तल-स्पर्शिनी दृष्टि और दूरदर्शिता–का सम्यक् परिचय हमें उनके राजनैतिक व्यंग्यों में मिलता है। ऐसे व्यंग्यों की संख्या बहुत ज्यादा है। नमूने के तौर पर चुनकर मैं आपके समक्ष 'ठिठुरता हुआ गणतंत्र' पेश कर रहा हूँ। प्रारम्भ में दिल्ली की अर्थनीति और मौसम की बड़ी ही मार्मिक और सटीक तुलना परसाई ने की जिससे उनकी उत्कृष्ट कोटि की उद्‌भावना शक्ति का परिचय मिलता है। वे लिखते हैं–जैसे दिल्ली की अपनी अर्थनीति नहीं है, वैसे ही अपना मौसम भी नहीं है। अर्थनीति जैसे डॉलर, पौण्ड, रुपया अंतर्राष्ट्रीय मुद्राकोष या भारत सहायता क्लब से तय होती है, वैसे ही दिल्ली का मौसम कश्मीर, सिक्किम, राजस्थान आदि तय करते हैं।' (रचनावली, खंड 3, पृ. 75)। इसके बाद परसाई यह प्रश्न सभी राजनैतिक दलों के नेताओं से पूछते हैं कि गणतंत्र दिवस पर सूर्य क्यों छिपा रहता है और उनके उत्तर के माध्यम से विभिन्न राजनैतिक दलों के वास्तविक चरित्र को उघाड़ते हैं।

अविभाजित अखिल भारतीय कांग्रेस के मंत्री ने कहा था–'हम कोशिश में लगे हैं कि सूर्य बाहर आ जाए। पर इतने बड़े सूर्य को बाहर निकालना आसान नहीं है। XXX हमें सत्ता के कम से कम सौ वर्ष तो दीजिए।' (रचनावली, खंड 3, पृ. 76)। जनता की तरफ से परसाई कहते हैं–'सौ वर्ष दिए, मगर हर

साल उसका कोई छोटा कोना निकलता तो दिखना चाहिए। सूर्य कोई बच्चा तो है नहीं जो अंतरिक्ष की कोख में अटका है, जिसे आप एक दिन ऑपरेशन करके निकाल देंगे। (रचनावली, खंड 3, पृ. 76)। इस प्रकार वे अपने तर्क से अविभाजित कांग्रेस को ध्वस्त कर देते हैं। कांग्रेस के विभाजन के बाद इण्डीकेटी कांग्रेसी सिण्डीकेटियों पर सारा दोष थोपने लगे–'हम हर बार सूर्य को बादलों से बाहर निकलने की कोशिश करते हैं, पर हर बार सिण्डीकेट वाले अडंगा डाल देते हैं।' (रचनावली, खंड 3, पृ. 76)। सिण्डीकेटी सूर्य को निकालने के पक्ष में ही नहीं हैं। अतः वे कहते हैं–'यह लेडी (प्रधानमंत्री) कम्युनिस्टों के चक्कर में आ गई है। वही उकसा रहे हैं कि सूर्य को निकालो।' (रचनावली, खंड 3, पृ. 76)। संसोपाई कहते हैं–'सूर्य गैर-कांग्रेसवाद पर अमल कर रहा है। उसने डॉक्टर लोहिया के कहने से हमारा पार्टी-फार्म भर दिया था। कांग्रेसी प्रधानमंत्री को सलामी लेते वह कैसे देख सकता है। (रचनावली, खंड 3, पृ. 76)। जनसंघी भाई कहते हैं–'सूर्य सेक्युलर होता तो इस सरकार की परेड में निकल आता। XXX हमारे राज्य में ही सूर्य निकलेगा।' (रचनावली, खंड 3, पृ. 76)। और अंत में परसाई ने सबसे कड़ा प्रहार साम्यवादियों पर किया। साम्यवादी कहते हैं–'यह सब सी.आई.ए. का षड्यंत्र है। सातवें बेड़े से बादल दिल्ली भेजे जाते हैं। (रचनावली, खंड 3, पृ. 76)।

स्पष्ट है कि परसाई के व्यंग्यकार ने बड़ी निर्ममता और ईमानदारी के साथ समस्त राजनैतिक दलों का बड़ा कटु मजाक उड़ाया है और एक-एक कर सबके मुँह पर थूका है। जनता की दशा की ओर भी परसाई ने इशारा किया है। गणतंत्र दिवस की परेडों में जब ठिठुरन बहुत तेज रहती है तो कोटवाले लोग अपने-अपने हाथ कोट की जेबों में छिपाए बैठे रहते हैं–वे तालियाँ नहीं बजाते। मैदान में जमीन पर बैठे वे लोग तालियाँ पीटते हैं जिनके पास हाथ गरमाने के लिए कोट नहीं है। ऐसा ध्वनित होता है मानो वे हाथ गरमाने के लिए ही तालियाँ बजाते हैं। इस दृश्य की पृष्ठभूमि पर परसाई टिप्पणी करते हैं–'लगता है, गणतंत्र ठिठुरते हुए हाथों की तालियों पर टिका है।' (रचनावली, खंड 3, पृ. 77)। यह वाक्य अपनी अर्थ-गरिमा और अर्थच्छटा को लिए पूरे विवरण के ऊपर उसी तरह सीधा तना हुआ लहर रहा है जैसे राष्ट्रीय झण्डा सबके ऊपर फहरता है।

गणतंत्र समारोह में निकलने वाली राज्यों की झाँकियाँ परसाई के मतानुसार अपने-अपने राज्य का सही प्रतिनिधित्व नहीं करतीं। उनके असली चेहरे को परसाई अत्यंत लघु चित्रों के एलबम की तरह पेश करते हैं–'गुजरात की झाँकी में इस साल दंगे का दृश्य होना चाहिए–जलता हुआ घर और आग में झोंके

जाते बच्चे। X पिछले साल मैंने उम्मीद की थी कि आंध्र की झाँकी में हरिजन जलाते हुए दिखाए जाएँगे। मगर ऐसा नहीं हुआ। XXX पिछले साल स्कूलों को 'टाट पट्टी काण्ड से हमारा राज्य मशहूर हुआ। मैं पिछले साल की झाँकी में यह दृश्य दिखाता—मंत्री, अफसर वगैरह खड़े हैं और टाट-पट्टी खा रहे हैं। (रचनावली, खंड 3, पृ. 77)।

इस लेख में आगे अंकित समाजवाद विषयक सपने का चित्र इतना प्रभावशाली और यथार्थ-व्यंजक है कि वह अकेला बरसाई के ऊर्जस्वी मस्तिष्क में निहित असाधारण चिंतन और उद्‌भावना शक्तियों तथा चरित्र में निहित निष्पक्षता और सत्यनिष्ठा की भावनाओं का पूर्ण परिचय दे देता है। चित्र इस प्रकार है—समाजवाद। गया है और बस्ती के बाहर टीले पर खड़ा है। बस्ती के लोग आरती सजाकर उसका स्वागत करने को तैयार खड़े हैं। पर टीले को घेरे खड़े हैं कई तरह के समाजवादी। उनमें से हरेक लोगों से कह कर आया है कि समाजवाद को हाथ पकड़ कर मैं ही लाऊँगा। बेचारा समाजवाद चिल्ला रहा है कि मुझे बस्ती में (जनता के बीच) ले चलो, किंतु टीले को घेरे समाजवादी कहते हैं। पहले यह तय होगा कि कौन तेरा हाथ पकड़कर ले जाएगा। इन समाजवादियों में संसोपा-प्रसोपा वाले, पीपुल्स डेमोक्रेसी और नेशनल डेमोक्रेसी वाले कम्युनिस्ट, दोनों तरह के कांग्रेसी, सोशलिस्ट यूनिटी सेंटर वाले और रिवोल्यूशनरी सोशलिस्ट पार्टी वाले आदि सभी हैं, ये तथाकथित समाजवादी जो समाजवाद लाने का दावा करते हैं, दरअसल समाजवाद को रोकने वालों की भूमिका अदा कर रहे हैं। बेचारा समाजवाद जनता के बीच उतरने के लिए आतुर है, पर उसका रास्ता रोक कर खड़े इन समाजवादियों में आपस में धौल-धप्पा हो रहा है। यही नहीं, अगर समाजवाद एक तरफ उतरना चाहता है तो उस पर पत्थर पड़ने लगते हैं। एक समाजवादी एक हाथ पकड़ता है तो दूसरा दूसरा हाथ पकड़कर खींचता है। तब बाकी समाजवादी छीना-झपटी कर हाथ छुड़ा देते हैं। लहूलुहान समाजवाद टीले पर खड़ा है।

निष्कर्षात्मक टिप्पणी यह कि इस देश में जो जिसके लिए प्रतिबद्ध है, वही उसे नष्ट कर रहा है। (रचनावली, खंड 3, पृ. 78)। यह हकीकत है कि भारत में समाजवाद को पूँजीवादियों, सामंतवादियों और साम्राज्यवादियों ने ही नहीं अपितु इन समाजवादियों ने भी रोक रखा है। कितना पाखंड है हमारी राजनीति में। परसाई कहते हैं—'जिस रास्ते पर चल रहे हैं वह समाजवाद मार्ग है, पर ले कहीं और जा रहा है। महात्मा गांधी मार्ग पर सारे ठग रहते हैं।' (रचनावली, खंड 3, पृ. 247)। सचाई यही है। अब आप चाहे खुश हों या नाराज। इसकी परवाह न परसाई को है न मुझे।

परसाई का व्यंग्य-लेखन अपनी दूरदर्शिता से वर्तमान व भावी खतरों से हमें सावधान करता है। आंध्र प्रदेश में एन.टी. रामाराव की पार्टी 'तेलगू देशम' की जीत पर एम.जी. रामचन्द्रन ने कहा था—'अब द्रविड़, संस्कृति की आधी विजय हो गई।' (रचनावली, खंड 5, पृ. 238)। परसाई ने प्रच्छन्न भावी खतरे को भाँप लिया और फिर जनता को सावधान करने के उद्देश्य से लिखा—'अब चार द्रविड़ मुख्यमंत्री एक हो गए हैं, तो क्या वे द्रविड़ के रूप में आर्यों से अधिकार माँगेंगे। रामाराव तो त्रिपुण्डधारी हैं। खुले द्रविड़ शैव हैं। उत्तर भारत के आर्य ज्यादातर वैष्णव हैं। तो क्या आर्य-द्रविड़ संघर्ष होगा! सुर-असुर संग्राम होगा! शैवों और वैष्णवों के जो संघर्ष पुराणों में वर्णित हैं, क्या वे फिर से होंगे? द्रविड़ संस्कृति का नारा खतरनाक है। रावण द्रविड़ था और शैव था। बड़ी मुश्किल से प्राचीन सन्तों मनीषियों ने शैव-वैष्णव मेल कराया था। इसमें फिर भेद पैदा होगा क्या? उधर अकाली एक ही सवा लाख से लड़ने को तैयार है।' (रचनावली, खंड 5, पृ. 238)।

परसाई की वीरता और निर्भीकता देखनी हो तो उनके धर्म का सहारा लेकर चलने वाली कुटिल राजनीति संबंधी व्यंग्य-लेखों को पढ़ना चाहिए। इसका एक नमूना है—'क्या संतों का दिमाग खराब होता है?'—शीर्षक लेख। परसाई ने लिखा—'सबसे महा संत इस समय जरनैल सिंह भिण्डरावाला हैं। उन पर लाला जगत नारायण की हत्या का आरोप लगा, गिरफ्तारी का वारण्ट निकला, तो वे स्वर्ण मंदिर में गुरु नानक निवास में छिप गए। उनके उन्मादी चेलों में जो भी हत्या या दूसरा अपराध करता है, भागकर नानक निवास में छिप जाता है।' (रचनावली, खंड 5, पृ. 236)। अंत में परसाई के कबीर ने अपनी दो-टूक वाणी में कहा—'साधो, धर्म का मामला यह बिल्कुल नहीं है। धर्म को तो ये गंदी नाली में डाल चुके। गुरुग्रन्थ साहब के पन्ने फाड़कर फेंक दिए। इन्हें चाहिए चण्डीगढ़, इन्हें चाहिए राजस्थान और हरियाणा के भूभाग, इन्हें चाहिए पंजाब में से बहने वाला सारा पानी—चाहे उसमें सन्त लोग डूब जाएँ, इन्हें चाहिए तस्कारी, चार सौ बीसी का धन्धा।, (रचनावली, खंड 5, पृ. 237)। यहाँ पर परसाई के क्रोध का सात्विक सौंदर्य अपने चरमोत्कर्ष में प्रकट हो रहा है। यह ध्यातव्य है कि क्रोध के आवेग में परसाई यहाँ व्यंग्य-शैली छोड़कर सपाट शैली पर उतरने को मजबूर हो गए हैं।

अनुमान है कि इसी लेख पर (या ऐसे ही किसी दूसरे लेख पर) कुछ लोगों ने परसाई से शिकायत की थी कि आपने हमारे धर्म पर आघात किया है। परसाई ने उन्हें यह उत्तर दिया था—'सही यह है कि मैंने धर्म पर आघात किया ही नहीं था।

मैंने तो यह सलाह दी थी कि तुम खुद अपने धर्म पर आघात मत करो। अगर मेरी सलाह बुरी लगी हो तो सलाह वापिस! तुम अपने धर्म पर डट कर आघात करो, (रचनावली, खंड 5, पृ. 240)। 'यहाँ भी व्यंग्य वस्तुतः व्यंग्य के समझने में अक्सर गलती हो जाया करती है। विशेषकर उनसे जिन पर व्यंग्य किया गया हो। अतः परसाई ने यह बिल्कुल सही फरमाया है कि व्यंग्य का सही अर्थ समझना चाहिए। दुर्घटना यह है कि व्यंग्य से जिन्हें सही बात समझाना चाहता था, वे गलत समझ गए और उनके हृदय को आघात लग गया। मगर दूसरे लोग तो सही अर्थ समझ गए। वे तारीफ कर रहे थे।' (रचनावली, खंड 5, प. 240)। ऐसी दुर्घटनाएँ बार-बार घटती रहती हैं। इस आधार पर हम यह निष्कर्ष निकाल सकते हैं कि वस्तुतः व्यंग्य का साधारणीकरण संभव ही नहीं है। अगर वह एक पक्ष को खुश करेगा, तो दूसरे पक्ष को आघात अवश्य पहुँचाएगा। यही कारण है कि अनेक बार परसाई पर हमले भी हुए जो उनके व्यंग्यों की पूर्ण सफलता के अकाट्य प्रमाण हैं। और यह महाप्राण अपराजेय परसाई पिटाई से न रुका, न झुका, बल्कि उस पर भी उसने व्यंग्य लिखे। नमूने के लिए देखिए 'पिटने-पिटने में फर्क'। 'पर यह जूनवाली ताजा पिटाई बड़ी मजेदार रही। मारने वाले आए। पाँच-छः बेंत मारे। मैंने हथेलियों से आँखें बचा लीं। XX वे दो वाक्य राजनीति के बोलकर हवा में विलीन हो गए। (यह हमला संभवतः आर.एस.एस. वालों ने किया था) मैंने डिटॉल लगाया और एक-डेढ़ घंटे सोया। ताजा हो गया।' (रचनावली, खंड 3, पृ. 258)। अखबारों में खबर छपी। स्नेह और दुःख की सहानुभूतियाँ आती रहीं और साथ में ये बातें भी 'अच्छा पिटा। पिटने लायक ही था। घोर अहंकारी आदमी ऐसा लिखेगा तो पिटेगा ही। जो लिखता है वह साहित्य है क्या? अरे प्रेम-कहानी लिख। उसमें कोई नहीं पिटता।' (रचनावली, खंड 3, पृ. 258)। यहाँ परसाई ने विरोध की प्रतिक्रियाएँ बतला कर प्रेम-कहानी से व्यंग्य की प्रकृति की भिन्नता, उसकी प्रभावक्षमता और व्यंग्य-लेखक के दायित्वपूर्ण लेखन-कर्म के जोखिम को प्रत्यक्ष कर दिया है।

कुछ एक स्थलों पर परसाई ने व्यंग्य का अनुचित प्रयोग भी किया है। इसका एक उदाहरण अँग्रेजी-विरोधी स्वदेशी भाषा आंदोलन पर (जो प्रायः हिंदी भाषा-भाषी क्षेत्र में चलने के कारण हिंदी आंदोलन के नाम से समाचार-पत्रों द्वारा प्रसिद्ध हुआ) उनका व्यंग्य लेख है। 'शहादत जो टल गई।' उन्होंने उस आंदोलन का महत्त्व गिराने के लिए उसे 'दंगा' कहा X ' इतने खूबसूरत भाषायी दंगे हो गए। मजा आ गया। इस महान् देश में हर पवित्र और पूज्य चीज दंगे के काम आती है।' (रचनावली, खंड 3, पृ. 297)। अपने आपको औचित्यपूर्ण

दिखाने के उद्देश्य से उन्होंने गाय को भी समेट लिया—'दुनिया में कहीं भी गाय की पूजा नहीं होती, इसलिए वह दूध के काम आती है। यहाँ गाय पूजी जाती है, इसलिए दंगे के काम आती है।' (रचानावली, खंड 3, पृ. 298)। फिर परसाई गाय की पूँछ छोड़कर पुनः भाषा की पूँछ पकड़ते हैं। दुनिया में भाषा अभिव्यक्ति के काम आती है। इस देश में भाषा दंगे के काम आती है। (रचनावली, खंड 3, पृ. 298)। आदि।

परसाई के अनुचित व्यंग्य-प्रहार का वास्तविक कारण है भारत को 1963 के पूर्व की अविभाजित कम्युनिस्ट पार्टी और उसके बाद की विभाजित कम्युनिस्ट पार्टियों की गलत भाषा नीति और उससे भी ज्यादा गलत उनकी भाषा संबंधी व्यावहारिक नीतियाँ यहाँ परसाई का पार्टी कडीशः ड मस्तिष्क अँग्रेजी विरोधी आंदोलन की साम्राज्यवाद विरोधी, शोषण विरोधी और पूँजीवाद-सामंतवाद विरोधी अंतर्वस्तु को देखने में सर्वथा असमर्थ सिद्ध हुआ है। आखिर वे भोंपू तो उन्हीं कम्युनिस्टों के हैं जिनके एक प्रसिद्ध नेता श्री ए.के. गोपालन किसी जमाने में लोकसभा से सिर्फ इसलिए बाहर चले गए थे, क्योंकि कई मंत्री हिंदी में बोले थे। प्रख्यात मार्क्सवादी विचारक डॉ. रामविलास शर्मा ने कम्युनिस्ट पार्टी या पार्टियों की गलत भाषा नीति के विरुद्ध अथक संघर्ष किया है। इस अवसर पर मैं प्रत्येक शिक्षित भारतवासी विशेषकर कम्युनिस्ट से प्रार्थना करूँगा कि वह अगर हिंदी जानता हो तो डॉ. शर्मा की पुस्तक 'भारत की भाषा-समस्या' अवश्य पढ़े। इस पुस्तक का अगर अन्य प्रांतीय भाषाओं में अनुवाद हो जाए, ताकि सभी लोग उससे परिचित हो सकें, तो एक बहुत बड़ा राष्ट्रीय महत्त्व का कार्य होगा।

इसी लेख में एक अन्य प्रसंग जिसमें व्यंग्य का प्रयोग अनुचित प्रतीत होता है। हर जागरूक एवं चिंतनशील व्यक्ति के मन में यह सवाल उठता ही है कि इस देश का आखिर क्या होगा? परसाई इस प्रश्न से इतना 'बोर हो उठे कि उन्होंने एक प्रश्नकर्ता से खीझकर कह दिया 'मैं क्या जानूँ? जिनका देश है उनसे पूछो। मैं न देश का मालिक, न उसका चौकीदार।' (रचनावली, खंड 3, पृ. 298)। यहाँ तक कोई अनौचित्य नहीं है। खीझ में ऐसी बात कहना स्वाभाविक भी है। इसी तरह खीझकर एक बार डॉ. राममनोहर लोहिया ने कह दिया था 'हिंदी जहन्नुम में जाए।' लेकिन इसके बाद परसाई प्रश्नकर्ता पर जो टिप्पणी करते हैं, वह निश्चय ही अशोभनीय एवं अनुचित है। टिप्पणी इस प्रकार है : 'उसे बुरा लगा। उसने कहीं मेरी रिपोर्ट की होगी। वह देशभक्त था। यों तो सूअर भी मातृभूमि को प्यार करता है। मगर मातृभूमि से उसे कौन चीज लेकर खाने का अधिकार है, यह हम सब जानते हैं।' (रचनावली, खंड 3, पृ. 298)। परसाई को सोचना चाहिए

कि सूअर मातृभूमि से प्यार नहीं करता। वह उस खाने की चीज से अवश्य प्यार करता है जिसकी ओर इशारा परसाई ने किया है।

पत्रात्मक व्यंग्य लेख 'क्रांति और भ्रांति' में परसाई ने मेनका गांधी को लक्ष्य कर जनता पार्टी के अध्यक्ष चन्द्रशेखर को संबोधित करते हुए सुझाया : 'आप अगर अपनी लेनिन-दाढ़ी की क्रांतिकारिता से उस सुंदरी को अपनी पार्टी में ला सकें तो अच्छा रहेगा। एकाध सुंदरी युवती पतिव्रता पार्टी के लिए ताकत होती है। तारकेश्वरी बूढ़ी और तेजहीन हो चुकी हैं। वे काम की रही नहीं। बूढ़े रँडुए मोरारजी को संतुलित करने के लिए युवती सुंदरी पार्टी में चाहिए। मेनका कह देगी—देखो विश्वामित्र, तुम अपने को आगामी प्रधानमंत्री के रूप में पेश नहीं करोगे, तो मोरारजी मान जाएँगे और आपका रास्ता साफ हो जाएगा। (रचनावली, खंड 4, पृ. 248)। संभावित यथार्थ की यह प्राक्कल्पना निराधार नहीं है, तथापि इसका इस प्रकार का उल्लेख मुझे कुछ अनुचित ही प्रतीत हो रहा है। कहीं यह कुँवारे परसाई की 'रँडुए' देसाई के प्रति काम-कुण्ठा जनित ईर्ष्या तो नहीं? हो भी सकता है!

साहित्य-रूप (विधा) की दृष्टि से परसाई का न केवल व्यंग्य-लेखन, अपितु प्रकृत ऋजु-लेखन भी निबंधात्मक, रेखाचित्रात्मक और कथात्मक है। कुछेक व्यंग्य चुटकुलानुमा भी हैं। 'कबीर की बकरी' चुटकुला ही है। कहते हैं कबीर की बकरी पास के मंदिर में घुसकर बगीचे के पत्ते खा जाती थी। पुजारी ने जब शिकायत की, तो कबीर ने जवाब दिया, "पण्डित जी, जानवर है। चली जाती होगी मंदिर में। मैं तो नहीं आया। यहाँ चुटकुले से गंभीर व्यंग्य का काम लिया गया है। व्यंग्य यह है कि पण्डित जी समेत जानवर ही मंदिरों में जाते हैं।

'भोलाराम का जीव' एक उत्कृष्ट कोटि की फैण्टेसीपरक कहानी है। कथात्मकता और ह्यूमर के साथ-साथ मार्मिकता के विलयन के कारण परसाई के व्यंग्य लेखन में इसका विशिष्ट स्थान प्रतीत होता है। कहानी इस प्रकार है—भोलाराम के जीव को लेकर यमदूत मृत्युलोक से चला, पर धर्मराज के पास पाँच दिनों तक नहीं पहुँचा। ऐसा कभी नहीं हुआ था। बात यों हुई कि जीव रास्ते में यमदूत को चकमा देकर भाग गया और अपनी रुकी हुई पेंशन की फाइल में छिप गया। यमदूत ने सारा ब्रह्माण्ड छान डाला, पर वह कहीं न मिला। अन्त में हारकर यमदूत यमराज के पास गया और उसने अपनी रिपोर्ट दी। यमराज ने भोलाराम के जीव को खोज निकालने का काम नारद को सौंपा। नारद की खोज के माध्यम से सरकारी दफ्तरों की घूसखोरी पर आधारित कार्य-पद्धति का बड़ा ही रोचक, मार्मिक और प्रभावशाली उद्‌घाटन हुआ है इस फैण्टेसी में। साथ ही

भोलाराम और उसके परिवार की आर्थिक दुर्दशा का भी मार्मिक चित्रण हो गया है। भोलाराय को पेंशन पर बैठे पाँच साल हो गए थे पर पेंशन न मिली थी। हर 10-15 दिन में वह एक दरख्वास्त दे देता था, पर वहाँ से या तो जवाब आता ही नहीं था, और आता, तो यही कि तुम्हारी पेंशन पर विचार हो रहा है। इन पाँच सालों में वह अपनी पत्नी के सब गहने तक बेच कर खा गया। बर्तन भी बिक गए और घर में फाके होने लगे। अंत में, चिंता में भोलाराम ने दम तोड़ दिया।

परसाई के व्यंग्यात्मक निबंधों की चर्चा तो पहले ही हो चुकी है। प्रधानतः वे निबंधकार (Essayist) हैं। आत्माभिव्यंजना का तत्त्व जितनी अधिक मात्रा में उनके निबंधों में पाया जाता है, उतनी अधिक मात्रा में संभवतः हिंदी के किसी अन्य निबंधकार के निबंधों में नहीं। 'तट की खोज' जैसी कुछ कहानियों को छोड़कर उनकी कहानियों में भी निबंधात्मकता की झलक पाई जाती है। वस्तुतः निबंध ही उनके औघड़ व्यक्तित्व के लिए सर्वाधिक उपयुक्त विधा है। हिंदी निबंध को परसाई ने नई दिशा, नई ऊर्जा, नया क्षेत्र और नया तेवर प्रदान किया है और निश्चय ही उसका विकास किया है।

वैसे तो सभी साहित्यिक विधाएँ लचीली होती हैं, किंतु निबंध जैसी लचीली कोई दूसरी विधा नहीं है। निबंध थोड़ा बहुत कथात्मक भी हो सकता है, रेखाचित्रात्मक भी हो सकता है, संस्मरणात्मक भी हो सकता है, विवरणात्मक भी हो सकता है और पत्रात्मक भी हो सकता है, आत्मपरक भी हो सकता है और वस्तुपरक भी हो सकता है, भावात्मक भी हो सकता है और विचारात्मक भी हो सकता है, व्यंग्यात्मक भी हो सकता है और निर्व्यंग्य भी हो सकता है, सम्वादात्मक भी हो सकता है और वर्णनात्मक भी हो सकता है, आकार की दृष्टि से वह अत्यंत छोटा और बड़ा भी हो सकता है। परसाई ने निबंध विधा के लचीलेपन का अपने व्यक्तित्व के अनुरूप भरपूर उपयोग किया है और उसे नानारूपात्मकता प्रदान की है। हिंदी के किसी अन्य निबंधकार ने ऐसा नहीं किया है।

परसाई के व्यंग्यकार का मुख्य स्वर विजीगीषु योद्धा का स्वर है। पराजय का भाव क्या, उसकी आशंका भी, उनमें आप नहीं देख सकते। यौवन के प्रारंभिक चरण में ही उन्होंने व्यक्तिगत दुःख से दुखी होने की प्रवृत्ति पर विजय प्राप्त कर ली थी, और समझ लिया था कि—'दुखी और भी हैं। अनगिनत शोषित हैं। मैं उनमें से एक हूँ।' (रचनावली, खंड 4, पृ. 452)। इसी आत्मविजय और पीड़ित लोक में आत्म-विलय के सुदृढ़ मनोवैज्ञानिक एवं सामाजिक आधार पर परसाई के भीतर जन्मा शोषक-जगत् विजीगीषु व्यंग्यकार परसाई। उसकी मुख्य प्रतिज्ञा

है—'रोना नहीं, लड़ना है। जो हथियार हाथ में है, उसी से लड़ना है।' (रचनावली, खंड 4, पृ. 452)। इस विजीगीषु योद्धा के अन्य स्थायी सहचर मनोभाव हैं निपट निर्भीकता, निर्ममता और ठोस आशावाद! इस व्यंग्यकार का दूसरा मुख्य स्वर है, हास्य-विनोद का स्वर। रुदन, निराशा और दैन्य का आभास उसमें नहीं है। परसाई के संपूर्ण लेखन में अगाध आत्मविश्वास दिखाई देता है। यही कारण है कि वे बड़े-बड़े व्यक्ति पर भी आक्रमण करने में जरा भी नहीं झिझकते। इस आत्मविश्वास के भाव ने उनके व्यक्तित्व और लेखन में एक अजीब मस्ती का भाव भर दिया है।

संसार के महान् लेखकों की सूक्तियों, काव्यांशों और लोकोक्तियों को उद्धृत कर और कभी-कभी उन पर पैरोडी रचकर परसाई अपने व्यंग्य के सौंदर्य की अभिवृद्धि करते हैं और अपनी तीव्र स्मरणशक्ति तथा काव्यात्मक प्रतिभा का परिचय देते हैं। राष्ट्रकवि मैथिलीशरण गुप्त ने लिखा था—'राम तुम्हारा चरित स्वयं ही काव्य है, कोई कवि बन जाए सहज संभाव्य है।' परसाई ने 'कविवर' अटल बिहारी को लक्ष्य कर रचा—'कारागार निवास स्वयं ही काव्य है, कोई कवि बन जाए सहज संभाव्य है।, (रचनावली, खंड 4, पृ. 37-38)। अँग्रेजी की सूक्ति थी—'ए मैन इज नोन बाई दि कंपनी ही कीप्स' और परसाई ने समकालीन युग को लक्ष्य कर उसे यों सुधारा—'ए मैन इज नोन बाई दि वाइफ ही कीप्स।' (रचनावली, खंड 4, पृ.)। वाग्वैदग्ध्य (Wit) की दृष्टि से परसाई का व्यंग्य-साहित्य बहुत समृद्ध है।

अब तक किए गए विवेचन के आधार पर मेरी धारणा है कि हिंदी साहित्य के इतिहास में विचारात्मक निबंध के क्षेत्र में जो स्थान प्राचार्य शुक्ल का है और भावात्मक ललित निबंध के क्षेत्र में जो स्थान आचार्य हजारी प्रसाद द्विवेदी का है, वही स्थान व्यंग्यात्मक निबंध के क्षेत्र में परसाई का है। व्यंग्य का सम्राट है परसाई, इसमें कोई सन्देह नहीं! इस दृष्टि से हिंदी का एक गौरव-स्तंभ है परसाई, इसमें भी कोई संदेह नहीं।

अब हम परसाई के व्यंग्येतर गंभीर ऋजु-लेखन पर अत्यंत संक्षेप में विचार करेंगे। परसाई का पहला निबंध 'इण्डियन टाइम' 'होनहार बिरवान के होत चीकने पात' की कहावत को पूर्णतः चरितार्थ करता है। उनके व्यक्तित्व की चिरस्थायिनी मूल प्रवृत्ति आलोचनात्मकता का मूल्यवान् गुण इसमें अपने पूर्ण आलोक एवं प्रभावात्मकता के साथ विद्यमान है। सही नतीजे पर पहुँचने की उनकी प्रखर निश्चयात्मिका बुद्धि का निश्चयक बोध कराते हैं उनके ये वाक्य—'इस इण्डियन टाइम वाली आदत का प्रत्यक्ष और अप्रत्यक्ष रूप से हमारे

व्यक्तिगत जीवन पर यह प्रभाव पड़ा है कि हमारे अधिकांश काम अधूरे ही रह जाते हैं। जहाँ एक घण्टा लगना चाहिए वहाँ दो घण्टे लगते हैं और इस प्रकार हिसाब लगाने पर हमारी पूरी आय का आधा भाग व्यर्थ ही चला जाता है।' (रचनावली, खंड 4, पृ. 325)। भारतीयों में गुण-ग्राहकता का भी गुण न रहा, इस बात का उन्हें बहुत अफसोस है। वे कहते हैं कि—'दो सौ वर्षों तक हमारे सिर पर सवार होकर अँग्रेजों ने हमसे तो बहुत कुछ लिया और साथ ले गए, परंतु हम बड़े घाटे में रहे कि उनसे समय की पाबन्दी भी न सीख सके।' (रचनावली, खंड 4, पृ. 325)।

परसाई के रेखाचित्रों से यह भलीभाँति पता चलता है कि उनमें चरित्रांकन की अद्‌भुत क्षमता विद्यमान है। 'मनीषी जी', 'रामदास' आदि व्यक्तिपरक रेखाचित्र इस बात के अकाट्य प्रमाण हैं। जगत्-विजीगीषु व्यंग्य-गाण्डीवधारी इस अर्जुन में, जो ऊपर-ऊपर देखने पर बहुत कठोर, निर्मम और विनोदी प्रतीत होता है, कितनी करुणा छिपी है, इसका अनुमान अगर कोई लगाना चाहता है, तो उसे 'रामदास' को अवश्य पढ़ना चाहिए। रामदास 80/- रु. माहवारी पर एक अखबार के दफ्तर में काम करता है। लेखक के शब्दों में उसे ईमानदारी की बीमारी लग गई है। यही कारण है कि वह सूखा-सूखा, दुबला-पतला है। रहने वाला वह कानपुर का है। तीन बच्चों व पत्नी को छोड़ यहाँ काम करता है। यह जगह भी उसे फली नहीं। इसे परसाई ने बड़े मार्मिक ढंग से चित्रित किया है—'आँधी से उड़कर एक जगह का बीज दूसरी जगह जा पड़ता है, वहीं उसमें पीका फूटता है वह पौधा बनता है, बढ़ता है, फूलता है, फलता है। यह रामदास भी मुसीबत की आधी से उड़कर कहीं से आ पड़ा है। लेकिन ऐसा कहाँ होता है कि हर पौधा जमीन में फले-फूले? (रचनावली, खंड 1, पृ. 36)। रामदास की मानसिक दशा का चित्र देखिए—'यह रामदाम सोचता ही रहता है। न जाने क्या सोचता है? खाते-खाते सोचता है, चलते-चलते सोचता है, बैठे-बैठे सोचता है। बाजार को चहल-पहल के बीच भी यह अपने आस-पास से बिल्कुल बेखबर जमीन देखता हुआ विचार में डूबा चला जाता है। (रचनावली, खंड 1, पृ. 36)। यह रामदास आर्थिक विपन्नता के कारण कैसा जीवन जीने पर मजबूर है? देखिए—'रामदास भोजन नहीं करता, याने उस अर्थ में, जिसमें हम सामान्यतः भोजन करते हैं, फिर यह जीता कैसे है? दफ्तर के नीचे एक होटल है जिसमें वह चाय पी लेता है और एक-दो आने का नमकीन खा लेता है। यही उसका भोजन है। आनन्द जी के दफ्तर से किसी आगंतुक के लिए यदि चाय और नमकीन आता है, तो उसमें से भी कुछ पा जाता है। सप्ताह में एक-दो

बार आनन्दजी के यहाँ खाना खा लेता है। वर्षों से वह इसी तरह जी रहा है। (रचनावली, खंड 1, पृ. 37)।

यह रामदास बहुत स्वाभिमानी है। 'वह किसी की कृपा स्वीकार नहीं करता।' 'उसके आत्म-सम्मान का झण्डा कभी झुकता नहीं।' दूसरों की चाय तक पीने से इंकार कर देता है। लेखक की चाय पी लेता है तो उसका बदला देना नहीं भूलता। लेखक कहता है कि—अगर आमना-सामना हो जाए, और संयोगवश मैं उसे न देख पाऊँ तो कभी वही कह देता है—'मास्टर साहब, चाय पी लीजिए'। तब यदि मैं इस उलझन में पड़ जाऊँ कि इस गरीब से दो आने क्यों खर्च कराऊँ, तो उसे बुरा लगता है।' (रचनावली, खंड 1, पृ. 38)। यह रामदास लेखक समेत 'सब लोगों को अपनी बराबरी का मानता है, अपने से बड़ा नहीं। अपने मालिक आनन्द जी से भी बराबर का व्यवहार करता है। हँसी की बात पर वह आनन्द जी के हाथ पर हाथ मारकर अट्टहास भी करता है।' (रचनावली, खंड 1, पृ. 38)। एक दिन लेखक ने रामदास से पूछा कि तुम्हारे बच्चों की कानपुर में गुजर कैसे होती होगी? कौन के पास रहते हैं वे? तो उसने बहुत गम्भीर वेदना के साथ जवाब दिया—'पास तो कोई नहीं है। कुछ रुपये भेज देता हूँ, कुछ वहीं हो जाता है।' (रचनावली, खंड 1, पृ. 39)। इस वेदनाजनक अप्रिय। प्रसंग से वह अन्यमनस्क हो गया। एक क्षण में ही जैसे वहाँ नहीं रहा, कानपुर चला गया। लेखक ने फिर पूछा—'उन्हें यहाँ ले आओगे?' इस वाक्य के मनोवैज्ञानिक प्रभाव का चित्र अत्यंत मार्मिक एवं स्वाभाविक बन पड़ा है : 'उसका मुख आशा की दीप्ति से चमक उठा। वह उस समय दस वर्ष छोटा लगा।' आँखों में अधिक उल्लास भरकर वह बोला, 'अच्छा-सा मकान मिल जाए तो ले आऊँ।' पर यह वाक्य कहते ही उसके मुख पर उसी गंभीर वेदना का रंग आ गया। (रचनावली, खंड 1, पृ. 39)।

तीन-चार वर्षों से उक्त प्रश्न का रामदास वही छोटा उत्तर देता है। वह नए काम ढूँढ़ता है, आमदनी के नए जरिये खोजता है, पर हर जगह उसकी ईमानदारी और दार्शनिक बेखबरी बाधा देती है। तीन-चार सालों से वह घर नहीं गया है। X 'रामदास और उसके स्त्री-बच्चों के बीच जैसे गरीबी की गहरी नदी बह रही है, और वे मिल नहीं सकते।' (रचनावली, खंड 1, पृ. 39)। लेखक उसके इस विछोह-दुःख का अनुमान इस प्रकार लगाता है—'स्त्री-बच्चों का इतने दिनों का विछोह क्या होता है, यह स्वानुभव से नहीं जानता। पर मुझे ठीक याद है कि बचपन में छुट्टियों में माता-पिता के पास गाँव रहकर शहर आने लगता, तो

माता-पिता की आँखों से आँसू झरने लगते। मैं साल में तीन बार घर हो आता था। यह चार साल में एक बार भी नहीं गया।' (रचनावली, खंड 1, पृ. 39)।

एक दिन रामदास बहुत उदास दिखा। पूछने पर उसने एक गहरी साँस छोड़ी और बोला—'बड़ा लड़का नहीं रहा। घर से चिट्ठी आई है।' वह आसमान की ओर शून्य में देखने लगा। हृदय की वेदना मुख से चीख बनकर न निकले पड़े, इसलिए उसने ओंठों को दाँतों से दबा लिया। पर पलकों में यह सामर्थ्य कहाँ कि आँसुओं को रोक सके। उसकी आँखों से आँसू झरकर नाक को भिगोते हुए ओंठ तक बहने लगे और उसकी साँस जोरों से चलने लगी। (रचनावली, खंड 1, पृ. 39)। रामदास के जीवन की इस त्रासदी का लेखक पर क्या प्रभाव पड़ा? उसे लगा कि—'दुःख के जाहिर करने के जितने उत्तम तरीके हैं, जितने सुंदर वाक्य और शब्द हैं, वे झूठे हैं। वे सब दुःख के उत्सव के काम आने वाले हैं। इस गरीब के सच्चे दुःख के सामने मेरी परिष्कृत समृद्ध वाणी व्यर्थ है। (रचनावली, खंड 1, पृ. 40)।

रामदास अपने बेटे की मृत्यु पर भी अपने घर नहीं जा पाता। अपने को वह यह कहकर समझाता है कि 'अब जाने से क्या फायदा?' यद्यपि उसे मालूम है कि 'बिलखती पत्नी और चीखते बच्चों के बीच उसे होना चाहिए।' (रचनावली, खंड 1, पृ. 40)। रामदास की मजबूरी की नींव पर लेखक ने उसके भविष्य को इस प्रकार। देखा—'पर उसे कभी अच्छा-सा मकान नहीं मिलेगा। और वह कानपुर से चिट्ठियाँ पाता रहेगा कि अब दूसरा लड़का नहीं रहा, अब लड़की भी नहीं रही, और अब स्त्री भी नहीं रही।' (रचनावली, खंड 3, पृ. 40)। लेकिन रामदास निराश नहीं है। आशा की ज्योति उसके हृदय में अब भी जल रही है। बच्चों को लाने के लिए कहने पर वह अब भी कहता है—'अच्छा-सा मकान मिल जाए तो ले आऊँ।'

नेहरू से लेकर रीगन तक, विनोबा भावे से लेकर आचार्य रजनीश तक, फूलन देवी से लेकर संत जरनैल सिंह भिण्डरावाले तक जितने भी नायक परसाई के व्यंग्यों में हैं, वे सबके सब मुझे इस रामदास के सामने, जिसके आत्म-सम्मान का झण्डा कभी झुकता नहीं, अदने से दिखलाई पड़ते हैं। सारे पीड़ित लोग और संपूर्ण मानवता की ओर से मैं रामदास के कभी न झुकने वाले आत्म-सम्मान के झण्डे का नतमस्तक होकर अभिवादन करता हूँ। साधारण समझे जाने वाले शोषित, पीड़ित मानव-समुदाय में असाधारण और अद्भुत चारित्र्य-सौंदर्य का अनुसंधान और चित्रण करने वाले हिंदी के महान साहित्यकारों में प्रेमचन्द और

निराला का विशिष्ट स्थान है। यहाँ पर व्यक्त परसाई की करुणा निश्चय ही निराला की करुणा से तादात्म्य स्थापित करने में सर्वथा समर्थ है। इसे पढ़ते समय 'देवी', 'सरोज-स्मृति', 'कुल्लाभाट', 'बिल्ले सुर बकरिहा' और 'चतुरी चमार' के रचनाकार की याद आए बिना नहीं रहती।

'तट को खोज' को चाहे आप 'दीर्घकथा' कहें या 'लघु उपन्यास', है वह बहुत जीवंत और ऊर्जस्वी रचना। अफसोस है कि यहाँ लेख के कलेवर के बढ़ते जाने के कारण उसकी चर्चा का अवकाश नहीं है। प्रतिभाशालिनी और सुंदरी, किंतु एक गरीब एवं वृद्ध रिटायर्ड पिता की मातृहीना पुत्री शीला की यह अत्यंत मार्मिक जीवन कथा हिंदी कथा-साहित्य के इतिहास में अमर होकर रहेगी, ऐसा मेरा विश्वास है। शीला भारतीय नारी का नवीन परिमार्जित संस्करण है। उसे परिस्थितियों का दास होना पसंद नहीं है और न किसी की करुणा या कृपा पर निर्भर रहना। वह परिस्थितियों और ऐसे कृपालु लोगों से दूर निकल जाने का साहसपूर्ण बौद्धिक निर्णय लेती है और वैसा ही करती है। मनोहर के लिए लिखकर छोड़े हुए अपने पत्र का अंत उसने इन शब्दों में किया है : 'मैं जीवन को फिर से प्रारंभ करने जा रही हूँ। यहाँ की परिस्थितियों में जीवन फिर से आरंभ नहीं कर सकती। यहाँ की जमीन विषाक्त हो गई है, मेरे लिए। मैं दूसरी जमीन में जाकर जीवन का रोपा लगाऊँगी। मैं पलायन नहीं कर रही हूँ, नए जीवन की खोज में जा रही हूँ। XX एक लहर मँझदार में ले जाकर डुबा देती है, तो दूसरी उछालकर किनारे लगा देती है। मैं तट की खोज में हूँ। (रचनावली, खंड 2, पृ. 125)।

जैनेन्द्र की लघु उपन्यास कहलाने वाली रचना 'त्यागपत्र' की नायिका मृणाल से 'तट की खोज' की शीला का तुलना कीजिए और दोनों रचनाओं की भी तुलना कीजिए, तो 'तट की खोज' का महत्त्व आपके सामने उभरकर आएगा। निश्चय ही, 'तट की खोज' आकार में काफी छोटी होने पर भी अपनी सघनता के कारण अनेक दृष्टियों से 'त्याग पत्र' पर भारी पड़ेगी।

परसाई ने 'तट की खोज' के बारे में लिखा है कि 'अब मैं इस रचना का सामना नहीं कर सकता। (रचनावली, खंड 6, पृ. 238)। उनका यह कथन यह प्रमाणित करता है कि वे साहित्यालोचक के रूप में सफल नहीं हो सकते। जैसे नागार्जुन की पहली औपन्यासिक कृति 'रतिनाथ की चाची' अपनी मार्मिकता और प्रभावात्मकता में उनके परवर्ती 'बलचनमा' आदि उपन्यासों से श्रेष्ठ है, वैसे ही परसाई की यह प्रारंभिक रचना 'रानी नागफनी की कहानी, से निश्चय ही श्रेष्ठ है।

आलोचक परसाई ने लिखा है कि 'ब्राह्मण और दूसरे ऊँचे वर्गों ने कबीर को कवि नहीं माना, अवहेलना की। उसे गाली देने वाला माना। XXX जब कबीर की सौ कविताओं का रवीन्द्रनाथ ने अँग्रेजी में अनुवाद किया और खुलेआम स्वीकार किया कि मैंने कबीर से बहुत कुछ लिया तब कबीर को 'रिस्पेक्टेबिलिटी' मिली—क्योंकि रवीन्द्र अभिजात्य थे।' (रचनावली, खंड 4, पृ. 428)। परसाई ने यह नहीं लिखा कि रवीन्द्र ब्राह्मण थे। आखिर कबीर को 'रिस्पेक्टेबिलिटी' मिली, (रिस्पेक्ट नहीं!) मगर उसे प्राप्त करने के लिए उन्हें एक ब्राह्मण की ही शरण की प्रतीक्षा करनी पड़ी। कुछ थोड़ी-बहुत कमी अगर बाकी थी तो उसे दूसरे ब्राह्मण परसाई ने पूरी कर दी। आश्चर्य है कि हिंदुस्तान का कम्युनिस्ट भी जाति-पाँति के आधार पर सोचता है। यह एक अजीब उलझन है इन जाति के आधार पर सोचने वालों की कि ब्राह्मणों द्वारा किया सम्मान ही उन्हें सम्मान प्रतीत होता है। शेष वर्गों द्वारा किया गया सम्मान तब तक असम्मान ही रहता है जब तक कि रवीन्द्र जैसा ब्राह्मण अपनी सम्मान की मुहर उस पर नहीं ठोंकता। क्या परसाई इतना भी नहीं सोच सकते कि परसाई और रवीन्द्र जैसे ब्राह्मण हर युग में होते रहे हैं और कबीर के युग में भी निश्चय ही रहे होंगे। आखिर कबीर के ईश्वर तुल्य गुरु रामानन्द भी तो उसी समय के हैं। क्या ब्राह्मण जैन बौद्ध नहीं हुए? क्या सिद्धों और नाथों में ब्राह्मण नहीं थे?

आलोचक परसाई ने तुलसी के संदर्भ में लिखा है—'आज भी हरिजन जलाए जाते हैं, इसका सारा दोष तुलसी पर नहीं मढ़ा जा सकता—गो वे इसके प्रोत्साहक हैं।' (रचनावली, खंड 4, पृ. 432)। इस प्रकार उन्होंने तुलसी को 'हरिजन-दहन' का प्रोत्साहक कहा, 'लंका-दहन' का नहीं। जिस तुलसी ने शम्बूक वध के प्रसंग को ही सर्वथा त्याग दिया उसे हरिजन-दहन का प्रोत्साहक कहना सर्वथा निराधार ही नहीं, अपितु बहुत बड़ी अमानवीयता पूर्ण गैर-जिम्मेदारी है। परसाई का आलोचक बेहद भावुक और पूर्वाग्रह-ग्रस्त मस्तिष्क का है। अगर परसाई ने तुलसी को लंका-दहन का प्रोत्साहक समझा होता तो वे अपने समय की लंका (नेहरू-इंदिरा-सरकार) की रक्षा में कदापि व्यस्त न होते। उनका रवैया नेहरू-इंदिरा के प्रति उस धाय का-सा है जो अपने पाल्य की खुद तो काफी धुनाई करती है, लेकिन अगर मुहल्ले का कोई और उनकी ओर टेढ़ी आँख देखे तो वह आग-बबूला हो जाती है।

निष्कर्ष यह कि परसाई की अपने साहित्य की आत्म-आलोचना विश्वसनीय नहीं मानी जा सकती। अतः 'तट की खोज' के बारे में उनके अपने कथन की उपेक्षा करना ही उचित और अपेक्षित है। मुझे हर्ष और गर्व है व्यंग्यकार परसाई

के गौरवपूर्ण साफल्य पर, लेकिन मुझे और भी हर्ष और गर्व होता यदि वह विपुल कथा-साहित्य रचकर, जिसके लिए अपेक्षित समस्त योग्यताएँ उसमें विद्यमान हैं, प्रेमचन्द या निराला का सच्चा उत्तराधिकारी बनने में सफल हुआ होता। उसके स्वभाव ने ऐसा होने नहीं दिया।

वस्तुत. संसार और जीवन द्वंद्वात्मक और गतिशील होता है। उसके सुंदर-असुंदर, कोमल और कठोर, साधारण ओर असाधारण, सरल और जटिल, उदात्त और अनुदात्त, प्रिय और हेय दुहरे पक्ष होते हैं। इन दोनों पक्षों का परस्पर संश्लिष्ट और व्यापक चित्रण ऋजु साहित्य में ही संभव होता है, व्यंग्य साहित्य में नहीं। अतः कुल मिलाकर यही कहने की विवशता है कि परसाई का लेखन अपनी समस्त असाधारण खूबियों और शक्तियों के बावजूद उस ऊँचाई को नहीं प्राप्त कर सकता जिस पर प्रेमचन्द और निराला का लेखन प्रतिष्ठित है।

डॉ. सुवास कुमार

प्रतिबद्धता और विवेक का अचूक समन्वय

व्यंग्य श्रेष्ठतम लेखन की आंतरिक प्रकृति होता है। श्रेष्ठ रचना चाहे वह किसी भी विधा में क्यों न हो, अनिवार्यतः और अंततः व्यंग्य होती ही है। इस अर्थ में हम व्यंग्य को चाहें तो तीव्रतम क्षमताशाली व्यंजनात्मकता के रूप में भी देख सकते हैं। व्यंग्य सहृदय में हलचल पैदा करता है। वह अपने प्रभाव में सान्द्र और प्रशान्त हो ही नहीं सकता। अपने प्रभाव में व्यंग्य करुण या कटु कुछ भी हो सकता है मगर वह बेचैनी जरूर पैदा करेगा। ओ' हेनरी, मोपासाँ, चेखव और प्रेमचन्द की श्रेष्ठतम कहानियाँ व्यंग्य ही हैं। अपनी कहानी विधा के बावजूद वे महान व्यंग्य रचनाएँ भी हैं। 'मैगी का उपहार', 'नैकलेस', 'क्लर्क की मौत' से लेकर 'कफन', 'नशा' और 'शतरंज के खिलाड़ी' तक में व्यंग्य की जो तीव्रता अंतर्भूत है, वही 'भोलाराम का जीव' में है। परसाई इस तरह विश्व साहित्य की महान और सप्राण रचनात्मक व्यंग्यधारा से सहज ही जुड़ जाते हैं। हरिशंकर परसाई हिंदी गद्य की स्वाभाविक परंपरा में हैं। इस परंपरा से बहुत-कुछ ग्रहण करते हुए और उसे बहुत-कुछ प्रदान करते हुए, परंपरा की रूढ़ियों को तोड़ते हुए, वे उसका पुनर्निर्माण करते हैं। साहित्य में व्यंग्य जीवन और परिवेश की सबसे तीव्र और मुखर आलोचना होता है। व्यंग्य समय की सारी जटिलताओं की सरल पहचान कराता है, कुछ वैसे ही, जैसे शिकारी या खोजी कुत्ता अपराध-स्थल को सूँघकर अपराधी को ठीक सुराग लगा लेता है। इस तरह व्यंग्य का अनिवार्य रिश्ता समय और समाज की गड़बड़ियों से होता है। व्यंग्यकार गड़बड़ियों से टकराता तो वर्तमान में ही है मगर वर्तमान के उलझे सूत्रों को सुलझाते हुए भूत-भविष्य से भी निरंतर 'संवाद' स्थापित करता रहता है।

व्यंग्य बीसवीं शताब्दी की देन नहीं हैं। जो व्यंग्य विधा का आरंभ बीसवीं सदी से समझते हैं वे व्यंग्य को नहीं समझते। व्यंग्य हर काल में अपने समय के अंतर्विरोधों और विडंबनाओं को उघाड़ता रहा है, क्योंकि ये अंतर्विरोध

और विडंबनाएँ हर समय और समाज में थीं और मोटे तौर पर संवेदनशील रचनाकार अपनी बेलाग प्रतिक्रिया प्रकट करने को मौजूद था। व्यंग्य अपनी जरूरत हर समय महसूस कराता रहा है, बल्कि यूँ कहिये कि समाज हर समय अपनी विसंगतियों के द्वारा व्यंग्य का उपजीव्य प्रस्तुत करता रहा है। चाहे आप 'मृच्छकटिक' से बात शुरू कीजिए या 'अंधेर नगरी' से—व्यंग्य प्राचीन काल से जीवन, समाज और व्यवस्था की असंगतियों पर प्रहार करता आया है, यह बिल्कुल जाहिर बात होगी। यह प्रहार कमजोरों-असहायों के पक्ष में व्यवस्था की क्रूरता पर होता है, अतः व्यंग्यकार बहुमत के पक्ष में खड़ा होने वाला सही प्रजातंत्री होता है। व्यंग्यकार भाववादी हो ही नहीं सकता। जो भाववादी हैं वे असल व्यंग्यकार नहीं हो सकते क्योंकि जन पक्षधरता से किनाराकशी व्यंग्य की धार को बिल्कुल कुंद कर देती है। व्यंग्य राज्याश्रय में नहीं रह सकता। राज्याश्रय में विदूषक और मसखरे पला करते हैं, सच्चे व्यंग्यकार नहीं। व्यंग्य जनविरोधी व्यवस्था का जन्मजात प्रतिपक्ष होता है। अतः व्यंग्य मानवीय होता है किंतु तटस्थ कदापि नहीं होता। तटस्थता स्थिरता है जबकि व्यंग्य गतिशील होता है। व्यंग्य सक्रियता है, सक्रियता के लिए है। गैर-जिम्मेदार रचना हास्य भले हो जाए, वह व्यंग्य नहीं हो सकती। व्यंग्य मानवीय स्थितियों की तलाश में जीवन पर की गई आलोचनात्मक टिप्पणी है। 'मैला आँचल', 'रागदरबारी' और 'रानी नागफनी की कहानी' जैसी कृतियों का केंद्रीय स्वभाव व्यंग्य का है, तेवर व्यंग्य का है—उनके वस्तु-संदर्भ और ट्रीटमेंट चाहे ऊपर से बहुत अलग ही दिखाई क्यों न देते हों, व्यंग्य हर तरह की घुटन और जकड़न का विरोध करता है। यही कारण है कि स्वीकृत साहित्य रूपों, विधात्मक फ्रेमों को भी वह बखूबी तोड़ता-जोड़ता है। व्यंग्य की परिधि में व्यक्ति और विश्व का अलगाव टूटता है। व्यंग्य की सूक्ष्म और तीक्ष्ण दृष्टि दोनों के बीच सहज हामनी के तंतुओं को पहचान लेती है। निजी दिनचर्या तक को व्यंग्य विराट कॉसमॉस से सहज ही जोड़कर दिखला सकता है। व्यंग्य अपनी परंपरा, इतिहास और जातीय स्मृतियों को टटोलते हुए उनका जीवंत उपयोग करता है, कई अंशों की पुनर्रचना करता है और पारंपरिक कच्चे माल से नया उत्पादन भी करता है। प्राचीन की पृष्ठभूमि में वह समकालीन स्थितियों का वैचित्र्य, मनोनुकूल ढंग से, उजागर करता है। व्यंग्य यथार्थ की फैंटेसी और फैंटेसी का यथार्थ होता है। इनके बीच से वह सहज आदमीयत की खोज करता है, सहजता को पाने के लिए संघर्ष करता है। यह मानवीय संघर्ष उसे हर छद्म का विरोधी बना देता है और जनमानसिकता का साक्षात्कार भी कराता है। व्यंग्य जनमानसिकता को जनचेतना में तब्दील करने

की सक्रियता बन जाता है। व्यंग्य दूरवर्ती भाववादी आदर्शों का विलोम होकर भी जीवन की गंदगी को साफ करने की प्रतिबद्धता और गहरी कोशिश होता है। अतः व्यंग्य में भावुकता नहीं, संवेदना होती है, निराशा नहीं, सक्रियता होती है। व्यंग्य के पाँव जमीन पर होते हैं, उसकी चेतना सामाजिक होती है। उसका संबंध वास्तविक परिस्थितियों से होता है। उसका अनुभव-संसार विशाल और विस्तृत होता है। व्यंग्य साधारणता में छिपे अद्वितीयता के आकर्षण को ढूँढ़ निकालता है। व्यंग्य फूहड़ता का निषेध है क्योंकि वह साधारण को स्तरीय बनाता है।

वास्तव में व्यंग्य लेखक की सामाजिक चेतना की तीव्रतम अभिव्यक्ति होता है। मोटे तौर पर परंपरागत व्यंग्य को सुधारवादी मान लिया जाता है और शायद परसाई के पूर्व हिंदी के खालिस व्यंग्य लेखन की प्रेरणा और परिण ााम के रूप में सुधारवाद को देखना बहुत असंगत है भी नहीं, मगर हरिशंकर परसाई के व्यंग्य-लेखन का पैना तेवर सुधारवाद से संतुष्ट होने वाला नहीं। वह तो वास्तविक परिवर्तन कामी चेतना को उत्तेजित करता है। वह सही अर्थों में यथार्थवादी और क्रांतिधर्मी है। व्यंग्य अपने असली रूप में प्रगतिशील होता है, अतएव साहित्य की पुनरुत्थानवादी शैली शिल्प, विद्या या प्रवृत्ति और जो भी हो; व्यंग्य तो नहीं ही है। मगर इस परिवर्तनकामी प्रगतिशीलता को परसाई सपाट और इकहरा नहीं बना देते। वे जीवन की संश्लिष्टता को जानते-समझते हैं, फलतः उनकी सघन जीवनानुभूति उनके व्यंग्य को रचनात्मक बनाती है और समस्त तात्कालिकता के बावजूद औसत अखबारी रपटों से उसे ऊँचा उठा देती है। ऐसा नहीं कि परसाई में इस नियम के अपवाद नहीं मिलते। 'जे.बी. कृपलानी और मंघाराम' 'चुनाव के नजारे' तथा लोहिया, जयप्रकाश, मेहता आदि से संबंधित रचनाओं में व्यंग्यकार का आक्रोश व्यक्तिगत ढंग से किंचित् द्वेषपूर्ण भी दिखाई दे सकता है। या दूसरी ओर कृष्ण मेनन का पक्ष लिया जाना और जवाहर लाल को भूलकर भी आलोचना नहीं करना 'तत्सामयिकता की बँधी दृष्टि' और कच्चेपन के परिणाम भी मिल सकते हैं, पर ये उदाहरण अपवाद स्वरूप ही हैं जो नियम को पुष्ट करते हैं, उसे हानि नहीं पहुँचाते।

परसाई की दृष्टि क्लासिकी नहीं है। वैसे लेखन में उन्होंने कबीर और तुलसी दोनों का बाना धारण किया है, पर कबीर उनकी मानसिकता के—तुलसी की अपेक्षा ज्यादा, निकट हैं और उन्हें खुद इसका एहसास है। वे लिखते हैं 'तुलसीदास परंपरागत सामंती आदर्शवादी विश्वासबाध्यता के कारण समाज की विसंगतियों को स्पष्ट नहीं देख सके या उन्हें नजर अन्दाज किया।...कबीर की बात निराली है। कथ्य रूप में, दृष्टि में पूरे विद्रोही थे। वे सामाजिक विसंगतियों

को, पाखंडों और मिथ्याचारों को आर-पार देखते थे।...तुलसीदास कहते थे, 'पूजिय विप्रशील गुण हीना' तो कबीर कहते थे, 'साधो, पांडे निपट कुचाली! कबीरदास में विद्रोह था...कबीर का यही व्यक्तित्व मुझे लुभा गया। अपने समय की विसंगतियों, पाखंडों, मिथ्याचारों के उद्‌घाटन और उस पर प्रहार के लिए मैंने अपने को कबीर की परंपरा से जोड़ा।' (सुनो भाई साधो, पृ. 8) कबीर की ही भाँति परसाई की अधिकांश रचनात्मक प्रेरणा तात्कालिकता है और उन्हें इसका सचेत एहसास भी है। वे कहते हैं : 'समय-समय पर 'सुनो भाई साधो' शीर्षक से लिखे गए ये व्यंग्य स्तंभ हैं। जिस घटना से तात्कालिक रूप से बात उठी, वह उसी लेख में स्पष्ट है। आगे उस आधार पर विस्तार होता है।' परसाई का विश्वास है कि जो साहित्य सामयिक सवालों से मुँह चुराता है, वह भला शाश्वत कैसे हो सकता है? भविष्य तो हमारे वर्तमान में ही छिपा रहता है। सामयिक और शाश्वत की इस द्वंद्वात्मकता से परसाई की रचना में प्रभावकारी कलात्मकता आती है—संघर्ष और करुणा का अद्‌भुत मेल पैदा होता है। तुलसी जिस प्रकार के समन्वयी मितभाषी संत थे, कबीर उससे अलग दो-टूक प्रतिवादी किस्म के थे। परसाई का मौलिक रंग कबीर के निकट पड़ता है। कबीर की ही भाँति परसाई व्यंग्य के तीखेपन के जोखम भरे परिणामों से न केवल अवगत हैं बल्कि उन्हें झेला भी है। राजनैतिक प्रतिबद्धता और विवेक का अचूक समन्वय परसाई के व्यंग्यों में है। परसाई लेखन को उद्देश्य नहीं, सदैव उसे माध्यम बनाए रखते हैं, परिणामस्वरूप उनका लेखन अपने वृहत्तर उद्देश्य व्यक्ति की सामाजिक नियति को बदलने को कभी ओझल नहीं कर पाता। परसाई यह नहीं भूलते कि व्यंग्यकार की नियति सत्तात्मक यथार्थ की विसंगतियों के विरोध में रहने की है—भले वह सत्ता कितनी ही सूक्ष्म और अमूर्त क्यों न हो। व्यंग्य का प्रकार्य (फंक्शन) विसंगतियों के मर्म की टोह लेते हुए उस पर चोट करना है। अतः व्यंग्य निरुद्देश्य नहीं हो सकता। जैसे शुद्ध कविता का नारा एक छलावा है वैसे ही शुद्ध व्यंग्य-जैसी किसी चीज का अस्तित्व संभव ही नहीं हो सकता। परसाई का व्यंग्य अशुद्ध है क्योंकि वह सोद्देश्य जितना है, उतना ही कलात्मक भी।

उपन्यास के नाम पर परसाई की दो रचनाएँ मिलती हैं : 'तट की खोज' और 'रानी नागफनी की कहानी'। 'तट की खोज' को परसाई, संभवतः उसके आकार को लेकर, लंबी कहानी या लघु उपन्यास मानते हैं। (वाणी प्रकाशन, 1982, भूमिका) यहाँ नारी-मुक्ति अर्थात् नारी-व्यक्तित्व के स्वतंत्र विकास के बारे में जैनेन्द्र के 'त्यागपत्र' से अलग सामाजार्थिक (सोशियोइकोनॉमिक) दृष्टि से यथार्थवादी रुख अपनाया गया है। कई दृष्टियों से 'तट की खोज' में

अपरिपक्वता या कच्चापन झलकता है, किंतु लेखक की प्रारंभिक कृति होने के कारण वह स्वाभाविक है। 'तट की खोज' में लेखक की प्रारंभिक रचना के शिल्प का सहज संकोच है। अतः वहाँ व्यंग्य का वह खुला उभार नहीं मिलेगा जो 'रानी नागफनी की कहानी' में है। नागफनी का शैल्पिक खुलापन लेखकीय आत्मविश्वास का, व्यंग्य के शिल्प पर उसकी पकड़ का, द्योतक है। 'तट की खोज, समग्रतः व्यंग्य-रचना नहीं है। वह नारी-चरित्र के माध्यम से शरत्चन्द्रीय भावुकता और जैनेन्द्रीय भाववादिता का यथार्थपरक जवाब है। परसाई की आत्मसजगता समाजोन्मुखी होकर मुक्तिबोध के आत्मसंघर्ष की याद दिलाती है। परसाई मध्यवर्ग की उपज हैं और ज्यादातर इसी वर्ग की जिंदगी को इस वर्ग के आगे खोलकर रखते रहे हैं। मुक्तिबोध की कविताओं वाली शिल्पगत जटिलता और संश्लिष्टता का सामना परसाई को कुछ तो अपनी व्यंग्य विधा के कारण और कुछ संप्रेषण के प्रति अपनी अतिरिक्त सचेष्टता के कारण नहीं करना पड़ा। परसाई की भाषा रचनात्मक, ताजी, जीवंत और सहज है। किस प्रकार वे रचनाकार की संवेदना को वैचारिक प्रतिबद्धता में तब्दील करते हैं, यह ऊपर से मालूम नहीं पड़ता। परसाई असहायता पर आँसू नहीं बहाते, उसे समाज से जोड़ने और कर्म में बदलने की कोशिश करते हैं। मार्क्सवाद उनके लिए कोरा सिद्धांत नहीं। वह भारतीय परिस्थितियों की कसौटी पर परखी जाने वाली जीवन-दृष्टि है। मार्क्सवाद उनकी रचनाओं की बुनावट में अच्छी तरह जज्ब हो गया है, रच-बस गया है। कई मार्क्सवादी रचनाकारों की भाँति कोई फाँक या दरार वहाँ नहीं लक्षित होती।

'रानी नागफनी की कहानी' में संरचना के कई स्तर हैं। वह एक व्यंग्यकृति है, एक व्यंग्य उपन्यास है, एक औपन्यासिक पैरोडी है और एक सफल फैंटेसी है। वास्तव में व्यंग्य अपने-आप में 'आधुनिक दृष्टि' होता है। उसमें 'एब्सडिटी' को पहचानने-पकड़ने की अपूर्व क्षमता भी होती है और इसलिए वह यथार्थ को 'फैंटेसी' के माध्यम से देखता है। जब हम उन्नीसवीं सदी के हिंदी गद्य परिदृश्य पर ध्यान देते हैं तो वहाँ कई महत्त्वपूर्ण आरंभिक कथाकृतियों में फंतासी-शिल्प का सुंदर प्रयोग मिलता है। इंशा अल्लाह खान की 'रानी केतकी की कहानी', शिव प्रसाद सितारे हिंद की 'राजा भोज का सपना' और भारतेन्दु हरिश्चन्द्र की एक अद्भुत 'अपूर्व स्वप्न' की फैंटेसी तत्कालीन जीवन की विसंगतियों की टकराहट से उपजी थी। फैंटेसी-शिल्प का संबंध परिवेशगत विडंबनाओं की जटिलता से प्रत्यक्ष रूप से होता है। अमानवीय व्यवस्था की क्रूरता की अभिव्यक्ति का सबसे सक्रिय और कलात्मक शैल्पिक माध्यम फैंटेसी है। उन्नीसवीं सदी के पूर्वार्द्ध में

तीनों महत्त्वपूर्ण गद्य-कृतियों—'नासिकेतोपाख्यान', 'प्रेमसागर' और 'रानी केतकी की कहानी'—में आद्यंत प्रेम को प्रतिष्ठा मिली है। वास्तव में जर्जर सामंती नैतिकता के संरक्षण के लिए प्रेम को एक मूल्य के रूप में स्थापित करने की कोशिश वहाँ हुई है। परसाई की 'रानी नागफनी की कहानी' इंशा अल्लाह खान 'इंशा' की 'रानी केतकी की कहानी' की फैंटास्टिक पैरोडी है और यहाँ परसाई अपने समसामयिक परिवेश में प्रेम और मानवीयता के अवमूल्यन को लेकर चिंतित होते हैं और साथ ही सामंती अवशेषों और पूँजीवादी अंतर्विरोधों की दुःस्थिति पर तीखा व्यंग्य करते हैं। 'रानी केतकी...' का शिल्प सीधा-सादा फैंटेसी का है, किंतु 'नागफनी' की व्यंग्यात्मक फैंटेसी में तीखी वक्रता है। 'केतकी' की फैंटेसी में अपने सामाजिक परिवेश से पलायन और यथार्थ का नकार है, जबकि 'नागफनी' में वस्तु-यथार्थ का सही साक्षात्कार और संघर्ष का भाव है। दोनों की कथावस्तु के कतिपय उपशीर्षकों की तुलना से भी यह बात जाहिर हो जाती है :

रानी केतकी की कहानी (इंशा अल्लाह खान 'इंशा')	**रानी नागफनी की कहानी** (हरिशंकर परसाई)
• आना जोगी महेन्दरगिर का कैलाश पहाड़ से और हिरन-हिरनी कर पहाड़ से और हिरन-हिरनी कर डालना कुँवर उदयभान और उसके माँ-बाप का	• फेल होना कँवर अस्तभान का और करना प्रेम की तैयारी।
• रानी केतकी का मदन बान के आगे रोना और पिछली बातों का ध्यान करके जी से हाथ धोना।	• टूटना प्रेम राजकुमारी नागफनी का और करना तैयारी आत्महत्या की।
• भभूत माँगना रानी केतकी का अपनी माँ रानी कामलता से....	• मिलना नागफनी और अस्तभान का... और मचलना भन का।
• रानी केतकी की चाहत से बेकल हो फिरना और मदन बान का साथ देने से नहीं करना।	• जलना विरह में और बहलाना मन तरह-तरह से।
• रानी केतकी का भभूत आँखों में लगाकर घर से बाहर निकल जाना और सब छोटे-बड़ों का तिलमिलाना।	• होना बीमार और लगना पेनिसिलिन।

• बातचीत मदनबान का रानी केतकी के साथ।	• भेजना प्रेमपत्र और खुलना भेद का।
• महाराजा और महारानी के पास मदनबान का फिर आना और चित चाही बात को सुनना।	• इंटरव्यू मुफतलाल का और होना डिप्टी कलेक्टर।
• जाना महाराज और महारानी और गुसाईं महेन्दरगर का रानी केतकी के लेने के लिए।	• विवाह प्रस्ताव राजा निर्बल सिंह का।
• ढूँढ़ना गुसाईं महेन्दरगिर का कुँवर उदयभान और उसके माँ-बाप को।	• आना जोगी प्रपंचगिरि का।
• हिरन और हिरनी के खेल का बिगडन और कुँवर उदयभान और उसके माँ-बाप का नए सिरे से रूप पकड़ना।	• होना बातचीत राजा से मुफतलाल का।
• राजा इन्दर का कुँवर उदयभान के ब्याह का ठाट करना।	• मिलना मुख्य अमात्य से
• ठाट करना गुसाईं महेन्दर गिर का।	• होना भेट भैया साब से और लगना पता जीव का।
• आ पहुँचना कुँवर उदयभान का ब्याह के ठाट के साथ दुल्हन की ड्योढ़ी पर	• पकड़ना जीव को और देना मुख्य अमात्य को।
• वारी-वारी होना मदनबान का रानी केतकी पर...	• होना बातचीत शादी की।
• दूल्हा उदयभान का सिंहासन पर बैठना।	• होना शादी और रहन सुख से सबका।

'केतकी' के कुछेक पात्रों के नाम प्रतीकात्मक हैं, मगर 'नागफनी' में यह प्रतीकात्मकता काफी व्यंग्यात्मक हो गई है। इंशा की केतकी (नायिका) परसाई के यहाँ नागफनी बन जाती है तो यह बदले हुए सौंदर्य-बोध की विद्रूपात्मक स्थिति है। इंशा का नायक उदयभान परसाई में साभिप्राय अस्तभान हो गया है। केतकी की सहेली का नाम है मदनबान जबकि नागफनी के अनुरूप ही उसकी सहेली-करेलामुखी भी है। केतकी का पिता है जगत परकास जबकि नागफनी के पिता का नाम है भयभीत सिंह। उदयभान के पिता का नाम इंशा ने सूरजभान रखा था—परसाई ने अस्तमान के पिता का नाम राखड़ सिंह बताया है। इंशा के गुसाईं महेन्दरगिर परसाई के यहाँ जोगी प्रपंचगिरि बन गए हैं। परसाई के यहाँ

सारे नाम व्यंग्यात्मक हैं—भैया साब, मुफतलाल, राजा निर्बल सिंह, उड़ाऊमल, विद्यादमन, ज्ञानरिपु आदि।

व्यंग्य परसाई का स्वभाव है और व्यंग्य का स्वभाव है फैंटेसी। फैंटेसी व्यंग्य का सहज उच्छलन है। फैंटेसी के कारण रचनाकार को अनेकों सुभीते अपने-आप ही मिल जाते हैं। वह बे-सिर-पैर के यथार्थ को बिना किसी विधात्मक और शैल्पिक बंधन के प्रस्तुत कर सकता है। ऊपरी क्रमबद्धता, तरतीब और स्थूल विश्वसनीयता को यहाँ कोई परवाह नहीं होती। मगर फैंटेसी में सही और प्रभावपूर्ण टिप्पणी करने की अपार क्षमता होती है क्योंकि यहाँ व्यंजनात्मकता की दिशाएँ असीमित होती हैं।

'रानी नागफनी...' ढहते सामंती संबंधों और कमजोर पूँजीवादी शैशव की संधि-रेखा पर पैदा हुई है। परसाई जीवन के सारे क्षेत्रों—सामाजिक, आर्थिक, राजनैतिक, धार्मिक, शैक्षिक, कलात्मक—में घूम-फिरकर बताते हैं कि यह सारा का सारा बंजर प्रदेश फूहड़ झाड़-झंखाड़ों से अटा पड़ा है। यहाँ नागफनी ही उग सकती है, केतकी नहीं। एक 'फार्स' के रूपबंध में यह व्यंग्य रचना मानवीय संबंधों के ह्रास और अवमूल्यन की भयानक त्रासदी है, लेकिन जिसे पैरोडी के शिल्प में जबरन कामदी दिखाकर उसकी फूहड़ता को और भी उभारा गया है। आज के परिवेश में शिक्षा, प्रेम, नौकरी, परिवार, समाज, सरकार, विरोधी दल—हर स्थान, स्थिति और वस्तु की अपनी विसंगतियाँ और विडंबनाएँ हैं। अन्याय और अनाचार का हर जगह बोलबाला है। राज्यों में जो युद्ध लड़े जाते हैं उनके घोषित कारण तो बड़े ही महान होते हैं जैसे मनुष्य की स्वतंत्रता, गरिमा और मानव-अधिकारों की रक्षा वगैरह, किंतु असल कारण (जो बड़ा ही भोंड़ और हास्यास्पद हुआ करता है) का पता जनता को चलने नहीं दिया जाता। केंद्रीय और महत्त्वपूर्ण समस्याओं से जनता का ध्यान भटकाने में युद्ध अच्छी भूमिका अदा करते हैं और आड़े समय शासन को मदद पहुँचाते हैं। सच तो यह है कि युद्ध के लिए व्यवस्था को किसी कारण का इंतजार नहीं करना पड़ता क्योंकि युद्ध उसके लिए समस्या नहीं, अन्य समस्याओं से बचाव होते हैं। ऐसे युद्ध मित्रभाव से लड़ी गई दो पहलवानों की कुश्ती होते हैं, जहाँ दाँव पर क्या लगा है, यह नहीं देखा जाता।

परसाई इस व्यंग्य रचना में भारतीय परिवेश में साम्राज्यवादी-सामंती-वादी—सभी ताकतों के गठबंधन से उत्पन्न दुरवस्था का वास्तविक खाका खींचते हैं। किस प्रकार से परंपरागत जीवन-मूल्य बेमानी हो जाते हैं, लोगों की संवेदनाएँ पथरा जाती हैं, पारिवारिक—सामाजिक संबंधों में यांत्रिकता आ जाती है—इन संदर्भों

को परसाई सूक्ष्म पर्यवेक्षण के सहारे प्रस्तुत करते हैं और नेपथ्य में छिपे व्यवस्था के अदृश्य हाथों को भी दिखला देते हैं। स्थितियों की फैंटेसी में परसाई की प्रभावकारी कल्पना वास्तविकता को और भी गहरा बनाने वाली और पाठक को हँसना रोककर सोचने के लिए मजबूर करने वाली है। तथाकथित प्रेम या परीक्षा में फेल होने पर आत्महत्या की 'तैयारी करना, आत्महत्या में मदद करने के लिए सरकार की परिवहन से लेकर पुलिस तक की सारी व्यवस्था का मुस्तैद होना, जूतों के व्यापार के बहाने एक राज्य का दूसरे राज्य पर आक्रमण करना, राखड़ सिंह द्वारा लड़के के विवाह के लिए टेण्डर आमंत्रित करना आदि सैकड़ों प्रसंग हैं जो हमारे असह्य परिवेश का विश्लेषण करने से सामने आए हैं। लोक-सेवा आयोग का इंटरव्यू, चिकित्सा-व्यवसाय की पोल, चित्रकार और कवि के कला-संबंधी आश्चर्यजनक विचार, तथाकथित प्रेम और विरह का फैटास्टिक वर्णन, विपक्ष के नेता के प्राण का दीमक बनकर मुख्य अमात्य की कुर्सी में लगा होना आदि बातें व्यवस्था के कुरूप चेहरे को बेनकाब करती हैं। साधुओं की लीलाओं का 'केतकी' और 'नागफनी' दोनों ही रचनाओं में वर्णन मिलता है। 'केतकी' में साधु की भूमिका नायक के प्रति विशेष सहानुभूतिपूर्ण है। वहाँ साधु के चमत्कारिक, जादुई रूपों की विस्मयपूर्ण स्वीकृति है। साधु के असली कुरूप चेहरे और शासन के साथ उसकी मिलीभगत और षड्यंत्र पूर्ण संबंधों को प्रच्छन्न कर दिया गया है जबकि परसाई कपटी साधुओं के व्यवस्था और शासन से मधुर संबंधों को साफ उघाड़ देते हैं। वे बेलाग-लपेट के बताते हैं कि साधुओं के अपराधपूर्ण धंधों से राजनेताओं के चरित्र सीधे जुड़े होते हैं। 'नागफनी' के प्रकाशन के बाद से भारतीय राजनीति में नेता और 'साधु' के अनोखे रिश्ते आम खबरें बनकर बासी हो चुके हैं। परसाई का प्रपंचगिरि यथा नाम तथा गुण है। परसाई तथाकथित प्रजातंत्र की भी बखिया उधेड़ते हैं जिसमें न शासन को जनहित की चिंता है, न विरोध दल को। दोनों की एकमात्र चिंता येन-केन प्रकारेण कुर्सी हथियाने और उस पर बने रहने की होती है। पूँजीवादी प्रजातंत्र की सारी राजनीति कुर्सी के लिए और कुर्सी के इर्द-गिर्द होती है। परसाई बड़ी ही सक्षमता से दिखाते हैं कि यह ऊल-जलूल व्यवस्था कितनी सड़ चुकी है और इसके अस्तित्व में बने रहने का कोई तर्क नहीं है। व्यवस्था के प्रतीकों की कमजोरियों को न केवल कथा-प्रसंगों और घटनाओं के माध्यम से परसाई उजागर करते हैं, अपितु निर्बल सिंह, भयभीत सिंह, अस्तभान—जैसे नामों के द्वारा इसकी क्षयिष्णता को भी जाहिर कर देते हैं। वे दिखाते हैं कि जर्जर सामंती, निर्बल पूँजीवादी और भ्रष्ट प्रजातांत्रिक व्यवस्थाएँ जानलेवा अंतर्विरोधों और विडंबनाओं

से ग्रस्त हैं और उनका पतन अवश्यंभावी है। परसाई की इस आलोचनात्मक यथार्थवादी फैंटेसी में किसी किस्म का रूमानी या आदर्शवादी भावबोध नहीं है।

'नागफनी' 'केतकी' की पैरोडी होते हुए भी एक स्वतंत्र-सार्थक व्यंग्य-रचना है। यह अवश्य है कि 'रानी केतकी' के समानान्तर 'रानी नागफनी' का पाठ बेहद दिलचस्प और अर्थगर्भ होगा। सच पूछा जाए तो स्वयं 'रानी केतकी की कहानी' को सही संदर्भ में देखने के लिए आज 'रानी नागफनी की कहानी' के पाठ की सिफारिश की जा सकती है। 'केतकी' में एब्सर्ड को जादू-टोने के अज्ञान के छल से स्वीकार लिया गया है। जबकि परसाई जीवन के हर उस हिस्से को उघाड़ देते हैं जहाँ एब्सड को छिपाने-बचाने की कोशिश होती दीखती है। आज के युग में दो-टूक चरित्र भले ही समाज में स्वाभाविक रूप से नहीं दिखाई पड़े मगर रचना में तो खरी-खरी और दो-टूक बातें ही व्यंग्य को पैना और धारदार बनाती हैं। कहा जा सकता है कि परसाई ने स्मरणीय चरित्र भले ही नहीं गढ़े हों मगर उन्होंने स्वयं व्यंग्य का ही अपना एक अपूर्व चरित्र गढ़ दिया है। उनके व्यंग्य के सौंदर्यशास्त्र का भवन साफ, पारदर्शी और सहज गद्य के सुदृढ़ आधार पर खड़ा है। कुछ लोग परसाई पर आरोप लगाते हैं कि वे रचना में संकेतों से काम लेने की बजाय व्याख्या कर देते हैं। वास्तव में वे लोग परसाई के साथ न्याय नहीं करते। सच तो यह है व्याख्या के बुलडोजर से व्यंग्य कुचल ही जाता है। व्यंग्य तो संकेतों में ही खिलता है। परसाई संकेत ही करते हैं मगर कभी दुरूहता या संदिग्धार्थता को बरदाश्त नहीं करते और इससे उनका पारदर्शी व्यंग्य चमकता ही है। संकेत जहाँ संदेह पैदा कर सकता हो वहाँ उसे नुकीला बनाने का अद्‌भुत कौशल परसाई को प्राप्त है।

परसाई में कोरी हास्य वाली निष्क्रियता नहीं है अतः परसाई का व्यंग्य पाठक को वहीं नहीं रहने देता जो वह उस व्यंग्य को पढ़ने के पहले रहा होता है। यहाँ सक्रियता और सजगता है, सावधानी है। प्रेमचन्द की तरह परसाई अपनी रचना से पाठक को जगाने-उठाने का काम लेना चाहते हैं, यह स्पष्ट है। अतः उनका व्यंग्य पाठक से सीधा संवाद स्थापित करता है; प्रेम से गलबहियाँ डालकर उसे अपने विश्वास में लेता है और इस तरह उसके अकेलेपन से उसे निकालकर समाज के बीच बिठला देता है। सहजता, साफगोई, जिंदादिली, जिम्मेदारी का एहसास और दोस्ताना लहजा लेकर आया हुआ यह व्यंग्य पाठक के मन में भ्रष्ट व्यवस्थाओं के प्रति तीव्रतम घृणा और घृणा के उपरांत प्रतिकार का भाव भर देता है। परसाई मानव-नियति के नहीं, मानवीय कर्म के रचनाकार हैं। वे साधारण को असाधारण से रचते हैं।

'नागफनी' पैरोडी से अधिक ही है। वह एक मॉक-हिरोइक (तथाकथित वीरता का मुँह चिढ़ाने वाली कृति) रचना भी है। पैरोडी अपने आप में वैसे भी उच्चकोटि का व्यंग्य नहीं, द्वितीय कोटि का व्यंग्य होती है। 'नागफनी' में पैरोडी की विधा को रूपगत तथा अर्थगत अनेकविध विस्तार देकर, व्यंग्य के उच्च स्तर पर उठाकर, उसे नए आयाम दिए गए हैं। परसाई ने नीतिकथाओं या बोधकथाओं (फेबल्स) की पैरोडी को भी इसी तरह सफलतापूर्वक ऊँचा उठाया है। व्यंग्य के अंतर्गत विधागत वैविध्य भी परसाई की प्रासंगिकता और ताजगी का एक कारण बनता है। जो लोग यह नहीं जानते कि 'रानी नागफनी की कहानी' 'रानी केतकी की कहानी' की पैरोडी है और जिन्होंने 'रानी केतकी' नहीं पढ़ी है वे भी 'रानी नागफनी...' का वास्तविक स्वाद ले सकते हैं। इस दृष्टि से देखें तो 'नागफनी...केतकी' पर निर्भर एक पराश्रित पैरोडी बिल्कुल नहीं है, वह एक स्वतंत्र कृति है और इस तथ्य में परसाई की रचनात्मकता की शक्ति और क्षमता का रहस्य भी है।

परसाई समसामयिक हैं लेकिन चुक जाने वाले कोरे तात्कालिक नहीं क्योंकि उनके पास सही सामाजिक चेतना और इतिहासबोध है। फलतः परसाई के हाथों में व्यंग्य आईने की तरह नहीं, एक्स-रे प्लेट की तरह होता है जिसमें व्यवस्था और लोगों की बीमारी की थाह ली जा सकती है।

परसाई को विभिन्न कथा-रूपों की न केवल जानकारी और पहचान है बल्कि उनका सही इस्तेमाल भी उन्हें आता है। पंचतंत्र से लेकर किस्सा तोता-मैना और अत्याधुनिक कथा-प्रयोगों के सफल उपयोग उन्होंने अपनी कृतियों में किए हैं। यही कारण है कि 'नागफनी' पैरोडी, फैंटेसी और एब्सर्ड के भीतर से गुजरकर भी इन सबसे अलग व्यंग्य को चरम प्रकर्ष पर पहुँचाने वाली अनोखी शरारती रचना बन जाती है। व्यंग्य की यह शरारत पाठक के मन को कटु-मधु, प्रिय-अप्रिय के भावों से यथास्थिति में बदलाव के लिए उकसाती है, प्रेरित करती है। यह परसाई के व्यंग्य की विशिष्ट रचनात्मक उपलब्धि है।

मधुरेश

यात्रा की हिस्सेदारी

हिंदी में भारतेन्दु-युग से ही लेखन को एक सामाजिक कर्म के रूप में देखने और करने की चेतना विकसित होने लगी थी। भारतेन्दु और उनके सहयोगी रचनाकारों में, कभी अँग्रेजों द्वारा किए जाने वाले छिटपुट सुधारों और दी गई सुविधाओं से सचमुच अभिभूत होकर तो कभी महज बाह्य आच्छादन के तौर पर, राजभक्ति के स्वर जब तब सुनाई अवश्य पड़ जाते हैं लेकिन निश्चय ही वह उनके साहित्य का मूल और केंद्रीय भाव नहीं है। डॉ. रामविलास शर्मा ने विस्तापूर्वक साग्रह इस तथ्य को रेखांकित किया है कि भारतेन्दु हरिश्चन्द्र और उनके सहयोगी रचनाकार जिस राष्ट्रीय चेतना के प्रचार-प्रसार में लगे थे यह वस्तुतः उनके द्वारा अपने लेखन को एक सामाजिक कर्म की मर्यादा देने का ही परिणाम था। स्वदेशी का आंदोलन तथा हिंदी भाषा और साहित्य के विकास के लिए किया गया उनका संघर्ष अपनी सांस्कृतिक अस्मिता की पहचान और प्रतिष्ठा के लिए किया गया संघर्ष ही था। 'भारत-दुर्दशा' और 'अंधेर नगरी' लिखकर भारतेन्दु हरिश्चन्द्र अँग्रेजों द्वारा घोषित सुधारों और सुविधाओं की वास्तविकता ही स्पष्ट कर रहे थे। लेखन को सामाजिक कर्म की मर्यादा देने की इस चेतना का विकास परवर्ती साहित्य एवं पत्रकारिता में और भी स्पष्ट एवं प्रखर रूप में दिखाई देता है। महावीर प्रसाद द्विवेदी, बाबूराव विष्णु पराड़कर, गणेश शंकर विद्यार्थी और प्रेमचन्द आदि ने लेखन को सामाजिक कर्म के रूप में प्रतिष्ठित करने में, हिंदी पत्रकारिता के क्षेत्र में, भारतेन्दु हरिश्चन्द्र की इसी परंपरा को आगे बढ़ाया। यशपाल द्वारा संस्थापित-संचालित 'विप्लव' की भूमिका पर टिप्पणी करते हुए, डॉ. रामविलास शर्मा ने लिखा है कि उसके द्वारा यशपाल जाने-अनजाने वही काम कर रहे थे जो भारतेन्दु ने शुरू किया था। स्पष्ट ही, इस टिप्पणी में यशपाल के प्रति डॉ. शर्मा की दुर्भावना छिपी नहीं है। यशपाल ने 'जाने-अनजाने' नहीं, बहुत जान बूझ और सोच-समझकर बुलेट के बदले बुलेटिन

का यह रास्ता पकड़ा था क्योंकि वे ब्रिटिश साम्राज्यवाद के विरुद्ध स्वाधीनता के लिए किए गए संघर्ष को व्यापक सामाजिक-राष्ट्रीय जीवन से जोड़कर, समाज को सक्रिय वैचारिक साझेदारी के साथ, उसे विकसित करने की इच्छा रखते थे। उनके मस्तिष्क में सामाजिक परिवर्तन की दिशा बहुत स्पष्ट थी। वे भगतसिंह और अन्य क्रांतिकारी सहयोगियों के साथ जिस वर्गहीन शोषण-मुक्त समाज के निर्माण के लिए संघर्ष करते रहे थे, अपनी उस परिकल्पना को साकार करने के लिए वे व्यापक जन-सहयोग और जनता की सक्रिय साझेदारी की अनिवार्यता को अनुभव कर रहे थे। तत्कालीन राजनीतिक परिदृश्य में एक ओर यदि आतंकवादी राजनीति की व्यर्थता स्वतः प्रमाणित थी तो दूसरी ओर कांग्रेस में ऐसे समझौता-परस्त, सत्ताकामी अवसरवादी तत्त्व सक्रिय थे जिनके विरुद्ध देश की जनता को सचेत और दीक्षित करने और ब्रिटिश साम्राज्यवाद के बर्बर प्रसार के विरुद्ध उसे लामबद्ध करने की बेचैनी 'विप्लव' के पीछे बहुत स्पष्ट है।

लेखन को सामाजिक-कर्म के रूप में स्वीकार करने वाले लेखक का पत्रकारिता के क्षेत्र में उतरना अनिवार्य है। भारतेन्दु से लेकर प्रेमचन्द तक प्रायः सारे महत्त्वपूर्ण और सामाजिक परिवर्तन के पक्षधर लेखक इस ओर सक्रिय रहे हैं। यशपाल ने 'विप्लव' द्वारा बहुत सचेत भाव से इसी परंपरा को आगे बढ़ाया। नवम्बर 1938 में प्रकाशित 'विप्लव' के प्रवेशांक में ही यशपाल ने 'विप्लव' की अवधारणा को स्पष्ट करते हुए लिखा, ' 'विप्लव' मनुष्य और उसके समाज की जीवन-शक्ति का स्रोत है। मनुष्य समाज का विकास के मार्ग पर एक पड़ाव पूरी कर दूसरे पड़ाव में कदम रखना ही विप्लव है। आज हम एक पड़ाव का मार्ग तय कर क्लांत, श्रांत और जर्जर हो आगे अपना मार्ग बंद पा रहे हैं। परंतु जीवन की राह पर चले बिना गुजारा नहीं। न चलने का अर्थ है मृत्यु!' (विप्लव, प्रवेशांक, नवंबर 38)। आतंकवादी रणनीति की व्यर्थता को समझ लेने के बाद यह जनता से व्यापक स्तर पर जुड़कर स्वाधीनता और समाज के नवनिर्माण के लिए सहयोग एवं समर्पण का आह्वान है। हमारी लंबी राष्ट्रीय, आर्थिक और सामाजिक पराधीनता के परिणामस्वरूप हमारे शरीर का सारा रक्त चूसा जा चुका है और हमारे नर-कंकाल में केवल दो आर्त आँखें छोड़ दी गई हैं। इन आर्त आँखों में ही नवजीवन और नई सामाजिक व्यवस्था का सपना जगमगा रहा है। शुरू से ही 'विप्लव' इस सपने के प्रति अपने को समर्पित मानकर चलता है। राष्ट्रीय कांग्रेस से अभी पूरी तरह मोह भंग न होने पर भी जनता की 'स्वतंत्रता' की स्पष्ट परिकल्पना यशपाल के मस्तिष्क में है। जिस स्वतंत्रता की कामना से विप्लव के लिए हम प्राणों की बाजी लगाकर आगे बढ़ रहे हैं उसका अर्थ हमारी गुलामी

का रंग बदल देना नहीं। हमारी इस स्वतंत्रता का अर्थ है, हमारे देश में देश की प्रजा का राज्य।' (वही, पृ. 2) और फिर 'प्रजा' की अवधारणा पर टिप्पणी करते हुए यशपाल लिखते हैं, 'हमारे देश की प्रजा है—देश की जमीन को अपने पसीने से सींचने वाले किसान! हमारे देश की प्रजा है—हमारे उत्पत्ति के साधनों से रहित मजदूर! इसी प्रजा की स्वतंत्रता और राज्य को कायम करने के लिए हमारे देश के प्राण व्याकुल हैं।' (वही) अपने इसी प्रथम संपादकीय में यशपाल विदेशी साम्राज्यवाद और उसकी देशी सहायक श्रेणियों की भी विस्तार से चर्चा करके इस लंबी लड़ाई में अपनी, 'विप्लव' और भारतीय जनता की 'भूमिका' स्पष्ट कर देते हैं। भारत को उत्पीड़न के रक्त के कीचड़ से निकालकर समता और शांति की समतल भूमि पर खड़ा कर, उसके सामने मनुष्यत्व के अवरुद्ध विकास का मार्ग खोजना और खोलना ही 'विप्लव' की मूल प्रतिश्रुति है। भारतीय जनता की इस लंबी लड़ाई में वैचारिक रूप से उसे दीक्षित और संस्कारित करने के लिए 'विप्लव' की भूमिका ऐतिहासिक महत्त्व की ओर युगांतकारी है। उसके प्रथम अंक में ही संपादकीय के अतिरिक्त, 'विनिमय' शीर्षक स्तंभ के अंतर्गत लिखी गई उनकी राजनीतिक टिप्पणियाँ तत्कालीन राजनीतिक परिदृश्य में पाठकों को दीक्षित करने और उनके सोच के निर्माण की दृष्टि से अत्यंत महत्त्वपूर्ण हैं। 'राजनैतिक कैदी और राजबंदी' शीर्षक टिप्पणी में वह गैर-कांग्रेसी प्रान्तीय सरकारों वाले प्रदेशों—पंजाब और बंगाल में अभी भी न छोड़े गए राजनीतिक कैदियों की रिहाई का सवाल उठाकर सर सिकन्दर हयात और फजल हक की राजनीतिक भूमिका पर टिप्पणी करते हैं। इसी तरह साठ वर्षों से कैद में पड़े तीन कैदियों की रिहाई का सवाल उठाते हैं जिनमें से दो दिल्ली और एक अजमेर की जेल में थे। पंजाब और बंगाल में बड़ी संख्या में कैदियों की रिहाई केंद्रीय सरकार के इशारे के बिना संभव नहीं हुई होगी। लेकिन इन तीन कैदियों की ओर संभवतः किसी का ध्यान इसलिए नहीं गया क्योंकि इन कैदियों ने भूख हड़ताल कर महात्मा गांधी को अपनी रिहाई के लिए आवाज उठाने को प्रेरित नहीं किया है। इस तरह बहुत स्पष्ट रूप से यशपाल स्वाधीनता की इस लड़ाई में साम्राज्यवादी शक्तियों की सहायक श्रेणियों का चेहरा साफ करते हैं ताकि उन्हें पहचानने में जनता को किसी प्रकार की शंका न रहे। 'अग्रसर मोर्चा' नामक अपनी दूसरी टिप्पणी में एक ओर वह कांग्रेस समाजवादियों और दूसरी ओर रायवादियों से कम्युनिस्टों की कार्य प्रणाली और सोच को अलगाते हुए टिप्पणी करते हैं, कांग्रेस समाजवादी केवल कांग्रेस के दायरे के भीतर ही राजनैतिक और समाजवादी क्रांति के लिए अपना दल संगठित करना चाहते हैं। कम्युनिस्ट या

वर्गवादी ऐसा दल कांग्रेस के भीतर-बाहर सब जगह संगठित करना चाहते हैं और कॉ. राय के नेतृत्व में काम करने वाला दल इस प्रयोजन के लिए किसी विशेष दल का अस्तित्व जरूरी नहीं समझता।' (वही, पृ. 69)। इस उद्देश्य और सिद्धांतगत अंतर के परिणामस्वरूप संगठित रणनीति के दिशा-निर्धारण में पड़ने वाली बाधाओं का उल्लेख करते हुए वह सुझाव देते हैं, आपस के सैद्ध ांतिक भेदों को सुलझाने में या सम्मिलित कार्यक्रम बनाने की आवश्यकता को अनुभव कर हमें आगे बढ़ना चाहिए।' (वही, पृ. 70)। इसी तरह, इसी अंक में 'सीमाप्रांत के धावे और अहिंसा' शीर्षक टिप्पणी में वह महात्मा गांधी के इस विचार से असहमति प्रगट करते हैं कि यदि कांग्रेस मंत्रिमंडल सीमाप्रांत पर कबीलों के धावे को रोक नहीं सकता तो उसे त्यागपत्र दे देना चाहिए।' यशपाल का तर्क है कि धावे सीमा के उस पार से होते हैं और मंत्रिमंडल का अधिकार है इस पार। इसलिए इन धावों की जिम्मेदारी उसकी न होकर केंद्रीय सरकार और विदेश विभाग की है। 'गांधीवाद और समाजवाद का मौलिक भेद' 'कांग्रेस और उसका कार्यक्रम' तथा 'देश राज्य' शीर्षक टिप्पणियाँ भी इसी अंक में हैं और उनमें यशपाल भारतीय जनता के व्यापक हितों और जनाकांक्षा के संदर्भ में सारे मुद्दों पर विचार करके बहुत स्पष्ट और दो टूक मत व्यक्त करते हैं। इस तरह जनता की व्यापक लड़ाई में जनता की भूमिका और दिशा के संबंध में 'विप्लव' द्वारा वह एक महत्त्वपूर्ण और ऐतिहासिक अभियान शुरू करते हैं। 'विप्लव' के प्रवेशांक की चर्चा थोड़ी विस्तार से इसलिए भी करनी पड़ी है कि पत्रकारिता द्वारा जनता की राजनीतिक दीक्षा और सोच-निर्माण की भूमिका को सही ढंग से समझा जा सके। धर्म, संस्कृति, इतिहास, राजनीति और समाजवाद तथा गांधीवाद आदि विषयों पर 'विप्लव' ने वैज्ञानिक ढंग से सोचने-विचारने की परंपरा का सूत्रपात किया और बहुत बड़ी संख्या में रूसी क्रांति और परवर्ती समाज-व्यवस्था से संबंधित लेख उसमें प्रकाशित किए। उसने समूची युवा पीढ़ी को मार्क्सवाद की ओर आकृष्ट करके जीवन और जगत संबंधी प्रचलित सोच में परिवर्तन द्वारा उसकी समझ का विकास एवं विस्तार किया।

हरिशंकर परसाई यशपाल की तरह स्वाधीनता आंदोलन में सक्रिय हिस्सेदारी करते हुए लेखक नहीं बने और न ही राजनीति की। उनके लेखन में वैसी केंद्रीय और निर्णायक भूमिका रही जैसी वह यशपाल के यहाँ है। लेकिन फिर भी परसाई अनेक अर्थों में यशपाल की परंपरा और सोच को विस्तार देने वाले लेखक हैं। यशपाल की तरह परसाई भी अपने लेखन से एक विशाल पाठक-वर्ग को राजनीतिक रूप से दीक्षित करके उसके सोच को संस्कारित करने वाले

लेखक हैं। 'अरस्तु को चिट्ठी' और 'सुनो भाई साधो' शीर्षक से लिखे गए उनके स्तंभ प्रजातंत्र में पत्रकारिता की भूमिका पर प्रकाश डालने के साथ ही अनेक राजनीतिक मुद्दों पर सचाई को सामने लाते हुए नए ढंग से सोचने को प्रेरित करते हैं। अपनी एक चिट्ठी में अस्तु सत्ता के समर्थन पर पलने-पुसने वाली पत्रकारिता पर टिप्पणी करते हुए लिखते हैं—'साधारणजन ही नहीं अखबारनवीस तक उसे (मंत्री) देवता समझते हैं कि वे उससे दूर नीचे बैठते हैं, उसे 'हीरो' बना डालते हैं और जब अगर वह कोई काम उनके साथ करता है, या उनके साथ मिलकर करता है तो वे उसकी जय बोलते हैं। यह संकेत प्रजातंत्र की असफलता का है। (परसाई रचनावली, खंड 6, पृ. 29)। और फिर पत्रकार से अपनी अपेक्षाओं का इजहार करते हुए वह लिखते हैं, जब तक तुम्हारे अखबारनवीस में चीजों को बौद्धिक पकड़ न होगी, उसका व्यक्तित्व मंत्री से भी ऊँचा न होगा। सत्ता के आसपास हिलाने के लिए उसके पास दुम रहेगी, जब तक विवेक बुद्धि न होगी। सामाजिक जिम्मेदारी की भावना न होगी तब तक तुम्हारा प्रजातंत्र अधूरा। अखबारनवीस प्रजातंत्र का 'वाच डॉग' होता है। वह रखवाली करता है, दुम नहीं हिलाता।' (वही, पृ. 29) स्वतंत्र और निर्भीक पत्रकारिता के जिस चरित्र और उसमें निहित संघर्ष की ओर लेखक यहाँ संकेत करता है वह वस्तुतः भारतेन्दु-युग में प्रतिष्ठित वही पत्रकारिता है। जिसका विकास परवर्ती काल में अनेक प्रकार के संघर्षों के बीच हुआ है। यशपाल ने 'झूठ-सच में, जयदेव पुरी के प्रसंग में, इस पत्रकारिता के खतरों की ओर बहुत स्पष्ट रूप में संकेत किया है। जयदेव पुरी अपने सिद्धांतों से समझौता करके जिस अवसरवादी ढलान पर सरक जाता है वह अकेले उसी की ट्रेजेडी न होकर एक पूरे युग और वर्ग की ट्रेजेडी है जिसमें पत्रकारिता और सत्ता का गठजोड़ प्रजातंत्र के लिए सबसे बड़ा खतरा बनकर सामने आता है। प्रजातंत्र में पत्रकारिता की भूमिका नाटकीयता और अकारण अभिभूत होने से अपने को बचाकर ही साधी जा सकती है। बड़े से बड़े नेता से भी पत्रकार को अभिभूत नहीं होना चाहिए क्योंकि इससे उसका आलोचनात्मक विवेक कुण्ठित होता है। अरस्तु की 'चिट्रो' जून 57 से सितम्बर 58 के बीच लिखा गया स्तंभ है। उस काल में नेहरू की 'अदा' को पत्रकारिता के लिए खतरा बताना और विजयलक्ष्मी पण्डित के बढ़ते हुए ग्लैमर के प्रति पत्रकारों के घुटने-टेक समर्पण पर क्षोभ व्यक्त करना भारतीय राजनीति में वस्तुतः उस आगामी संकट का संकेत है जिसमें प्रजातंत्र के नाम पर वंशवाद की जड़ों को मजबूती से रोपा जा रहा था। इसी प्रसंग में परसाई 'गुलाम-पत्रकारिता' की तीखी भर्त्सना करते हैं क्योंकि अपने चरित्र में वह विश्वसनीय न होकर जनता को बहलाने और गुमराह करने वाली होती है।

रचनाकार की सैद्धांतिक दृढ़ता से ही इस तरह की निर्भीकता संभव है। लेखकीय सरोकार पर टिप्पणी करते हुए एक प्रसंग में परसाई ने लिखा है, 'अन्याय के विरुद्ध जिसकी आवाज बुलंद नहीं होगी, वह लेखक और कलाकार नहीं बन सकता।' (परसाई रचनावली, खंड 6, पृ. 61)। अँग्रेज कवि वड्र्सवर्थ के राजपक्ष में चले जाने पर इसे उनके रचनात्मक पतन की संज्ञा देते हुए जब युवा पीढ़ी के प्रतिनिधि कवि राबर्ट ब्राउनिंग ने, टेनिसन ने नहीं, जैसा कि इस प्रसंग का उल्लेख करते हुए परसाई ने लिखा है, 'द लास्ट लीडर' नामक अपनी कविता में उनकी तीखी भर्त्सना करते हुए इसे चमकीले रिबन लगे कोट के लिए उनका बिक जाना कहा था। परसाई स्वयं लेखक और राजसत्ता के गठजोड़ को दुर्भाग्यपूर्ण मानते हैं क्योंकि यह गठजोड़ कहीं न कहीं उसकी रचनात्मक आग को धीरे-धीरे जरूर ठण्डा करने वाला साबित होता है। पदुमलाल पुन्नालाल बख्शी द्वारा खैरागढ़ के राजदरबार की सेवा पर बख्शी जी के प्रति अपने सारे सम्मान के बावजूद, वे बहुत प्रसन्न और संतुष्ट नहीं दिखाई देते। लेकिन जब उन्हें उनकी इस सेवा का प्रतिफल भी राजदरबार द्वारा नहीं मिलता है तो वे लेखक होने के नाते, बख्शी जी के समर्थन में साहित्यकारों से एकजुट और संगठित होकर, लेखकों के अधिकार की रक्षा का सवाल उठाकर, संघर्ष का आह्वान करते हैं।

हरिशंकर परसाई स्वतंत्र भारत में अर्द्ध सामंती और पूँजीवादी समाज में धर्म की वास्तविक भूमिका को उद्‌घाटित करके अपने 'कबीर' होने को सार्थक करते हैं। जैनियों के 'गजरथ-उत्सव' में तीन लाख रुपया सिर्फ इसलिए खर्च कर दिया जाता है कि 'सवाई सिंघई' पदवी हासिल की जा सके। जिस समाज में जनसंख्या के एक बहुत बड़े भाग को घी-दूध सपने में मिलने वाली चीज हो वहाँ धार्मिक उत्सव के नाम पर रथ के पहियों में मनों घी डालकर उसे चलाने का प्रहसन जनतंत्र के नाम पर किसी भी विकासशील देश की वास्तविकता को स्पष्ट करने के लिए काफी है।

यशपाल ने शोषण और उत्पीड़न से मुक्त वर्गविहीन समाज के लिए सक्रिय रचनात्मक संघर्ष किया था और मिली आजादी को इसलिए झूठी आजादी कहा था क्योंकि वह जनता की आकांक्षाओं को पूरा करने में विफल सिद्ध हुई थी। जो राजनीतिक आजादी हमें मिली थी वह सत्ता का हस्तान्तरण मात्र थी जिसमें ग्राम आदमी के स्थिति बद से बदतर हुई थी। परसाई इस सत्ताकामी वर्ग से अपने को काटकर जनता की स्थिति और भविष्य से अपने को जोड़ते हैं। नेताओं से लिए गए उनके काल्पनिक साक्षात्कार जनता और नेता के संबंधों पर एक बेहद तीखी टिप्पणी है। जनता और नेता का संबंध भेड़ और भेड़िया का संबंध मात्र

है। अशोकचक्र वाली गांधी भक्त सरकार के राज्य में आदमी मक्खी की तरह मरते हैं। परसाई का साहित्य स्वतंत्र भारत में आदमी की यातना को संपूर्णता में अंकित करने वाला एक आईना है जिसमें हमारा देश एक विशाल यातना शिविर के रूप में दिखाई देता है जहाँ नेता सबसे बड़े खलनायक की सामूहिक भूमिका में उपस्थित है। इस यातना शिविर की वास्तविकता को तीखेपन से उद्घाटित करने के लिए ही परसाई व्यंग्य को अपनी प्रिय विधा के रूप में अपनाते हैं और उसकी मर्यादा को असाधारण विस्तार देते हैं। भारतेन्दु युगीन लेखकों ने इस बात को अच्छी तरह समझा था कि अपने समय की विद्रूपताओं और विडंबनाओं के अंकन के लिए व्यंग्य से अधिक कारगर तथा उपयोगी और कोई साहित्य-रूप नहीं हो सकता। 'झूठ-सच' में यशपाल की व्यंग्य-दृष्टि अपने कलात्मक उत्कर्ष पर दिखाई देती है जिसमें वह अवसरवादी सत्ताकामी भ्रष्ट राजनीति और उसके कर्णधारों की नैतिक स्थिति, मूल्य-दृष्टि और वर्ग-चरित्र को अत्यंत विस्फोटक ढंग से उद्घाटित करते हैं। परसाई यशपाल की तरह किसी व्यापक फलक पर अपने युग की विद्रूपताओं को अंकित नहीं करते लेकिन टुकड़ों-टुकड़ों में बना उनका चित्र अपनी समग्रता में यशपाल द्वारा बनाये गए चित्र से बहुत भिन्न नहीं है। यशपाल तीसरे दशक के अंतिम वर्षों के भारत को अंकित करने से अपनी रचना-यात्रा प्रारम्भ करके नेहरू-युग तक आते हैं। परसाई देश की स्वाधीनता के बाद से शुरू करके जनता पार्टी सहित इंदिरा गांधी के दोनों दौरों को समेटते हैं। उसके बाद की स्थितियों पर भी वह निरंतर टिप्पणी करते रहे हैं। इन सारे टुकडों और चिप्पियों से जो चित्र बनता है उसमें जनता की आकांक्षाओं और यातना का अंतर्विरोध बहुत सघनता और बारीकी से अंकित देखा जा सकता है।

यशपाल 'झूठा सच' में जयदेव पुरी के रूप में एक भारतीय बुद्धिजीवी के जिस नैतिक और सैद्धांतिक पतन का संकेत देते हैं लगभग उन्हीं स्थितियों में बुद्धिजीवी की वर्तमान अधोगति पर टिप्पणी करते हुए परसाई लिखते हैं, 'बुद्धि-जीवी का रुतबा बढ़ रहा है...इस देश के बुद्धिजीवी सब शेर हैं, पर वे स्यारों की बारात में बैण्ड बजाते हैं।' (शिकायत मुझे भी है, पृ. 69)।

परसाई अपने लेखन में असाधारण रूप से लंबी 'स्वीप' वाले लेखक हैं। सत्ताकामी नेताओं को भ्रष्ट राजनीति, शिक्षा-संस्थानों में पलने वाली क्षुद्रताएँ, सांप्रदायिक दंगे और भाषा-विवाद, चोरबाजारी और भ्रष्टाचार, शिक्षित बेरोजगारी और छात्र समस्याएँ, जातिवाद और गुलाम पत्रकारिता तक वह लंबी झाड़ हाथ में लेकर निकलते हैं और कोनों अंतरों में छूट गया कूड़ा-कचरा वे इसलिए बर्दाश्त नहीं कर पाते क्योंकि सड़कर वह जनता की सेहत पर बुरा असर डालता है।

इसी तरह रूढ़ियों, अंधविश्वासों और ढोंग की धूल को उनकी नाक बर्दाश्त नहीं कर पाती। इस मामले में वे बहुत संवेदनशील लेखक हैं और व्यंग्य की कथित 'क्रूडनेस' को बहुत कोमल ढंग से पकड़ने और साधने में यकीन करने का विश्वास दिलाते हैं। एक विश्वविद्यालय के दीक्षांत समारोह में दीक्षांत भाषण के लिए एक कुबड़े नेता को बुलाया जाता है जो मध्ययुगीन वीर नायकों की तरह घोषणा करता है, 'अविद्या साहस की जननी है...मूर्खता का आत्मविश्वास सर्वोपरि होता है।' (वही, पृ. 45) अथवा स्वाधीन भारत की चिकित्सा सेवा और जनता को प्राप्त सुविधाओं पर टिप्पणी करते हुए वे लिखते हैं, 'तुम देखोगे कि आगे चलकर प्राणदण्ड के अपराधी को अस्पताल भेजेंगे।' (परसाई रचनावली, खंड 6, पृ. 53)। परसाई के इन व्यंग्य-निबंधों में बहुत सी अतिरंजनाएँ मिल सकती हैं लेकिन इन अतिरंजनाओं का अपना महत्त्व है। एक ओर ये अतिरंजनाएँ व्यंग्य की सूखी जमीन पर हास्य का छींटा देकर मिट्टी की अपनी सोंधी गंध छोड़ती हैं वहीं विसंगतियों, विद्रूपताओं और अंतर्विरोधों की पहचान का एक सुस्पष्ट दायरा भी बनता है क्योंकि अपनी चौहद्दी में उन्हें घेरकर वे उन्हें हमारे दृष्टि केंद्र में ले आने का सफल और सार्थक उपक्रम करती हैं। हर प्रकार के अंतर्विरोधों के प्रति परसाई की दृष्टि बहुत खुली और पैनी है। उनमें एक निर्मम लगावहीनता हमेशा बनी रहती है। जो बड़ी निर्भीकता और आत्मविश्वास के साथ उनसे वह सब कहला लेती है जो हर कोई सामान्यतः कहने का साहस नहीं कर सकता। संबद्ध व्यक्तियों के निहायत निजी और गोपन प्रसंगों का उल्लेख भी वे इसी कारण सहजतापूर्वक करते देखे जा सकते हैं। नेताओं की कर-चोरी के प्रसंग में वे जगजीवन राम का स्पष्ट उल्लेख करते हैं। इसी तरह गोहत्या, भाषा-विवाद और सांप्रदायिक दंगों के प्रसंगों में वह गुरु गोलवलकर और जनसंघी नेताओं की खुली चर्चा करते हैं। हम बिहार में चुनाव लड़ रहे हैं जैसे निबंध अपने तीखेपन के कारण बहुतों को नाराज कर सकते हैं लेकिन नाराज कर सकने की इस क्षमता को ही उनकी सफलता का बड़ा सार्थक आधार भी माना जा सकता है, क्योंकि जहाँ एक ओर ऐसे निबंध संकीर्ण प्रादेशिक भावनाओं को नंगा करते हैं वहीं दूसरी ओर इस गणतंत्र के बारे में भी बहुत कुछ कह देते हैं जहाँ प्रायः शत-प्रतिशत चुनाव इसी ढंग से लड़े जाते हैं। इसीलिए वस्तुस्थिति का निर्मम उद्घाटन हमें बहुत कुछ सोचने को प्रेरित करता है, लेकिन हम नहीं बजा रहे हैं, फिर भी तालियाँ बज रही हैं। मैदान में जमीन पर बैठे लोग बजा रहे हैं जिनके हाथ गरमाने के लिए कोट नहीं हैं। लगता है कि गणतंत्र ठिठुरते हुए हाथों की तालियों पर टिका है। गणतंत्र को उन्हीं हाथों की तालियाँ मिलती हैं, जिनके

मालिक के पास हाथ छिपाने के लिए गर्म कपड़ा नहीं है।' (परसाई रचनावली, खंड 3, पृ. 77)। परसाई की व्यंग्य-दृष्टि इस बात के लिए एक बहुत अच्छे उदाहरण के रूप में उपस्थित है कि एक निर्भय व्यक्ति ही सार्थक व्यंग्यकार हो सकता है। चिंतन और अभिव्यक्ति के स्तर पर यह निर्भयता एक तीखी स्पष्टता की जन्म देती है जो ऐसे लेखन की सबसे बड़ी शक्ति होती है। यही कारण है कि परसाई का लेखन एक आईना भी है और हथियार भी। वह हमारे अपने समय की सही तस्वीर दिखाकर हमें अपने को समझने में ही सहायता नहीं करता, युग की विसंगतियों, विद्रूपताओं और अंतर्विरोधों के संघर्ष का एक जरूरी और उपयोगी हथियार भी बन जाता है।

यशपाल और परसाई दोनों ही पूरी तरह से अपने समय के प्रति समर्पित लेखक हैं। पुराण, इतिहास और संस्कृति की ओर बार-बार जाने का मतलब उनके यहाँ उनके रचना स्रोतों के सूख जाने का प्रमाण न होकर मनुष्य के प्रति उनकी चिंता का ही एक हिस्सा है जिसमें वे समूचे काल विस्तार में मनुष्य के उत्पीड़न और शोषण के कारणों और स्थितियों का उत्खनन करके एक ऐसे समाज की वैज्ञानिक समझ से अपने को लैस करते हैं जिसमें मनुष्य के भाग्य का निर्माताबद्ध स्थितियाँ न होकर मनुष्य स्वयं होगा। यशपाल और परसाई के लिए पुराण, इतिहास और संस्कृति का महत्त्व स्वयं उनके लिए न होकर मनुष्य को वैचारिक एवं भावात्मक दृष्टि से समृद्ध करने वाले कारकों के रूप में है। 'अप्सरा का श्राप' की शकुन्तला और 'दिव्या' तथा 'अमिता' का नारी समाज—अभिजात वर्गीय नारियों से लेकर दासियों तक—अपने अस्तित्व और स्वाधीनता के लिए सामाजिक अंतर्विरोधों की पर्तों को खोलकर मनुष्य के समान जी सकने के सहज अधिकार के प्रतीक हैं। उनके स्वाधीन और गौरवपूर्ण अस्तित्व का यह संघर्ष पुराण और इतिहास से चलकर वर्तमान तक अबाध रूप से जारी है। इसी तरह परसाई 'रानी नागफनी की कहानी' से लेकर अनेक कहानियों में और व्यंग्य रचनाओं में—अतीत और भविष्य के प्रसंग में भी अपने समय से ही संवाद कर रहे होते हैं। उनके यहाँ अतीत और भविष्य दोनों उनके अपने युग की विद्रूपनाओं के अंकन के लिए एक आच्छादन मात्र हैं जिसमें समय का विभाजन समाप्त हो जाता है और व्यतीत तथा आगत एक सीमाहीन काल प्रवाह का अंशमात्र रह जाते हैं। जिसके मूल में सब कहीं मनुष्य की चिंता ही प्रमुख लेखकीय सरोकार बनकर उभरती है।

परसाई यशपाल की तरह विशाल फलक वाले उपन्यासों की रचना करके न तो स्वाधीनता आंदोलन या स्वाधीन भारत की सामाजिक-राजनीतिक स्थितियों

को कथा बद्ध करते हैं और न ही स्वाधीनताकामी शक्तियों के संघर्ष और एकजुटता को रूपायित करने की वैसी समग्र कोशिश करते हैं। इसी कारण परसाई की छवि अपने समय के एक बड़े कथाकार के रूप में नहीं बनती। लेकिन मानवीय चिंता के प्रति उन दोनों के रचनात्मक सरोकार उनके उद्देश्यों को बहुत कुछ समान बना देते हैं। जिस वर्गमुक्त, शोषण और उत्पीड़न से रहित समाज की रचना का संकल्प यशपाल 'विप्लव' के अपने प्रथम संपादकीय में करते हैं, परसाई उसी समाज के निर्माण में यशपाल के साथ हैं। यह एक महान उद्देश्य के लिए समान संकल्प से की गई यात्रा की हिस्सेदारी है। यहाँ सवाल छोटे-बड़े का न होकर अपने उद्देश्य के प्रति निष्ठा और समर्पण का है। इस निष्ठा की माप अपनी रचनाशीलता के मार्ग की बाधाओं के प्रति लेखकों के रवैये से भी की जा सकती है। रचना के प्रति निर्भीक और ईमानदार बने रहने के जोखिम के प्रसंग में भी परसाई यशपाल के साथ हैं। रचनाकार में यह जोखिम उठा सकने की शक्ति ही उसकी रचनात्मक ऊर्जा और रचना-स्रोतों को कुंठित होने और सूखने से बचाती है।

प्रेम कुमार मणि

औजार भी, हथियार भी

'जो लोग कहते हैं कि मेरा लेखन बहुत अधिक राजनीतिक है, उन्हें बतलाना चाहता हूँ कि मैं समाजवादी आंदोलनकारी पहले था और लेखक बाद में हुआ। लेखन के क्षेत्र में मैं राजनीति के ही मार्फत आया। मैं बार-बार कहता हूँ कि कोई लेखक अराजनीतिक नहीं हो सकता। जो लेखक कहते हैं कि लेखक को राजनीति से कोई मतलब नहीं वे खुद बहुत घृणित, दक्षिण पंथ, प्रतिक्रियावादी, यथास्थितिवादी राजनीति के प्रचारक हैं।'

–हरिशंकर परसाई (हम इक उम्र से वाकिफ हैं...)

परसाई जी की ही इन पंक्तियों से लेख की शुरुआत करने का मकसद यह है कि बिना किसी भूमिका के यह समझ सकें कि परसाई जी की रचनाएँ इस हद तक राजनीतिक कैसे हैं और क्यों हैं। वह अपनी राजनीति को छिपाते नहीं, साथ ही उन भले लोगों की अराजनीति की राजनीति को उघारकर रख देते हैं जो शुद्ध साहित्य के बैनर तले बड़ी होशियारी से प्रतिक्रियावादी, यथास्थितिवादी, दक्षिणपंथी विचार का व्यापार करते हैं। दूध का साइन बोर्ड इन लगाकर ताड़ी बेचने वालों को परसाई जी ने कभी नहीं बख्शा और इन शुद्ध साहित्यवादियों को भी वह इसी श्रेणी में रखते हैं।

इधर फिर कुछ लोग सिर खपाने लगे हैं कि साहित्य को किसी विचारधारा से नहीं जुड़ा होना चाहिए। लेखक स्वतंत्र होता है। कुछ लोग कहते हैं कि लेखक को आदमी से तो अवश्य जुड़ना चाहिए–प्रतिबद्धता तक ही नहीं बल्कि संबद्धता तक लेकिन उसे किसी विचारधारा से बाँधा नहीं जाना चाहिए। राजनैतिक विचारधारा से तो बिल्कुल नहीं। इससे लेखकीय स्वास्थ्य खराब होता है। इन लोगों की समझ शायद यह भी है कि विचारधारा का, या कि राजनैतिक विचारधारा का, आदमी से कोई संबंध नहीं होता। वह मनुष्य निरपेक्ष होता है।

और यह जो परम स्वतंत्र रहने का, अराजक रहने का दर्शन है, यह केवल मनुष्य सापेक्ष है। एक विदेशी इतिहासकार हैं जिनकी अपने देश में खूब चर्चा होती है। वह कहते हैं कि अशोक बौद्ध धर्म का अनुयायी नहीं था बल्कि मानवतावादी था। क्योंकि उसकी शिक्षाएँ मानवतावाद से मिलती-जुलती हैं। इस इतिहासकार महोदय को शायद यह भ्रम है कि बौद्ध धर्म अमानवतावादी धर्म है और अशोक मानवतावादी और बौद्ध धर्म का अनुयायी एक साथ हो ही नहीं सकता। इसी इतिहासकार की शैली में कुछ लोग प्रेमचन्द की व्याख्या करने लगे हैं और कहते हैं कि प्रेमचन्द का कम्युनिज्म से कुछ लेना-देना नहीं था। वह गांधीवादी और मानवतावादी थे। क्योंकि इन्होंने गांधी का विरोध नहीं किया और व्यापक रूप से मनुष्यता के लिए चिन्तन किया और लिखा। मानों कम्युनिस्टों के लिए गांधी का विरोघ आवश्यक है। और वे सीमित मनुष्यता की चिंता करते हैं।

परसाई ने कहानियाँ, उपन्यास, ललित और विचारपरक निबंध या लघुकथाएँ जो भी लिखी हैं उसमें सामाजिक-राजनैतिक चेतना है और एक सुसंगत समझ है लेकिन एक स्तंभ लेखक के रूप में उनकी जो सामाजिक-राजनीतिक टिप्पणियाँ और लेख हैं, वह उनको सामाजिक-राजनीतिक समझ को ज्यादा साफ ढंग से व्यक्त करती हैं। चौबीस घंटा साहित्य की चिंता में डूबे साहित्य के होलटाइमरों को इसका मर्म भले ही समझ में न आवे और वे इसे साहित्य के कोमलकांत दायरे में शामिल करने से इनकार करें लेकिन हिंदी गद्य-साहित्य में यह अपने ही तरह का लेखन है और इसका महत्त्व निर्विवाद है। परसाई को बात कहनी है और वे कहते हैं, वह फॉर्म के फेर में नहीं पड़ते। इस रूप में वह कबीर के सच्चे अनुयायी हैं। वह इसकी चिंता नहीं करते कि साहित्य का भला हो रहा है या नहीं, वह मनुष्य के भले के लिए लिखते हैं और इसी लेखन में साहित्य का भी भला हो जाता है। चंडीदास की तरह मनुष्य ही उनका सबसे बड़ा सत्य है और इस सत्य को उजागर करने में साहित्य का सत्य भी अनायास प्रकट हो जाता है। शब्द उनके लिए औजार भी है और हथियार भी। इसके द्वारा वे गढ़ते भी हैं और लड़ते भी हैं। एक नई समझ गढ़ते हैं और नासमझ लोगों से लड़ते हैं। शब्द उनके लिए कसीदा करने का साधन मात्र नहीं है।

इन सामाजिक-राजनीतिक निबंधों और टिप्पणियों के लाखों पाठक हैं। हिंदी में स्तम्भ लेखन तो बहुत लोग कर रहे हैं किंतु इतना बड़ा पाठक वर्ग शायद ही किसी स्तम्भकार को मयस्सर हो। बड़े-बड़े राजनेता, संसद और विधान सभाओं के सदस्य से लेकर बड़े अफसर, झोला ढोने वाले कार्यकर्ता, फैक्टरी के मजदूर, विद्यालयों-महाविद्यालयों के शिक्षक और छात्र, चाय दुकानदार, खोमचे वाला,

निठल्ले बैठकबाज, बेरोजगार सभी उनके इन स्तम्भ लेखन और निबंधों के पाठक हैं। इन्हें पढ़कर वह तनते हैं, कुढ़ते हैं, शर्मसार होते हैं और गोलबन्द होते हैं। स्तम्भ लेखों की इन टिप्पणियों और निबंधों के माध्यम से परसाई सीधे जनता से जुड़ जाते हैं। इनका जनता पर व्यापक असर पड़ता है। डॉ. श्याम-सुंदर मिश्र ने इन वैचारिक निबंधों और टिप्पणियों पर टिप्पणी करते हुए लिखा है : 'रचनाकार और पाठक के बीच अंतस्संबंधों की जिस भूमिका का निर्माण विचारशील निबंधों के माध्यम से होता है वह साहित्य की दूसरी विधाओं में उतना सार्थक आकार ग्रहण नहीं कर पाती।, और इसके साथ ही—'दृश्य के भीतर व्यक्त हो रहे यथार्थ को बेनकाब कर देने की व्याकुलता ही उनके (परसाई के) लेखन का केंद्रीय तत्त्व है।'

परसाई जी मूलतः व्यंग्य लेखक हैं और इन निबंधों और टिप्पणियों में उनके व्यंग्य हमें कदम-कदम पर मिलते हैं। कुछ दूसरे लेखक भी हिंदी में हैं जो व्यंग्य लेखक के रूप में जाने जाते हैं। लेकिन इन लेखकों से परसाई का लेखन बिल्कुल भिन्न है। दरअसल हिंदी के अधिकांश व्यंग्य-लेखक मूलतः हास्य लेखक हैं और वह हास्य और व्यंग्य के अंतरों को न समझने के कारण अपने को व्यंग्य लेखक कहते हैं। हमारे के.पी. सक्सेना हास्य लेखक हैं, शरद जोशी भी पूरी तरह तो नहीं लेकिन करीब-करीब हास्य लेखक ही हैं। लेकिन यह हिंदी ही है जिसके बीच ये व्यंग्य-लेखक कहे जाते हैं। हास्य और व्यंग्य में मौलिक अंतर है और इसे समझे बिना हम परसाई के लेखन की गहराई को नहीं जान सकते। परसाई ने हास्य-लेखन नहीं किया, व्यंग्य-लेखन किया है। पूरे समाज में जहाँ विद्रूपता, नकलीपन, चालबाजी व्याप्त हो वहाँ कोई भी मानवीय सरोकारों का लेखक व्यंग्य की विधा से बच नहीं सकता। चाहे वह कबीर हो, चाहे हरिशंकर परसाई।

मैं यहाँ परसाई की सामाजिक-राजनीतिक टिप्पणियों और लेखों के आधार पर उनकी सामाजिक-राजनीतिक सोच पर विमर्श करना चाहता हूँ। अब हम वहीं लौट रहे हैं।

अपने स्तम्भ लेखों और छिटपुट निबंधों में परसाई जी ने अपनी समकालीन दुनिया को, उसके संकटों, उसकी समस्याओं, उसकी विद्रूपता और उसके नकलीपन को व्यापक रूप से समेटा है। वह एक बकरी द्वारा जवाहरलाल नेहरू के लगाए पौधे को चर जाने की खबर को उठाते हैं और भ्रष्टाचार के सवाल को बड़ी होशियारी से हमारे सामने कर देते हैं। (बकरी पौधा चर गई)। मिलावट पर बात करते-करते मिलावटी समाजवाद और सर्वोदय पर कलम चुभो देते हैं। (सरकार चिंतित है) और कपड़ों के विज्ञापन पर बात करते-करते महाजनी

सभ्यता की सहज व्याख्या तो करते ही हैं, उपभोक्ता संस्कृति पर दो-चार कोड़े भी रसीद कर जाते हैं। (लुच्चन की भीड़)। लेकिन वह इतना भर ही नहीं करते। वह वियतनाम और दियोगासिया के सवालों को भी उठाते हैं, नेहरू के खोखलेपन पर इशारा करते हैं, नाटो पर चाबुक चलाते हुए कार्टर के क्वार्टर तक पहुँच जाते हैं और लैटिन अमेरिकी देशों की यात्रा करते अफ्रीकी जनता के दुःख में शामिल हो जाते हैं। तभी कोई मोरारजी या चरणसिंह या राजनारायण या चन्द्रशेखर राजनीतिक नौटंकी करने लगे तो उनकी खैर लेने पहुँच जाते हैं। और आड़े आए बाला साहब देवरसों और नानाजी देशमुखों से लड़ते-भिड़ते जियाउल हक और खुमैन के कान उमेठते पहुँच जाते हैं। अमृता प्रीतम और कमला दास को उनकी आत्मकथाओं के लिए ऐसी-तैसी करते हुए खालिस्तानी उग्रवादियों को अमृता प्रीतम का महत्त्व बतलाने लग जाते हैं तो कभी सताए गए हरिजनों की तरफदारी करते हुए लट्ठ लिए सवर्णों की चौकड़ी से भीड़ जाते हैं, और लौटती में जगजीवन रामों से भी दो-चार हाथ कर लेते हैं। साम्राज्यवादियों के खिलाफ अड़े रहने के लिए इंदिरा गांधी की पीठ ठोक देते हैं, तो संजय गांधी के सवाल पर उनके कान भी उमेठ देते हैं। मानस चतुःशती समारोह आयोजित कर रहे विश्वविद्यालय के प्राचार्यों को कबीर का महत्त्व बतलाने लगते हैं तो कभी दक्षिणपंथी कांग्रेसियों के शिकार कृष्ण मेनन के महत्त्व को रेखांकित करते हैं। कुल योग यह कि एक भरी-पूरी दुनिया को वह चर्चा के केंद्र में लाते हैं। उनका कैनवास व्यापक है और यहाँ बहुत कुछ दीखता है।

महत्त्वपूर्ण सामाजिक-राजनीतिक सवाल—चाहे वह राष्ट्रीय हों अथवा अंतर्राष्ट्रीय—शायद ही परसाई की टिप्पणियों से बच पाए हों। अपने लगभग चालीस वर्षों के लेखन काल में उन्होंने सात सौ से अधिक सवालों पर टिप्पणियाँ और लेख लिखे। शायद ही किसी एक हिंदी लेखक ने इतने सवालों पर जागरूक टिप्पणियाँ लिखी हों।

इन टिप्पणियों और लेखों के आधार पर हमें परसाई की सामाजिक-राजनीतिक स्टेण्ड अथवा समझ की एक स्पष्ट जानकारी मिलती है। परसाई सामाजिक रूप से एक क्रांतदर्शी, विवेकशील और वैज्ञानिक समझ संपन्न जागरूक विचारवान हैं जिनके पास ज्ञानात्मक संवेदना और संवेदनात्मक ज्ञान है। उन्हें भारतीय समाज और उसके इतिहास की गहरी जानकारी है और इतिहास की तहों में जाकर उन्होंने मनुष्यों का दिल टटोला है। वर्णवाद और सांप्रदायिक इतिहास चिन्तकों से घिरे माहौल में रह कर भी वह शूद्रों-अतिशूद्रों के सवाल पर बहुत वैज्ञानिक और संवेदनात्मक समझ रखते हैं। व्यक्ति और समाज के रिश्तों को समझते हैं

और धर्मध्वजियों के पाखंडपूर्ण हस्तक्षेप का भरपूर विरोध करते हैं। हिंदुओं और मुसलमानों के सवाल पर भी वह बिल्कुल साफ हैं और उनकी मुल्लाओं और पंडितों से कभी नहीं पटती। यहाँ उनके निबंधों और टिप्पणियों से लिए गए कुछ अंश बानगी के तौर पर देखें :

'हमारा सौभाग्य है कि हमारे शंकराचार्य उन्माद पैदा नहीं कर सकते, जैसा कि अयातुल्ला और इमाम कर सकते हैं। शंकराचार्यों की इस अक्षमता ने हमें बहुत बचाया। पर उन्माद देवरस तो पैदा कर सकते हैं। उनमें अयातुल्ला भी हैं और जनरल जिया भी हैं। अगर उनकी कल्पना का हिंदू राष्ट्र हो गया तो यहाँ हिंदुओं की वही दुर्गति होगी जो ईरान और पाकिस्तान में मुसलमानों की हो रही है।

(इस्लाम के कोड़े)

ईरान में अयातुल्ला शासन ने तीन औरतों को इसलिए गोली मार दी कि वे वेश्या हो गयी थीं। इस पर टिप्पणीः—

'अयातुल्ला का दिमाग यह समझने के काबिल नहीं है कि आर्थिक सुधार नहीं हुए तो घर-घर में रंडियाँ हो जाएँगी। औरत भूख के कारण वेश्या होती है। और जरा उन मुल्ला लोगों से पूछा जाए जो तीन बीवियाँ रखे हैं। जनाब, एक बीवी तो काफी हुई आपके साथ सोने, रोटी बनाने और बच्चा पैदा करने के लिए। फिर ये बाद की दो बीवियाँ किसलिए? ये तो रंडियाँ ही हुईं न, जिन्हें अपने रोटी-कपड़े पर रख छोड़ा है, आपके जिस्म की ख्वाहिश पूरी करने के लिए, या आप खुद 'मर्द' वेश्या हैं। जो तीन औरतों की जरूरत पूरी कर रहे हैं, अब शरीयत के मुताबिक या तो आप गोली खाइए या इन औरतों को गोली मारिए।'

(इस्लाम के कोड़े)

आरक्षण के सवाल परः—

मैंने कहा—'शर्मा जी, सब कहीं रिजर्वेशन हो जाए तो कैसा रहे? ऊँची जातियों के लिए भी आरक्षण हो जाए। बलात्कार हरिजन स्त्रियों से होते हैं, क्यों नहीं तीस फीसदी बलात्कार ऊँची जाति की स्त्रियों से हों।'

'राम शंबूक का सिर काटते रहे और द्रोणाचार्य एकलव्य का अँगूठा कटवाते रहे। इन लोगों को अछूत रखा, गंदी सेवाएँ कराईं। जीवन-स्तर गटर में डाल दिया। आत्मसम्मान छीना। पशुवत इनसे बुरा व्यवहार किया। इनके झोपड़े जलाए। इनकी स्त्रियों से बलात्कार किया। सब ऊपर उठते गए और इन्हें लात मारकर ढकेलते गए। सदियों इनका शोषण हुआ है। इनके साथ अन्याय हुआ है। लोकतंत्र आया है तो इन्हें जीवनसुधार की कुछ विशेष सुविधाएँ दी जा रही

हैं। इस पर देशव्यापी झंझट खड़ा हो गया है। आरक्षण-विरोधी आंदोलन चल रहे हैं।' 'आखिर ढिबरी और बिजली के बल्ब में बराबरी की स्पर्धा कैसे हो सकती है! हरिजन लड़का ढिबरी में पढ़ता है। उसके पास पूरी किताबें नहीं होतीं। इसके पास खूब किताबें होती हैं। यह ट्यूशन लगा सकता है। इसके माँ-बाप पढ़े-लिखे हैं, उसके अपढ़ गँवार। यह प्रभाव या पैसे से नम्बर बढ़वा सकता है। ढिबरी और बल्ब में बराबरी की स्पर्धा नहीं हो सकती है।'

(ऊँची जातियों का आरक्षण)

याज्ञिकों पर

इन दिनों यज्ञों की बाढ़ आई है। नए-नए भगवान और देवियाँ अवतार ले रहे हैं। चमत्कार का दावा करने वाले लोग प्रकट हो रहे हैं। यह अनायास नहीं है। इसके पीछे योजना है। इस योजना का उद्देश्य है जनता को पिछड़ा हुआ रखना, उसकी समझ को वैज्ञानिक न होने देना, उसे अंधविश्वासी और दकियानूस रखना, उसे भाग्यवादी और संघर्षहीन बनाना।...यह एक देशव्यापी षड्यंत्र है, जिसमें राजनीतिज्ञ, सरमायेदार, बुद्धिजीवी आदि शामिल हैं।'

(हरिजन को पीटने का यज्ञ)

शीर्षासन की मुद्रा में बाँचने वालों पर

'संघ वाले मानते हैं कि हिंदू पूर्वजों ने अंतरिक्ष यान बनाया था। अचरज इसी बात का है कि अंतरिक्ष यान बनाने वालों ने साइकिल क्यों न बना ली।'

(असिस्टेण्ट लोकनायक)

'वैदिक युग में जो कारीगर देवता के बराबर माना जाता था, वह स्मृतियों में शूद्र हो गया। यह पतन है।'

(हस्ती मिटती नहीं हमारी)

'हरिजन हमारे लिए जरूरी है। सेवा करने को हरिजन चाहिए, वह मैला उठाए, सफाई करे, जूते बनाए। खेतों पर काम करने को हरिजन चाहिए। बलात्कार करने को हरिजन औरतें चाहिए। समाज को हरिजनों की बड़ी जरूरत है।'

(भागलपुर के चौबे जी)

'शीर्षकों के वर्ग स्वार्थों को जब कोई चुनौती देता है तो उस वर्ग के प्रवक्ता कहते हैं—यह आदमी खुदा से लड़ रहा है। खुदा को प्राइवेट संपत्ति का रक्षक

और शोषण का एजेण्ट तभी से बना लिया गया था, जब मनुष्य ने उसके होने की कल्पना की थी।'

(खुदा से लड़ाई की सजा)

'कुछ लोग मध्य युग में लौटने की कोशिश में लगे हैं। ये आगे बढ़ते इतिहास के पहिये को हाथों से थामने की कोशिश करते हैं। वे नहीं जानते, पहले भी ऐसा हुआ है। रोकने वालों के हाथ टूट जाते हैं और इतिहास आगे बढ़ जाता है।

...सारे पूर्व में यह हो रहा है, धर्म के नाम पर। मुस्लिम देशों के शाह और शेख अपनी जनता को इस्लाम के नाम पर सातवीं शताब्दी में रखे हैं। पर वहाँ भीतरी विद्रोह है और अपनी सुरक्षा के लिए ये शाह अमेरिका पर निर्भर हैं। उधर खोमैनी और जिया उल हक भी इस्लाम के नाम पर यही कर रहे हैं। अपढ़ कठमुल्ले उनकी ताकत हैं। बाँग्लादेश के जनरल इरशाद भी इस्लामी राष्ट्र बनाना चाहते हैं। ये सब मनुष्य की स्वतंत्र चेतना को दबाकर हुकूमत करना चाहते हैं।...भारत में भी यह पुनरुत्थान की प्रक्रिया चालू है। हिंदू धर्म की राजनीति करने वाले कई सालों से हिंदू-मानसिकता को पुरोगामी और कट्टर बना रहे हैं। यही काम मुसलमानों में जमायते इस्लामी करते हैं।'

(कविता, विज्ञान और धार्मिक मूढ़ता)

और इन कठमुल्लों से निबटते हुए लुच्चन की भीड़ में लुकाठी लेकर पहुँच जाते हैं और उपभोक्ता संस्कृति की ऐसी-तैसी कर देते हैं:

'हम उत्पादक के लिए मनुष्य नहीं, उपभोक्ता हैं।...अगर बैल सूट पहनने लगे तो वह मनुष्य से ज्यादा इज्जतदार हो जाएगा। यदि पृथ्वी पर भेड़ियों की आबादी बढ़ जाए और वे सूट पहनने लगें तो उत्पादक अपने वैज्ञानिकों से यह घोषणा करा देंगे कि प्रकृति ने भेड़िये को मनुष्य से ऊँची नस्ल का बनाया है। भेड़िया ही वह महामानव या अतिमानव है जिसकी कल्पना मनीषियों ने की है। सबसे ऊपर भेड़िया सत्य है।

(लुच्चन की भीड़)

इस तरह हम देखते हैं कि परसाई एक सुलझे मार्क्सवादी की तरह द्वंद्वात्मक भौतिकवादी दृष्टि से सामाजिक सवालों को देखते हैं और उसकी विवेकपूर्ण व्याख्या करते हैं। कुछ लोगों की यह शिकायत हमेशा रही है कि मार्क्सवाद यूरोपीय दर्शन है। और यह भारतीय समाज के लिए प्रासंगिक नहीं है। कुछ थोड़ा

उदार होकर बलराज मधोक के तर्ज पर इसके (मार्क्सवाद के) भारतीयकरण की भी चिंता रखते हैं। लेकिन ऊपर से निर्दोष और निरामिष दिखने वाले इन लोगों की चिंता बहुत भोली नहीं है। मार्क्सवाद के भारतीयकरण के नाम पर वह उसका हिंदूकरण और इस्लामीकरण करना चाहते हैं। मोटे तौर पर पुरोहितीकरण करना चाहते हैं। कुछ लोग यह काम मार्क्सवादी चोगा पहनकर बखूबी कर भी रहे हैं। कुछ की तो दुकानें भी चल निकली हैं। हिंदी में भी ऐसे लेखक-आलोचकों की एक कतार है। यह मूलतः उसी तबके के लोग हैं जिस तबके के खोमैनी और अटल बिहारी वाजपेयी हैं। एक ने क्रांति का तमगा लटकाए रखा और दूसरे समाजवाद की माला धारण कर चुके हैं। इन काइयाँ लोगों के लिए परसाई जरा भी विनम्र नहीं हैं। हाँ, जो सचमुच के बौड़म हैं और आँखों पर धार्मिक मोतियाबिन्द के कारण जिन्हें मार्क्सवाद का विज्ञान नहीं दीख पड़ता, उनके लिए परसाई का लेखन औषध का काम कर सकता है।

इसके मायने नहीं कि परसाई धर्म और धार्मिक गुरुओं के धनात्मक पक्ष से अनजान हैं और वह उसका अंध विरोध करते हैं। भारत में अक्सर मार्क्स के एक लेख की केवल एक पंक्ति धर्म पर मार्क्सीय दृष्टिकोण बतलाने के लिए उद्धृत की जाती है धर्म अफीम है। लेकिन मार्क्स ने धर्म की जिस सर्वंगपूर्ण टिप्पणी के आखिर में यह पंक्ति रखी है उस पूरी टिप्पणी को नजरअन्दाज कर दिया जाता है। क्योंकि मार्क्सवाद विरोधियों का स्वार्थ केवल एक पंक्ति से है और उसे पूरी टिप्पणी से अलग करके उसके इतर भावार्थ लगाने से है। परसाई मार्क्स की तरह ही धर्म को वृहत्तर अर्थों में लेते हैं। धर्म के लिए मनुष्य की जगह मनुष्य के लिए धर्म हो तो वह उसके उतने खिलाफ नहीं हैं। वह सिक्ख धर्म के मूलत्व की भूरी-भूरी प्रशंसा करते हैं और लिखते हैं कि 'मैं सोचता था कि अगर कोई धर्म ग्रहण करना जरूरी हो तो मैं सिक्ख धर्म ग्रहण करूँगा।' लेकिन सिक्खी के नाम पर वह संतों के सनकी कार्रवाइयों पर बाज की तरह टूटते हैं। कठमुल्लों से, धर्म के व्यापारियों से, परसाई कोई समझौता नहीं करते। धर्म के ठेकेदारों के विरुद्ध अभियान में वह कबीर के साथ हो जाते हैं।

इतिहास और परंपरा के बीच से अपने मित्रों को ढूँढ़ लेने में परसाई की समझ का कोई सानी नहीं है। यह मैं हिंदी के परिप्रेक्ष्य में लिख रहा हूँ। वह उन लोगों में से नहीं हैं जिन्हें तुलसी का वर्णवादी मिजाज नजर नहीं आता और जो वहाँ अखंड लोकमंगल देखते हैं। उन्होंने 'कबीर समारोह क्यों नहीं,' 'सूर और तुलसी का नए सिरे से अध्ययन,' 'पूजिय विप्र शील-गुन हीना, आदि लेखों में अपना दृष्टिकोण रखा है। उदाहरणस्वरूप देखिए—'सामंती समाज की सड़ी-गली

मान्यताओं को तुलसी ने बल दिया। छोटे, कमजोर दलित वर्ग को कुचलने के लिए एक धार्मिक पृष्ठभूमि और मर्यादा का बल दे दिया। ये दलित लोग थे—स्त्री और नीची जाति के लोग।

(कबीर समारोह क्यों नहीं)

सामाजिक सवालों पर जिसकी दृष्टि द्वंद्वात्मक भौतिकवादी है राजनीतिक सवालों पर निश्चय ही वह वैज्ञानिक समाजवाद का आग्रही होगा। एक राजनीतिक के रूप में परसाई वैज्ञानिक समाजवादी हैं और पूँजीवादी साम्राज्यवादी ताकतों से वह हमेशा जूझ रहे होते हैं। अपने स्तंभ लेखों में उन्होंने विश्व के प्रायः सभी प्रमुख राजनीतिज्ञों की पड़ताल की है और हर काइयाँ कार्रवाई की बखिया उधेड़ी है। शायद ही कोई प्रमुख अमेरीकी राष्ट्रपति या राजनेता हो जिसे परसाई ने अपने लेख का विषय न बनाया हो। प्रायः सभी भारतीय राजनेताओं के चरित्र की बारीक समझ उनके पास है। इसके साथ ही वह हर साम्राज्यवादी कतरब्योंत को एक सुलझे राजनीतिज्ञ की तरह समझते हैं। नाटों का सवाल हो, चाहे गुटनिरपेक्ष आंदोलन का, कम्पूचिया समस्या हो अथवा अफगानिस्तान में सोवियत फौजों के उतर जाने की बात, कृष्ण मेनन को बदनाम करने की साम्राज्यवादी चाल हो अथवा अतिक्रांतिकारियों की रूमानी मार्क्सवादी अवधारणा, वह हर जगह कलम चलाते हैं और दुश्मनों को चित करते हैं।

बानगी के लिए लेखों और टिप्पणियों से थोड़े उद्धरण देखिए—'पिछले महायुद्ध के बाद से दुनिया में एक खास तरह के छत्ते बिक रहे हैं। ये अमेरिकी छत्ते या नाटो के छत्ते कहलाते हैं।...कई देशों ने छत्ते खरीद लिए। जब छत्ते आ गए, तब देखा कि इसके खोलने की चाबी नहीं है। फौरन अमेरिका खबर भेजी कि साहब, आप चाबी भेजना भूल गए, जरा जल्दी भेज दीजिए। उधर से जवाब आया—चाबी तुम्हें नहीं दी जाएगी। तुम्हें छत्ता खोलना नहीं आता। जब तुम पर हमला हो तब हमें खबर देना। हमारा आदमी जाकर छत्ता खोल देगा।'

'ऐसा छत्ता हम नहीं लेना चाहते जिसकी चाबी हमारे पास न हो और जिसे लेते ही आधी से अधिक दुनिया जो दोस्त है, दुश्मन हो जाए।

(अमेरिकी छत्ता)

'अगर कोई यह पता लगा ले कि संघ और गांधी शांति प्रतिष्ठान के देशी-विदेशी दाता कौन हैं, तो बात समझ में आ जाएगी। दोनों के मालिक एक हो सकते हैं।'

(चोर के चंदन कंठी)

दिसम्बर '64 में स्वतंत्र पार्टी के तत्कालीन महामंत्री और अमेरिकी नीतियों के प्रमुख समर्थक मीनू मसानी ने कहा कि भारत को एटम बम नहीं बनाना चाहिए। क्यों नहीं बनाना चाहिए? इसके जवाब में मसानी ने कहा कि अगर हमारे पास एटम बम हो भी गए तो शास्त्री सरकार इतनी कमजोर है कि वह एटम बम नहीं गिरा सकती। इसलिए हमें एटमी रक्षा का भार अमेरिका को सौंप देना चाहिए। इस पर परसाई ने 'मसान की नेक सलाह' शीर्षक से टिप्पणी लिखी :

'साधो, मसानी जी, मुझे एक ही प्रार्थना करनी है साहब, अच्छे मजबूत दिल के आदमी यहाँ लाइए। वैसे नहीं जिन्होंने हिरोशिमा पर बम गिराया था। वे दोनों तो उस विनाश की ग्लानि से पागल हो गए हैं। दोनों ने एक बार आत्महत्या करने का भी तय कर लिया था। सुना है उनके सामने हिरोशिया का नाम लो, तो वे रोने लगते हैं, साधो अमेरिकी होकर इतने कमजोर दिल हैं उनके। मसानी साहब, ऐसों को न बुलवाए। खूब मजबूत दिल के अमेरिकी यहाँ आने चाहिए, जिन्हें किसी भी काम की ग्लानि न होती हो। तब हमारा काम बनेगा।'

और वियतनाम–विवाद पर

'आवश्यकता है वियतनाम में एक अदद सरकार की। न्यूनतम योग्यताएँ :

1. सत्ता गुट उच्च वर्गीय हो।
2. भ्रष्ट हो।
3. खूब अमानवीय हो।
4. नीच हो।
5. जिससे जनता नफरत करती हो।'

(खुदा की चिड़िया)

अमेरिका तो हमेशा परसाई का खास निशाना रहा है–'आफित शाह की हो रही है और पसीना यूरोप तथा अमेरिका में आ रहा है।...उधर जिमी कार्टर को पसीना आ रहा है। अगर शाह गए तो एक खास चमचा गया। एशिया में अमेरिकी हितों का क्या होगा? रूस की घेराबंदी में एक बड़ा छेद पड़ जाएगा।'

(शाह का फातिहा पढ़ो)

'अमेरिका की हालत यह है कि हर तमाशे में बिना टिकट के घुसता है और चौकीदारों से पिटता है। यह हाल वियतनाम में हुआ, कम्पूचिया और ईरान में हुआ। तुम अफगानिस्तान में भी बिना टिकट घुस रहे थे। मगर गेटकीपर ने रोक दिया। दक्षिण-पूर्व एशिया के नाटक में फिर बिना टिकट घुसना चाहते हो,

जबकि वहीं पहले इसी हरकत के कारण पिट चुके हो। भैया, अपनी इज्जत अपने हाथ है। जबरदस्ती मत घुसा करो। अपने घर में रहा करो, पिस्तौल मत दिखाया करो। दूसरे की इज्जत करोगे तो तुम्हारी भी इज्जत होगी। तुम 'अमेरिकी हित' की रक्षा की रट छोड़ो। तुम्हारी सारी दुर्गति का कारण यह अमेरिकी हित ही है, जिसकी व्याख्या इसी तरह असंभव है, जिस तरह ईश्वर की व्याख्या। दुनिया की हर वायु तरंग में, हर समुद्र लहर में, हर कण में, अमेरिकी हित है, यह मानना छोड़ो। इज्जत बनी रहेगी।'

(रोनाल्ड रीगन के नाम)

मुसलमानों के कठमुल्लेपन पर तो कबीर के बाद हमारे यहाँ आक्रमण होना बन्द ही हो गया। गांधीवादियों भी समन्वयकारी चेतना ने एक बिल्कुल प्रतिक्रियावादी काम यह किया कि इसने समन्वय के नाम पर हिंदू और मुस्लिम कठमुल्लेपन का विरोध करना बंद कर दिया है। ब्राह्मण को गाली मत दो और मुल्ले को भी मत दो। या ब्राह्मण पर तो उँगली उठा सकते हो लेकिन खबरदार जो मुल्ले पर उँगली उठाई। मुल्ले पर उँगली उठाने की मनाही नहीं है, लेकिन यह काम मुसलमान को करना चाहिए, हिंदू को नहीं, यही जनतंत्र की मूल भावना है। परसाई यदि मुल्लों पर उँगली उठाता है तो वह अल्पसंख्यक भावनाओं से खिलवाड़ करता है, क्योंकि उसने हिंदू घर में जन्म लिया है। हमारे परम प्रगतिशीलों ने भी इस्लामी कठमुल्लेपन पर उँगली उठाना अल्पसंख्यक भावनाओं से खिलवाड़ करना समझ लिया। मुसलमानों पर टिप्पणी करने का काम उन्होंने पूरी तरह आर.एस.एस. पर छोड़ दिया है जो इस्लामी कठमुल्लेपन का नहीं मुसलमानों का विरोध करते हैं। इमाम बुखारी के साथ तो कभी-कभार गले भी मिल लेते हैं लेकिन झोपड़पट्टी वाले गरीब मुसलमान पर हमेशा चाकू ताने रहते हैं। शाहबानो के मामले में धर्मनिरपेक्षता का राग अलापने वाले कांग्रेसियों की हरकत हम देख चुके हैं कि किस तरह वे बनातवाला और शहाबुद्दीन के चरणों पर झुक गए थे। लेकिन जिस तरह कबीर ने अपने सोटे से मुल्लों और पंडितों दोनों की खबर ली और दोनों राहों को देखा था वैसे ही परसाई ने भी हिंदू कठमुल्लेपन के साथ इस्लामी कठमुल्लेपन पर भी बार-बार प्रहार किया है। वह चाहे अपने देश के मुसलमान कर रहे हों अथवा विदेश के। कुछ अंश देखें:

'यह उन्माद है जिसे तानाशाह जिया और मुल्ला लोगों ने पैदा किया है। इसी उन्माद के भरोसे वे लोकतंत्र को दबाए रखना चाहते हैं। इसी उन्माद के दम पर तानाशाह अपने को सत्ता में रखना चाहते हैं। इसी उन्माद से जनता के अधिकारों की माँग को दबाया जा रहा है। यह इस्लाम का उन्माद है जो पाकिस्तान और

ईरान में उखाड़ा जा रहा है।...ये आम लोगों को सिखाते हैं इस्लाम क्या है? इस्लाम कोड़े लगाना, हाथ काटना, आँखें निकाल लेना है, इस्लाम बुक है।'

(इस्लाम के कोड़े)

'ये अरब शाह और शेख अजायबघर की चीजें हैं।...यही शाही अरब जो लड़की को मनचाही शादी करने पर मार डालते हैं, मानव अधिकार की बात करते हैं। ये कहते हैं—फिलिस्तीनियों को अधिकार मिलना चाहिए। अपनी लड़की के खून से मुँह पोतकर कैसी अच्छी मानवीयता की बात कर लेते हैं।'

और कबीर के तर्ज पर तुरंत अपना गरेबाँ भी झाँक लेते हैं—'हम भारतवासी इन अरब शाहों पर थूकना तो चाहते हैं, पर थूक अटक जाता है। हम किस मुँह से थूकें। हम भी तो हरिजन को जिंदा जला देते हैं। मुर्गे को मारकर भूनते हैं, मगर हरिजन को जिंदा भूनते हैं। हम थूकें तो थूक हमारे ही चेहरे पर गिरेगा।'

स्वातंत्र्योत्तर भारतीय राजनीति की हर महत्त्वपूर्ण घटना पर परसाई ने टिप्पणी की है। इसके साथ ही प्रायः हर महत्त्वपूर्ण राजनेता की भी इन्होंने खबर ली है। वह चाहे नेहरू हों, चाहे नरेन्द्रदेव, लोहिया हों अथवा जयप्रकाश नारायण, मोरारजी हों अथवा राजनारायण, चरणसिंह हों अथवा जगजीवन राम, इंदिरा गांधी हों अथवा संजय गांधी, कांति देसाई हों अथवा सुरेश राम, सकलेचा हों अथवा अंतुले, कर्पूरी ठाकुर हों अथवा बहुगुणा। इसके साथ ही उन्होंने हर छोटी-बड़ी पार्टी पर भी टिप्पणियाँ की हैं। कुछ टिप्पणियाँ देखने में कोई हर्ज नहीं होना चाहिए।

नेहरू के समाजवादी नाटक पर

'अभी अवाड़ी में अखिल भारतीय गुड़िया सम्मेलन हुआ था जिसका उद्‌घाटन, संचालन, निर्देशन सब पण्डित नेहरू ने किया।

(कांग्रेस अधिवेशन)

इतनी सारी गुड़िया दुनिया में कहीं एक साथ इकट्ठी न हुई होंगी—लाखों। सब एक रंग की सफेद। सबके सिर पर एक ही सफेद मुकुट, लेकिन आकृति अलग-अलग। और इतनी सारी गुड़िया तरह-तरह के रंगीन धागों से 'नट' से बँधी हुई—कोई 'पद' के पीले धागे से, कोई इनकम टैक्स चोरी के हरे धागे से। सबके सब धागे सूत्रधार के हाथ में।

सूत्रधार ने धागा खींचकर कहा—'समाजवादी नाच दिखाओ मेरी गुड़िया।' तो सब गुड़िया हाथों को मटकाकर नाचने लगीं और गीत गाने लगीं—समाजवादी ढंग। समाजवादी ढंग। सोशलिस्टिक पैटर्न।

उत्सुकता रह गई कि इस गुड़िया सम्मेलन में भाग लेने के लिए अमेरिका ने अपनी गुड़िया च्यॉंग काई शेक, मोहम्मद अली आदि भेजीं कि नहीं।

(गुड़िया सम्मेलन)

लोहिया पर

'लोहिया विचारवान आदमी थे, मगर व्यावहारिक राजनीति में उन्होंने नेहरू परिवार के विरोध को एक राजनैतिक दर्शन बना दिया। चेलों ने कुल इतना सीखा। इन लोगों ने लोहिया की किताबें भी नहीं पढ़ी होंगी। जब नेहरू परिवार-विरोध राजनैतिक दर्शन बन गया, तब ये दार्शनिक इंदिरा विरोधी घोर बुर्जा राजनीति की गोद में अनाथ बच्चे की तरह चले गए।

(जार्ज का जेरूसलम)

1980 में सिंधिया की राजमाता इंदिरा गांधी के साथ रायबरेली से उम्मीदवार बनीं। इस पर टिप्पणीः

'माधवराव कहता है—मेरी माँ को सरदार आंग्रे बहकाकर जनसंघ में ले गया।...उसने एक सभा में ग्वालियर में कहा—इस सरदार आंग्रे ने हमारे परिवार को बर्बाद कर दिया। इसने मेरी माँ को बहका दिया है। रायबरेली के लोगों ने बहकाने वाले और बहकी हुई दोनों को देख लिया होगा। ये बहकी हुई भी प्रधान-मंत्री बनने के सपने देखती हैं।'

(दौड़ प्रधानमंत्री पद की)

जब भाजपा ने भी गांधीवाद और समाजवाद की पीठ पर हाथ फेरा, तबः

'बलराज मधोक साफ आदमी हैं। जो हैं, वही बताते हैं। नंगे हैं तो कहते हैं। मैं नंगा हूँ। यह नहीं कहते कि मैंने कपड़े पहने हैं, मगर तुम्हें दिखता नहीं है।...अभी उन्होंने दिल्ली प्रदेश जनसंघ के सम्मेलन में कहा कि भारतीय जनता पार्टी एक फ्रॉड (धोखा) है। जो मैं हूँ, वही अटल बिहारी है। मैं भीतर का अदमी हूँ, सब जानता हूँ। मधोक का कहना है—भारतीय जनता पार्टी का विश्वास हिंदू राष्ट्र में है। उसका विश्वास गांधीवाद में नहीं है। उसका विश्वास समाजवाद में भी नहीं है। यह सब छल है। मधोक का कहना है कि मैं तो नंगा सांप्रदायिक हिंदू राष्ट्रवादी हूँ और ठाठ से नंगा खड़ा हूँ। मगर तुम गांधीवाद और समाजवाद का मलमल का झीना लंगोट पहने हो। अंग तुम्हारे भी दीख रहे हैं। तुम समझते हो, नहीं दिख रहे हैं। लंगोट उतार दो। जनता को धोखा मत दो।'

(ये बता कि कारवाँ क्यों लुटा?)

अटल बिहारी (= वाजपेयी) उर्दू शायरों की उस चतुर हसीना की तरह हैं, जो चिलमन (चिक) से चिपककर बैठती है। उसे बाहर का सब दीखता है। बाहर वालों को भी वह चिक से लगी बैठी दिखती है। मगर ठाठ यह है कि पर्दे में हैं हम। कोई बेहया बेपर्दा फाहिशा औरत नहीं हैं।

दाग ने यही कहा है:

खूब पर्दा है कि चिलमन से लगे बैठे हैं
साफ छिपते भी नहीं सामने आते भी नहीं

(ये बता कि कारवाँ क्यों लुटा?)

जनता पार्टी में समाजवादियों के प्रतीक चंद्रशेखर को संबोधित

'साथी! तुम्हारे चेहरे पर संघ की चेचक के जो दाग पड़ गए हैं, उन्हें तुम कैसे मिटाओगे? वे नाना जी नहीं नानी जी हैं, जिन्होंने तुम्हें राजनीति में अनाथ बालक समझ कर गोद ले लिया है।...हम यह मानते थे कि तुम संघ के फासिस्टवाद के कट्टर विरोधी हो। सोचा था, तुम कृष्ण की तरह संघ के नाग का दमन करोगे। पर हम देख रहे हैं कि नाग वंशी बजा रहा है और कृष्ण नाच रहे हैं।'

(समाजवादी छवि)

और लोहियावादियों के प्रतीक जार्ज को नेक सलाह

'अगर ये सच्चे समाजवादी होते तो 1960 के आसपास कम्युनिस्ट पार्टी से मिलकर एक वामपंथी मोर्चा बना सकते थे। यह लोहिया ने बनने नहीं दिया। एक तो वह साम्यवाद विरोधी थे। दूसरे वे जर्मन-सरीखा समाजवाद चाहते थे, जिसमें पूँजीवाद बढ़ता जाता है। तीसरे वे आशंकित थे कि अगर वाम मोर्चा बना तो नेतृत्व साम्यवादी नेताओं के हाथ चला जाएगा। साम्यवादी पार्टी संगठित होती है, उसमें नियमित केडर होता है और उसमें राजनारायण जैसे वानर राजों की जगह नहीं होती, लोहिया गुरु गोलवलकर से कई बार हाथ मिला चुके थे, पर कम्युनिस्टों से नहीं।

(जॉर्ज का जेरूसलम)

और अब इंदिरा गांधी

'संजय कहते हैं—क्यों ममी, राजनीति में यह दाहिना और बायाँ क्या होता हैं? यह लेफ्ट और राइट क्या होता है?, थोड़ा ना-नुकूर के बाद माता जी ने

सिखाया—'बेटे, दाहिना और बायाँ सुभीते से होते हैं। देख, दाहिने हाथ से लिखा हुआ तो सब पहचान लेते हैं, अगर धोखा देना है, तो बाएँ हाथ से लिखना चाहिए। समझा?'

(प्रधानमंत्रियों के बेटे)

और इंदिरा गांधी के पुत्रवाद पर

'बहन जी, आप झूठे आरोप लगा रही हैं। आप कहती हैं कि अपने पिछड़े लोगों के विकास के जो कार्यक्रम चालू किए थे, वे छोड़ दिए गए हैं। ऐसा तो नहीं है। बहन जी, आपने प्रधानमंत्री के पिछड़े हुए बेटे के विकास का जो कार्यक्रम शुरू किया था, उस पर और तेजी से अमल हो रहा है। प्रधानमंत्री का एक पिछड़ा हुआ बेटा था संजय। कुछ पढ़ा-लिखा नहीं था, सीखा नहीं था। बेकारी की समस्या से पीड़ित था। कबाड़ी की दुकान में नट-बोल्ट फिट करना सीख रहा था। अपने पिछड़े लोगों की बेकारी की समस्या निबटाने का फैसला किया...इसके अंतर्गत आपने बेचारे संजय को युवकों का नेता बनाया।...आप तो उसे प्रधानमंत्री बना कर सिद्ध कर देतीं कि भारत में पिछड़े वर्ग का निकम्मा आदमी प्रधानमंत्री भी हो सकता है।'

(इंदिरा गांधी के नाम)

और अब क्रांतिकारियों की नई नस्ल पर

'क्रांतिकारी की यह नस्ल नई नहीं है, पहले भी थी। अब बढ़ गई है। कई सालों से देख रहा हूँ। अच्छी नौकरी लगने पर घूस लिखाकर पुलिस रिपोर्ट ठीक कराता है। अच्छा धंधा जमने पर मार्क्सवाद की जगह दो नंबरी दर्शन का अध्ययन करता है। जवानी में जैसे अच्छे कपड़े, अच्छे जूते, अच्छी टाई का शौक होता है, वैसे ही संपन्न घरों के कुछ युवकों को क्रांति का शौक हो जाता है। क्रांतिकारिता को वे एक और अच्छा सूट, एक और अच्छी टाई, एक और अच्छा जूता समझते हैं। इससे शोभा बढ़ती है, प्रतिष्ठा बढ़ती है। क्रांतिकारिता नया फैशन है। कुछ दिन ये क्रांतिकारी 'हीरो' बनकर उछल-कूद करते हैं। मैं कुछ क्रांतिकारियों को जानता हूँ जिनकी बाकी जिंदगी इस प्रचार को धोने में गुजरी कि वे कम्युनिस्ट थे।'

ऊपर लिखी ये सारी टिप्पणियाँ अपने-आप परसाई की सामाजिक-राजनीतिक समझ की व्याख्या कर देती हैं। कोई जरूरी नहीं कि इस पर अलग से टिप्पणी की ही जाए। लेकिन यदि टिप्पणी करना जरूरी ही हो जाए तो यह की जा सकती

है कि परसाई एक सुसंगत, वैज्ञानिक समझ रखते हैं। प्रकृति और समाज की द्वंद्वात्मकता की पूरी समझ उनके पास है, वह पूरी तरह भौतिकवादी हैं लेकिन लोकायितों की तरह निठल्ले भौतिकवादी नहीं हैं। कबीर भाववादी हैं लेकिन वह उनकी सामाजिक चेतना के बिल्कुल करीब हैं। एक तरह से कहें तो कबीर को उन्होंने आत्मसात् कर लिया है। वैज्ञानिक समाजवाद पर उनकी आस्था है और वही उनका सपना भी है। देशी और विदेशी दोस्त-दुश्मनों की उनकी पहचान बहुत बारीक है। साम्राज्यवादी काइयाँपन को वह सधे उस्ताद की तरह अपनी लेखनी से नाथते हैं और पूरा जहर उगलवाते हैं। सांप्रदायिकता कठमुल्लेपन और दोमुँहेपन के प्रति वे अत्यंत ही कठोर हैं। और दबी-पिछड़ी जनता से जिसे आप अपनी सुविधानुसार सर्वहारा कहें अथवा आम आदमी—वह पूरी तरह प्रतिबद्ध हैं। (अपनी सुविधानुसार आप संबद्ध भी कह सकते हैं।)

स्तम्भ लेखन और अन्य सामाजिक-राजनीतिक टिप्पणियों का हिंदी क्षेत्र के जन-जागरण पर भी बहुत प्रभाव पड़ा है। यही कारण है कि परसाई आज हिंदी के सर्वाधिक लोकप्रिय गद्य लेखक हैं।

कुछ लोग होते हैं जो आभिजात्यपन के लिए बहुत अधिक ललक पालते हैं। इनमें से कुछ लोग उसकी ओर रेंगते हुए, गिड़गिड़ाते हुए उनकी शत पर जाते हैं। कुछ ऐसे लोग भी होते हैं जो अपनी अक्खड़ाना मस्ती में अपना काम करते हैं और एक दिन आभिजात्यपन इनकी ओर इनकी शर्तों पर आता है। रामचन्द्र शुक्ल अभिजात्यपन की ओर गए अभिजात शत पर। इसके लिए उन्हें कबीर का गँवार कहना पड़ा और झोली से निकाल कर रख देना पड़ा। लेकिन कबीर में अपनी ताकत थी और एक दिन परम अभिजात्य के प्रतीक रवीन्द्र, कबीर की शन पर कबीर तक आए।

परसाई जी के साथ भी यही हुआ। अपने अनेक समकालीनों की तरह उन्होंने आभिजात्य की यात्रा नहीं की। उन्होंने सामान्य लोगों के लिए सामान्य की तरह लिखा। रूप और विधा की कभी परवाह नहीं की। लोगों ने उनके लेखन को राजनीतिक लेखन कहकर उसे कोष्ठक में रखना चाहा। लेकिन परसाई कोष्ठक में न रहे। कोष्ठक में आ गए वे लोग जो उन्हें कोष्ठक में रखना चाहते थे। हरिशंकर परसाई अपने समय के सबसे समर्थ गद्य लेखक मान लिए गए हैं।

राधावल्लभ त्रिपाठी

एक और पंचतंत्र

पंचतंत्र के शुरू में एक कथा आती है। दक्षिणापंथ के महिलारौप्य नगर में राजा अमरशक्ति के तीन बिगड़ैल राजकुमारों की अक्ल ठिकाने लगाने का काम राजसभा के पाँच सौ वेतनभोगी दिग्गज पंडितों से न हुआ, तो पंडित विष्णु शर्मा ने राजा से कहा कि आप लड़कों को मुझे सौंपिये, छः महीने में आदमी बना दूँगा। राजा तो राजकुमारों को लेकर हर तरफ से नाउम्मीद हो गए थे। उन्होंने कहा—चलो पंडित विष्ण शर्मा को और अजमा लें। लिहाजा तीनों राजकुमार पंडित विष्णु शर्मा को सौंप दिए गए। विष्णु शर्मा ने उनके लिए पंचतंत्र नामक किस्से-कहानियों की किताब लिखी, क्योंकि राजकुमार ठहरे मूर्ख, शास्त्रों की गूढ़ गंभीर बातें वे समझ सकते नहीं थे। विष्णु शर्मा ने अपना रचा पंचतंत्र उन्हें सुनाया और जो काम देश के बड़े-बड़े शास्त्रज्ञ और ज्ञानी जन न कर पाए, उन्होंने कर दिखाया। राजकुमारों ने पंचतंत्र सुना और गुना और छः महीने में उनकी तो समझिए जिंदगी ही बन गई।

वैसे पंचतंत्र के शुरू में जोड़ा गया यह किस्सा है निखालिस गपोड़पंथी। दक्षिणा-पथ में न कोई महिलारौप्य नगर था, न वहाँ के यौवन, धनसंपत्ति, प्रभुता और कुबुद्धि की चतुष्टयी के मारे राजकुमारों को आनन-फानन में पशु से मनुष्य बनाने की चमत्कारी घटना ही पंचतंत्र सुन लेने भर से संभव थी। पर गप्प होते हुए भी महिलारौप्य शहर की इस कथा में कुछ बात है। वह पंचतंत्र के प्रति तमाम भारतीय जनता की आस्था और जन-मानस पर हुए पंचतंत्र के गहरे असर की प्रतिध्वनि है।

यह पंचतंत्र कुछ अजीब-सी किताब है और कुछ विचित्र व्यक्ति थे ये पण्डित विष्णु शर्मा भी। पढ़ा-लिखा काफी था उन्होंने। दुनिया भर के शास्त्रों के उद्धरण और सुभाषित अपनी कहानियों में कहीं सियार, कहीं गधे, कहीं चूहे, कहीं कबूतर, तो कहीं कौवों के मुँह में डाल दिए उन्होंने। कल्पना-शक्ति उनके पास

अच्छी थी और वर्णन की प्रतिभा भी। चाहते, तो क्या कुछ 'उत्कृष्ट साहित्य' न लिख जाते? कालिदास जैसे कवियों को उन्होंने पढ़ा ही था। गद्य में ही लिखना था, तो कुछ बाण, सुबंधु जैसा लिखते 'प्रत्यक्षरश्लेषमयप्रबंधविन्यासवैदग्ध्यनिधि' कहलाते। पर नहीं, उन्होंने तो बोलचाल जैसी भाषा में पशु-पक्षियों की कहानियाँ लिख मारीं। उन्हीं बीच-बीच में मनुष्यों की कथाएँ भी जोड़ दीं—पर वे मनुष्य भी कहाँ के छाँटे! कोई बढ़ई, तो कोई कुम्हार, या मठों के ढोंगी, लालची साधु और स्त्रियाँ भी कहाँ की! कोई नाइन तो कोई पुंश्चली!

पर इस दुनिया के अजीबोगरीब रवैये का क्या करें? धरा रह गया कालिदास जैसों का शाश्वत साहित्य और पंचतंत्र की तूती बोलने लगी। क्या करें असीरिया और अरब वालों की बुद्धि का कि पाँचवीं-छठी शताब्दियों में अपनी भाषाओं में अनुवाद कराने के लिए संस्कृत के महान और विशाल साहित्य से बस यही एक किताब मिली उन्हें। तब से लगाकर पंचतंत्र के तमाम दुनिया की भाषाओं में अनुवाद पर अनुवाद हो रहे हैं। पंचतंत्र ऐसी किताब है जिसका दुनिया की सबसे ज्यादा भाषाओं में अनुवाद हुआ—एक बाइबिल को छोड़ कर। और बाइबिल की तो बात समझ में आती है, आखिर वह धर्मग्रन्थ ठहरा। पर पंचतंत्र में ऐसा क्या था?

इधर हमारे समय में हरिशंकर परसाई नाम के लेखक हैं। पंडित विष्णु शर्मा की तरह इन्होंने भी कसम ही खा रखी है कि 'शाश्वत साहित्य' न लिखेंगे। विष्णु शर्मा और परसाई में व्यक्तित्व और विचार-दृष्टि के हिसाब से शायद बड़ा फर्क है, पर रचना के स्तर पर कुछ मोटी-मोटी बातें उनमें समान हैं।

साहित्य में दोनों ने ही रसास्वाद और सौंदर्य-बोध की प्रचलित दृष्टि को चुनौती दी, तोड़ा और अपनी रचना के आस्वाद की दृष्टि अलग बनाई। दोनों की कहानियों में विचार बहुत साफ-साफ और अलग से कह दिया गया है। अक्सर विचार को दृष्टांत से सत्यापित करके हृदयंगम बनाने के लिए कहानी आती है, अलबत्ता कहानी में दोनों का जीवनानुभव और सूक्ष्म पर्यवेक्षण इस तरह रचाव भरता है कि लगता है। अनुभव और अवेक्षण को मथ कर विचार निकाला गया है, सामान्यबुद्धि जनों के लिए लिखना है, इसलिए उसे स्पष्ट अभिधा में कह दिया है, व्यंजना के कलात्मक संकेतों में छिपाया नहीं।

पंचतंत्र और परसाई दोनों का ही सरोकार मनुष्य से है और उस मनुष्य से जो व्यवस्था के बाहर है। वे इस मनुष्य के माध्यम से व्यवस्था की जाँच करते हैं। और मनुष्य के चरित्र को भी। पंचतंत्र वास्तव में उस संजीवक की कथा है जो

दमनक जैसे सत्तालोलुप सचिव की स्वार्थबद्ध नीतियों से राजा पिंगलक का परम प्रिय भी बनता है और उसी राजा के द्वारा मारा भी जाता है। वह उस शराबी जुलाहे की कथा भी है, जो अपनी स्त्री के द्वारा छला जाता है।

इधर परसाई की रचनाओं में तो उनका 'मैं' ही आउट साइडर की तरह व्यवस्था के घेरे के बाहर खड़ा उसे मुखर और निर्भीक भाव से जाँचता दिखाई देता है। वह 'अपनी हैसियत' भी जानता और बखानता है—'मैं न तब उन केंद्रों के इर्द-गिर्द था, जहाँ पैसे खाए जाते थे और न अब उन केंद्रों के इर्द-गिर्द हूँ, जो पोल खोल रहे हैं। मैं वहाँ भी कहीं नहीं हैं, जहाँ पैसे खाने के नए अड्डे खुल गए हैं। यानी अपने जमाने के इतिहास के निर्माण में अपना कोई योगदान नहीं है।' (विकलांग श्रद्धा का दौर, पृ. 26)

पर विष्णु शर्मा और परसाई दोनों ही इतिहास को बनाने-बिगाड़ने वाली ताकतों की पहचान जरूर कराते हैं। दोनों एक साथ मनुष्य की मूर्खता, खुदगर्जी, और नाइंसाफी पर प्रहार करते हैं और उसके तर्क, विवेक और संघर्ष करने के साहस को सराहते हैं। पंचतंत्र के तीसरे खंड 'काकोलूकीयम्' में कौवे अपनी बुद्धि और रणनीति से उल्लुओं को सारा साम्राज्य नष्ट कर देते हैं। एक टिटभी सागर से लोहा लेती है और सागर को परास्त करती है। पता नहीं विष्णु शर्मा के सिखाए राजकुमार किस तरह के राजतंत्र के हिस्से बने, पर विष्णु शर्मा की अपनी सहानुभूति उस जुलाहे के लड़के के साथ है, जो राजकुमारी से ब्याह के सपने देखता है। उसके मित्र बढ़ई की मेहनत और अक्ल अपना चमत्कार दिखाती है। ईश्वर की बुद्धि भी इन दोनों मित्रों के साहस और सूझ के आगे चकरा जाती है।

विष्णु शर्मा और परसाई दोनों यह दिखाते हैं कि ईश्वर को भी इस आदमी ने रचा है। यह विष्णु शर्मा का ही साहस था जो उन्होंने शेषशायी विष्णु को इस बात से चिंतित दिखाया कि जुलाहे का लड़का यदि राजाओं से युद्ध में मारा जाएगा तो लोग उनकी पूजा करना छोड़ देंगे। साहस परसाई में भी है। दोनों बहुत निर्ममता से अपने समय के समाज, मनुष्य और इतिहास की जाँच करते हैं। विष्णु शर्मा पशु-पक्षियों की कहानियों के बहाने असल में मनुष्य और समाज की ही हकीकत खोलते हैं। 'तट की खोज' (1955) लिखते समय परसाई में जो थोड़ी भावुकता थी, वह भी आगे चलकर उन्होंने तज दी जब उन्होंने अपना एक 'फार्म' पा लिया। विष्णु शर्मा ने भी अपना एक 'फार्म' भारतीय कथा साहित्य में बनाया ही था। रोमांच, रोमांस, कथा-कौतूहल और घटना-विन्यास की दृष्टि से यों तो ज्यादा आकर्षक साहित्य उस समय भी था—बोलचाल की ही भाषा में लिखा और लोक-जीवन में रचा-बसा। वैतालपंचविशति संस्कृत में ही नहीं,

बेताल पचीसी के रूप में बोलियों में पढ़ी, सुनी और कही गई। शुकसप्तति का भी किस्सा तोता-मैना के रूप में विस्तार हुआ। विष्णु शर्मा ने ऐसी तथा दूसरी लोककथाओं के समानांतर अपनी शैली खोजी, उन्होंने इन कथाओं में रची-बसी रूमानियत को तोड़ छाँटकर निकाल फेंका, उसकी जगह उनमें यथार्थ से जुड़ा चिंतन संयोजित किया। परसाई भी 'रानी नागफनी की कहानी' जैसी रचना से शुरू कर अपनी दृष्टि से पहले के साहित्यिक धरातल को तोड़कर नई जमीन तैयार करते हैं। दोनों ने मनुष्य-स्वभाव के अंतर्विरोधों और विचित्रताओं का विश्लेषण किया है। यह लिखा इसलिए गया कि मैं मनुष्य से प्यार करता हूँ। अद्‌भुत है मनुष्य। कैसा-कैसा होता है। हर एक का अध्ययन करना कितना दिलचस्प होता है।' (विकलांग श्रद्धा का दौर, पृ. 82)। यह परसाई लिख रहे हैं और विष्णु शर्मा भी अपनी कहानियों में इसे सत्यापित कर रहे हैं।

इन तमाम तुलनात्मक साम्य के रहते विष्णु शर्मा का पंचतंत्र अलग है, परसाई का अलग। पहले पंचतंत्र के पीछे भी एक प्रबुद्ध राजनीतिक चेतना है और इस पंचतंत्र के पीछे तो है ही। पर विष्णु शर्मा की राजनीतिक चेतना कौटिल्य, शुक्र और बृहस्पति की परंपरा में पनपी है और परसाई की राजनीतिक समझ को मार्क्सवाद के चिंतन ने परिपक्व बनाया है।

बात पंचतंत्र की लोकप्रियता से शुरू हुई थी। लोकप्रियता अपने आप में साहित्य की श्रेष्ठता का सबूत नहीं है। पर जीवन और जगत की सही समझ देने वाला साहित्य यदि लोकप्रिय होता है तो यह उस साहित्य की शक्ति का सबूत है। पंचतंत्र और परसाई का लेखन दोनों यह सबूत देते हैं।

अरुण कमल

गद्यात्मक गद्य

ऐसा समाज भी हो सकता है, और समाज में ऐसे वर्ग, ऐसे लोग हो सकते हैं, जहाँ आदर्श की स्मृति ही समाप्त हो जाए। जहाँ पवित्रता का सम्मान ही समाप्त हो जाए। ऐसी स्थिति में हास्यपूर्ण व्यंग्य के लिए कोई खाली स्थान नहीं बचता। सारी जगहें मलबे से भरी होती हैं। यह निराशा और अँधेरे का काल होता है। यह साहित्य में अपरिमित रंज और क्षोभ का काल होता है। मनुष्यता में विश्वास क्षीण होता जाता है। समाज आदर्शहीन होता जाता है। जब सुधार की गुंजाइश समाप्त हो जाती है तब हास्यपूर्ण व्यंग्य भी मुमकिन नहीं होता। तब जो व्यंग्य होता है वह स्विफ्ट की तरह जमे हुए खून की तरह काला। ऐसा समाज भी हो सकता है जो अपने पतन में ही प्रसन्न हो, अपने ही पीकदान में पड़ा आत्ममुग्ध हो, जहाँ आदर्श की जर्जर परछाईं भी न पड़ रही हो। ऐसे समाज में हास्य, भोंडा हास्य होता है, व्यंग्य नहीं होता। लेकिन हरिशंकर परसाई के समाज में सारे पतन, सारे विध्वंस के बावजूद सिर छुपाने की जगह बची हुई है। थोड़ा हँसने की संभावना बनी हुई है। समाज के सुधरने की उम्मीद भी बची हुई है! लेखक की बात सुनने वाला कोई न कोई समूह अवश्य जीवित है। भले ही छोटा-सा समूह। और संपूर्ण जाति ने अभी आदर्श की स्मृति खोई नहीं है। यहाँ द्वंद्व है, अंतर्विरोध है—लेकिन ऐसा नहीं जो हल न हो। जो नहीं है, वो होना चाहिए। जो है, वो नहीं होना चाहिए। इस तरह जो है और जो नहीं है के पारस्परिक विकर्षण से उत्पन्न तनाव ही हरिशंकर परसाई के व्यंग्य का आधार है। यही वो काँच का चूरा है जो परसाई की भाषा को मँझा देता है। आदर्श और यथार्थ के बीच जब-जब दूरी बढ़ती है, तनाव भी बढ़ता है और व्यंग्य तीखा होता जाता है। लेकिन कभी भी यह तनाव टूटने के बिन्दु तक नहीं पहुँचता।

लोककथा की शैली में हरिशंकर परसाई की अनेक रचनाएँ हैं। कारण सिर्फ एक तकनीक का इस्तेमाल—भर नहीं है। कारण यह है कि यह लिखी हुई

कहानी नहीं है, यह कही हुई कहानी है। सामने कोई सुन रहा है, इसका अहसास लगातार लेखक को है। लेखक और श्रोता या पाठक के बीच जो तादात्म्य हरिशंकर परसाई ने स्थापित किया वह अब कहने-सुनने की चीज रह गई है। परसाई जी उस दौर के शायद अंतिम महत्त्वपूर्ण रचनाकार हैं जब लेखक-पाठक का रिश्ता बहुत करीब का हुआ करता था। इस तादात्म्य ने परसाई की भाषा को अद्‌भुत लचक दी है, हरे कच्चे बाँस की लचक। भाषा निरंतर बहती चली जाती है। वाक्य बहुत छोटे हो सकते हैं या बहुत लंबे। लेकिन कहीं भी कोई गुठली नहीं है भाषा में। भाषा की खूबी यह है कि इसमें सीधा-सीधा कहने की शक्ति है। परसाई जी लिखते हैं : 'भाई, जिसकी बात के एक से अधिक अर्थ निकलें वह संत नहीं होता, लुच्चा आदमी होता है। संत की बात सीधी और स्पष्ट होती है और उसका एक ही अर्थ निकलता है। (रचनावली, 3, पृ. 15)।

बाकी बातों को छोड़ दिया जाए। लेकिन यह सच है कि जिस प्रकार संत की बात का एक ही अर्थ निकलता है, उसी प्रकार व्यंग्य की भाषा भी एक ही अर्थ देती है। यहाँ अर्थ-बहुलता या अर्थ-भ्रम का कोई मौका नहीं होता। यह व्यंग्य की अपनी खासियत है। गद्य या कविता, हर जगह जहाँ व्यंग्य का तत्त्व होगा भाषा एक ही अर्थ देगी। यह व्यंग्य की विशिष्टता भी है और सीमा भी। हरिशंकर परसाई की भाषा संत की भाषा की तरह सीधी और स्पष्ट है और उसका एक ही अर्थ निकलता है। यहाँ सीधे बात शुरू हो जाती है। यह भाषा कई बार मनोहर पोथी जैसी बाल-पुस्तकों की भाषा की याद दिलाती है। घर चल ग्राम ला। खाना खा। यहाँ भाषा अपने सारे आभरण उतारकर, सारी झुर्रियाँ छोड़कर बिल्कुल निर्दोष और स्वाभाविक हो जाती है। ऐसी निर्दोष भाषा में मनुष्यता के कलुष का बयान गहरी मार करता है—भीतरमार।—'वैष्णव करोणपति है। भगवान विष्णु का मंदिर। जायदाद लगी है। भगवान सूदखोरी करते हैं। ब्याज से कर्ज देते हैं।' (रचनावली, 1, पृ. 165)। 'बुद्धिवादी में लय है। सिर घुमाने में लय है, हथेली जमाने में लय है, उठने में लय है, कदम उठाने में जल है, आलमारी खोलने में लय है, किताब निकालने में लय है, किताब के पन्ने उलटने में लय है...' (रचनावली, 1, पृ. 59)। हरिशंकर परसाई की भाषा आदर्श और यथार्थ के बीच लगातार चल रहे द्वंद्व को तीव्रतर करती चलती है।

भाषा का एक अन्य स्रोत है—अनेकानेक कथा-शैलियों का उपयोग, अनुकरण और स्वाँग। इस तरह मूलतः बेहद गम्भीर शैली को विपरीत स्थितियों के लिए इस्तेमाल करने से भाषा में नए किस्म की ऐंठन उत्पन्न होती है। उदाहरण—'सुबह उनकी मृत्यु हो गई। वह इतवार को छुट्टी के दिन मरे। बरसात

है, पर वह खुले दिन मरे। सुबह मर गए, जिससे हमने तीन-चार घंटों में उन्हें फेंक दिया। रात को मरते तो रतजगा होता और औरतों को ज्यादा विलाप करना पड़ता।...जैसे जिये, वैसे ही मरे।' (रचनावली, 1, पृ. 27)! एक और उदाहरण लें—'पुराने जमाने की बात है। भारत के किसी जामुन के पेड़ के नीचे तीन आदमी मुँह खोले लेटे थे और कह रहे थे—जामुन, मेरे मुँह में गिर!' (रचनावली, 1, पृ. 220)। इसकी तकनीक यह है कि एक तो मूल कथा तथा मूल व्यंजना का निरंतर स्मरण बना रहता है; दूसरे, अतीत से वर्तमान की व्याख्या कराई जाती है यानी 'आदमी को समझने के लिए सामने से नहीं, कोण से देखना चाहिए।' भारतीय पौराणिक प्रसंगों, आख्यानों, चरित्रों का प्रचुर उपयोग परसाई की व्यंग्य-शक्ति तथा भाषा-शक्ति का एक बड़ा स्रोत है। जो क्षुद्र है। वह पौराणिक के साथ आकर और भी हास्यास्पद हो जाता है। साथ-साथ, भारतीय मन में जो संस्कार पड़े हैं, जो चिंतन का स्वभाव बन चुका है, उस पर भी बार-बार आक्रमण होता जाता है। यह देखकर आश्चर्य होता है कि परसाई जी का संसार परलोक, आत्म, माया, जीव, अध्यात्म, भाग्य, भगवान जैसे तत्त्वों से भरा पड़ा है। इतने पौराणिक प्रसंग हैं कि हैरान हो जाना पड़ता है। परसाई हजारों वर्षों की जड़-जमायी परंपरा की शक्ति लेकर लिखते हैं। परसाई ने ठेठ भारतीय मन और मस्तिष्क को पकड़ा है और उसके नरक पर लगातार प्रहार किया है। इन्द्र, ब्रह्मा, ब्रह्माणी, नारद, पार्वतीनन्दन, हनुमान, जाम्बवन्त, सागर-मंथन, लक्ष्मी, भीष्म, मोरध्वज आदि-आदि चरित्र और प्रसंग नए अर्थ देते हैं। 'कंधे श्रवण कुमार के' जैसी रचना पौराणिकता का भी तीव्र खंडन करती है। परसाई का व्यंग्य अतीत और वर्तमान को फेंट कर नए मूल्य सृजित करता है। परसाई की भाषा भी एक नया सौंदर्य--प्रतिमान रचती है। यहाँ सौंदर्य हमारे तीक्ष्ण मूल्य-बोध से उत्पन्न होता है, मूल्यों के दुर्धर्ष द्वंद्व से; सौंदर्य जो निरंतर पराजित मूल्यों के संपर्क में ही अपने को स्थापित करता है। 'वैभव मुझे अच्छा लगता है। सौंदर्य अच्छा लगता है। पर अगर सुंदरी बाथरूम का उपयोग न करके छज्जे पर खड़ी होकर मंजन करे और थुक-थुक करे तो वह सौंदर्य कितना घृणास्पद होगा? सुंदर बगीचे में यदि तरह-तरह के गुलाबों के बीच गदा लिए हनुमान जी की मट्टी की मूर्ति खड़ी कर दें, तो फूलों का क्या होगा?' यहाँ सौंदर्य का एक प्रतिमान परसाई जी ने रखा है जो सबको प्रिय नहीं होगा। इसी तरह भाषा का सौंदर्य भी उन्हें ही आकर्षित करेगा जो उसमें पेवस्त मूल्यों से सहमत हैं। यहाँ धन्य और धिक्कार की जगहें अलग-अलग हैं। व्यंग्य की एक खूबी तथा सीमा यह है कि वो सबको तुष्ट नहीं करता।

व्यंग्य करने के लिए ऊँचे दर्जे की ईमानदारी और खरेपन की जरूरत होती है। यही वो क्षेत्र है जहाँ रचनाकार का निजी चरित्र सबसे ज्यादा साफ-साफ दिखलाई पड़ता है। यह अकारण नहीं है कि स्वाधीनता-संग्राम के दौरान हमारी भाषा में अनेक व्यंग्यकार हुए, समर्थ और तेजस्वी। भारतेन्दु काल से ही यह परंपरा प्रबल रही। लेकिन स्वातंत्र्योत्तर भारत में स्थिति बदल गई। व्यंग्यकार अब कुछ दिन बाद हास्यकार हो जाता है, उसके बाद भंडैत। ईमानदारी की गंगोत्री ही व्यंग्य का उद्गम है। जिस जाति के साहित्य में व्यंग्य की जितनी ही ऊँची परंपरा होगी उसका अर्थ कि वहाँ पतन तो है, पर पतन के विरुद्ध चेतना भी है। आदर्श का अवसान नहीं हो गया है। और अभी वहाँ उत्थान की संभावना बनी हुई है। इसीलिए व्यंग्य की भाषा भावुकता से दूर होती है। दलदली भाषा का उतार है व्यंग्य की भाषा। (यहाँ उतार शब्द परसाई जी के एक वाक्य संप्रदाय का उतार है जातिवाद से लिया गया है जो लगता है उन्होंने लोगों की बोली से लिया होगा। 'ऐटीडोट, के लिए इससे अच्छा शब्द दूसरा नहीं।) इसीलिए काव्य-भाषा को भी परिमार्जित करने के लिए भाषा में महान व्यंग्यकारों का होना जरूरी है। निराला की रचना 'बिल्लेसुर बकरिहा' या 'कुल्लीभाट' पढ़ते हुए एक तरह की आजादी का अहसास होता है। खुला-खुला लगता है। कुछ वैसा ही अहसास परसाई जी की श्रेष्ठ रचनाओं को पढ़ते हुए होता है। यहाँ भाषा हर प्रकार की रोमानियत से मुक्त होती है। यह गद्यात्मक गद्य है। टच गद्य।

हरिशंकर परसाई हमें बदलते हैं। सुधारते हैं। कई बार लगता है, यह आक्रमण हम पर हो रहा है। हम ही शायद वह पात्र हैं। और तब, यदि आदर्श की स्मृति शेष है, तो लज्जा होती है और अपने को सुधारने का यत्न शुरू होता है। इस तरह परसाई जी न सिर्फ हमारे भग्न खंडों को ढाहते हैं, बल्कि हमारा पुनर्निर्माण भी साथ-साथ कर रहे होते हैं। इसका अंदाज बहुत बार हमें देर से होता है, बहुत वार नहीं भी होता। आत्ममुग्ध समाज में, पूरी तरह पतित समाज में व्यंग्य के लिए कोई धैर्य नहीं होता। हरिशंकर परसाई ने बड़ी शिद्दत से एक घटना का जिक्र किया है—'और मैं इन समारोहों के बाद रात को घर लौटता हूँ तो सोचता रहता हूँ कि जिस समाज के लोग शर्म की बात पर हँसें और ताली पीटें, उसमें क्या कभी कोई क्रांतिकारी हो सकता है?'

'होगा शायद। पर तभी होगा जब शर्म की बात पर ताली पीटने वाले हाथ कटेंगे और हँसने वाले जबड़े टूटेंगे।' (रचनावली, खंड 1, पृ. 278)। और ऐसे समाज में क्या कभी हास्यपूर्ण व्यंग्य हो सकता है?

नहीं, ऐसे समाज में व्यंग्य में भी रुदन होगा, क्रोध और क्षोभ होगा।

बहुत तेजी से हम ऐसे ही समाज की ओर बढ़ रहे हैं। हरिशंकर परसाई ने पहले ही भाँप लिया था।

स्वयं प्रकाश

'तट की खोज' और नारी-मुक्ति के संदर्भ

'तट की खोज' परसाई जी की एक मशहूर कहानी है। इसे 'एक दीर्घ कथा' कहा गया है। हिंदी में जिसे कहानी कहा जाता है उसे अँग्रेजी में 'स्टोरी' नहीं, 'शॉर्ट स्टोरी' कहा जाता है। 'स्टोरी' तो वहाँ धारावाहिक चलती है और रूसी-चीनी भाषाओं में भी अनेक अनुच्छेद वाली पात्र-बहुल, घटना-बहुल 50-60 पृष्ठ की कहानियाँ भी 'दीर्घ कथा' नहीं कहलातीं। हिंदी में तो इससे जरा लंबी रचना को 'लघु उपन्यास' या 'उपन्यासिका' भी कह दिया जाता है, जबकि सच यह है कि कहानी कितनी ही बड़ी हो, कहानी ही रहेगी और उपन्यास कितना ही छोटा हो, उपन्यास ही रहेगा। इन भिन्न कथारूपों को एक ही ब्रेकेट में रखना ठीक नहीं है।

इसलिए 'तट की खोज' कहानी ही है। कहानी का कथ्य इकहरा और सीमित है। मुख्य पात्र तीन हैं, और सारे बोलने वाले पात्रों की संख्या दस भी नहीं है।

नायिका एक विदुषी लड़की है जिसका बाप गरीब है और उसकी शादी को लेकर चिंतित। घर में और कोई नहीं है। मोहल्ले में एक बुद्धिजीवी युवक है जो क्रांतिकारी लेख लिखता है। वह नायिका को प्रेमपत्र भेजकर प्यार जताता है, लेकिन एक रात जब सिनेमा देखकर लौटते हुए नायिका गुण्डों से बचने के लिए उसका कमरा खुला और बत्ती जली देखकर उसमें घुस जाती है तो बदनामी के डर से क्रांतिकारी लेखक के हाथ-पाँव फूल जाते हैं और वह पीछे के रास्ते से भाग जाता है। नायिका का विवाह बदनामी के कारण और मुश्किल हो जाता है और इसी सदमे में घुलकर उसके पिता की मृत्यु हो जाती है। नायिका की सहेली का भाई (नायक) उसकी सहायता को आगे आता है और कालांतर में उससे विवाह करने को तैयार हो जाता है, यद्यपि उसके घरवाले इस विवाह के एकदम विरुद्ध हैं। निराश्रिता नायिका अंत में इस प्रस्ताव को ठुकरा देती है और यह कहकर घर छोड़कर चली जाती है कि वह 'तट की खोज' में जा रही है।

न कहानी के कथ्य में कोई अनूठापन है, न शिल्प में कोई चमत्कार, न जीवनजगत के कोई बड़े प्रश्न, न समय के अंतर्विरोधों का सम्यक् साक्षात्कार। फिर आखिर इस कहानी में क्या है जिसके कारण आज इस पर बात करना जरूरी हो गया है?

बात यह है कि यह कहानी संभवतः पहली बार यह स्थापना प्रस्तावित करती है कि नारी की मुक्ति और विकास के लिए पुरुष का अवलंबन अनिवार्य नहीं है। स्वतंत्रचेता नारीपात्र पहले भी कम नहीं सिरजे गए, लेकिन एक या दूसरे रूप में पुरुष के सहयोग-समर्थन या असहयोग-विरोध पर उनका आचरण या एषणा आश्रित ही रही। 'तट की खोज' की नायिका हिंदी कथा-साहित्य का शायद पहला ऐसा नारी चरित्र है जो भावुकता में नहीं, मजबूरी में नहीं, संयोगवश नहीं, जिद में नहीं, परिस्थितियों के दबाव में नहीं, अपनी समग्र विचार चेतना के साथ मुक्ति की चुनौती को स्वीकार करता है और मुक्ति की खोज में सुरक्षा-संरक्षा के सारे सूत्रों को स्वयं छिन्न-भिन्न कर केवल अपने आत्मबल के सहारे एक कठिन और क्रूर समय में अकेले निकल जाता है। महत्त्वपूर्ण यह नहीं है कि यह औरत सफल रही या असफल, महत्त्वपूर्ण उसका निर्णय है। महत्त्वहीन यह भी नहीं कि ऐसी विचारवान और बहादुर लड़कियाँ हमारे समाज में हमेशा रही हैं, लेकिन साहित्य ने कभी उन्हें बगैर कमनीय या दयनीय बनाए नायिका का सिंहासन नहीं दिया।

दर्ज कीजिए कि आज हमारे चौतरफा पहले किसी भी समय की तुलना में ऐसी लड़कियाँ अधिक हैं जो इस पुरुष प्रधान समाज में भी बगैर किसी भी प्रकार के पुरुष अवलम्ब के जी रही हैं, जूझ रही हैं और जीत भी रही हैं—ऐसी भी हैं जो यह लड़ाई बेटे (पुरुष) को जल्दी से बड़ा करने के लिए नहीं, बेटी के लिए उदाहरण बनते हुए जी रही हैं। और यह भी नहीं कि पुरुष प्रजाति के प्रति उनमें प्रतिशोध की कट्टरता ठाठें मार रही हो। बस यह कि जीवन युद्ध नहीं, शैली है कि चाहते हो तो चलो बराबरी से शेयर करें, नहीं तो जाने दो। लेकिन अफसोस कि समकालीन जनवादी-प्रगतिशील कहानी ऐसे चार नारी पात्र भी पैदा नहीं कर पाई है। जमींदार के लठैत और उगता हुआ लाल सूरज औरत के लिए इतनी ही फुर्सत देते हैं कि उस पर एकाध बलात्कार हो जाए। ताज्जुब इस बात का भी है कि जो महिलाएँ कहानी लेखन के क्षेत्र में सक्रिय हैं और जिन्होंने कामकाजी महिलाओं पर, उनकी कठिनाइयों और विडंबनाओं पर बारीक से लिखा है, वे भी 'तट की खोज' की नायिका शीला जैसा कोई सबल, अग्रगामी और तेजस्वी चरित्र नहीं रच पाई हैं। इसलिए शीला को फिर देखना और समझना जरूरी हो

गया है। परवर्ती नई कहानी और अकहानी के दौर ने जिस तरह और जिन मुद्दों पर हमारी जातीय चेतना को भ्रष्ट किया, उनकी काफी हद तक सफाई हो चुकी है। उस दौर के अवशेष या अपशिष्ट आज की कहानी में दिखाई दे जाएँ तो उनकी आलोचना भी की जाती है। समकालीन कहानी ने सप्रयत्न उन आरोपित मूल्यों से पिण्ड छुड़ाया है जिनकी साइकेडेलिक चादर उस दौर ने हिंदी कहानी पर ओढ़ाई थी। इन मूल्यों के पीछे कार्यरत साम्राज्यवादी प्रेरणाओं को भाँपे भी बहुत दिन हो चुके हैं। समकालीन कहानी अपने पूरे परिदृश्य और परिप्रेक्ष्य में उस कहानी से भिन्न अपनी निजी इयत्ता स्थापित कर चुकी है। असगर वजाहत या संजीव या उदय प्रकाश का कोई नायक कृ. ब. वैद या मोहन राकेश या निर्मल वर्मा का नायक नहीं हो सकता। लेकिन नायिकाएँ? इस मामले में हिंदी कहानी कहाँ से चलकर कहाँ पहुँची है?

दुर्भाग्य से रचनाकारों के बीच सामाजिक प्रश्नों पर विचार-विमर्श की परंपरा हमारे यहाँ अत्यंत विरल रही है। समकालीन रचनाकार सामाजिक प्रश्नों पर लिखते भी कम ही नजर आते हैं। साहित्यिक पत्रिकाओं में आर्थिक-राजनैतिक-ऐतिहासिक-भौगोलिक-वैज्ञानिक या दार्शनिक विषयों पर टिप्पणी भी या तो होती ही नहीं, और होती भी है तो रचनाकारों द्वारा नहीं, विद्वानों द्वारा लिखित। किताबों में भूमिकाएँ भी आजकल कोई नहीं लिखता। इसलिए पता चलना मुश्किल होता है कि समकालीन रचनाकार साहित्येतर (?) विषय पर क्या सोचते हैं? कुछ रचनाकार चाहते भी ऐसा ही हैं? 'जो बोलेगी रचना बोलेगी, रचना ही नहीं बोली, तो मैं बोला भी तो क्या?' वाला अंदाज। एक बार पानू खोलिया से मैंने पूछा कि आपने अपने उपन्यास का नाम 'सत्तर पार के शिखर, क्यों रखा और इसका क्या मतलब है? तो उनसे भी मुझे ऐसा ही जवाब मिला।

और रचनाओं का अंत सक्ष्य तो यही कहता है कि बहुत ज्यादा सोच-विचार में पड़ने की बजाय हमारी पीढ़ी के कई एक कहानीकारों ने कुछ प्रचलित मिथों को जस का तस स्वीकार कर लिया है। उदाहरण के लिए नारी की मुक्ति का सीधा संबंध उसके आर्थिक दृष्टि से आत्मनिर्भर होने से है—यह एक मिथ है। औरत का असली कार्य-क्षेत्र घर ही है ऐसा कहने वाले दकियानूस हैं—यह दूसरा मिथ है। नौकरी करने वाली महिलाओं को कार्यालय के पुरुष प्रधान, लेन-देन-वादी संवेदनशून्य माहौल में बने रहने के लिए कुछ अपमानजनक समझौते करने ही पड़ते हैं—यह तीसरा मिथ है। बॉस एक लोलुप व्यक्ति होता है और हमेशा मातहत महिला कर्मचारियों के शारीरिक शोषण की फिराक में रहता हैं—यह चौथा मिथ हैं। स्त्री अपनी रक्षा स्वयं नहीं कर सकती क्योंकि प्रकृति

ने ही उसे ऐसा बनाया है—यह पाँचवाँ मिथ है और स्त्री-पुरुष समानता तभी सामाजिक व्यवहार में आएगी जब स्त्री उन सारे कामों में निपुणता प्राप्त कर ले जिन्हें पुरुष ही करता आया है—यह छठा मिथ है।

अगर इन मिथों पर समकालीन कहानी ने सोचा होता और बात चलाई होती तो संभव था 'तट की खोज' की नायिका शीला को फिर से देखना जरूरी नहीं रह जाता। वह एक अतीत की चीज हो जाती। जैसे शरत के नारी पात्र हो गए। जैसे जैनेन्द्र के नारी पात्र हो गए। जैसे काफी हद तक उषा प्रियंवदा, सोमा वीरा, चंद्रकिरण सोनरेक्सा, दीप्ति खंडेलवाल आदि-आदि के नारी पात्र हो गए। लेकिन 'तट की खोज, की शीला आज भी हमारे वर्तमान में खड़ी है। मार्क्सवादी कहानीकारों के नारी संबंधी सोच को चुनौती देती हुई।

शीला क्या करती है? क्या उसकी लड़ाई कोई सामाजिक लड़ाई है? क्या वह समाज के दबे-कुचले, शोषित-पीड़ित लोगों को संगठित कर उनका नेतृत्व कर रही हैं? क्या वह अपने कुछ साहसिक कृत्यों के लिए शहीद हो रही है? क्या वह यथास्थितिवादियों-सुविधाजीवियों के मानसिक आराम में खलल डालने का खामियाजा भुगत रही है? क्या वह कोई विधवाश्रम या पालना घर चला रही है? नहीं, वह ऐसा कुछ नहीं कर रही। वह एक विदुषी, किंतु सामान्य लड़की है। सामान्य लड़कियों की तरह सामान्य जीवन का सामान्य सपना देखने वाली स्वाभाविक और विश्वसनीय लड़की। लेकिन समाज को एक अकेली स्वावलंबी लड़की का सहज सामान्य जीवन जीते रहना भी स्वीकार नहीं। वे उसे देवी या कुलटा के रूप में ही देखने को अनुकूलित हैं। वे चाहते हैं शीला गृहस्थिन हो जाए या वेश्या। शीला की आजादी और स्वावलंबन उन्हें आतंकित करता है। यह है व्यवस्था जो बाहर संस्थाओं में नहीं, भीतर हमारे सोच में बैठकर आजादी, प्रगति और क्रांति का विरोध करवाती है—हमारे ही चाचा, ताऊ, मौसी और बाप से, खुद हमसे भी। जो मुक्ति की छोटी-सी कोशिश पर भी बर्बरतापूर्वक आक्रमण करवाती है, हमारे ही मोहल्ले, हमारे ही घर में, और भयानक है कि यदाकदा इस संगसारी में हमारी पत्नी, हमारे बच्चे और हम खुद भी शामिल होते हैं। और इसी के विरुद्ध सच्चा साहित्य सबसे पहले सक्रिय और सन्नद्ध होता है।

शीला की विशिष्टता यह भी है कि वह बौद्धिक नहीं, प्रबुद्ध है बल्कि उद्‌बुद्ध। एक हद तक। उसका ज्ञान दूसरों के ढेरमढेर विचारों का बेतरतीब कूड़ाघर नहीं है, बल्कि बोध है जो हर कदम पर स्थितियों का वैज्ञानिक विश्लेषण करने की सामर्थ्य पैदा करता है और अतः हमारे सामाजिक आचरण में समझ, संयम और सन्तुलन पैदा करता है। उसकी सोच में भारी-भरकम उद्धरणों के

झाड़-झंखाड़ नहीं हैं, उसके वचन में सूक्तियाँ और सुभाषित नहीं हैं, उसकी वाणी में उद्बोधन या उपदेश नहीं हैं, एक ठंडी समझ है, एक आगे तक देख सकने वाली नजर है और यथार्थ की ठोस खुरदरी जमीन से हमेशा जुड़े रहने की सहज सलाहियत है। कहानी के अंत में शीला मनोहर को जो पत्र लिखती है उसकी कुछ पंक्तियाँ अत्यंत महत्त्वपूर्ण हैं। एक जगह कहती है—'इसलिए मैंने सोचा कि आपको मुक्त कर दें।' इस वाक्य को पढ़ते ही हजारी बाबू की निउनिया याद आती है। नारी की सफलता पुरुष को बाँधने में है, और सार्थकता—उसे मुक्त करने में।' यहाँ ऐसी गरिमामय उदात्तता नहीं है जो वक्ता को श्रोता से दो फुट ऊँचे किसी मंच पर खड़ा कर देती है, यहाँ स्वयं को 'दलित द्राक्षा' की तरह निचोड़ देने का आत्मगौरव नहीं है, और वैसे भी शीला निउनिया की सहेली नहीं, गदल की सहोदरा है, लेकिन एक अर्थ में दोनों में समानता है कि स्वतंत्रता का उत्कट प्रेमी दूसरों की मुक्ति को भी कितने मन से चाह सकता है। यहाँ किसी की कमजोरी का मजाक उड़ाने की भावना नहीं है। (परसाई जी ने कितना रोका होगा स्वयं को यहाँ मनोहर पर व्यंग्य करने से!) न उसे ऊँचा उठाने की ललकार और गुरूर—यहाँ जीवन के एक तथ्य का सहज स्वीकार है और यह कथा पात्र का एकदम यथार्थवादी और विश्वसनीय आचरण है।

इस पात्र का दूसरा महत्त्वपूर्ण वाक्य है—'परस्पर सहारे की बात हो तो बहुत अच्छा है; लेकिन लता और वृक्ष? नहीं, नहीं!' शायद व्याख्या अनावश्यक है।

यह आश्चर्य की बात नहीं कि 'तट की खोज' पढ़ते समय अनेक स्थानों पर तोल्सतोय याद आते हैं। नारी के मन में इतने गहरे पैठकर आना और बगैर उसे पूज्य या घृणित बनाए उसकी सारी दुविधा-द्वंद्व-संकल्प-विकल्प-आस्था-भय-लज्जा तथा संभाव्य सामाजिक आचरण को अभिव्यक्त कर पाना अत्यंत प्रखर अंतर्दृष्टि की माँग करता है। वैसे मुझे यह भी लगता है कि किसी महान रचना के नायक-नायिका सामान्य होते नहीं हैं। होने नहीं चाहिए! सामान्यता का इतना आग्रह ठीक नहीं। कृति यथार्थ से बड़ी होती है। तोल्सतोय वहाँ तक अपने पात्रों को ले जाते हैं, बगैर सामान्य-असामान्य की चिंता किए जहाँ से आगे कोई गुंजाइश नहीं है। 'तट की खोज' के संदर्भ में इसे देखते हुए यही बात मन में आती है कि यदि इस कहानी को औपन्यासिक उपचार-विस्तार दिया जाता (जिसकी गुंजाइश क्या अब भी नहीं है?) तो संभव है हमें शीला-मनोहर-विमला की अधिक गझिन, विविधवर्णी और बहुपरती दुनिया भी देखने को मिलती। और तब संभव था प्रश्नों के उत्तर भी आसमान से आ गए-से मालूम नहीं पड़ते। शीला नौकरी करती है, लेकिन क्या-कैसी-कहाँ, हमें पता नहीं। मनोहर के घर व्यापार होता

है लेकिन किसका-कैसा, हम नहीं जानते। उनके यार-दोस्त-सहेलियों-सहकर्मियों-संबंधियों-संपर्कों-सोहबतों के बारे में भी रचना मौन रहती है। इसलिए हमें शीला-मनोहर-विमला का आचरण तो दिखाई देता है, उसे निर्धारित करने वाले उनके विचार भी मालूम पड़ते हैं, लेकिन इन विचारों को बनाने वाले कारक ज्ञात नहीं हो पाते। यह इस कृति की बड़ी भारी न्यूनता है।

सच तो यह है कि 'तट की खोज' को एक कालजयी कृति के रूप में रचने की कोशिश स्वयं लेखक द्वारा भी नहीं की गई लगती। 'तट की खोज' अपने वर्तमान उपलब्ध रूप में कोई पेण्टिंग नहीं है, मात्र रेखाचित्र है। उसकी भाषा बहुत पिष्टपेषित और निबंधात्मक है। 'तट की खोज' के एक बटा चार शब्द निबंध के सुर में सधे हुए हैं और कथा की संवेदना को कुंद करते हैं। बहुत ही कम स्थानों पर लेखक अनुपस्थित होता है, इसलिए बहुत कम स्थानों पर पात्रों का चरित्र खुल पाता है। अधिकांशतः वे लेखक के हाथ की कठपुतली ही बने रहते हैं। यह विडंबना ही है कि पात्रों के माध्यम से मुक्ति के मार्ग प्रशस्त करने वाला रचनाकार पात्रों को ही मुक्त नहीं कर पाता।

एक महान रचना अपने सभी पात्रों के लिए एक व्यापक और गंभीर क्षमा-भाव धारण कर ही संभव हो पाती है। यही कारण है कि उसमें वर्णित बुरे पात्रों से भी हम घृणा नहीं, प्यार करते हैं, बार-बार उनके पास जाते हैं, अपने भीतर उनका संधान करते हैं। यही रचना की दान प्रक्रिया है। इसीलिए लोग महान कृतियों को बार-बार पढ़ते हैं। शेक्सपियर के बारे में कहा जाता है कि वह कातिल के साथ मारता है और मक्तूल के साथ मरता है। सो यों ही नहीं। मनुष्य को संसार की सबसे सुंदर कृति मानने वाला लेखक अंततोगत्वा उससे घृणा करना तो सिखा ही नहीं सकता, उसके प्रति निर्ममता, निरपेक्षता या उदासीन रहने की सीख देना भी उसका मंतव्य नहीं हो सकता।

लेकिन अपनी न्यूनताओं के बावजूद 'तट की खोज' अपनी तेजस्वी नायिका के कारण फिर पढ़े जाने लायक रचना है।

अब्दुल बिस्मिल्लाह

साहित्य में इतिहास का सृजन

इतिहास के विद्यार्थी यह जानते हैं कि इतिहासों में भी एक इतिहास होता है 'सांस्कृतिक इतिहास'। इस सांस्कृतिक इतिहास में इतिहासकार आलोच्य युग के साहित्य को भी शामिल करते हैं। यह तो हुआ साहित्य को इतिहास की आँख से देखने का नजरिया। हो सकता है यह एक अच्छा तरीका हो, पर क्यों न कभी-कभी इतिहास को साहित्य की आँख से देखा जाए? अगर इस पद्धति को शोध का स्वरूप दिया जाए तो बहुत दिलचस्प नतीजे निकल सकते हैं। अभी हाल ही में काशी हिंदू विश्वविद्यालय के श्री राणा पी.बी. सिंह (भूगोल विभाग) की एक पुस्तक आई है : Where cultural symbols meet (Literary images of Varanasi) जिसमें उन्होंने बनारस शहर के भौगोलिक अध्ययन के लिए बनारस से संबंधित ललित साहित्य को आधार बनाया है। इसी कड़ी में यदि भारतीय स्वाधीनता आंदोलन के तीसरे-चौथे दशक और स्वातंत्र्योत्तर भारत के इतिहास का अध्ययन करने के लिए प्रेमचन्द और हरिशंकर परसाई के साहित्य को आधार बनाया जाए तो संभव है वह इतिहास अधिक यथार्थपरक और वैज्ञानिक हो।

इस दृष्टि से प्रेमचन्द के अध्ययन में कुछ कठिनाई अवश्य हो सकती है, क्योंकि वे एक गल्पकार थे और गल्प में बहुत से तथ्य कमोबेश भी हो जाते हैं, पर हरिशंकर परसाई के यहाँ उतनी कठिनाई शायद न हो। हालाँकि परसाई के गल्प में तो व्यंग्य भी है, पर व्यंग्य में तथ्यपरकता अधिक होती है।

जब यहाँ इतिहास की बात की जा रही है तो उसका अर्थ केवल राजनीतिक इतिहास नहीं है बल्कि सामाजिक, आर्थिक, सांस्कृतिक और साहित्यिक इतिहास के उतारों-चढ़ावों को भी प्रेमचन्द और परसाई के लेखन के जरिए देखा जा सकता है। प्रेमचन्द में इतिहास की संभावनाओं का संकेत अन्यत्र हो चुका है, अतः यहाँ केवल परसाई जी के साहित्य को ही ध्यान में रखना चाहिए। इसके साथ ही यह

स्पष्ट कर देना भी आवश्यक है कि इस लेख को केवल पृष्ठभूमि के रूप में ही देखा जाना चाहिए, मूल कार्य तो विशद अध्ययन के बाद ही संभव होगा।

परसाई जी ने एक जगह लिखा है : भारतीय प्रजातंत्र का यह सौभाग्य है कि यहाँ स्वतंत्रता के बाद बहुत जल्दी काफी संख्या में चमचे बन गए। इसका कारण यह है कि चमचों का निर्माण स्वतंत्रता संग्राम के जमाने में शुरू हो गया था। (चमचे की दिल्ली-यात्रा)। उदाहरण के लिए इस एक अंश को देखा जा सकता है, जिसमें दो बिंदु विशिष्ट हैं। भारतीय स्वाधीनता आंदोलन के दौर में 'चमचों' का निर्माण और स्वाधीन भारत में उनकी वृद्धि। निश्चित रूप से 'चमचा' एक व्यंग्यपरक शब्द है, पर इसमें जो निहितार्थ है वह अयथार्थ नहीं है। यह शब्द एक प्रवृत्ति विशेष के लिए जनता द्वारा प्रदत्त शब्द है। परसाई जी के इस सत्र के जरिए आधुनिक भारत के इतिहास में इस प्रवृत्ति के विकास और महत्त्व पर बहुत कुछ प्रकाश पड़ सकता है। इसके जरिए इमर्जेंसी और समकालीन सत्ता के पीछे छिपी शक्तियों को भी पहचाना जा सकता है।

स्वाधीनता के बाद भारतीय कांग्रेस पार्टी का जो हश्र हुआ उसके संकेत निम्न पंक्तियों में छिपे हुए हैं:

'पुराना गांधीवादी हूँ न। धर्म नहीं छोड़ा मैंने, औरों की तरह।'

'आप स्वीकार करेंगे कि कांग्रेस के भीतर भी बड़ा मतभेद है, दलबंदी है। आप किस दल में हैं?'

'इससे बड़ा सबूत आपको क्या चाहिए कि मैं पंडित नेहरू के सिद्धांतों पर चलता हूँ। पंडित जी को गुलाब पसंद है। वे एक कली शेरवानी में लगाते हैं, तो मैं एक गुलदस्ता खोंसता हूँ।' (सज्जन, दुर्जन और कांग्रेसजन)

भारतीय राष्ट्रीय कांग्रेस का इतिहास बहुत लिखा गया है। अभी पिछले दिनों उसकी शताब्दी भी मनाई गई और खूब यशोगान गाये गए। मगर स्वाधीनता के बाद गांधीवाद की जो दुर्गति हुई, पार्टी में जिस तरह की दलबंदियाँ हुईं तथा खुद नेहरू के समय में ही नेहरू के उसूलों की जिस तरह छीछालेदर हुई, उन सबको आधार बनाकर यदि कोई इतिहास लिखा जाए तो न केवल वह अभूतपूर्व होगा, बल्कि सुधीजनों के लिए बहुत उपयोगी भी। और इस कार्य में यदि काफी कुछ मदद मिल सकती है कहीं से तो वह है हरिशंकर परसाई का साहित्य।

परसाई के साहित्य से कांग्रेसी चरित्र का एक और नमूना द्रष्टव्य है :

'जब कांग्रेस टूटी नहीं थी, तब मैंने एक कांग्रेस मंत्री से पूछा था कि यह क्या बात है कि हर गणतंत्र दिवस को सूर्य छिपा रहता है?'

उन्होंने कहा, जरा धीरज रखिए। हम कोशिश में लगे हैं कि सूर्य बाहर आ जाए। पर इतने बड़े सूर्य को बाहर निकलना आसान नहीं है। वक्त लगेगा।'

'इधर जब कांग्रेस के दो हिस्से हो गए तब मैंने एक इंडिकेटी कांग्रेसी से पूछा। उसने कहा—हम हर बार सूर्य को बादलों से बाहर निकालने की कोशिश करते थे। पर हर बार सिंडीकेट वाले अड़ंगा डाल देते थे।'

'एक सिंडीकेटी पास खड़ा सुन रहा था। बह बोल पड़ा—यह लेडी प्रधान मंत्री कम्युनिस्टों के चक्कर में आ गई है। वही उसे उकसा रहे हैं कि सूर्य को निकालो।'

(ठिठुरता हुआ गणतंत्र)

उपर्युक्त गद्यांश में इतिहास की कई गुत्थियाँ छिपी हुई हैं। मसलन : देश में खुशहाली लाने के कांग्रेसी वादे, कांग्रेस पार्टी का इंडिकेट और सिंडीकेट में विभाजन तथा दोनों का आपसी द्वंद्व और साथ ही कांग्रेस तथा कम्युनिस्ट पार्टी के रिश्ते का स्वरूप आदि। इन सभी मुद्दों पर पुनःविचार किया जा सकता है।

इसके अतिरिक्त परसाई जी ने एक और जबर्दस्त संकेत दिया है इतिहास को समझने का। उनका एक निबंधांश इस प्रकार है :

'...मगर झाँकियाँ झूठ बोलती हैं। इनमें विकास-कार्य, जन-जीवन, इतिहास आदि रहते हैं। असल में हर राज्य की उस विशिष्ट बात को यहाँ प्रदर्शित करना चाहिए जिसके कारण पिछले साल वह राज्य मशहूर हुआ।'

'गुजरात की झाँकी में इस साल दंगे का दृश्य होना चाहिए...पिछले साल मैंने उम्मीद की थी कि आंध्र की झाँकी में हरिजन जलाते हुए दिखाए जाएँगे। मगर ऐसा नहीं दिखा। मध्य प्रदेश उस साल राहत कार्यों के कारण नहीं, राहत-कार्यों में घपले के कारण मशहूर हुआ था।

(ठिठुरता हुआ गणतंत्र)

यानी स्वयं परसाई जी यह मानते हैं कि भारत में जिसे 'इतिहास' कहा जाता है, सिर्फ वही इतिहास नहीं है। इतिहास जनता का भी होता है और ऐसे इतिहास में सांप्रदायिक दंगों, हरिजन-दहन की घटनाओं तथा आर्थिक भ्रष्टाचार के आँकड़ों की तथ्यपरक व्याख्या होनी चाहिए। हरिशंकर परसाई ने उपर्युक्त निबंध की रचना जिस सन् में की होगी, उस सन् के समाचार-पत्रों तथा अन्य साक्ष्यों के आधार पर उपर्युक्त प्रांतों की वार्षिकी तैयार की जा सकती है।

यहाँ यह स्पष्ट करना आवश्यक है कि इतिहास के क्षेत्र में ऐसा काम बिल्कुल नहीं होता, यह धारणा इस कथन के पीछे बिल्कुल नहीं है। धारणा तो केवल यह है कि अनेक कारणों से जो चीजें इतिहास में आने से रह जाती हैं या जानबूझ कर जिन्हें नजरअंदाज कर दिया जाता है, उनका ब्योरा भी अपने समय के महत्त्वपूर्ण साहित्य के आधार पर खोजा जा सकता है और तभी अपने इतिहास को हम वैज्ञानिक समग्रता के साथ देख-समझ सकते हैं।

इस संदर्भ में भारतीय राजनीति से ही एक उदाहरण यहाँ और दिया जा जा रहा है। वह है 'समाजवाद' शब्द। इसका प्रयोग अनेक राजनेताओं और पार्टियों ने किया है। समाजवाद कम्युनिस्ट पार्टी का प्रिय शब्द है, पर समाजवाद का गुण नेहरू जी ने भी गाया है। इस समाजवाद के नाम पर एक पार्टी ही यहाँ बन आई थी।' 'सोशलिस्ट पार्टी' बाद में चलकर जो दो भागों में विभाजित हो गई। ससोपा और प्रसोपा में। लोहिया जी ने एक भारी-भरकम पुस्तक ही लिख डाली : 'मार्क्स, गांधी एण्ड सोशलिज्म।'

कांग्रेस और दोनों सोशलिस्ट पार्टियों पर परसाई जी की टिप्पणी इस प्रकार है :

'तीनों में बड़ा अंतर है, क्योंकि नेहरू, अशोक मेहता और लोहिया में अंतर है।'

यह अंतर क्या है? इस पर दोनों सोशलिस्ट पार्टियों का अंतर परसाई जी इस प्रकार बताते हैं :

भैया, सो तो लोहिया और अशोक भाई जानें। हमने तो यही सुना है कि डॉक्टर साहब को दाढ़ी पसंद नहीं है और अशोक भाई को नाटापन पसंद नहीं है। सो एक ने कहा—दाढ़ी मुड़ाओ। तो दूसरे ने कहा—कद बढ़ाओ। न ये दाढ़ी मुड़ाने को तैयार, न वे ऊँचे होने को। बस मतभेद हो गया।

और कम्युनिस्ट पार्टी से इनके विरोध पर यह टिप्पणी है :

'कम्युनिस्ट विरोधी दल नहीं है। वह विरोधी नहीं होता वह कम्युनिस्ट होता है। हर हालत में वह कम्युनिस्ट होता है। वह भिलाई किसी प्राइवेट कंपनी को देने देगा?'

इन टिप्पणियों में राजनीतिक पार्टियों के मतभेद के मध्य छिपे हुए खोखलेपन की ही नहीं, बल्कि उनके मूल स्वरूप को भी अत्यंत सूक्ष्म और सांकेतिक ढंग से व्यक्त किया गया है। इनकी गहराई में जाने से भारत की विपक्षी पार्टियों के तिर्यक विकास की कहानी साफ-साफ सामने आ सकती है।

ये तो कुछ उदाहरण मात्र हैं, पर वास्तविकता यह है कि हरिशंकर परसाई ने शिक्षा, समाज, संस्कृति, साठ के दशक के साहित्य और भारतीय अर्थनीति आदि विभिन्न पक्षों पर जो भाँति-भाँति के व्यंग्य लिखे हैं, उनमें युगीन इतिहास की ऐसी सच्चाइयाँ छिपी हुई हैं, जिनका तथ्यपरक विवेचन जरूरी है। और यह कहने में कोई अतिशयोक्ति नहीं जान पड़ती कि अपने समय के इतिहास को साहित्य में ढाल देने वाले परसाई जैसे साहित्यकार बिरले ही होते हैं। समय से प्रभावित होने वाले लेखक तो बहुत सारे होते हैं, पर समय को प्रभावित करने वाले लेखक कोई-कोई ही होते हैं। हिंदी में भारतेन्दु हरिश्चन्द्र, प्रेमचन्द, हरिशंकर परसाई और बाबा नागार्जुन ऐसे ही रचनाकार हैं। इन लेखकों ने अपने साहित्य में एक समानांतर इतिहास रचा है, जिसका आधार जनता और उनका संघर्ष है। इसलिए इनका मूल्यांकन केवल कवि, कथाकार या व्यंग्यकार के रूप में नहीं होना चाहिए बल्कि इससे बढ़ कर राष्ट्र के मूल्यांकन में इन्हें आधारस्वरूप देखा जाना चाहिए। परसाई की सबसे बड़ी शक्ति यही है कि उनके सृजन में, उनकी कला में कोई एक प्रवृति, कोई एक प्रांत, कोई एक पक्ष नहीं, बल्कि समूचा राष्ट्र है। राष्ट्र का चरित्र, उसका उत्थान-पतन, उसकी विशिष्टता, उसके अंतर्विरोध, उसका समूचा इतिहास। विषयवस्तु, शिल्प विन्यास, भाषा और व्यंग्य की कला—ये सारे गुण तो साधन हैं, साध्य हैं। एक बनते-बिगड़ते भूखंड की वास्तविकता और इस बास्तविकता को अविरल उद्‌घाटित करने की छटपटाहट ही परसाई की साधना है।

प्रेमशंकर

निर्भय प्रतिनिधि स्वर

ऐसे व्यक्तित्व कम होते हैं, जो अपने ही समय में 'गाथा' बन जाएँ। पिछड़े समाजों में तो यह और भी कठिन क्योंकि जनता की सामाजिक-सांस्कृतिक चेतना को सही विकास देने के प्रयत्न नहीं किए जाते क्योंकि ऐसा करना सत्ता के निहित स्वार्थों के ही विरुद्ध होगा। संचार-प्रचार माध्यमों पर इसी विशिष्ट वर्ग का अधिकार और सही आवाज का, सामान्यजन तक पहुँचना भी आसान नहीं होता। ऐसी संक्रांतिकालीन स्थिति में हरिशंकर परसाई का एक सामाजिक अर्थ है, और ज्यों-ज्यों समाज अधिक जागरूक होता जाएगा इसकी नई-नई छवियाँ खुलती जाएँगी, जैसे—गोर्की सोवियत समाज की प्रतिनिधि आवाज तो हैं ही, वे उसे अंतर्राष्ट्रीय धरातल पर भी फैलाते हैं।

रचनाकार की एक सामाजिक स्थिति है, जहाँ वह सजग नागरिक है, पर वह एक व्यक्ति भी और यदि इन दोनों में सही संयोजन हो सके तो रचना की विश्वसनीयता में वृद्धि होती है, नहीं तो कथनी-करनी का अंतर बना रहता है। परसाई उन विरल रचनाकारों में जिन्होंने व्यक्ति और रचना के द्वैत को आरंभ से ही अस्वीकार कर दिया। इसीलिए लेखक परसाई को पढ़ते हुए मेरे सामने बार-बार वे व्यक्ति के रूप में भी उभरते हैं और पाता हूँ कि इन दोनों में कहीं कोई फाँक नहीं है। यदि ऐसा होता तो उनकी रचना की प्रामाणिकता का क्षरण होता। उनका एक जनवादी रूप है, सबमें घुला-मिला कर वह उच्चवर्गीय औपचारिकता का निषेध है जो ऐसे आयातित मुखौटों पर जीता है जिसका उसकी चेतना से कोई नाता-रिश्ता नहीं होता। परसाई जनसामान्य के प्रवक्ता हैं—पूरे पक्षधर, पर वे उनकी जिंदगी में शामिल भी हैं; वह दूर से देखा गया, कल्पित यथार्थ नहीं है, बल्कि बतौर लेखक उन्होंने इसमें शिरकत की है। इस दृष्टि से परसाई मध्यवर्गीय माओं का अतिक्रमण करते हैं, स्वयं को वर्गच्युत करते हैं ताकि उस जीवन का समीपी साक्षात्कार कर सकें। यह तथ्य इसलिए भी

रेखांकित करना जरूरी क्योंकि हमारी रचना पर तरह-तरह के मध्यवर्गीय दबाव। नागार्जुन की पंक्तियाँ हैं : सदियों तक कुंद नहीं होंगे गुरु परसाई के वचन वाण!

ऐसे व्यक्ति से साक्षात्कार करना, उसका पाठक होना, जो अपने समय का निर्भय प्रतिनिधि स्वर हो और सामाजिक रूपान्तरण में बतौर लेखक अपनी भूमिका भी निभाना चाहता हो, एक प्रकार से स्वयं को सार्थकता देना है। परूमाई मेरे प्रिय लेखकों में हैं और साठ के पास सरकते हुए भी जब उन्हें पढ़ता हूँ तो लगता है कि मुझे अपने को और आत्मालोचन से गुजारना चाहिए ताकि सोच-विचार, लिखने-पढ़ने की अधिक सही दिशा मिल सके। विनयभाव से स्वीकारता हूँ कि ऐसे सामाजिक चेतना संपन्न लेखकों से गुजरा न होता तो शायद अकादमिक मुर्दारिस वनकर रह जाता। मुझे परसाई का आत्मकथ्य प्रेरणा देता है, रचना और समाज के द्वैत को निरंतर कम करने की, परसाई का कथन है : साहित्य के मूल्य जीवन-मूल्यों से बनते हैं। वे रचनाकार के एकदम अंतर से पैदा नहीं होते। जो दावा करते हैं कि उनके अंतर से ही सब मूल्य पैदा होते हैं, वे पता नहीं किस दुनिया में रहते हैं। तो जीवन जैसा है, उससे बेहतर होना चाहिए। और इसी की निष्कर्षात्मक टिप्पणी है : 'बुद्धिजीवी चाहे सक्रिय राजनीति में भाग न ले, पर वह अराजनैतिक नहीं हो सकता। जो अराजनैतिक नहीं होने का दावा करते हैं, उनकी राजनीति बड़ी खतरनाक और गंदी है।'

जहाँ तक स्मरण है, हरिशंकर परसाई से मिलाने के लिए पहले सेतु का कार्य पं. रामेश्वर गुरु ने किया। वे सागर आया-जाया करते थे और मुझ पर उनका स्नेह था, छोटे भाई की तरह मानते थे, एक बार उन्होंने ही जबलपुर में व्याख्यान देने के लिए बुलाया था, उन्हीं के साथ ठहरा था। वे बोले, चलो परसाई से मिलने चलते हैं, तब तक मैंने परसाई के कुछ स्तंभ पढ़े थे। पर किसी लेखक को पढ़कर हम कई बार उसकी एक कल्पित तस्वीर अपने मन में बना लेते हैं, जो हमारा पूर्वाग्रह भी हो सकता है। पर उससे रू-ब-रू होने का एक अपना अनुभव है जिसे वही जानता है जो एक संवेदनशील पाठक है। गुरुजी ने परिचय कराया : डॉ. प्रेमशंकर, सागर विश्वविद्यालय के हिंदी विभाग में। परसाई जी बोले, आओ, भाई आओ। परसाई जी का जो पहला चित्र मेरे युवा मन में उभरा, वह नया छवि-विस्तार पा गया है, पर मूल रेखाएँ वही हैं। चौड़ा माथा, थोड़ा वर्तुल लिए केश, बोलते होंठ, लंबी नासिका। पर जो चीज मैं बराबर महसूस करता रहा, वह थी परसाई की तीक्ष्ण, भेदक आँखें जो स्थितियों के आर-पार देखने की अचूक क्षमता रखती हैं। अपनी पैनी आँखों से जैसे वे धारदार मेधा का बोध कराते हैं। तब से कई बार उन्हें पास से देखने-जानने का भाग्य पाया,

पर हर बार यही महसूस किया कि इन भेदक आँखों से आँख मिला पाना आसान नहीं क्योंकि परसाई की सजग बुद्धि गहरे तक पहुँचने का माद्दा रखती है। उस समय मैं श्रोता था और गुरुजी तथा परसाई जी कई विषयों पर बातचीत करते रहे, जिनसे मैं इतना समझ सका कि इस लेखक की बड़ी चिंताएँ हैं। मैं उन दिनों हिंदी स्वच्छंदतावादी काव्य पर लिखता या फिर 'कल्पना' में नई कविता पर। डॉ. देवराज, कुँवरनारायण आदि के साथ 'युग चेतना' में काम करता था, इसकी जानकारी भी परसाई जी को थी। मुझे याद है, उन्होंने मुझे उत्साहित करते हुए कहा कि 'वसुधा' में भी लिखो।

सागर में गंगाधर झा मेरे संवादी साथी थे। काशी विश्वविद्यालय में मुझसे सीनियर थे, और सागर में भी मुझसे पहले रिसर्च कर रहे थे। जब हम दोनों की नियुक्ति सागर में हुई, उस समय वे जबलपुर में काम कर रहे थे और मैं लखनऊ में। लगभग तीन वर्ष हम लोगों को बाहर रहना पड़ा और संयोग कि साथ-साथ सागर लौटे। उन्होंने परसाई के बारे में बताया कि उनमें भी एक ईमानदार अध्यापक है, जो लेखक रूप में समाया हुआ है। जिंदादिल, नेकदिल इंसान आदि। साहस करके पंडितजी की बातें, निबंध 'वसुधा' में भेजा, जो छपा। पर किसी ने गुरुवर आचार्य वाजपेयी को भड़का दिया कि यह निबंध उन्हें लक्ष्य करके लिखा गया है। भाई गंगाधर झा ने स्थिति को सँभाला, गुरुजी और परसाई जी ने सहायता की। जब उनसे भेंट हुई तो उन्होंने कहा, 'देखो, लेखक को निडर होना चाहिए, जो सही समझे, कहना चाहिए। बाद में समझ सका कि कबीर परसाई के प्रिय लेखक क्यों हैं? और मध्यकालीन समय की उपज होकर भी, आज इतने प्रासंगिक क्यों? परसाई ने अपने एक इंटरव्यू में कहा है कि कबीरदास विद्रोही थे। काव्य में उनका आंदोलन लोकतांत्रिक आंदोलन है। पर आंदोलन बहुत फैला।' 'सुनो भाई साधो' उनका कॉलम बहुत लोकप्रिय हुआ, और ढेरों पाठक बने। आप देखें, जैसे परसाई अपने समय से सीधी मुठभेड़ कर रहे हैं, व्यंग्य का निशाना बनते हुए। ऐसा वही लेखक कर सकता है जिसकी सजग सामाजिक चेतना आर-पार देख सकती है। नई-पुरानी पीढ़ी पर अकादमिक बहसे होती हैं, 'जनरेशन गैप' अथवा 'पीढ़ियों के अंतराल' की बात की जाती है, पर परसाई का व्यंग्य तीखा है : 'साधो, नए खून को सोचना चाहिए कि उसके सामने तो पूरी जिंदगी पड़ी है, कभी भी पद पर बैठ सकेंगे। पर पुराने खून के दिन गिने-गिनाए हैं, उन्हें कुछ दिन और रह लेने दो। साधो, अगर केवल मानवतावादी दृष्टि से ही देखा जाए तो भी पुराने खून का जमे रहना उचित मालूम पड़ता है। अब विधानसभाओं और संसद में आधे से अधिक सदस्य एम्बुलेंस गाड़ी में

सभा-भवन जाया करेंगे और हर सदस्य के बगल में एक डॉक्टर बैठा करेगा, तब समझेंगे कि हमारा जनतंत्र सयाना (मेच्योर्ड) हो गया।'

हिंदी में हास्य-व्यंग्य की ऐसी गड्मगड्ड स्थिति रही है कि इस विधा के नाम पर अक्सर बीरबल के गढ़े हुए किस्से उभरते रहे हैं। भारतेन्दु और उनके मंडल ने इस विधा को सामाजिक चेतना से जोड़ने का प्रयत्न किया, पर समय ने उसकी सीमाएँ बना दीं। पर भारतेन्दु 'अंधेर नगरी' जैसा धारदार व्यंग्य लिख सके जो आज भी प्रासंगिक है। परसाई ने व्यंग्य को नई सामाजिक अर्थवत्ता दी, उसे एक गंभीर माध्यम के रूप में विकसित किया। मैं सोचता था कि जो व्यक्ति इतने तीखी मार मारता है, किसी को नहीं बख्शता, वह जैसे निष्करुण होगा। पर जब भी उनसे मिला, पाया कि यह व्यक्ति है जो बात शुरू करेगा आपके घर द्वार के कुशल-क्षेम से और थोड़ी देर में ही जैसे पंख लगाकार उड़ जाएगा वियतनाम। वह ज्यादा देर तक कथित दुनियादारी में रह ही नहीं सकता। बात कीजिए तो न जाने कितनी बातें अपने में समोये हुए है, पर सब कुछ को जोड़ता चलता है, सामाजिक चेतना से, अपने वृहत्तर जीवनानुभव में विलयित करता। परसाई ने अपने बारे में लिखा है : 'मैं बहुत भावुक, संवेदनशील और बेचैन तबियत का आदमी हूँ।' बहुत कुछ ग. मा. मुक्तिबोध की तरह। फिर अंतर कहाँ है? मुक्तिबोध का संस्मरण लिखते हुए परसाई को राजनांदगाँव का पुराना महल याद आता है, और वे लिखते हैं। दूसरी मंजिल के हाल के एक कोने में विकलांग मुक्तिबोध खाट पर लेटे थे। लगा जैसे इस आदमी का व्यक्तित्व किसी मजबूत किले-सा है—कई लड़ाइयों के निशान उस पर हैं। गोली के निशान हैं, पलस्तर उखड़ गया है, रंग समय ने धो दिया है—मगर जिसकी मजबूत दीवारें गहरी नींव में जमी हैं और वह सिर ताने गरिमा के साथ खड़ा है। 'गोदान' के होरी की तरह। मुक्तिबोध अपनी संवेदनशीलता में सब कुछ ओढ़ लेना चाहते हैं, स्वयं पर बहुत बोझ डालते हैं, निराला की तरह, पर मुक्तिबोध कबीर हैं, भीतर से बहुत मजबूत, सब कुछ झाड़ते-उतारते चलते हैं। उनका 'आत्मकथ्य' है—'परसाई, डरो किसी से मत। डरे कि मरे। सीने को ऊपर-ऊपर बड़ा कर लो। भीतर तुम जो भी। जिम्मेदारी को गैर-जुम्मेदारी के साथ निभाओ। जिम्मेदारी को अगर जिम्मेदारी के साथ निभाओगे तो नष्ट हो जाओगे। और अपने से बाहर निकलकर सब में मिल जाने से व्यक्तित्व और विशिष्टिता की हानि नहीं होती। लाभ ही होता है। अपने से बाहर निकलो। देखो, समझो और हँसो।'

मैं अपने युवा शिष्य-मित्रों का कृतज्ञ हूँ जिन्होंने मुझे रोमांटिक धारा से अलगाकर, नई सामाजिक चेतना की ओर मोड़ा। परसाई के व्यंग्य को लेकर

चर्चाएँ होतीं और कुछ लोग इसलिए प्रसन्न होते कि अध्यापकों की अच्छी धुनाई हो रही है। मैं सोचता कि जो व्यक्ति स्वयं कभी मुदरिस ही सही, अध्यापन कार्य से जुड़ा रहा है, आखिर वह इतने आक्रोश में क्यों हैं? मुझे लगता कि परसाई की यातना का पहला कारण है, वह वर्ग-भेद जो प्राइमरी स्कूल के गुरुजी या मास्साब से लेकर विश्वविद्यालयों के नए 'सर' तक फैला हुआ है। परसाई जी नई पीढ़ी के प्रिय लेखक हैं। सागर विश्वविद्यालय में कहानी-रचना की कार्यशाला में वे आए और उन्होंने युवा रचनाकारों को प्रोत्साहित किया। वे 'कल्पना' में 'और अंत में' कॉलम लिखते रहे हैं। विश्वविद्यालयों के परिवेश पर उनकी टिप्पणी है : 'अध्यापकों की भी अपनी अलग दुनिया है। हिंदी, संस्कृत, दर्शन, इतिहास विभागों के अध्यापक तो अखबार भी नहीं पढ़ते, क्योंकि उनके विषय इस संसार से संबंधित ही नहीं हैं।' परसाई का व्यंग्य भी यदि सामाजिक रूपांतरण में शिक्षा की कारगर भूमिका नहीं है, तो उसका सामाजिक प्रयोजन ही क्या है? 'आचार्य जी एक्सटेंशन और बागीचा' में उच्चवर्गीय प्राध्यापकों का खाका है : 'मैं आचार्य जी से डरने लगा। वे मुझे गले लगाते, तो मेरा दम घुटता। मैं हृदय से चाहता कि वे मुझसे नफरत करें, पर वे स्नेह छोड़ते ही नहीं थे और मुझे देखते ही भुजाओं में भर लेते। उस स्नेह के अनुपात से मैं उनके स्वार्थ का अनुपात समझने लगा। परसाई जी की पीड़ा क्या है? यही कि जो शिक्षक समाज का निर्माता है, जिसे नई पीढ़ी सजानी-सँवारनी है, वह दुनियादारी में फँस गया है, वैयक्तिक उत्कर्ष में उलझा है। उसे अपने सामाजिक, सांस्कृतिक दायित्व की चिंता नहीं है। सामाजिक हलचल से भी वह बेखबर है। बुद्धिजीवी वर्ग पर उनका व्यंग्य : 'बुद्धिवादी में लय है। सिर घुमाने में लय है, हथेली जमाने में लय है, उठने में लय है, कदम उठाने में लय है, आलमारी खोलने में लय है, किताब निकालने में लय है, किताब के पन्ने पलटने में लय है। हर हलचल धीमी है। हल्का व्यक्तित्व हड़बड़ाता है। इनका व्यक्तित्व बुद्धि के बोझ से इतना भारी हो गया है कि विशेष हरकत नहीं कर सकता। उनका बुद्धिवाद मुझे एक थुलथुल मोटे आदमी की तरह लगा जो भारी कदम से सीधे चलता है।' बुद्धिजीवी समाज से अलग-थलग पड़ गया है।

परसाई से मिलना एक प्रकार से स्वयं को विस्तार देना है, उनके लेखन से गुजरना समय को पहचानना, उसमें शिरकत करना है। परसाई के लिए व्यक्ति का अर्थ वर्ग की इकाई है। निजी संबंधों का वे निर्वाह करेंगे, पर किसी सीमा तक ही, पर यदि वह उनकी वर्गीय चेतना के आड़े आएगा तो वे उसकी खबर लेना न भूलेंगे। इस दृष्टि से वे बेमुरौवत हैं। उनके लेखन का बड़प्पन यह कि यहाँ

सब आक्रोश सामाजिक है, वैयक्तिकता का अतिक्रमण करता हुआ। ऐसे में वे अपनों को भी नहीं बख्शते। जबलपुर में एक अभिनंदन समारोह था। किसी काम से बाहर निकला तो देखा परसाई जी गैलरी में टहल रहे हैं। कहा, अंदर आइए। बोले, भाई, आचार्यों का जमावड़ा है, यहाँ कबीर के लिए क्या गुंजाइश? देखता क्या हूँ, कुछ ही दिनों बाद व्यंग्य हाजिर कि धोती वाले के लिए तो चरण स्पर्श की सुविधा, पर जब पैंटवाले बहुत नीचे झुकते हैं तो हास्यास्पद लगता है। यहाँ टिप्पणी यह कि ज्ञानमार्ग, भक्तिमार्ग से बढ़कर और आधुनिकता तथा समर्पण में विचित्र अंतर्विरोध। मुलाकात हुई, मैंने उल्लेख किया वे बोले, 'आचार्य की प्रतिभा का आदर करता हूँ, पर 'सरेन्डर' ठीक नहीं है, तुम्हें भी बचना होगा।' परसाई जी जब लिखते हैं तो व्यक्ति, स्थितियाँ, दृश्य सब सामाजिक धारा का अंश बन जाते हैं और उनके लेखन की यह जानदार ऊँचाई है। ज्यादातर व्यंग्य लेखक अपनी टिप्पणियों में पकड़ लिये जाते हैं, कई बार राग-द्वेष से परिचालित होते हैं। पर परसाई प्रतिबद्ध होकर भी, इस दृष्टि से वस्तुपरक और निर्वैयक्तिक कि वे सब कुछ समाज प्रवाह के रूप में देखना-समझना चाहते हैं। एक राजनेता के बारे में उनकी टिप्पणी कि वह कोई क्रांतिकारी नहीं है, वर्गीय-दलीय चरित्र में वह हो भी नहीं सकता, पर फिलहाल कुछ काम ठीक कर रहा है, बाद में देखेंगे। कई लोगों की भ्रांतियाँ तब टूटती हैं जब वे अपने को व्यंग्य में उपस्थित पाते हैं, पर सब कुछ होता है, गहरे सामाजिक आशय के साथ। एक सज्जन आए, कहने लगे कि मैंने आप पर बहुत लिखा है। जब वे चले गए तो बोले, बहुत चिढ़ाता है, सोचता हूँ इसे गिरफ्त में लाऊँ। फिर हँसकर बोले, जाने दो, कहीं अमर न हो जाए। पर 'ठंडा शरीफ आदमी' में ऐसे कई लोग मौजूद, जहाँ व्यंग्य है दुनियादारों पर जिनकी तुलना यहाँ पर बिल्ली से की गई है। 'अपने को भावनात्मक रूप से किसी भी व्यक्ति से बिना जोड़े सब निभाता जाता है, जो उसके लिए उतना ही निर्जीव है जितना पत्थर, उससे रोज घर जाकर मिलेगा, अगर वह उसे कोई फायदा पहुँचा सकता है। ठंडी औपचारिकता में जब वह भावना की गर्मी भरने का नाट्य करता है, तब बहुत घृणास्पद हो जाता है। तब उसे सहा नहीं जा सकता।' और इसका विलोम है। मनीषी जी, उनकी कुछ रेखाएँ, संभव है हरिशंकर परसाई ने वैयक्तिक अनुभव से पाई हो। पर महान लेखक की रचना-क्षमता यह कि वह उसे वृहत्तर सामाजिक-सांस्कृतिक संवेदन बनाकर प्रस्तुत कर सकता है। यह रचनात्मक रूपान्तरण रचना की शक्ति है, जिसमें सब सम्मिलित होते हैं। मनीषी जी कोई भी सार्थक व्यक्ति हो सकता है—कबीर, निराला से लेकर मुक्तिबोध और स्वयं हरिशंकर परसाई तक : 'यह

किस स्रोत से जीवनरस खींचता है कि सदा हरा-भरा रहता है? किस अमृत घट से इतने घूँट पी लिया है कि संसार का जहर उस पर चढ़ता ही नहीं।'

मेरे लिए परसाई के कई अर्थ हो सकते हैं। अपने प्रिय लेखक पर मैंने काफी कुछ लिखा है, बतौर पाठक। मूलतः कविता का आदमी, उनके रचना-कर्म के माध्यम से गद्य की ओर आया, वह भी व्यंग्य में रुचि ली, जिसे कभी अगभीर लेखन कहकर टाल दिया गया था। कबीर तक कभी हाशिए पर थे, जबकि आज वे हमारे लिए बहुत प्रासंगिक। 'परमात्मा का लोटा' की शुरुआत परसाई यों करते हैं : एक छोटे से आलोचक ने उस दिन मुझसे कहा—आप कुछ शाश्वत साहित्य लिख डालो और परसाई का व्यंग्य : 'मैंने फौरन तय किया कि सूर्य पर लिखेगा।' शायद कुछ लोग लेखक को मशीन समझते हैं जो दूसरों के इशारे पर चलती है या उत्पादन और खपत के व्यावसायिक सिद्धांत का पालन। पर सही लेखक की अपनी गहरी छटपटाहट कि जो कुछ सामने है, उससे उसे सन्तोष नहीं, निरंतर बेहतर समाज की कामना। इसे कबीर ने कहा—'दुखिया दास कबीर है, जागे औ रोवै।' परसाई के व्यंग्यार्थ के मूल में निहित गहरी मानवीय करुणा को पहचानकर ही हम उस संवेदन को जान-समझ सकते हैं जो उनकी रचनाशीलता का प्रस्थान बिंदु है और गंतव्य भी इसी के अनुरूप कि एक श्रेष्ठ मानव-समाज की परिकल्पना हो। वे समाजवाद के विभिन्न निकायों की टकराहट पर दुःख प्रकट करते हैं, कहते हैं कि : लहूलुहान समाजवाद टीले पर खड़ा है। समाज के अंतर्विरोध राजनीति, दल, व्यक्ति सब पर प्रभाव डालते हैं, पर इससे उबरना तो होगा ही। विवशता कहकर कोई भी सार्थक रचना अपने सांस्कृतिक दायित्व से बच नहीं सकती। इसी संदर्भ में परसाई ने 'युग के प्रति ईमानदारी की बात की है। हममें से कई लोग विश्वविद्यालयों के कैरियरी दबावों में, तथाकथित अकादमिक कीमियागीरी में उलझ जाने के खतरे में थे, जिसका समय-समाज से नाता टूट जाता है, हाथीदाँत की मीनारों में बैठकर सोचा जाता है, कई प्रकार के मिथ्या दंभ पाले जाते हैं, दुकानों की तरह चलना होता है। परसाई जैसे रचनाकारों ने सिखाया कि कोई भी रचना, कोई भी व्यक्तित्व तभी सार्थक है जब वह अपने समय से आँख मिलने का माद्दा रखता है। वे रचना के समाजशास्त्र हैं।

एक बार परसाई जी को यहाँ पाना चाहा। उनकी टाँगें छल कर चुकी थीं, एक दुर्घटना में। हमारा भी लोभ जागा कि परसाई जी यहाँ रहेंगे, नई पीढ़ी कुछ सीख सकेगी, हम भी प्रेरणा पाएँगे। अशोक वाजपेयी, श्रीकांत वर्मा, मायाराम सुरजन आदि से अनुरोध कि परसाई जी को मनाएँ। वे आए, नई पीढ़ी को बहुत अच्छा लगा। हमारा भी लोभ कि : यहाँ वे अपने मन का काम कर सकेंगे,

गोर्की-चेखव की उड़ान भर सकेंगे, जी-भर। पर शायद उनका मन जबलपुर में ही बसता है—ढेर-सारे परिचित लोग। उनकी तबियत कुछ ढीली चल रही थी, गए तो फिर लौटे ही नहीं और हमारे सपने अधूरे ही रह गए। आजाद परिन्दे को किन्हीं भी सींखचों में रख पाना संभव नहीं। परसाई आजाद तबियत के आदमी। जब किसी ने पूछा कि आप सेठिया पत्रिकाओं में लिखते हैं तो उनका उत्तर था, 'हाँ मैं दुश्मन के मंच का इस्तेमाल करना जानता हूँ।' परसाई अपने मूल्यों की कीमत पर कोई समझौता नहीं कर सकते, इसलिए लोग उनसे बात करते हुए काफी सावधान रहते हैं। उन्होंने अनेक समाचार-पत्रों के कॉलम लिखे हैं, सही मायने में मसिजीवी रहे हैं, पर वे अपनी कलम की आजादी चाहते हैं। लिखेंगे वही जो उनकी प्रतिबद्ध चेतना कहेगी। कहना न होगा कि परसाई उन विरल लेखकों में हैं जिन्होंने अपने जिम्मेदार लेखन से पत्रकारिता और साहित्य के तथाकथित द्वैत को पाटने का अथक प्रयास किया। पत्रकारिता को लोग हड़बड़ी में लिखा गया दोयम दर्जे का, बाएँ हाथ वाला काम मानते रहे हैं, और साहित्य को गंभीर दायित्वपूर्ण सृजन। लेखन में इस प्रकार का वर्ग-भेद परसाई को स्वीकार नहीं। उन्होंने अपने समय के परिवेश का उपयोग करते हुए, दो-टूक बात कही, खतरे उठाए। 'देशबन्धु' के संपादक अपने घनिष्ठ मित्र मायाराम सुरजन को 1973 में लिखे गए अपने एक पत्र में उन्होंने कबीर की बलिपंथी पंक्तियाँ उद्धृत कीं जो 'घर फूके आपनो चले हमारे साथ' और चुटकी ली : 'मैं नहीं जानता, मुझे यश कैसे मिल गया। मैंने अपना कर्तव्य किया। पिटवाया पत्रकार मित्रों ने मुझे छापकर।

29 जुलाई, 1973 के 'नवभारत' में मैंने लिखा था कि 'निराला, मुक्तिबोध या परसाई की तरह भी लोग हैं जो अपनी कलम बेचने से इनकार कर देते हैं।' परसाई ने व्यंग्य को नई सामाजिक अर्थवत्ता दी, उसे रचनात्मक साहित्य की गरिमा दी और हिंदी पत्रकारिता को अपने व्यंग्यों से नए धरातल प्रदान किए।

चीजों को जीवन से उठा लेना और उसी मुहावरे में पाठक तक पहुँचा सकने की कला एक कठिन साधना है। अपने को, समय के हर मोड़ पर खड़े पाना, अपनी प्रतिबद्धता के साथ परसाई जैसे जागरूक लेखक के लिए ही संभव है। वे हमारे सबसे उद्धरणीय लेखकों में हैं, जिन्होंने गहरे उतरकर जीवन का विश्लेषण किया और उनके अनुभव का संसार बहुत विस्तृत है। आज जब वे लगभग कमरे में कैद हैं, विवश परिस्थितियों में, तब भी समय की नब्ज पर उनका हाथ और नवीनतम जानकारी उनके पास है। शैथिल्य का कोई चिह्न उनमें नहीं, वही पैनी आँखें, धारदार मेधा, जाग्रत संवेदन, बड़ी चिंताओं वाला मन। ज्ञानरंजन को दिए

गए एक इंटरव्यू में परसाई ने विनम्र भाव से स्वीकारा : 'क्लैसिक इरादा करके नहीं लिखा जाता बल्कि वह हो जाता है। नैतिक के लिए अन्य बातों के अलावा संपूर्ण जीवन का चित्रण होना चाहिए, मैं खंड-खंड चित्रण करता हूँ। शायद मुझ में 'इपिक टेलेण्ट' नहीं और मैं परंपरागत अर्थों में महाकाव्य या उपन्यास नहीं लिख सकता। 'फैंटेसी' (जो मुक्तिबोध का प्रिय विषय है) मुझसे सधती है। मेरा बहुत कुछ सोचना फैंटेसी में होता है। मैं अब कोशिश कर रहा हूँ कोई लंबी 'फैंटेसी' लिख डालूँ, जैसे 'डान क्विक्जोट है।' 'एक समय आता है जब बड़ा लेखक अपने जीवन के संचित अनुभव को कुछ बड़ी कृतियों के माध्यम से व्यक्त करना चाहता है, और अपने प्रिय लेखक को लेकर यह आकांक्षा पालना बहुत नाजायज भी नहीं है। गहरे आत्मविश्वास से परिचालित रचनाकार तो किसी भी ऊँचाई पर जाने की क्षमता रखता है और परसाई के पास वह सब कुछ है जो किसी ऐसे लेखक में होता है जिसके लिए लेखन एक जिम्मेदार कर्म है, मनुष्य को अधिक से अधिक बेहतर बनाने का अभिलाषी। वे हमारे ऐसे लेखक जो हमें रोशनी भी देते हैं और ऊर्जा भी।

कांति कुमार जैन

बीसवीं शताब्दी के भारतीय समाज के सत्र न्यायाधीश

बीसवीं शताब्दी के जो हिंदी लेखक इक्कीसवीं शताब्दी में जाएँगे और मूल्यवान माने जाएँगे, उनमें हरिशंकर परसाई भी एक होंगे। इस शताब्दी के पूर्वार्द्ध को समझने के लिए जिस तरह प्रेमचन्द का लेखन प्रामाणिक और उपयोगी है, उसी तरह शताब्दी के उत्तरार्द्ध से रू-ब-रू होने के लिए हमारे पास परसाई से बढ़कर और कोई साक्ष्य नहीं है। प्रेमचन्द जिस तरह अपने समय के आर्थिक शोषण, राजनीतिक अत्याचार और सामाजिक गैर-बराबरी से अपने साहित्य में बराबर विचलित दिखाई पड़ते हैं, उसी प्रकार हरिशंकर परसाई भी आजादी के बाद के भारत में मूल्यों के निरंतर ह्रास से दुःखी हैं और समाज में व्याप्त अनाचार, कदाचार, भ्रष्टाचार, दुराचार, अत्याचार से लोगों को आगाह करते हैं। प्रेमचन्द और परसाई दोनों मूल्यों के पक्षधर हैं और सदैव उसके साथ खड़े दिखाई पड़ते हैं जो शोषित हैं, अपमानित हैं अथवा मनुष्य से एक दर्जा नीचे रहने के दर्द से गुजर रहे हैं। ये दोनों लेखक जानते हैं कि समाज में शोषण यों ही नहीं होता। किसान की जमीन यों ही नहीं हड़प ली जाती। बेचारे ग्राहक को यों ही नहीं लूटा जाता। गाँव के लड़के यों ही शहर नहीं भाग जाते और नेता के चमचे यों ही अपनी जेब गरम नहीं करते। प्रेमचन्द ने प्रारंभ में यह बात भले ही न समझी हो और उनकी सुमन या उनका अलगू चौधरी या उनका नमक का दारोगा भले ही चीजों के कार्य-कारण संबंधों को न समझ पाते हों, किंतु धीरे-धीरे प्रेमचन्द के माधव अथवा घीसू अथवा गोबर यह बात बखूबी समझ लेते हैं कि आर्थिक विषमता अथवा सामाजिक भेद-भाव भगवान के बनाए हुए नहीं हैं, ये मनुष्यकृत हैं। इसका आधार शोषण पर आधारित वर्ग संरचना है। 'महाजनी सभ्यता' अथवा 'मंगलसूत्र' के प्रेमचन्द जहाँ अपनी बात खत्म करते हैं, परसाई वहीं से अपनी बात की शुरुआत करते हैं। ज्यों-ज्यों हिंदी के लेखकों में वर्ग-चेतना तीव्रतर होती गई, त्यों-त्यों हमारा लेखन भी ज्यादा स्पष्ट और निर्भ्रांत होता गया।

ये दोनों लेखक कला का निर्माण नहीं करते। ये जीवन का, जीवन-मूल्यों का निर्माण करने और उन्हें शक्ति प्रदान करने में विश्वास करते हैं। सन् 1950 के बाद हमारे समाज में जिस तेजी से मूल्यों का विघटन हुआ है और जिस तेजी से बेईमानी, काइयाँपन और चतुराई बढ़ी है, उसे समझने और परखने के लिए एक ऐसा आईना चाहिए था, जिसमें चेहरे के पीछे छिपी हुई विकृति उभरकर चेहरे पर आए और आदमी जैसा बौना, ओछा और विकृत हो गया है वह हमें साफ-साफ दिखाई पड़े, परसाई का व्यंग्य ऐसा ही आईना है। समाज के अंधे और थोथे आदर्शों में सने धृतराष्ट्रों के लिए हमारे समाज के महाभारत में रोज जो ले-दे चल रही है उसे देखने और दिखलाने के लिए एक संजय की आवश्यकता होती है, परसाई वही संजय हैं।

परसाई के इस कार्य को प्रारंभ में गंभीरता से नहीं लिया गया। मुझे 1956 की वह घटना अभी भी याद है जब रूस से आए हुए प्रतिनिधियों के सम्मान में पैगोडा में 'इस्कस' की एक बैठक आयोजित की गई थी। वहाँ सोवियत प्रतिनिधियों से परसाई का परिचय कराते हुए कहा गया था—'श्री हरिशंकर परसाई से मिलिए ये बड़े 'फनी राइटर' हैं।' हिंदी के एक वरिष्ठ समीक्षक 1960 में परसाई को एक मसखरा लेखक कहकर निरस्त कर रहे थे। एक महाविद्यालय के वरिष्ठ हिंदी आचार्य एम.ए. के छात्रों को परसाई जी की रचनाएँ पढ़ने के लिए डाँटते थे कि कहीं वे बिगड़ न जाएँ। बहुत दिनों तक व्यंग्य हिंदी साहित्य की 'शेड्यूल कास्ट' विधा मानी जाती रही। परसाई ने अपने निरंतर लेखन से, अपने प्रभावशाली लेखन से, अपने सार्थक लेखन से, अपने पठनीय लेखन से व्यंग्य की तथाकथित अछूत विधा को साहित्य के मंदिर में प्रतिष्ठित कर दिया। हिंदी में जब तक व्यंग्य का नाम लिया जाएगा, परसाई का भी नाम लिया जाएगा। परसाई लिखते एक साहित्यकार की तरह हैं, देखते एक समाजशास्त्री की तरह हैं और सोचते एक वैज्ञानिक यथार्थवादी की तरह हैं। वास्तव में हमारे युग की समस्याएँ इतनी जटिल, यथार्थ इतना संकुल, और वस्तुओं के कार्यकारण संबंध इतने पेचोखम वाले हैं कि अकेला साहित्यकार उनका सर्वांग साक्षात्कार नहीं कर सकता। अकेला समाजशास्त्री उसके संपूर्ण खतरों को ठीक-ठीक नहीं समझ सकता और अकेला यथार्थवादी वैज्ञानिक सामान्यजन तक चीजों के भीतर भिदे हुए सत्य तक नहीं पहुँच सकता। इसलिए आज के सार्थक और प्रभावशाली लेखक को अपनी संवेदना में एक साहित्यकार, दृष्टि में एक समाज-शास्त्री और अपने चिंतन में एक यथार्थवादी वैज्ञानिक होना पड़ता है। परसाई हमारे युग के 'थ्री इन वन' लेखक हैं। इसीलिए उनका लेखन हर वर्ग और हर वय और हर

बुद्धि के पाठक के लिए कारगर है। परसाई को पढ़ने के बाद हम वही नहीं रह जाते, जो परसाई को पढ़ने के पहले होते हैं। परसाई हमारी चेतना पर छाई हुई धुंध को छाँट देते हैं और हमारी कुंठित संवेदना को जगा देते हैं। जब समाज में मूल्यों का विघटन होता है और 'सब चलता है और क्या फर्क पड़ता है, की मनोवृत्ति बद्धमूल हो जाती है तो हमें व्यंग्यकार की आवश्यकता होती है जो हमारी संवेदना पर लगी हुई जंग को अपने व्यंग्य के मसकले पर चढ़ाकर तेज कर दे। व्यंग्य एक ऐसी खराद है जो हमारी संवेदना के भोथरेपन को दूर करती है और हमारी समझ और संवेदना की धार को तीक्ष्ण करती है। परसाई अपने व्यंग्य का मसकला लिए हुए हर उस मौके पर मौजूद रहते हैं जहाँ बनियाँ पिसी हुई धनियाँ में लीद मिला रहा है। जहाँ अध्यापक कक्षा में न पढ़ाकर घर में ट्यूशन कर रहा है, जहाँ सफेद टोपी धारी नेता इंपोर्टेड पेन की तलाश में है, जहाँ 'नशाखोरी हटाओ, आंदोलन का नेतृत्व करने के बाद स्वयंसेवक भट्टी की तरफ जा रहा है, जहाँ दहेज विरोधी मंच के अध्यक्ष अपने बेटे के लिए धनाढ्य परिवार ढूँढ़ रहा है। अर्थात् परसाई किसी भी मूल्यगत बेईमानी को, मक्कारी को, भ्रष्टाचार को माफ नहीं करते। वे कोई सत्र न्यायाधीश तो हैं नहीं कि ऐसे अपराधी को हवालात की सजा सुना दें। या किसी पुलिस इंसपेक्टर की तरह उसे हथकड़ी पहना दें। वे एक ईमानदार नागरिक हैं और समाज को प्रदूषण से बचाने के लिए लोगों को इस प्रदूषण से आगाह करना दायित्व समझते हैं। वे सत्र न्यायाधीश हैं पर मूल्यों के। वे पुलिस-इंसपेक्टर हैं पर भर्त्सना के। वे समाज में एक ऐसा वातावरण बनाना चाहते हैं जिसमें बुरा आदमी अपना सिर ऊँचा करके न चल सके और भले आदमी को बुरा बनने के प्रति कोई आकर्षण न रहे। प्रसिद्ध अर्थशास्त्री ग्रेशम ने कहा था—'खोटा सिक्का असली सिक्के को बाजार से भगा देता है।' परसाई का व्यंग्य-लेखन इस बात की कोशिश है कि खोटे सिक्के असली सिक्कों पर हावी न होने पाएँ और उन्हें समाज में सम्मानपूर्वक रहने के लिए आस्थावान बना रहने दें। परसाई को व्यंग्य विधा का साहित्यकार कहा गया है। व्यंग्य कोई विधा नहीं है। वह एक चेतना है, चीजों को देखने और परखने की सजग दृष्टि है, वह एक नजरिया है जिससे ऊपर दिखने वाली वास्तविकता की तहों को खोलकर भीतरी वस्तु को जाना-परखा जाता है, वह एक्स-रे विधि है। वह लेजर-बीम है, वह ऑपरेशन टेबिल है, वह पोस्टमार्टम की रिपोर्ट है। ये सब किसी भी विधा में सफलतापूर्वक संपन्न किए जा सकते हैं। भारतेन्दु हरिशन्द्र ने इसे एक 'अद्भुत-अपूर्व स्वप्न' में साकार किया, बालमुकुन्द गुप्त ने इसके लिए 'शिवशम्भू का चिट्ठा' जैसी फैंटेसी का आविष्कार किया। निराला ने इसके लिए

कभी 'कुकुरमुत्ता' जैसी कविता लिखी तो कभी 'बिल्लेसुर बकरिहा' जैसी जीवनी। यह चेतना, उपन्यास, कहानी, यात्रा-विवरण, रिपोर्ताज या अन्य किसी भी विधा के माध्यम से संप्रेषित की जा सकती है। परसाई के पहले जिन साहित्यकारों ने व्यंग्य लिखा, उन्होंने केवल व्यंग्य ही नहीं लिखा, और बहुत कुछ लिखा और साथ में थोड़ा-सा व्यंग्य भी लिखा। इसलिए व्यंग्य के बारे में साहित्य के इतिहासकारों और समीक्षकों को विशेष परेशानी नहीं हुई। किंतु परसाई ने व्यंग्य लिखा, केवल व्यंग्य लिखा और व्यंग्य के अलावा और कुछ नहीं लिखा। इसलिए हमारे चतुर सुजानों को व्यंग्य की विधा का आविष्कार करने की आवश्यकता महसूस हुई। हिंदी साहित्य का इतिहास अभी तक अधिकांशतः मुंशी-कलम से लिखा गया है। 'मुंशी-कलम' यानी खतियाने की पद्धति। यह खाता-आमद का है, यह खाता खर्च का और यह खाता फुटकल का। परसाई के लेखन को गद्य के किसी खाते में डाल पाना इन चंद, इतिहासकारों अथवा समीक्षकों के लिए कठिन साबित हुआ। फलतः उन्हें व्यंग्य के एक स्वतंत्र खाते की कल्पना करनी पड़ी। यह कल्पना कितनी अनुपयुक्त और तर्कहीन है, यह कहना निरर्थक है। परसाई के साथ व्यंग्य विधा का लेबल चिपकाना हास्यास्पद है। वे एक गंभीर लेखक हैं, उनके पास मूल्यों और वास्तविकता की अंतःक्रिया को समझने की समग्र दृष्टि है। वे हँसने-हँसाने के लिए नहीं लिखते, उनको पढ़कर हमारा समय ही नहीं कटता, हमारी रूढ़ियों की जंजीरें भी कटती हैं और हम परसाई को पढ़ने के पहले जो होते हैं, वही नहीं रह जाते। मुक्तिबोध ने अपनी कविता में दुनिया को बेहतर बनाने की बात कही है। परसाई दुनिया को बेहतर बनाने का काम कर रहे हैं। बीसवीं शताब्दी के उत्तरार्द्ध की मूल्यगत गंदगी को साफ करने के लिए एक बहुत बड़े लेखक की आवश्यकता थी। परसाई वैसे ही लेखक हैं। वे हमारे दौर की सचाइयों के संवाददाता हैं, वे हमारे समाज की दरारों पर अपना फैसला सुनाने वाले सत्र-न्यायाधीश हैं। वे छद्म और आदर्श के बीच की दूरी को नापने वाले समाज-वैज्ञानिक हैं। परसाई और प्रेमचन्द भारतीय समाज की बीसवीं शताब्दी के संपूर्ण सत्य को जानने, समझने और उसका मूल्यांकन करने के लिए दो ऐसे चश्मदीद गवाह हैं जो अगली शताब्दी के लिए भी उपयोगी, प्रासंगिक और मूल्यवान बने रहेंगे।

डॉ. बच्चन सिंह

नरक के विरुद्ध

हिंदी में व्यंग्य की शुरुआत हिंदी जाति के उदय के साथ होती है। संस्कृत साहित्य में व्यंग्य लगभग नहीं है, हास्य है। पर हास्य का जो रूप वहाँ मिलता है वह परंपरामुक्त और विदूषकीय है। सामंती समाज और राज्याश्रय में रहने वाले कवियों को विदूषकीय घेरे से बाहर जाने की इजाजत नहीं थी। साहित्य और समाज एक ढर्रे पर चल रहा था। उसे तोड़ना अथवा उससे अलग होकर कुछ नया कहने की न तो परंपरा थी और न हिम्मत।

आधुनिक आर्य भाषाओं के प्रादुर्भाव के साथ ही व्यंग्य का भी आगमन होता है। इस सामंती समाज में पहले की कसावट नहीं थी। नई आर्थिक-सामाजिक परिस्थितियों के कारण बहुत कुछ ढीला पड़ गया था। संतों और भक्तों को राज्याश्रय से कोई मतलब नहीं था। मतलब था तो उस समाज से जिसमें वे रह रहे थे। जाति-पाँति के भेद-भाव से समाज पहले काफी जकड़ा हुआ था किंतु ब्राह्मणवाद के दबाव के कारण निम्न जातियों की जबान बन्द थी। उच्च वर्ग के विरुद्ध बोलने का उन्हें कोई हक न था। बारहवीं शताब्दी में कृषि-कर्म बहुत कुछ शूद्रों के हाथ में चला गया था। भूमि से जुड़ जाने पर उनमें भी अपने हक के प्रति नई चेतना जागी। बज्रयानी सिद्धों और नाथ सिद्धों ने समाज की असमानता पर कसकर प्रहार किया। उनकी भाषा अपभ्रंश थी। किंतु उसमें ही हिंदू जाति की जातीय चेतना का बीज-वपन हो गया था।

हिंदी भाषा अपने तरकस में तेज धार वाले व्यंग्य-बाण को लिए हुए अवतरित होती है। यह सभी को मालूम है कि कबीर ने जाति-पाँति की प्रथा, हिंदू-मुसलमानों के बीच के मतभेद और धर्मा डिम्बर के घनीभूत बादलों को अपने पैने व्यंग्यबाणों से छिन्न-भिन्न कर दिया था। कबीर की मार से भागती हुई वर्णाश्रम धर्मी सेना को ढाँढ़स बँधाने के लिए तुलसीदास को भी अपने तीर निकालने पड़े। गोपी-उद्धव संवाद में सूरदास ने जिन व्यंग्य-बाणों का प्रयोग किया

है उनकी मार देखने ही लायक है। रीतिकाल में बिहारी भी इन बाणों का प्रयोग करते हुए दिखाई पड़ते हैं। कभी-कभी सामंती समाज के समर्थन में- कभी जातीय जीवन का स्वर फेंकने में 'बाज पराए पानि परि, तू पंछिनि न मार'।

आधुनिक काल में पूँजीवाद और साम्राज्यवाद के आगमन के साथ व्यंग्य का लक्ष्य-वेध बदल गया। साम्राज्यवाद और सामंतवाद की मिलीभगत ने देश को बुरी तरह से लूटा और तबाह किया। आधुनिक हिंदी साहित्य के जनक भारतेंदु हरिश्चन्द्र को दुश्मन पहचानने में देर नहीं लगी। इनका मुकाबला उन्होंने कई तरह से किया। अंत में उन्हें भी व्यंग्य-बाणों का सहारा लेना पड़ा। उनकी मार से दुश्मन तिलमिला उठा। भारतेन्दु को भी चोटें आईं। यह लंबी लड़ाई अकेले नहीं लड़ी जा सकती थी। उन्होंने एक लड़ाकू दल (भारतेंदु मण्डल) बनाया और आजीवन लड़ते रहे। इस लड़ाई को आगे बढ़ाने वाले लोगों में निराला का नाम सादर स्मरण किया जाएगा। उनके पास अमोघ मंत्रपूत बाण थे। इन लड़ाइयों से आजादी हासिल करने में भी सहायता मिली।

देश स्वतंत्र हो गया। मैं नहीं कहना चाहता कि इससे देश आगे बढ़ा। विज्ञान और टेक्नोलॉजी के कारण इसकी अभूतपूर्व उन्नति हुई। पर पूँजीवादी व्यवस्था की नैतिक विकृतियों ने इसे भीतर ही भीतर से छलनी कर दिया। जिधर देखो उधर भ्रष्टाचार, आतंकवाद, जाति-बिरादरीवाद, लूट-खसोट का बाजार गर्म है। अभी तक तो बाणों के लक्ष्य विदेशी और देशी सामंत थे। किंतु अब तो भ्रष्टाचारी में फर्क करना मुश्किल हो गया है।

व्यंग्य हिंदी साहित्य की अपनी जातीय विशेषता मालूम पड़ती है। अन्य भाषाओं के साहित्य में इसका खुला प्रयोग नहीं हुआ है। नए युग के अनुरूप नए व्यंग्य-बाणों एवं नए प्रयोक्ताओं की जरूरत थी। युग की जरूरत को समझते हुए इस लड़ाई की अगुवाई परसाई ने की। अगुवाई ही नहीं की, लड़ाई को संगतपूर्ण निष्कर्षों तक भी पहुँचाया। यदि लड़ाई हो रही है तो घाव लगेंगे ही। कब्र को भी कम घाव नहीं लगे थे। निराला के घावों के संबंध में तो उन्हीं के शब्दों में कहा जा सकता है—'विद्धांग वध को दण्ड मुष्टि, खर रुधिर स्राव।' तब परसाई के बचने का कोई सवाल ही नहीं उठता। परसाई के बाण कई तरह के हैं। एक मोर्चे पर वे एक तरह का बाण छोड़ते हैं तो दूसरे मोर्चे पर दूसरे प्रकार का। हर मोर्चे के लिए अलग-अलग धनुष, अलग-अलग बाण।

मैं राजनीतिक मोर्चे को छोड़ दे रहा हूँ। यद्यपि परसाई ने इस मोर्चे पर जमकर लड़ाई की है। हिंदी साहित्य में इस मोर्चे पर लड़ी गई लड़ाइयाँ खूब

जमकर नहीं लड़ी जा सकी हैं। राजनीतिक मोर्चे पर जहाँ कहीं भी, चाहे कविता हो, कहानी हो अथवा लेख, व्यंग्य का प्रयोग किया गया है, उसे बहुत सफल नहीं कहा जा सकता। इस तरह की रचनाओं को साहित्य की कोटि में रखा जाए या नहीं, इस पर विद्वानों में मतभेद है। फिलहाल उन विवादों में न पड़कर मैं परसाई की उन लड़ाइयों का ही उल्लेख करना चाहूँगा जो शिक्षा, संस्कृति, कला आदि के मोर्चे पर लड़ी गई हैं। राजनीतिक मोर्चे पर जो भ्रष्टाचार होता है, वह साफ दिखाई पड़ता है। लेकिन सांस्कृतिक मोर्चे पर व्याप्त भ्रष्टाचार अधिक सूक्ष्म और गहरा होता है। राजनीतिक गिरावट से देश खड़ा हो सकता है। लेकिन सांस्कृतिक गिरावट उसे रसातल में ढकेल देती है।

चीन का आक्रमण हुआ। उसके संबंध में बहुत-सी रचनाएँ लिखी गईं। परसाई असमंजस में पड़ गए। लोग ढेर सारी कविताएँ, कहानियाँ लिख रहे हैं। लेकिन वे हैं कि उनसे कुछ करते नहीं बनता। उन्होंने लिखा है—'मैं खुद ही कई दिनों से सोच रहा हूँ कि क्या करूँ। सुनता हूँ कि अमुक ने एक सप्ताह में ही दस कविताएँ, सात लेख लिख डाले। रोज हो अगणित चीन-विरोधी और राष्ट्रवादी कविताएँ, लेख कहानियाँ पढ़ता हूँ और तब सोचता हूँ कि मैं फिसड्डी हमेशा रहा—मैंने अभी तक सिर्फ दो कहानियाँ और पाँचः छः स्तम्भ लिखे हैं। लेकिन इनमें भी वे जोरदार शब्द नहीं आए जो अन्य की रचनाओं में हैं, जैसे—गद्दार, नीच, कमीने, अफीमची, बदमाश, धोखेबाज आदि। एक कवि कहता है—दुष्ट चीनी, हम तुझे चीनी (शक्कर) बनाकर चाय में घोलकर पी जाएँगे। दूसरा कहता है—हम पेकिंग पर तिरंगा गाड़ देंगे। (विजयी विश्व तिरंगा प्यारा!) तीसरी कविता में कहा गया है—साले अफीमची, हम तुझे अफीम खिलाकर मार डालेंगे...मुझे एक चिट्ठी मिली है कि हम लोग चीनी आक्रमण के उपलक्ष्य में एक पुस्तक निकाल रहे हैं, आप भी इसमें एक रचना छपा लीजिए।'

यह व्यंग्य सामान्य लेखन प्रक्रिया के साथ जुड़ जाता है। युद्ध की विभीषिका से दूर युद्ध संबंधी जो भी अभिव्यक्ति होगी वह काल्पनिक होगी, झूठी होगी। अतः उसके संबंध में जो कविता लिखी जाएगी वह नारा होगी, लफ्फाजी होगी। इस माहौल से संबद्ध अपनी कहानियों को उन्होंने खुद कमजोर बताया है। लेकिन ऐसे प्रसंगों में जब वे 'आल्हा' का प्रकरण शामिल कर लेते हैं तो व्यंग्य-बाण लक्ष्यहीन होकर अँधेरे में गुम हो जाता है।

इधर जब से प्रतिबद्ध और व्यंग्यात्मक रचनाएँ लिखी जाने लगी हैं तब से उनके मुकाबले में व्यक्ति-स्वातंत्र्य और शाश्वतता का प्रश्न खड़ा किया जाने लगा है। व्यक्ति-स्वातंत्र्य का नारा किसी गहरी राजनीति से प्रेरित है। कहना न होगा

कि यह एक विशिष्ट वर्ग का हित साधक है। व्यंग्य साहित्य में भी ऐसा कुछ हो सकता है। और होता है जो अपने स्थायित्व में मूल्यवान होता है। शाश्वतता का पैमाना पुराना पड़ गया है। बँधी-बँधाई साहित्यिक चेतना के माहौल में जीने वालों के लिए शाश्वतता का आकर्षण भले ही हो, लेकिन सामान्य पाठक के लिए जीवन की कालिक समस्याएँ अधिक महत्त्वपूर्ण होती हैं। परसाई से भी बार-बार कहा गया कि कुछ शाश्वत लिखिए।

शाश्वतता के विरोध में उन्होंने कई जगहों पर लिखा है–'वे सट्टे का फिगर रोज नया लगाते थे। मगर साहित्य शाश्वत लिखते थे। वे मुझे वाल्मीकि की तरह दीमकों के बमीठे में दबे हुए लगते थे। शाश्वत साहित्य लिखने का संकल्प लेकर बैठने वाले ने कई साल पहले मुझसे कहा था–आप स्कूल में मास्टर होकर भी इतना अच्छा लिखते हैं, मैं तो सोचता था आप प्रोफेसर होंगे। उन्होंने स्कूल मास्टर लेखक की हमेशा उपेक्षा की। वे खुद प्रोफेसर रहे। पर आगे उनकी वह दुर्गति हुई कि उन्हें कोर्स में लगी मेरी रचनाएँ कक्षा में पढ़ानी पड़ीं।' कोरा शाश्वत साहित्य भला कोर्स में कैसे लगेगा। अब तो कोर्स में वही साहित्य लगेगा जो कालबद्ध भी हो। इसी बात को वे एक-दूसरे लेख में दूसरे ढंग से कहते हैं–मुझे ज्ञानियों ने लगातार सलाह दी कि कुछ शाश्वत लिखो। ऐसा लिखो जो अमर रहे। मैं जिंदा हूँ क्योंकि जो मैं लिखता हूँ, कल मर जाता है। लेखकों को मेरी सलाह है कि ऐसा सोचकर कभी मत लिखो कि मैं शाश्वत लिख रहा हूँ। शाश्वत लिखने वाले तुरंत मृत्यु को प्राप्त होते हैं। अपना लिखा जो रोज मरते देखते हैं वही अमर होते हैं। जो अपने युग के प्रति ईमानदार नहीं हैं वह अनन्तकाल के प्रति क्या ईमानदार होगा।'

वे इस झमेले में नहीं पड़ते कि कालबद्ध साहित्य किस प्रकार कालमुक्त होगा। कालमुक्त साहित्य अपने आपमें कुछ नहीं होता। सच तो यह है कि साहित्य एक साथ ही कालबद्ध भी होता है और कालमुक्त भी।

परसाई ने पुरस्कार प्रेमी साहित्यकारों को भी बुरी तरह बेनकाब किया है। वे सार्च का हवाला देते हुए कहते हैं कि वह नोबेल पुरस्कार इसलिए ठुकरा देता है। कि लोग यह न समझे कि वह पश्चिम के हाथों बिक गया है। पर हिंदी के लेखक सौ-सौ जूता खाएँ, तमाशा घुसकर देखें। इसे प्राप्त करने के लिए उन्हें कितने षड्यंत्रों, उठा-पटक, भाई-बिरादरीवाद के बीच से गुजरना पड़ता है। उन्हें वे ही जानें। कभी-कभी तो यह भी होता है कि पुरस्कार देने वाला ऐसी व्यवस्था करता है कि वह स्वयं पुरस्कार झटक लेता है। परसाई के व्यंग्यों की एक विशेषता और भी है। वे बीच-बीच में अत्यंत महत्त्वपूर्ण सूक्तियाँ भी जड़

देते हैं। उदाहरण के लिए वे बीच में सार्च का एक कथन डाल देते हैं—'दमन और शोषण से मुक्त होने पर मनुष्य जिससे परिभाषित होता है उसे संस्कृति कहते हैं। संस्कृति की इससे बेहतर परिभाषा और क्या हो सकती है। जाहिर है कि वे अपने व्यंग्य-लेखों से किसी मनुष्य को परिभाषित करने में लगे हुए हैं।'

शिक्षा, संस्कृति, राजनीति, धर्म, संस्कार, शास्त्र आदि सभी उनके व्यंग्य के लक्ष्य रहे हैं। रूढ़ियों को ढाहने और पाखंडों को गिराने में परसाई को विलम्ब नहीं लगता। उन्हें मालूम है कि चोट कहाँ करनी चाहिए। दमन और शोषण से मुक्त करने के लिए वे अर्थशास्त्र की महत्ता पर जोर देते हैं और वर्ग-संघर्ष के समर्थन में छोटा-मोटा रोचक किस्सा गढ़ लेते हैं। अर्थशास्त्र की प्रधानता का उल्लेख करते हुए वे लिखते हैं:

'लड़ाई शास्त्रों की भी आपस में होती है। अर्थशास्त्र जब धर्मशास्त्र के ऊपर चढ़ बैठता है, तब गो-रक्षा आंदोलन के नेता पं. द्वारिकानाथ जूतों की दुकान खोल लेते हैं और 'काफलेदर' के जूते बेचते हैं। गाय के बछड़े के चमड़े के जूते को हाथ में लेकर भागवत की तरह, ग्राहक से कहते हैं—ये जूता बड़ा मुलायम होता है। पहले 'काफलेदर' विलायत से आता था, पर अब अपने देश में ही उतरने लगा है। अपना देश भी काफी बढ़ गया है।

'सड़क पर जुलूस में होते हैं तब कहते हैं—गो-हत्या के कारण देश गिर गया है। दुकान पर होते हैं तब कहते हैं—बछड़े का चमड़ा उतारने के कारण देश आगे बढ़ गया है। दोनों ही बातें सही हैं। देश गिरा जरूर, पर फिर घिसकता हुआ आगे बढ़ा और उसके कारखाने तक आ गया। वहाँ उन्होंने देश का चमड़ा उतारकर अपने जूते बना लिए और बेचने लगे।'

'एक मध्यवर्गीय कुत्ता' में वे पंचतंत्रीय प्रणाली पर वर्ग-संघर्ष का समर्थन करते हैं—एक सुविधा भोगी पट्ट और जंजीर वाला कुत्ता। बरक्स सड़क के सामान्य कुत्ते। सामान्य कुत्ते सुविधा भोगी कुत्ते से कहते हैं—'अबे अपना वर्ग नहीं पहचानता ढोंग रचता है। ये पट्टा और जंजीर लगाए हैं। मुफ्त का खाना खाता है। लान पर टहलता है। हमें ठसक दिखाता है। पर रात को जब हम किसी आसन्न संकट पर भौंकते हैं तो तू भी हमारे साथ हो जाता है। संकट में हमारे साथ है मगर यों हमपर भौंकेगा। हम में से है तो निकल बाहर। छोड़ पट्टा और जंजीर!...'

व्यंग्य लेखन के लिए एक ऐसी धारदार भाषा की आवश्यकता होती है जो अपने विरोधियों को सहज काटती-पीटती आर-पार चली जाती है। परसाई के

पास इस प्रकार की भाषा है जो स्वयं उनके अनुभव से ही आविर्भूत होती है। कहीं से भी उसे जटिल नहीं कहा जा सकता। वहाँ पर तो है केवल धार—केवल धार! वे मुहावरों को कहीं गाँव-गिराँव से उठा लेते हैं तो कहीं सड़क पर चलती हुई भीड़ से। इसलिए उसमें अद्भुत ताजगी और रवानगी आ जाती है। आवश्यकतानुसार वे वाक्यों को बीच में ही तोड़ देते हैं। इन टूटे हुए वाक्यों का मौन स्वयं में बहुत कुछ कह जाता है। परसाई को ठीक ढंग से समझने के लिए इन अंतरालों को भी अर्थ देना होगा। व्यंग्य—लेखों की शैली में आवश्यकतानुसार कहीं व्यक्तित्व-व्यंजक निबंधों की छौंक मिलेगी तो कहीं कहानीपन, कहीं पंचतंत्रीय प्रणाली, कहीं रिपोर्ताज तो कहीं डायरी। इस प्रकार इन सभी शैलियों का आनन्द उनके निबंधों में लिया जा सकता है। लेकिन ध्यान रखना चाहिए कि इनका मुख्य प्रयोजन समाज के उन लोगों पर प्रहार करने के लिए किया गया है जिन लोगों ने उसे नरक बना रखा है।

डॉ. विश्वनाथ त्रिपाठी

वर्तमानता की पहचान, समझ और संवेदना

परसाई वर्तमानता के रचनाकार हैं। इस कथन का मतलब केवल यह नहीं कि उनके लेखन में आजादी के बाद की स्थितियों का चित्रण है। वर्तमानता उनकी रचनाधर्मिता के केंद्र में है, वह रचनात्मक मूल्य बन गई है। परसाई के शब्दों में :

'शाश्वत लिखने वाले तुरंत मृत्यु को प्राप्त होते हैं। अपना लिखा जो रोज मरता देखते हैं वही अमर होते हैं—जो अपने युग के प्रति ईमानदार नहीं है वह अनंतकाल के प्रति क्या ईमानदार होगा।

शाश्वत अरूप है, सरूप—और सबसे ज्यादा सरूप वर्तमान है। लेखक सरूप वर्तमान से प्रभावित न हो, और जिसे नहीं देख रहा, उसी से प्रभावित होने का प्रयास करे या ढोंग रचे तो वह अपनी समझ से शाश्वत लिखेगा। विभिन्न युगों के वर्तमानों के योग के आधार पर हम शाश्वत की कल्पना करते हैं। इसी को निराला कहते थे—हम नित्य नवीनता में ही सनातनता पाते हैं।

काल को भूत, भविष्य, वर्तमान में बाँट दिया गया है, समझने-समझाने की सुविधा के लिए। भूत और भविष्य को वर्तमान जोड़ता और काटता है। भूत वर्तमान में प्रतिफलित होता है। वर्तमान में भूत निहित है। वर्तमान की सक्रियता भविष्य का निर्माण करती है। वर्तमान का सर्वाधिक महत्त्व इस बात में है कि वह सक्रियता से जुड़ा है। हम वर्तमान में ही कर्मरत होते हैं। अतीत में हम नहीं, हमारे पूर्वज कर्मरत थे। भविष्य में आने वाली पीढ़ियाँ उद्योग करेंगी। भविष्य में काम करने की हम योजना ही बना सकते हैं। काल को कर्म में हम केवल वर्तमान में ढाल सकते हैं। यह बात मुक्तिबोध की एक पंक्तिः

'पीतालोक प्रसार में काल गल रहा है' से स्पष्ट होती है। 'अँधेरे में' कविता का वाचक निष्क्रिय है। इसलिए काल गल रहा है। पीत आलोक निष्क्रियता का द्योतक है। रक्त आलोक सकर्मकता का।

हरिशंकर परसाई वर्तमानता के रचनाकार हैं। उनका साहित्य बीसवीं सदी के उत्तरार्द्ध के भारत का है। यह साहित्य इस काल के भारत की पहचान है।

परसाई ने वर्तमान समस्याओं को ही अपने लेखन का आधार बनाया है। आधुनिक काल में किसी अन्य रचनाकार ने वर्तमान समस्याओं तक ही अपने को इतना व्यस्त नहीं रखा है। वर्तमान समस्याओं पर लिखते समय भी रचनाकार उन्हीं समस्याओं पर कलम चलाते हैं जिन पर लोगों का ध्यान केंद्रित हो चुका है। ये सीमित वर्तमानता के रचनाकार हैं। वर्तमान के मामूलीपन या 'रोजमर्रा' की रचना में इतना प्रतिष्ठित पहले, किसी और ने नहीं किया था। यह प्रगतिशीलता का विकास है। जीवन की सामान्य बातों को रचना में स्थान देकर भारतेन्दु ने हिंदी साहित्य में अधुनिकता का प्रवर्तन किया था। वह आधुनिकता प्रगतिशीलता भी थी। बालमुकुन्द गुप्त द्वारा लिखित 'शिवशम्भु के चिट्ठे' में हम इसी मामूलीपन की प्रतिष्ठा पाते हैं। किंतु स्वातंत्र्योत्तर भारत की विशिष्ट स्थितियों में इस रोजमर्रा मामूलीपन के महत्त्व में गुणात्मक परिवर्तन हो गया है। हिंदी में यह मामूलीपन कविता में नागार्जुन और गद्य में हरिशंकर परसाई के यहाँ सबसे ज्यादा दिखलाई पड़ा है। कविता में सामान्य स्थितियों को आधार बनाकर रचना करने की दीर्घ परंपरा लोक साहित्य में रही है, नागार्जुन ने उसका काफी सहारा लिया। परसाई के पूर्वज इस दृष्टि से केवल बालमुकुन्द गुप्त हैं। उनका गद्य विधा की दृष्टि से अत्यंत प्रयोगपूर्ण और नवीन है। वह बालमुकुन्द गुप्त के 'शिवशम्भु के चिट्ठे' से भी भिन्न है। हरिशंकर परसाई के निबंधों में भंग की तरंग की भूमिका नहीं। वे छद्‌म को उद्‌घाटित कर देने वाली समझ के साथ रचना में प्रवृत्त होते हैं। मदहोश होकर होश की बातें करने की भूमिका उन्हें नहीं निभानी पड़ती। गुप्तजी वास्तविकता की पहचान कराने के लिए भंगेड़ी की भूमिका में उतरते थे। जबकि परसाई की रचना में सतर्क बोध आद्यन्त माथ रहता है।

स्वातंत्र्योत्तर भारत की स्थिति जितनी जटिल, छद्‌मपूर्ण है, परसाई की दृष्टि भी उतनी ही काइयाँ और भेदक। यहाँ ईमानदारी तो है किंतु वह मध्यकालीन बीरोचित तेवर से रहित है। परसाई की ईमानदारी आदर्श से प्रेरित है किंतु आदर्शवादी नहीं। वह भी जटिल, काइयाँ, छद्‌म को भेदने में सक्रिय और नाटकीय है। व्यंग्यकार परसाई की नैतिकता मानवीय सिद्धांतों पर आधारित है किंतु उसकी रणनीति नई है। वह अनैतिक शक्तियों के दाँव-पेंच से परिचित और उन्हें मात देने में माहिर और शातिर है। उन्हें पढ़ते हुए ब्रेख्त की याद आती है।

परसाई की रचना को आजादी के बाद की स्थितियों से अलग करके देखा ही नहीं जा सकता। आजादी के बाद की स्थितियाँ जैसी घटित हुईं वैसी न

होतीं तो परसाई का लेखन भी वैसा न होता जैसा कि है। यह बात कमोबेश तो स्वातंत्र्योत्तर भारत के सभी प्रसिद्ध रचनाकारों के बारे में कही जा सकती है, किंतु सबसे ज्यादा यह लागू होती है परसाई के बारे में। साहित्येतर स्थितियाँ रचनात्मक अनिवार्यता निर्मित करती हैं। महान् साहित्य अनिवार्य होता है। परसाई के लेखन में रोजमर्रा का मामूलीपन रचना-क्षेत्र को व्याप्ति ही नहीं प्रदान करता, उनके यहाँ यह मामूलीपन अनिवार्य भी बन गया है। उनके प्रचुर और पर्याप्त लेखन का आधार अति-सामान्य परिचित, वर्तमान कालिक, प्रत्यक्ष जीवन-जगत है। लेकिन उसका कोई अंश फालतू या महत्त्वहीन नहीं। भाव-परिधि का यह विस्तार अभिभूतकारी और आश्चर्यजनक है। पढ़ते समय वे जितना सहज लगते हैं विचार करने पर उतना ही जटिल।

परसाई के निबंधों का आकार बहुत छोटा होता है। प्रायः दो-तीन पृष्ठों का। उन्हें अलग-अलग पढ़ने पर कौतूहल, हास्य, व्यंग्य, घृणा, आक्रोश सब होता है। लेकिन निबंध पढ़ने पर एक झटका जरूर लगता है। कुछ ऐसा हो रहा है जो विक्षुब्ध कर जाता है। विक्षुब्ध करने का गुण ही परसाई को रचनाकार बनाता है—गंभीर रचनाकार। गंभीर रचनाकार मानवतावादी होगा, उसकी रचना का प्रधान तत्त्व करुणा होगा।

लेकिन इन निबंधों को आप एक साथ पढ़ें तो ये परस्पर संबद्ध लगेंगे। पूरा निबंध-साहित्य एक वृहत् युग-गाथा लगेगा। वह एक विशद असमाप्त महाकाव्य लगेगा। यह स्वातंत्र्योत्तर भारत की युग-गाथा है। व्यंग्य निबंधों का यह महाकाव्यात्मक प्रभाव हिंदी की नई उपलब्धि है। वर्तमानता, मामूलीपन की अनिवार्यता, महत्ता इन सबके साथ परसाई के निबंधों के शिल्प और विधा के नएपन का अन्योन्याश्रित संबंध है।

स्वातंत्र्योत्तर भारत का यथार्थ—बनता-बिगड़ता हुआ सक्रिय यथार्थ, परसाई के निबंधों में चित्रित है। इस सक्रियता, विकासमानता को रेखांकित करने के लिए ही उसके वास्ते 'वर्तमानता' शब्द का प्रयोग किया जा रहा है।

यथार्थ असीम है। लेखन—विषय के रूप में वर्तमानता कभी चूकेगी नहीं। वर्तमानता निरंतर विकसनशील है। वर्तमान अपनी अंतस्संबंधता में पहचाना जाता है। हमारे वर्तमान में कितनी समस्याएँ हैं, इन समस्याओं की कितनी पर्तें हैं? उनके ऐतिहासिक आर्थिक, सांस्कृतिक कारण और दबाव हैं? विभिन्न वर्गों और वर्गों ही नहीं, एक-एक व्यक्ति पर इन सबका अलग-अलग, समान और असमान प्रभाव है। असंख्य व्यक्तियों द्वारा साक्षात अनुभूत किया जाता हुआ यह

युग अपनी समस्याओं, समस्याओं की पर्तों में जीवंत और अखंड है। अखंड यानी परस्पर संबंधित। मार्क्स ने कहा था—प्रत्येक वस्तु अन्य प्रत्येक वस्तु से जुड़ी है। वर्तमानता की अखंडता कोई अरूप अलौकिक तत्त्व नहीं। वह हमारे सामने है, हम पर चोट करती हुई, हमें क्षत-विक्षत, आहत, मुदित, पुलकित करती हुई—हमें ललकारती हुई। हमारे साथ उसे देशवासी झेल रहे हैं। संस्कृति, अतीत-गौरव, पुराण-गाथा, मिथक सब वर्तमान पर घटित हो रहे हैं। वर्तमान का चक्र इन्हें काट-छाँट, खराद रहा है। क्रियाओं-प्रतिक्रियाओं से खुद वर्तमान बन भी रहा है और मिटता हुआ भविष्य में ढल भी रहा है। इन मूल्यों की कसौटी यह है कि समाज और व्यक्ति के ऐतिहासिक वर्तमान में वे कितने सहायक या बाधक हैं। सत्ता, समाज, व्यक्ति की घोषणाएँ वस्तुतः क्या हैं? कथनी की करनी क्या है?

हमारे देश के मर्यादा पुरुषोत्तम राम भारतीय महाकाव्यों के आदर्श उदात्त नायक हैं। महाकवि तुलसीदास ने वर्षा ऋतु में उनके विरह का वर्णन किया। राम ने वर्षा ऋतु में बादलों की गर्जन सुनकर कहा—

> प्रिया हीन डरपत मन मोरा।
> घन घमंड गरजत घन घोरा।।

यह पंक्ति लोगों की जुबान पर है लेकिन इस पंक्ति को पढ़ने वाले की छत टपक रही है। उसे तुलसीदास के राम की स्थिति में आने की सुविधा नहीं। वह राम की नहीं गालिब की स्थिति में है।

'गालिब का मकान भी मेरे ही जैसा रहा होगा। तभी एक चिट्ठी में लिखा है आस्माँ एक घंटा बरसे तो घन दिन भर'। इसमें राम को मिथक की दुनिया से निकालकर अपनी स्थिति से भिड़ा दिया गया है। तब क्या हुआ?

'राम की बात राम जानें। बादलों की गर्जन से डरता मैं भी हूँ, पर इस डर का कारण जानता हूँ। नहीं, राम वाला कारण नहीं है। मेरे डर का कारण कोई हरण की गई प्रिया नहीं है, यह मकान है, जिसकी छाया तले बैठा हूँ। राम इस भय को नहीं जानते थे। वे किसी किराए के मकान में चतुर्मास काटते तो भाई को ऐसी बातें थोड़े ही सिखाते कि हे लक्ष्मण, पर्वत बंदों के आघात को ऐसे सह रहे हैं, जैसे संतजन दुष्टों के वचन सहते हैं। वे कहते कि हे लक्ष्मण! मेरे ठीक सिरहाने एक बड़ा टपका है, मुझे रात को नींद नहीं आई। आज ठीक कराना। और लक्ष्मण 'जो आज्ञा, कहकर मकान वाले से शिकायत करने चल देते। पर्वत चाहे बूँदों का आघात कितना ही सहे, लक्ष्मण बर्दाश्त नहीं करते। वे बाण मारकर

बादलों को भगा देते या मकान-मालिक का ही शिरच्छेद कर देते।' (रचनावली, खंड 3, पृ. 16)।

इसमें राम को उनकी मिथकीय दुनिया से निकालकर टपकने वाली छत के नीचे रहने वाले निम्न मध्यवर्गीय किराएदार के साथ कर दिया गया। उसकी स्थिति में डाल दिया गया है। पुराण-गाथा या रोमांचक साहित्य हमें अपनी स्थिति से ऊपर उड़ा ले जाता है। यहाँ निम्न मध्यवर्गीय व्यक्ति की स्थिति, पुराण, गाथा, मिथक को अपनी तरह बना लेती है। अपनी स्थिति का अविस्मरणीय आग्रह परसाई के व्यंग्य निबंधों की विशेषता है, वे मिथकों का उपयोग मिथक-भंजन के लिए करते हैं। इससे वर्तमानता या वस्तुस्थिति उजागर होती है।

हम जानते हैं कि पौराणिक नायकों को वर्तमान स्थिति में पहले भी लाया गया है, अब भी लाया जाता है : 'मानुस हौं तो वही कवि चोंच बसौ नित टेम्स नदी के किनारे जो पसु हौं तो बनौं बुल डाग चलौं नित कार में पूँछ निकारे,' आदि में भी यही किया गया है। पौराणिक पात्रों को अत्याधुनिक स्थितियों में डालकर, नए फैशन की हँसी उड़ाना हिंदी व्यंग्य में बहुत पहले से शुरू हो गया था। लेकिन ऐसे लोग वर्तमानता को परसाई की तरह नहीं देखते। परसाई की दृष्टि द्वंद्वात्मक है। उनके यहाँ वर्तमानता एक ऐतिहासिक अवधारणा और मूल्य है। वे पौराणिक पात्रों की टक्कर प्रायः निम्न मध्यवर्गीय, अभावग्रस्त या शोषित पात्रों से कराते हैं। उनके यहाँ ये पौराणिक पात्र वर्तमान युग की जटिल विषमता में उलझकर अपनी पौराणिक गरिमा झाड़ देते हैं। अभावग्रस्त शोषित जन के प्रति बेहद करुणा ही परसाई को कबीर और गालिब से जोड़ती है। यह करुणा व्यंग्य में छिपी रहती है। परसाई को कबीर और गालिब से यों ही नहीं जोड़ा जा रहा है। इस पर यथावसर चर्चा की जाएगी।

परसाई के लेखन को समग्रता में देखा जाए तो वर्तमान भारत के द्वंद्व का चित्र उभरेगा। इस चित्र में एक कसमसाता, छटपटाता हुआ भारत है जिसे एक और छद्म भारत ने दबोच रखा है। दबोचने वाला और दमित दोनों भारत सक्रिय हैं। दोनों के बीच निरंतर दाँव-पेंच चल रहे हैं। शोषक, शोषित उनकी समस्याएँ, सांस्कृतिक, आर्थिक आचरण सब परस्पर संबद्ध हैं। इस सघन परस्पर—संबंधता को ही वर्तमानता की अखंडता समझिए। इसमें उच्च वर्ग, मध्य वर्ग और निम्न वर्ग सब की आशाएँ, आकांक्षाएँ हैं। सबके अपने-अपने दुःख हैं। दुःख और सुख विविध हैं, भिन्न हैं, परस्पर विरोधी हैं, छद्म हैं, सच्चे हैं।

'मेरा दुःख यह है कि मुझे बिजली का 40 रु. का बिल जमा करना है और मेरे पास इतने रुपये नहीं हैं।

तभी एक बंधु अपना दुःख बताने लगता है। उसने 8 कमरों का मकान बनाने की योजना बनाई थी। 6 कमरे बन चुके हैं। 2 के लिए पैसे की तंगी आ गई है।

एक बंधु की रोटरी मशीन आ गई। अब मोनो मशीन आने में कठिनाई आ गई है। वे दुखी हैं।

एक जीवित रहने का संघर्ष है और एक संपन्नता का संघर्ष है। (रचनावली, खंड 3, पृ. 45-46)।

सतर्क वैज्ञानिक-बोध परसाई की व्यंग्य-रचना का प्रधान साधक है। वे इस बोध से संस्थानों, रूढ़ियों, आचरण आदि के टुकड़े कर देते हैं और उनका व्यंग्य वास्तविकता प्रकट कर देता है। वास्तविकता, चूँकि अमानवीय है अतएव इसकी अनुभूति करुणा जगाती है।

स्वातंत्र्योत्तर भारत में स्वाधीनता आंदोलन के सिद्धांत गायब नहीं हो गए हैं। उनका इस्तेमाल किया जाता है मुखौटों के रूप में। कथनी और करनी में भिन्नता नहीं, विपरीतता है। फलतः देश की मानवीय विरासत को मुखौटे के रूप में इस्तेमाल किया जाता है। यह हमारे देश में ज्यादा आसान है क्योंकि हमारे देश की जनता का अधिकांश रूढ़िग्रस्त है। जो शिक्षित हैं उनकी आँखों पर भी रूढ़ि और अंधविश्वास का आवरण पड़ा है। जनता का शोषण करने वाली शक्तियाँ एक हो जाती हैं। सांप्रदायिकता, बहुराष्ट्रीय पूँजी, फासिज्म, धर्म, वर्ग-विभाजन को बरकरार रखने वाली राजनैतिक शक्तियाँ सब इस नाटकीय षड्यंत्र में शामिल होकर एकजुट हो जाती हैं।

राजनीतिज्ञ स्वाधीनता आंदोलन के नारों—सत्य, अहिंसा, सेवा को, धर्माधिकारी अतीत को, फासिज्म संस्कृति को मुखौटा बनाते हैं तो देशी पूँजीवाद और बहुराष्ट्रीय कंपनियाँ सब कुछ का इस्तेमाल विज्ञापन के रूप में करती हैं। विज्ञापन हमारे युग का सबसे बड़ा और घातक मुखौटा है। वह आर्थिक शोषण के लिए राजनीति, चरित्र, संस्कृति, मानसिकता को विकृत करता है। नारी को शारीरिकता में सीमित करता है। इस तरह यह स्पष्ट हो जाता है कि पूँजीवाद सामंती दृष्टि का ही विकास है। इसके लिए क्षणवाद एवं व्यक्तिवादी अनुभववाद सहायक होते हैं।

परसाई यह सारा छद्‌म देख लेते हैं, तो इसका श्रेय उस वैज्ञानिक दृष्टि को भी है जो पूँजीवाद के विरोध में समाजवादी विकास का विकल्प प्रस्तुत करती हैं।

साम्राज्यवाद से समर्थित—कभी-कभी उससे अपने स्वार्थ के लिए टकराता हुआ भी देशी पूँजीवाद और अनेकता के साथ एकता में विश्वास करने वाला समाजवाद—इन दोनों का परस्पर विरोध हमारे युग की वर्तमानता का अंतर्विरोध है। इसे हमारे देश का प्रत्येक जन झेल रहा है। प्रत्येक व्यक्ति इस संघर्ष-गाथा का पात्र है। हम जब आँकड़ों या सिद्धांतों की भाषा में बहस करते हैं, तब इस संघर्ष-गाथा की अनुभव-धार बहुत कुछ अरूप होकर ओझल हो जाती है। देश के एक-एक जन का दुःख-अनुभव अपने आप में अखंड-असीम है। इन सबके अनुभवों को एक साथ देखने का प्रयास करने वाला रचनाकार अपने युग का महाकाव्य लिखता है। इस व्याप्ति में प्रत्येक का संघर्ष ओझल नहीं होता, प्रत्येक का अनुभव करोड़ों से गुणित होकर सरूप, अखंड, वास्तविक, रचनात्मक हो जाता है। यही वर्तमानता है। मुक्तिबोध की रचनात्मक पीड़ा में जो व्याप्ति है, वह दृष्टव्य है :

> मुझे भ्रम होता है कि प्रत्येक पत्थर में
> चमकता हीरा है,
> हर एक छाती में आत्मा अधीरा है
> प्रत्येक सुस्मित में विमल सदानीरा है
> मुझे भ्रम होता है कि प्रत्येक वाणी में
> महाकाव्य पीड़ा है
> दुःख की कथाएँ, तरह-तरह की शिकायतें,
> अहंकार विश्लेषण, चारित्रिक आख्यान,
> जमाने के जानदार सुरें व आयतें
> सुनने को मिलती हैं।

यही महाकाव्य-पीड़ा परसाई की रचना में है। व्यंग्य उसका रूप है। स्वातंत्र्योत्तर भारत में कथनी-करनी की विपरीतता ने जो नाटकीयता उत्पन्न की है, वह उनके व्यंग्य-निबंधों में है। लेकिन इस विपरीतता और नाटकीयता में सफल शोषकों का स्वाँग और अभावग्रस्त जन की पीड़ा है। इस पीड़ा का विभावन है।

यह पीड़ा-बोध परसाई के सौंदर्य-बोध का अंग है। वे व्यंग्य के पैने हथियार से हमारी अमानवीयता और कमजोरियों को छील-छीलकर नैतिक दृष्टि से अधिक

विकसित मनुष्य को गढ़ते हैं। उनका सतर्क बोध उनके व्यंग्य को वैज्ञानिक नैतिकता और सौंदर्य-बोध से जोड़ता है। यह बोध वर्तमानता की पर्तों और नाटकीयता को उघाड़ता है। वह विभिन्न मनोविकारों को परस्पर संबद्ध करके करुणा की भूमि का विस्तार करता है। इन सबसे परसाई का व्यंग्य अधिक जटिल बनता है। वह पहले की अपेक्षा अधिक मनोविकारों और जीवन-स्थितियों से संपृक्त है। उनका व्यंग्य अधिक अर्थ-भूमि पर स्थित है, वह अधिक भाव-भूमि घेरता है। आचार्य शुक्ल के शब्दों में कहें तो परसाई के व्यंग्य से मनोविकारों का व्यायाम होता है।

व्यंग्य विषमता पर आधारित होता है, वह चोट भी विषमता पर करता है। विषमता का विलोम सुषमा है—सुषमा सौंदर्य उत्पन्न करती है। सुषमा को औचित्य भी कह सकते हैं, जो जहाँ जितना होना चाहिए वह वहाँ उतना है तो उससे सौंदर्य उत्पन्न होगा। नहीं है—अनौचित्य है तो विषमता होगी—यही कुरूपता है। इससे हास्य उत्पन्न होता है। 'व्यंग्य' शब्द में विकलांगता का भाव है। जिस प्रकार स्थूल और शारीरिक विषमता होती है उसी प्रकार सामाजिक और आचरणगत भी। घटिया लोग लंबी नाक, मोटी तोंद, हकलाहट, विकलांगता की हँसी उड़ाकर अपने को रचनाकार समझते हैं। ऐसा व्यंग्य (?) हिंदी की रंग-बिरंगी पत्रिकाओं में खपा रहता है। यह उसी प्रकार का छिछोरापन है जैसा कि चटक-मटक, बाँकी अदा, पतली कमर पर फिदा हो जाना। ऐसी हँसी मानवीयता नहीं पशुता की पहचान है यह बात पशुओं में नहीं मानव-पशुओं में ही पाई जाती है। वे लँगड़े आदमी की विकलांगता पर हँसते हैं, उनकी हँसी से आदमी को कितनी तकलीफ हो रही है, इस पर ध्यान नहीं देते। इतिहास में अमानवीय हँसी के दारुण उदाहरण हैं। कहते हैं कि रोमन लोग एकत्र होकर युद्ध बंदियों के सामने भूखे शेरों को छोड़ देते थे। यह उनका मनोरंजन था। नीरो रोम को आग की लपटों में देख रहा था और वायलिन बजा रहा था। वह अपनी जातीय परंपरा का ही निर्वाह कर रहा था। दुखी आदमी पर हँसना, उस पर ईंट-पत्थर चलाने जैसा है। पीड़ा-व्यवस्था पर खल हँसना ही जानते हैं। मीरा ने लिखा :

मेरो मरण औ जग केरी हाँसी।

यह हँसी दुःख को और तीव्र कर देती है, यानी उसे और असहनीय बना देती है। संवेदनशील प्राणी के लिए यह हँसी कैसी होती है, इसकी व्यंजना निराला की इन पंक्तियों में है :

'दूबर होत नहीं कबहुँ पकवान के विप्र मसान के कुकुर' की सार्थकता मैंने दूसरे मित्रों में देखी, जिनकी निगाह दूसरों की दुनिया की लाश पर थी। वे पहले फटीचर थे, पर अब अमीर बन गए हैं, दो मंजिला मकान खड़ा कर लिया है, मोटर पर सैर करते हैं। मुझे देखते हैं जैसे मेरा-उनका नौकर-मालिक का रिश्ता हो। नक्की स्वरों में कहते हैं—'हाँ, आदमी अच्छा है; जरा सनकी है। फिर बड़े गहरे पैठ कर मित्र के साथ हँसते हैं।' (देवी)

हँसी खलों को ही नहीं आती। कबीर को भी आती थी। कबीरदास को हँसी भी आती है और रोना भी आता है। लोग झूठी सफलता पर इतराते हैं, मूर्ख और ज्ञानियों की मुद्रा अपनाते हैं, जानते कुछ नहीं और बखानते ज्यादा हैं तो कबीरदास को हँसी आती है। अज्ञानता के कारण लोग भटकते हैं, परेशान होते हैं तो कबीरदास उदास होते हैं, कभी-कभी रो भी देते हैं। कबीरदास की हँसी उनके रोने से जुड़ी है। जो सांसारिक दृष्टि से सफल हैं, झूठे सुख को सुख समझकर पुलकित हैं, उन पर कबीरदास हँसते हैं, सामान्य लोगों के भ्रम पर वे उदास होते हैं, या रोते हैं। हास्य और करुणा का यह मेल कबीर की मानवीयता के कारण है।

हँसता वह है जो अपने को सुरक्षित या उचित समझता है। वह दूसरों की हँसी उड़ाता है। मायाग्रस्त लोग अज्ञानी हैं। वे असुरक्षित हैं, तब भी हँसते हैं। हास्यास्पद दूसरों की हँसी उड़ाए तो उसकी हास्यास्पदता बहुत बढ़ जाती है। कबीरदास ऐसे लोगों से कहते हैं—बहुत जमा कर लिया है, समझते हो सब कुछ 'मेरा है'। यमराज का डंडा मूड़ पर लगते ही फैसला हो जाएगा कि तुम्हारा क्या है :

जम का डंड मूंड महि लागे पल मा होई निबेरा

कबीरदास राम के भरोसे अपने को सुरक्षित और सांसारिक दृष्टि से सफल किंतु राम-विमुख लोगों की मूर्खता पर हँसते थे। इस व्यंग्य का तर्क और बोध था। वह जाग्रत व्यक्ति का व्यंग्य था। उनका व्यंग्य करुणा से स्पंदित था। वह लोकोन्मुख भी था, पक्षधर था—भक्तों के और पीड़ित प्राणियों के पक्ष में। कबीर जागते हैं, दुखी हैं और रोते हैं :

सुखिया सब संसार है खावै औ सोवै
दुखिया दास कबीर है जाने औ रोवै

जागना बोध है, रोना करुणावान् होना है, दुखी होना संवेदनशील होना है। जिस तरह व्यंग्य का तर्क और बोध है उसी प्रकार दुखी होने और रोने का भी। यह वहीं कबीरदास हैं जो बेहद्दी मैदान में सोते हैं, जो काम ब्रह्मा, विष्णु, महेश भी नहीं कर पाए यानी अपनी चादर को निर्मल न रख सके, उसे 'जस का तस, धर देने वाले हैं। यह अखंड विश्वास, हास्य-व्यंग्य करुणा—सब उनके मानसिक ढाँचे के विविध किंतु अंतस्संबंधित पहल हैं। मानसिक ढाँचे की इस समग्रता को ही उनकी भक्ति कहनी चाहिए। हरिशंकर परसाई के व्यंग्य का आधार इतिहास-बोध है। यह इतिहास-बोध उनकी समस्त रचनात्मकता में सक्रिय है। यही उन्हें वह औचित्य और सुरक्षा प्रदान करता है जिसके भरोसे वे व्यंग्य कर सकते हैं और समाज-विरोधियों पर हँस सकते हैं। कबीर परमसत्ता की साधना करते थे, वे काल को चीरकर कालातीत स्थिति में पहुँचने का रास्ता खोजते थे। फिर भी 'मूरों' (गुलामों को बेचने वाले सौदागरों) के लिए नहीं, बंदियों (जिन्हें गुलाम के रूप में बेच जाता था) के लिए रोने की बात करते थे :

> मूरों को का रोइए जे अपने घर जाहि।
> रोइए बंदी जनन को जे हाटहि-हाट बिकाहि।।

परसाई समाजवाद में विश्वास करते हैं। वे वर्ग-विभक्त समाज में दूसरों का हक छीनकर सांसारिक सफलता प्राप्त करने की अमानवीयता एवं टुच्चेपन को समझते हैं। वे अमानुषिक यथास्थितिवादी एवं विकास-विरोधी रूढ़ियों को उद्‌घाटित करते हैं। वर्ग-विभक्त समाज की शोषक शक्तियों की ऐतिहासिक अशक्तता जानते हैं। ऐतिहासिक प्रक्रिया का तर्क उनका सुदढ़ दुर्ग है। जहाँ वे सुरक्षित हैं, जहाँ से वे यथास्थितिवादियों को देखते हैं, उन पर प्रहार करते हैं।

यह व्यंग्य सकारात्मक है। इसमें अभूतपूर्व व्याप्ति है। इसीलिए जटिलता भी पहले से अधिक है। इसमें वर्तमानता केंद्रीय महत्त्व की है। यह वर्तमानता प्रवहमान है। इस व्याप्ति, जटिलता और प्रवहमानता के बगैर व्यंग्य सकारात्मक नहीं होता।

व्याप्ति एवं वर्तमानता को साथ-साथ देखना चाहिए। इसकी परीक्षा सरूपता से करनी चाहिए। सरूपता ठोस संदर्भ में आकार ग्रहण करती है।

परसाई के अधिकांश व्यंग्य निबंधों का नायक निम्न मध्यवर्गीय है। इन निबंधों में गेहूँ, चावल, चीनी, मिट्टी का तेल, किराए का मकान, गंदी नाली, प्राइमरी स्कूल की बिल्डिंग, दहेज, शेरवानी, छाता, बीमारियाँ, दवाएँ श्राद्ध,

सत्यनारायण की कथा, चंदा, चुनाव, बाढ़, अकाल, विज्ञापन, बिना टिकट रेल-यात्रा, कवि सम्मेलन, लेखकीय पारिश्रमिक, मध्य प्रदेश के अनेक कस्बे, आदि बार-बार आते हैं। कुछ दूसरी स्थितियों के भी लोग आते हैं जैसे कांट्रेक्टर, नेता, मंत्री, एम.एल.ए., सेठ, गुण्डे, धर्माधिकारी, व्यापारी, इंस्पेक्टर, प्रिंसिपल, प्रोफेसर, शोध निर्देशक आदि। ये परस्पर विरोधी हैं। इनका द्वंद्व निबंधों में नाटकीयता उत्पन्न करता है। वाचक का द्वंद्व भी प्रायः दिखलाई पड़ता है।

तथाकथित गंभीर साहित्य में गेहूँ, चावल, चीनी जैसी मामूली चीजों को कोई खास महत्त्व नहीं दिया जाता। प्रगतिशील साहित्य में ही कभी-कभी इनकी चर्चा होती है। 'सवा सेर गेहूँ' प्रेमचन्द की मशहूर कहानी है। तथाकथित शिष्ट साहित्य इन जीवनाधार वस्तुओं से यथाशक्ति परहेज करता है। घीसू माधव की सबसे बड़ी आकांक्षा पेट भरकर पूड़ी-तरकारी खाने की थी। ऐसे साहित्य-रसिक काफी संख्या में हैं जो इसे अवास्तविक और फूहड़ मानते हैं। वे पढ़ना-लिखना शुरू करते ही आस-पास की दुनिया छोड़ देते हैं। कलम या किताब उठाते ही वे सोकर स्वप्न देखने लगते हैं। दुनिया छोड़ देने या सो जाने को ही काव्यानंद समझते हैं। उन्हें देखकर 'सुखिया सब संसार है खावे औ सोवे, का अर्थ साझा हो जाता है।'

जिन वस्तुओं पर हमारा जीवन आधारित है वे कुछ लोगों को इतना अनायास मिल जाती हैं कि उनके लिए महत्त्वहीन हो जाती हैं। अगर वे सभी लोगों को सुलभ हों तो उनसे 'ऊपर उठ जाना' किसी हद तक स्वाभाविक है। लेकिन जिस देश में आबादी का अधिकांश गरीबी-रेखा के नीचे जीवन बसर करता हो वहाँ इसे अपने भाव-बोध से खारिज कर देना विचार-शून्य एवं हृदयहीन होना है। जिस वस्तु के न मिलने से आदमी मर जाए, पशु हो जाए, बैल-घोड़े की तरह जिंदगी बसर करे, उसे महत्त्वहीन वे ही समझ सकते हैं जो खाते-पीते बैल, घोड़े हैं। धार्मिक कथाओं में इसके उदाहरण भरे हैं जब महापुरुषों ने अन्न, वस्त्र को कर्मकांड से ऊपर स्थान दिया। जो प्राथमिक आवश्यकता है, उसकी पूर्ति न हो तो बाकी ऊपर का सारा ढाँचा चरमरा कर बैठ जाएगा। अन्न को ब्रह्म मानने का यही रहस्य है।

साहित्य अनुभव-व्यापार है लेकिन अनुभव और अनुभव में अंतर है। घीसू माधव और शेखर—दोनों के अनुभव हैं। एक रास्ता यह हो सकता है कि दोनों के अनुभवों का चित्रण ऐसे किया जाए मानो ये दो कोटि के भिन्न प्राणि-प्रकारों के अनुभव हैं। दूसरा रास्ता यह है कि इन दोनों को विभिन्न वर्गों के मानव का अनुभव माना जाए। दूसरे रास्ते पर चलकर चित्रण करने से दोनों अनुभवों में

टकराहट होगी। फिर हमें विवेक से काम लेना पड़ेगा यानी प्राथमिकता निश्चित करनी पड़ेगी।

संवेदना अनुभव से जुड़ी है। दूसरे के कष्ट को कल्पना से हम अपना लेते हैं। इस कल्पना का आधार हमारा अपना अनुभव होता है। कल्पना अनुभव की भी की जाती है—हम इस स्थिति में हों तो हमें कैसा लगेगा। आत्मसात् होने पर अनुभब की संवेदना करुणा बन जाती है। करुणा मानवीय क्षमता है। इसकी प्रवृत्ति ऊँचे से नीचे की ओर ढलने और आसपास फैलने की है, जल की तरह। जब हम उच्च वर्गीय व्यक्ति से, अपने से अधिक सुविधासंपन्न व्यक्ति से अपना तादाम्य करते हैं, तब करुणा नहीं होती। अपने समान या अपनी अपेक्षा अधिक अरक्षित, अभावग्रस्त, पीड़ित प्राणी से तादात्म्य स्थापित करके उसके कष्ट को अपना बना लेते हैं तब करुणावान् होते हैं। इसीलिए उसके कष्ट को दूर करके हम स्वयं मुक्ति का अनुभव करते हैं। मनुष्य पशुओं के कष्ट से पीड़ित होता है। पशु मनुष्य के कष्ट से पीड़ित नहीं होते। मनुष्य गो-वध आंदोलन चलाता है। गाय-बैल मानव-संहार के विरुद्ध कोई आंदोलन नहीं चलाते। कुत्ते किसी और कुत्ते के दुःख से दुखित नहीं होते।

दुःख के अनुभव की तीव्रता ठेठ वर्तमानता से संबद्ध है। यह तीव्रता आगा-पीछा नहीं देखती। वह दुःख को दूर करने में सक्रिय हो जाती है। चालुक्यपुत्त ने बुद्ध से लोक की शाश्वतता-अशाश्वतता आदि के विषय में प्रश्न किए। बुद्ध ने इन प्रश्नों को 'अव्याकृत' अर्थात् अकथनीय कहा। बुद्ध का तर्क था कि दुखों को दूर करने का प्रयत्न करना चाहिए। किसी व्यक्ति को वाण से बेध दिया जाए तो पहले उसका बाण निकालना चाहिए। अति-प्रश्न करने वाला उस वाण-बिद्ध व्यक्ति की तरह है जो वाण को निकलवाने का प्रयत्न न कर वाण मारने वाले के विषय में असंगत प्रश्न कर रहा है। (166 पालि साहित्य का इतिहास—डॉ. भरतसिंह उपाध्याय)

सवाल यह है कि अभावग्रस्त जन जो पीड़ा भोग रहे हैं उसका अनुभव आप कितनी तीव्रता से कर रहे हैं। वह किस सीमा तक आपका अपना दुःख बन सका है? मुक्तिबोध ने 'मुझे याद आते हैं' कविता में लिखा है :

आज के अभाव के व कल के उपवास के व परसों की मृत्यु के दैन्य के, महा अपमान के, व क्षोभपूर्ण भयंकर चिंता के उस पागल यथार्थ का दीखता पहाड़...स्याह।

यहाँ अभाव, उपवास पहाड़ की तरह साक्षात् हो गया है। यथार्थ पागल है। पागल है यानी विषम, असंगत है।

इस पागल यथार्थ का तीव्रता से अनुभव न कर पाना रचनात्मक संवेदना का अभाव है। जीवन के शाश्वत सत्य की खोज, क्षण की विविक्तता, आत्मोपलब्धि, वैयक्तिक स्वातंत्र्य, ऐकांतिक प्रेम के अनुभव सब केवल इस समाज व्यापी पहाड़ की तरह साक्षात् अनुभव से जुड़कर सार्थक हो सकते हैं, कटकर विकलांग।

बात इतनी ही नहीं। हिंदी के अधिकांश लेखकों को इस अभाव अनुभव की कल्पना करने की जरूरत नहीं। वे खुद अभावग्रस्त हैं। लेकिन कलम उठाते ही बे अभाव की दुनिया से ऊपर उठ जाते हैं। वे मानव-मूल्यों की बात इस ढंग से करते हैं मानो बेरोजगारी, अशिक्षा, दहेज आदि की समस्या का मानव-मूल्यों से कोई संबंध ही न हो। जीवन का मूल्यों से कुछ लेना-देना ही न हो। यह विडंबना अक्सर देखने में आती है कि लेखक चप्पल फटकाते अखबारों-पत्रिकाओं के कार्यालयों में घूम रहा है, दहेज के कारण लड़की की शादी नहीं कर पा रहा है, मकान-मालिक से रोज झगड़ता है लेकिन साहित्य में रोजी-रोटी की समस्या का चित्रण करने वाले लेखकों को गाली देता है। इनमें से अनेक लोग अनुभव की प्रामाणिकता की भी बात करते हैं। और खुद लेखन शुरू करते ही अपने अनुभव को ताक पर रख देते हैं। ये अनुभूत या देखे हुए का नहीं, साहित्य के फैशनों का चित्रण करते हैं। इनकी रचनात्मकता का मतलब चौंकाने के लिए घोषित साहित्यिक रीतियाँ हैं। ये रीतियाँ अनैतिहासिक एवं रूपवादी होती हैं।

गेहूँ, चावल, चीनी, मिट्टी का तेल आदि कितना महत्त्वपूर्ण है इसे जानने के लिए उचित दर दूकानों की लम्बी मानव कतारें देखिए। ये कतारें अक्सर कड़ी धूप में खड़ी होती हैं। आगे-पीछे होने के लिए झगड़ा-झंझट, गाली-गलौज, सर-फुड़ौवल, चालाकी, बेईमानी होती है। इस अनुभव में पसीना बहता है, धूप लगती है, बुड्ढे-बुढ़ियों के पैर थरथराते हैं। अरूप चिंतन या ऐकांतिक से यह भिन्न प्रकार का अनुभव है। परसाई का साहित्य इस अनुभव का आँखों-देखा हाल ही नहीं है, वह कतार में खड़े आदमी की अनुभव-कथा भी है। परसाई के व्यंग्य निबंधों का वाचक 'मैं' कतार में खड़ा भी है, वह केवल इस अर्थ में भिन्न है कि वह भोगने वाला ही नहीं, कहने वाला भी है। इसीलिए उनके लेखन में तटस्थता 'निरपेक्षता' नहीं।

असुविधा में रहने वालों को मामूली सुविधा भी सुरक्षा की निश्चितता दे जाती है। सुविधा-संपन्नता के अभ्यस्त अभावग्रस्त लोगों की असुविधा को नहीं

अपना पाते तो सुविधा का आनंद भी नहीं जानते। चित्रकूट के वन-पर्वत को देखने से जो आनन्द भरत को हुआ, उसकी तुलना तुलसीदास ने भूखे के अन्न पा जाने की प्रसन्नता से की है :

भरत दीख बन-मैल समाजू। मुदित छुधित जनु पाव सुनाजू।।

तुलसीदास भूख का दुःख जानते थे तो भोजन का सुख भी। परसाई के व्यंग्य में घर में गेहूँ की कमी की दारुण व्यथा छिपी है तो घर में पर्याप्त गेहूँ आ जाने का सुख भी।

'हम सब अभिभूत थे। भाई ने ठेले पर से बोरे उतारवाकर बरामदे में रखवाए और एक हाथ कमर पर रख दूसरे से पसीना पोंछते हुए कुछ इस तरह मेरी ओर देखा मानो कह रहा हो—तुमने मुझे कभी किसी योग्य नहीं समझा। आज देखो, मेरी सामर्थ्य। तुम कभी इतना गेहूँ लाए?—ठीक कहता है। मुझसे कभी यह नहीं बना। जो-जो मुझसे नहीं बना, वह सब भाई कर दिखा रहा है।'

अब परसाई जी के मन में क्या हो रहा है। इसे देखिए—'मैं अपने मन को इस नई परिस्थिति के अनुकूल नहीं पा रहा हूँ। प्रसन्न हूँ पर एक भयानक शिथिलता भी मेरे मन में है। वर्षों से जब-तब थोड़ी-थोड़ी मात्रा में गेहूँ के प्रबंध के प्रयत्न और चिंता का अभ्यासी मन आगामी कुछ महीनों की निश्चितता की कल्पना से सहम गया है। अपने प्रयत्नों को अब कौन राह मिलेगी? मैं सुखी भी हूँ और दुखी भी। निःसंतान के घर, उमर चढ़े पुत्र हो पर प्रसव में स्त्री मर जाए तो उसे कैसा लगेगा? अपनी सत्ता का एक भाग जो हमेशा गेहूँ में उलझा रहता था, एकदम बेकार हो गया और मुझे उस समय लगा कि जिस मात्रा में जी रहा था, उससे कुछ कम मात्रा में जीना पड़ेगा। मन के कितने ही कोठे हैं जिनमें जरूरतें भरी हैं—एक गेहूँ का कोठा है, एक वस्त्रों का, एक मकान का। आज गेहूँ का कोठा खाली हो गया। मन कुछ रीता हो गया।' (गेहूँ का सुख)

मन गेहूँ प्राप्त करने के उद्योग का अभ्यस्त हो गया था। वह 'स्वभाव' बन गया था। 'स्वभाव' जिन अभावों से मिलकर निर्मित हुआ था उनमें से कुछ कम हो गया तो स्वभाव ही बदल जाएगा। व्यक्तित्व में ही परिवर्तन हो जाएगा। आप कल्पना करें, रिक्शा चलाने वाले को रिक्शा न चलाना पड़े, पत्थर तोड़ने वाली नर्स हो जाए, कॉलेज का चपरासी अध्यापक हो जाए तो उनमें कितना परिवर्तन आ जाएगा। गेहूँ का सुख इतना बड़ा सुख है मानो प्रेमिका से विवाह हो गया हो। ऐसी मीठी दार्शनिक गंभीरता जीवन में बहुत बड़ी सिद्धि मिल जाने पर

ही आती है। अभाव ही स्वभाव का निभण करते थे। जो वास्तविक जीवन का अभाव है वही मन का भाव है।

एक बार और भी 25-30 किलो गेहूँ एक साथ आ गया। 'बाजार में जब गेहूँ का दाना न मिलता हो तब कोई मित्र 25-30 किलो गेहूँ दे दे तो देश का भविष्य उज्ज्वल दिखने लगता है।' खैर, यह गेहूँ सड़ा हुआ निकला। उल्लास शोक में बदल गया। इस निबंध का शीर्षक है 'अन्न की मौत'। परसाई के निबंधों में मौत का संदर्भ बहुत मिलता है। मौत की घटना से वे जीवन-आचरण की अनेक ग्रंथियाँ और पर्तें प्रकट करते हैं। अन्न की मौत से उन्हें अपने चाचा की मौत का स्मरण हो आता है। गेहूँ का संबंध अगर जीवन से है तो मौत से भी जरूर होगा। गेहूँ के भाव का संबंध मौत की दर से है। इस महँगाई को जीवन अपनी शक्ति भर ही रोक सकता है। यह शक्ति अलग-अलग है। पिता चाचा से पहले ही चले गए थे। गेहूँ की महँगाई कितनी प्राण घातक है इसे परसाई ने यों व्यक्त किया :

'चाचा जब उस लोक पहुँचे होंगे तो वहाँ वालों ने पूछा होगा—कहिए पण्डित श्यामलाल परसाई, कितने किलो पर चले आए।' चाचा ने कहा होगा—'भैया, हम तो रुपए के ढाई किलो पर ही चले आए। पता नहीं आगे क्या हो। जीने वाले भुगतें।' पिता ने, जो रुपए के 20 सेर पर ही चले गए थे, जब सुना होगा तो परेशान हुए होंगे कि बच्चे बड़ी मुसीबत में हैं।'

(अन्न की मौत)

अन्न की मौत से चाचा और पिता की मौत जोड़ दी गई। परलोकवासी, इस दुनिया से पहुँचने वाले से गेहूँ का भाव पूछते हैं। इस लोक की सबसे बड़ी घटना यही है। यह महज घटना की पूछ-ताछ नहीं। इस पूछ-ताछ के माध्यम से महँगाई का संत्रास व्यंजित किया गया है। लोग मर गए हैं लेकिन परलोक में भी वे इस लोक में महँगाई के अनुभव से परेशान हैं और वे यहाँ से पहुँचने वाले हर आदमी से उसी की जानकारी हासिल करना चाहते हैं। जौक के एक शेर के एवज गालिब अपना पूरा दीवान देने को तैयार थे :

अब तो घबरा के यह कहते हैं कि मर जाएँगे।
मर के भी चैन न पाया तो किधर जाएँगे।।

गेहूँ की मँहगाई से, मरने के बाद भी छुटकारा नहीं मिला है। यह संत्रास केवल एक की अनुभव-तीव्रता नहीं देश की अधिकांश जनता की है। पिता ने

जब गेहूँ का भाव ढाई किलो सुना होगा तो बच्चों की चिंता में परेशान हो गए होंगे। दिवंगत पिता के वात्सल्य की यह स्मृति-छाया अत्यंत मार्मिक है। व्यंग्य में ऐसा वात्सल्य और करुणा अन्यत्र महान रचनाकारों में ही मिले तो मिले। महँगाई की कठिन जिंदगी में पिता की वात्सल्यजनित चिंता की स्मृति स्वाभाविक है, ऐसी मार्मिकता व्यंग्य में अभूतपूर्व है।

भूख के अनुभव की असह्यता का चित्र चार्ली चैपलिन ने 'गोल्ड रश' नामक फिल्म में खींचा है जिसमें एक चरित्र जूते पर नमक लगाकर उसे खाता है और अन्य चरित्र को उसका मित्र (जिसकी भूमिका स्वयं चैपलिन करता है) मुर्गा दिखलाई पड़ता है। भूख ने भूखे के लिए मित्र को मुर्गा बना दिया। यह भूख की असह्यता की वास्तविकता है।

स्थिति एक है। लेकिन पाठक या दर्शक अपनी-अपनी स्थितियों के अनुसार प्रभाव ग्रहण करते हैं। आदमी का मुर्गा बनना खाते-पीते लोगों के लिए हँसी की बात है। लेकिन जिसे भूख लगी है उसकी स्थिति और जिस आदमी को मुर्गे की तरह काटा जाए उसकी स्थिति हँसने की नहीं होगी। यह करुणा गर्भित हास्य विषमता का चित्र है। यह चित्र समझदार पाठक दर्शकों को हँसाता नहीं रुलाता है। वे भूखे और लाल किए जाने वाले की स्थिति में पहुँच जाते हैं। यह व्यंग्य की नैतिकता है।

इसी संत्रास को 'अपील का जादू' निबंध में व्यंजित किया गया है। 'अपील का जादू' फैंटेसी है। 'जादू' शीर्षक फैंटेसी की संगति में है। जो होना चाहिए वह इतना असंभव है कि फैंटेसी या जादू में ही संभव है। महँगाई का कम होना तर्कसंभव नहीं रह गया है—इस व्यवस्था में। व्यापारी जादू से ही नैतिक और ईमानदार हो सकते हैं। प्रधानमंत्री व्यापारियों से अपील करें और व्यापारी उस अपील से प्रभावित हो जाएँ यह फैंटेसी में ही हो सकता है, यथार्थ में नहीं। स्वातंत्र्योत्तर भारत की आर्थिक विषमता, अनैतिकता स्वयं व्यंग्य है। वह सर्वत्र व्याप्त एवं दृश्य है। उसे कल्पित करने की नहीं देखकर चित्रित करने की जरूरत है। कल्पना करनी पड़ती है जो होना चाहिए उस स्थिति की। यह कितना क्रूर व्यंग्य है और कैसी विडंबना है कि जो उचित और स्वाभाविक हो, उसकी कल्पना करनी पड़े, उसका स्वप्न देखना पड़े। विडंबना की क्रूरता इस बात में है कि उचित और स्वाभाविक घटित होने लगे तो वह अविश्वसनीय, स्वप्न, जादू लगने लगता है, यथार्थ नहीं। अभावग्रस्त आदमी गेहूँ महँगा न मिलने पर विश्वास ही न करे, सस्ता मिलने पर असंतुलित हो उठे, इस व्यंग्य में करुण व्यंजना है। वह महँगाई, अभावग्रस्तता एवं अनादर को शाश्वत मानता है।

‘गल्ले की दुकान पर तख्ती लगी थी—गेहूँ सौ रुपए क्विंटल। ग्राहक ने आँखें मलीं। फिर पढ़ा। फिर आँखें मली और फिर पढ़ा। वह आँख मलता जाता और पढ़ता जाता। उसकी आँखें सूज गईं, तब उसे भरोसा हुआ कि यही लिखा है।’

उसने दुकानदार से कहा—‘क्या गेहूँ सौ रुपया क्विंटल कर दिया? परसों तक तो दो सौ रुपए था।’

सेठ ने कहा, ‘हाँ, अब सौ रुपए के भाव से देंगे।’

ग्राहक ने कहा, ‘ऐसा गजब मत कीजिए। आपके बच्चे भूखे मर जाएँगे।’

सेठ ने कहा, ‘चाहे जो हो जाए, मैं अपना और परिवार का बलिदान कर दूँगा, पर कीमत नहीं बढ़ाऊँगा। नैतिकता और मानवीयता का तकाजा है।’

घोर अनैतिक और अमानवीय व्यक्ति नैतिकता और मानवीयता की बात करे तो क्रूर विडंबना है जिसे आज अधिकांश भारतीय भोग रहे हैं।

परसाई के साहित्य में कल्पना से बहुत कम काम लिया गया है। यथार्थ है जो नहीं होना चाहिए। इसे उल्टा कर दीजिए—यानी जो होना चाहिए उसे यथार्थवत् मान लीजिए तो वह स्वप्न कथा हो जाएगी। अवांछित और वांछित यथार्थ के बीच की रिक्तता को परसाई का व्यंग्य उद्घाटित करता है। यह व्यंग्य अपने युग की ऐतिहासिक जिम्मेदारी निभाता है।

वांछित और अवांछित यथार्थ के अनगिनत पहलू हैं। यथार्थ और स्वप्न किसी न किसी मात्रा में सह-स्थित हैं। वे एक दूसरे में पैठे हैं। यथार्थ इतना रोमांचक विविधतापूर्ण है कि रचनात्मकता के लिए कल्पना की अपेक्षा कहीं अधिक उपयोगी है। हमारे इर्द-गिर्द जो होता है, हम, हमारे मित्र, परिचित अपने सामान्य दैनिक जीवन में जो देखते, सुनते, सोचते करते हैं वह कल्पना नियोजित साहित्य की अपेक्षा कहीं अधिक सर्जनात्मक है। इस जीवन-रचना के पात्र, नायक, प्रतिनक, उपनामक हम हैं। जीवन और रचना में यह अभेद अभूतपूर्व है।

अगणित आयामों, पर्तों और पहलुओं वाली यह जीवंत वर्तमानता सभी रचनाकारों एवं पाठकों के लिए इतनी रचनात्मक नहीं हो सकती। जो समाज के हर दुखी और पीड़ित जन के कष्टों से खुद दुखी होते हैं—इस दुःख की अनुभूति में जो साहित्य, प्रसिद्धि, स्वार्थ भूल जाते हैं और इन दुखों को समाप्त करने के लिए अधीर हो जाते हैं उन्हीं के लिए यह जीवंत वर्तमानता रचनात्मक है। परसाई ने इतने विविध विषयों पर यों ही नहीं लिखा है। दैनंदिन जीवन की घटनाओं से आकुल अधीर होने को उनमें असामान्य क्षमता है। यह क्षमता ऐसी है जो सफलता के महल में आदमी को नाबदान के रास्ते घुसने नहीं देती :

'सफलता के महल का प्रवेश-द्वार बंद है। इसमें पीछे के नाबदान से ही घुसा जा सकता है। जिन्हें घुसना है, नाक पर रूमाल रखकर घुस जाते हैं। पास ही इत्र सने रूमालों के ठेले खड़े हैं। रूमाल खरीदो, नाक पर रखो और नाबदान में घुस जाओ। सफलता और सुख के महल में एक आदमी खड़ा देख रहा है। कोई पूछता है घुसते क्यों नहीं? वह कहता है—एक नाक होती तो घुस जाते। हमारा तो हर रोम एक नाक है। कहाँ-कहाँ रूमाल लपेटें।'

हर रोम एक-एक नाक का अर्थ—प्रत्येक अमानवीय स्थिति की मानवीय संवेदना है। यह हर अमानवीय स्थिति की वेदना भोगने वाली व्यापक रचनात्मक संवेदन-क्षमता है। इसके बिना जीवंत वर्तमानता की विविधता को नहीं आँका जा सकता। यह संवेदना अपनी व्यापकता में तीव्र है।

यह संवेदना केवल विषमता का बोध नहीं कराती। वह सभी मनोविकारों का पुनर्गठन करती है। वह सामाजिक वैयक्तिक पुनर्रचना की नैतिक भूमि है। वह नए सौंदर्य-बोध के अनुसार समाज एवं व्यक्ति की असंगतियों, अभद्रताओं, कुरूपताओं को व्यंग्य के बसूले से छोल-छोल कर अलग फेंकती है और नए मनुष्य को गढ़ती है।

परसाई सामाजिक विषमता का उद्घाटन करने वाले रचनाकार हैं। वे समकालीन विषम सामाजिक व्यवस्था को भोग रहे व्यक्ति के भी रचनाकार हैं। उनके यहाँ समाज और उसकी विभिन्न गतिविधियाँ अरूप नहीं हैं। सामाजिक व्यवस्था, रूढ़ियों के अतिरिक्त, उनके व्यंग्य निबंधों में सभी प्रकार के प्रतिनिधि और गैर-प्रतिनिधि पात्र मिल जाएँगे। समकालीन समाज का जो रूप उभरता है वह सम-विषम वास्तविक स्थितियों और व्यक्ति पात्रों से भरपूर है। ये पात्र और स्थितियाँ हमारी अपनी जिंदगी में मिलते हैं। परसाई की रचनाओं से उनकी पहचान और ज्यादा गाढ़ी हो जाती है।

वीरेन्द्र मोहन

जाग्रत और सतर्क विवेक का संघर्ष

परसाई जी के लेखन की वास्तविक शक्ति वस्तु-व्यंग्य है और सामाजिक-आर्थिक तथा राजनैतिक चिंताओं के संदर्भ में उनकी व्यंग्य दृष्टि ही प्रधान है। आम पाठकों के बीच परसाई का यह रूप अधिक परिचित और प्रिय रहा है, यद्यपि वे साहित्य की जातीय परंपरा की रक्षा के लिए भी उतने ही चिंतित हैं। उनके लेखन में केवल हिंदी जाति का ही नहीं, भारत और संपूर्ण विश्व का सांस्कृतिक, आर्थिक और राजनैतिक मानचित्र आरम्भ से ही एक शक्ल लेता दिखाई देता है। स्वाधीनता के बाद भारतीय जनता की संघर्ष-यात्रा का प्रामाणिक और रचनात्मक दस्तावेज परसाई के लेखन में मौजूद है। इस यात्रा में भारतीय समाज की बनावट की गहरी जानकारी तो उनके लेखन से मिलती ही है, इसके साथ सामंतवादी, पूँजीवादी—प्रजातंत्रीय और समाजवादी व्यवस्थाओं की व्यावहारिक जानकारी का बेबाक रूप भी मिलता है। उन्होंने पूँजीवादी-समाजवाद के प्रजातंत्रीय मॉडल को पहचाना है। इस संदर्भ में जनता, सरकारी तंत्र और राजनीति के द्वंद्वात्मक संबंधों का विश्लेषण भी परसाई जी की दृष्टि में प्रमुख रहा है। परसाई जी लेखक श्रमिक हैं। इसलिए इन सबके बीच लेखक और प्रेस की स्वतंत्रता पर भी विचार है। उनके अनुसार लेखक की स्वतंत्रता का हनन घोर अप्रजातांत्रिक है। वस्तुतः परसाई की रचनाशीलता के भीतर संसदीय-प्रजातंत्र के ढाँचे में विकसित होने वाली राजतंत्रीय व्यवस्था के संदर्भ सूत्रों द्वारा समकालीन विसंगतियों को ढूँढ़ा गया है। उनकी दृष्टि में विश्व की अन्य व्यवस्थाएँ भी हैं। उन्होंने अमरीका की वर्तमान राजनीतिक और आर्थिक व्यवस्था को नए आर्थिक और सैनिक साम्राज्यवाद के रूप में देखा है। विश्व के तमाम विकासशील और तीसरी दुनिया के देशों की व्यवस्था में विकसित हुए अंतर्विरोध तथा विकास और उन्नति के नाम पर राजतंत्र की रक्षक नीतियों के मध्य फँसे मनुष्य की त्रासद जीवन स्थितियों को परसाई जी के लेखन में खोजा जा सकता है। उनकी अभिव्यक्ति तकनीक इतनी मारक

है कि रचना के भीतरी तथ्य को समझने के लिए किसी टीका और शास्त्र का सहारा नहीं लेना पड़ता। उनका लेखन रचनात्मक और आलोचनात्मक एक साथ है। उनकी रचनात्मक-कलात्मक चेतना आजादी के समय और उसके बाद की है।

रचनावली के छठवें खंड में परसाई के लेखन की सभी दिशाओं के सूत्र आ गए हैं। हिंदी में नागार्जुन ही इतनी बड़ी दुनिया के लेखक हैं। दोनों का संघर्ष उनकी दुनिया को व्यापक बनाता है। परसाई का यह संघर्ष लेखक, पत्रकार, संपादक, संगठनकर्ता आदि के माध्यम से क्रियाशील रहा है। उनकी आस्था का स्रोत जीवन है और वैचारिक रूप से उनकी आस्था मार्क्सवादी जीवन-दर्शन में है, पर वे ऐसे मार्क्सवादी नहीं हैं जो लेखकीय संवेदना को संकुचित करते हैं। इस तथ्य की गवाही पर परसाई की रचना-प्रक्रिया और रचनात्मक विकास को समझने में मदद मिलेगी। उनके लेखन की कलात्मक क्षमता का जो विस्तार हुआ है, उसके बीज-सूत्र और संभावनाएँ, उनकी सक्रियता की दिशाओं और स्रोतों का पता इस खंड की रचनाओं में खोजा जा सकता है। परसाई सबसे पहले स्वयं के लेखन पर ही विचार करते हुए उसकी सामाजिक सोद्देश्यता को स्पष्ट करते हैं। वे कहते हैं—'यह भी कहा गया है कि मेरा व्यंग्य बड़ा कटु होता है। होता तो है। पर चट्टान-सी बुराई पर अगर कोई सुनार की छोटी हथौड़ी से प्रहार करे, तो यह उसकी नासमझी ही कही जाएगी। चट्टान पर तो लुहार के घन का भरपूर हाथ ही पड़ना चाहिए। सामाजिक बुराइयों के प्रति मैं बहुत ही कट हूँ।' उनके लिए शाश्वत मूल्यों का प्रश्न ही बेमानी है। जो अपने युग के प्रति ईमानदार नहीं होता, वह अनंतकाल के प्रति कैसे हो लेता है, मेरी समझ से परे है। इसीलिए अपने युग के प्रति ईमानदार होने के सबूत में उन्होंने व्यंग्य की अवधारणा, परंपरा और उसके सामाजिक दायित्व को स्वीकार किया है। व्यंग्य का चरित्र ही अपने युग के विकारों को कुरेदने वाला है। परसाई जी के लिए व्यंग्य करुणा का लेखन है। उसके मूल में अनेक त्रासदियाँ हैं। इसीलिए वे अपने को दुखी और बेचैन आदमी कहते हैं। उनके अनुसार, व्यंग्य जीवन से साक्षात्कार करता है, जीवन की आलोचना करता है, विसंगतियों, मिथ्याचारों और पाखंडों का पर्दाफाश करता है। जीवन के प्रति व्यंग्यकार की उतनी ही निष्ठा होती है, जितनी गंभीर रचनाकार की, बल्कि ज्यादा ही। वह जीवन के प्रति देयित्व का अनुभव करता है। इसीलिए उसका आशावाद कभी मत नहीं होता। समाज के झाड़-झंखाड़ उखाड़कर ही स्वस्थ समाज बनाया जा सकता है। इसलिए व्यंग्य में चोट होती ही है। परसाई जी सुधारवाद के स्थान पर सामाजिक परिवर्तन की आवश्यकता पर बल देते हैं। उनके लेखन का उद्देश्य सामाजिक परिवर्तन है। ज्ञानरंजन के

साथ एक बातचीत में स्वीकार करते हैं कि समाज-व्यवस्था में परिवर्तन के बाद भी व्यंग्य की आवश्यकता है।

प्रश्न यह है कि परसाई जी राजनैतिक लेखन क्यों करते हैं। 'रिटायर्ड भगवान की आत्मकथा' में उन्होंने ऐसे मध्यवर्गीय लेखकों को भूतों की बारात में कनात से तनते और रावण के घर पानी भरते देखा है, जो राजनीति से परहेज करते हैं। परसाई जी जानते हैं कि आज राजनीति बहुत बड़ी निर्णायक शक्ति है। राजनीति हमारे जीवनव्यापार का अंग है। उससे नफरत करना या उससे अलग रहना जीवन को अधूरा करना है। लेखक को राजनीति से दूर रखने की बात नहीं करते हैं जिनके निहित स्वार्थ होते हैं। वस्तुतः राजनीति को नकारना भी एक राजनीति है। राजनीतिक लेखन से जीवन-दृष्टि और विचारधारा का पता चलता है। परसाई जी का राजनीतिक लेखन सोद्देश्य है। वे विश्व राजनीति पर महत्त्वपूर्ण टिप्पणियाँ करते हैं। इसलिए परसाई जी के लेखन में विचार तरंगों की तरह व्यंग्य रूप में बार-बार आते और टकराते हैं। किस तरह से राजनीति और नौकरशाही की प्रजातंत्री महत्त्वाकांक्षा के लिए व्यक्तित्व को तोड़-फोड़ डालता है, किस तरह से सामाजिक विधि-विधान को नौकरशाही की थोथी महत्त्वाकांक्षा का आडम्बर बना दिया जाता है, किस तरह से मानवीय विधि-विधान और क्रियाएँ भी प्रदर्शन का व्यापार बन जाती हैं, किस तरह से राजनीति और नौकरशाही को जनता की अजित संपत्ति के दुरुपयोग का लैशन मिल जाता है और किस तरह भूखे पेट की रसद देकर राजनीतिक और आर्थिक स्वार्थ साधे जाते हैं, परसाई का लेखन एक-एक समस्या पर विचार करता है। परसाई का लेखन इन समस्याओं पर भी विचार करता है कि जनसामान्य के अंदर भय और असुरक्षा का भाव पैदा कर किस तरह से बारूद के गोदाम भरे जाते हैं और मनुष्य का ध्यान प्रमुख समस्या से हटा दिया जाता है। इस लँगड़ी व्यवस्था में सत्य कैसे घायल हो जाता है और झूठ कैसे लोगों की मानसिकता और जरूरत में शुमार हो जाता है। किस तरह से इस झूठ के अस्त्र द्वारा स्वार्थ-लाभ, चरित्र-हत्या और सांप्रदायिकता फैलाई जाती है। इसकी गहरी जानकारी बिना राजनीति के संभव नहीं। इसीलिए परसाई जी राजनीति को न केवल लेखक के लिए, बल्कि मनुष्य जीवन के लिए आवश्यक मानते हैं।

परसाई का लेखन तात्कालिक होते हुए भी एक लगातार आंदोलन है। परसाई जी सदैव जाग्रत और सतर्क विवेक के साथ इस आंदोलनात्मक संघर्ष में शामिल रहते हैं। इसलिए उनका लेखन मरघट और श्मशानी पीढ़ी का प्रतिकार

करता हुआ जीवन के संघर्ष-क्षेत्र का मार्ग प्रशस्त करता है। पहली यात्रा में ही परसाई की रचनाशीलता की सोच दिशा और व्यापकता का पता चल जाता है। लेखक राष्ट्रीय और अंतर्राष्ट्रीय घटनाक्रम के बीचोबीच खड़ा है इसलिए उसने विश्व की व्यवस्था और समाज प्रजातंत्र के वास्तविक स्वरूप को पहचानने में भूल नहीं की है। उसने आलोचना में किसी के साथ मुरौव्वत नहीं की है। उसने डाग्मैटिक मार्क्सवादी की आलोचना की है, पर साथ ही ईमानदार मार्क्सवादी को भावनाशील तथा जाग्रत विवेक का मनुष्य कहा है। परसाई जी व्यंग्य की समीक्षा से भी सन्तुष्ट नहीं हैं। वे चाहते हैं कि व्यंग्य की समीक्षा की भाषा भी विकसित हो। उस समीक्षा से व्यंग्य-लेखन की कठिनाइयों तथा विशेषताओं की भी जानकारी मिले। लेखक मानता है कि सच्चा व्यंग्य जीवन की समीक्षा होता है। कोई भी सच्चा व्यंग्य-लेखक मनुष्य को नीचा नहीं दिखाना चाहता। व्यंग्य मानव सहानुभूति से पैदा होता है और अच्छे व्यंग्य में करुणा की अंतर्धारा होती है। इसीलिए परसाई जी चेखव, जोनथन स्विफ्ट, मार्क ट्वेन, कबीर आदि को श्रेष्ठ व्यंग्यकार मानते हैं। प्रकारान्तर से वे व्यंग्य को हास्य-मनोरंजन से अलगाते हुए व्यंग्य की स्वतंत्र रचना और आलोचना शास्त्र के विकास को रेखांकित करते हैं। परसाई के व्यंग्य की विशेषता है कि यहाँ समाज का सृजन और विकास प्रमुख है, केवल ध्वंस नहीं। उनका एक-एक व्यंग्य समाज को स्वस्थ रूप देने के लिए किया गया प्रहार है। तभी पता चलता है कि बनने और बिगड़ने की प्रक्रिया का अंतःसंबंध क्या है। व्यंग्य की रचनात्मकता और सामाजिक ताकत यही है। परसाई जी लेखक की स्थिति पर भी विचार करते हैं। गले में पट्टा बाँधकर साहित्यकार नहीं हुआ जा सकता। यह पट्टा रचनात्मकता को नष्ट करता है और लेखक कैरियरिस्ट हो जाता है। 'साहित्य सृजेता को स्वतंत्र होना चाहिए तभी उसका स्वर निर्भय और स्वतंत्र होगा।' साहित्य को सरकारी चीज बना देने से सामाजिक रुचि का परिष्कार होना संभव नहीं। परसाई जी जानते हैं कि लेखक की सबसे बड़ी शत्रु फासिस्ट शक्तियाँ हैं, ये शक्तियाँ कलम की आजादी पर पाबंदी लगाती हैं, क्योंकि कलाकार मानवता का प्रचारक होता है। हैमिंग्वे, नाजिम हिकमत, खलील जिब्रान, फैज अहमद फेज, तेलगू कवि गुलाम यासीन, पदुमलाल पुन्नालाल बख्शी, माखनलाल चतुर्वेदी और न जाने कितने लेखक-कलाकार इन शक्तियों के शिकार बने। परसाई जी के संपादक और पत्रकार व्यक्तित्व ने लेखक की स्वतंत्रता के लिए आवाज उठाई है। उनका यह रूप बेहद सजग और साहित्यिक, सामाजिक तथा राजनैतिक हलचलों की नोटिस लेने वाला है। 'बख्शीजी पर राजमद का प्रहार' ऐसा ही है। इस संदर्भ में वे

स्पष्ट करते हैं कि लिखने से पेट नहीं चलता और लेखक दूसरा काम करता है। राजसत्ता उसकी प्रतिभा का अपने हित में शोषण करती है।

साहित्यकार की भी जिम्मेदारी है कि वह जनरुचि का परिष्कार करे। यह कहना गलत है कि जनता समझती नहीं है। आज का साहित्यकार ही जनता को कितना समझ पा रहा है। आज कवि-कलाकारों ने अपने ऊपर नट, गायक और मेमने का रोल ले लिया है। इसलिए परसाई जी सावधान करते हैं कि आज जमाना बीमार आदमी के प्यार के गीत गाने का नहीं है। आज जरूरत है कि स्वस्थ आदमी का स्वस्थ प्यार गीतों में ढलकर आए। इसके लिए पतनशील प्रवृत्तियों को रोकना आवश्यक है। साहित्य में पीढ़ियों का संघर्ष भी नए की सृष्टि के साथ जुड़ा है। —पीढ़ियों के इस संघर्ष में आलोचना की जिस भाषा का प्रयोग किया जाता है वह अपच और हानिकर है। आलोचना स्वस्थ और रचनात्मक होनी चाहिए। गाली देना आलोचना नहीं है। स्तुति, प्रशंसा और निंदा वाली आलोचना को परसाई जी उतना ही घातक मानते हैं, जितना तर्कहीन नकारवादी आलोचना को। इस बात को परसाई जी और स्पष्ट करते हैं। अपरिपक्व विचारों वाला मस्तिष्क गंभीर नहीं हो सकता। 'किसी समय के कुछ आग लगाऊ प्रगतिवादी अब सरकार के फायर ब्रिगेड में काम कर रहे हैं।' वर्ग-संघर्ष के बिना सच्चा समाजवाद नहीं आ सकता ऐसा परसाई जी का विश्वास है। इसलिए परसाई जी चाहते हैं लेखक व्यापारी तो न बने। 'लेखन व्यापार कतई नहीं है, वह जीविका का साधन हो सकता है, लेकिन वह बहुत अंशों में तपस्या है।'

परसाई जी शासन, साहित्यकार और पाठक के संबंधों का वस्तुगत विश्लेपण करते हैं और इस तरह समाज विशेष के चरित्र का मूल्यांकन भी करते हैं। लेखक प्रश्न करता है। क्या कारण है कि घड़े खरीदने वाले तो समाज में हैं, पर पुस्तक खरीदने वाले नहीं। जरूर कहीं न कहीं शिक्षा के विषय में सरकार की नीतियाँ जनविरोधी हैं। परसाई जी मानते हैं कि जीवनी प्रधान साहित्य से पाठकों की रुचि को बदला जा सकता है। लोकप्रियता के मानदण्ड बदलने के लिए रुचि का परिष्कार आवश्यक है। रुचि बदलने की जिम्मेदारी लेखक की है। श्रेष्ठ और प्रिय लेखकों की कसौटी बनाई जा सकती है, मूल्यांकन के मान भी निर्धारित किए जा सकते हैं। इस तरह लेखक और पाठक के बीच समस्या को उलझाने से बचाया जा सकता है। 'लेखक उत्तरदायी है अपने पाठकों के निर्माण के लिए, उनके विचारों के लिए और उनकी रुचि के लिए।' परसाई जी ने यह काम बखूबी किया भी है। इसलिए वे अनुभूतियों के समाजीकरण पर बल देते हैं। वे कहते हैं इस लोकवासी समुदायी लेखक के लिए। तो समाज के यथार्थ

को अपने में ढाल कर ऐसा बनाना होगा, जैसे तुलसी ने राम को अपने में ढाला था, तभी वह सर्वसाधारण को ग्राह्य होगा। ऐसा साहित्य विकलांग सामाजिक परिस्थितियों में भी रसास्वादन के योग्य होता है। परसाई जी चाहते हैं। पात्रों में लेखक जिये उसका भावानुभव जीवित हो जाए। व्यक्तिगत अनुभव और भोगे हुए यथार्थ को परसाई जी बेमानी मानते हैं। इसे सामाजिक सोद्देश्यता में बाधक मानते हैं। वे कहते हैं : टिक वही पाता है जो अपनी निजी तथाकथिक अनुभूतियों और अभावों से ऊपर उठकर आता है। वे कविता और नारी-प्रेम जैसे विषयों पर विचार करते हैं और नारी-सम्मान की रक्षा करते हुए विज्ञापन संस्कृति की आलोचना करते हैं। वस्तुतः जिस तरह विज्ञापन ने नारी का उपयोग किया है उसी की तर्ज पर कुछ कवि भी कर रहे हैं। यह अकविता-आंदोलन की अप्रत्यक्ष आलोचना है। वह कविता न होकर कंठित वासनाओं की विकृत अभिव्यक्ति है। आज कविता के साथ हरम चल रहा है। परसाई जी उम्मीद करते हैं कि नारियों को ऐसी कविता के खिलाफ उसी तरह आंदोलन करना चाहिए जैसा विज्ञापन के खिलाफ किया है। परसाई जी मंचों से गाने वाले सम्मेलनी कवियों को भी खबरदार करते हैं जो कविता का सत्यनाश तो करते ही हैं साथ ही फूहड़ और सस्ते भावों का प्रदर्शन भी करते हैं। परसाई जी स्पष्ट करते हैं : गाना और गाली की बौछार कविता नहीं है। परसाई जी इसी क्रम में दिनकर और अज्ञेय की भी तर्कसंगत आलोचना करते हैं। भारतीय कविता 1953 में दिनकर ने यदि अज्ञेय के बाद किसी को कवि नहीं माना और कविता में भी घोर क्षेत्रीयवाद का समर्थन किया है तो यह उनकी काव्यशक्ति और समझ की दरिद्रता को ही प्रमाणित करता है। उन्होंने एक पूरी पीढ़ी को ही काव्य परिदृश्य से उड़ा दिया। इसी प्रकार अज्ञेय ने साहित्य अकादमी द्वारा प्रकाशित कन्टेम्परेरी हिंदी लिटरेचर में जो लेख आधुनिक हिंदी साहित्य पर लिखा उसमें भयंकर भूलें जानबूझ कर कीं। यहाँ इतिहास को तोड़ा-मरोड़ा गया है। यहाँ प्रतीक, परिमल और अज्ञेय की जय-जयकार है। सप्तक वाले कवियों तक को यहाँ स्थान नहीं मिला।

साहित्य में अश्लीलता का प्रश्न भी लगातार चर्चा में रहा है। परसाई जी ने मराठी के कवि नामदेव ढसाल की कविता को आधार बनाकर इस समस्या पर विचार किया है। उनके अनुसार हम जिस भाषा में सोचते और जीते हैं उस भाषा में लिखना अश्लीलता नहीं। अश्लीलता भाषा की नहीं क्रिया और परिवेश की होती है, जो जुगुप्सा पैदा करे। अश्लीलता वातावरण पर आश्रित है। इसीलिए परसाई जी नामदेव ढसाल, कृष्णा सोबती, राही मासूम रजा आदि के लेखन को किसी प्रकार से भी अश्लील नहीं मानते। यदि अश्लीलता का मानदण्ड गाली

और मनुष्य की जैविक तथा संवेदनात्मक क्रियाओं से निर्धारित होगा तो फिर हमें बहुत कुछ को अपनी परंपरा से भी अलग करना होगा। इसीलिए परसाई जी वास्तविकता को उद्घाटित करते हुए कहते हैं कि जो लोग अश्लील कहकर ऐसे साहित्य के प्रति घृणा भाव फैलाने का प्रयास करते हैं उनकी लड़ाई और विरोध उन विचारों से होता है जो समाज में हलचल पैदा करते हैं और जो यथास्थिति का प्रतिकार कर आम जनता तक ऐसे साहित्य को पहुँचाने का प्रयास करते हैं। वस्तुतः यह देखना चाहिए कि ऐसे लेखन में भावानुभूति की सचाई क्या है, उनके सामाजिक आशय क्या हैं, वह किन ऐतिहासिक तथा द्वंद्वात्मक परिस्थितियों की उपज है। मूलतः पूँजीवाद का अर्थशास्त्र समाजवाद के अर्थशास्त्र से भिन्न होता है। बिना इसको समझे हम साहित्य, संस्कृति, समाज और राजनीति का अंतःसंबंध नहीं समझ सकते।

परसाई जी ने जिन सामाजिक चिंताओं पर ध्यान केंद्रित किया है उनमें संप्रदाय और भाषा की समस्या भी है। आज भाषा को संप्रदायवाद का कारण बना दिया गया है। हिंदी के नाम पर हिंदू संप्रदायवादी, पंजाबी के नाम पर पंजाबी संप्रदायवादी और उर्दू के नाम पर मुसलमान संप्रदायवादी आंदोलन और दंगे-फसाद करते हैं। इससे इन सांप्रदायिक शक्तियों के स्वार्थ सिद्ध होते हैं। परसाई जी जानते हैं कि राजनीतिक स्वार्थों की टकराहट में हिंदी पिस रही है। राजगोपालाचारी, मुदलियार और पं. नेहरू जैसे राजनेताओं तक ने हिंदी को अच्छी नजर से नहीं देखा। यहाँ भाषा का मामला नेता तय करते हैं इसलिए आवाज उठाने वाले को सत्ता खरीद लेती है। बड़े से बड़े मस्तिष्क को राजसत्ता खरीद रही है। भाषा के सवाल पर परसाई जी ने दो टूक बातें कही हैं। परसाई जी का निशाना मुख्य रूप से मंत्री, राजपुरुष और अँग्रेजी अखबार हैं जो हिंदी को राष्ट्रभाषा बनाए जाने के विरोधी हैं। परसाई जी अँग्रेजी की समृद्धि से इनकार नहीं करते पर वे यह भी मानते हैं कि मजूर, किसान, मुंशी, दूकानदार आदि की भाषा अँग्रेजी तो नहीं हो सकती। भाषा की राजनैतिक और सांप्रदायिक पैंतरेबाजी राजनीतिज्ञों के कारण होती है। सरकार भाषा मामले में स्पष्ट नीति नहीं बनाती, फलतः स्थिति विषम होती है। परसाई जी गुस्से में कहते हैं : सरकार संकीर्ण है तो आर्य समाज हिंदी को राष्ट्रभाषा से अधिक एक सांप्रदायिक भाषा मानता है। परसाई जी अँग्रेजी की आलोचना करते हैं क्योंकि अँग्रेजी की गुलाम मानसिकता अभी गई नहीं है। अँग्रेजों ने इस देश के मनुष्य की भाषा को मार कर उसे अपनी संस्कृति तथा चिंतन से अलग कर दिया और अँग्रेजी भाषा को इतनी चतुराई से स्थापित और प्रसारित किया कि आज भी लोग उसे स्वेच्छा से

अपनाए हुए हैं। परसाई जी को दुःख इस बात का है कि अँग्रेजी भाषा के साथ हमने उस भाषा के विकृत संस्कारों को भी अपना लिया है और अपनी भाषा का अपमान किया है। यह मानसिक गुलामी हमारी प्रगति में सबसे बड़ी बाधा है। जिस अँग्रेजी के स्थान पर हिंदी प्रयोग की बात कही गई थी आज उसी अँग्रेजी को न केवल संरक्षण दिया जा रहा है, बल्कि हिंदी को अपमान और तिस्कार की दृष्टि से देखा जा रहा है। इस प्रकार परसाई जी हिंदी की जातीय परंपरा के लिए संघर्ष करने वाले रचनाकार सिद्ध होते हैं। उनका संघर्ष बहुआयामी है। वे साहित्य अकादमी, भारतीय हिंदी परिषद और हिंदी साहित्य सम्मेलन जैसी संस्थाओं के राजनीतिकरण और उनकी जनविरोधी नीतियों के कटु आलोचक हैं। हिंदी की सेवा का मतलब हिदीभाषी जनता की सेवा है। जहाँ भाषा का जन्म होता है, जहाँ शब्दों को उनका अर्थ मिलता है और जहाँ विचार बीज रूप में पैदा होते हैं। परसाई जी स्पष्ट करते हैं कि वे भी दुश्मन जो समझते हैं कि भाषा आम जनता की जबान पर नहीं बल्कि कोशों में निर्मित होती है तथा जो इस बीसवीं शताब्दी में मध्ययुग की अवतारणा करना चाहते हैं। वे वैचारिक भूत हैं जिनके पाँव पीछे की ओर हैं। वे भी दुश्मन जो हिंदी शब्दावली को बिना समझे बुरा कहते हैं। परंतु परसाई जी केवल दूसरों को ही दोष नहीं देते, वे सबसे बड़ी कमी मानते हैं अपनी तपस्या की कमी, मिशनरी भावना का अभाव।

परसाई जी का पत्रकारिता से संबंध बहुत पुराना है। लेखक के रूप में परसाई जी पत्रकारिता के माध्यम से ही जाने गए। इसलिए प्रजातंत्र में पत्रकार के दायित्व से वे परिचित हैं। पीत पत्रकारिता से उनका क्षुब्ध होना स्वाभाविक है। वे इसी क्षोभ में कहते हैं, 'सत्य सब अखबारनवीसों को मालूम है, पर उसे दबाकर वे झूठ छापते हैं। अमरीका के अखबार रूस के खिलाफ और पाकिस्तान के अखबार भारत के खिलाफ जो छापते हैं, वह तो जाने दीजिए। स्थानीय मामलों में भी बेधड़क झूठ छापा जाता है। एक आना पैसा खर्च करके अखबार खरीदकर नागरिक केवल झूठ जानता रहा। 'एक आने में एक पेज झूठ।' इस पीत पत्रकारिता में सच के ऊपर झूठ सवार हो जाता है। इनकी खबरें भड़काने वाली और सांप्रदायिक होती हैं। अखबारों का ईमान विज्ञापन और अनुदान पर टँग गया है। सत्य स्वार्थ के वशीभूत होता जा रहा है। इसलिए परसाई जी की टिप्पणी है, 'प्रजातंत्र में पत्र अगर स्वतंत्र नहीं हैं, सत्य को जैसा का तैसा प्रस्तुत करने के साधन नहीं हैं तो सारा समाज भ्रम में रहता है। विकास के कितने समाचार छपते हैं, अगर कोई इन्हें पढ़े तो लगेगा कि भारत में समृद्धि और सुख की कोई सीमा नहीं है, पर लोग भूखे ही मर रहे हैं। ये बातें तब की हैं जबकि

आजादी बालिग भी नहीं हुई थी और वर्गीय स्वतंत्रता के वास्तविक स्वरूप को परसाई जी ने पहचान लिया था। आज तो स्थितियाँ और भी विकराल हो गई हैं।

परसाई जी विभिन्न संगठनों के चरित्र और कार्य प्रणाली पर विचार करते हैं। लेखकों, श्रमिकों और सांप्रदायिक शक्तियों के संगठन उनकी दृष्टि में हैं। वे श्रमिक संगठनों की नीतियों से असहमत हैं, क्योंकि मजदूर संगठन अर्थजीवी हो गए हैं। इनकी लड़ाई वेतन-भत्ता, बोनस और ओवर टाइम को लेकर है जबकि परसाई जी का मानना है कि श्रमिक वर्ग को शिक्षित और चेतना संपन्न होना चाहिए। उनका सरोकार देश की दूसरी समस्याओं से भी होना चाहिए। श्रमिक संगठनों को इन चीजों पर भी विचार करना चाहिए कि देश में सांप्रदायिकता बढ़ रही है, विघटनकारी शक्तियाँ सिर उठा रही हैं, क्षेत्रवाद बढ़ रहा है।' दंगे मजदूरों की बस्ती में ही क्यों होते हैं, इन दंगों की तह में कौन-सी शक्तियाँ होती हैं, गरीब आदमी ही दंगों में क्यों मारा जाता है। इन प्रश्नों से भी श्रमिकों को साबका करना चाहिए। परसाई जी जानते हैं कि मजदूर बस्तियों में मजदूरों के बीच दंगे एक योजना के हिसाब से कराए जाते हैं। परसाई जी लेखकों को श्रमिक वर्ग से जोड़ने की बात भी करते हैं और सलाह देते हैं कि लेखकों को वस्तुस्थिति से जनता को परिचित कराना चाहिए।

परसाई जी की रचना की राजनीति का रहस्य यही है कि वे अरस्तू, आदम और कबीर की आत्मा में प्रवेश कर हर मोर्चे पर उन्हें भेज देते हैं और एकलव्य, अघोर भैरव आदि को भी अपना साहित्य सहचर बनाते हैं। वे मुक्तिबोध की तरह फैन्टसी बुनते हुए अपने मन के दोनों रूपों की परस्पर मुठभेड़ करा देते हैं। समस्याओं पर विचार करने का यह एक तरीका है, जिसमें तर्क क्षमता का विकास होने के साथ परस्पर विरोधी विचारों का भी संवाद संभव होता है। परसाई जी साहित्यिक ईमानदारी को सबसे ऊपर रखते हैं। प्रतिनिधि चरित्र के सवाल की बात आती है तो वे पूरी साहित्य परंपरा का मूल्यांकन करते हैं। वे साहित्य को खाँचों में बाँटकर देखने के विरोधी हैं तो फार्मूलाबद्ध साहित्य के भी कटु आलोचक हैं, चाहे वह मार्क्सवादी या फ्रायडवादी फार्मूला ही क्यों न हो। यहाँ यह स्मरण रखना आवश्यक है कि आजादी के बाद फार्मूला लेखन की एक समय बाढ़ आ गई थी और यह नकली साहित्य की ही बाढ़ थी। वे जैनेन्द्र और अज्ञेय की मान्यताओं से सहमत नहीं हैं। जैनेन्द्र को जयप्रकाश जैसा मदारी मानते हैं। वे मानते हैं कि साहित्य का सृजन व्यापक समाज के बीच संभव होता है। साहित्य की एकरसता उतनी ही घातक है, जितनी जीवन की एकरसता। जीवनानुभव की विविधता बहुत ही आवश्यक है।

राजनीति और सरकार के चरित्र को जितने स्पष्ट ढंग से परसाई जी उद्घाटित करते हैं, उतनी ही स्पष्टता से वे साहित्यिक मूल्यों की भी पड़ताल करते हैं। वे सरकार, राजनीति और साहित्य में पनप रही समान विकृतियों और उनके अंतःसंबंधों को तलाशते हैं। एक पूरी व्यवस्था है जो यथास्थिति को बनाए रखने के लिए बड़े-बड़े आचार्यों को ऊँची-ऊँची तनख्वाहें इसलिए देती है कि वे चीजों की परिभाषाएँ न बदलने दें, जिससे परिभाषाहीन जीवन और व्याख्याहीन व्यवस्था चलती रहे। रिटायर्ड भगवान की आत्मकथा में परसाई जी राजनीतिक तथा साहित्यिक गुरुडम के साथ, संप्रदायवाद और धार्मिक उन्माद की कटतम आलोचना करते हैं। उन्होंने अकाली आंदोलन को फासिस्टी आंदोलन इसी अर्थ में कहा है। वे जानते हैं कि संप्रदायवाद सामाजिक विघटन का सबसे तीखा जहर है। राजनीति और साहित्य के संबंध संघर्ष और सहयोग द्वारा तय होते हैं। राजनीति की उपयोगितावादी नीति के कारण साहित्य और राजनीति का संघर्ष बढ़ता है। आज व्यावहारिक राजनीति से साहित्यकारों का मोह भंग हो रहा है। इसी राजनीति ने साहित्यकारों को पथभ्रष्ट भी किया है। रेडियो, अखबार, टी.वी. तथा सरकारी अकादमियों ने सत्य का मुँह बंद कर लेखक को बिकाऊ बनाया है। इसके आगे कितने क्रांतिवादी और जनवादी अब धीरे-धीरे शून्यवादी और ब्लाउजवादी होते जा रहे हैं। परसाई जी स्वीकार करते हैं कि साहित्य हमारे यहाँ व्यापार कभी नहीं रहा, वह धर्म रहा है। अभी भी वह धर्म है, एक मिशन है। इसमें मिटना पड़ता है। इसमें तो कबीर की तरह घर फेंककर बाहर निकलना पड़ता है। यह खाला का घर नहीं है। इसीलिए वे हिंदी की जातीय परंपरा की अवमानना का सख्त विरोध करते हैं। वे संवेदना को कुंठित करने के विरोधी हैं। उनके लिए साहित्य अनुभूति की अभिव्यंजना है जो मानव व्यापारों में ढलकर भाषा के माध्यम से व्यक्त होती है। परसाई जी सरकारी संस्थानों के साथ समाजसेवी संस्थाओं की भी वास्तविकता से परिचित कराते हैं। भारत सेवक समाज और गांधी प्रतिष्ठान आदि किस तरह से भारत की दुर्दशा का कारण बन रहे हैं। यह बात किसी से छिपी नहीं है। चाहे भारत सेवक समाज हो, विनोबा भावे या जयप्रकाश का आंदोलन हो या गांधीजी के नाम पर खोली जाने वाली संस्थाएँ, सब लूट का कारोबार करती हैं। लोग शिक्षित न हो पाए इसके लिए सुनियोजित तरीके से गलत नीतियाँ और योजनाएँ लागू की जाती हैं। 'हर बार जनता को छला जाता है—अकाल में अकाल राहत कोष के द्वारा और बाढ़ में बाढ़ राहत कोष के द्वारा।'

परसाई जी धार्मिक संप्रदायवाद और महाजनी सभ्यता के अंतःसंबंधों को विश्लेषित करते हैं। वे मानते हैं कि धर्म कमजोर लोगों के लिए है या धर्म

हिंसक और शोषक के रूप में है। यहाँ कमजोर की बलि दी जाती है। धर्म का रूप और चरित्र इतना बिगड़ गया है कि उसके अनुयायी ही संस्थापक धर्म गुरुओं की नीतियों के विरुद्ध आचरण करते हैं। यह बात सभी धर्मों के विषय में समान सच है। ईसाई नटराज की मूर्ति से भड़कता है। ईसाइयों के लिए यह देश उसे अमेरिका से पैसे बुलाकर खुलेआम ईसाई धर्म का प्रचार करने की स्वतंत्रता देता है और वैश्यागमन, भ्रूणहत्या, मद्यपान, स्त्रियों को बेचने-लूटने से हिंदू धर्म भ्रष्ट नहीं होता। परसाई जी ने धार्मिक पाखंड, रूढ़िवाद और धार्मिक उन्माद का विरोध किया है। समय-समाज को देखते हुए उनमें परिवर्तन आना आवश्यक है। जहाँ आदमी मर रहा है, अकाल और अर्थहीनता है, वहाँ धर्म के नाम पर जलसे होते हैं, गजरथ महोत्सव होते हैं। गंगा को दूध से पवित्र किया जा रहा है, यज्ञों में खाद्यान्न जलाया जा रहा है। 'जैसे दिमाग रेफ्रिजरेटर में रख दिया है।' संप्रदायवाद घातक है वह किसी भी धर्म संप्रदाय का हो। ये धार्मिक संप्रदाय अमूर्तन का प्रचार करते हैं। फलतः मनुष्य अपनी लोक चिंता से बहुत दूर होता जाता है। परसाई जी दर्शन की अमूर्तता के भी विरोधी हैं। वे मिथों को चमत्कार और फरेब का अम्बार मानते हैं। तरह-तरह के भगवानों को विकृत दर्शन का परिणाम मानते हैं। वे गांधीवादी दर्शन के उस पक्ष की भी आलोचना करते हैं जो अमूर्तन की ओर जाता है। उनके अनुसार जिस तरह से अंतर्राष्ट्रीय कंपनियाँ आर्थिक शोषण का जाल फैलाती हैं, उसी तरह से धार्मिक मतवाद, संप्रदायवाद और भगवानों ने भी मनुष्य का सर्वांगीण शोषण किया है। हर व्यवस्था को कायम रखने वाले जो एजेंट होते हैं, उन्हें देवता कहते हैं। हर सिस्टम अपने देवता रखता है। ये नए-नए देवता हैं और पृथ्वी पर एक व्यवस्था की रक्षा में लगे हैं। ये अंतरिक्षयान और आकाश में भी जाने लगे हैं।' परसाई जी इस पूरी अवधारणा को वर्तमान पूँजीवादी-साम्राज्यवादी अवधारणा से जोड़ देते हैं। भगवानवाद को वे व्यक्तिगत साधना मानते हैं, जिससे सिर्फ अहंकार बढ़ता है और ठगी का धंधा चलता है। पुनः परसाई जी इसे पूँजीवादी व्यवस्था के व्यक्तिवादी तथा प्रजातंत्री घटकों से जोड़ देते हैं। यह ठगी पुलिस, प्रशासन और कालाबाजारी से जुड़ जाती है। इससे समाज-व्यवस्था का पतन होता है और व्यक्तिवाद अपनी सारी विकृतियों के साथ वर्चस्व कायम करता है। धर्म का रूप महाजनवाद को पैदा करता है, उसे मजबूत बनाता है। महाजनी सभ्यता अपना विस्तार करती हुई पूरे समाज को अपनी गिरफ्त में ले लेती है। लोगों में कालाबाजारी और मुनाफाखोरी की लत पैदा कर देती है। यह महाजनी सभ्यता का प्रभाव है कि ग्वाला दूध में पानी मिलाता है। लेखक कहता है कि खून खराब

हो गया है, उसे शुद्ध करना होगा। इस सभ्यता का मूलमंत्र बेईमानी है। इस सभ्यता का अंतिम चरण है सबमें विकृति। इसके बाद मनुष्य के ही प्रयत्नों से इसकी समाप्ति है। और नई संस्कृति का जन्म है।'

ऐसी व्यवस्था में बहुत-सी योजनाएँ केवल कागज पर चलती हैं या फाइलों में दबी रह जाती हैं। वस्तुतः ऐसी व्यवस्था के संचालन की ट्रेनिंग ही आदमी को भ्रष्टाचार की ओर प्रेरित करती है और लाचार भी करती है, ताकि परिवर्तन और विकास की बातें बेमानी बनी रहें। विकास और निर्माण की बातें देश के नाम पर की जाती हैं, क्योंकि देश के नाम पर जनता कष्ट सहने और कुर्बानी देने को तैयार रहती है। आज जो जितना भ्रष्ट और मक्कार है वह उतना ही सफल माना जाता है। फासिस्ट व्यवस्था के वे पुर्जे ही हैं। प्रशासन तंत्र की ये योग्यताएँ हो गई हैं। धार्मिक और सांप्रदायिक उम्मीद भी कुछ कम काम नहीं करती। यहाँ संकीर्णता की प्रवृत्ति के कारण धर्म के नाम पर लोगों को लड़ा देना धर्म के ठेकेदारों की नीति है, इससे जनसमुदाय संगठित नहीं हो पाता। यहाँ नेता केवल चुनाव के समय सक्रिय होता है। अफसर केवल लाठी और गोली चलाने पहुँचते हैं। परसाई जी नौकरशाही से सख्त नाराज हैं। इसके लिए वे कांग्रेसी शासन को दोषी मानते हैं। वे 1949 में ही जान गए थे कि कांग्रेसी शासन देश का नहीं, अपना निजी उत्थान चाहता है और यह कांग्रेसी शासन वोट के चक्कर में लूट का कारोबार गरम करेगा। उनकी इस प्रकार की टिप्पणियाँ जिस प्रकार की जनचेतना का संकेत 1949 में करती हैं, उससे परसाई जी की वैचारिक बनावट को समझने में मदद मिलती है, जिसका विकास 'अरस्तु की चिट्ठी' और 'कबिरा खड़ा बाजार में' जैसे स्तंभों में होता है। कांग्रेसी संस्कृति के विषय में वे लिखते हैं, कांग्रेसी समाजवाद में मनुष्य कच्चा माल होता है, जिसे सेठ खरीदकर पक्का माल बनाकर बेचता है, जिससे उसे लाभ होता है। वे राजनीति और पूँजी के संबंधों को स्पष्ट करते हैं : 'जैसे वह अन्य व्यापार में रुपये लगा देता है, वैसे ही चार-छः हजार कांग्रेस के मेम्बर बनाने में लगा देता है। यह उसकी लागत (इन्वेस्टमेंट) है। इसने आगे चलकर उसे लाभ होता है। वह संसद या विधान सभा का सदस्य बनता है, उसे ठेके मिलते हैं, उसका आयकर बचता है।'

वस्तुतः परसाई जी मनुष्य की चिंता के लेखक हैं। उनकी वास्तविक चिंता है मनुष्य की शोषण से मुक्ति। उनकी यही चिंता उन्हें समस्याओं से टकराने-जूझने का साहस और संकल्प भी प्रदान करती है। परसाई जी के लेखन की यही सार्थकता और प्रासंगिकता भी है कि वह हमारे भीतर बुराइयों से लड़ने का माद्दा उत्पन्न करता है और हमें निर्भय बनाता है।

शारदा प्रसाद तिवारी

परसाई, मुक्तिबोध और निराला

किसी समीक्षक संभवतः रामविलास शर्मा ने कहा है कि गद्य का कवित्व उसका व्यंग्य है। यदि यह कथन सत्य मान लिया जाए तो इस कवित्व को महाकाव्य के औदात्य तक पहुँचाने का कार्य एक ही व्यंग्यकार ने किया है और वह हैं हरिशंकर परसाई।

परसाई जी से मेरा प्रत्यक्ष परिचय काफी दिनों से है यद्यपि उसे मैं घनिष्ठ नहीं कहूँगा। तथापि हम दोनों के बीच एक ऐसा सेतु हैं जो हमें जोड़ता है। वह व्यक्तित्व है मायाराम सुरजन का जो देशबन्धु पत्र समूह के प्रधान संपादक और म. प्र. हिंदी साहित्य सम्मेलन के अध्यक्ष हैं। वे हम दोनों के घनिष्ठ मित्र हैं और उनके माध्यम से मैंने परसाई के व्यक्तित्व को जानने की कोशिश की है।

कुछ दिनों पूर्व वे अस्वस्थ थे, अब भी वे चल नहीं पाते, मायाराम जी उन्हें रायपुर ले आए। कुछ महीने यहाँ उनके निवास पर रहे। उन दिनों उन्हें निकट से देखने का काफी अवसर मिला। हिंदी के प्रायः सभी प्रमुख साहित्यकारों के संपर्क में आया हूँ। पर परसाई के व्यक्तित्व की कुछ अनुपम विलक्षणता है। कबीर की तरह। मस्त, फक्कड स्वभाव, छुरे की धार-सी तेज बुद्धि, प्रकांड पांडित्य, और ऐसी प्रतिबद्धता जो केवल वैचारिक नहीं है, जीवन की गहराइयों से जुड़ी हैं। 'आँखन देखी' पर उनके हस्ताक्षर लेने गया तो कहने लगे—'किताब तो अपने-अपने पैसे से खरीदी है। पर हस्ताक्षर इस अंदाज से करूँगा कि देखने वाले समझें कि मैंने प्रेजेंट की है।' और फिर जोरदार ठहाका। ऐसा जिंदादिल व्यक्तित्व मैंने दूसरा नहीं देखा।

व्यंग्य विधा है या शैली, इसे लेकर काफी विवाद हुआ है। मैं समझता हूँ परसाई ने व्यंग्य की सर्वोत्तम परिभाषा दी है। उन्होंने व्यंग्य को एक स्पिरिट कहा है जो प्रत्येक विधा में अभिव्यक्त और परिव्याप्त हो सकती है, हुई भी है।

भारतेंदु मण्डल के व्यंग्यकारों में जो जिंदादिली थी उसकी धारा द्विवेदी युग में कुछ सूख-सी चली थी। उसे पुनर्जीवित कर आगे प्रवाहित करने में परसाई का योगदान ऐतिहासिक है। सर्वहारा चेतना की आधारभूमि से समसामयिक समस्याओं को देखने वाले परसाई पहले व्यंग्यकार हैं। उनकी सबसे बड़ी उपलब्धि जनतंत्र के स्वाँग के भीतर विद्यमान विसंगतियों को अनावृत करना है। परसाई के व्यंग्य सामाजिक बदलाव का एक प्रभावशाली हथियार हैं। उसमें जो प्रतिबद्धता और गहराई तक चोट करने की अद्‌भुत क्षमता है, वह बेजोड़ है। परसाई के व्यंग्य में काठिन्य है जो सड़ी हुई समाज-व्यवस्था और प्रतिक्रियावादी संस्थाओं पर कहर की तरह टूटता है। उसके मानवीय स्पंदन और संवेदना हमें बड़ी गहराई तक छूते हैं और सोचने के लिए बाध्य करते हैं।

मुक्तिबोध के साथ परसाई के अत्यंत निकट के संबंध रहे हैं। सामान्यतः यह मान्यता है कि दोनों के जीवन-दर्शन की प्रेरणा एक ही है। मुक्तिबोध को व्यक्तित्व स्तर पर जानने का थोड़ा बहुत अवसर मुझे भी मिला है। वैचारिक स्तर पर उनकी जो प्रतिबद्धताएँ थीं वे दैनंदिन जीवन में उस सीमा तक प्रतिफलित नहीं थीं। उनका व्यक्तित्व सीधा और सरल था, पर वैचारिक स्तर पर उनकी संवेदना काफी उलझी हुई थी। उसमें उस ऊर्जा या आक्रामकता का अभाव था जो निराला या परसाई के साहित्य की विशिष्टता है। मुक्तिबोध का व्यक्तित्व, रचना-प्रक्रिया की दृष्टि से मिल्टन का स्मरण कराता है जो अपनी प्रतिभा संपन्नता के बावजूद उन ऊँचाइयों का स्पर्श नहीं कर सका जहाँ हम शैली या वड्र्सवर्थ को पाते हैं।

समीक्षकों ने परसाई को व्यंग्य दृष्टि को प्रायः दो वर्गों में बाँटा है। समकालीन इतिहास-दृष्टि के माध्यम से सामाजिक अंतःसंबंधों का यथार्थपरक वस्तुवादी विश्लेषण जिसमें प्रायः सामाजिक विषमताओं पर सीधा प्रहार किया गया है और दूसरा, प्राचीन पौराणिक इतिहास के मिथकों और कथाओं का संदर्भगत दृष्टिकोण रखते हुए वर्तमान समाज की प्रासंगिकता का विश्लेषण। उनका व्यंग्य-संसार सारे समाज को आवृत करता है, पर विशेषकर मध्यवर्गीय और तथाकथित बुद्धिजीवी वर्ग पर उनकी दृष्टि अधिक केंद्रित रही है। उनका लेखन एक सामाजिक कर्म है। उनकी मान्यता है कि सामाजिक अनुभव के बिना सच्चा और वास्तविक साहित्य लिखा ही नहीं जा सकता। साहित्यकार और सामाजिक अनुभव के अंतःसंबंधों की व्याख्या करते हुए वे लिखते हैं—'साहित्यकार का समाज से दोहरा संबंध है। वह समाज से अनुभव लेता है, अनुभव से भागीदार होता है। बिना सामाजिक अनुभव के कोई सच्चा साहित्य नहीं लिखा जा सकता। लफ्फाजी की जा सकती

है। साहित्यकार सामाजिक अन्वेषण भी करता है। उन छिपे अँधेरे कोनों का अन्वेषण करता है जो सामान्य चेतना के दायरे में नहीं आते। वह इन सामाजिक अनुभवों का विश्लेषण करता है, कारण और अर्थ खोजता है, उन्हें संवेदना के स्तर तक ले जाता है और उन्हें रचनात्मक चेतना का अंग बनाकर रचना करता है और फिर समाज से पाई इस वस्तु को रचनात्मक रूप देकर फिर समाज को लौटा देता है। इस तरह साहित्य एक सामाजिक कर्म हो जाता है।' (पूर्वग्रह)

सामयिक राजनीति के साथ लेखक के संबंधों को परिभाषित करते हुए परसाई ने लिखा है–'राजनीति मनुष्य की नियति तय कर रही है। बुद्धिजीवी जो यह कहते हैं कि हमें राजनीति से क्या मतलब, वे वास्तव में बड़ी गंदी देशद्रोही राजनीति में फँसे हैं। मैं यह नहीं कहता कि हम किसी पार्टी के सदस्य हो जाएँ। पर मैं यह जरूर चाहूँगा कि इतनी समझ हो और निष्ठा भी हो कि यह राजनीति समाज को प्रगति के रास्ते पर ले जा रही है, और यह राजनीति प्रतिगामी और यथास्थितिवादी है।' (पूर्वग्रह)

परसाई ने व्यंग्य को मनोरंजन के साधारण परिवेश से ऊपर उठाकर उसे युगसत्य तथा लोकजीवन के साथ संपृक्त किया है। बहुत कम ऐसे लेखक हैं जो उस सीमा तक अपनी सामाजिक जिम्मेदारी निभाते हैं, जिस सीमा तक परसाई ने निभाई है। सामाजिक विसंगतियों पर हमला करते हुए भी परसाई गहरी मानवीय संवेदना से परिचालित हैं। यह मानवीय संपृक्ता ही उनके लेखन को सार्थकता प्रदान करती है।

हिंदी के व्यंग्यकारों में परसाई व्यंग्य के अत्यधिक निकट हैं। शॉ ने एक स्थल पर कहा है कि व्यंग्य लिखने का सर्वोत्तम तरीका है सत्य कहना। इस शास्त्र का सर्वोत्तम उपयोग परसाई ने किया है। आज के समाज में मानवीय संबंध धीरे-धीरे तिरोहित होते जा रहे हैं। इन संबंधों की सुरक्षा की लड़ाई परसाई का सरोकार है। परसाई पाखंड पर, नीचता और क्षुद्रता पर, अन्यायपूर्ण सामाजिक व्यवस्था पर बड़ी निर्ममता से प्रहार करते हैं, पर इसके मूल में करुणा है, सामान्य जन के लिए गहरी संवेदना है।

हरिशंकर परसाई का व्यंग्य सामाजिक चेतना का संवाहक है। अपनी ईमानदार प्रतिबद्धता और नवीन रचना-प्रक्रिया के माध्यम से परसाई ने व्यंग्य को गरिमा प्रदान की और उसे एक नए आयाम पर प्रतिष्ठित किया। परसाई ने जहाँ एक ओर सामान्य जन के दर्द को अपनी सहानुभूति दी है वहाँ दूसरी ओर उस मध्यम वर्गीय पाखंड को उजागर किया हैं जिसे अभी तक महिमा मंडित करने की

प्रवृत्ति थी। यह पाखंड राजनीति में तो है ही, सामाजिक जीवन में भी विडंबना उत्पन्न करता है। आज हमारे विसंगतियों भरे जीवन में परसाई जी की लेखनी भी पाखंड, अन्याय और अत्याचार पर निर्मम और सशक्त प्रहार कर रही है और उनकी सचाई को नग्न रूप से उजागर कर रही है। यह एक मिशन है जिसे व्यंग्य के माध्यम से संपन्न करने वाले परसाई अकेले साहित्यकार हैं। उनका व्यंग्य समाज की सही तस्वीर पेश करने वाला, संघर्ष की प्रेरणा देने वाला शक्तिशाली अस्त्र है।—परसाई जनसाहित्य के रचयिता हैं। वे उन थोड़े से साहित्यकारों में हैं, जिनकी कथनी और करनी में अंतर नहीं है। ऐसे बहुत से साहित्यकार मिलेंगे जो सत्ता-सुख भोगते हुए प्रगतिशील कहलाने का ढोंग रचते हैं। उनका साहित्य कालप्रवाह में कहीं नहीं ठहरता। परसाई का लेखन वह प्रतिबद्ध साहित्य है जिसका मुख्य ध्येय मानसिक परिवर्तन के द्वारा सामाजिक परिवर्तन की पूर्व भूमिका तैयार करना है। प्रेमचन्द की तरह परसाई ने जन-सामान्य को अपना विषय बनाया है। इस दृष्टि से परसाई की संवेदनात्मक ऊर्जा असाधारण है। उनके निबंध या कहानियाँ पढ़ते हुए हमें बार-बार यह अनुभव होता है कि हम कुछ ऐसी सामाजिक और राष्ट्रीय समस्याओं पर बहस में भागीदार बन रहे हैं जिनकी ओर हम ध्यान नहीं दे पा रहे थे, पर जो हमारे लिए अत्यंत महत्त्वपूर्ण हैं। यह मानसिक उत्तेजना जो परसाई अपने व्यंग्य-लेखन से उत्पन्न करते हैं, उनकी सबसे बड़ी सफलता है। वही उनकी लोकप्रियता का आधार भी है।'

परसाई की चर्चा करते समय मुझे एक और व्यक्तित्व का निरंतर स्मरण आ रहा है, जिन्हें मैं अनेक अर्थों से साहित्य के संदर्भ में परसाई का पूर्व पुरुष समझता हूँ। वह व्यक्तित्व है निराला का। आधुनिक हिंदी साहित्यकारों में निराला का व्यक्तित्व उस सांध्यकालीन शुक्र तारे की तरह है जो अपनी अपूर्व प्रभा में एकाकी जगमगाता है। उसने कोई दल नहीं बनाया कोई अनुयायी नहीं पैदा किया क्योंकि किसी में यह क्षमता ही नहीं थी। मेरी मान्यता है निराला की परंपरा को यदि किसी ने सच्चे अर्थों में उद्दीप्त किया है तो वे केवल परसाई ही हैं। निराला एक ऐसे कवि थे जो किसी वाद के चौखटे से नहीं बँधते। समय की दृष्टि से वे छायावाद युग में हुए पर उनकी रचनाएँ छायायाद और रहस्यवाद के परिभाषित चौखटे से बड़ी थीं। प्रगतिवाद के वे जन्मदाता कहे जा सकते हैं, और उनकी परवर्ती रचनाओं में प्रयोगवाद के भी बीज मिल जाएँगे जिससे नई कविता का प्रादुर्भाव हुआ। वे केवल कवि ही नहीं थे तार्किक पत्रकार, निबंधकार, आलोचक और व्यंग्यकार भी थे। 'सुधा' और 'मतवाला' के लेखों में उनके व्यंग्य के उत्कृष्ट उदाहरण मिलेंगे। व्यवस्था और साम्राज्यवाद को चुनौती देने

वाला ओजपूर्ण व्यक्तित्व उनसे बड़ा दूसरा नहीं हुआ। उनके चिंतन की विशेषता यह थी कि उन्होंने ब्रिटिश साम्राज्यवाद की आर्थिक नीति, उसके राजनीतिक दाँव-पेंच, सांस्कृतिक मामलों में उसके हस्तक्षेप को पहचाना, गहराई से उसका विश्लेषण किया, देश की राजनीतिक और सांस्कृतिक प्रगति के लिए एक मार्ग निश्चित किया। हिंदी का उनसे बड़ा समर्थक कदाचित् टण्डन जी के बाद दूसरा नहीं हुआ। नेहरू जैसे व्यक्तित्व का भी विरोध करने में भी वे नहीं हिचकिचाए।

व्यवस्था का विरोध उन्होंने हर स्तर पर किया। ब्रिटिश साम्राज्यवाद के तो वे विरोधी थे ही, जमींदारों, पूँजीपतियों के शोषण का मुखर विरोध भी उन्होंने किसी भी मार्क्सवादी से अधिक किया। जाति-पाँति, ऊँच-नीच और सामाजिक विसंगतियों के विरोध में निराला के प्रहार अत्यंत निर्मम थे। तत्कालीन परिस्थितियों में ऐसे साहसिक एवं ओजपूर्ण साहित्य का सृजन और कोई नहीं कर सका।

मेरी यह मान्यता है कि निराला की साहित्यिक परंपरा को उद्दीप्त करने वाला केवल एक साहित्यकार हिंदी में हुआ है और वह हैं हरिशंकर परसाई। साहित्य की विभिन्न विधाओं के माध्यम से जो कार्य निराला ने किया था उसे अपने अप्रतिम व्यंग्य-लेखन के माध्मय से परसाई ने आगे बढ़ाया है। व्यवस्था और राष्ट्रीय तथा सामाजिक विसंगतियों पर ऐसी चोट निराला के बाद अन्य किसी साहित्यकार ने नहीं की।

इधर कुछ समय से परसाई अस्वस्थ हैं। पैरों की तकलीफ के कारण चलने में असुविधा है पर उनकी लेखनी आज भी उतनी ही सशक्त है और उनके लेखन की आज भी उतनी ही प्रासंगिकता है। हम उनके शीघ्र स्वस्थ होने और दीर्घकाल तक उनके पौरुष पूर्ण लेखन की धारा के अबाध गति से प्रवाहित होने की कामना करते हैं।

हनुमान प्रसाद वर्मा

साहित्य देवता या मसीहा

हरिशंकर परसाई से जब पहली मुलाकात हुई तब वे हिंदी के कोई बड़े जाने-माने लेखक नहीं थे और हो भी कैसे सकते थे, क्योंकि तब वे कुछ स्थानीय पत्रों में ही और विशेषकर उन दिनों के जबलपुर के लोकप्रिय साप्ताहिक 'प्रहरी' में ही अधिक लिखते थे। 'प्रहरी' उनकी निरंतर उपस्थिति से पत्र की जगह एक समाज बन गया था। इस समाज के मुखिया थे प्रसिद्ध कवि और राजनीतिज्ञ पं. भवानी तिवारी और उप-मुखिया की भूमिका अदा करते थे पं. रामेश्वर प्रसाद गुरु जो परसाई जी की तरह क्राइस्ट चर्च स्कूल में गणित के अध्यापक थे। पं. गुरु और परसाई जी में व्यावसायिक 'साम्य' अवश्य था किंतु स्वभाव और लेखन में दोनों ही भिन्न थे। पं. गुरु 'कुमार हृदय' जैसे थे और परसाई जी 'कबीर' की तरह सीधी और पैनी बयानी के धनी। पं. गुरु ने अपने 'कुमार हृदय' को जब व्यंग्य में ढालने की कोशिश की तो उनका व्यंग्य काव्यमय हो गया और जब परसाई जी ने व्यंग्य को अपनाया तो उनकी साहित्यिक विधा ही बदल गई। परसाई जी ने पहले मानवी चरित्र और कुछ कुंठाग्रस्त सामाजिक मनोवृत्तियों पर अपने व्यंग्य बाण आजमाए पर उन्हें अधिक देर इस बात को समझने में नहीं लगी कि ये सब मानवी चरित्र और समाज की कुंठाएँ कोई अपने आप नहीं उपजी हैं। ये सब किसी त्रिशंकु की तरह कहीं अपने आप नहीं लटके हुए हैं वरन् इन सबके पीछे एक निश्चित सामाजिक और आर्थिक विकास की प्रक्रिया है। इनके पीछे एक लंबा इतिहास है—एक लंबा संघर्ष है जिसमें अनेक प्रकार के जय-पराजय के प्रसंग सम्मिलित हैं। इन जय-पराजय के प्रसंगों से ही पैदा हुई है आधुनिक मानसिकता जिसमें संपन्नता की आड़ में छिपी है बर्बरता और बर्बरता की आड़ में छिपे हुए हैं सामाजिक और राष्ट्रीय अहंकार।

परसाई जी ने अपनी चारों तरफ की दुनिया को बड़ी बारीकी के साथ देखा और जो देखा उसका शोध छात्र की तरह अध्ययन और विश्लेषण किया। इस

अध्ययन और विश्लेषण ने उनकी सतही चेतना के सारे परत तोड़ दिए और उनके भीतर जो कुछ भी लिजलिजा या भावोन्वेशात्मक था उसे अलग कर दिया। उनका प्रथम कहानी-संग्रह 'हँसते हैं रोते हैं' जब छपकर सामने आया तो वह युवा परसाई की लिजलिजी संवेदनाओं की समाधि बनकर ही आया। 'हँसते हैं रोते हैं' के परसाई उसके बाद कहीं नहीं दिखाई दिए और जो नए परसाई आए वे परसाई किसी ड्राइंगरूम या किसी पाँच सितारा होटल की सभ्यता से कोसों दूर चलने वाले ही परसाई सामने आए। अब उनकी टेबिल, कुर्सी और कलम का आलम सड़कों, छोटे नुक्कड़ों पर बनी चाय-पान की दुकानों या कुछ चाय कहवाघरों में ही आकर जम गया। और जब यह स्थिति आई तो अब परसाई की कलम पर उनका भी अधिकार नहीं रहा। अब तो सामान्यजन उनकी कलम का स्वामी बन बैठा और वह जैसा आदेश देता वैसा परसाई जी को लिखना पड़ता। स्वयं परसाई जी को अब विषय नहीं ढूँढ़ना पड़ता और न ही भाषा, छंद और शैली। अब तो वे खो गए जनमानस के अथाह सागर में और इस सागर की हर लहर उनके लिए उसकी अतल गहराइयों से मोती बीनकर लाती और उनकी कलम की नोक पर वह मोती रख देती जिसकी आभा के प्रकाश में शब्द पग ध्वनि करते हुए आते और अपने लिए आवश्यकतानुसार सरगम सजा लेते। यह सरगम कैसा सजता तो इसकी अनेक मिसालें सामने हैं। जब परसाई जी को कवि सम्मेलनों में अपनी गद्य-रचनाओं को पढ़ने आमंत्रित किया जाता तो वे सब कवियों को पछाड़ कर चले आते। वर्षों तक परसाई जी कवि सम्मेलनों की सफलता के लिए वाहवाही पाते रहे। उनके उद्बोधन सुनने के लिए युवा पीढ़ी की छात्र-छात्राएँ घण्टों तक उनका इंतजार करते और भाषण के बाद लोग घेर कर कहते—'परसाई जी, आपने जो कहा उसमें एक बात मेरी भी जोड़ लीजिए—परसाई जी, आपने जो कहा वह तो हम रोज ही देखते हैं पर हमने वह क्यों नहीं समझा जो आपने अभी समझाया आदि-आदि...'

ऐसे ही क्षणों में एक दिन एक महिला परसाई जी के पास आकर कहती है—'परसाई जी, मैं जब भी इस रास्ते से निकलती हूँ जिसका नाम महात्मा गांधी मार्ग रखा गया है, तो मैं देखती हूँ उस मार्ग को बीच-बीच से जो काटते हुए मार्ग जाते हैं, उनके नाम हैं—जयप्रकाश नारायण मार्ग, हेमिल्टन रोड—क्या आपको उचित लगता है कि गांधी मार्ग को ये सब मार्ग काटें? आप क्यों कुछ नहीं लिखते हैं?' फिर, एक ऐसे ही दूसरा आदमी कहता है—'परसाई जी, सरकारी फाइलों के अम्बार देखे हैं आपने? कितनी आत्माएँ अपने केस निपटाने के लिए भटक रही हैं—आप क्यों नहीं कुछ लिखते हैं?' फिर एक बच्चा कहता

है—'परसाई जी, मेरे इस भारी बस्ते पर कब लिखेंगे? क्या और आगे पढ़ेगा तो बस्ता और भारी होगा?'

कहने का तात्पर्य यह कि परसाई जी के पास अब कलम को विश्राम देने का वक्त नहीं था। अब तो पत्र-पत्रिकाओं के संपादकों के पत्र आते, हमारे लिए भी कुछ नियमित लिख दीजिए। परसाई जी इन आग्रहों को टाल नहीं सकते थे क्योंकि उनके पाठक उन्हें रोज ही पढ़ना चाहते थे—रोज ही उनके पाठक उनसे अपने जीवन के यथार्थ को चित्रित करने की माँग कर रहे थे और वे अपने पाठकों को निराश नहीं कर सकते थे। इस तरह 'कालम' दर 'कालम' परसाई जी ने लिखना शुरू कर दिया—दैनिक, साप्ताहिक, मासिक सभी प्रकार के पत्रों में परसाई जी की कलम अंकित होना शुरू हुई।

देश में अब ख्याति नहीं होती तो क्या होता? प्रादेशिक भाषाओं में अनुवाद शुरू हुए, और वहाँ भी लोकप्रियता बढ़ने लगी। मित्रों में उत्साह और शत्रुओं में निराशा और प्रतिस्पर्धा होना स्वाभाविक है। कुछ ने कहा इतना लिखेंगे तो उनकी कला ही नष्ट हो जाएगी—कुछ ने यह चर्चा भी प्रारंभ कर दी कि परसाई साहित्यकार नहीं निरे पत्रकार हैं—उनकी शैली साहित्य की परिधि से हटकर जर्नलिस्ट की शैली है—वे गंभीर लेखक नहीं हैं—हलके-फुलके लेखक हैं—उनमें साहित्य का शाश्वत सत्य नहीं है—वे प्रतिबद्धता के गुलाम हैं। उनमें राजनीति अधिक है—वे विश्वविद्यालयों के पाठ्यक्रम में आने के योग्य नहीं हैं क्योंकि जिस साहित्यिक मापदण्ड से हम पाठ्य-पुस्तकें चुनते हैं वे मापदण्ड परसाई में नहीं हैं—आदि-आदि—न जाने कितनी बात उठीं, भृकुटियाँ टेढ़ी हुईं और चेहरे के नाक-नक्शे आलोचकों ने बनाए। पर, परसाई को इस सबसे क्या लेना-देना है?

परसाई जी तो पाठकों की सहभागिता के लेखक थे। उन्हें अपने अनंत पाठकों के बीच रहना था अथवा ललाट पर वक्र रेखाओं को सश्रम खींचने वाले विश्वविद्यालय के बुद्धिजीवियों के बीच। उन्हें अपने नाटक या रचना की मीमांसा कक्षा में करानी थी अथवा उसका मंचन या पाठन आम चौराहे पर—आम जनता के बीच। जब परसाई के नाटकों और कहानियों से बनाए नाटकों का मंचन होना प्रारंभ हुआ तो उनकी रचनाओं में कला के नए आयाम खोजे जाने लगे। उन्हें स्थापित करने की चेष्टा की गई क्योंकि जो उखड़ चुके थे उन्हें परसाई के नाम पर अपने आप को पुनः स्थापित करना था। परसाई तो स्थापित हो ही चुके थे—वे तो प्रेमचंद के बाद दूसरे नंबर पर खड़े ही थे पर जो दूसरे नंबर से उखड़ चुके थे उन्हें अपने लिए स्थान फिर बनाना था। और इस तरह सामाजिक यथार्थ में जन्मा और पनपा लेखक परसाई जो कभी साहित्यकार की परिधि में नहीं

आता था वह श्रेष्ठतम साहित्यिक व्यंग्य का मसीहा बन गया। जिन्होंने मसीहा बनाया वे स्वयं भी 'सेन्ट' बनना चाहते थे, इसलिए परसाई की उद्घोषणाओं में लीन हैं; पर यह नहीं जानते हैं कि परसाई स्वाधीनोत्तर भारत की जनमानसिकता के सबसे सशक्त और समृद्ध उद्घोषक हैं, अगुआ हैं और एक अर्थ में साहित्य के मसीहा हैं—क्योंकि मसीहा जनता के हित संवर्द्धन के लिए आता हैं इसलिए वह उसको साथ लेकर चलता है और उसके भीतर जो युगाग्रह से अग्राह्य है उसको जनता से त्यागने को कहता है। परसाई की प्रतिबद्धता एक मसीहा की प्रतिबद्धता है, साहित्य के देवता और किसी राजनेता की समझ की प्रतिबद्धता नहीं है। परसाई की प्रतिबद्धता का आभास यदि कहीं मिल सकता है तो वह तुलसी, गांधी और कार्ल मार्क्स की प्रतिबद्धता में मिल सकता है, इनसे नीचे किसी और विभूति में नहीं।

राजकुमार सैनी

परिदृश्य की सर्जनात्मकता

मुक्तिबोध असाधारण गांभीर्य के रचनाकार हैं और परसाई सहज व्यंग्य के। कला, शैली और अभिव्यक्ति पद्धति की दृष्टि से ये दोनों रचनाकार एक दूसरे के विपरीतात्मक हैं। मुक्तिबोध जटिल अनुभूतियों की ऐसी फंतासी रचते हैं कि मस्तिष्क की शिराओं में तनाव भर देते हैं, संगीन रूप से गंभीर मनःस्थितियों में ले जाते हैं और एक आधुनिक चिकित्सक की तरह बिजली के झटके देते हुए पाठक की मानसिक रुग्णता का उपचार करते हैं। दूसरी ओर परसाई इस पद्धति के ठीक विपरीति जटिल अनुभूतियों को सहजीकरण करते हुए मस्तिष्क की शिराओं को तनाव-मुक्त कर देते हैं और पाठक को सहज मनःस्थिति में ले आते हैं। लेकिन दोनों साहित्यकार अपने प्रभाव और प्रत्यायन में एक ही लक्ष्य की पूर्ति करते हैं कि वे पाठकों को अपने परिवेश, प्रतिवेश, परिदृश्य और परिप्रेक्ष्य के प्रति उत्तरोत्तर अधिकाधिक जागरूक (Conscious) और अधिकाधिक ईमानदार (Conscientious) बनाते चलते हैं। दोनों साहित्यकारों की तुलनात्मक संवीक्षा से यह निष्कर्ष उभरता है कि कला सामाजिक मूल्यों और सरोकारों से प्रतिबद्ध हो तो किसी विशिष्ट शैली या खास अंदाज की मोहताज नहीं होती। क्लिष्ट और जटिल से लेकर सरल और सहज कलारूपों में वह अभिव्यक्ति के नए से नए आयाम और प्रतिमान ढूँढ़ लेती है। इसी से यह निष्कर्ष भी उभरता है कि जो कलाकार अपने वर्तमान के साथ जूझता है, अपनी व्यक्तिगत जिंदगी और अपने पूरे समाज की जिंदगी के अंतर्विरोधों से मुँह दर मुँह होता है, वह उस सारे घटना-जगत में घट रहे, विकसित और गुणांतरित होते हुए घटना-व्यापार को अधिक गहराई और व्यापकता के साथ समझ लेता है और भावीसंभावी घटनाओं का पूर्वानुमान भी कर लेता है। तभी तो 'दूसरे के ईमान के रखवाले' शीर्षक निबंध में आने वाले समय का पूर्वानुमान करते हुए परसाई जी ने लिखा था कि बिहार के भूखों की आँखों में पीड़ा के साथ लाल डोरे दिखने लगे हैं। इसी

प्रकार 'ठिठुरता हुआ गणतंत्र' में जनता के द्वारा न आकर दफ्तरों के द्वारा जो समाजवाद आ रहा है उसकी पूर्व कल्पना कर प्रकारांतर से जनता को आगाह कर दिया था। इसी प्रकार 'गुड़ की चाय' शीर्षक निबंध में उन्होंने एक प्रचलित मुहावरे का समसामयिक संदर्भों में सर्जनात्मक इस्तेमाल करते हुए यह पूर्व घोषणा कर दी थी कि 'दाने-दाने पर काले बाजार वाले का नाम लिखने लगा है।'

परसाई रचनावली का खंड-3 एक बेहद महत्त्वपूर्ण दस्तावेज है। क्योंकि इस रचनावली में संकलित परसाई के ललित और विचारपरक निबंध तथा पत्र परसाई साहित्य के काफी महत्त्वपूर्ण अंश का प्रतिनिधित्व करते हैं। कंधे श्रवण कुमार के 'लिटरेचर ने मारा है तुम्हें', 'निन्दा रस', 'प्रेमचन्द के फटे जूते', 'कबिरा आप ठगाइए', 'कर-कमल हो गए', 'ठिठुरता हुआ गणतंत्र', 'पेट का दर्द और देश का', 'बेचारा भला दिमाग', 'मुखड़ा क्या देखे फोटू में', 'पहला सफेद बाल', 'विकलांग श्रद्धा का दौर', 'दुर्घटना रस', 'नीलकण्ठ', 'दूसरे के ईमान के रखवाले', 'पिटने पिटने में फर्क', 'शिकायत मुझे भी है', 'सड़क बन रही है', जैसे निबंध और 'नया महाप्राण चाहिए', 'जैनेन्द्र का अदर्शन', 'एक लाख का इनाम', 'नई कहानी और धंधे वाले', 'बीमार मुक्तिबोध और हम', 'मुक्तिबोध मौत और महानता', 'भारत-पाक युद्ध और मेरी तलवार', 'लघु पत्रिकाएँ' आदि पत्र परसाई के लेखन की विविध बानगियों को शक्तियों और सीमाओं के साथ प्रस्तुत कर देते हैं।

परसाई जी के उक्त निबंधों में सामंती और अभिजात्य और पूँजीवादी रुचियों पर करारे व्यंग्य किए गए हैं। इस दृष्टि से 'स्नान', 'मुखड़ा क्या देखे फोटू में', 'विज्ञापन में बिकती नारी', 'गेहूँ का सुख', 'पवित्रता का दौरा', 'कर-कमल हो गए' जैसे निबंध उल्लेखनीय हैं। 'गेहूँ का सुख' में घर की राजनीति से लेकर देश और विदेश की राजनीति व्यंग्य का विषय बनती है।

'कंधे श्रवण कुमार के' में पुरानी पीढ़ी के शिलाधर्मी होने और नई पीढ़ी पर बोझ बने रहने और नई पीढ़ी के उस बोझ को अब और अधिक न ढोने की आकांक्षा से जुड़ी आधुनिक समस्या को बड़े सहज और कलात्मक ढंग से व्यंजित किया गया है। कहते हैं–'राजनीति, साहित्य तो बड़े प्रगट क्षेत्र हैं। अप्रगट रूप से भी, विभिन्न क्षेत्रों में श्रवण कुमार कांवड़ उतारने के लिए हिला रहे हैं। वे किन्हीं विश्वासों की आरी से चिरने को तैयार नहीं हैं। इस निबंध में न तो पुरानी पीढ़ी को बख्शा गया है और न ही नई पीढ़ी को। परसाई जी की व्यंग्य-शैली दुधारी तलवार की तरह होती है। वह दोनों पक्षों के द्वंद्व में बख्शते किसी को नहीं हैं। लेकिन ऐसा वह इसलिए नहीं करते कि उन्हें दोनों पक्षों की बखिया उधेड़नी है;

ऐसा वे इसलिए करते हैं कि उन्हें दोनों तरफ एक तरह का काइयाँपन नजर आता है। परसाई की दुधारी तलवार जैसी व्यंग्य-शैली की यह एक प्रतिनिधि रचना है। लेकिन दोनों पक्षों के द्वंद्व में इस बात का ध्यान रखते हैं कि किस पक्ष का गुण और किस मात्रा तक औचित्य है। उसी गणित के अनुपात में वे फिर उसी सीमा तक उक्त पक्ष को व्यंग्य का शिकार बनाते हैं। उदाहरण के लिए, विभिन्न क्षेत्रों में श्रवण कुमार काँवड़ उतारने के लिए हिला रहे हैं।' हिला रहे हैं कहकर यद्यपि नई पीढ़ी पर व्यंग्य किया है तथापि पुरानी पीढ़ी की ज्यादतियों को देखते हुए नई पीढ़ी को यथापेक्षित सहानुभूति भी मिली है–'श्रवण कुमार के कंधे दुखने लगे हैं। वह काँवड़ को उतारकर रखने लगा।'

सामंती रुचि से ही जुड़ी 'पैर पुजवाने वाली' मानसिकता को 'विकलांग श्रद्धा का दौर' शीर्षक निबंध में आत्मालोचन जैसी शैली में बड़े निर्मम ढंग से उद्‌घाटित किया गया है। कहते हैं–'मैं बड़ी तेजी से श्रद्धेय हो रहा हूँ, जैसे कोई चालू औरत शादी के बाद बड़ी फुर्ती से पतिव्रता होने लगती है।' फिर श्रद्धेय होने की मानसिकता अकर्मण्यता से जुड़ी है। बड़ी मनोवैज्ञानिक सूझ-बूझ के साथ व्यंग्यकार ने इस प्रवृत्ति को भी उघाड़ा है। कुछ लोग 'होल-टाइम' श्रद्धेय हो चुके हैं। यानी वे चुक गए हैं। कुछ लोग अभी आधे चुक चुके हैं, पूरे नहीं। इसी को लक्ष्य कर कहते हैं कि मैं अभी 'पार्ट टाइम श्रद्धेय ही हूँ।' 'नया महाप्राण चाहिए' में इसी समस्या से जुड़ी साहित्यकारों की श्रद्धेय होने के लिए आतुर मानसिकता का उद्‌घाटन हुआ है। श्रद्धेय होने की देशव्यापी मानसिकता का यह साहित्यिक संस्करण है। इस पत्रात्मक निबंध में ऐसी मानसिकता के पीछे समाजार्थिक और राजनैतिक लाभ-लोभ की ओर भी इशारा किया गया है। अगर ठीक ढंग से, यानी व्यावसायिक ढंग से उपयोग किया जाए तो महाप्राण का पद बड़े लाभ का है। निराला को तो कुछ नहीं आता था। उससे पद का उपयोग करते ही नहीं बना। अगर तरकीब से काम ले, तो पैसा रुक सकता था, संसद का सदस्य हो सकता था, प्रतिनिधि मंडलों में विदेश जा सकता था, सम्मान और इनाम पा सकता था इसीलिए तो कुछ 'लघुप्राण' योजनाबद्ध तरीके से 'महाप्राण' बनने के प्रयत्न में लगे हैं।'

साहित्यिक मनोवृत्तियों के पीछे भी समाजार्थिक और राजनैतिक लाभ-लोभ की आकांक्षाएँ होती हैं जो पहले प्रच्छन्न रूप में और फिर स्पष्ट होकर नग्न रूप में प्रगट होकर सारी सौंदर्य-चेतना और शालीनता को ताक पर रख देता है। 'बीमार मुक्तिबोध और हम', 'नई कहानी और धंधे वाले', 'कहानी ऑक्सीजन पर', 'सचेतन कहानी', 'जैनेन्द्र का अदर्शन', 'मुक्तिबोधःमौत और महानता',

‘उर्वशी प्रसंग’ जैसे निबंधों में इन्हीं मनोवृत्तियों से जुड़ी मानसिक पर्तों को उघाड़ा गया है। कहानी संबंधी निबंधों में हिंदी के कहानीकारों और उनसे जुड़े आलोचकों, समीक्षकों की स्थापित होने संबंधी उठा-पटक, उखाड़-पछाड़ का भी बड़े ही मनोवैज्ञानिक ढंग से बखिया उधेड़ा गया है। कुल मिलाकर कह सकते हैं कि हिंदी साहित्य के लगभग अधिकांश खेमों में जो शीतयुद्ध चल रहे हैं उक्त निबंधों में उनके संक्षिप्त डाक्यूमेंट्री टाइप चलचित्र देखने को मिल जाते हैं।

साहित्यिक मसलों से जुड़े निबंधों में ‘लघु पत्रिकाएँ’ शीर्षक निबंध विशेष रूप से ध्यान खींचता है। व्यावसायिक बड़ी पत्रिकाओं की दुर्दशा तो किसी से छिपी नहीं है, लघु पत्रिकाओं के पीछे भी जो मानसिकता है उसका प्रामाणिक लेखा-जोखा इस निबंध में मिलता है—यह शौक व्यक्तिगत भी होता है और सामूहिक भी। जब सामूहिक होता है, तब 10-15 लोग मिलकर कहते हैं—चलो यार, पत्रिका निकालें। जैसे चार यार कहते हैं—‘चलो यार, झूला झूलें।’ इसके विपरीत कुछ लोग अतिशय दायित्व बोझ से मरे जा रहे हैं इसलिए लघु पत्रिका निकालने में लगे हैं—‘वे बड़े भोलेपन से घोषणा करते हैं कि ‘हाय, आज साहित्य के क्षेत्र में कितनी गंदगी है; हाय, लेखकों के कितने गुट हैं, हाय, लेखक एक-दूसरे पर कैसे प्रहार करते हैं; हाय, नैतिक मूल्यों का कितना पतन हो गया है। और जैसा कि प्राकृतिक नियम है, एक अतिवाद दूसरी तरह के अतिवाद को जन्म देता है। अतः अक्सर यह देखा गया है कि ऐसी लघु पत्रिकाएँ भी ‘यशः प्रार्थी लिफ्ट’ बनकर रह जाती हैं।

साहित्यिक तो नहीं लेकिन साहित्य के शैक्षणिक पक्ष से जुड़ी एक समस्या है शोध प्रबंध लिखना और लिखना। ‘छायावादी काव्य में नारी’ विषय शोधकर्ता ने इसलिए चुना कि उसे प्रसाद की दो पंक्तियाँ याद हैं—‘नारी तुम केवल श्रद्धा हो, विश्वास रजत-नग-पग-तल में।’ ‘साहित्य-शोध-प्रक्रिया’ शीर्षक निबंध में व्यंग्यकार ने हिंदी साहित्य पर आए दिन जो शोध प्रबंध लिखे और लिखवाए जाते हैं उनकी अच्छी-खासी छीछालेदर की है।

यह कहना अतिशयोक्ति न होगी कि हिंदी साहित्य के लेखन, अध्ययन और अध्यापन से जुड़ी लगभग सभी समस्याओं और दुर्दशाओं पर परसाई जी ने अपनी कलम चलाई है और अधिकांश स्थलों पर उनके तीर निशाने बैठे हैं।

साहित्यिक नेतागिरी के बाद अब सामाजिक नेतागिरी का भी जायजा ले लें चूँकि यह भी हमारे आधुनिक समाज की एक सबसे बड़ी महामारी है। ‘चुनाव के ये अनंत आशावान’ शीर्षक निबंध में इसी महामारी का उल्लेख है : इस

निबंध में नेतागिरी की अत्यंत सारगर्भित परिभाषा दी गई है—'नेतागिरी आवाज के फैलाव का नाम है। लेकिन बोलने में ही नहीं वे सुन लेने में भी माहिर हैं। किसी को कुछ सुनाई दे या न दे पर नेता लोग जनता की आवाज सुन ही लेते हैं। व्यंग्यकार पूछता है कि ये लोग 'जनता की आवाज कैसे सुन लेते हैं। किस 'वेवलेंथ' पर आती है यह? मैं भी जनता में रहता हूँ, बहरा भी नहीं हूँ, पर जनता की आवाज मुझे कभी सुनाई नहीं पड़ती।' इसी निबंध में सैद्धांतिक मतभेदों से ग्रस्त देश के समूचे राजनैतिक परिदृश्य पर एक बेहद अर्थपूर्ण टिप्पणी की गई है—'भारतीय राजनीति की कितनी बड़ी ट्रेजडी है कि जिस पार्टी में दो आदमी हों, उन्हीं में सैद्धांतिक मतभेद हो जाए।' नेता के अपने पेट का दर्द देश का दर्द बनकर प्रचारित होता है। 'देश का दर्द और पेट का' निबंध में नेताओं की इसी मानसिकता का मजाक उड़ाया गया है।

इस प्रकार हम देखते हैं कि इन निबंधों में आजादी के बाद का सांस्कृतिक, आर्थिक, सामाजिक, राजनैतिक और कुल मिलाकर कहें तो देश का समूचा परिदृश्य चित्रित हुआ है। यह चित्रण बेहद सर्जनात्मक और व्यंग्यात्मक है। फिर यह परिदृश्य एक परिप्रेक्ष्य को व्यंजित करता हुआ आँखों के समक्ष चल-चित्रित होता है। परिप्रेक्ष्य यहाँ पार्श्व-संगीत की तरह कभी मंद तो कभी तीव्र, कभी उदात्त तो कभी अनुदात्त, स्वरों में ध्वनित होता रहता है। यह परिप्रेक्ष्य एक अत्यंत जागरूक (Conscious) और ईमानदार (Conscientious) आदमी की तलाश और टटोल को, उसकी निराशा और आशा को, उसकी पराजय और विजय को पाठक के मानस पर अंकित करता है। पाठक के मानस पर यह अंकन इन व्यंग्य-रचनाओं के बाहरी चल-चित्रण से अलग है जो उसका आंतरिक और अंतर्निहित प्रभावन और प्रत्यायन है। यानी व्यंग्य रचनाओं के चित्रण से पाठक के मानस पर दो प्रक्रियाएँ होती हैं। एक को स्थल प्रभाव या ऊपरी प्रभाव कह सकते हैं। लेकिन इस ऊपरी प्रभाव के पड़ते ही पाठक की चेतना की अंतर्निहित पर्त पर भी एक प्रभाव पड़ता है। वह प्रभाव मात्र परिदृश्य का नहीं है। वह प्रभाव परिप्रेक्ष्य (Perspective) के साथ चल चित्रित होने वाले परिदृश्य के कारण पाठक के मानस पर उभरने वाले उन सूक्ष्म बिंबों का है जो उसे एक जागरूक (Conscious) और ईमानदार (Conscienticus) आदमी की परिकल्पना के रूप में बेचैन करने लगते हैं। यानी परिदृश्य में जो हो रहा है, वह कुरूप है, अशुभ है, अशिव है, और उसी पर व्यंग्य हो रहा है, इससे पाठक हँसता है, प्रसन्न होता है लेकिन उसकी चेतना की भीतरी पर्त इस हँसी और इस प्रसन्नता के तुरंत बाद आंदोलित होकर उसके लिए बेचैन हो उठती है, जो होना चाहिए, जो सुंदर हो,

शुभ हो, शिव हो! अर्थात् परमाई की ये व्यंग्य रचनाएँ 'जो हो रहा है' (Being) की व्यंग्यात्मक आलोचना करते हुए 'जो होना चाहिए' (Becoming)–उसका एक सपना जगा जाती है। अतः इन व्यंग्य रचनाओं की संप्रेषण-प्रक्रिया 'जो हो रहा है' तक सीमित नहीं है, 'जो होना चाहिए' उसे भी वह अपने पाठक तक संप्रेषित कर जाती है। परसाई की व्यंजनात्मक और सर्जनात्मक व्यंग्य-रचनाओं का यह पक्ष परिदृश्य के साथ-साथ परिप्रेक्ष्य को भी संप्रेषित करता है। इन व्यंग्यों में परिदृश्य वही है, जो हो रहा है यह चित्रित होता है, लेकिन जो होना चाहिए, वह परिप्रेक्ष्य है। यह परिप्रेक्ष्य चित्रित नहीं होता लेकिन ध्वनित हो जाता है। (परसाई के साहित्य (काव्य) की आत्मा यह ध्वनि है)। इस ध्वनि को न सुन पाना परसाई साहित्य को मात्र चर्म-चक्षुओं से पढ़ने जैसा होगा। इसलिए मैं प्रसिद्ध कथाकार भीष्म साहनी की इस राय से सहमत नहीं हूँ कि व्यंग्य लेखक परसाई का ध्यान 'समाज के नकारात्मक पक्ष की ओर ज्यादा रहता है, भौंडे, पाखंडी, उचक्के, स्वार्थी लोगों पर व्यंग्यकार की नजर ज्यादा रहती है, संघर्षरत लोगों का सकारात्मक जीवन उनकी रचनाओं का विषय नहीं बनता' (देखें 'आँखन देखी', संपादक : कमला प्रसाद, भीष्म साहनी का लेख, पृष्ठ 357)। दरअसल वह नकारात्मक पक्ष तो हमारा परिदृश्य ही है जिसे परसाई जैसा यथार्थवादी लेखक आदर्शीकृत या महिमामंडित नहीं कर सकता। लेकिन अपने परिप्रेक्ष्य द्वारा परसाई उस सकारात्मक पक्ष को चित्रित भले ही न करते हैं, ध्वनित जरूर कर देते हैं। श्रेष्ठ साहित्य का प्रभावन और प्रत्यायन चित्रण तक सीमित नहीं होता है वह अपने परिप्रेक्ष्य द्वारा उस प्रभावी परिणाम की पूर्व योजना को भी सुनिश्चित कर लेता है, जो पाठक की चेतना में एक आंदोलन जगा देती है। 'गोदान' का होरी सिर्फ सहता है, संघर्ष नहीं करता। यह उस समय के भारत का परिदृश्य है। प्रेमचन्द उसे संघर्षशील दिखा कर आदर्शीकृत नहीं करते हैं। लेकिन जिन परिस्थितियों में होरी को खून की उल्टी होती है, वह दम तोड़ देता है। उस चित्रण में सिर्फ परिदृश्य ही नहीं उभरता। एक परिप्रेक्ष्य भी ध्वनित होता है जो पाठक की भीतरी चेतना में बेचैनी भरता हुआ उसे आंदोलित कर देता है। पाठक की भीतरी चेतना में उठने वाला यह आंदोलन अनायास नहीं है। प्रेमचन्द ने अपने परिप्रेक्ष्य को ध्वनित करते हुए पाठक की चेतना में होने वाले आंदोलन को सुनिश्चित किया है। श्रेष्ठ लेखक अक्सर ऐसा सुनिश्चय करते हैं। नकारात्मक पक्ष के परिप्रेक्ष्यपूर्ण चित्रण द्वारा वे सकारात्मक पक्ष के लिए पाठक की चेतना को आंदोलित करते हैं। परसाई भी अक्सर यही करते हैं। 'मातादीन चाँद पर' और 'मुन्नू भैया की बारात' जैसी कई रचनाओं में यह तकनीक अपने चरमोत्कर्ष पर

है। स्वयं भीम साहनी भी अपने 'तमस' उपन्यास और 'अमृतसर आ गया' जैसी श्रेष्ठ कहानियों में नकारात्मक पक्ष के परिप्रेक्ष्यपूर्ण चित्र द्वारा पाठक की चेतना में सकारात्मक पक्ष के लिए आंदोलन उत्पन्न कर देते हैं। इस प्रक्रिया को सुनिश्चित करना कोई आधुनिक शुरुआत नहीं है। तुलसी ने इसी तकनीक का इस्तेमाल दूसरे विपरीत ढंग से किया था। 'राम राज्य' जैसे सकारात्मक पक्ष के चित्रण द्व ारा उन्होंने अपने युग के राज्य के प्रति (नकारात्मक पक्ष के) प्रति जनता के मन में एक विरक्ति, एक उदासीनता, एक उपेक्षा और एक अलगाव की भावना को बढ़ावा दिया था। भीष्म साहनी स्वयं इस तकनीक के प्रयोक्ता हैं। वे इसे जानते भी हैं तभी तो वे अपने उसी लेख में प्रकारांतर से कह जाते हैं—'लेकिन जीवन का सकारात्मक पक्ष जिसके बल पर देश आगे बढ़ हैं और राष्ट्रीय जीवन तथा व्यक्तिगत जीवन में सार्थकता आती है, इस नकारात्मक पक्ष से अलग नहीं होता। वास्तव में उस सकारात्मक पक्ष के बोध से ही परसाई के व्यंग्य तीखे बन पाते हैं और उनमें सार्थकता आती है, उसी की प्रेरणा से वह समाज के रुग्ण और जीर्ण तत्त्वों का सफलता से भंडाफोड़ करते हैं। (वही)

उदाहरण के लिए, 'देश का दर्द और पेट का' शीर्षक निबंध में परिदृश्य का नकारात्मक पक्ष चित्रित होता है कि नेताओं के पेट का दर्द ही देश का दर्द बनकर विज्ञापित और प्रचारित हो रहा है। लेकिन परिप्रेक्ष्य के रूप में यह सकारात्मक पक्ष भी व्यंजित हो जाता है कि इस देश का असली दर्द लाखों गरीब लोगों को भरपेट भोजन न मिल पाने के कारण उनके पेट में उठने वाला दर्द है। नेता के पेट में दर्द ज्यादा खा लेने के कारण है। कुल मिलाकर देश के दर्द की यही समस्या है।

विधा की दृष्टि से ये निबंध बातचीत के टुकड़ों, संस्मरणात्मक प्रसंगों, कथा प्रकरणों, लतीफों, उद्धरणों का एक मिला-जुला कश्कोल है। लेकिन इन सभी साहित्य रूपों पर बातचीत का अंदाज हावी रहता है। निबंध पढ़ते समय लगता है कि परसाई जो एक जीवंत अंदाज में हमारे साथ कोई रोचक ढंग की बातचीत कर रहे हैं। इस दृष्टि से इन निबंधों में बातचीत का रस है; इसे परम्परित शब्दावली में बतरस भी कह सकते हैं (बतरस लालच लाल की मुरलि रही लुकाए। सौंह कहै भौंहन हंस, देन कहै, नटि जाए) जैसे पाठक, गोप-गोपिका और परसाई जी कन्हैया हैं, और बातचीत का सिलसिला चल रहा है। कृष्ण-गोप-गोपी संवाद के भी सामाजिक-आध्यात्मिक और विचारधारात्मक अर्थ हैं। बतरस शब्द का प्रयोग मैंने रीतिकालीन रूढ़ अर्थ में नहीं, शुद्ध लोक-जीवन और जन-प्रचलित अर्थ में किया है। लगभग उसी अर्थ में जिस अर्थ में अमृतलाल नागर के संवादों

का जिक्र करते हुए डॉ. रामविलास शर्मा ने कहा था कि उनके संवादों में जीवन का रस मिलता है। परसाई के बातचीत की शैली में लिखे गए इन निबंधों में भी पाठकों को जीवन-रस मिलता है। इस रस में संजीवनी बूटी की गंध घुली-मिली होती है जो हमें लक्ष्मण-मूछों से मुक्ति दिलाती है।

परसाई भारतीय जनता के लेखक हैं। सच्चे अर्था में वे लोक-साहित्य के प्रणेता हैं उसी तरह जैसे नागार्जुन जन-कवि हैं। लोक-साहित्य की परंपरा बहुत पुरानी है। उसी पुरानी परंपरा के वे आधुनिक संस्करण हैं। जैसे हम याद करते हैं। कबीर के दोहे, नूर के पद, तुलसी की चौपाइयाँ, मीरा के गीत, गिरधर की कुंडलियाँ; उसी तरह आने वाली पीढ़ियाँ याद करेंगी—परसाई के व्यंग्य। फिर वे चाहे निबंध हों या कहानियाँ, इससे कोई खास फर्क नहीं पड़ता। हमारी स्वस्थ और उज्ज्वल लोक-साहित्य की परंपरा के वे सबसे अधिक इकवाले नक्षत्र हैं। परिमाण और गुण दोनों ही दृष्टियों से उन्होंने एक श्रेष्ठ लोक-साहित्य स्रष्टा के दायित्व को पूरा किया है। प्रेमचन्द ने कहा था कि साहिर हमारे सभी की अलोचना हैं। परसाई का साहित्य भी आजादी के बाद के हमारे भारतीय समाज की सर्जनात्मक और व्यंग्यात्मक आलोचना है।

डॉ. रामकुमार मिश्र

संक्रमण काल का दस्तावेज

स्वातंत्र्योत्तर भारत के हिंदी रचनाकारों में हरिशंकर परसाई संवेदनात्मक घनत्व, व्यापकता, इतिहास-दृष्टि, युग-बोध, संस्कृति-निर्माण की अदम्य इच्छा और मूल्यगत प्रतिबद्धता की दृष्टि से सर्वाधिक समर्थ नाम है। कोई भी लेखक अपने युग अनुभवों का आभ्यंतरीकरण जिस संवेदनात्मक सचाई से करता है, उसी अनुपात में उसकी प्रतिबद्धता तय होती है, दूसरे शब्दों में, उसके सिद्धांत-सूत्र निश्चित होते हैं। इन सिद्धांत-सूत्रों का विकास बाह्य-जगत के साक्षात्कार, अध्ययन-मनन आदि से होता है। जिस रचनाकार की संवेदनात्मक अनुभूति जितनी ज्ञानात्मक, सघन, व्यापक, सामान्यीकृत और निविशिष्ट होगी, उसकी अभिव्यंजना-शक्ति भी उतनी ही संप्रेषणीय होगी, विधा कोई भी हो। हो सकता है, इस प्रक्रिया में संप्रेषणीयता के तकाजे पर कोई नई विधा आकार पा जाए। किसी भी युग-निर्माता लेखक की तरह परसाई भी किसी साहित्यिक विधा की पारंपरिक परिसीमा में नहीं अँटते। अतिक्रमण उनका संस्कार है। और यह संस्कार उनमें आया है—संक्रमणकालीन समाज की भूलभुलैया के सभी मोड़ों-कोनों की पड़ताल, सामाजिक अंतःक्रियाओं के परिशोधन, लोक-जीवन में सक्रिय भागीदारी और क्रियात्मक संघर्ष के प्रति नैतिक जिम्मेदारी की भावना से।

समाज के संरचनात्मक स्वरूप के समानांतर समकालीन साहित्य भी विविध रूपों में रचा जाता है। विभिन्न सामाजिक मूल्यों और वर्गीय प्रतिबद्धताओं के पक्षपोषण की दृष्टि से साहित्यकारों का भी वर्ग-विभाजन होता है। समाज और साहित्य का विकासात्मक गतिक्रम हर समय संतुलित नहीं होता। कभी साहित्य, चेतना और मूल्य-निर्माण की दृष्टि से समाज से आगे होता है, और कभी समाज सांस्कृतिक एवं सामाजिक मूल्यों की दृष्टि से समकालीन साहित्य को काफी पीछे छोड़ देता है। दरअसल, यह गत्यावरोध समाज और साहित्य के वर्ग-विभाजन और संघर्ष का ही परिणाम है। शासक और शासित, शोषक और

शोषित वर्ग की अपनी-अपनी प्रतिबद्धताओं के द्वंद्वात्मक संघर्ष के हिसाब से समाज और साहित्य के अंतर्संबंधों का संतुलन निश्चित होता है। शोषक-उच्चतर वर्ग यथास्थितिवादी होता है और इस उपक्रम में वह भोगवादी-कलावादी साहित्य और संस्कृति को बढ़ावा देता है। तथाकथित 'शाश्वत साहित्य' और कलावाद की प्रतिष्ठा के लिए यह वर्ग-साहित्य में लोक-चेतना और लोक-स्वर के प्रवेश को वर्जित ही नहीं करता बल्कि साहित्य व अन्य माध्यमों से वह उसे कुंठित भी करता है। आचार्य रामचंद्र शुक्ल ने इसी वर्ग के साहित्य को 'आनन्द को सिद्धावस्था या उपभोग-पक्ष को लेकर चलने वाला' साहित्य कहा है। दूसरी ओर बहुसंख्यक समाज के जीवन-संघर्ष के वास्तव-पक्ष को अभिव्यक्ति देने और उसे क्रियात्मक गति देने की प्रेरणा से लिखा गया साहित्य लोक-चेतना का संवाहक होता है, इसलिए प्राणवान होता है। इसका सौंदर्य गत्यात्मक होता है, इसलिए उसकी कलात्मक आकृति भी प्रयोगात्मक होती है। 'आनन्द की साधनावस्था या प्रयत्न-पक्ष को लेकर चलने वाला साहित्य' यही होता है। परसाई का लेखन इसी पक्ष की ओर है।

परसाई के लिए सृजन मनोविलास या तुच्छ स्वार्थ की तुष्टि का साधन मात्र न होकर क्रियात्मक साधना का अनिवार्य अंग है। कबीर, गालिब और प्रेमचन्द उनके साहित्यिक पुरखे हैं। अपने पुरखों की तुलना में परसाई अधिक जटिल और उलझे हुए यथार्थ से जूझते हैं। इसीलिए उनकी संवेदना की आँख भी अधिक सतर्क और चौकन्नी है। मध्यकाल और उत्तर मध्यकाल में सामंतवादी आदर्श, नैतिकता और मान्यताएँ बिना किसी ऊपरी आवरण के समाज में स्थापित और स्वीकृत थीं, इसलिए जनकलाकार के लिए यथार्थ की पहचान करना बहुत मुश्किल नहीं था। लेकिन परवर्ती काल में पूँजीवादी-साम्राज्यवादी प्रवृत्तियों के विकास के साथ सामंती प्रवृत्तियाँ भी अपनी स्थापना के लिए बदले कलेवर में भ्रम पैदा करने लगीं और यथार्थ जटिल होता गया। अधिकांश लेखक-कलाकार मध्य वर्ग से आते हैं। उच्च वर्ग उनको वर्गीय कमजोरियों का लाभ उठाकर उनका इस्तेमाल अपने पक्ष में करता है, और स्वयं को जन-चेतना और साहित्य-संस्कृति का संरक्षक घोषित करता है। किंतु इसमें भी उच्चत्तर वर्ग की आत्म-रक्षा और जन-भय की भावना ही निहित होती है। मुक्तिबोध ने लिखा है—'भारत के उच्चत्तर वर्गों के बहुत से कर्णधार ठेठ पश्चिमी साम्राज्यवादी विचारधाराओं को अपनाकर उनका प्रचार करते हैं। उन विचारधाराओं और दृष्टि बिंदुओं का प्रचार साहित्य में भी होता है। फर्क यह है कि यह विचारधारा अधिक सूक्ष्म, अधिक युक्ति-युक्त होकर, औचित्य और संगति का जामा पहनते हुए साहित्य

में उपस्थित होती है। ऐसी विचारधाराएँ जन-भय और जन-घृणा पर आधारित हैं। भारत के उच्चतर वर्ग, पश्चिम के साम्राज्यवादी देशों की अद्यतन राजनीतिक और सांस्कृतिक मनोवृत्तियों को आत्मसात करते हुए, अपने सांस्कृतिक प्रभाव को विस्तृत करना चाहते हैं। छोटे या मझोले मध्य वर्ग के महत्त्वाकांक्षी लेखक पद और प्रतिष्ठा के लोभ में उन्हीं के दरवाजे जाते हैं। उन्हीं से सामंजस्य स्थापित करते हैं, और जाने या अनजाने, साहित्य में उन्हीं उच्चत्तर वर्गों की अद्यतन राजनीतिक-सांस्कृतिक मनोवृत्तियों के, उन्हीं के प्रभावों और विचारों के, उन्हीं की दृष्टियों और भावों के, संवाहक बन जाते हैं। यह एक वास्तविक जीवन-तथ्य है।' (मुक्तिबोध रचनावली, 4, 157)। ऐसे परिवेश में एक प्रतिबद्ध जन-लेखक की चुनौतियाँ बढ़ जाती हैं। एक ओर उसे अपनी वर्गीय कमजोरियों से ऊपर उठना होता है तो दूसरी ओर अत्यधिक जटिल यथार्थ की पहचान करना और छद्मवेशी प्रतिक्रियावादी प्रवृत्तियों के विरुद्ध संघर्ष करना होता है।

बीसवीं शताब्दी के लेखकों में प्रेमचन्द के बाद परसाई अकेले ऐसे लेखक हैं जिन्होंने जटिल वस्तु-सत्यों की वैज्ञानिक पड़ताल की है, और उसके निष्कर्षों को इतने व्यापक पैमाने पर जन-सामान्य तक पहुँचाया है। कदाचित् इन्हीं ग्रहों ने परसाई को व्यंग्य-लेखक बनाया है। परसाई ने स्वीकारा भी है कि–'व्यंग्य में जीवन की आलोचना अधिक असरदार होती है।' (दैनिक देशबन्धु, 3 फरवरी, 90)।

परसाई का लेखन विभिन्न विधाओं में गतिशील हुआ है। उपन्यास, कहानी लघुकथा, निबंध और विभिन्न पत्र-पत्रिकाओं में स्तंभ-लेखन अदि में परसाई ने अपने युग के वर्तमान को अभिव्यक्ति दी है। विधा कोई भी हो, लेखक की प्राथमिकता रही है–वस्तु सत्य का संप्रेषणीय प्रक्षेप। निबंध एक ऐसी विधा है जिसमें विषय की विविधता और विस्तार के लिए पर्याप्त गुंजाइश होती है। किंतु यह विधा जितनी सहज है उतनी ही चुनौतीपूर्ण भी। निबंध की विषय-निष्ठता संप्रेषणीयता के पथप्ति कलात्मक उपकरणों के अभाव में उसे अपठनीय और बोझिल बना सकती है। इसीलिए आचार्य रामचन्द्र शुक्ल ने निबंध को 'गद्य की कसौटी' कहा है। परसाई का गद्य किसी भी विधा में संप्रेषणीयता के तात्त्विक गुणों का निबाह सक्षमतापूर्वक करता है। विशेषकर निबंध-लेखन में परसाई ने निबंध के पारंपरिक रूप-सीमा को तोड़कर उसे पर्याप्त विस्तार दिया है। निबंध की संप्रेषण-शक्ति को बढ़ाया है। उनके निबंधों में कथात्मकता, चित्रमयता, नाटकीयता आदि बोध-पक्ष को जगाने वाले गुणों का आधिक्य है। परसाई की प्रयोग-दृष्टि विधागत तत्त्वों के विनिमय से परहेज नहीं रखती, इसलिए उनके

विचारपरक निबंधों में भी बोझिलता नहीं है। उनके निबंध कहानी का मजा देते हैं और लोक की बात कहते हैं। परसाई के अधिकांश निबंध परसाई रचनावली क्रमांक-3 में संकलित हैं।

परसाई के निबंधों को सुविधा के लिए तीन वर्गों में बाँटा जा सकता है—ललित निबंध, विचारपरक निबंध और पत्रात्मक निबंध। लेकिन उनके निबंधों का वर्ग-विभाजन इतना आसान नहीं है। क्योंकि निबंधों में लेखक के लिए शिल्प का आग्रह महत्त्वपूर्ण नहीं है, महत्त्वपूर्ण है वह बात जो वह पाठक तक पहुँचाना चाहता है। जीवन और समाज के विकल-अंग (किअंग) का ऑपरेशन लेखक का रचनात्मक लक्ष्य है। इसीलिए उनके निबंधों की मुख्य धार 'व्यंग्य' है। उनके निबंधों की समग्र रूप में जातीय पहचान 'व्यंग्य-निबंध' के रूप में ही की जा सकती है। उनके सभी प्रकार के निबंधों में स्थिर परंपरा का अतिक्रमण है। विचारपरक निबंधों की शुष्कता को परसाई ने पर्याप्त लालित्य देकर खत्म किया है और ललित निबंधों की गुदगुदाने वाली भावक कोमलता को यथार्थ का ठोस आधार देकर वास्तविकता से जोड़ा है। इसी प्रकार उनके पत्र-निबंध भी गम्भीर रचनात्मक चिंता की स्याही में डुबोकर लिखे गए हैं, और पत्र-लेखन को एक नई विधा-परंपरा के रूप में स्थापित करते हैं।

वस्तु-चयन की दृष्टि से परसाई के निबंधों के उतने ही वर्ग किए जा सकते हैं, जितने कि समाज में व्याप्त सामाजिक, राजनैतिक, आर्थिक और सांस्कृतिक विसंगतियों, विडंबनाओं और विद्रूपताओं के। वर्तमान में जीवन और समाज का शायद ही कोई ऐसा पक्ष शेष हो जिसे परसाई के निबंधों में अभिव्यक्ति न मिली हो। वे अपने निबंधों में महज वर्तमान की संवेदनशून्यता ही नहीं दिखलाते बल्कि उससे लड़ने की मानवीय संवेदना का घनत्व भी बढ़ाते हैं। प्रेमचन्द के उपन्यास-साहित्य के लिए डॉ. त्रिभुवन सिंह ने लिखा है—'यदि तीस वर्षों का इतिहास दुर्भाग्य से लुप्त हो जाए तो हम प्रेमचन्द के उपन्यासों के द्वारा सामाजिक, धार्मिक तथा राजनैतिक गतिविधियों के इतिहास का पूर्ण ज्ञान प्राप्त कर सकते हैं।' (प्रेमचन्द : सं. सत्येन्द्र, पृ. 105)। इसी के समानांतर यदि यह कहा जाए कि स्वातंत्र्योत्तर भारत की सामाजिक, राजनैतिक और सांस्कृतिक गतिविधियों का इतिहास परसाई साहित्य में संरक्षित हुआ है तो अतिशयोक्ति न होगी।

परसाई की लेखकीय प्रतिभा संक्रमणकालीन समाज की प्रतिक्रियात्मक उपज है। परसाई को बहुत अस्पष्ट, छद्मवेशी और उलझा हुआ वर्तमान मिला है इसीलिए उनका लेखक भी सत्य की अन्वेषण-यात्रा में निर्भय, निर्द्वंद्व, वैज्ञानिक,

प्रखर और सचेत दृष्टि से लैस होकर निकलता है। परसाई का व्यंग्यकार अपने वर्तमान के अनुसार अत्यंत कुटिल, काइयाँ, चालाक और धूर्त है, क्योंकि वह जानता है कि विकलांग समय के इस दौर में निलंबित 'संगति' और उपेक्षित 'सत्य' को पकड़ने के लिए किन गुणों की दरकार है। परसाई शत्रु के शिविर में घुसकर उसी के हथियारों से आक्रमण करना जानते हैं। युद्ध-नीति की औपचारिक नैतिकता उन्हें स्वीकार नहीं, क्योंकि वे जानते हैं कि नीति-निर्धारण सबल पक्ष करता है और उसमें अक्सर धोखा होता है। लेकिन व्यावहारिक नैतिकता की उपेक्षा वे कभी नहीं करते। बर्नार्ड शॉ और सात्र ने नोबेल पुरस्कार लेने से इनकार कर दिया था, लेकिन व्यवस्था-विरोधी परसाई को व्यवस्था से पुरस्कृत होने में कतई संकोच नहीं है। 'सार्ग' ने पुरस्कार ठुकराते हुए कहा था—'इस पुरस्कार को लेने से यह आभासित होगा कि मेरी सहानुभूति पश्चिम के साथ है।' लेकिन परसाई को इनाम स्वीकारने में अपने 'नमक हलाल' हो जाने का भय नहीं है—'मुझे इनाम की खबर मिली तो सात्र की यह अदा एकदम ध्यान में आई। सोचा, मैं भी एक वक्तव्य देकर पुरस्कार लेने से इनकार कर दूँ। ऐसा करने ही वाला था कि एकाएक आत्मबोध हो गया। आत्मबोध क्या है? स्वार्थ की रक्षा के लिए मनुष्य की अंतरात्मा से जो तर्क उठता है, उसे आत्मबोध कहते हैं। तर्क ऐसा उठा—बिकते वे हैं जो नमकहलाल होते हैं। जिसका खा लेंगे उसी के हो जाएँगे। बेचारे बड़े कमजोर होते हैं। पर नमकहराम कभी नहीं बिकते। जिसका खाएँगे उसी से लड़ेंगे।' (3/279) परसाई का यह आत्मबोध गलत समय से लड़ने की नीतिगत तैयारी है। वे अपने समय के लेखकों से भी अपील करते हैं—'मैं कहता हूँ, नमकहराम हो जाओ। पैसा खाओ और मत बिको। मगर लेखकों की मुश्किल यह है कि बाजार में खड़े हैं और डर भी रहे हैं कि कहीं बिक न जाएँ। जिसे बिकने का इतना डर है उसे बाजार में नहीं, गोशाला में होना चाहिए।' (3/280) बिकने की यह प्रवृत्ति, नमकहलाल होने की विवशता और शोषित होने की स्वीकृति दरअसल सामंतवादी-साम्राज्यवादी मूल्यों का दबाव है। परसाई ऐसे किसी भी दबाव को चालाकी और निष्ठुरता से नकार देने का आह्वान करते हैं।

परसाई का जाग्रत-युग-बोध उनके निबंधों में सर्वत्र अभिव्यक्त हुआ है। वे जानते हैं कि जो है उसे उसी रूप में देखना होगा। कई-कई रूपों में देखना उसे 'सत्यरूप' में देखने से वंचित होना है। जो जैसा है उसे वैसा ही देखा-समझा जाए तो भ्रम की गुंजाइश नहीं होगी। यही यथार्थ का आग्रह है। 'राम का दुख और मेरा' में परसाई राम के प्रिया-विरह को आज की मकान-समस्या से जोड़ देते हैं। राम का मिथक टूट जाता है और आम आदमी का दुःख मुखर हो उठता है—'राम

प्रियाहीन थे, इसलिए डरते थे, हम गृहहीन हैं, इसलिए डरते हैं। किसका अभाव बड़ा है?' (3/18) मिथक, इतिहास, परंपरा और आदर्श की आड़ में उच्चत्तर वर्ग समाज का शोषण करता है। पेशेवर रामायणी तुलसी की एक चौपाई के दस अर्थ निकालेंगे, लेकिन उनमें वह नहीं होगा जो तुलसी का अभिप्रेत है। परसाई लिखते हैं—'एक-एक चौपाई के जब ये कई अर्थ निकालते हैं, तो मेरे मन में आता है कि इनसे कहूँ कि भाई, जिसकी बात के एक से अधिक अर्थ निकलें वह संत नहीं होता, लुच्चा आदमी होता है। संत की बात सीधी और स्पष्ट होती है और उसका एक ही अर्थ निकलता है। तुम संत की बात के कई अर्थ निकालकर क्यों अनर्थ करते हो?' (3/15) परसाई बहुअर्थी भाषा में साम्राज्यवादी-दरबारी षड्यंत्र का प्रभाव देखते हैं। यहाँ रघुवीर सहाय की कविता 'दो अर्थ का भय' हठात् याद आती है—'वे मेरे शब्दों की ताक में बैठे हैं, जहाँ सुना नहीं उनका गलत अर्थ लिया और मुझे मारा/इसलिए कहूँगा मैं मगर मुझे पाने दो पहले ऐसी बोली जिसके दो अर्थ न हों।' परसाई अपने निबंधों में ऐसी बोली पा सके हैं। उन्होंने मुक्तिबोध के इस संकल्प को व्यवहार में उतारा है कि 'अब अभिव्यक्ति के सारे खतरे उठाने ही होंगे तोड़ने होंगे ही मठ और गढ़ सब।' (अँधेरे में)।

संक्रमणकालीन इस दौर में आदमी अपनी ही जमीन से बेदखल कर दिया गया है। वह अपने ही घर में किराये से रहता है। व्यवस्था पर काबिज वर्ग संगठित जन-समूह को भीड़ की संज्ञा देता है और भीड़ से अलग होकर अस्तित्व-रक्षा का भ्रामक नारा उछालता है। जबकि वास्तव में वह अपनी अस्तित्व-रक्षा के प्रति भयभीत होता है। किसी रचनात्मक उद्देश्य के प्रति समर्पित जन-संगठन से वही घबराता है जो अपने छोटेपन की कुंठा से ग्रस्त होता है—'छोटा आदमी हमेशा भीड़ से कतराता है। एक तो उसे अपने वैशिष्ट्य के लोप हो जाने का डर रहता है, दूसरे, कुचल जाने का। जो छोटा है और अपनी विशिष्टता को हमेशा उजागर रखना चाहता है, उसे सचमुच भीड़ में नहीं घुसना चाहिए।' (3/141) साम्राज्यवादी-पूँ जीवादी वर्ग व्यक्ति की सामाजिक पहचान को तोड़कर उसे मानवीय अस्मिता के बोध से भी वंचित रखना चाहता है। इसके लिए वह इतिहास, परंपरा, धर्म और आदर्श आदि की भाववादी व्याख्या प्रचारित करता है। मनुष्यों के बीच भाषा-धर्म-जाति के नाम पर दंगे करवाता है—'इस महान देश में हर पवित्र और पूज्य चीज दंगे के काम आती है। दुनिया में कहीं भी गाय की पूजा नहीं होती, इसलिए वह दूध के काम आती है। यहाँ गाय पूजी जाती है, इसलिए दंगे के काम आती है। गाय के दूध से जिन बच्चों को पुष्ट

होना चाहिए, वे गाय के दंगे में मारे जाते हैं।...दुनिया में भाषा अभिव्यक्ति के काम आती है। इस देश में भाषा दंगे के काम आती है। (3/298)

मौजूदा व्यवस्था में 'महाजनी सभ्यता' बहुत प्रौढ़ हो चुकी है। आदमी उपभोक्ता मात्र बनकर रह गया है। कालाबाजारी, भ्रष्टाचार, छल-कपट और अपसंस्कृति का प्रचार इस कदर बढ़ गया है कि सत्य, ईमान और नैतिकता आदि मानवीय गुण अस्वाभाविक हो गए हैं। एक कहावत है—'दाने-दाने पर लिखा होता है खाने वाले का नाम।' 'महाजनी सभ्यता' में इस कहावत ने कौन-सा अर्थ ग्रहण किया है। देखिए—'सुना है कि पहले दाने-दाने पर खाने वाले का नाम लिखा रहता था। कौन लिखता था यह आस्तिक जानते होंगे। पर अब वही दाने-दाने पर काला बाजार वाले का नाम लिखने लगा है। दाने पर खाने वाले के बदले उसके बिना मरने वाले का नाम लिखकर काले गोदाम में डाल देता है।' (3/30) समाज का सुविधाभोगी वर्ग शोषकों का साथ देता है। उसकी सुविधाओं में कोई कमी न आए, इसके लिए वह किसी भी समझौते से परहेज नहीं करता। मुक्तिबोध ने इसी वर्ग को 'रक्तपाई वर्ग से नाभिनालबद्ध' कहा है। परसाई इस वर्ग के लोगों को पहचानते हैं—'इनस्टेबिलिटी वालों को मैं जानता हूँ। इनकी अच्छी बँधी आमदनी होती है। घर होता है, फर्नीचर होता है, फ्रिज होता है, बीमे की पॉलिसी होती है, 'वीक-एण्ड' होता है। बच्चे कान्वेण्ट में होते हैं। ये इस बीमार आराम की निरंतरता में खलल नहीं चाहते। यही स्टेबिलिटी का नारा लगाते हैं।'(3/305)

परसोई का युग-बोध उनके निबंधों में व्यवस्था की ठीक-ठीक पहचान ही नहीं करवाता, उसके खिलाफ पाठक की क्रियात्मक शक्ति को जगाता भी है। अपने परिवेश को वस्तुगत रूप में देखने-दिखाने की वैज्ञानिक दृष्टि परसाई के पास है। स्वतंत्रता के बाद भारत में एक दूसरी तरह का साम्राज्यवाद पनपा है। साम्राज्यवाद भी एक तरह की बीमारी है। हालाँकि यह पश्चिम से आयातित है, किंतु अब इसके बीज यहाँ के मुक्त वातावरण में फल-फूल रहे हैं। 'डेंगू', 'आध्यात्म और लेखक' में परसाई लिखते हैं—'सांस्कृतिक आदान-प्रदान की संधियाँ होती हैं, मगर रोग आ जाते हैं। बीमारियाँ अंतरराष्ट्रीय हो गई। हम बाहर की बीमारी ग्रहण करने के लिए बहुत तत्पर रहते हैं। हमने अपनी कोई बीमारी किसी को दी हो, मैं नहीं जानता।' (3/328) आज मानवीय संबंध अति-भौतिक प्रहारों से उत्पादक-उपभोक्ता संबंध के रूप में परिणत हो चुः के हैं। प्रेमचन्द ने भी 'महाजनी सभ्यता' में आगाह किया है इस महाजनी सभ्यता ने दुनिया में

जो नई रीति-नीतियाँ चलाई हैं उनमें सबसे अधिक रक्तपिपासु यही व्यवसाय वाला सिद्धांत है। मियाँ-बीवी में बिजनेस, गुरु-शिष्य में बिजनेस! सारे मानवी, आध्यात्मिक और सामाजिक नेह-नाते समाप्त। आदमी आदमी के बीच बस कोई लगाव है तो बिजनेस का। लानत है इस 'बिजनेस' पर!...इस सभ्यता की आत्मा है व्यक्तिवाद, आप स्वार्थी बनें, सब कुछ अपने लिए।' साम्राज्यवाद-पूँजीवाद यही चाहता है कि लोग आपस में बँटे रहें, उनमें छीना-झपटी मची रहे, उनकी नैतिक शक्ति कुंठित रहे और एकात्मता की चेतना से दूर रहें ताकि उच्चतर वर्ग का आर्थिक व राजनैतिक प्रभुत्व बना रहे। परिणाम यह है कि मानवता, दया, करुणा, सद्भावना जैसे सद्गुण आचरण की चीज न होकर नाटकीय अभिनय के उपकरण मात्र रह गए हैं। परसाई के निबंधों में यह यथार्थ चित्रात्मक स्वाभाविकता में उजागर हुआ है—'मेरे एक दोस्त के चाचा की मृत्यु हो गई! उनका कोई लड़का नहीं था, सब संपत्ति इसी भतीजे को मिलने वाली थी। इसने उनकी अर्थी ऐसी प्रसन्नता से बाँधी, जैसे अपनी ही शादी में मण्डप तान रहा हो। ऐसे शौक से सिर घुटाया, मानो वर्षों की लालसा पूरी हो रही हो। शाम को वह मेरे साथ घूमने निकला। रास्ते में जो परिचित मिलता, उसी से वह उदास मुँह से कहता 'भैया, तुमने तो सुन ही लिया होगा। हम पर वज्रपात हो गया। परिचित आगे बढ़ जाता, तो वह फिर प्रसन्न हो जाता।' (3/161)

'अपनी-अपनी हैसियत' निबंध में व्यवसायी पुत्रों द्वारा पिता की मृत्यु का विज्ञापन असल में संपन्नता का फूहड़पन है—'पैसा ऊपर हो जाता है तो, वह अपना रूप प्रकट करना चाहता है। वह अकुलाता है कि मैं हूँ और दिख नहीं रहा हूँ। मैं अपने को अभिव्यक्त करूँ। और पैसा इस तरह फूटकर प्रकट हो जाता है जैसे पके फोड़े का मवाद।' (3/226-27) धन और सुरुचि में स्वाभाविक अंतर्विरोध है। 'संपन्नता के फोड़े से बदबूदार मवाद बहता है।' सुरुचि के लिए संस्कार चाहिए, संपन्नता विकृति लाती है। जिस प्रकार अधिक खाना शरीर को बेडौल बनाता है। उसी प्रकार अधिक धन विकृत रुचि उपजाता है। लक्ष्मी धन की देवी है, वह फूल पर बैठती है। हम अभ्यस्त हैं लक्ष्मी को इसी रूप में देखने के। परसाई इसे असंगति को रेखांकित कर हमारी जड़-अभ्यस्तता को तोड़ते ही नहीं, हमारी दृष्टि को सौंदर्य की संगति से जोड़ते भी हैं—'फूल में सौंदर्य होता है, गंध होती है, कोमलता होती है। मगर ये लक्ष्मी फूल को कुर्सी समझकर उस पर बैठी है। धन की देवी है न। जब इनका यह हाल है तो देवी के कृपापात्र फूहड़पन क्यों नहीं करेंगे। फिर भी मैं कहता हूँ—देवी, तू अपनी बैठक बदल दे। सिंहासन पर बैठ और हाथ में फूल ले ले या फूल जूड़े में खोंस ले।' (3/227)

स्वातंत्र्योत्तर भारत में सत्ता की भूख और संपत्ति की लालसा ने छद्म आचरण को बहुत आम बना दिया है। समाज का नेतृत्व जिनके हाथों में है वे स्वयं मूल्यविहीन हैं। वे हर कीमत पर सफलता चाहते हैं, रास्ता कोई भी हो। आत्म-प्रदर्शन का भौंड़ापन उनका 'शार्ट कट' रास्ता है। निपट स्वार्थी, मक्कार, कमीना और दृश्चरित्र नेता भी मंच पर यह बोलता है कि जनता के प्यार और दुलार ने उसे नेता बना दिया, मंत्री बना दिया, वह सिर से पाँव तक जनता का सेवक है। परसाई इनकी असलियत को उघाड़ते हैं और बताते हैं कि भ्रष्ट नेताओं और मुनाफाखोरों के लिए यह देश मात्र एक चारागाह है—'कभी-कभी तो यह प्रश्न भी उठता है कि यह देश है किसका।...मेरा या मुनाफाखोर का? जब यह देश की रक्षा का नारा लगाता है, तब किससे देश की बात करता है? और किसके लिए यह देश की रक्षा करवाना चाहता है? मुनाफाखोर कहीं यह तो नहीं कहता कि मेरे देशवासियो, तुम तन, मन, धन देकर इस देश की रक्षा कर लो और मुझे सौंप दो। मैं इसे निचोड़ लूँगा। तुम हर बार इसकी रक्षा करके मुझे देते जाओ, मैं निचोड़ता जाऊँगा। यह जायदाद मेरी है। तुम लोग तो चौकीदार हो।' (3/417) एक अहंग्रस्त कलाकार के आत्मप्रदर्शन की बानगी देखिए—'वे सम्मान का उत्तर देने को खड़े हुए। फिर कुहनी तक सम्पुट बाँधी। बोले—'मैं तो आपका पुत्र हूँ...आपसे आशीर्वाद लेने आया हूँ...मैं जनता का सेवक हूँ. ..आशीर्वाद दीजिए कि देशवासियों की सेवा करता रहूँ।....उन्होंने आत्मचरित आरंभ कर दिया। हर वाक्य का आरंभ 'मैं' से होता। किसी-किसी वाक्य का अंत भी 'मैं' से ही होता।' (3/35) लेकिन परसाई मेमने के भीतर छिपे अहं के भालू को पहचानते हैं—उन शब्दों और मुद्राओं का लक्षणार्थ मेरे कानों में गूँज रहा था—'हे मेरे प्रशंसको! तुम सब बहुत मामूली लोग हो, मैं महान हूँ। मैंने तुम्हारे बीच आकर तुम्हें कृतार्थ कर दिया।' (3/36)

गांधी-युग से 'जनता जनार्दन' शब्द नेताओं की जबान पर चढ़ गया है। कितने लोग मंच से घोषणा करते हैं—'मैं 'जनता जनार्दन' का सेवक हूँ।' इस मखमली म्यान के भीतर अक्सर यह तलवार छिपी होती है—मूर्ख! मैं तुम्हारा भाग्यविधाता हूँ! कितने ही लोगों के अहं का भालू मंच पर एकदम मेमना हो जाता है। (3/37) इस सच को परसाई का युग-बोध संवेदनात्मक गहराई से महसूसता है और उन विद्रूप, स्वार्थी, मक्कार चेहरों से घृणा करना सिखाता है जो सुघड़-आकर्षक मुखौटों के भीतर हैं। इन्हीं चेहरों की पहचान मुक्तिबोध ने 'अँधेरे में कविता' में करवाई है। 'रक्तपाई वर्ग से नाभिनालबद्ध' ये सब लोग 'किसी मृत दल की शोभायात्रा में शामिल होते हैं, जिन्हें हम समाज का

विकास-सूत्र सौंपे हुए हैं। इस विडंबना और असंगति को परसाई दो फाँकों में बाँट देते हैं। उनका ज्ञानात्मक संवेदन दृश्य का तटस्थ निरीक्षण मात्र नहीं करता, वरन् उसका तर्क-सम्मत विश्लेषण कर पाठक को दृश्य की समूची संरचना से रू-ब-रू कराता है।'

पूँजीवाद-साम्राज्यवाद समाज की सौंदर्य चेतना को ढक लेता है और उपभोक्ता-संस्कृति का प्रचार करके वह जन-रुचि को विलास-वस्तुओं की ओर मोड़ देता है। एक विकासशील देश का आम आदमी, जिसकी आमदनी दैनिक जरूरतों को पूरा करने भर भी नहीं होती, विज्ञापनों से प्रभावित होकर गैर-जरूरी चीजों के पीछे भगता है, उन्हें पाने के भ्रष्ट तरीके अपनाता है या उनके अभाव में हीन ग्रंथियों का शिकार होता है। पूँजीवादी संस्कृति क्रय-विक्रय, उत्पादक-उपभोक्ता संबंधों पर आधारित होती है, इसलिए उसके लिए इतिहास, संस्कृति और कला का विज्ञापनी इस्तेमाल से अधिक कोई महत्त्व नहीं होता। व्यक्ति-स्वातंत्र्य के नाम पर यह संस्कृति व्यक्ति को व्यक्तित्व हीन बनाकर एक वस्तु में बदल देती है।

'इस देश की सारी सुंदर स्त्रियाँ कंपनियों की नौकरानियाँ हैं। उनका काम कंपनी की तरफ से पुरुष को फुसलाना है।

सुंदर स्त्री के जीवन का महान उद्देश्य है : किसी कारखाने का माल बिकवाना।

सौदर्य की परिभाषा : सौंदर्य स्त्री की वह मोहिनी शक्ति है, जिसके वशीभूत होकर पुरुष रद्दी समान खरीद लेता है, (3/220)

ये वाक्य महज व्यंग्यात्मक जुमले नहीं हैं, बल्कि इनमें पूँजीवादी संस्कृति हैं, नारी की भौतिक कीमत का, उसके शारीरिक इस्तेमाल का यथार्थ है। विज्ञापन में सिर्फ नारी ही नहीं बिकती, खिलाड़ी, कलाकार, अभिनेता, सामंत और बुद्धि-जीवी भी बिकते हैं।

परसाई की पक्षधरता स्पष्ट है। देश के इस दौर में मूल्यों का विघटन, अपसंस्कृति का फैलाव, पूँजीवादी-साम्राज्यवादी प्रवृत्तियों का छद्मवेश, मानवीय संवेदना की अपदस्यता, क्षुद्र स्वार्थ का आधिपत्य, संस्कृति, कला और साहित्य का दरवारीकरण, श्रम की उपेक्षा और भ्रष्टाचार को मान्यता जैसी विद्रूपताओं-विसंगतियों के प्रति परसाई विक्षुब्ध हैं। वे जानते हैं कि इस व्यवस्था में स्वतंत्रता का अर्थ स्वच्छंदता है। कायदा-कानून महज 'सोने का साँप' है, जो समर्थ की ही रक्षा करता है। इस क्रूर व्यवस्था में सफलता हृदयहीनों को ही

मिलती है—'देश के इस दौर में हृदय को सही-सलामत रखकर कोई तरक्की नहीं कर सकता। ठेकेदारी सभ्यता की यह बड़ी वैज्ञानिक देन है कि सफल आदमी बंद हुए हृदय को लेकर भी जिन्दा रहता है। ठेकेदारी करते-करते ज्यों ही उसका हृदय फेल हुआ, वह विधायक हो गया। (3/293) यह 'पगडंडियों का जमाना' है। इसमें सफलता के लिए कोई लंबा रास्ता तय करना नहीं चाहता : 'सफलता के महल का प्रवेश-द्वार बंद है। इसमें पीछे के नाबदान से ही घुसा जा सकता है। जिन्हें घुसना है, नाक पर रूमाल रखकर घुस जाते हैं। पास ही इत्र सने रूमालों के ठेले खड़े हैं। रूमाल खरीदो, नाक पर रखो और नाबदान में से घुस जाओ, सफलता और सुख के महल में, एक आदमी खड़ा देख रहा है। कोई पूछता है—घुसते क्यों नहीं? वह कहता है—'एक नाक होती तो घुस जाते। हमारा तो हर रोम एक नाक है। कहाँ-कहाँ रूमाल लपेटें।' (3/4) यह 'एक आदमी' स्वयं परसाई तो हैं ही, हर वह व्यक्ति है जो नाबदान से घुसने का अनैतिक साहस नहीं कर सकता इसलिए मुख्यद्वार से सिर टकराकर लहूलुहान हो रहा है। मुक्तिबोध की कविता 'अँधेरे में' का 'रक्तालोक स्नात-पुरुष' और 'भूल-गलती' का 'ईमान' यही व्यक्ति हैं—'पहने हथकड़ी वह एक ऊँचा कद समूचे जिस्म पर लत्तर झलकते लाल लंबे दाग बहते खून के वह कैद कर लाया गया ईमान...।' परसाई वस्तु-सत्य को निरावृत्त मात्र कर देते हैं, हर पक्ष की खूबियाँ और खामियाँ खुद-ब-खुद खुल जाती हैं।

इस व्यवस्था की एक बड़ी विडंबना यह है कि विध्वंसकों ने ही रचनात्मकता का चोला ओढ़ लिया है और वास्तविक रचनात्मकता कुंठित हो गई है। नेतृत्व गलत हाथों ने सँभाल लिया है। पद और प्रभुत्व के स्वार्थ से प्रेरित होकर जिसके हाथ जो कुछ लगा है वह उसे बिना चबाए ही निगल जाना चाहता है। 'ठिठुरता हा गणतंत्र' में परसाई लिखते हैं—'इस देश में जो जिसके लिए प्रतिबद्ध है वही उसे नष्ट कर रहा है। लेखकीय स्वतंत्रता के लिए प्रतिबद्ध लोग ही लेखक की स्वतंत्रता छीन रहे हैं। सहकारिता के लिए प्रतिबद्ध इस आंदोलन के लोग ही सहकारिता को नष्ट कर रहे हैं। सहकारिता तो एक 'स्पिरिट' है। सब मिलकर सहकारितापूर्वक खाने लगते हैं और आंदोलन को नष्ट कर देते हैं। समाजवाद को समाजवादी ही रोके हुए हैं।' (3/78)

इस व्यवस्था में 'धन्य' और 'धिक्कार' की जगहें बदल गई हैं। श्रवण कुमार की कथा एक नई व्याख्या में परसाई के निबंध में उतरती है। पारम्परिक कथा हमारी सामंती वृत्तियों को तृप्त करती है और परसाई की व्याख्या हमारी अभ्यस्त जड़ता को तोड़ती है, परिप्रेक्ष्य को समझने के लिए हमारी आँखें खोलती है।

निबंध में किताबों को बदलना संस्कारों का बदलना है। परिवर्तन की ऐतिहासिक प्रासंगिकता सिद्ध तथ्य है। 'जीवन से कट जाने के कारण एक पीढ़ी दृष्टि हीन हो जाती है तब आगामी पीढ़ी के ऊपर लद जाती है। अंधी होते ही उसे तीर्थ सूझने लगते हैं।' (3/20) काँवड़े अनेक हैं—'राजनीति, साहित्य, कला, धर्म और शिक्षा में आँख वाले अंधों को बैठाकर ढो रहे हैं।' नए अंधों के तीर्थ भी नए हैं। वे काशी, हरिद्वार, पुरी नहीं जाते। इस काँवड़ वाले अंधे से पूछो—कहाँ ले चलें? वह कहेगा तीर्थ! कौन-सा तीर्थ? जवाब देगा—केबिनेट! मंत्रिमंडल! उस काँवड़ वाले से पूछो, तो वह भी तीर्थ जाने को प्रस्तुत है। कौन-सा तीर्थ चलेंगे आप? जवाब मिलेगा—अकादमी विश्वविद्यालय!' (3/20) परसाई तथ्य पर से झूठ की परत उघार देते हैं, सच साफ दीखने लगता है। नई पीढ़ी को उचित समय पर उसका अधिकार मिलना ही चाहिए। 'अब श्रवण कुमार के कंधे दुखने लगे हैं। वह काँवड़ को उतारकर रखने लगा है।' 'पहला सफेद बाल' दिखते ही परसाई नई पीढ़ी के पुत्रों को उनका उत्तराधिकार (भविष्य) सौंपने की पहल करते हैं।

सौंदर्य स्वयं वस्तु नहीं, वस्तुगत भाव है। आचार्य रामचन्द्र शुक्ल ने भी सौंदर्य को 'बाहर की वस्तु नहीं, मन के भीतर की वस्तु' कहा है। जैसे वीर कर्म से पृथक् वीरत्व कोई पदार्थ नहीं वैसे ही सुंदर से पृथक् सौंदर्य कोई पदार्थ नहीं।' (कविता क्या है?) परसाई की सौंदर्य-चेतना भी मानव-श्रम, जीवन-संघर्ष में क्रियात्मक गतिशीलता और मानव मात्र के प्रति दायित्व-बोध से अनुप्रेरित है। 'जिजीविषा बड़ी प्रबल होती है। मनुष्य मृत्यु पर विजय पाने की हर क्षण कोशिश करता है, घायल हो जाता है, फिर लड़ने को तैयार हो जाता है।' (3/266-67) जीवन का गति-क्रम इसी प्रकार आगे बढ़ता है। जीवन की इस संघर्ष-गाथा में महाकरुणा क्रूर स्वार्थ से टकराती है, उससे संघर्ष करती है, उस पर विजय पाती है। फिर उसी 'नर्मदा मैया की जय' में बाढ़ पीड़ितों के लिए कई लोगों ने अपने घर खोल दिए, कई दुकानदारों ने अपनी दुकानें, गोदामें खोल दीं। सोलह वर्षीया वीर बाला सरस्वती ने सैकड़ों लोगों को माँ की भावना से डूबने से बचाया—'छोटी सी केवट की लड़की उस वक्त माँ हो गई होगी और सोचा होगा—बच्चों को बचाना है। साथ ही मानवी करुणा। इस भीतरी भावना ने बाहरी शारीरिक सामर्थ्य से मिलकर उसके हाथों में डोंगी चलवाई होगी। यह केवल शारीरिक साहस नहीं है, गहरा है, भीतरी है।' (3/269) उसका सार्वजनिक सम्मान होता है, किंतु वह निस्पृह रहती है। भला कोई माँ अपने बच्चों को बचाने का क्या पुरस्कार ले! केवट बाला की करुणा मानव की आदिम सामाजिक भावना का

गहरा और व्यापक निरावत रूप है, जिस पर सभ्यता के व्यक्तिवादी रंग नहीं चढ़े हैं। वीर बाला सरस्वती का सहज-सौंदर्य परसाई के सौंदर्य-बोध का मानदण्ड है।

परसाई की दृष्टि में सक्रियता आत्मविश्वास का सूत्र है और जीवन-सौंदर्य भी। कर्म के प्रति प्रतिबद्ध व्यक्ति को ओवर एक्टिंग की जरूरत नहीं होती। 'प्रेमचंद के फटे जूते' में परसाई प्रेमचंद को संबोधित करते हैं—'क्या तुम्हें मालूम है, मेरे साहित्यिक पुरखे कि तुम्हारा जूता फट गया है और अँगुली बाहर दिख रही है? क्या तुम्हें इसका जरा भी अहसास नहीं है? जरा लज्जा, संकोच या झेंप नहीं है? क्या तुम इतना भी नहीं जानते कि धोती को थोड़ा नीचे खींच लेने से अँगुली ढँक सकती है? मगर फिर भी तुम्हारे चेहरे पर बड़ी बेपरवाही, बड़ा विश्वास है।' (3/32) प्रेमचंद के चेहरे पर की बेपरवाही और विश्वास उनके भीतर का आत्म-सौंदर्य है, जो जीवन के प्रति गहरी निष्ठा, क्रियात्मक संघर्ष की निरंतरता, मानव-श्रम के सौंदर्य में आस्था और विसंगतियों के विरुद्ध निर्भय योद्ध ा की तरह लड़ते रहने की अदम्य जीवनी-शक्ति से आया है। उनकी बेपरवाही और विश्वास का संबंध जूते के फटने से भी है—'मुझे लगता है, तुम किसी सख्त चीज को ठोकर मारते रहे हो। कोई चीज जो सदियों से परत-दर-परत जमती गई है, उसे शायद तुमने ठोकर मार-मारकर अपना जूता फाड़ लिया। कोई टीला जो रास्ते पर खड़ा हो गया था, उस पर तुमने अपना जूता आजमाया।' (3/34) परत-दर परत जमने वाली चीज उन गत्यावरोधों का जमाव है, जिन्होंने जीवन और समाज की सहज धारा को रोक रखा है। जूते प्रेमचन्द के पाँवों की सुरक्षा तो करते ही हैं अस्त्र का भी काम देते हैं। प्रेमचन्द ने मठ और गढ़ सबको जूते से ठोकर मारी है और 'दुर्गम पहाड़ों के उस पार' तक का सफर किया है। यह चेहरे का विश्वास बता रहा है। ऐसे जूते भला क्यों छिपाए जाएँ।

परसाई की रचनाधर्मिता निष्क्रियता से जन्मी आत्मदया और भोथरेपन को क्रियात्मकता की शान देती है। वह निष्क्रियता से जन्मी निरीहता को करुणा नहीं बाँटती, बल्कि यह बताती है कि कर्मजनित स्वाभिमान अहंकार को गलाकर ही मिलता है। परसाई लिखते हैं—'मैंने निराला की उद्धतता देखी है। उग्र की कितनी ही गर्वोक्तियाँ सुनी और पढ़ी हैं...बर्नार्ड शॉ की अगणित दर्पोक्तियाँ लोगों की जबान पर ही हैं।...वे सब गर्वोक्तियाँ मुझे अच्छी लगती हैं...। इनमें एक लुभावना फक्कड़पन है जो अहंकार को गलाकर ही उपलब्ध होता है।' (3/37) कहते हैं कि निराला के लिए कविता लिखना बहुत कठिन सश्रम-साधना होती थी। वे देर तक कोठरी में बंद होकर कविता लिखते और जब कोठरी से

बाहर निकलते, पसीने से लथपथ होते। कविता उनका गम्भीर कर्तव्य थी। प्रेमचंद जीवन के अंतिम दिनों तक नियमित लिखते थे। वे अपने को 'कलम का मजदूर' ही मानते थे। परसाई की सक्रियता भी अबाधित है : वे स्वीकारते हैं—'मैं औसत आदमी से डेवढ़ा काम करता हूँ। औसत आदमी अगर 8 घण्टे काम करता है तो मैं 14 घण्टे काम करता हूँ।...कहानी, उपन्यास, निबंध के सिवा मैं हर हफ्ते कालम लिखता हूँ—जी हाँ, तीन कालम। ये व्यंग्य के कालम होते हैं और व्यंग्य रचनात्मक लेखन होता है। बलात्कार, चोरी और अपहरण की रिपोर्टिंग नहीं होता।' (3/23) आत्मदया तब होती है, जब सक्रियता के मार्ग से हम विचलित होते हैं। साहित्यकार के लिए बड़ी बात होती है, सामाजिक घटनाक्रम की गतिशीलता में उसकी व्यक्तिगत, सक्रिय भागीदारी। इससे विच्छिन्न रहकर कला-वासना की तृप्ति हो सकती है, सार्थक साहित्य का सृजन नहीं। और सार्थक साहित्य वह होता है। जो संस्कृति-निर्माण करे, जिसकी जड़ें इतिहास-बोध से जुड़ी हों।

परसाई ने अपने निबंधों में मध्यवर्गीय समाज की विडंबनाओं, कुंठाओं, आत्म-प्रदर्शन की भावना, ढुलमुलपन, समझौता वृत्ति और आत्महीनता जैसे अवगुणों को मनोवैज्ञानिक समझ के साथ उद्घाटित किया है। समाज का उच्चत्तर वर्ग धनोपार्जन और भोग-विलास में व्यस्त रहता है और निम्न वर्ग जीवन की न्यूनतम जरूरतें पूरी करने के लिए अथक परिश्रम करता है, जबकि मध्यवर्ग आर्थिक दृष्टि से अत्यंत हीन होते हुए भी उच्चवर्गीय जीवन-स्तर की लालसा से प्रेरित होकर अजीबोगरीब हरकतें करता है। उच्च वर्ग जहाँ अपनी संपन्नता के कारण सामाजिक परंपरा, मर्यादा, आदर्श, मूल्य आदि की परवाह नहीं करता, वहीं निम्न वर्ग के लिए इन सबका कोई विशेष महत्त्व नहीं होता, जबकि मध्य वर्ग इन सबको साथ लेकर चलना चाहता है। इसीलिए यह वर्ग अधिकतर यथास्थितिवादी होता है और उच्च वर्ग की प्रतिगाभी नीतियों का प्रचारक बनता है।

परसाई को मध्यवर्ग की अच्छी पहचान है। उनके निबंधों में यह वर्ग अपनी तमाम चारित्रिक विशेषताओं से साथ उपस्थित हुआ है। यह वर्ग पूर्वाग्रहों से जुड़े संस्कार-सूत्रों के साथ नवीन का आग्रह भी स्वीकारना चाहता है। साम्राज्यवादी मूल्यों का सर्वाधिक प्रभाव इसी वर्ग पर पड़ा है। पश्चिमी तौर-तरीके इसे प्रिय हैं, लेकिन पारंपरिक गत्यावरोधों को भी यह नहीं छोड़ना चाहता। 'इज्जत' का सवाल इस वर्ग को बराबर परेशान किए रहता है बनिए की उधार चुकाने की हैसियत भले ही न हो अपनी तथाकथित 'इज्जत' की रखवाली वह मुस्तैदी से करता है—'दिलचस्प है इज्जत का मामला। प्रतिष्ठित होने का एहसास करने के

लिए आदमी न जाने क्या-क्या करता है। सदर में उच्चवर्गीयों के लिए मशहूर दुकान है—'मॉडर्न स्टोर्स'। कभी अँग्रेज अफसरों के लिए खुली थी। दुकान में सब अँग्रेजी बोलते हैं। एक मध्यवर्गीय बंधु दो मील रिक्शा में वहाँ चले जाते हैं। खरीदना क्या है? झाड़। मगर खरीदेंगे 'मॉडर्न स्टोर्स' से। जब वे झाड़ खरीदने 'मॉडर्न स्टोर्स' जाते हैं, तो अपनी इज्जत को बहुत बढ़ी हुई पाते हैं। (3/130) तथाकथित 'इज्जत' को बचाने और प्रतिष्ठित होने-दिखने के चक्कर में इस वर्ग का आदमी कई बार बहुत भौंड़ी हरकतें करता है। अँग्रेजी रहन-सहन और अँग्रेजी भाषा इस वर्ग की बड़ी कमजोरी है, और यह कमजोरी उसके सौंदर्य-बोध का रंग ही बदल देती है। 'वह जो आदमी है न!' में एक मध्यवगीय सज्जन मात्र डेढ़ पेग शराब पीकर कहते हैं—'आई शैल बिग ब्यूटीफुल मुर्गा।' (परसाई की टिप्पणी है) अँग्रेजी भाषा का कमाल देखिए। थोड़ी ही पढ़ी है मगर खाने की चीज को खबसूरत कह रहे हैं। जो भी खबसूरत दिखा, उसे खा गए। यह भाषा रूप में भी स्वाद देखती है। रूप देखकर उल्लास नहीं होता, जीभ में पानी आने लगता है। ऐसी भाषा साम्राज्यवाद के बड़े काम की होती है।' (3/137) साम्राज्यवादियों की यह भाषा मध्य वर्ग के अवचेतन में बैठ गई है।

मध्य वर्ग जिंदगी की जद्दोजहद में अक्सर परास्त होता है लेकिन अपनी पराजय को वह चेहरे पर आने से रोकता है। वह द्वंद्व उसे हास्यास्पद बनाता है। इस वर्ग का आदमी अपने घर के खिड़की-दरवाजे तो हमेशा बंद रखता है लेकिन उसकी आँखें पड़ोस के घर की खिड़की से लगी होती हैं। इस वर्ग के—'कितने लोग हैं जो चरित्रहीन होने की साध मन में पाले रहते हैं मगर हो नहीं सकते और निरे चरित्रवान होकर मर जाते हैं। आत्मा को परलोक में भी चैन नहीं मिलता होगा और पृथ्वी पर लोगों के घरों में झाँककर देखती होगी कि किसका किससे संबंध चल रहा है।' (3/138) इस वर्ग के नारी संबंधी विचार मध्ययुगीन हैं। इस वर्ग की नारी को जितनी भी मुक्ति मिली है वह अर्थ-संघर्ष के दबावों से मिली है। 'वो जरा वाइफ हैं न!' में एक सज्जन अपनी पत्नी को पढ़ाने के लिए स्वयं कबीर के पदों का अर्थ समझना चाहते हैं। वे पढ़ने के लिए पत्नी का गैर-मर्द के पास जाना ठीक नहीं समझते। मध्यवर्गीयों की सांस्कृतिक संस्था में अभिनय के लिए स्त्रियाँ नहीं मिलतीं 'हमारी मुश्किल यह है कि हम हमेशा दूसरे की बीवी की खोज करते हैं। दूसरे की स्टेज पर आ जाए : अपनी न आए। दूसरे को नहीं आती, तो कहते हैं कि बड़े पिछड़े हुए लोग हैं। हम पिछड़े हुए नहीं हैं जिन्होंने उसका मुरब्बा बनाकर घर में रख छोड़ा है।' (30) लेकिन एक सकारात्मक पहलू यह है कि परंपरा आदर्श और मर्यादा के सामती मूल्य अर्थ-संघर्ष की जटिल

समस्या से टकराकर टूट रहे हैं। नारी-मुक्ति का भौतिक पक्ष अब प्रबल हो रहा है। यह वर्ग नारी को जितनी भी स्वतंत्रता दे सका है उसके पीछे नारी की उपार्जन-क्षमता ही है। परसाई का निष्कर्ष तक सम्मत है—'हमारे जमाने में नारी को जो भी मुक्ति मिली है, क्यों मिली है? आंदोलन से? आधुनिक दृष्टि से? उसके व्यक्तित्व की स्वीकृति से? नहीं, उसकी मुक्ति का कारण महँगाई है। नारी-मुक्ति के इतिहास में यह वाक्य अमर रहेगा—एक की कमाई से पूरा नहीं पड़ता।' (3/319) परसाई मध्यवर्गीय चरित्र को अपने निबंधों में उसके समूचे परिप्रेक्ष्य के साथ उपस्थित करते हैं और उसके द्वंद्व के संधि-स्थल पर प्रहार करते हैं, तथ्य अनावृत्त हो जाता है, जिंदगी को उसकी सहजता और वास्तविकता में न जी सकने की मध्यवर्गीय विडंबना अर्थहीन हो जाती है। मध्यवर्ग की तथाकथित 'इज्जत' वाली समस्या का बहुत माकूल हल परसाई के इन शब्दों में निकल आता है—'बेइज्जती को खोल दो तो वह इज्जत हो जाती है। जूते पड़ गए हैं, इस बात को छिपाओगे, तो बदनामी फैलेगी।' (3/30)

परसाई ने अपने निबंधों में भारतीय बुद्धिजीवी और उसकी सामाजिक भूमिका पर भी पर्याप्त प्रकाश डाला है। बुद्धिजीवी, कलाकार और साहित्यकार अधिकतर मध्य वर्ग से ही आते हैं, उच्च वर्ग इनकी उच्च-जीवन-लालसा को उभारकर उनके सामने सुविधाओं के कुछ टुकड़े फेंक देता है और बुद्धि जीवी-लेखक उच्च वर्ग का प्रशस्तिगायक बन जाता है। मुक्तिबोध ने भी लिखा है—'आज का उच्चतर वर्ग अधिक जड़ और अधिक प्रतिगामी हो गया है। यह इस समय साहित्य में ऐसे विचारों का प्रचार करना चाहता है जिनके द्वारा हमारा साहित्यिक व्यक्ति अनुभूत वास्तविकता की पाशविकता और अमानवीयता पर परदा डाल दे, और वह जनता की ओर उन्मुख न हो।' (मुक्तिबोध रचनावली, 4/156) 'जिंदगी और मौत का दस्तावेज', 'सामाजिक बीमारी का टीका', 'मृत्युकामी लेखक', 'पवित्रता का दौरा', 'साहित्य और नम्बर दो का कारोबार' आदि निबंधों में परसाई ने बुद्धि-जीवियों, लेखकों, कलाकारों के असलियत का खुलासा किया है। 'जिंदगी और मौत का दस्तावेज' में उन्होंने स्पष्ट किया है कि समाज में जब जिसका प्रभुत्व होता है बुद्धिजीवी उसी की तरफदारी करने लगता है—'बुद्धिजीवी वह होता है जो किसी सत्ता या दाता के हरम की रक्षा करे। राजाओं-नवाबों के हरम की रक्षा करने वाले पौरुषहीन खोजा होते थे। तब वे ठीक रक्षा करते थे। पर जब उनकी ड्यूटी खत्म होती थी, तब वे तलवार घुमाकर कहते थे कि मैं वीर हूँ। मैंने भी सत्ता और दाता के दो हरमों की तब (इमरजेंसी में) रक्षा की थी। और अब दूसरी सत्ता और दाता के हरमों की रक्षा कर रहा

हूँ। फुरसत में तलवार घुमाकर बहादुर बन जाता हूँ। मैं प्रतिनिधि बुद्धिजीवी हूँ।' (3/237) निबंध का प्रथम पुरुष 'मैं' भारतीय बुद्धिजीवी का प्रतिनिधि पात्र हूँ।

संक्रमण काल में सार्थक मूल्यों की स्थापना और मूल्यगत प्रतिबद्धता के लिए जरूरी है कि हम अपने आसपास बिखरे प्रश्नों का हल सही परिप्रेक्ष्य में तलाश करें। संस्कृति की पुनर्रचना में खतरे हैं। प्रत्येक पौरुषवान को इन खतरों से जूझना होगा—'वे परम सुखी हैं, जिन्हें सवाल नहीं घेरते। उन्होंने प्राथमिक शाला की अपनी गणित की पुस्तक के सिर्फ उत्तर के पन्ने फाड़कर रख लिए हैं। सवाल जाने बिना भी जवाब उनके पास तैयार रहते हैं।' (3/416) लेकिन यह समय सुखी होने का नहीं है। हमें प्रतिक्रियावादी शक्तियों के षड्यंत्र में ही सचेत नहीं होना है, खोज किस्म के पहरेदारों से भी चौकन्ना रहना होगा। हालाँकि 'चौकन्नापन का टैक्स हर एक को चुकाना पड़ता है। कोई शरीर के स्तर पर चुकाता है, कोई चेतना के स्तर पर। जो इस टैक्स की चोरी कर लेते हैं वे बड़े सुखी होते हैं।' (3/298) यह टैक्स चुकाने की विवशता हमारी जीवंतता, सामाजिक सहभागिता, क्रियात्मक शक्ति और अस्तित्व की अनिवार्य शर्त है।

परसाई के निबंध समूचे युग की विविध अनुभूतियों का सघन विश्लेषण प्रस्तुत करते हैं। उनकी रचना-दृष्टि रोजमर्रा की अत्यंत सामान्य घटना से लेकर विश्व में हो रही छोटी-बड़ी हलचलों तक समान गति से पहुँचती हैं। एक ओर 'निन्दा-रस', 'कबिरा आप ठगाइए', 'समय काटने वाले मिल लेना', 'चन्दा' और 'प्रेमपत्र और हेडमास्टर' जैसे निबंधों में दैनिक जीवन को अत्यंत सामान्य-सी घटनाओं जिन पर किसी का ध्यान भी नहीं जाता—को समय और समाज के परिप्रेक्ष्य से जोड़ा है और बताया है कि बहुत मामूली और आम घटना की अनुभूति भी किसी बड़े विचार-सूत्र की एक संपूर्ण इकाई होती है, जिसके जरिये व्यवस्था की व्याख्या संभव है। दूसरी ओर 'घायल बसन्त', 'दुर्घटना-रस', 'सुजलां-सुफलां', 'ठिठुरता हुआ गणतंत्र', 'डेंगू अध्यात्म और लेखक', 'देशभक्ति से गद्दारी', 'चीनी हमला और भ्रमजाल' और 'भारत-पाक युद्ध और मेरी तलवार' जैसे निबंध देश और विश्व की असल तस्वीर दिखाते हैं।

'कलाकार के व्यक्तिगत ईमानदारी' के तकाजे से परसाई कहीं विचलित नहीं हए हैं। व्यंग्य-प्रहार के आलंबनों में उन्होंने अपने आप को भी नहीं छोड़ा है। 'पिटने-पिटने में फर्क' 'सम्मान और फ्रेक्चर', 'इनाम और ईनाम' जैसे निबंध वही लिख सकते हैं। 'वर्तमान' परसाई के निबंधों को केंद्रीय वरना है। उन्होंने कहा भी है—'जो अपने युग के प्रति ईमानदार नहीं है, वह अनंतकाल के प्रति क्या ईमानदार होगा।' (3/239)

परसाई के निबंधों का शीर्षक प्रथम दृष्टि में ही पाठक को खींचता है। वह अक्सर किसी व्यावहारिक मुहावरे के करीब होता है या स्वयं व्यवहार्य मुहावरा जिसमें दूर से ही किसी परिचित सत्य से प्रत्यक्ष होने की संभावना दीखती है। वह जितना सहज होता है उतना ही अर्थसंपन्न। इसी प्रकार उनके निबंधों में आया 'मैं' भी बहुत महत्त्वपूर्ण है। वह मुक्तिबोध की कविता कहानियों में आए 'मैं' की तरह ही लेखक का प्रतिनिधित्व नहीं करता। किंतु वह मुक्तिबोध के 'मैं' से भिन्न पात्र है। मुक्तिबोध का 'मैं' रचना का अभिप्रेत या सम्भाव्य पाठक है, लेकिन परसाई का 'मैं' कई-कई रूप धारण कर आता है। कहीं वह नितांत नीच, सुविधा-परस्त, अहंकारी कुटिल, काहिल, धूर्त, पाखंडी और कायर है, तो कहीं दृढ़ इच्छा-शक्ति वाला, क्रांतिकारी, साहसी, निर्भय, निर्द्वंद्व और प्रतिबद्ध पात्र है। कहीं वह प्रहार झेलता है, कहीं प्रहार करता है और कहीं तटस्थ दर्शक होता है। वस्तुतः वह अपने प्रत्येक रूप में सत्य को निरादत करने में पाठक की मदद करता है।

परसाई अपने निबंधों में यथास्थितिवादियों से टकराते हैं, राजनैतिक, सामाजिक, आर्थिक और सांस्कृतिक अपराधियों को बेनकाब करते हैं, सामाजिक गति की अवरुद्ध धारा को खोलते हैं। उनके निबंधों में निहित व्यंग्य जहाँ अभिधा में पाठक के मन को रंजित करता है वहीं उसका लक्ष्यार्थ पाठक की सुप्त संवेदना को झकझोरता है। जीवन और समाज की विद्रूपताओं के शब्द-चित्र पाठक के मन में वितृष्णा उपजाते हैं और उसके आदिम मनोविकारों का समुचित परिष्कार करके उन्हें सामाजिक अर्थवत्ता से जोड़ते हैं। उनके निबंध वस्तु-सत्य को उसके सम्यक् सौंदर्य में देखने का बोध जगाते हैं। परसाई का यह कलात्मक गुण स्वस्थ विचारधारा की प्रतिबद्धता, परिवेश के प्रति संवेदनशील दृष्टि, मानव-चरित्र की गहरी समझ और इतिहास-दृष्टि की उपज है। उनके निबंधों में कथात्मकता का आग्रह विचार को व्यवहार और प्रयोग के स्तर पर प्रस्तुत करने की वजह से है। इस गुण ने निबंधों की संप्रेषणीयता को बढ़ाया ही है। उनके निबंध विधा और परंपरा की परिसीमा को तोड़ते हैं, किंतु किसी दुराग्रह से नहीं बल्कि व्यापकता, गंभीरता और विकास के बढ़े हुए आयतन के दबाव से। उनके निबंधों की ऊपरी बुनावट जहाँ चलता और हास्य के गुदगुदाने वाले उपकरणों से हुई है, वहीं उसकी भीतरी संधि में करुणा के धागे लगे हैं। और यह करुणा मन को गीला न करने वाली छायावादी करुणा नहीं है बल्कि वह करुणा (पैथॉस) है जिसे आचार्य शुक्ल ने 'मंगल का विधान करने वाला भाव, कहा है। परसाई को निर्वैयक्तिक दृष्टि तटस्थता में नहीं संवेदना के ज्ञानात्मक संप्रेषण में है।

उनके प्रत्येक निबंध में विविध वस्तु पक्षों का संश्लेष है। आकार की दृष्टि से उनके निबंध बहुत छोटे हैं, किंतु उनके शब्द-चित्रों को रंग-चित्रों में बदलने के लिए बहुत बड़ा कैनवास भी नाकाफी होगा। भाषा का इतना नपा-तुला प्रयोग कि एक पैरा से एक वाक्य निकाल लें या एक पंक्ति से एक शब्द, तो साफ दरार दीखने लगे।

मुक्तिबोध के 'संवेदनात्मक ज्ञान' और 'ज्ञानात्मक संवेदन' का इस युग में सबसे सफल एवं रचनात्मक प्रयोग अकेले परसाई ने किया है। उनकी रचनात्मक ऊँचाई और गहराई को नापने के लिए उन जैसी या उनके समकक्ष की प्रतिभा चाहिए। संभवतः उनकी रचना के साथ चल सकने की शक्ति अभी हिंदी समीक्षा नहीं जुटा सकी है। पत्र-पत्रिकाओं में परसाई साहित्य की फुटकल समीक्षा-मात्रा और गुण की दृष्टि से—हाथी के सामने चूहा खड़ा करने जैसा है। परसाई की रचनात्मक संवेदना विश्व साहित्य के किसी भी यथार्थवादी लेखक की संवेदना से पीछे नहीं है। उनके साहित्य के मूल्यांकन के लिए हिंदी समीक्षा को नई भाषा और नए प्रतिमान तलाशने होंगे। फिलहाल परसाई-साहित्य का मूल्यांकन स्वयं परसाई-साहित्य ही है।

कुंदन सिंह परिहार

लेखन और जीवन के रिश्ते

वर्तमान हिंदी साहित्य में व्यंग्य की स्थिति विचित्र है। जहाँ एक ओर परसाई हैं, जिनकी रचनाओं का लोहा साहित्य के बड़े से बड़े आलोचक भी मानते हैं। और 'पापुलर' होने के बावजूद जिनकी उपेक्षा करना आलोचकों के लिए कठिन रहा है, वहीं दूसरी ओर व्यंग्य को हेय समझने की प्रवृत्ति भी है। अनेक गंभीर पत्रिकाओं ने तो व्यंग्य का प्रवेश निषिद्ध कर रखा है, और यह घोषणा पत्रिकाओं के अंकों में प्रकाशित भी होती हैं।

व्यंग्य को दो सीमांतों पर रखने की यह प्रवृत्ति कैसे बनी? व्यंग्य-लेखक भले ही इसका दोष आलोचकों और संपादकों को दें किंतु वस्तुतः इस स्थिति के लिए वे स्वयं दोषी हैं। हिंदी में व्यंग्य-लेखकों की सूची बनाने बैठे तो लंबी फेहरिस्त बनती है। वैसे यही स्थिति कहानी और कविता की भी है। व्यंग्य की ही तरह इन दोनों विधाओं में उत्कृष्ट और महत्त्वपूर्ण से लेकर महत्त्वहीन और बचकानी रचनाएँ उपलब्ध हैं। किंतु व्यंग्य की स्थिति कुछ मायनों में इन दोनों विधाओं से भिन्न है। जहाँ कहानी और कविता में काफी बड़ी संख्या अच्छे रचनाकारों की है, वहाँ व्यंग्य में परसाई के बाद उनके स्तर के आसपास का रचनाकार ढूँढ़ पाना मुश्किल है। जिन तीन-चार व्यंग्यकारों के नाम परसाई के बाद लिए जाते हैं, उनमें और परसाई में भारी फर्क तुरंत दिखाई पड़ जाता है। मुझे यह कहने में जरा भी हिचक नहीं है कि समाज की जैसी चिंता और समाज में बदलाव के लिए निरंतर आवाज उठाने की जैसी व्यग्रता परसाई में दिखा देती है उसका अन्य व्यंग्यकारों में अभाव है।

व्यंग्य-लेखन की यही दयनीय स्थिति लोगों को व्यंग्य को 'नेगेटिव' और 'सिनिकल' कहने के लिए प्रेरित करती है। किंतु परसाई का लेखन इस आरोप को खारिज कर देता है। परसाई के व्यंग्य की सकारात्मकता निर्विवाद है। उनके आक्षेपों के पीछे मूलतः जनकल्याण की भावना होती है। व्यंग्य उनके लिए केवल

साधन है, साध्य नहीं। उनके और उपादातर यशकामी व्यंग्यकारों के बीच यही बुनियादी अंतर है।

परसाई व्यंग्य और हास्य में स्पष्ट भेद रखते हैं और हास्य उनके लिए केवल व्यंग्य को रोचक बनाने का साधन होता है, किंतु अन्य व्यंग्यकारों में यह फैसला करना मुश्किल होता है कि उनका मूल स्वर हास्य है या व्यंग्य।

हिंदी में अब व्यंग्य के नाम पर हास्य ही लिखा जा रहा है। लेखकों की मंशा पाठकों को गुदगुदाने और उनका मनोरंजन करने की ही होती है। लेकिन मुश्किल यह है कि व्यंग्य हास्य की तुलना में प्रतिष्ठित है, इसीलिए भौंडे से भौंडा हास्य लेखक भी व्यंग्यकार का बिल्ला लगाए घूमता है। पत्रिकाएँ भी 'हास्य-व्यंग्य' का शीर्षक देकर सब धान बाइस पसेरी तौल देती हैं। परिणाम है व्यंग्य की थुक्का-फजीहत। लेकिन व्यंग्यकारों की जमात के लिए इस बात की कोई अहमियत नहीं है।

मुझे यह कहने में भी कोई हिचक नहीं है कि नए व्यंग्यकारों-उर्फ-हास्यकारों ने परसाई से कुछ नहीं सीखा। परसाई ने यह स्पष्ट किया कि कौन व्यंग्य के पात्र हैं और कौन नहीं। उदाहरण के लिए, उन्होंने पत्नी और उसके संबंधियों को व्यंग्य की सदियों पुरानी कैद से मुक्त किया। उन्होंने यह भी स्पष्ट किया कि उत्पीड़ित और उत्पीड़क कौन हैं और उत्पीड़ित कतई उपहास का पात्र नहीं है। किंतु लेखकों की बड़ी भीड़ में कुछ भी लिख कर तुरंत यश प्राप्त कर लेने की ऐसी उत्कट ललक है—कि उचित-अनुचित से इन सारे भेदों को जानबूझ कर अनदेखा कर दिया जाता है।

अनेक लेखकों में कभी प्रतिभा और समझ की चिनगारी दिखाई देती है, आश। वैधती है कि परसाई की परंपरा आगे बढ़ेगी। लेकिन अपनी अगली रचना में वही लेखक या तो पुराने प्रेम-पत्र पलटने लगता है या कहीं कब्रिस्तान में मुर्दों से बातचीत करने लगता है। पिछले कई सालों में प्रकाशित व्यंग्य लेखों के शीर्षकों की फेहरिस्त बनाई जाए तो व्यंग्य-लेखन की स्थिति स्पष्ट हो जाएगी। परसाई के समकक्ष बताए जाने वाले लेखकों की आधी शक्ति अपने निजी विरोधियों पर तलवार भाँजने में खर्च हो रही है।

परसाई की खूबी यह है कि उन्होंने अपने निजी दुखों को संसार के व्यापक दुःख में समाहित कर दिया, जो उनके बाद के लेखक नहीं कर पाये। दूसरी बात यह है कि परसाई दृष्टा हैं, उनका व्यापक अध्ययन है और समस्याओं को समझने की। उनके पास वैज्ञानिक दृष्टि है। इसलिए उनका कोई निष्कर्ष गलत

नहीं होता, और इसीलिए उनकी टिप्पणियों में मारक शक्ति होती है। वे अपने विश्वासों पर किसी भी व्यक्ति से खुले दिमाग से तर्क करने को तैयार रहते हैं। वे बड़े धैर्यवान, आदर्श श्रोता हैं। लेकिन उनके तर्क की जमीन इतनी पुख्ता होती है कि उन्हें काटा नहीं जा सकता।

परसाई का लेखन पीड़ित के प्रति करुणा और पीड़क के प्रति क्रोध से उपजता है। दूसरे लेखक भी इन भावनाओं से प्रेरित होते हैं, लेकिन वह सब क्षणिक होता है। यह फुरसत के वक्त का लेखन है, यश के लिए, पहचान के लिए। न तो उसके पीछे कोई स्थायी भाव है, न निरंतर टीसने वाली पीड़ा। परसाई की एक कम प्रसिद्ध रचना है 'भीगते बच्चे और सत्ता का मद'। छोटे-छोटे बच्चों को मूसलाधार बारिश में मंत्री जी के स्वागत के लिए खड़ा किया जाता है। तीन घण्टे बाद बताया जाता है कि मंत्री जी नहीं आएँगे। परसाई कहते हैं—'कितने बच्चे बीमार हुए, कौन जानता है? हजारों माताओं और पिताओं के हृदयों को कहीं कोई देख पाता!...इस शर्मनाक काम के लिए जिम्मेदार 'हाफ लीडर' लोग जवाब दें—क्यों इन बच्चों के प्राणों से इन्होंने खेला?'

एक और बात कहना जरूरी है जितना परसाई के साहित्य से सीखा जा सकता है उतना ही उनके जीवन से भी। व्यंग्य लेखन कठिन काम है। दूसरों पर उँगली उठाना आसान है, किंतु पहले स्वयं उन दोषों से मुक्त हो जाना जरूरी है। जिनके लिए हम दूसरों को कठघरे में खड़ा करते हैं। परसाई ने अपने जीवन-मूल्यों की रक्षा के लिए कष्ट उठाए, किंतु समझौते नहीं किए। घोर विपन्नता झेलकर भी अपने आत्मसम्मान और जीवन-मूल्यों को महफूज रखा। इसीलिए उनके लेखन में शक्ति और धार बरकरार रही। इसीलिए वे लेखकों के लिए प्रेरणा-स्रोत और उनके गुरु हैं। वक्तव्यों से मार्ग दिखाने वाले तो बहुत हैं, लेकिन खामोश रहकर अपने जीवन को ही मार्ग-दर्शक बना देने वाले बिरले होते हैं।

परसाई जी की अस्वस्थता को देखकर एक बार बाहर से आए एक लेखक भावुक हो गए थे और उन्होंने एक पत्रिका में पत्र प्रकाशित करवा दिया था कि परसाई जी की सहायता की जानी चाहिए। परसाई जी ने तुरंत पत्रिका को लिखा कि वे अपनी देखभाल करने में समर्थ हैं और उन्हें किसी सहायता की आवश्यकता नहीं।

एक लेख में परसाई का कबीर कहता है, 'मैं अपना गुरु खुद चुनता हूँ। किसी से गुरु उधार नहीं लेता।' दूसरे लेख में उनका वक्तव्य है—'पदचिह्न अगर

किसी के दिख गए हैं तो उनको बचाकर निकलता है कि कहीं मेरे पैर उन पर पड़ न जाएँ।' इन टिप्पणियों में निहित परसाई का संदेश स्पष्ट है। नसीहत न देकर भी परसाई बहुत नसीहत दे डालते हैं।

लंबी अस्वस्थता और देश के बिगड़ते हालात के बाद भी परसाई निराश नहीं हैं। उन्होंने जीवन में हमेशा अपनी छाती को कड़ा रखा है। एक सच्चे मार्क्सवादी की तरह वे आशावादी हैं और उनका विश्वास है कि एक बेहतर, न्यायपूर्ण निजाम जरूर आएगा।

राजपाल शर्मा

संवेदनशील अक्रामकता

किसी समाज में निहित विसंगतियों, विकृतियों और रूढ़ियों के विरुद्ध संघर्ष ही व्यंग्य को एक मानवीय चरित्र प्रदान करता है। व्यंग्य का मूल उद्देश्य समाज में व्याप्त विभिन्न प्रकार के अंतर्विरोधों और धार्मिक, आर्थिक, राजनैतिक और सामाजिक विसंगतियों को उद्घाटित करके, नए व आदर्श नमाज की परिकल्पना करना है। समाज में परिवर्तन की आकांक्षा एक व्यंग्यकार का मूल सरोकार है। व्यंग्यकार को समाज की संरचना के विषय में पूर्ण जानकारी होनी चाहिए और अपने वर्तमान समाज के आर्थिक, सामाजिक, राजनीतिक और धार्मिक बदलाव के प्रति गहरी सूझबूझ और हार्दिक चिंता व आक्रोश का होना आवश्यक है। व्यंग्य की सामाजिक प्रयोजनशीलता से सामंजस्य बिठाने का सफल प्रयास भारतेन्दु युग के लेखकों ने किया। उन्होंने व्यंग्य को सामाजिक प्रयोजनशीलता को सही समझा और उस दिशा में क्रांतिकारी पहल की। भारतेन्दु और बालमुकुन्द गुप्त ने व्यंग्य को आधुनिक युग में प्रजातांत्रिक समाज में नया विस्तार देने की दिशा में शुरुआत की। कुछ लोग व्यंग्य को साहित्य की स्वतंत्र विधा मानते हैं। बहस से यह तथ्य उभर कर सामने आए हैं कि व्यंग्य उपन्यास, आत्मजीवनी, संस्मरण और रहस्य-रोमांस से भिन्न विधा है। उपन्यास का कथानक एक निश्चित परिवेश व कलेवर में सीमाबद्ध होता है और कथानक का विकास क्रमबद्ध रूप में होता है, परंतु व्यंग्य का क्षेत्र विस्तृत होता है, उसका कथानक सीमाबद्ध नहीं होता और न उसका क्रमगत विकास होता है। व्यंग्य-लेखन में उपन्यास की भाँति कथात्मक विकास, पात्रों के चरित्र का विकास या विशद चित्रण या आत्मजीवनी की तरह बौद्धिक चातुर्य, संस्मरणों के समान शब्दों का वाग्जाल व रोचकता तथा रहस्य रोमांस की भाँति तर्करहित स्वच्छंद नायक-नायिका व मसालेदार कथा के दर्शन नहीं होते। परंतु व्यंग्य एक स्वतंत्र विधा नहीं है, यह एक विशेष साहित्यिक प्रक्रिया भर है। उपन्यास और कहानी की भाँति ही व्यंग्य कथा भी कथा-साहित्य

का एक महत्त्वपूर्ण अंग है। हास्य से मन में गुदगुदी उत्पन्न होती है और पाठक का मनोरंजन होता है जबकि व्यंग्य वही सफल व्यंग्य है जो कि मानव-मन व हृदय पर तीव्रता से प्रहार करता है तथा मानव-चेतना में उथल-पुथल पैदा करता है और सामाजिक पुनर्निर्माण की दिशा में पाठक को सोचने पर विवश करता है। व्यंग्य सामाजिक कुरीतियों व बुराइयों के प्रति आक्रोश दिखाकर उसकी विसंगतियों का पर्दाफाश करता है तथा उनके उन्मूलन व समाधान के विषय में दिशा-निर्देश भी करता है।

भारतेन्दु युग में भारतेन्दु और बालमुकुन्द गुप्त की रचनाओं को व्यंग्य के क्षेत्र में विशिष्ट साहित्यिक गौरव का स्थान मिला। बाद में दूसरे व्यंग्यकारों ने इतनी पीड़ा और जोखिम उठाकर नहीं लिखा। वे व्यंग्य को सामंती चाटुकारिता में रचित हास्य-विनोद, विकृत-हास्य, या फूहड़ और हास्यास्पद व्यंग्य से अधिक नहीं समझ सके तथा चटपटा, फूहड़ और मनोरंजन प्रधान हास्य साहित्य की रचना करके अपने कुंठित विवेक का परिचय दे रहे थे। भारतेन्दु ने देश की औपनिवेशिक सामंती व्यवस्था पर कठोर प्रहार हेतु साहित्य की अन्य विधाओं को छोड़कर व्यंग्य के हथियार को ही सर्वोत्तम माना। 'भारत-दुर्दशा' और 'अंधेर नगरी' में निहित व्यंग्य पाठक के विवेक को उत्तेजित करके उसे बदलाव के लिए प्रेरित करता है। भारतेन्दु को इसी परंपरा में हरिशंकर परसाई व्यंग्य-लेखन को एक गंभीर कर्म मानते हैं। उन्होंने समाज के बदलते मूल्यों व अवधारणाओं को ध्यान में रखकर भारतीय समाज में प्रचलित अंधविश्वासों, कुप्रथाओं व सड़े-गले संस्कारों की बड़ी बेरहमी व निडरता से खिल्ली उड़ा तथा व्यंग्य-साहित्य को नई दृष्टि व दिशा दी। परसाई ने अपनी व्यंग्य कथाओं में अदालत, सरकारी दफ्तर, नौकरशाही, संसद, पुलिस, नेता, अस्पताल, शिक्षण संस्थाएँ, बाजार, सरकारी योजनाओं आदि में व्याप्त विकृतियों व विसंगतियों पर तीव्र प्रहार किया। इनके विरोध में जो आक्रोश इन्होंने व्यक्त किया उसे मात्र छींटाकशी नहीं कहा जा सकता, वरन् इन्होंने देश व समाज के प्रति अपना पूर्ण उत्तरदायित्व निभाकर, सामाजिक यथार्थ पर आधारित व्यंग्य-कथाओं का सृजन जोखिम उठाकर किया। परसाई मानते हैं कि कोई भी व्यक्ति ईमानदार उसी समय तक रहता है। जब तक उसे बेईमानी का मौका न मिले। स्वार्थ-लिप्सा व मौकापरस्ती व्यक्ति में किस हद तक बढ़ गयी है, उसी की चिंता व्यंग्यकार को है—'आपमें से अधिकांश अध्यापक यहाँ सरस्वती की भक्ति के कारण नहीं आए, विद्यादान को पवित्र मानकर नहीं आए। आप सिर्फ नौकरी कर रहे हैं। यहाँ नौकरी न करते तो पुलिस या आबकारी या इनकमटैक्स विभाग में करते या जुआ-सट्टा खिलाते। अभी भी

आप में बहुत-से ऐसे लोग यहाँ बैठे हैं, जिन्हें पुलिस थानेदारी मिल जाए, तो वे फौरन सरस्वती की गोद छोड़कर थानेदार की कुर्सी पर बैठ जाएँ।' ('हम इक उम्र से वाकिफ है,' पृ. 30) समाज में नैतिक व राजनीतिक मूल्यों का ह्रास जिस तेजी से हुआ है तथा शिक्षण-संस्थाओं, बाजार, पुलिस आबकारी आदि में किस प्रकार भ्रष्टाचार पनपता है, इसके प्रति परसाई में आक्रोश व्यंग्य के रूप में उभरता है—'विश्वविद्यालय हिंद महासागर में स्थित कोई दूर का द्वीप नहीं है, जहाँ बम्बई के सट्टे की हवा न पहुँचती हो। जो नैतिक मूल्य राजनीति में, बाजार में, पुलिस में, आबकारी में होंगे वही विश्वविद्यालय में होंगे। आप लोग बदनाम कम हैं, सो इसलिए कि इस जगह मौके कम हैं। पर जो भी मौके हैं, उनका उपयोग आप भी करते हैं। पुलिस विभाग सरीखे मौके यहाँ होते तो आप भी थानेदार सरीखे जुए का हफ्ता बटोरते और बदनाम होते।' ('हम इक उम्र से वाकिफ हैं', पृ. 30) परसाई ने सामाजिक शोषण, अन्याय, मानवीय विकृतियों, चरित्र के दोहरेपन तथा भ्रांतियों का अपनी व्यंग्य-कथाओं में डटकर मखौल उड़ाया है।

परसाई का व्यंग्य-लेखन मात्र मनोरंजन का साधन नहीं है। वह समाज के प्रति उत्तरदायित्वपूर्ण रचना के रूप में पाठक को समाज की बिगड़ती स्थिति पर सोचने को मजबूर करता है। हिंदी साहित्य में आधुनिक विचारों और आधुनिकता की चेतना का प्रादुर्भाव भारतेन्दु युग से ही शुरू हो गया था। यह आधुनिकता और यथार्थवाद के सम्मिलन का शैशव काल था। परसाई ने अपने समय के समाज के सामाजिक व सांस्कृतिक परिवेश में आई गहरी गिरावट का यथार्थ चित्रण अपने व्यंग्य-लेखन में करके समाज में जागृति उत्पन्न करने का प्रयास किया। उनका साहित्य पाठक की चेतना को झकझोरता है तथा जीवन में व्याप्त बाह्याडम्बर, मिथ्याचार, जातीय अहंकार, पाखंड, सामाजिक अन्याय और कुप्रथाओं से लड़ने की प्रेरणा देता है तथा व्यंग्यकार उनके निदान हेतु चिंतित दिखाई देता है। वे जातिगत रूढ़िवादिता के दुराग्रह से ग्रसित थोथी और निजी स्वार्थ सिद्ध हेतु आदर्शवादिता का ढोंग करने वाले समाज के धार्मिक ठेकेदारों का कच्चा चिट्ठा समाज के सामने बखूबी पेश करते हैं—'कच्चा भोजन तो कर नहीं सकते, गैर-जाति में पक्का भोजन जरूर कर लेंगे। कच्चा भोजन यानी दाल, रोटी, सब्जी और पक्का भोजन यानी पूड़ी, हलवा, मिठाई। पक्का भोजन ब्राह्मण, तेली, बनिया, कुर्मी के घर कर लेता है। अगर दक्षिणा की रकम बड़ी हो तो भंगी के घर भी पक्का भोजन कर ले। माल खाने की क्या बढ़िया तरकीब निकाली ब्राह्मण देवता ने।' ('हम इक उम्र से वाकिफ हैं', पृ. 16) परसाई का लेखन समाज के जीर्ण-शीर्ण व आडम्बरपूर्ण ढाँचे में परिवर्तन को देश व समाज

की उन्नति और विकास के लिए आवश्यक समझता है। वे अपनी व्यंग्य-कथाओं में समाज की समस्याओं का गहराई से चिंतन करते हैं और उनके प्रति पूर्ण रूप से संवेदनशील हैं। उन्होंने अपने समय के समाज की समग्र आवश्यकताओं को ध्यान में रखकर अपने लेखन को अधिकाधिक समाजोपयोगी बनाने का प्रयास किया है। इनका लेखन समाज में व्याप्त दोमुँहापन, कृत्रिमता, खोखली मान मर्यादा, दहेज प्रथा आदि बुराइयों के प्रति अपना आक्रोश व्यक्त करते हुए इन मिथ्याचारों व रूढ़ियों की खिल्ली उड़ाकर मनुष्य को समाज के बदलते संदर्भों में युगानुरूप परिवर्तन के लिए प्रेरित करता है। इनकी व्यंग्य कथाओं में निहित उद्देश्य सामाजिक परिवर्तन करके आदर्श समाज की स्थापना करना है। दहेज हिंदू समाज का कोढ़ है। इस सामाजिक बुराई के प्रति परसाई के अंतर में अत्यधिक कुढ़न है। विवाह के बाजार में सामाजिक प्रतिष्ठा व नौकरी में पद एवं विभाग के अनुसार उसी तरह वर की नीलामी होती है, खरीद-फरोख्त होती है, बोलियाँ लगाई जाती हैं, मोल भाव व सौदेबाजी होती है, जिस प्रकार बाजार में मवेशियों की खरीद-फरोख्त व मोल भाव होता है—'अब तो लड़के का बाप 'टेण्डर' बुलाता है। कुछ इस तरह कि नगर पालिका के डंप किए हुए माल को खरीदने के लिए टेण्डर आमंत्रित किए जाते हैं। या इस तरह कि हमारे पास दो बकरे अगले ईद पर कटने को तैयार हैं—इतना कद, इतनी मोटाई, इतना वजन। खरीददार हमसे मिलकर सौदा करें। अब तो लड़के का बाप बेटे के पालन, पढ़ाई बल्कि जचकी का खर्च भी वसूल करता है। उपभोक्तावाद और बाजार की सभ्यता ने अब पति को जिंस बना दिया है। वह बैल हो गया है। पचास साल पहले बैल विवाह मंडप में नहीं अड़ता था कि स्कूटर अभी दो वरना शादी नहीं करूँगा। हर पीढ़ी से क्रांति की उम्मीद की जाती है। यही हमारी नई पीढ़ी का क्रांतिकारी रूप है, जो सार्वजनिक रूप से जनेऊ तोड़कर फेंक देता है और उधर विवाह मंडप में अपने आपको बेचता है।' ('हम इक उम्र से वाकिफ हैं', पृ. 38-39)

परसाई ने अपने लेखन में भावुकता और रोमांटिकता की चारदीवारी से बाहर आकर जनजीवन की ज्वलंत समस्याओं और वर्तमान के संदर्भों से तादाम्य स्थापित किया है। वर्तमान में औद्योगिक व प्रौद्योगिकी के विकसित होने से मनुष्य भौतिक रूप से आर्थिक संपन्नता प्राप्त करने में सफल हुआ है, वहीं पर समाज में नैतिक मूल्यों का तेजी से ह्रास हुआ है। साहित्य का एक सामाजिक प्रयोजन है। एक कुशल व सफल व्यंग्य लेखक का ही नहीं, वरन लेखक मात्र का सरोकार मानवीय समाज व सामाजिक व्यक्ति से है। समाज का विकास एक ऐतिहासिक प्रक्रिया के तहत होता है। सामाजिक विकास की ऐतिहासिक प्रक्रिया को समझने

के लिए रचनाकार को अपने समय की संपूर्ण ज्ञान-विज्ञान की उपलब्धियों की जानकारी होना नितांत आवश्यक है। इसके अभाव में सामाजिक परिवर्तन को समझने में कठिनाई होगी। सामाजिक परिवर्तन की प्रक्रिया में स्थापित नए जीवन-मूल्यों को समझना भी जरूरी हो जाता है। अंतर्विरोध दुनिया के प्रत्येक देश के समाज में कमोबेश रूप में विद्यमान हैं, परंतु भारतीय समाज में अंतर्विरोधों की भरमार हैं। भारत में जातिगत, उपजातिगत, सांप्रदायिक, धार्मिक, क्षेत्रीय, सांस्कृतिक आदि विभिन्न प्रकार के अंतर्विरोध हैं। विभिन्न प्रकार के अंतर्विरोधों से ग्रस्त और सामाजिक, राजनैतिक, आर्थिक, धार्मिक एवं सांस्कृतिक विसंगतियों वाले भारतीय समाज में व्यंग्य की भूमिका अत्यंत महत्त्वपूर्ण हो जाती है। एक कुशल व्यंग्यकार अपनी ऐतिहासिक दृष्टि अर्थशास्त्रीय ज्ञान व समाजशास्त्रीय जानकारी के अनुभव से समाज के अंतर्विरोधों और मूल विसंगतियों को देखने, समझने व अनुभव करने में सक्षम होता है। भारतेन्दु युग के व्यंग्यकार तत्कालीन समाज की वर्तमान स्थिति से क्षुब्ध व असंतुष्ट थे तथा सामाजिक परिवर्तन की परिस्थितियों के प्रति सजग थे। वे अपने समय के संदर्भों से गहराई से जुड़े हुए थे और अत्यंत निडरतापूर्वक सामाजिक विसंगतियों व विकृतियों से जूझने का हौसला रखते थे। उन्होंने उपनिवेशवादी और सामंती व्यवस्था पर प्रहार हेतु व्यंग्य को सफल हथियार के रूप में प्रयुक्त किया। उन्होंने अपने नाटक, निबंधों व काव्य में परिष्कृत व धारदार व्यंग्य की कला की मजबूत परंपरा कायम करने का सफल प्रयास किया। परसाई ने व्यंग्य की तीखी, परिष्कृत व धारदार परंपरा का विकास व उत्कर्ष करने में पूर्ण योगदान दिया तथा इसे आगे बढ़ाने व व्यंग्य को हिंदी-साहित्य में एक प्रतिष्ठित व स्वतंत्र विधा के रूप में स्थापित करने में भी सफल हुए। उनके व्यंग्य-लेखन का उद्देश्य एक बेहतर मानव समाज की कल्पना है। उनका व्यंग्य अपनी आक्रामकता में भी संवेदनशील हैं। इनकी व्यंग्य रचनाएँ गहरी मानवीय संवेदनाओं तथा सामाजिक, सांस्कृतिक पुनर्निर्माण की भावनाओं से प्रेरित हैं। वे समाज के प्रति अपने कर्तव्य के विषय में पूर्ण रूप से जागरूक हैं। कबीर के काव्य की भाँति समाज में व्याप्त अविवेकपूर्ण पाखंडों व रूढ़ियों के विरोध में धारदार व तीखे व्यंग्य, शोषण व उत्पीड़न के प्रति आक्रोश, समकालीन जन-जीवन के बहिर्मुखी यथार्थ का अंकन, आलोचनात्मक दृष्टिकोण, विवेक सम्मत बौद्धिकता तथा समाज में क्रांति की भावना को सर्वोपरि मानने का दृढ़ संकल्प व्यंग्य शिल्पी परसाई की रचनाओं में मूल रूप से विद्यमान है। समाज में नैतिक व सांस्कृतिक मूल्यों का तेजी से ह्रास, चरित्र हनन व सर्वत्र अविश्वास के वातावरण के प्रति परसाई को गहरा मलाल है—'श्रद्धा पुराने अखबार की तरह

बिक रही है। विश्वास की फसल को तुषार मार गया। इतिहास में शायद कभी किसी जाति को इस तरह श्रद्धा और विश्वास से हीन नहीं किया गया होगा। जिस नेतत्व पर श्रद्धा थी, उसे नंगा किया जा रहा है। जो नया नेतृत्व आया है, वह उतावली में अपने कपड़े उतार रहा है। कुछ नेता तो अण्डरवियर में ही हैं। कानून से विश्वास गया। अदालत से विश्वास छीन लिया गया। बुद्धिजीवियों की नस्ल पर ही शंका की जा रही है। डॉक्टरों को बीमारी पैदा करने वाला सिद्ध किया जा रहा है।' ('विकलांग श्रद्धा का दौर', पृ. 33-34)

परसाई देश में व्याप्त अनाचार, घूसखोरी, नौकरशाही और पुलिस दमन के विरोध में अपनी आवाज बुलंद करते हैं। वे पुलिस दमन का जहाँ खुलकर विरोध करते हैं, वहाँ स्वयं को आदर्शवादी व ईमानदार मानकर गर्व करते शिक्षक वर्ग को भी नहीं बख्शते। शिक्षण संस्थाओं में व्याप्त भ्रष्टाचार, गुटबाजी, स्वार्थलिप्सा व शिक्षकों के आपसी संघर्ष, परनिंदा, ईर्ष्या, द्वेष का खुलकर पर्दाफाश करते है—'सभी विश्वविद्यालयों में गुट होते हैं। परनिंदा आध्यात्मिक साधना होती है। गुट संघर्ष रचनात्मक कार्य होता है। हर विभाग में शोध का स्थायी विषय होता है—शत्रु पक्ष की कमजोरियों का पता लगाना। भाषा का विकास निंदा कर्म से बहुत अच्छा होता है। ये परस्पर संबंधों के सनीकरण बदलते रहते हैं।' ('हम इक उम्र से वाकिफ हैं', पृ. 13) परंतु इसके बावजूद वे प्रत्यक्षतः शासन के विरोध में अपनी आवाज उस आक्रोश तथा प्रखरता से बुलंद नहीं कर पाते। जनता पार्टी के वरिष्ठ नेताओं की उन्होंने बहुत खिल्ली उड़ाई है। वे इस दौर को राजनीतिक मूल्यों की गिरावट व चरित्रहनन का दौर मानते हैं—'इस दौर में चरित्र हनन भी बहुत हुआ। वास्तव में यह दौर राजनीति में मूल्यों की गिरावट का था। इतना झूठ, फरेब, छल पहले कभी नहीं देखा था। दगाबाजी संस्कृति हो गई थी। दोमुँहापन नीति।' ('विकलांग श्रद्धा का दौर' भूमिका) 'विकलांग श्रद्धा का दौर' में ही परसाई ने तीसरी आजादी का कमीशन 1, 2 तथा 3 नामक निबंधों में भी जनता पार्टी के नेताओं के प्रति आक्रोश व्यक्त किया है तथा उनकी नीतियों, संगठन व चरित्र का मखौल उड़ाया है। परंतु इन्होंने इंदिरा गांधी पर इसका एकांश भी प्रहार नहीं किया। वरन् 'जाँच कमीशन' व 'इंदिरा गांधी के नाम' नामक निबंधों में उनके प्रति इनकी सहानुभूति ही प्रकट होती है। ऐसा प्रतीत होता है कि परसाई जिस राजनीति से जुड़े हुए हैं, उसके कारण राजनीतिक सीमाओं में जकड़े होने के कारण उनके दृष्टिकोण का समुचित विकास नहीं हो सका तथा वे केवल छुटपुट सुधार की कामना करके ही संतोष कर लेते हैं।

एक श्रेष्ठ व्यंग्य मानव-जीवन की आलोचना होता है। उसका उद्देश्य समाज में जागृति पैदा करना है तथा उसमें चेतना व स्फूर्ति जगाना है। व्यंग्यकार का सीधा संपर्क अपने पाठक वर्ग से स्थापित होता है। इसमें व्यंग्यकार व पाठक के मध्य बिचौलिये की भूमिका नगण्य होती है। परसाई ने व्यंग्य साहित्य को सामाजिक प्रयोजनशीलता से समृद्ध करके जनमानस में लोकप्रिय बनाया। उनकी व्यंग्य-कथाएँ सामाजिक अंतर्विरोधों की निर्ममतापूर्वक आलोचना करती हैं तथा मनुष्य को समाज की दयनीय स्थिति पर सोचने को विवश करती हैं। समाज में व्याप्त भ्रष्टाचार पर उनकी टिप्पणी दृष्टव्य है—'भ्रष्टाचार की समस्या पर भी हमारा ध्यान है। इसे खत्म करने के लिए हम नए और सदाचारी पुरुष पैदा करेंगे। हमारे वैज्ञानिकों ने ऐसी दवाएँ और इंजेक्शन खोज लिए हैं जो गर्भवती को दिए जाएँगे तो सदाचारी बच्चा पैदा होगा। हम भ्रष्टाचार को गर्भ में ही खत्म कर देंगे। यह उपाय हम तत्काल चालू कर रहे हैं। यदि दवा और इंजेक्शन नकली नहीं हुए, तो परिणाम शुभ होगा।' ('विकलांग श्रद्धा का दौर', पृ. 15) सामाजिक ढाँचे के पुनर्निर्माण की चिंता इनके लेखन में सर्वत्र देखी जा सकती है। इनकी व्यंग्य-कथाएँ मनुष्य को जीवन में व्याप्त जटिलताओं व विषमताओं से जूझने के लिए प्रेरित करती हैं तथा आत्मावलोकन की प्रेरणा को जाग्रत करने में भी सहायता करती हैं। परसाई व्यंग्य को मात्र आक्रामक मुद्रा की विधा ही नहीं मानते हैं, वरन अपने समय के संदर्भ से मूल रूप से संलग्न सामाजिक परिवर्तन व विकास की प्रक्रिया में उसकी सकारात्मक भूमिका के हिमायती हैं। सांप्रदायिकता और धार्मिक अंधविश्वासों व रूढ़ियों का वे पर्दाफाश करते हैं—'आर्य समाज का सुधारवादी आंदोलन था। पर यह पुनरुत्थानवादी और कट्टर सांप्रदायिक थी। आर्य समाजियों का विश्वास कुछ इस तरह का होता है कि वैदिक साहित्य की रचना के बाद पाँच हजार सालों में जाति ने कुछ नहीं सोचा। इसी तरह का विश्वास है कि पैगम्बर मुहम्मद के बाद तेरह शताब्दियों में पूरी मनुष्य जाति ने कुछ नहीं सोचा। ऐसा विश्वास जातियों को जड़ बनाता है।' ('हम इक उम्र से वाकिफ हैं', पृ. 48-49)।

परसाई का व्यंग्य भावना-प्रधान होते हुए समाज में उसके उत्तरदायित्व के प्रति सजग व संवेदनशील है। उसमें गहरी मानवीय-संवेदना व चिंता निहित है। मँहगाई, गरीबी, बेरोजगारी, मुनाफाखोरी आदि ज्वलंत समस्याओं से परसाई बुरी तरह ग्रस्त हैं—'दूसरी समस्या महँगाई की है। सरकार जानती है कि मुनाफाखोरी हो रही है। पर मुनाफाखोरी मिट सकती है, यदि लोग महँगी चीजें खरीदने से इनकार कर दें। गेहूँ महँगा है तो मत खरीदिए। दाल महँगी है तो मत खरीदिए।

जब लोग खरीदेंगे ही नहीं तो मुनाफाखोर किसे बेचेगा? अब आप कहेंगे कि नहीं। खरीदेंगे तो खाएँगे क्या? मैं पूछता हूँ कि क्या दाल-रोटी से ही पेट भरता है? आप फल और दूध सेवन कीजिए।' ('विकलांग श्रद्धा का दौर', पृ. 14) परसाई का ध्यान समाज की छोटी से छोटी समस्या पर भी केंद्रित रहता है। वे नेता, अफसर, डॉक्टर, शिक्षक, व्यापारी किसी को भी नहीं बख्शते, सबकी बुराइयों को समाज के सामने उजागर करने की भरसक कोशिश करते हैं। व्यापारी अधिक से अधिक मुनाफा कमाने के लिए खाद्य पदार्थों में मिलावट करके समाज को धोखा देता है जबकि वह यह जानता है कि मिलावट की वस्तुएँ मनुष्य के स्वास्थ्य के लिए घातक तथा जानलेवा भी हो सकती हैं। परंतु उसे अपने मुनाफे से काम है, चाहे कोई मरे या जिए। ऐसे देशद्रोहियों व धनलोलुपों की मनोवृत्ति का यथार्थ चित्रण व्यंग्यकार ने किया है–'सेठ मेहमल गिलवानी मिलावट के उस्ताद थे। वे घी में चर्बी, धनियाँ में लीद और बेसन में पिसा पत्थर इस तरह मिला देते थे कि किसी को मिलावट का पता ही नहीं लगता था। अगर जहर शहद से सस्ता मिलता तो वे शहद में जहर मिलाने में जरा भी नहीं हिचकते।' ('विकलांग श्रद्धा का दौर', पृ. 15)

परसाई ने समकालीन जीवन के बहिर्मुखी यथार्थ का अंकन एक कुशल शिल्पी की भाँति अपने व्यंग्य-लेखन में सजीवता से किया है। उनका मूल उद्देश्य जीर्ण और जर्जर हो चुके थोथे आदर्शवाद व झूठे मूल्यों पर टिकी नैतिकता के नग्न यथार्थ को अनावृत्त करके, समाज को सही रास्ता दिखाना है। तस्करी को समाज में एक अनैतिक कृत्य माना जाता है। इससे देश की अर्थव्यवस्था चौपट होती है तथा काले धन में वृद्धि होती है जिसके फलस्वरूप मुद्रास्फीनि बढ़ती है और देश में महँगाई बढ़ जाती है। समाज में तस्करी जैसी प्रवृत्ति को भी कैसा सामाजिक व राजनैतिक महत्त्व प्राप्त हो रहा है, उस पर व्यंग्य करते हुए परसाई की टिप्पणी है–'पर तस्कर तो रोटरी क्लबों में नैतिकता पर भाषण दे रहे हैं। वे अपने ही लोगों के बीच हैं। मैंने तस्करों से बात की है। उनका स्तर उठ गया है। वे अब अंतर्राष्ट्रीय नहीं अंतरग्रही तस्करी करना चाहते हैं।' ('विकलांग श्रद्धा का दौर', पृ. 14)

व्यंग्य की प्रहारक क्षमता से भाषा का गहरा संबंध है। परसाई का भाषिक प्रहार व्यक्ति को तिलमिला डालने की शक्ति रखता है। इनकी शैली मानव-जीवन से जुड़ी हुई है और इनकी भाषा जीवन-मूल्यों से जुड़े हुए मुहावरों से युक्त है। परसाई सामाजिक, राजनैतिक, आर्थिक व सांस्कृति क्षेत्र की विद्रूपताओं, विसंगतियों और असमानताओं का बौद्धिक विश्लेषण करके निष्कर्ष पर पहुँचते

हैं। उनकी दृष्टि अपने समय के यथार्थ पर केंद्रित है। इनके व्यंग्य-लेखन में गहरी मानवीय संवेदना और सामाजिक चिंता का भाव है। सामाजिक परिवर्तन, जनकल्याण की भावना और सामाजिक अंतर्दृष्टि इनके व्यंग्य को धारदार व प्रभावी बनाते हैं। परसाई का लेखन मानव-जीवन के समाग्न पहलुओं की विशद समीक्षा में संलग्न रहता है और समाज में अपना सार्थक प्रभाव छोड़ता है। उनका व्यंग्य मानव की दुर्बलताओं का मात्र मखौल नहीं है, बल्कि उनके व्यंग्य-लेखन में ऐतिहासिक दृष्टिकोण से युक्त विवेकसम्मत नैतिक संदेश अंतर्निहित है। वह मानवीय समग्रता के लिए रचनात्मक संघर्ष है।

श्यामसुंदर मिश्र

संघर्षशील जन की राजनीति के पैरोकार

एकदम आजादी मिलते ही, जो साहित्यकार हिंदी-लेखन-क्षेत्र में आए, उनमें हरिशंकर परसाई अत्यधिक लोकप्रिय हुए। इस बात के पीछे कौन से ऐसे कारण हैं, जिन्होंने लाखों लोगों को परसाई की रचनाएँ पढ़ने के लिए विवश किया, या यूँ कहें कि उनके लेखन में कौन सी नई बात उन दिनों यानी 1947 में मौजूद थी, जो इन पाठकों को अपनी ओर आकर्षित करती थी। आज इसका जायजा बखूबी लिया जा सकता है, क्योंकि रचनावली के प्रकाशन के कारण, उनकी वे सभी महत्त्वपूर्ण प्रारंभिक रचनाएँ हमारे सामने हैं, जिन्हें 1947 और 1950 के बीच लिखा गया है, और जिनकी अतर्वस्तु अपने समवर्ती जीवन यथार्थ के कारण साधारणजन को अपना विश्वसनीय पाठक बनाने में समर्थ हुई है।

रचनात्मक स्तर पर पाठकीय विश्वसनीयता का सवाल बेहद महत्त्वपूर्ण है, क्योंकि परसाई के पाठक केवल उच्च मध्यमवर्गीय और मध्यमवर्गीय बुद्धिजीवी नहीं हैं, जिनमें से अधिकांश अपनी सांस्कृतिक अथवा सभ्यतामूलक आवश्यकता की पूर्ति के लिए साहित्य पढ़ना जरूरी समझते हैं, और समाज में साहित्य के जानकार के रूप में प्रतिष्ठित होने के लिए साहित्य के विवश पाठक बन जाते हैं। परसाई के पाठकों में अधिकांश वे लोग शामिल हैं, जो अपनी जिंदगी के विश्वसनीय दस्तावेज के रूप में इन रचनाओं को पढ़ते हैं, और जब कभी इन रचनाओं की विश्वसनीयता पर कोई अँगुली उठाता है तो बाकायदा रचनाकार और रचना के पक्ष में मोर्चा सँभालते हैं।

वास्तव में इस स्थिति के पीछे परसाई की रचनाओं में मौजूद जीवन वास्तविकता की दो टूक अभिव्यक्ति है। यह हमारे समय की सच्ची वास्तविकता है, और इसका विकास भारत में प्रजातंत्र के विकास के साथ एक अंतःक्रिया के रूप में आकार ग्रहण करता रहा है। यह संपूर्ण सामाजिक, राजनैतिक, आर्थिक और सांस्कृतिक यथार्थ है, जो साधारण जन की इन विभिन्न क्षेत्रों में चलने वाली

भागीदारी के भीतर से व्यक्त होता है, और इन्हीं क्षेत्रों में कार्यशील नियंत्रणकारी शक्तियों की उस वर्गीय पहचान से संघर्ष की भूमिका निर्मित करता है, जो वर्ग समाजी सभ्यता और संस्कृति में जीवन के प्रत्येक क्षेत्र में अपनी पकड़ मजबूत करते हैं। प्रत्येक संस्थानक प्रणाली अंततः आर्थिक दृष्टि से संपन्न वर्ग की बपौती बन जाती है, और जीवन की प्रत्येक संभावना उनके हाथ की कठपुतली साबित होने लगती है। जीवन के प्रत्येक क्षेत्र में निजी स्वामित्व के आधार पर संबंधों की आड़ी-टेढ़ी लकीरें, तरह-तरह के खाने-चौखाने बनाती हैं, और साधारणजन इनके वाल्याचक्र के भीतर जकड़ा हुआ अंततः नियतिवादी मानसिकता का शिकार बनता है। परसाई इसी संघर्षशील जन की राजनीति के पैरोकार हैं, और इसी जन की जीवन-व्यापी संघर्षशीलता को सर्वथा नए थाम देने से उद्देश्य से उनकी रचनाओं में आज के युग की राजनीति के कई मुखौटे एक साथ हमारे सामने उजागर होते हैं। इन मुखौटों की संरचना संस्थानक प्रणाली ने की है, और इन्हें बेनकाब किए बिना आज के जीवन यथार्थ की मानवघाती भूमिका को नहीं समझा जा सकता।

इस दृष्टि से जब हम परसाई के संपूर्ण लेखन पर एक बार भी दृष्टि डालते हैं, तो स्पष्ट होता है कि उनकी मूल चेतना 1947 से लेकर आज तक लगभग एक ही बिन्दु यानी जीवन यथार्थ से प्रस्थान करती है, और पिछले 39 वर्षों के भीतर उसने समवर्ती जीवनक्रम के और अधिक घनीभूत होते जाते तथ्यों के भीतर की अमानवीयता को बेनकाब करने में सफलता प्राप्त की है। इस स्तर पर परसाई अपने रचनात्मक दायित्व से लगातार अवगत रहे हैं। उनके सामने अपने लेखन का उद्देश्य एकदम स्पष्ट रहा है, और आमूल परिवर्तन ही उनका एकमात्र गंतव्य रहा है, जिसे वे अकेले नहीं, अपितु इस देश में रहने वाले करोड़ों लोगों यानी जनसाधारण की सक्रिय भागीदारी के माध्यम से रूपायित करना चाहते हैं। इस संदर्भ में उनकी रचनाओं से निम्नलिखित उद्धरण उल्लेखनीय हैं :

'अब ये भूखे क्या खाएँ? भाग्य विधाताओं और जीवन के थोक ठेकेदारों की नाक खा गए, कान खा गए, हाथ खा गए, टाँग खा गए। वे सब भाग गए। अब क्या खाएँ?' (खंड 1, पृ. 319)...'अब क्या खाएँ? आखिर वे विधान सभा और संसद की इमारतों के पत्थर और ईंटें काट-काटकर खाने लगे।' (वही)

'अगर इस जनता को गोरक्षा आंदोलन में न लगाएँगे तो यह बैंकों के राष्ट्रीयकरण का आंदोलन करेगी, तनख्वाह बढ़वाने का आंदोलन करेगी, मुनाफाखोरी के खिलाफ आंदोलन करेगी। उसे बीच में उलझाए रखना धर्म है।' (खंड , पृ. 158 एक गौभक्त से भेंट)।

भगवान ने क्रोध से कहा, 'पाप-पुण्य के झमेले में पड़ने वाले कायर। वह दीवाल क्या मेरी बनाई हुई है? तमाम दीवाले आदमियों ने खड़ी की हैं? और तू उन्हें तोड़ने में पाप-पुण्य देखता है? मूर्ख! तेरा कुत्ता तुझसे ज्यादा समझदार है। वह घुस गया, खाया और डण्डे की मार से मर कर यहाँ आ गया। (मैं नर्क से बोल रहा हूँ, खंड 1, पृ. 24, 1954)।

...कोई ठिकाना नहीं है। पूर्व से आने वाली गाड़ी पश्चिम से भी आ सकती है।

'सोचता हूँ मुझे हो क्या गया है? इतना अनिश्चय, इतना अविश्वास। क्या आजादी के पच्चीस वर्षों ने यही अनिश्चय और अविश्वास की मानसिकता दी है हमारी पीढ़ी को? और यही हम आगामी पीढ़ी को विरासत में दे रहे हैं।' (तीसरे दर्जे के श्रद्धेय खंड 3, पृ. 247)।

'यही आदमी कहता है कि हम कोई क्रांति नहीं करेंगे क्योंकि क्रांति में हिंसा होती है। हम अहिंसावादी, दयालु, मानवतावादी लोग हैं। हम बुद्ध, महावीर और गांधी के देश के लोग हैं। मगर इसी आदमी ने लगभग बीस लाख हिंदू-मुसलमान दंगे में मार डाले हैं। इतने में दस क्रांतियाँ हो जाती हैं।' (प्रेम-पत्र और हेडमास्टर खंड 3, पृ. 275)।

'देश के इस दौर में हृदय को सही-सलामत रखकर कोई तरक्की नहीं कर सकता। ठेकेदारी सभ्यता की यह बड़ी वैज्ञानिक देन है कि सफल आदमी बन्द हुए हृदय को लेकर भी जिंदा रहता है।' (छुट्टी वाला शोक, खंड 3, पृ. 293)।

'गेहूँ, चावल, शक्कर सब 'ब्लैक' में दब गए हैं, मगर हर राज्य में एम. एल. ए. खुले बाजार में हैं। हर पार्टी, हर राजा और हर रानी सौदा पटा रहे हैं।' (गुड़ की चाय, खंड 3, पृ. 305)।

राजनीतिक लाभ के लिए शुद्ध ब्राह्मण गोमाता का मांस मंदिर में डालकर हिंदू-मुस्लिम दंगा करवा देता है।

राजनीतिक लाभ मिलता हो तो राजनीतिक शूरमा अपनी धर्मपत्नी से पेमेंट पर किसी से बलात्कार करवा के हल्ला करवा सकता है कि अमुक जाति के आदमी ने मेरी पतिव्रता को भ्रष्ट किया।

हरिजन कल्याण के मामले में भी हमारी नीति बड़े पवित्र पाजीपन की है। हरिजन को मंदिर प्रवेश कराते हैं और उधर उसकी झोपड़ी में आग लगा देते हैं। (अपने-अपने भगीरथ, खंड 4, पृ. 35)

भूखा रोटी माँगता हो, तो उससे कहो—मुँह खोल। वह मुँह खोले तो उसमें कमीशन डाल दो—ले, जिंदगी भर जुगाली करता रह। (खंड 4, पृ. 34)।

आप अपनी सच्ची बीमारियों से नहीं मरेंगे, नकली दवाइयों से मरेंगे। (खण्ड 4, पृ. 16)।

जैसे-जैसे कालाधन बढ़ रहा है, विवाह के बाजार में पति की कीमत बढ़ रही है। (बाजार भाव पति का, खंड 4, पृ. 206)।

अफसर को भ्रष्टाचारी कौन बनाता है? व्यापारी! और व्यापारी को भ्रष्टाचार करने की कौन छूट देता है? अफसर। एक पवित्र कार्य में ये दोनों लगे हैं। (सबको सन्मति दे भगवान, खंड 4, पृ. 223)।

इस व्यवस्था में कोई भी अकेला नहीं खाता। सब मिलकर खाते हैं—खाने वाले भी और उन्हें पकड़ने वाले भी। इसलिए वास्तविक बड़े भ्रष्टाचारी कभी नहीं पकड़े जाएँगे। पकड़े जाने लगें, तो इस देश के तीन-चौथाई मंत्री, सांसद और विधायक जेल में होंगे। भला, लोकतंत्र का ऐसा नाश कौन देशभक्त करना चाहेगा? (भ्रष्टाचार के सेम्पल, खंड 4, पृ. 288)।

हर हनुमान को समुद्र लाँघने के लिए जाम्बवन्त नहीं चाहिए। पर आसपास देखता हूँ, तो जाम्बवन्त ही जाम्बवन्त नजर आते हैं। (खंड 4, पृ. 320)।

चूहे बेताब हैं। वे भूख से तिलमिला रहे हैं। वे कहते हैं—तुम नहीं जानते पर हम जानते हैं कि हमें अब क्या खाना चाहिए।

और मैं देखता हूँ चूहे दाँत किकिटाकर भिड़ जाते हैं।

पहले चूहे संविधान को कुतरकर खा जाते हैं, फिर चूहे सरकार को खा जाते हैं, संसद को खा जाते हैं, न्यायपालिका को खा जाते हैं। (धर्मक्षेत्रे-कुरुक्षेत्रे, खंड 4, पृ. 400)।

सामंत इज्जत के लिए जान देता था, व्यापारी पैसे के लिए इज्जत दे देता है। (खंड 5, पृ. 22)।

यहाँ प्रश्न उपस्थित होता है कि क्या लेखन के माध्यम से इस तरह के जन व्यापो और जनाकांक्षी उद्देश्य की प्राप्ति हो सकती है? इस प्रश्न का उत्तर स्वातंत्र्योत्तर रचनाकारों का एक वर्ग यह कहकर देता रहा है कि साहित्यकार अथवा कलाकार का मुख्य कार्य कलात्मक संरचना है। उसे राजनीति से सर्वथा तटस्थ रहना चाहिए। इस तरह के रचनाकारों में प्रेमचन्दोत्तर पीढ़ी के वे रचनाकार शामिल रहे। हैं जिनका नेतृत्व जैनेन्द्र कुमार और अज्ञेय जैसे साहित्यकार करते

रहे हैं, और जिन्हें अब निर्मल वर्मा और रमेशचन्द्र शाह जैसे व्याख्याकार मिल गए हैं। इस दौर में शुद्ध साहित्यवादियों का एक और मध्यममार्गी खेमा तैयार हुआ है और उन्होंने साहित्य को राजनीति और सामाजिक विकास से अलग एकदम आधुनिक जीवन-दृष्टि की नई सर्वनामयुक्त संज्ञा से अभिहित किया है। इस प्रश्न का समुचित उत्तर इस तथ्य में निहित है कि रचनाकार अपने समय की संभावना और इतिहास द्वारा सौंपे गए दायित्व का सर्वाधिक जागरूक पैरोकार होने के साथ ही जीवन-यथार्थ का समर्थ प्रस्तुतकर्ता होता है। वह इस यथार्थ के तीन आयामों यात्रा यानी भूत, वर्तमान और भविष्य को एक साथ प्रस्तुत करने में समर्थ होता है। यह प्रस्तुति मूलतः रचना के भीतर जीवन को पुनर्रचना द्वारा होती है, जहाँ जीवन का संघर्ष अपने ऐतिहासिक और भविष्योन्मुखी रूपों को संश्लिष्ट क्रम में रचता है। यह यात्रा और रचना तथ्यतः विज्ञान और जीवन की उस अंतःक्रिया का परिणाम होती है, जो वैज्ञानिक ज्ञान की समवतिता में द्वंद्वात्मक मानवीय संबंधों के भीतर से संश्लेषक रूपाकारों की सृष्टि करती है। यह कार्य सहज नहीं है, अतः साहित्य में भोगे हुए यथार्थ के नाम पर जीवन के भीतर मौजूद यथार्थ की विकासशील तथ्यशीलता से इनकार किया जाता है, और रचनाकार अति यथार्थवादी उस आंतरिक मनोविश्लेषणवादी कुहेलिका की सृष्टि की जाती है, जहाँ यथार्थ मात्र स्त्री-पुरुष संबंधों की जटिल भोगपरक मानसिकता में फँस जाता है। जहाँ कंठा, त्रास, बदबू, पसीना, एकांत, अकेलापन, हत्या, दिशाहीन यात्राएँ और भटकाव, विसंगतिमूलक अचिरा सभी कुछ दार्शनिक मनोवैज्ञानिक संतराशीलता का अंग बन जाते हैं। यहाँ संस्थानक व्यवस्था के भीतर फँस जाने के आक्रोश और विद्रोह भी है, जहाँ मानवीय असहायता को आधुनिक जीवन की नियति मान लिया गया है। यहाँ वह उन्मादी विद्रोह भी है, जो इस व्यवस्था को मानवघाती करार देता हुआ मत्यु की समस्या से जूझता है, और आत्महत्या को मानवमुक्ति के एकमात्र विद्रोही हथियार के रूप में इस्तेमाल करता है। वास्तव में यह कुछ नहीं है, महज उस पश्चिमी वर्ग समाजी चिंतन की साहित्य और कला में अभिव्यक्ति है, जो छद्म क्रांतिकारिता के माध्यम से रचनाकार की मानसिकता को, बावजूद वैयक्तिक विद्रोह के जनसाधारण के जीवन संघर्ष से अलग कर देना चाहती है और इस तरह रचनाकार को उसकी सामाजिक और एकमात्र मानवीय कलात्मक भागीदारी वंचित करती है। यह षड्यंत्र तरह-तरह के साहित्यिक, कलात्मक आंदोलनों के माध्यम से पहले महायुद्ध के बाद से लगातार चल रहा है, और दूसरे महायुद्ध के बाद इसने तरह-तरह के विद्रोही तेवर ग्रहण करते हुए अमूर्तवादी कला आंदोलनों के द्वार साहित्य और कला के

सौंदर्यशास्त्रीय ऐतिहासिक वैज्ञानिक मानदण्डों की लगातार अवहेलना की है। उसने रूप और शैली के संश्लेषक संबंधों को तोड़ा है, और शैली की कलात्मक रचना को एकमात्र आत्यन्तिक उपलब्धि के रूप में पेश किया है। इसी तरह भाषा या माध्यम की, रचना में एकांतिक भूमिका को कुछ इस तरह पेश किया गया है, जैसे वह सामाजिक जीवन की अभिव्यक्तिमूलक सांस्कृतिक विरासत न होकर महज साहित्यकार के मानसिक व्यायाम की सृष्टि हो।

इन स्थितियों के विपरीत जब हम साहित्य की सामाजिक, सांस्कृतिक भूमिका पर विचार करते हैं, तो देखते हैं कि साहित्य ने अदिकाल से लेकर आज तक अपनी जिस भूमिका का निर्वाह किया है, वह निरंतर सामाजिक विकास और सामाजिक परिवर्तन की अनुगामिनी रही है, अथवा उसने अपने समय की अग्रगामी चेतना को साहित्य के माध्यम से इस तरह प्रस्तुत किया है जिससे जनसाधारण अपनी बेहतर जीवन की आकांक्षाओं को पूरा करने की दिशा का सही ज्ञान प्राप्त करने में समर्थ है। यह बात विश्व के विभिन्न क्षेत्रों के साहित्य और खास तौर पर भारतीय साहित्य के लगभग पिछले चार हजार सालों के इतिहास से प्रमाणित होती है! हम इतिहास के इस प्रमाण को अस्वीकार कर सकते हैं? यह सच है कि इससे इनकार करने का आशय इस मानवघाती दौर की उस व्यवस्था का पोषण हो जो आधुनिकता के नाम पर समूचे विकासशील और सामाजिक परिवर्तन के अकांक्षी विश्व के विभिन्न देशों को उनकी राष्ट्रीय संस्कृति और सामाजिक परंपरा से काट देना चाहती है, और ऐसी अमानवीय भोगवादी संस्कृति का पैरोकार बना देती है जिसकी संरचना पार-राष्ट्रीय निगमों की मानवघाती शोषणपरक भूमिका को दिशाहीन, घातक, सांस्कृतिक, सामाजिक परिवेश प्रदान कर सके जहाँ मानवीय, सामाजिक, सांस्कृतिक अस्मिता के लिए कोई स्थान न हो।

इस संदर्भ में परसाई का लेखन एक गहरी सामाजिक और सांस्कृतिक पड़ताल के दौर से गुजरता है। वहाँ छद्‌म आधुनिकता के स्थान पर ऐतिहासिक वैज्ञानिक दृष्टि से परिष्कृत ऐसी आधुनिकता उपलब्ध होती है, जो स्वातंत्र्योत्तर भारतीय परिवेश की परिवर्तनकामी मानसिकता के साथ ही परिवर्तन की अग्रगामी दृष्टि से समन्वित हो आकार ग्रहण करती है। यही कारण है कि परसाई की 'पैसे का खेल' नामक पहली कहानी में जिस 'नेतानामा सेठ' का चित्रण है, वह बीसवीं शताब्दी के आठवें और नौवें दशक में पार-राष्ट्रीय निगमों का सम्मिलित रूपांतर बन गया है, जहाँ विश्वव्यापी पूँजीवाद जीवन के प्रत्येक बिंदु पर अपनी पकड़ मजबूत करने के बाद पूरी तरह से मनुष्य विरोधी हो गया है। इस पहली

कहानी का लैंया खाता बच्चा अब जागरूक प्रौढ़ है, जो पैसे की सत्ता के सारे 'पैचोखम' जानता है, लिहाजा लेखन में इस विकास का स्वरूप उतरना लाजिमी हो जाता है। परसाई की रचनाओं में अधिक व्यापक हुई पैसे की सत्ता के राष्ट्रीय और अंतर्राष्ट्रीय दुश्चक्रों का उद्‌घाटन हुआ है :

'साधो साम्राज्यवादी हर चीज का इस्तेमाल करता है, चाहे वह मच्छड़ हो चाहे मजहब। जोमो केन्याता कहते थे—अफ्रीका में पादरी आए, तब उनके हाथ में बाइबिल थी और हमारे हाथ में जमीन। पादरियों ने हमें प्रभु की प्रार्थना करना सिखाया। हम आँखें बन्द करके प्रार्थना करने लगे। जब हमने आँखें खोलीं तो पाया कि हमारे हाथ में बाइबिल है, और उनके हाथ में जमीन।' (खंड 5, पृ. 280)।

'बस, कुल इतना करो कि अपनी आंतरिक और विदेश नीति अमेरिका को सौंप दो। अर्थव्यवस्था बहुराष्ट्रीय कंपनियाँ देख लेंगी। अपने देश में अमेरिकी फौजी अड्डे बनाने दो। अपनी स्वाधीनता अमेरिका को सौंप दो और बरी हो जाओ।' (खंड 4, पृ. 226)

किसी देश में आर्थिक-सामाजिक सुधार होने लगे, तो अमेरिकी हितों को खतरा पैदा हो जाता है। राष्ट्रों की स्वाधीनता अमेरिकी हितों को खतरा। विकास करता देश को भी खतरा। पड़ोसी देशों में भाईचारा अमेरिकी हितों को खतरा। दो देश आपस में लड़ रहे हैं, तो भी अमेरिकी हितों को खतरा है। अगर कोई सरकार प्रगतिशील है, तो खतरा।...किसी देश में लोकतंत्र हो तो वह भी खतरा।..रूस से किसी देश के अच्छे संबंध हों, तो भी अमेरिकी हितों को खतरा है। खतरे ही खतरे हैं। किसी भी दयालु आदमी को दया आएगी अमेरिकी शासकों पर। (खंड 4, पृ. 171)

'यह महायज्ञ है, अमेरिकी हितों की रक्षा के लिए।...इस यज्ञ कुण्ड में भारत को झोंक देने की कोशिश हो रही हैं। गनीमत हैं कि अब 'असली' गुटनिरपेक्षता वाली सरकार नहीं रही।' (खंड 4, पृ. 171)

'बैंकाक में पूर्व का सबसे बड़ा आर एण्ड आर केंद्र है। श्रीलंका ने भी सुभीता दे रखा है। आर एण्ड आर पूरे क्षेत्र को बदल देता है। डॉलर बहते हैं। आसपास की औरतें बिगाड़ी जाती हैं! दुराचार की कमाई होती है। शराब बहती है। बिना बाप के नाम के बच्चे पैदा होते हैं।' (तुलसीदास चन्दन घिसें, पृ. 182)। 'अब इस शहर के मध्यम वर्ग में एण्टीना की लड़ाई होने वाली है, बल्कि शुरू हो चुकी है। मुहल्ले में अमुक-अमुक के घर पर दूर से ही एण्टीना

दिखता है। एक ये अपना घर है कि इसमें घुसो तो शर्म आती है। इस ग्लानि से वह मध्यमवर्गीय मारा जाएगा जिसे ऊपरी आमदनी नहीं हैं।' (तुलसीदास चन्दन घिसें, पृ. 109)

इस समय औद्योगिक पूँजीवाद दुनिया के एक-तिहाई भाग में हैं। एक-तिहाई भाग में समाजवाद। एक-तिहाई भाग में अर्द्ध सामंतवाद और व्यापारिक पूँजीवाद। (खंड 6, पृ. 461)

भ्रष्टाचार हमारे जमाने में पूँजीवाद, सामंतवाद का नतीजा है। पूँजीवादी व्यवस्था में भ्रष्टाचार है। (खंड 6, पृ. 460)

...जयप्रकाश के नेतृत्व में संपूर्ण क्रांति का आंदोलन शुरू हुआ...इस आंदोलन की प्रेरणा अंतर्राष्ट्रीय अमेरिकी साम्राज्यवाद और पूँजीवाद से मिली थी, यहाँ तक कि इतना अधिक पैसा जो इस आंदोलन में खर्च किया गया, विदेशी था। आपातकाल के दौरान भूमिगत विरोधी नेताओं की गतिविधियों का संचालन चर्च और कूटनीतिक विदेशी संस्थानों से होता था, और अमेरिकी तथा ब्रिटिश हवाई जहाजों के माध्यम से अंतर्राष्ट्रीय समाचार एजेंसियों को समाचार भेजे जाते थे। जिस परिवार का व्यक्ति इमर्जेंसी में जेल में था, उसे प्रति माह पैसा मिलता था। यह पैसा कहाँ से आता था? यह विदेशी धन था, और इस आंदोलन में सी. आई. ए. और बहुदेशीय कंपनियों की भूमिका बहुत स्पष्ट थी। (खंड 6, पृ, 421)

...सी. आई ए. इस देश में सांप्रदायिक, क्षेत्रीय संघर्ष आदि पैदा कर रहे हैं, और अराजकता की स्थिति लाना चाहती है। देश की विघटनकारी दक्षिणपंथी ताकतें जाने-अनजाने इसमें अपने राजनैतिक हितों के कारण सहायता पहुँचा रही हैं।...इसके पक्के सबूत हैं, जिनमें सबसे ताजा भारत में भूतपूर्व अमेरिकी राजदूत प्रो. गैलब्रेथ की स्वीकारोक्ति है कि मैंने कुछ दलों और व्यक्तियों को सी. आई. ए. के कहने से पैसा बाँटा। (खंड 6, पृ. 425)

सड़क पर दंगा होता है तो चतुर आदमी गली में से निकल जाता है। कमीशन वह गली है, जिसमें से सरकार छिपकर निकल जाती है क्योंकि आम सड़क पर समस्याएँ जमघट किए हैं। (खंड 4, पृ. 34)

सामंतवाद-पूँजीवाद की समर्थक ये धार्मिक, राजनैतिक, सांस्कृतिक एजेंसियाँ कैसे सांप्रदायिक मनोभावना को बनाए रखती हैं, उसे बढ़ाती हैं, और जब जरूरत होती है विस्फोट करा देती हैं।...हमारे देश में सांप्रदायिक द्वेष की जड़ मध्ययुग का इतिहास है, जो अर्द्धसत्य और गलत नजरिए से प्रचारित किया जाता है, और पढ़ाया जाता है। (खंड 6, पृ 397)

...यह आंदोलन सारे सिखों को बदनाम कर रहा है, सांप्रदायिक द्वेष पैदा कर रहा है, देश को खतरे में डाल रहा है और देश के दुश्मनों को फायदा पहुँचा रहा है। यह स्पष्ट देशद्रोह है, और देशद्रोहियों को दबाने में जो सरकार देरी करे और नरमी बरते वह सरकार अपनी जिम्मेदारी से हटती है। (खंड 6, पृ. 39)

साधो, मगर अटल बिहारी जिंदगी-भर वही करते रहे हैं, जो सी. आई. ए. रामस्वरूप के मार्फत करवा रही थी—सांप्रदायिक फासिस्ट विघटनकारी राजनीति रूस से संबंध बिगाड़ना और भारतमाता को दूसरी तरह की अमेरिकी दासता में बाँध देना। (तुलसीदास चन्दन घिसें, पृ. 176)

रास्ते में पैसे बढ़ाए गए। भोले धर्म-प्रेमी लोगों ने जगह-जगह धन चढ़ाया। औरतों ने जेवर उतारकर दे दिया। कमाई ही कभाई है राम की जमीन-जायदाद बचाने में। (तुलसीदास चन्दन घिसें, पृ. 179)

मैंने कहा, यानी लायन्स क्लब एक रक्षित वन है। 'ऐनिमल सेक्चुअरी' जैसा है, जिसमें शेर हैं, चीते हैं, बारहसिंगे हैं, जंगली सुअर हैं, हिरन हैं, जंगली भैंस हैं। (तुलसीदास चन्दन घिसें, पृ. 90)

हम क्या प्रोफेसर होना चाहते थे? कतई नहीं। महाराज पूरी कोशिश की कि पुलिस, आबकारी, इनकमटैक्स, सेल्स टैक्स, में कहीं 'इंस्पेक्टर' ही हो जाएँ। इन विभागों में बेहिसाब पैसा खाने को मिलता है। पाँच साल की नौकरी में लोक कर्म विभाग या सिंचाई विभाग में मामूली इंजीनियर का मकान बन जाता है। (तुलसीदास चन्दन घिसें, पृ. 98)

भारत में प्रजातांत्रिक प्रणाली की संरचना ने जीवन के प्रत्येक क्षेत्र को प्रभावित किया है। अर्थ-तंत्र के नियोजित विकास के दौरान निजी उद्योग और सार्वजनिक उद्योगों की व्यवस्था के साथ ही चौथे पंचवर्षीय योजनाकाल के अंतिम दौर में एक और दोगली व्यवस्था शुरू हुई है, जिसे संयुक्त उद्योग प्रणाली कहा जाता है। विदेशी पूँजी के साथ सार्वजनिक पूँजी के तालमेल अथवा निजी औद्योगिक पूँजी के साथ सार्वजनिक पूँजी के तालमेल से तैयार संस्थानक प्रणाली एक साथ दोहरी प्रतिबद्धता को जन्म देती है, जहाँ एक और पार-राष्ट्रीय निगमों की विशिष्ट उद्देश्यमूलकता के पीछे राष्ट्रीय उद्देश्यों का ढिंढोरा पीटने वाले समर्थक रवैया ग्रहण करते हैं, और अर्थतंत्र पर परोक्ष रूप से इनकी जकड़बंदी मजबूत होती जाती है। इन जटिल परिस्थितियों के बावजूद औद्योगिक तंत्र का विकास होता है और सामाजिक, सांस्कृतिक और राजनैतिक तंत्र पर उसका प्रभाव आधुनिकीकरण की प्रक्रिया को विकसित करता हुआ परंपरागत प्रणाली

से अलग नई प्रणालियों का सूत्रपात करता है। सामाजिक, सांस्कृतिक और राजनैतिक क्षेत्रों में इनसे जो परिवर्तन होता है, वह सरल नहीं है, अपितु इतना पेचीदा और जटिल है कि उसे समझने के लिए इन सभी क्षेत्रों में कार्यशील बुनियादी नियमों को समझना होता है। साहित्यकार जब इस तरह की मिली-जुली व्यवस्था के भीतर कार्यशील तत्त्वों की सही पहचान करने में सफल होता है, तभी वह साधारण जन की इस व्यवस्था के भीतर की राजनीति को उजागर कर पाता है। भारतीय जीवन में संस्थान के राजनैतिक-प्रशासनिक प्रणाली की महत्त्वपूर्ण आर्थिक भूमिका है, इसे मात्र इस तथ्य से समझा जा सकता है कि प्रत्येक वर्ष बजट के दौरान प्रस्तुत आयकर प्रावधान और उसके अंतर्गत दिए गए तखमीन इस देश के कई लाख वैतनिक आय से अपनी गुजर करने वाले परिवारों की रोजमर्रा की जिंदगी को सीधे प्रभावित करते हैं। शासकीय वितरण प्रणाली से प्रभावित करोड़ों जनसाधारण उपभोक्ता वस्तुओं खासकर—खाद्यान्नों, शक्कर, मिट्टी के तेल, बिजली दरों, कपड़ा आदि की कीमतों में वृद्धि से सीधे प्रभावित होते हैं। उद्योगों के लागत मूल्य में वृद्धि होती है और तैयार वस्तुएँ जनसाधारण के लिए महँगी हो जाती है। स्पष्ट है कि हमारे देश की समूची सामाजिक, सांस्कृतिक व्यवस्था और उसके भीतर चलने वाले मानवीय संबंधों और सरोकारों की समूची प्रणाली यानी औसत आदमी की जिंदगी के लगभग सभी क्षेत्र राज्य की रीति-नीति से प्रभावित होते हैं। यही कारण है कि साधारण आदमी भी यह मानने लगा है कि उसकी जीवन-व्यापी भागदौड़ और तकलीफों के लिए केवल मौजूदा संपत्ति संबंध ही नहीं अपितु इन्हें संरक्षण और आकार देने वाली सरकारी रीति-नीति भी उत्तरदायी है। यह संपूर्ण चित्र का मात्र एक पक्ष है, दूसरा पक्ष उस क्रियाशील राजनीति का है, जो विभिन्न राजनैतिक दलों के माध्यम से चुनाव और उससे अलग जनसंघर्षों के दौरान जनता के सामने आता है। जनता यह भी बखूबी समझती है कि इस नियोजित और आंतरिक रूप से अंतर्विरोधी तंत्र के निर्माण में उसकी उत्पादनमूलक भागीदारी है, तथा इनमें से कौन-सी तंत्र इकाई कहाँ तक सीधे उसके हितों के साथ जुड़ी है, और कौन-सी निजी स्वामित्व वाली प्रणाली को मजबूत करती है। यही कारण है कि सार्वजनिक उद्योगों की व्यवस्था का वह समर्थन करती है और आर्थिक संस्थानों के समाजीकरण को अपने अनुकूल मानती है। वह यह भी निश्चित करती है, जो निजी स्वामित्व के समर्थक हैं और सार्वजनिक उद्योगों के विरुद्ध हैं, वे जनता के हित के प्रतिकूल हैं। इसका परिणाम यह हुआ है कि वह राजनीति में दक्षिणपंथी, मध्यमार्गी और वामपंथी राजनैतिक दलों की सही पहचान करने में समर्थ होती

है। इस स्तर पर वह दक्षिणपंथी राजनैतिक दलों के विरुद्ध मध्यमार्गी राजनैतिक दलों को अपना समर्थन देती है, और वामपंथी राजनीति के प्रति व्यापक रुझान व्यक्त करती है, किंतु वामपंथी दलों के आवश्यक संगठनात्मक ढाँचे के अभाव के कारण उन्हें सत्ता की बागडोर सौंपने में सफल नहीं हो पाती। जहाँ इस तरह का संगठनात्मक विकल्प उपलब्ध होता है, वहाँ वह वामपंथ का साथ देती है। जैसे पश्चिम बंगाल, त्रिपुरा।

इन वस्तुगत परिस्थितियों को इतने विस्तार से किया गया विश्लेषण परसाई के साहित्य में मौजद अंतर्वस्तु और उनके रचनात्मक दृष्टिकोण को समझने के लिए जरूरी है।

परसाई के लेखन में हमारे जीवन के विकासशील रूपों का सही और यथार्थ चित्रण उपलब्ध होता है। इस विकास के दौरान मनुष्यों के आपसी सरोकार और परस्पर संबंध आकार ग्रहण करते हैं। पारिवारिक और निजी संबंधों के तालमेल टूटते और नए बनते हैं। मानवीय संवेदनशीलता के, इसके पहले सर्वथा अछूते रहे आयाम नया आकार ग्रहण करते हैं, और जीवन के प्रत्येक क्षेत्र में ऐसी मानसिकता का निर्धारण होता है जो इसके पहले हमारी जीवन प्रणाली के भीतर मौजूद नहीं थी। उनके लेखन में सही रूप में आधुनिक होते जाते जीवन-रूपों की पुनर्रचना होती है। सही मानवीय संबंधशीलता का निर्माण होने में बाधक तत्त्वों की ठीक-ठीक पहचान होती है, और पुराने धार्मिक संस्कारों की ऐसी बेबाक टूटन उपलब्ध होती है कि उनका अनुकरण करने वाले या उनकी दुहाई देने वाले पात्र हमारे सामने पूरी तरह से हास्यास्पद बन जाते हैं। यहाँ इस तरह के पात्र भी मौजूद हैं, जो जनहितमूलक प्रणाली को पूरी तरह से निजी स्वार्थों की पूर्ति के लिए प्रयुक्त करते हैं, और प्रत्येक अवसर को प्रचारमूलक उत्सवधर्मिता में परिणत कर लेते हैं। यहाँ निर्मित होते या निर्मित हुए तंत्र का प्रत्येक अंतर्विरोध और विसंगति उपलब्ध होती है, और नौकरशाही का मानवघाती, संवेदनहीन चेहरा भी बेनकाब होता है, जो गंभीर संकट के दौरान भी अपनी अमानवीय हरकतों से बाज नहीं आती। इस संदर्भ में उनकी कुछ रचनाओं का उल्लेख करना आवश्यक है—कल्लू के जन्म का मरसिया, बनना डिप्टी कलेक्टर मुफतलाल का, अकाल महोत्सव, वैष्णव की फिसलन, इतिहास का सबसे बड़ा जुआ, रामसिंह की ट्रेनिंग, विकास-कथा, नगर-पालक, एमरजेंसी आचरण, आशंका-पुत्र, एक वैष्णव कथा, इंस्पेक्टर मातादीन चाँद पर, सबटेनेंट की कथा, रानी नागफनी की कहानी (प्रेमकथामूलक फंतासी), रिटायर्ड भगवान की कथा, तीसरी आजादी का जाँच कमीशन, श्री वैशाख नन्दन नेता हो गए—जैसी कथामूलक रचनाओं के साथ ही

नया खून-पुराना खून, मसानी की नेक सलाह, चरणसिंह की बाललीला, दूसरी आजादी का अंत, शाही दमन की बर्बरता, टेलीविजन की हाय-हाय, ओला-पानी क्यों बरसे, महान दर्शन भजनलालवाद, महामिलन की कथा, दुम भी भौंकती है, दिएस्तां के द्वारे कार्टर, रामदीन ने इस्तीफा दिया, दोनों में कौन भारत है, एक आत्मनिर्भर पार्टी, तीन तिलंगों की चिंता, गुटनिरपेक्ष सम्मेलन : कुछ प्रश्न, भारत-रूस संबंधों का विकास, एक कुलपति से भेंट, विनोबा भावे से भेंट, किसिंगर साहब से भेंट, राष्ट्रपति निक्सन से भेंट, जयप्रकाश नारायण से भेंट, इंदिरा गांधी से भेंट आदि।

वास्तव में परसाई के पिछले 38 वर्षों के लेखन की मुख्य चिंता जनसाधारण का जीवन-संघर्ष है। इस जीवन-संघर्ष को सीधे और सपाट रूप में व्याख्यायित नहीं किया जा सकता, और न ही इसे पूरी तरह से राजनैतिक दलों की मंशा और इच्छा के अनुसार मनचाहे रूप में पेश किया जा सकता है। यह एक सतत् प्रक्रिया है, जो विकास के इस दौर की सामाजिक, सांस्कृतिक और राजनैतिक जिंदगी के भीतर संस्थानक व्यवस्था के विरोध में निरंतर चलती रहती है। इस संघर्ष को सही दिशा में जारी रखने और उसका जरूरी आमूल परिवर्तन के लिए बचाव करने की दृष्टि से यह आवश्यक है कि इस व्यवस्था को मानवघाती जकड़बंदी के लिए कार्यशील शक्तियों को जनता के सामने स्पष्ट किया जाए। यहाँ यह भी आवश्यक है कि यथास्थितिवादी तत्त्वों की तथाकथित आधुनिकतावादी केंचुल पूरी तरह से उतार दी जाए, और सभी जनविरोधी ताकतों की अमानवीय चरित्रमयता से जनसाधारण को अवगत कराया जाए। इस दृष्टि से परसाई की रचनाएँ जनसाधारण को शिक्षित करती हैं। वे जनता को आगाह करती हैं कि धर्म, शिक्षा, न्याय प्रणाली, कला, साहित्य, पुलिस, नौकरीशाही और राजनैतिक तंत्र के भीतर वे कौन-सी शक्तियाँ हैं, जो इस व्यवस्था के मानवघाती क्रम को बरकरार रखना चाहती हैं। इन शक्तियों की सही पहचान परसाई जी के लेखन में मौजूद हैं। परिस्थितियों के भीतर मौजूद इन प्रतिगामी शक्तियों से संघर्ष जरूरी है। मानवीय इतिहास के इस नाजुक दौर में भी बेहतर जीवन स्थितियों और मूल परिवर्तन की दिशा में कारगर भूमिका निभाने वाली जनशक्ति क्रियाशील है। यही वह विश्वास है, जहाँ परसाई अपने समवर्ती यथार्थ से साक्षात्कार करते हैं।

रचनात्मक स्तर पर इस साक्षात्कार के राष्ट्रीय और अंतर्राष्ट्रीय संदर्भ उस रचनाशील संवेदना का निर्माण करते हैं, जो समूचे मानवघाती वात्याचक्र को बेनकाब कर देना चाहती है। साधारण जन की बुनियादी समझदारी को पैना करती है, और उसी समझदारी को धारदार हथियार के रूप में तब्दील कर देना

चाहती है। परसाई जी ने प्रगतिशील लेखक महासंघ के दूसरे राष्ट्रीय सम्मेलन के अपने अध्यक्षीय भाषण में जीवन-यथार्थ के प्रति अपनी गहरी प्रतिबद्धता व्यक्त करते हुए कहा है—'अर्थतंत्र में ही समाज-व्यवस्था की, मानवी संबंधों की वैज्ञानिक व्याख्या हो सकती है, कारण खोजे जा सकते हैं। हम मानवतावादी हैं, मगर वैज्ञानिक मानवतावादी हैं। मनुष्य के जीवन से हमारा सरोकार है, इसलिए हम यथार्थवादी हैं, क्योंकि हम जीवन के प्रति केवल भावात्मक प्रतिक्रिया न करके उसकी वैज्ञानिक व्याख्या और विश्लेषण करते हैं। शुभकामना से अर्थशास्त्र के नियम नहीं बदलते, विलाप से अन्याय समाप्त नहीं होता, क्योंकि वहाँ हृदय है ही नहीं।' (परसाई रचनावली, खंड 6, पृ. 215)। परसाई ने इसी संदर्भ में वर्तमान साहित्य के क्षेत्र में एक खास तरह की प्रवृत्ति के समर्थक आधुनिकतावादी लेखन का हवाला देते हुए कहा है—'अगर मनुष्य 'इनसे सेंसिटिव' हो गया, अपनी गरिमा खो चुका, तो बेरहमी से शोषण भी किया जा सकता है, और अगर किसी देश की आबादी पर बम बरसाए जाएँ तो कोई खास एतराज न हो। लेखन के माध्यम से भी अमानवीयकरण की प्रक्रिया चलती है। मनुष्य की संवेदनाएँ नष्ट की जाती हैं, और उसके विवेक को भोथरा किया जाता है, रुचियों को गलत जगह मोड़ा जाता है, और मनुष्य-मनुष्य के प्राकृतिक संबंधों को विकृत किया जाता है। यह अमानवीयकरण की डीह्यू मनाइजेशन की प्रक्रिया लगातार चालू है।' (वही, पृ. 215) '...पर ये भारतीय संस्कृति का प्रचार करने वाले, जो विचार और संगठन में फासिस्ट हैं, संस्कृति को बेड़ी के रूप में प्रयुक्त करते हैं।' (वही, पृ. 215) इन उद्धरणों से स्पष्ट है कि परसाई संस्कृति और साहित्य को मानव-मुक्ति का उत्प्रेरक तत्त्व मानते हैं।

परसाई का लेखन उद्देश्यपूर्ण है। वे जीवन-यथार्थ को महज इस रूप में पेश नहीं करते कि पाठक उस यथार्थ से केवल अवगत हो, अपितु इस रूप में प्रस्तुत करते हैं, कि वह इस यथार्थ की प्रत्येक स्थिति को समझने के साथ ही उसे तब्दील करने के लिए चेष्टाशील हो जाए। उन्होंने राजनीति और लेखन के बारे में स्पष्ट करते हुए लिखा है—'राजनीति-सिद्धांत और व्यवहार के—हमारे जीवन का अंग है। उससे नफरत करना बेवकूफी है। राजनीति से लेखक को दूर रखने की बात वही करते हैं, जिनके निहित स्वार्थ हैं, जो डरते हैं कि कहीं लोग हमें समझ न जाएँ।' (सदाचार का तावीज, भूमिका, 1962)। मनुष्य की जीवन-शक्ति अदम्य है, और वही इस समूचे विश्व में आकार ग्रहण करती विविधता और बेहतर जीवन आकांक्षाओं का केंद्र है। रचनाकार का कथन है—'घोर निराशा के बावजूद मैंने मनुष्य की दुर्दम जीवन-शक्ति को प्रज्ज्वलित देखा है।' (बोलती

रेखाएँ, भूमिका) व्यंग्य की उपादेयता के बारे में परसाई जी का कथन है कि—सच्चा व्यंग्य जीवन की समीक्षा होता है। वह मनुष्य को सोचने के लिए बाध्य करता है। अपने से साक्षात्कार करता है। चेतना में हलचल पैदा करता है, और जीवन में व्याप्त मिथ्याचार, पाखंड, असामंजस्य और अन्याय से लड़ने के लिए उसे तैयार करता है।' (तिरछी रेखाएँ, भूमिका) सदाचार का तावीज की भूमिका में उन्होंने स्पष्ट किया है कि 'कोई सुधर जाए तो मुझे क्या एतराज है। वैसे मैं सुधार के लिए नहीं बदलने के लिए लिखना चाहता हूँ।'

परसाई जी के लेखन में लगभग आधी शताब्दी का भारतीय और अंतर्राष्ट्रीय जीवन-यथार्थ व्यक्त हुआ है। आजादी के बाद वाले भारत की जिंदगी, केवल एक देश की जिंदगी नहीं है, अपितु उस विश्व मानवता की जिंदगी है, जो दूसरे महायुद्ध के बाद औपनिवेशक गुलामी से मुक्त हुई हैं, और जिसे कदम-कदम पर राष्ट्रीय और अंतर्राष्ट्रीय दोनों स्तरों पर विश्वव्यापी नवसाम्राज्यवाद और विश्वपूँजीवादी, बहुदेशीय और पराराष्ट्रीय निगमों की घातक अमानवीयता का शिकार होना पड़ता है।

भारत जैसे विशाल देश में उत्पन्न क्षेत्रीय समस्याओं के कई रूपांतर होते हैं। भाषा, धर्म और असमान विकास के माध्यम से पैदा हुई अधिकांश समस्याएँ, स्थानीय और अंतर्राष्ट्रीय विघटनवादी ताकतों की घुसपैठ के कारण गैर-जिम्मेदार विरोधियों और साम्राज्यवादी-पूँजीवादी ताकतों की मानव-विरोधी राष्ट्र-विरोधी भूमिका के कारण मानवघाती स्वरूप ग्रहण करती हैं। इनके द्वारा राष्ट्रीय अखंडता और राष्ट्रीय एकता पर सीधा हमला होता है और अंततः हम उस भारत-विरोधी शिकंजे से आक्रांत होते हैं, जो पाकिस्तान, चीन, बँगला देश, श्रीलंका और जापान की सुनियोजित अमेरिकी समर्थक धुरी द्वारा नियोजित होता है। परसाई के लेखन में इस मानव-विरोधी, शोषणपरक भूमिका के कई चेहरे बेनकाब होते हैं, और आम पाठक उस घिनौनी राजनीति से अवगत होता है, जिसे राष्ट्रीय पूँजीवाद और अंतर्राष्ट्रीय पूँजीवाद हर स्तर पर भारत के साधारण जनों के विरुद्ध कारगर हथियार के रूप में प्रयुक्त करता है।

भूख, गरीबी, अशिक्षा, बेरोजगारी, महँगाई, बलात्कार, तस्करी और अपराधपूर्ण लूट-पार की न जाने कितनी कारगुजारियों के द्वारा राष्ट्रीय स्तर पर मौजूद विघटनकारी तत्त्वों को ऐसे मौके मिलते हैं, जहाँ मौजूदा व्यवस्था इनके एकमात्र सही समाधान से बचने की हड़बड़ी में अंततः इन तत्त्वों की घातक राजनीति में उलझ जाती है। भारत और तीसरी दुनिया के अधिकांश देश अपनी वर्ग समाजी सभ्यता को बरकरार रखने के लिए जिन परस्पर विरोधी जटिलताओं

के शिकार हो रहे हैं, उनकी घातकता संघर्ष के इस दौर में एक ऐसी स्थिति पर पहुँच रही है, जहाँ साधारण और संगठित जन की परिवर्तनकारी भूमिका बेहद महत्त्वपूर्ण हो गई है। जब तक इस भूमिका का सही रूप जनभागीदारी के माध्यम से आकार ग्रहण नहीं करता, तब तक हमारे चारों ओर के परिवेश को मानव-विरोधी भयावहता हमें इसी तरह आक्रांत किए रहेगी। इस संदर्भ में यह उल्लेखनीय है कि परसाई इस आक्रांत के सही चेहरे को प्रस्तुत करते हैं, और वे हमारे दौर के सबसे अधिक विश्वसनीय यथार्थवादी लेखक हैं।

भीष्म साहनी

जिंदगी को देखने की नजर*

मुझे एक खास मकसद के लिए यहाँ बुलाया गया है। यह निश्चय ही मेरे लिए बड़े गौरव की बात है, पर इसमें मुझे बड़ी झेंप भी हो रही है, क्योंकि परसाई जी मेरे हाथ से पुरस्कार ग्रहण करें, इससे ज्यादा अटपटी बात क्या होगी। मैं परसाई जी की सही उम्र तो नहीं जानता परंतु दसियों साल से मैं उन्हें अपना अग्रज मानता आया हूँ। एक छोटा-सा दीया, सूरज को रोशनी दिखाने की, उसे आशीर्वचन कहने की धृष्टता करे तो इससे ज्यादा अटपटा क्या होगा। हाँ, एक अधिकार मेरा है, एक पाठक के नाते भी और एक मित्र के नाते भी—अपनी श्रद्धा व्यक्त कर पाने का, दसियों साल तक उनकी रचनाओं को पढ़ते रहने के बाद उनके प्रति अपना आभार व्यक्त कर पाने का। एक पाठक का आभार, एक नागरिक का आभार और एक ऐसे लेखक का आभार जो इनकी लेखनी से प्रेरणा ग्रहण करता रहा है। मुझे भी हजारों-हजार पाठकों के साथ इनके लेखन से एक दृष्टि मिलती रही है, हमारे देश के जीवन को, उसकी विसंगतियों और विडंबनाओं को देख पाने की, उनसे निराश न होकर, उनका साक्षात् करने का साहस मिलता रहा है, और साथ ही साथ, इन सभी विसंगतियों-अंतर्विरोधों के बावजूद जीवन से गहरे प्रेम करने का उछाह मिलता रहा है। अपने इस अधिकार का उपयोग कर पाने का जो सुअवसर आपने जुटाया है, उसके लिए मैं हृदय से आभारी हूँ।

आम तौर पर व्यंग्य के बारे में हमारी धारणा अच्छी नहीं होती, एक तो इसके साथ हम कटुता को जोड़ते हैं कि व्यंग्यकार वे लोग हैं जो दूसरों का मजाक उड़ाते हैं, दूसरों की कमजोरियों को उघाड़ते हैं, उनकी खिल्ली उड़ाते हैं, इसलिए व्यंग्य, सद्भावना से प्रेरित न होकर द्वेष और घृणा से प्रेरित होता है। यह भी कहा जाता है कि व्यंग्यकार जिंदगी को टेढ़े शीशे में से देखता है और इसलिए

* मध्य प्रदेश हिंदी साहित्य सम्मेलन द्वारा आयोजित वागेश्वरी पुरस्कार समारोह में दिया गया भाषण।
—**संपादक**

उसे जिंदगी टेढ़ी-मेढ़ी ही नजर आती है। मैं भी वर्षों तक साहित्य का अध्यापक रहा हूँ। मैं भी व्यंग्य के स्वरूप और स्वभाव को समझा पाने के लिए, व्यंग्यकार की तुलना, कार्टून बनाने वाले कार्टूनिस्ट से किया करता था और कहा करता था कि अतिशयोक्ति, व्यंग्य का नैसर्गिक लक्षण होती है। किसी कार्टून की ओर देखो, कार्टून बनाने वाला कभी भी आदमी की सही तस्वीर नहीं उतारता, कभी तो वह नाक को लम्बा खींच देता है, कभी कानों को, कभी गर्दन को। अच्छे-भले इंसान को भौंड़ा बनाकर दिखाता है। इसके पीछे द्वेषभाव नहीं तो क्या है, या खिल्ली उड़ाने का भाव या उसकी कमजोरियों का भण्डाफोड़ करने का भाव। यह भी कहा जाता है कि व्यंग्य पढ़ने के बाद मुँह के स्वाद में कड़वाहट-सी आ जाती है कि व्यंग्य आपको ऊँचा नहीं उठाता, उस स्तर तक नहीं ले जाता जहाँ से समस्त मानवता के प्रति आपका दिल सद्भावना से ओत-प्रोत हो, जहाँ से जीवन सुंदर और अलौकिक नजर आए, उस मानवेतर संबंधों के स्तर तक नही ले जाता जहाँ से आध्यात्मिक दर्शन आरंभ होता है, आदि-आदि! कि इसके विपरीत व्यंग्य सारा वक्त, धरती के साथ-साथ रेंगता रहता है, धरती से कभी ऊँचा नहीं उठता, इसी कारण वह साहित्य की अन्य विधाओं की तुलना में निम्न स्तर की विधा है।

यदि मैं व्यंग्य की इस परिभाषा के बारे में परसाई जी से बात करूँ, उनकी राय जानना चाहूँ, तो मैं जानता हूँ, वह क्या जवाब देंगे। वह कहेंगे, यह सही ही तो है। मैं व्यंग्यकार के नाते धरती के साथ-साथ ही बना रहता हूँ, और ऐसे ही बने रहना चाहता हूँ। यह भी सही है कि मैं अपने आसपास की जिंदगी में पाए जाने वाले भौंड़ेपन को देखता हूँ, उस ओर मेरी नजर जाती है, और निश्चय ही, मैं उसे दिखाना चाहता हूँ। रही राग-द्वेष की बात, जीवन में जो घृणास्पद है, मैं उसकी लीपा-पोती नहीं कर सकता। मैं अतिशयोक्ति बरतता हूँ, भौंड़ी नाक को लम्बा खींचता हूँ, ताकि जो कुरूप है, उस पर आपकी नजर जाए और कुछ देर के लिए टिके। उसे देखेंगे तभी आप समझेंगे कि जीवन में सौंदर्य कितना सुंदर है, कितना वांछनीय है। और जहाँ तक आध्यात्मिक स्तर तक उठने-उठाने वाली बात है, इससे तो मुझे डर लगता है, मेरी ऐसी कोई महत्त्वाकांक्षा नहीं है, मैं धरती से ही चिपके रहना चाहता हूँ, इसी में मुझे सुख मिलता है, ऊँचा उठूँगा तो इससे संबंध-विच्छेद हो जाएगा, इससे मुझे डर लगता है।

यह सही है कि परसाई जी छोटी-मोटी बातों की चर्चा करते हैं, घर में आने वाले गेहूँ की, चाय की, टपकते घर की, सिर पर प्रगट होने वाले सफेद बाल की, तरह-तरह की उलझनों की बात करते हैं, कहीं बिल चुकाने की तो कहीं कुत्तों से पिंड छुड़ाने की, मात्र इसलिए नहीं कि इन्हीं छोटी-छोटी बातों से जिंदगी बनती है,

या इसलिए कि हवाई बातों की चर्चा न करते हुए वह जीवन की वास्तविकताओं की बात करते हैं, उस ठोस यथार्थ की जो हम सबके अनुभव क्षेत्र में आता है, बल्कि इसलिए कि इन मामूली लगने वाली बातों, उलझनों और परेशानियों के स्तर पर से वह हमें जिंदगी को देखने की नजर देते हैं। उनकी नजर न तो किसी नेता की नजर है, न समाजशास्त्री की नजर, न किसी पीर-पैगम्बर की जो लोगों को रास्ता सुझाते हैं, न किसी उपदेशक की, वह नजर केवल उस व्यक्ति की है जो इन उलझनों-परेशानियों के बीच जीता है, और इसी नजर से परसाई हमें जिंदगी को देखने का अवसर जुटाते हैं। कमाल यह है कि यह व्यक्ति इन परेशानियों का दुःखड़ा नहीं रोता, हाय-हाय नहीं करता, बल्कि हँसता हुआ सुनाता है और आपको भी हँसाता है। पर उन्हीं विडंबनाओं की तह में, जिन्हें दिखाता हुआ यह हमारा मनोरंजन करता है, हम जिंदगी के विकट यथार्थ की झलक पा लेते हैं, हँसते हुए हम इन विडंबनाओं-विसंगतियों की तह में छिपे यथार्थ का चेहरा देख पाते हैं। अनूठी कला है यह व्यंग्य लिखने की कि लगता तो है कि आप ऊल-जलूल बोल रहे हैं, आकाश-पाताल के कुलाबे मिला रहे हैं, जो मन में आता है कहे जा रहे हैं, बेतुकी, न सिर, न पैर, पर निबंध के अंत तक पहुँचते-पहुँचते एक झिलमिलता सत्य आपकी आँखों के सामने उभर आता है, और दिल की गहराइयों तक आपको छू जाता है। मुद्दतों बाद भी याद करो तो पेंशन के फाइल में अटकी भोलाराम की आत्मा आपके मन को विचलित कर जाती है। सैकड़ों बार अपने को समझाओ कि आत्मा कभी फाइलों में नहीं अटकती, ऐसा नहीं होता, यह मात्र व्यंग्य है, अतिशयोक्ति है, मात्र कल्पना है, पर मन नहीं मानता, भोलाराम की दुःखी, छटपटाती आत्मा फाइल में अटकी हुई बार-बार आँखों के सामने उभर आती हैं।

विश्वविख्यात अभिनेता का मिडियन चार्ली चेपलिन की फिल्मों के बारे में कहा जाता था कि पहली बार उनकी किसी फिल्म को देखने जाओ तो तुम सारा वक्त हँसी से लोट-पोट होते रहते हो, पर दूसरी बार जाओ तो तुम्हारी आँखों से बरबस आँसू झरते रहते हैं। पहली बार देखते हो तो विडंबनाओं को देखते हो, पर दूसरी बार देखते हो तो दिल को मथने वाली जिंदगी की सचाई को देखते हो जो विडंबनाओं के नीचे झाँक रही होती है। इसलिए चार्ली चेपलिन की फिल्मों के बारे में कहा जाता था कि पता नहीं वे हास्यरस प्रधान हैं अथवा करुण-रस प्रधान फिल्में हैं।

परसाई जी जैसे व्यंग्यकार इसलिए हमें हँसा और रुला जाते हैं कि उनके दिल में अपार करुणा पाई जाती है। ये छोटे आदमियों के छोटे किस्से आपको

इसलिए सुनाते हैं कि उनसे इन्हें गहरा प्रेम है, इनके दिल में उनके लिए गहरा दर्द है, गहरी सद्भावना है।

अब मेरी समझ में आया कि व्यंग्य के बारे में, पढ़ाई के जमाने में जो कुछ पढ़ा था कि व्यंग्य में एक प्रकार की कटुता पाई जाती है कि वह द्वेष भाव की उपज होता है आदि, क्यों और कहाँ पर गलत था। एक तो यह कि जिस प्रकार के व्यंग्य के बारे में यह पढ़ा था उसका संबंध समाज के उच्च वर्ग से था, उन खाते-पीते लोगों के बारे में था, जिन्हें जीविका संबंधी कोई परेशानी नहीं, जिनकी जिंदगी तिरती हुई-सी बीतती है, निठल्ली-सी जिंदगी जिसमें सबसे बड़ी परेशानी की बात यह हो सकती है कि प्रेमिका का पत्र आने में देर हो गई, या किसी सुंदरी के बालों की लट किसी ने काट ली तो तूफान बरपा हो गया। जिन अमीरजादों का दिन सुबह ग्यारह बजे शुरू होता है, और दिन की सबसे बड़ी घटना, ताश के खेल में हार या जीत है, और जिंदगी का सबसे बड़ा सदमा, प्रेमिका का किसी दूसरे की बाहों में चले जाना है, ऐसी जिंदगी पर व्यय करने वाले व्यंग्यकार के दिल में निश्चय ही कोई सहानुभूति नहीं पाई जाएगी, वह ऐसी जिंदगी पर और ऐसे किरदारों पर कटु व्यंग्य करेगा, पर जहाँ आप भोलाराम पर व्यंग्य कर रहे हों, जो जिंदगी भर भुखमरी से जूझता रहा, भलमनसाहत का मारा, डरा-सहमा आदमी, उसके प्रति आपके दिल में कहाँ कटुता जागेगी, अगर आपके दिल में दर्द है, तब तो करुणा ही जागेगी। और साहित्य में करुणा आरोपित नहीं होती, साहित्य में कोई भी भावना आरोपित नहीं होती। वह दिल की गहराइयों में से निकलकर ही आपकी रचना का अंग बनती है। अगर परसाई जी के व्यंग्य आपके दिल में अपने पात्रों के प्रति सहानुभूति जगाते हैं, तो इसलिए कि उनके अपने दिल में उनके प्रति अथाह सहानुभूति पाई जाती है। उनके व्यंग्य उस गहरी सहानुभूति की ही उपज हैं।

कॉलेज के दिनों में यह भी पढ़ा था कि व्यंग्य को हम भावना के स्तर पर नहीं, बौद्धिक स्तर पर ग्रहण करते हैं तथा उससे प्रभावित होते हैं कि वह हमारे दिल को नहीं, दिमाग को छूता है। यह बात भी अब साफ हुई कि किताब लिखने वाला किस प्रकार के व्यंग्य की चर्चा कर रहा था जब उसने भावनाहीन व्यंग्य की चर्चा की थी। सारी बात यहाँ आकर खत्म हो जाती है कि व्यंग्यकार किस दृष्टि से दुनिया को देखता है।

परसाई जी का व्यंग्य न तो भावनाहीन है और न ही मन में कटुता पैदा करता है। यह इस कारण कि उनकी दृष्टि बड़े व्यापक परिप्रेक्ष्य में जिंदगी की जद्दोजहद को देखती है, किसी एक वर्ग अथवा किसी एक क्षेत्र तक सीमित

नहीं है। इसी व्यापक जीवन से साक्षात् करते हुए वह उन लोगों से जुड़ते हैं जो समाज की परिपाटी में वंचित और अपहृत हैं, जो अपनी मेहनत, अपने संघर्ष के बावजूद, न तो समाज से न्याय प्राप्त करते हैं, न ही इज्जत-आबरू। अपने को जिंदा रख पाने के लिए जूझना ही जूझना, अपनी हड्डियाँ तोड़ते रहना ही जिनकी जीवनचर्या बन गई है और उनकी नियति के प्रति गहरा लगाव और गहरी चिंता ही इन्हें उनके बारे में लिखने पर मजबूर करती है। उनकी कला की खूबसूरती इसमें है कि इतने गंभीर विषय को परसाई जी इतने हल्के-फुल्के ढंग से, हँसी-खेल में व्यक्त कर जाते हैं, और पढ़ने वाले की दृष्टि को साफ भी कर जाते हैं। उनके निबंध पढ़ते हुए लगता तो है कि हम जिंदगी को टेढ़े शीशे में से देख रहे हैं पर धीरे-धीरे, वही टेढ़ा शीशा जिंदगी की सही, वस्तुपरक तस्वीर दिखाने लगता है।

परसाई जी ने बहुत लिखा है, दिल खोलकर लिखा है। उन्हीं के कथनानुसार वह हर रोज लिखते हैं, उनकी कृतियों के छः बड़े-बड़े खंड छप चुके हैं। उनकी जिंदगी की पकड़ तो निश्चय ही बड़ी गहरी और मजबूत है, उनका अनुभव क्षेत्र भी बड़ा व्यापक और विविधतापूर्ण है, प्रत्येक रचना उनके अनुभव में से ही फूट कर निकलती है, पर उनके रचनात्मक व्यक्तित्व का जो पल मुझे सबसे अधिक प्रभावित करता है, वह उनकी स्वतःस्फूर्त कल्पना है। निबंध किसी छोटे से साक्षात् से शुरू होता है, एक वाक्य में वह उसकी चर्चा करते हैं, पर उसे लिखते-लिखते ही उन्हें उसी में से निकला हुआ एक और वाक्य सूझ जाता है, और उससे एक और वाक्य उनकी कल्पना उस छोटे से साक्षात् से मानो खेलने लगती है, और उस पर पूरा का पूरा निबंध बुन डालती है। लगता है, उनकी कलम कहीं रुकती नहीं, रुक सकती ही नहीं। कहीं पर ऐसा नहीं लगता कि परसाई जी सोच में पड़ गए हों कि अब निबंध को आगे कैसे चलाएँ। धाराप्रवाह लिखते चले जाते हैं और चीज जैसे अपने आप बनती चली जाती है। यों लिखने का काम इतना आसान तो नहीं होता, और परसाई जी के लिए भी आसान नहीं होता होगा, पर उनकी कल्पना इतनी सक्षम है, इतनी उपजाऊ है कि रुक जाने पर भी, शीघ्र ही उनकी कलम फिर से चल निकलती होगी, दरवाजे खुलते चले जाते होंगे और निबंध में नए-नए आयाम जुड़ते चले जाते होंगे।

हमने एक ऐसे प्रकार के साहित्य के बारे में बहुत कुछ सुन-पढ़ रखा है जिसमें नाजुक खयालियाँ पाई जाती हैं। वह प्रेमिका के नख-शिख को लेकर बुनी गई हो, उसके गेसुओं को, या उसकी चितवन को, वहाँ भी लिखने वाले की उपजाऊ कल्पना तरह-तरह की उपमाएँ, तरह-तरह की वक्रोक्तियाँ ईजाद करती चली जाती है। वहाँ पर भी प्रेमिका की दो आँखों को लेकर दसियों पद लिख

डाले जाते हैं। पर परसाई जी ऐसी नाजुक खयालियों के लेखक नहीं हैं। नाजुक खयालियाँ शीघ्र ही मात्र शब्दाडम्बर के स्तर पर उतर जाती हैं, उनसे हाथ कुछ नहीं लगता। पर परसाई जी की कल्पना से उपजा हुआ एक-एक वाक्य, यथार्थ के पट खोलता चला जाता है। भले ही वे मानसिक प्रतिक्रिया के स्तर पर हों, अथवा वस्तुस्थिति के स्तर पर। वाक्य गढ़ने के लिए उन्होंने कल्पना का प्रयोग किया हो, ऐसा भास परसाई जी के निबंध पढ़ते समय नहीं होता। एक वाक्य में से निकलता हुआ दूसरा वाक्य उतना ही उनकी कल्पना की उपज है जितना उनके यथार्थ बोध की। इसीलिए जहाँ वह पाठक को लुभाता है, वहाँ वह उसे सजग और सचेत भी करता है।

जीवन की विसंगतियों-अंतर्विरोधों-विडंबनाओं का उद्घाटन करने वाले ये निबंध जहाँ हमारा साक्षात् यथार्थ से कराते हैं, वहाँ वे उस गहरी मानवीयता से अनुप्राणित हैं जिसकी धड़कन हम उनके निबंधों में महसूस करते हैं। परसाई, सामाजिक न्याय के लेखक हैं। और न्यायप्रियता, मानव-प्रेम से अलग नहीं होती, दोनों एक ही सिक्के के दो पहलू हैं। जहाँ मानव प्रेम पाया जाएगा, वहाँ न्यायप्रियता का पाया जाना अनिवार्य है। वास्तव में व्यंग्यकार जीवन के विभिन्न पहलुओं को भौंड़ा बनाकर नहीं दिखाता, समाज के अंदर पाई जाने वाली विसंगतियाँ, अन्याय, शोषण, असमानता, उसे भौंड़ा बनाती हैं, व्यंग्यकार तो उस भौंड़ेपन को हमारे सामने पेश कर देता है। उसके पास नजर है, वह उस भौंड़ेपन को देखती है और हमारे सामने व्यक्त कर देती है। वह तो हमें उस भौंड़ेपन को दिखाता है और कहता है कि देखो, समाज के कर्णधारों ने जीवन को कितना भौंड़ा बना दिया है। एक गहरी आस्था, गहरी निष्ठा, जीवन से गहरा प्रेम, दबी-कुचली मानवता के भविष्य में गहरा विश्वास, परसाई जी की कलम को चलाते हैं। एक प्रखर व्यक्तित्व के धनी, एक जुझारू संघर्षरत लेखक ने समाज के अंदर चलने वाले संघर्ष में अपना योगदान दे पाने के लिए, व्यंग्य की विधा को अपना हथियार बनाया है, और पिछले दसियों साल से बड़े सक्षम और प्रेरणाप्रद ढंग से उसे चलाता आ रहा है। उनकी यह लंबी यात्रा आसान नहीं रही है। इसमें उन्होंने अपना सब कुछ होम कर दिया है। ऊपर से हल्के-फुल्के लगने वाले व्यंग्य एक ऐसे व्यक्ति द्वारा रचे गए हैं जिसने अपनी आस्था और निष्ठा के लिए बड़ी यातनाएँ झेली हैं। हम सभी भली-भाँति परिचित हैं कि किस प्रकार प्रतिक्रियावादी तत्त्वों ने उन पर हमले किए हैं, उन्हें शारीरिक यातना पहुँचाई है, हर आए दिन उन्हें धमकियाँ दी हैं, उन्हें परेशान किया है। उन्हें अपनी आस्थाओं के लिए भारी कीमत चुकानी पड़ी है। लेकिन जिस धर्मनिरपेक्ष, न्यायसंगत,

असमानता और शोषण से मुक्त समाज के लिए वह संघर्षरत हैं, और आजीवन रहे हैं, वह आस्था उनकी लेखकीय देन को चार चाँद लगाती है। उनका प्रखर निष्ठावान व्यक्तित्व भी प्रेरणा का उतना ही बड़ा स्रोत है जितना उनका लेखन। परसाई जी दसियों साल से लिख रहे हैं, हम भी दसियों साल से उनकी रचनाओं को बड़े आग्रह और चाव से पढ़ रहे हैं। वह बराबर लिखते रहे और हम उसी चाव से बराबर पढ़ते रहें, यही हार्दिक कामना है। लेखक की कोई उम्र नहीं होती, और लेखक को पुरस्कृत भी इसलिए किया जाता है कि वह और लिखे, बराबर लिखता रहे। पुरस्कार तो एक याददाश्त होती है, कि खूब बढ़िया लिख रहे हो, लिखते जाओ, हमारी निगाहें तुम पर लगी हैं। अपने देश के साहित्य को समृद्ध बनाया है, परंतु अभी तक केवल छः खंडों से ही। गिनती में छः का कोई स्थान नहीं होता, वह किसी गिनती में नहीं आता।। इस शुभ अवसर पर, आपके एक पाठक-प्रशंसक की हैसियत से, एक स्नेही मित्र की हैसियत से मैं आपको आपकी अद्भुत देन के लिए धन्यवाद कहने आया हूँ, आपके चिरायु होने की कामना करते आया हूँ, जो मशाल आपने जलाई है, वह सदा रोशन रहे, वह हमारा पथ-प्रदर्शन करती रहे, यही हार्दिक कामना है।

राजा खुगशाल

नैतिक अवमूल्यन के विरुद्ध

हरिशंकर परसाई इस दौर के सर्वश्रेष्ठ व्यंग्य लेखक हैं। आजादी के बाद भारतीय समाज की विसंगतियों को उन्होंने जिस शिद्दत के साथ अपनी व्यंग्य रचनाओं में प्रस्तुत किया उसमें वे बेजोड़ और अद्वितीय हैं। उन्होंने हिंदी व्यंग्य को नए मुहावरे और नए आयाम दिए। राष्ट्रीय जीवन के व्यापक फलक पर परसाई जी ने हिंदी व्यंग्य को कविता-कहानी और नाटक की तरह एक सशक्त विधा के रूप में स्थापित किया।

जहाँ हिंदी में समर्थ व्यंग्य रचनाओं का अभाव है वहीं व्यंग्य की समीक्षा के बारे में परसाई जी का यह कथन भी वाजिब है–'व्यंग्य को लेकर जितना भ्रम हिंदी में है, उतना किसी और विधा को लेकर नहीं। समीक्षकों ने भी इसकी उपेक्षा की है। अभी तक व्यंग्य समीक्षा की भाषा ही नहीं बनी। अक्सर विनोद, हास्य, मखौल से व्यंग्य को अलग करके नहीं देखा जाता।'

प्रसिद्ध व्यंग्य लेखक मार्कट्वेन की तरह परसाई भी व्यंग्य में हास्य की जरूरत पर बल नहीं देते। वे मानते हैं कि व्यंग्य में हास्य भी निहित है पर वह दूसरे प्रकार का हास्य है। व्यंग्य में हास्य गौण और व्यंग्य की वक्रता ही मुख्य होती है।

जॉनाथन स्विफ्ट की तरह वे मनुष्य को अपमानित करने और उसे नीचा दिखाने के लिए व्यंग्य नहीं लिखते। वे अपने समूचे व्यंग्य-लेखन में मार्कट्वेन के इस कथन से सहमत नजर आते हैं–'मैं बुनियादी तौर पर एक शिक्षक हूँ। मेरा ख्याल है कोई भी व्यंग्य लेखक मनुष्य को नीचा नहीं दिखाना चाहता।' परसाई जी कहते हैं–'व्यंग्य मानव के प्रति सहानुभूति से पैदा होता है। वह मनुष्य को बेहतर मनुष्य बनाना चाहता है।' छल-छद्म और मानव-विरोधी ताकतों के खिलाफ उनकी व्यंग्य रचनाएँ उन्हें कबीर के समकक्ष खड़ा करती हैं।

श्रीलाल शुक्ल के उपन्यास 'पहला पड़ाव' की समीक्षा करते हुए साक्षात्कार के अप्रैल-जून अंक में परसाई जी के व्यंग्य-लेखन के बारे में मधुरेश का कहना है—'हरिशंकर परसाई का सारा लेखन एक काव्यात्मक उपन्यास है। जबकि उपन्यास के क्षेत्र में उन्होंने जो प्रयोग किए वे उपन्यास की विधा में कोई मौलिक और बड़ा योगदान करते नहीं दिखाई देते। उनका महत्त्व व्यंग्य की दृष्टि से अधिक है।'

आजादी के बाद के नैतिक अवमूल्यन को केंद्र में रखता हुआ 'ठिठुरता हुआ गणतंत्र' उनकी व्यंग्य रचनाओं का महत्त्वपूर्ण संग्रह है। जीवन का कोई पक्ष ऐसा नहीं जो उनकी पैनी नजरों से बच पाया हो। आजादी दिलाने वाले आजादी को हड़प कर 'किंकर्तव्यविमूढ़ता' की स्थिति में पहुँच गए हैं। ठिठुरता हुआ गणतंत्र व्यंग्य रचना का एक अंश है

'कुल छः साल जेल में रहे थे। तब नारा लगता था—गुलामी के घी से आजादी की घास अच्छी है। इस नारे पर बहुत लोग जेल जाते थे। वे भी चले गए थे। सन् '47 के बाद भी लोग जेल जाते रहे। अब कुछ समझ में नहीं आता देश में क्या हो रहा है। क्या होना चाहिए, कुछ समझ नहीं आता। अब आजादी की घास खाते हैं और किनारे बैठे हैं।'

आजादी के बाद का सबसे आसान और आकर्षक नारा रहा है—समाजवाद। गरीबी, बेरोजगारी और आर्थिक विषमता, कोई ऐसी समस्या नहीं जो समाजवाद के खोल में न समा पाती हो। भारतीय समाजवादियों के चरित्र पर व्यंग्य करते हुए परसाई जी कहते हैं :

'मैं एक सपना देखता हूँ। समाजवाद आ गया है और बस्ती के बाहर टीले पर खड़ा है। बस्ती के लोग आरती सजाकर उसका स्वागत करने को खड़े हैं। पर टीले को घेरे खड़े हैं कई तरह के समाजवादी। मैं हरेक से कहकर आया हूँ कि समाजवाद को हाथ पकड़कर मैं लाऊँगा। समाजवाद टीले से चिल्लाता है—'मुझे बस्ती में ले चलो।' मगर टीले को घेरे समाजवादी कहते हैं—'पहले यह तय होगा कि कौन तेरा हाथ पकड़कर ले जाएगा। समाजवाद परेशान है, जनता परेशान है।'

समाज में सदियों से चली आ रही धार्मिक आस्थाओं पर मौजूदा परिस्थितियों ने प्रश्नचिह्न लगा दिए हैं। जहाँ आज का मनुष्य पुराने आदर्शों के विरोध में है वहाँ परसाई जी की पक्षधरता असंदिग्ध है। 'निठल्ले की डायरी' नामक व्यंग्य रचना की कुछ पंक्तियाँ हैं :

'गीता में लिखा है 'कर्मण्येवाधिकारस्ते मा फलेषु कदाचनः।' अर्थात् तुम्हारे अधिकार में सिर्फ काम करना है। तुम फल की इच्छा मत करो। हे मजदूरो, भगवान का आदेश है कि काम करते जाओ। तनख्वाह मत माँगो। यह उपदेश मजदूरों की हड़ताल तुड़वाने के काम आ सकता है, पर भगवान ऐसा आदेश नहीं दे सकते। इससे यह सिद्ध हुआ कि गीता या तो 'फेडरेशन ऑफ इडियन चेंबर ऑफ कॉमर्स एण्ड इंडस्ट्रीज' के अध्यक्ष ने लिखी या किसी से लिखवाई गई है।'

पुराने जीवन-मूल्यों के बिखराव और नए मूल्यों के ठीक से स्थापित न होने की वजह से आस्थाओं के प्रति शंकाओं ने मूल्यहीनता को जन्म दिया है। जिंदगी का कोई क्षेत्र ऐसा नहीं जो आज के अराजक मूल्यों से ग्रस्त न हो। साहित्य और कला कर्म भी नहीं। साहित्य और कलाओं के साथ मनुष्य का व्यवसायीकरण उपभोक्ता संस्कृति का हिस्सा है। मशीनों और विज्ञापनों के इस युग में उत्पादों के प्रचार-प्रसार के लिए नारी सौंदर्य का इस्तेमाल आज की कटु सचाई है। औद्योगिक और असंतुलित अर्थतंत्र ने नारी को उपभोग की वस्तु बना दिया है। 'विज्ञापन में बिकती हुई नारी' व्यंग्य रचना का अंश है :

'ऐसा लगता है सारी अर्थव्यवस्था पर नारी सौंदर्य ने कब्जा कर लिया है। मैं नहीं जानता विज्ञापनों में अपने रोल के बारे में स्त्रियाँ क्या सोचती हैं। मगर इनसे ये निष्कर्ष निकलते हैं—इस देश की सारी सुंदर स्त्रियाँ कंपनियों की नौकरानियाँ हैं। उनका काम कंपनी की तरफ से पुरुष को फुसलाना है। सुंदर स्त्री के जीवन का महान उद्देश्य है किसी कारखाने का माल बिकवाना।'

व्यंग्य में हास्य की उपस्थिति चाहे जिस रूप में हो उसे नकारा नहीं जा सकता। यदि व्यंग्य से हास्य को अलगा भी दें तो हिंदी में स्वस्थ-मनोरंजक हास्य की नितांत कमी है। कबीर से लेकर भारतेंदु हरिश्चन्द्र, पाण्डेय बेचैन शर्मा 'उग्र', निराला, हरिऔध और बालमुकुन्द गुप्त तक की हास्य-व्यंग्य की समृद्ध परंपरा छायावादोत्तर काल से लगातार क्षीण होती गई।

इस दौर में सस्ते व्यवसायी कवि-सम्मेलनों ने हास्य-व्यंग्य को सबसे अधिक नुकसान पहुँचाया। सतही और फूहड़ हास्य कविताओं ने हँसने की स्वाभाविक प्रवृत्ति को विरूपित किया है। हास्य-व्यंग्य की कथित कविताओं ने ऐसी स्थिति पैदा कर दी है कि रचनाकार पाठक और श्रोता स्वस्थ मनोरंजन युक्त हास्य रचनाओं की जरूरत तक को भूलने लगे हैं। ऐसा नहीं कि हँसी के लिए हमारे जीवन में अब जगह ही नहीं रही। यदि ऐसा होता तो सम्मेलनी हास्य कविताओं को सुनने की बजाय हम चार्ली चेपलिन की फिल्म देखना पसंद नहीं करते।

सवाल सिर्फ हास्य का नहीं, हास्य की गरिमा और गुणवत्ता का भी है। आज हिंदी में एक भी ऐसा कविता-संग्रह नहीं जिसे हास्य कविताओं का प्रतिनिधि संग्रह कहा जा सके।

हास्य कविताओं की तरह हास्य कहानियाँ और हास्य नाटक भी पढ़ने-सुनने-देखने को कम ही मिलते हैं। 1967 में उर्दू की प्रतिनिधि हास्य कहानियों के हिंदी अनुवाद का एक संग्रह, पॉपुलर बुक्स पब्लिकेशन ने 'साँप मार खाँ' नाम से हलीमा बिलक्रीस के संपादन में प्रकाशित किया था। इस संग्रह में कृष्ण चन्दर की कहानी 'चलता-पुर्जा', पतरस बुखारी की कहानी 'मैं एक मियाँ हूँ', मंटो की 'सबेरे जो कल आँख मेरी खुली' और शौकत थानवी की 'साँप मार खाँ' उल्लेखनीय कहानियाँ हैं।

चेखव की कहानियों में हास्य के साथ मनुष्य के प्रति करुणा और सहानुभूति भी निहित है। चेखव अपनी कहानियों में लोगों की हँसी-खुशी के लिए संघर्ष करते हुए नजर आते हैं।

1892 में लिखित 'एक पाठक' कहानी में मैक्सिम गोर्की ने एक पाठक के जरिए साहित्य में हास्य के सवाल को शायद पहली बार उठाया था। कहानी में पाठक लेखक से सवाल करता है—'क्या तुम अह्लादपूर्ण हास्य की रचना कर सकते हो? जो आत्मा के समूचे मैल को धो डाले। देखो, लोग एकदम भूल गए हैं कि ठीक से कैसे हँसा जाता है...वे मन के उस समूचे उल्लास से नहीं हँसते जिससे वयस्कों के पेट में बल पड़ जाते हैं। पसलियाँ बोलने लगती हैं। अच्छी हँसी स्वास्थ्यप्रद चीज है। यह अत्यंत आवश्यक है कि लोग हँसें।'

संसार की अन्य भाषाओं के साहित्य के संदर्भ में न सही हिंदी साहित्य के संदर्भ में लेखक से यह सवाल आज भी किया जा सकता है।

महेन्द्र कुमार फुसकेले

बड़ी मुश्किल से होता है चमन में इक दीदावर पैदा

हरिशंकर परसाई से मेरी मुलाकात सबसे पहले सन् उन्नीस सौ बावन में जबलपुर में हुई थी। अवसर था अखिल भारतीय स्टूडेंट फेडरेशन के प्रांतीय सम्मेलन का। मैं तब सागर विश्वविद्यालय का छात्र था। सागर से लगभग बीस छात्र प्रतिनिधियों ने सम्मेलन में भागीदारी की थी। प्रसिद्ध गांधीवादी अर्थशास्त्री स्वर्गीय श्री जे.सी. कुमाराप्पा, लोकप्रिय हिंदी उपन्यासकार श्री अमृतराय और श्री हरिशंकर परसाई ने सम्मेलन को संबोधित किया था। परसाई तब शिक्षक थे। लेखक के रूप में तब वे जाने नहीं जाते थे। हालाँकि उनकी कुछ लघु कथाएँ तब तक प्रकाशित अवश्य हो चुकी थीं। परसाई तब प्रगतिशील विचारों के एक युवा शिक्षक थे और शिक्षक आंदोलन से जुड़े हुए थे। खादी की काली शेरवानी और पायजामा परसाई पहने हुए थे। सम्मेलन को संबोधित करते हुए उन्होंने बताया था कि शिक्षकों की आर्थिक हालत दयनीय है। कम तन्खा उसे दी जाती है। शिक्षक ऊपर से दिखने में खाता-पीता नजर आता है मगर अंदर से वह बहुत खस्ता होता है। अच्छे कपड़े के नीचे वह जो बनियान पहनता है उसमें सैकड़ों छोटे-बड़े छेद होते हैं। वहीं शिक्षक की वास्तविक हालत है। विद्यार्थियों को अपनी माँगों के साथ-साथ शिक्षकों के लिए भी संघर्ष करना चाहिए। ऐसा कहकर उन्होंने अपनी काली शेरवानी के बटन मंच पर खड़े-खड़े ही खोल दिए थे। शेरवानी के नीचे परसाई जो बनियान पहने हुए थे उसमें सचमुच में बीसियों छेद साफ दिख रहे थे। सम्मेलन में मौजूद छात्रों पर उनकी इस बात का बेहद असर हुआ था। मैं भी उनसे तब प्रभावित हुए बिना नहीं रहा था। उनके व्यक्तित्व की यह प्रथम छाप मेरे दिल में आज भी ताजा है। अमृतराय से भी मेरी पहली मुलाकात इसी सम्मेलन के अवसर पर हुई थी। वे तब अपने ससुर हुए थे। हिंदी के नए उपन्यासकारों-कहानीकारों में से अमृतराय का बेहद असर तब नवयुवक पीढ़ी पर था। युवक-युवतियों के बीच में वे अत्यंत चाव से पढ़े

जाते थे। प्रगतिशील लेखक आंदोलन एवं उसके संगठन प्रगतिशील लेखक संघ के अमृतराय तब तरुण अगुआ थे।

परसाई की रचनाओं की पहली पुस्तिका—'क्रांति हो गई' जबलपुर के श्री नत्थूलाल सर्राफ ने प्रकाशित की थी। जहाँ तक मुझे याद है यह पुस्तिका कवर सहित लगभग तीस पृष्ठ की थी। इस संग्रह की लघु कथाएँ व्यंग्य लिए हुए थीं। उनकी प्रसिद्ध लघु कथाएँ—'तेलियों के गणेश' और 'क्रांति हो गई' सर्वप्रथम इसी संग्रह में प्रकाशित हुई थीं। आज के व्यंग्यकार हरिशंकर परसाई के लेखन की नींव, उनके व्यंग्य-लेखन की नींव इसी से भरी गई थी।

पुराने मध्य प्रदेश की राजधानी तब नागपुर में थी। नागपुर के 'नया खून' साप्ताहिक के संपादक कृष्णानंद 'सोख्ता' थे। जबलपुर से साप्ताहिक 'प्रहरी' भवानी प्रसाद तिवारी संपादित करते थे। ये दोनों साप्ताहिक पत्र साहित्य को काफी स्थान देते थे और पाठकों में लोकप्रिय थे। परसाई इन दोनों साप्ताहिक पत्रों में बराबर लिखते रहते थे। इन दोनों समाचार-पत्रों में प्रगतिशील साहित्यकारों की रचनाएँ प्रकाशित होती थीं। आम जनता में 'प्रहरी' और 'नया खून' लोकप्रिय, प्रगतिशील एवं निर्भीक साप्ताहिक माने जाते थे।

परसाई व्यंग्यकार हैं। लघु कथाएँ और लेख इत्यादि में व्यंग्य, स्वस्थ एवं आधुनिक व्यंग्य, विशेष रूप से राजनीतिक व्यंग्य-लेखन के लिए वे समस्त हिंदीभाषी क्षेत्र में ख्याति प्राप्त हैं। व्यंग्य-लेखन के लिए जीवन के प्रति एक आलोचनात्मक दृष्टिकोण परसाई रखते हैं। रोजमर्रा की सामान्य बातचीत में उनकी व्यंग्यदृष्टि बराबर नजर आती है और सुनने वाले अवाक रह जाते हैं।

भारत-सोवियत सांस्कृतिक संघ का एक सम्मेलन जबलपुर में था। कार्यक्रम की तैयारी चल रही थी। दोपहर में भोजन का समय हो चुका था। सम्मेलन की तैयारी में परसाई भी अन्य साथियों स्वर्गीय रामेश्वर प्रसाद गुरु, हनुमान प्रसाद वर्मा और महेन्द्र वाजपेयी के साथ लगे थे। साथियों के कहने पर रामेश्वर गुरु ने जो उन दिनों नगर पालिका निगम के मेयर थे वहीं किसी को भेजकर होटल से खाना मँगाया था। खाना शाकाहारी और मांसाहारी दोनों था। एक बड़ी टेबिल पर खाना लगा था। सभी लोग एक साथ बैठकर खा रहे थे। मैं केवल शाकाहारी भोजन ले रहे था। इस पर पसराई ने मुझसे कहा था—'क्यों फुसकेले, जानवर नहीं खाते।' मैंने उनकी ही भाषा में उत्तर दिया था—'जिंदा आदमी का खून चूसने वाली जाति में पैदा हुआ हूँ, मरा पशु नहीं खाता।' परसाई ने मेरे व्यंग्य को पसंद किया था। लगभग पच्चीस वर्ष पहले मेरी एक रचना 'यह शहर

यह लोग' एक स्थानीय साप्ताहिक में प्रकाशित हुई थी। किसी सज्जन ने उसे ले जाकर परसाई को पढ़ाया। परसाई ने रचना के व्यंग्य को खूब सराहा था। जबकि मेरे विचार से मेरी वह रचना कोई बहुत अच्छी नहीं है। दूसरे लेखकों की रचनाओं की तारीफ करना, उन्हें पसंद करना यह गुण परसाई में है। इसी ने उनके व्यक्तित्व को बनाया है। मासिक 'वसुधा' के संपादक के रूप में उन्होंने नए कथाकारों, कवियों तथा लेखकों को पत्रिका में स्थान देकर प्रोत्साहित किया था। मैं तब कहानियाँ लिखता था। प्रांत के बाहर की पत्रिकाओं के अलावा साप्ताहिक 'प्रहरी' और साप्ताहिक 'नया खून' में परसाई की कहानियाँ और मेरी कहानियाँ अक्सर उन दिनों साथ-साथ प्रकाशित होती थीं। बहुत से साहित्य सम्मेलन और कहानी सम्मेलनों में परसाई और मैंने साथ-साथ कहानियाँ सुनाई थीं। भोपाल के एक कहानी सम्मेलन में मैंने कहानी पढ़ी थी मगर वह जनता द्वारा 'हूट' होते-होते बची थी। जनता ने परसाई की कहानी को बहुत पसंद किया था। खूब मजा लेकर जनता ने उनसे कहानी सुनी थी। व्यंग्यकार शरद जोशी ने भी कहानी पढ़ी थी। उसे भी जनता ने पसंद किया था। दोनों की कहानियाँ व्यंग्य कहानियाँ थीं और हल्की-फुल्की मजा देने वाली थीं। परसाई ने तब मुझसे कहा था कि मुझे भी कोई हल्की-फुल्की मजा देने वाली कहानी पढ़ना चाहिए था, गंभीर कहानी नहीं। आम श्रोताओं, जनता को ध्यान में रखकर ही कहानी या कविता सुनानी चाहिए।

व्यंग्य की भी क्या कोई सामाजिकता, राजनीति और प्रतिबद्धता होती है? हरिशंकर परसाई अन्य व्यंग्य लेखकों की तरह 'कोरा व्यंग्य' नहीं लिखते हैं। एक जीवन-दर्शन सतत् और स्पष्ट रूप से हमें उनकी रचनाओं में मिलता है। सामाजिक अंधविश्वास, सामाजिक कुरीतियाँ, प्रथाएँ जैसे बाल-विवाह एवं सती प्रथा, सांप्रदायिकता, वर्ण-व्यवस्था एवं जातिवाद, मनुष्य द्वारा मनुष्य का शोषण और स्त्रियों पर अत्याचार के खिलाफ परसाई ने निरंतर लिखा है। उनका विश्वास वैज्ञानिक समाजवाद में है। वे वामपंथ की विचारधारा के प्रति प्रतिबद्ध हैं। यही अंतर दूसरे व्यंग्यकारों विशेष रूप से के.पी. सक्सेना, शरद जोशी और परसाई में है। मेरे परिचित शरद जोशी ने वैसे अपने वैयक्तिक जीवन में प्रेम विवाह एक मुस्लिम महिला से (श्रीमती इरफाना जी से जो एक रंगकर्मी हैं) किया है मगर लेखन में उनका दृष्टिकोण सांप्रदायिक है। वे हिंदू संप्रदायवाद से इन दिनों बुरी तरह प्रभावित हैं। उनकी सामाजिकता प्रगति-विरोधी है। वे सती प्रथा, वर्ण-व्यवस्था, धार्मिक कट्टरता, मनुष्य द्वारा मनुष्य का शोषण, हरिजन तथा स्त्रियों पर अत्याचार इत्यादि पर चुप्पी साधे हुए हैं। वे प्रहार नहीं करते हैं। शरद

जोशी यदि भारतीय जनता पार्टी के बाकायदा एक मुखर सदस्य हैं तो इसमें आश्चर्य नहीं होना चाहिए। यह उनकी सामाजिकता, राजनीति और प्रतिबद्धता है जैसी कि हिंदी के मान्य लेखक समीक्षक श्री विष्णुकांत शास्त्री की है। श्री विष्णुकांत शास्त्री भारतीय जनता पार्टी के उपाध्यक्षों में से एक हैं।

एक अखिल भारतीय कथा सम्मेलन उज्जैन में हुआ था। देश भर से कहानीकार-उपन्यासकार इकट्ठे हुए थे। परसाई थे, राजेन्द्र यादव थे, शेखर जोशी थे, भैरव प्रसाद गुप्त थे जो तब प्रसिद्ध पत्रिका 'नई कहानियाँ' के संपादक थे, रमेश बक्षी थे, केदार दूबे साथी, मैं और मार्कण्डेय थे। भैरव प्रसाद गुप्त ने एक सत्र की अध्यक्षता की थी। इसी सत्र की चर्चा में मैंने 'नई कहानियाँ' पत्रिका में प्रकाशित कहानियों के संदर्भ में कहा था कि इन कहानियों को पढ़ने से ऐसा लगता है कि इन दिनों हिंदुस्तान के कारखानों में गोरी, सुडौल, चिकनी, संगमर्मरी टाँगें ढल रही हैं। नाजुक, रेशमी बाहें ढल रही हैं। हर जगह कॉफी हाउस खुल गए हैं। केंडिल बन रहे हैं, मोमबत्तियाँ बन रही हैं। गिरजाघर बन रहे हैं। उनकी घंटियाँ तैयार हो रही हैं। मिलों में रंग-बिरंगे स्कार्फ और इन्द्रधनुषी रिबिन बुने जा रहे हैं। फूली हुई डबलरोटी की तरह गोल वक्ष साँचों में से ढलकर फैक्ट्ररियों से निकल रहे हैं। देश में कहीं कोई बाँध बन रहा है, स्कूल बन रहा है, सड़क तथा पुल बन रहा है, खेती के लिए बंजर भूमि को उपजाऊ बनाया जा रहा है, ट्रेक्टर ढल रहे हैं, इस्पात की पटरियाँ रेलों के लिए बिछ रही हैं, कारखानों के सायरन बज रहे हैं, हड़ताली मजदूरों के नारों की गूँज, फसल काटती महिलाओं के गीत इत्यादि इन कहानियों में नहीं सुनाई देते हैं। देश की जनता विकास के लिए कहीं कोई संघर्ष कर रही है, इन कहानियों के पढ़ने से नहीं लगता यह प्रगतिशील दृष्टिकोण नहीं है। ये कहानियाँ प्रगतिशील नहीं कही जा सकती हैं। 'नई कहानियाँ' के नाम से मात्र 'भैरव प्रसाद इलेविन' ही अकेली हिंदी कथा मैदान पर खिलाई जा रही है।

भैरव प्रसाद गुप्त मेरी इस टिप्पणी पर बेहद क्रोधित हुए थे। परसाई ने मेरी बात का समर्थन गोष्ठी में नहीं किया था मगर बाद में उन्होंने मुझसे कहा था कि मेरा कथन सकारात्मक प्रगतिशीलता को रेखांकित करता है। उन्होंने बताया था कि मुझे इस तीक्ष्ण भाषा में 'अपने आदमी' भैरव प्रसाद गुप्त की आलोचना नहीं करनी चाहिए थी, ऐसा भैरव प्रसाद गुप्त का कहना है। जिन नए कथाकारों की कहानियों को भैरव प्रसाद गुप्त ने पत्रिका में प्रकाशित नहीं किया था उन्होंने मेरी बात का समर्थन गोष्ठी में किया था। परसाई की एक या दो कहानियाँ 'नई

कहानियाँ' में भैरव प्रसाद छाप चुके थे। उन कहानियों को पत्रिका में प्रकाशित होना ही चाहिए था।

सागर में परसाई आते ही रहते थे। वे कवि शिवकुमार श्रीवास्तव के यहाँ अक्सर ठहरते थे। बाद में कभी स्वर्गीय विजय चौहान (कवियत्री सुभद्रा कुमारी चौहान के द्वितीय पुत्र) के यहाँ रुक जाते थे। शिवकुमार श्रीवास्तव उनके दोस्त हैं। परसाई मेरे दोस्त नहीं, साथी हैं। डॉ. हरिसिंह गौर विश्वविद्यालय, सागर में जब म. प्र. शासन ने प्रगतिशील साहित्यकार स्वर्गीय श्री गजानंद माधव मुक्तिबोध के नाम से एक पीठ 'मुक्तिबोध पीठ' की स्थापना की तो उसके लिए प्रथम निदेशक श्री परसाई को प्रतिष्ठित किया गया था। वे तब तक पैरों से लकवाग्रस्त हो चुके थे। मित्रों और साथियों के आग्रह पर उन्होंने उस हालत में सागर आना स्वीकार कर लिया था। देश में आपातकाल अपनी जवानी पर था। वे विश्वविद्यालय परिसर में गौर नगर में रहते थे। उनके चारों ओर सागर के, प्रांत से और देश भर से आए तरुणों को अक्सर मार्गदर्शन देते, रचना सुनाते और चर्चा करते तब देखा जा सकता था। पता नहीं क्यों उन्होंने मुझे और कवि शिवकुमार श्रीवास्तव को तब अपना 'गार्जियन' घोषित कर रखा था। खास मित्रों तथा साथियों से वे हमें अपना 'गार्जियन' बताते थे। जबकि सत्यता यह है कि मैंने उनकी कुछ भी सहायता नहीं की थी। मैं परसाई से उम्र में, ज्ञान में, अनुभव में और लेखन में छोटा हूँ। वे मेरे अग्रज साथी हैं। उनका मन विश्वविद्यालय के 'भद्र पुरुषों' के बीच में लग नहीं पाता था और थोड़े समय के बाद वे पीठ छोड़कर सागर से हमें दुखी करके चले गए थे। परसाई दूसरों पर ही व्यंग्य नहीं करते वरन अपने आप को भी नहीं छोड़ते हैं। उन्हें सरकार द्वारा पुरस्कृत किया गया था। डॉ. हरिसिंह गौर विश्वविद्यालय में उनका सम्मान किया जा रहा था। कुलपति की अध्यक्षता में आयोजित सम्मान सभा में उन्होंने भाषण देते हुए कहा था–'विश्व अपंग वर्ष में सरकार ने मुझे दया करके पुरस्कृत कर एक उचित कार्य किया है। मैं सरकार को इसके लिए धन्यवाद देता हूँ। मुझसे अधिक दया योग्य व्यक्ति सरकार को दूसरा नहीं मिला।' भारत सरकार विश्व अपंग वर्ष देश भर में तब मना रही थी। अनेक शीर्ष पुरस्कारों से परसाई सम्मानित हो चुके हैं। दसियों संग्रह उनकी रचनाओं के अब तक प्रकाशित हो चुके हैं। देश की ख्याति प्राप्त पत्रिकाओं और समाचार-पत्रों में वे नियमित स्तंभ लिखते हैं। छात्रों की पाठ्य-पुस्तकों में उनकी रचनाएँ शामिल की जा चुकी हैं। एक समय था जब उन्हें 'शूद्रों' की श्रेणी में हिंदी के समीक्षकों तथा मनीषियों द्वारा रखा जाता था और उन्हें युवकों-युवतियों को 'बिगाड़ने' वाला घोषित किया जाता था।

और अब परसाई को पुरस्कृत कर सरकारें स्वयं सम्मानित हो रही हैं। परसाई प्रमाण-पत्र प्राप्त साहित्यकार हैं। विरलों के पास यह प्रमाण-पत्र होता है। हिंदू संप्रदायवाद के संगठन—राष्ट्रीय स्वयं सेवक संघ के कुछ तरुणों ने परसाई के लेखन से क्रोधित होकर कुछ वर्ष पूर्व उन पर छड़ी से हमला बोला था। इन युवकों ने उन्हें पीटकर प्रमाणित कर दिया था। प्रमाणित हो गया कि वे हिंदू संप्रदायवाद के पक्के विरोधी हैं, धर्मनिरपेक्षता के ईमानदार एवं दृढ़ समर्थक हैं। अपना दुश्मन जब बौखलाकर प्रहार करता है तब अपने सही रास्ते पर होने का प्रमाण-पत्र मिल जाता है। परसाई ऐसे प्रमाणित लेखक हैं।

रूसी कथाकार गोगोल विश्व प्रसिद्ध व्यंग्य सम्राट हैं। गोगोल को मैंने पढ़ा है। गोगोल से पहले मैंने उर्दू के अंतर्राष्ट्रीय ख्याति प्राप्त लेखक स्वर्गीय कृष्ण चन्दर को तलाश-तलाश कर खूब पढ़ा था। किस्सागोई में उनका सानी दूसरा नहीं है। कई पीढ़ियाँ कृष्ण चन्दर की कहानियों की आशिक रही हैं। रोमानी क्रांतिकारिता के वे दिल लुभाने वाले गद्यकार हैं। हिंदी के बीसियों कहानीकारों ने कृष्ण चंदर से प्रभावित होकर उनकी शैली में कहानियाँ लिखीं। हिदीभाषी जनता यह मानने को तैयार नहीं कि कृष्ण चन्दर उर्दू के लेखक हैं, हिंदी के नहीं। मैं भी कृष्ण चन्दर से प्रभावित हुआ था। हरिशंकर परसाई व्यंग्य गद्यमंच पर कृष्ण चन्दर की रोमानी क्रांतिकारिता के साथ आए थे। परसाई की सोच में, उनके विचारों में क्रमिक, उच्चोत्तर विकास होता गया, यह साफ नजर आता है। पहले वे समाजवादियों की नकली गालबजाऊ क्रांतिकारिता से प्रभावित थे। नेहरू के काल्पनिक समाजवाद ने भी उन्हें लुभाया फिर मार्क्सवाद ने उन्हें अपनी ओर खींचा। विश्व समाजवादी आंदोलन के परसाई लंबे समय से प्रशंसक थे। अंत में वैज्ञानिक समाजवाद में वे दीक्षित हुए हैं। साहित्य में मार्क्सवादी सौंदर्यशास्त्र की अवधारणाओं को उन्होंने अपने लेखन में पिरोया है। दशाब्दियों से वे साहित्यकारों के सबसे पुराने, जीवंत संगठन प्र. ले. संघ के म. प्र. इकाई के सबसे सम्मानीय अध्यक्ष रहे हैं। प्रदेश इकाई की अध्यक्षता परसाई ने इस वर्ष प्र. ले. संघ के पाँचवें गुना सम्मेलन में स्वयं छोड़ दी है। परसाई आज अधिक ठोस सैद्ध ांतिक जमीन पर खड़े हैं। उनकी ख्याति आसमान छू रही है। नए लेखकों खास तौर से व्यंग्य विधा को अपनाने वालों के लिए परसाई एक रोशनी की मीनार हैं।

रमाकांत श्रीवास्तव

लेखक और पाठक के संबंध : कुछ नोट्स

1956 में मध्य प्रदेश का जाज्वल्यमान कथाकार : हरिशंकर परसाई लेख में मुक्तिबोध ने लिखा था 'मानदंडों का प्रयोग बहुत सावधानी से किया जाना चाहिए। यदि परसाई जी की तुलना रोम्याँ रोलाँ, गोर्की और तालस्ताय से करने लगे, तो हमारी बुद्धि की दिक्काल सम्वेदना लुप्त हो गई समझिए। किंतु कौन जानता है कि भारतीय धरती की उर्वरता श्री परसाई जी के कला-हृदय से फूटने वाली हो?' मुक्तिबोध की पैनी दृष्टि भविष्य देखने में सक्षम थी। हम परसाई की तुलना किस लेखक से करें यह महत्त्वपूर्ण नहीं है लेकिन इन लेखकों के समकक्ष आज परसाई को रखा जा रहा है। गोर्की और तालस्ताय जिस तरह अपने समाज के विराट जन-जीवन के अच्छे-बुरे पहलुओं को समझते और चित्रित करते थे उसी तरह स्वातंत्र्योत्तर भारत में हमारे समाज की विसंगतियों, संघर्षों और स्वप्नों से समग्र रूप में साक्षात्कार परसाई के लेखन के माध्यम से होता है।

अभिजात वर्गीय शिष्टता और सौजन्य को ही जब रचना का आधार बनाने का प्रयास होता है तब एक भद्र जनोचित सेंसर निर्मित होता है जो बुद्धिजीवी को समाज और जनता से दूर ले जाता है। जब रचनाकार इस तरह की शिष्ट-विशिष्ट अभिव्यक्तित्व के घेरे में आ जाता है तो जीवन के खुरदुरे यथार्थ को व्यक्त करने की उसकी क्षमता क्षीण हो जाती है। तब शाश्वत सत्य की तलाश के नाम पर सभी के अनुकूल रचना लिखने का दिव्य प्रयास किया जाता है। तब राजनीति से बचने के नाम पर सामाजिक शोषण को सर्वोदयी निगाहों से देखकर मनुहार भरी तानाकशी तक ही लेखन की पहुँच हो पाती है। मुक्तिबोध के शब्दों में कहें तो :

'उग्र और तीव्र प्रतिक्रियाओं को काट-छाँटकर उन्हें सौम्य बनाने यानी शेर को बकरी बनाकर उससे घास चरवाने का उद्देश्य इस अभिरुचि की विशेषता है।' परसाई की कबीर मुद्रा ने कभी अभिरुचि के नाम इस सेंसर को अपने ऊपर हावी नहीं होने दिया।

व्यंग्य को उन्होंने कभी मसखरापन नहीं बनने दिया। उनका व्यंग्य सधी हुई तलवार की तरह वार करता है। विषमता, शोषण और अन्याय को पालने वाली ताकतों पर निर्भय होकर प्रहार करने की उनकी प्रवृत्ति उनके लेखन को जनप्रिय बनाती है। परसाई के लेखन के प्रति जनता में आकर्षण ही नहीं, आदर भी है। उनमें यह भाव स्पष्ट है कि भ्रष्ट समाज-व्यवस्था के विरोध में कोई रचनाकार जनता के पक्ष में खड़ा है। परसाई के प्रति आदर का कारण शाब्दिक मनोरंजन या अंदाजे बयाँ भर नहीं है, उसका कारण रचना का वस्तु तत्त्व है जो कष्टों को झेलने वाली जनता को आश्वस्त करता है। जनता की तकलीफों को, परिवर्तन की कामना और स्वप्न को उसी की भाषा में लिखने वाले साहित्यकार को यदि लोग खोज-खोजकर पढ़ें तो आश्चर्य क्या है? परसाई की प्रसिद्धि मुक्ति की कामना को तथा अंतरमन की प्यास को तृप्त करने वाली रचना के प्रति सम्मान है। मुक्तिबोध के शब्दों में कहें तो–'आज की दुनिया में जिस हद तक शोषण बढ़ा हुआ है। उसी हद तक मुक्ति-संघर्ष भी बढ़ा हुआ है और उसी हद तक बुद्धि और हृदय की भूख-प्यास भी बढ़ी हुई है।' अध्ययन के प्रति विरक्ति और उदासीनता के युग में परसाई के यथार्थवादी साहित्य के प्रति पाठक के गहरे रुझान का कारण काफी हद तक क्या यही नहीं है?

X X X

प्रेमचन्द से पहले लोग मनोरंजन के लिए कथा-साहित्य पढ़ते थे। देवकीनंदन खत्री की रचनाएँ बेहद लोकप्रिय थीं और उन्हें पढ़ने के लिए बहुतों ने हिंदी सीखी। किंतु प्रेमचन्द को लोग मनोरंजन के लिए नहीं पढ़ रहे थे। उनकी रचनाओं से मात्र मनोरंजन की प्राप्ति संभव नहीं थी पर वे सबकी समझ में आते थे। वे अपने युग की गंभीरतम जनसमस्याओं पर लेखन कर रहे थे। तब शिक्षित लोगों का प्रतिशत आज के मुकाबले बहुत कम था और इश्किया किस्म की चीजें तब भी उपलब्ध थीं। नाम मात्र की पढ़ी-लिखी मेरी माँ ने प्रेमचन्द को पढ़ा था और उससे अभिभूत हुई थीं। नमक का दारोगा, मंत्र और पंच परमेश्वर जैसी सहज मानसिकता और भावना प्रधान कहानियाँ ही नहीं, 'नशा' और 'पूस की रात' जैसी जटिल कहानियों की मूल संवेदना तक भी वे पहुँची थीं। आज साहित्य और आम आदमी के बीच अपरिचय की एक दीवार खड़ी है। इस अपरिचय के कई उलझाव भरे कारण हैं। कोई एक कारण बतलाकर उसका सरलीकरण नहीं किया जा सकता। पर मैं यह मानने के लिए तैयार नहीं हूँ कि कलात्मक मूल्यों और दार्शनिक बारीकियों को ग्रहण ना कर पाने के कारण भारत के आम आदमी ने साहित्य पठन से मुँह मोड़ लिया है। हमारे देश का बहुत सामान्य आदमी सूर,

तुलसी और कबीर की बारीक चीजों को समझ लेता है और गीता को हजम कर लेता है। काक, भण्डारी और ईसुरी तो प्रकाश में आ गए पर ना जाने कितने अनजान रचनाकार दूर-दराज के इलाकों में पहले थे और आज भी हैं। लोक से उभरे ऐसे रचनाकारों को भी पूरे सम्मान से सुनने का धैर्य और समझने का माद्दा जनता में है। मैं केवल यह कहना चाहता हूँ कि दर्शन, कविता और कहानी को रचने और सुनने-समझने की परंपरा हमारे देश में सैकड़ों साल पुरानी है। अशिक्षित आदमी के पास संस्कार भले ही हों लेकिन लिखा हुआ शब्द उसके लिए शिवधनुष हो सकता है, पर जो थोड़ा पढ़ा-लिखा है उसमें रचना को समझने की इच्छा है। कहीं ऐसा तो नहीं कि लेखक और पाठक के बीच की दूरी का एक बड़ा कारण उसकी इस इच्छा के असम्मान किया जाना भी है?

प्रेमचन्द के बाद हमारे गद्य साहित्य में पहले से अधिक व्यापकता और विविधता आई। हमारे उलझन से भरे जीवन के विविध आयाम उसमें चित्रित हुए। व्यक्ति मन के ऊहापोह और आम आदमी के बाह्य जीवन के अनगिनत कोणों पर प्रकाश डाला गया। सवाल उठता है कि क्या ये ऐसी बातें थीं जिनमें सामान्य पाठक की रुचि नहीं थी या उसके जीवन को प्रतिबिम्बित नहीं किया जा रहा था? जब शिक्षा का प्रसार-प्रचार बढ़ा, दूर-दराज के क्षेत्रों तक पत्र-पत्रिकाओं की पहुँच बढ़ी, एक विशाल मध्यवर्गीय पाठक वर्ग तैयार हुआ तब सामान्य पाठक साहित्य से दूर क्यों होता गया? स्वाधीन भारत में पूँजीवादी सामाजिक संरचना ने सांस्कृतिक मूल्यों और रुचियों पर प्रभाव डाला। प्रकाशन और लेखन के क्षेत्र में पनपी व्यावसायिकता और साहित्येतर कई कारणों का जिक्र न करके हम यहाँ लेखक और पाठक के बीच के विश्वसनीय रिश्ते पर ही चर्चा कर रहे हैं। इससे इनकार नहीं किया जा सकता कि हिंदी के गद्य साहित्य में एक ऐसा दौर आया जब विभिन्न विधाओं में न केवल वस्तु तत्त्व बल्कि शिल्प भी एक नकली बौद्धिक मुद्रा से आक्रांत हुआ। महानगरीय बुद्धिजीवियों के एक वर्ग ने पश्चिमी नुस्खे और लटके ही आयात नहीं किए बल्कि पश्चिमी मनुष्य भी आयात किया। उनके साहित्य के केंद्र में स्थित आदमी भारत का सामान्य मजदूर, किसान, क्लर्क, मास्टर, वकील या दुकानदार नहीं था बल्कि एक ऊबे हुए बुद्धिजीवी का प्रतिबिम्ब था। ये तमाम पात्र लेखक के भोगे हुए यथार्थ को ढो रहे थे। अँधेरे बंद कमरों में धुँधुआते हुए पात्र स्त्री-पुरुष के संबंधों में जीवन की सबसे बड़ी त्रासदी या सार्थकता तलाश रहे थे। आदमी की जिस घुटन और जिस आजादी की ख्वाहिश का चित्रण इन रचनाकारों ने किया वह तत्कालीन सामान्य मनुष्य की वास्तविक घुटन या आकांक्षा नहीं थी। इन रचनाओं के क्षीण होते हुए कथ्य

की पूर्ति एक प्रयासजन्य भाषा के द्वारा करने की कोशिश की गई। वह भाषा कभी-कभी तो यूँ भी लग सकती है कि किसी विदेशी भाषा का तर्जुमा है। यदि आपका कहना है–'कल रात मैंने कारेल चापेक की कहानियाँ पढ़ीं और मेरा मन बेचैन हो गया' तो आपको कहना चाहिए–'कल रात मैं कारेल चापेक की कहानियों के साथ था और सारी रात कमरे के आकाश में लरजते प्रश्नों से थरथराती व्याकुलता रिसती रही। मैं मानता हूँ कि गद्य का यह संगीत कभी-कभी मनःस्थिति के चित्रण के उपयुक्त है पर यह हिंदी गद्य का स्वाभाविक मुहावरा नहीं है। हमारी भाषा की समृद्धि के लिए ऐसी नवीनता और लोच स्वागतेय है पर यह हमारी गद्यात्मक अभिव्यक्ति का आधार स्वर नहीं है। यही कारण है कि जब हमारी रचनाओं में भारत के मध्यवर्ग को चित्रित किया जा रहा था ठीक उसी समय मध्यवर्गीय पाठक उन रचनाओं से उकताहट अनुभव कर रहा था जिसके कारण साहित्य पढ़ने की उसकी आदत छूटती जा रही थी।

X X X

प्रमोद वर्मा परसाई और उनके लेखन को 'खाँटी देशी' कहते हैं। मुझे भी हमेशा यही लगता है कि परसाई खाँटी देशी दूसरे शब्दों में कहें तो जतीय गद्य लिखने वाले लेखक हैं। हिंदी गद्य का अपना स्वभाव है। वह जिन ऐतिहासिक परिस्थितियों में विकसित हुआ यानी सामाजिक संघर्ष और वैचारिक द्वंद्व के काल में उसमें उसका जनता और उसके रोज मेर्रे के जीवन से, किसानों-मजदूरों, मध्यवर्गीय सामान्य आदमी की राजनैतिक-सामाजिक, आर्थिक और सांस्कृतिक परिस्थितियों से, धनिक भारतीय भाषाओं के समानांतर चलते हुए विकास से, देशज शब्दावली और टावरों से गहरा संबंध रहा है। 'बालक जलक्रीड़ा कर रहे हैं' जैसी शब्दावली हास्य पैदा करने के काम ही अधिक आती है क्योंकि यह शब्दावली उस गद्य की नहीं है जो 9वीं शताब्दी के प्रारंभ काल से 20वीं शताब्दी के अंतिम काल तक जनसाधारण के बीच विकसित हुआ है।

प्रेमचन्द ने जिस गद्य का मॉडल तैयार किया था उसका विकसित रूप परसाई में दिखलाई देता है। बेहद सीधा-सादा लेकिन भेदक। आम आदमी की लेकिन 'नावक के तीर' जैसी भाषा जिसमें सहज-सरल शब्दावली में सृजनात्मक सौंदर्य भरा हुआ है। मुझे हमेशा यह महसूस होता है कि संगीत और लेखन में रियाज से हासिल पाण्डित्य में नहीं बल्कि सादगी में कलात्मक पूर्णता प्राप्ति करके ही सौंदर्य की ऊँचाई तक पहुँचा जा सकता है। बौद्धिक कवच (बाबा नागार्जुन से उधार लिया शब्द) से काँखती अभिव्यक्ति नहीं बल्कि सहज-स्वाभाविक अभिव्यक्ति रचनात्मक सौंदर्य का चरम बिंदु है। व्यंग्य से लेकर चिंतन और

करुणा तक परसाई की व्याप्ति है। जनभाषा के सौंदर्य को तलाशने के बदले अपनी निजात के प्रक्षेपण के लिए आतुर उन शैली पण्डितों को बार-बार चुकना पड़ा है जो फैशनेबुल मुद्राओं के साथ साहित्य के क्षेत्र में अवतरित होते हैं। संस्कृत-निष्ठ, गुरु-गंभीर पण्डितों को भी पुराण प्रसंगों की शुष्कता में 'सब जन मिट्ठा', 'देसब बैना' की चाशनी मिलानी ही पड़ती है। उसके बिना त्राण नहीं है। परसाई हिंदी के उन लेखकों में हैं जिनकी सहज अभिव्यक्ति कभी पुरानेपन का आभास नहीं देती। वह बहते नीर में नित नवीन होती रहती है। वह जुमलों और मैनरिज्म पर नहीं टिकी है। परसाई में कहीं भी अलंकरण नहीं है। पर वे सरल होते हुए नुकीले हैं। यही उनकी कलात्मकता है जिसकी प्राप्ति कठिन आत्मसंघर्ष और निरंतर जागरूकता से होती है।

X X X

कुछ विशिष्ट 'भवनों' में बीस-पच्चीस बुद्धिजीवियों की शाश्वत उपस्थिति में कलावादी मूल्यों की स्थापना करने वाले रचनाकार और आलोचक रचना का संबंध आदमी और उसके संघर्षशील विकास से न माने तो विशेष अंतर नहीं पड़ता। पर रचना नित्य गतिशील इतिहास के एक कालखंड में लिखी जाती है जिसका संबंध किसी मानव समुदाय की स्थितियों, विचारों और संवेदनाओं से होता है इसलिए रचना दूसरों को अपनी सृजन यात्रा में शामिल होने को लेखकीय आमंत्रण है। यदि वह आमंत्रण पूरी गंभीरता से दिया गया है तो पाठक उसमें शामिल होगा। जनता स्थितियों से और सही माने में स्थितियों को बिगाड़ने वालों से लड़ना चाहती है। इस बात को अविश्वसनीय ठहराने का प्रयास किया जाता है लेकिन यह सत्य है। हम खुद अपने आपको टटोलकर देखें। क्या हम वर्तमान स्थितियों से तुष्ट हैं? क्या हमें अपने दुश्मनों की पहचान नहीं है? और इससे भी ऊपर क्या हमारी आंतरिक इच्छा नहीं है कि सामाजिक परिवेश बदले? भले ही बदलाव के लिए हम सक्रिय हिस्सेदारी नहीं निभा रहे हैं पर हम यह जानते हैं कि बदलाव खुद-ब-खुद नहीं होगा। एक बेहतर समाज रचना के प्रयासों में हमारी हिस्सेदारी न होने के कई कारण हो सकते हैं किंतु परिस्थितियों के प्रति हमारी अस्वीकृति और आक्रोश बहुत स्पष्ट है। सब कुछ बर्दाश्त के बाहर है कि जो भी ईमानदारी से सड़ी-गली व्यवस्था से जूझता है वह हमें प्रिय लगने लगता है। स्वाधीन भारत की राजनैतिक—सामाजिक-सांस्कृतिक विसंगतियों-विरोधाभाषों को बिना किसी बौद्धिक मुलम्मे के सहज रूप से प्रस्तुत करने की क्षमता जितनी परसाई में है उतनी आज के दौर में किसी दूसरे रचनाकार में नहीं हैं। लेखन में उनकी निरंतर जागरूकता अद्‌भुत है। विभिन्न सामाजिक-राजनैतिक

उतारों-चढ़ावों में उन्हें विचलित होकर भावुकता की चपेट में आते कभी नहीं देखा गया। तब और जीवन-मूल्यों के आधार पर स्थितियों को तौलने और उनका मूल्यांकन करने में उनकी वस्तुपरक दृष्टि कबीर की तरह जागती रही है। उससे असहमत होना संभव है लेकिन उसकी ईमानदारी और गंभीरता पर कभी उँगली नहीं उठाई जा सकती। स्वाधीनता के पूर्व हमारे देश की सामाजिक समस्याओं को विश्लेषित करने की जागरूकता और अटूट क्षमता प्रेमचंद में थी। प्रेमचंद को खूब पढ़ा जाता था यह आश्चर्य नहीं है और आज परसाई को भी उसी तरह पढ़ा जाता है तो यह भी आकस्मिक नहीं है।

X X X

परसाई चटपटी चीजें लिखने वाले लेखक नहीं हैं। वे हमारी सर्वाधिक गंभीर समस्याओं पर लिखते हैं। वे हमारे देश के सबसे बड़े व्यंग्यकार हैं—इसका अर्थ है कि वे सामाजिक जीवन के विद्रूपों के कार्य-कारण पर निरंतर सोचने वाले रचनाकार हैं। जीवन में उपस्थित विषमता, शोषण, गरीबी, सामाजिक दुर्गुण, मानव संबंध उनके लिए चुटकी लेकर हँसने-हँसाने के विषय नहीं हैं। परसाई रचना की तलवार से इन विद्रूपों से लड़ते हैं। इस लड़ाई में उन्हें पक्ष और विपक्ष का सूक्ष्म ज्ञान है। किसी की परवशता का मजाक उनकी रचना में कहीं भी नहीं उड़ाया गया। दुर्बलता पर उँगली रखी है लेकिन विवशता के प्रति असीम करुणा है। धनंजय वर्मा ने लिखा है—पीड़ित और शोषित के प्रति परसाई की हार्दिक अंतरानुभूति और चिंता से उनके सारे व्यंग्यों में जो पक्षधरता और मानवीय संलग्नता आई है वही उन्हें हिंदी में नहीं, लगभग सारी भारतीय भाषाओं के व्यंग्यकारों में विशिष्ट बनाती है। आज बहुत-सी पत्रिकाओं ने तथाकथित हास्य-व्यंग्य को फिलर के रूप में प्रचलित कर दिया है किंतु परसाई की दृष्टि में लेखन (चाहे वह किसी विधा का हो और उसकी स्पिरिट कुछ भी हो) जीवन की आलोचना है। जीवन का अर्थ है राजनैतिक-सांस्कृतिक गतिविधियों से हिलोरे लेती हुई द्वंद्वात्मकता से भरी सामाजिक हलचलें। एक साक्षात्कार में वे कहते हैं—'मैंने यह तय करके लिखना शुरू नहीं किया कि व्यंग्य नाम की चीज ही लिखूँगा। वास्तव में हर लेखक जीवन की खोज और समीक्षा करता है और जीवन से साक्षात्कार करता है।

X X X

यह बात निर्विवाद है कि परसाई ने दो पीढ़ियाँ तैयार की हैं। नई पीढ़ी के कई लेखक तो उनसे प्रभावित हैं ही, उन्होंने हजारों पाठकों को प्रभावित किया

है और उन्हें निर्मल वामपंथी दृष्टि प्रदान की है। मैंने लोगों को खोज-खोजकर परसाई की कृतियों को पढ़ते देखा है। उनकी साहित्यिक कृतियों को तो लोग पढ़ते ही हैं, मुझे यह देखकर अच्छा लगता है कि देशबंधु के अवकाश अंक में प्रकाशित 'पूछिए परसाई से' कॉलम को पढ़ने वालों की उतनी ही बड़ी संख्या है। लेखक, अध्यापक, विद्यार्थी, पान ठेले वाले और गृहणियाँ एक जैसी रुचि और गंभीरता से उसे पढ़ते हैं। ये सभी लोग अन्य चीजें भले ही न पढ़ें पर उस कॉलम के लिए समय निकाल लेते हैं। छपे हुए शब्दों की कद्र घटने के इस दौर में आम आदमी को जीवन के गंभीर मुद्दों से जोड़ने का काम कोई लेखक इतनी सफलता से कर ले तो यह उसकी अति काम्य छवि है। मुझे यह स्वीकार करते हुए जरा भी संकोच नहीं है कि मैं उस कॉलम को एक जिज्ञासु विद्यार्थी की तरह पढ़ता हूँ और अनुभव करता हूँ कि मेरे अध्ययन-मनन का रिवीजन हो रहा है। इस कॉलम के लिए कई बार लोग गंभीर मजाकिया सवाल करते हैं (घटिया कवि सम्मेलनों और फिल्मी पत्रिकाओं ने आदत बिगाड़ दी है) मसलन मेरी प्रेमिका किसी और से भी प्यार करती है, सलाह दें मैं क्या करूँ? ऐसे सवाल पर परसाई की ओर से गंभीर उत्तर आता है जिसमें प्यार, आकर्षण-विकर्षण, पुरुष के पारंपरिक अहम का विश्लेषण होता है। परसाई को पढ़ते हुए अक्सर 'शिव शम्भू का चिट्ठा' की याद आती है जिसमें समकालीन समस्याओं पर गंभीर, विद्वत्तापूर्ण चुटकियाँ होती थीं। कलावाद के हाथी दाँत की मीनारों पर बैठे कबूतर गुटर-गू करते रहे, पर इधर तो—कालि कबीरा लै गया, पंडित ढूँढ़े खेत। भाड़ में जाएँ जनता से कटे नकली बुद्धिजीवी।

X X X

जीवनानुभव और रचनानुभव में फाँक देखने की कोशिश हमेशा ही कलावादियों की ओर से की गई है पर रचना की समाज सापेक्षता में विश्वास रखने वाले लेखकों ने इसे हमेशा अस्वीकार किया है। परसाई अपने 'आत्मकथ्य' में लिखते हैं—'साहित्य के मूल्य जीवन-मूल्यों से बनते हैं। वे रचनाकार के एकदम अंतर से पैदा नहीं होते। जो दावा करते हैं कि उनके अंतर से ही सब मूल्य पैदा होते हैं, वे पता नहीं किस दुनिया में रहते हैं। जो जीवन जैसा है, उससे बेहतर चाहिए।'

परसाई चाहे धर्म गुरुओं पर व्यंग्य बाण छोड़ रहे हों या भ्रष्ट राजनेताओं पर, रिश्वत खोर अफसर को निशाना बना रहे हों या समाज से कटे बुद्धिजीवी को एक क्षण के लिए भी नहीं भूलते कि प्रजातंत्र, धर्मनिरपेक्षता और समाजवाद हमारे राष्ट्रीय लक्ष्य हैं और शोषणविहीन समतामूलक समाज की रचना की ओर

बढ़ना ही मनुष्यकृत प्रत्येक कर्मशृंखला का उद्देश्य है। इस वर्ग, विभाजित समाज में पीड़ित और शोषित की पक्षधरता करने के कारण परसाई का लेखन सभी को प्रसन्न करने वाला नहीं है। वह किसी की तरफ है तो किसी के विरोध में है। जो लेखक जनता के पक्ष में होना चाहता है उसे जनविरोधियों की भी तारीफ सुनने का मोह त्यागना होगा क्योंकि उसे उनके विरोध में कलम उठानी होगी। निष्पक्षता का अर्थ ही यह है कि बिना भय या लालच के पीड़ित का पक्ष लिया जाए। वर्तमान काल में ही नहीं, किसी भी काल में न्याय और मानवता के पक्ष में होना ही निष्पक्ष होना है। परसाई की प्रतिबद्धता उन्हें विशिष्ट और श्रेष्ठ बनाती है।

इस शताब्दी में साहित्य के परिदृश्य को प्रभावित करने वाले सर्वाधिक महत्त्वपूर्ण लेखकों की सूची यदि हम बनाना चाहें तो परसाई का नाम उसमें अवश्य होगा। उनका लेखन सर के ऊपर से या मात्र छूकर नहीं गुजर जाता। वह हमारे साथ होता है हमारी जिंदगी से जुड़ा हुआ। किसी को चुभता है तो किसी को ताकत और प्यार देता है। नागार्जुन उनके लेखन की अभ्यर्थना में कहते हैं :

नेताजी टेढ़ी में बोले
परसाई को पढ़ते किसान
मैंने जोड़ा—जी हाँ, फिर से
वाणी ने पाए प्राण दान
छूटने लगे अविरल गति में
जब परसाई के व्यंग्य बाण
सरपट भागे तब धर्मध्वजी
दुष्टों के कम्पित हुए प्राण।

प्रमोद वर्मा को परमाई के लेखन से माँ की याद आती है और उसमें उन्हें अपनी ही कविता के क्रिस्टल्स जुड़े हुए दिखलाई देते हैं। मुझे परसाई का लेखन अपने पक्ष में खड़े हुए पिता के आशीर्वाद की तरह लगता है। 'पहला सफेद बाल' में परसाई यह सवाल उठाते हैं कि उनका तो कोई पुत्र नहीं इसलिए वे अपना दाय किसके नाम करें? फिर स्वयं उत्तर देते हुए वे कहते हैं कि अगली पीढ़ी के सभी पुत्रों को वे अपना भविष्य देते हैं। वे नींव में धँसने की कामना करते हैं ताकि नई पीढ़ी के पुत्रों को कलश दे सके।, परसाई के प्रति हमारे मन में गहरा सम्मान है और वे हमारे लिए बड़ी चुनौती भी हैं।

जीवन सिंह

एकै साधे सब सधै

प्रेमचन्द ने 1936 में प्रगतिशील लेखक संघ के अध्यक्षीय भाषण में कहा था, 'साहित्य की बहुत-सी परिभाषाएँ की गई हैं, पर मेरे विचार से उसकी सर्वोत्तम परिभाषा 'जीवन की आलोचना' है।' यह परिभाषा जहाँ एक ओर प्रेमचन्द के तत्कालीन जीवनानुभव एवं साहित्यानुभव का सार-तत्त्व प्रकट करती है वहीं दूसरी ओर अपने समय और साहित्य के संबंध को निरूपित करती है। प्रेमचन्द एक ऐसे भारतीय और हिंदी-समाज का अंग थे, जिसके पीछे सहस्राब्दियों की संस्कार-परंपरा थी और उससे संयुक्त एवं विच्छिन्न वर्तमान था। वर्तमान का स्वरूप अत्यंत जटिल था। एक ओर विदेशी शोषक सत्ता की सभ्यता एवं संस्कृति और उससे प्रभावित होता भारतीय समुदाय का एक वर्ग था तथा दूसरी ओर राष्ट्रीय संस्कृति का पक्षधर मध्य वर्ग था, जिसने समाज के बुनियादी एवं क्रियाशील किसान-मजदूर वर्ग की पीड़ाओं से साक्षात्कार किया था। इन सब बातों को ध्यान में रखते हुए प्रेमचंद ने साहित्य की सर्वोत्तम परिभाषा 'जीवन की आलोचना' को स्थिर किया था। लेकिन उसकी विशेषता यह है कि इसी आलोचना के बीच से जीवन की रचना का वह स्वर सुनाई पड़ा है, जो एक सही साहित्यकार का अभिप्रेत होता है।

1947 में हमें राजनीतिक आजादी मिली। विदेशी अँग्रेज-सत्ता के स्थान पर स्वदेशी लोग इस उद्देश्य से आए कि वे आजादी के संघर्ष में किए गए संकल्पों को पूरा करेंगे और एक ऐसे समाज का निर्माण करेंगे जहाँ जीवन की आलोचना की गुंजाइश न रहे तथा इसके स्थान पर जीवन की रचना का स्वर प्रमुख हो। ऐसा हुआ भी। अनेक रचनाकारों ने जीवन के इस नए स्वरूप को आशा एवं उल्लास भरी नजरों से देखा और चित्रित किया। आजादी मिलने के समय हरिशंकर परसाई तेईस वर्ष के थे तथा इससे पूर्व 1942 से ही वे अपने जीवन का बुनियादी संघर्ष आरंभ कर चुके थे। उन्होंने 1942 से 1957 तक कुल पन्द्रह

वर्षों तक नौकरी की। जीवन के इस सबसे महत्त्वपूर्ण अनुभव-काल में वे यह बात अच्छी तरह जान गए कि भले ही देश को राजनीतिक आजादी मिल गई है लेकिन जिस प्रयोजन के लिए यह आजादी मिली है, वह पूरा नहीं हो रहा है। इसके विपरीत हमारे राजनीतिक, सामाजिक, आर्थिक, सांस्कृतिक एवं व्यक्तिगत जीवन में ऐसी अनेक विसंगतियों, विडंबनाओं, विद्रूपताओं और अंतर्विरोधों ने पैठ जमा ली है, जिनकी हमने कल्पना तक नहीं की थी। इसी का परिणाम रहा है कि जिस तरह अपने युग और साहित्य के संबंध को सही और वास्तविक रूप में व्यक्त करने के लिए प्रेमचन्द ने साहित्य की सर्वोत्तम परिभाषा 'जीवन की आलोचना' को माना था, उसी तरह अपने परिवेश को देखते हुए परसाई जी ने भी 'जीवन की आलोचना' को ही साहित्य की सर्वोत्तम परिभाषा अपने साहित्यिक व्यवहार से सिद्ध किया। कहने की आवश्यकता नहीं कि जो रचनाकार कला और परिवेश के अंतःसंबंध को स्वीकार कर सोद्देश्य साहित्य-रचना करते हैं, वे तब तक 'जीवन की आलोचना' को सर्वोत्तम परिभाषा मानेंगे, जब तक कि पूरे समाज की विसंगतियाँ और अंतर्विरोध समाप्त नहीं हो जाते। इसी कारण परसाई जी का स्वर आलोचनात्मक रहा है। प्रसिद्ध रूसी साहित्यकार चेखव का यह मानना था कि 'आदमी को यह दिखा दो कि वह वास्तव में कैसा है, तो वह बेहतर हो जाएगा।'

परसाई जी ने अपने साहित्य-लेखन से पूरी हिंदी-जाति को यही दिखाया है कि वह वास्तव में कैसी है। मुक्तिबोध ने भी परसाई के साहित्य की विशेषता बतलाते हुए कहा था, 'असलियत को छुपाने के लिए उसे बिगाड़ देने की कला उनके पास नहीं है।' दरअसल, असलियत को छुपाने के जहाँ एक से बढ़कर एक आवरण और साधन मौजूद हों, वहाँ असलियत को उजागर करना आसान नहीं होता। परसाई जी के पास हमारे जीवन की असलियत को उद्घाटित कर देने का अनुभव है, दृष्टि है, विचार है तथा भाषा एवं शिल्प है। जीवन और कला की यही समग्रता उन्हें एक बड़े साहित्यकार का दर्जा दिलाती है।

परसाई जी की चयन-दृष्टि अद्भुत है। उन्होंने एक को साधा—एकै साधे सब सधै, सब साधे सब जाए। व्यंग्य उनकी साधना है, जो मुख्यतया निबंध के आकार में प्रकट हुआ है। निबंध हिंदी-साहित्य में केंद्रीय विधा के रूप में भारतेन्दु युग में ही रहा, इसके बाद उसमें कविता, कहानी और उपन्यास की तरह जीवन की रचना बहुत कम हुई। जीवन की रचना का माध्यम वह या तो भारतेन्दु युग में रहा, या फिर आजादी के बाद परसाई जी, विद्यानिवास मिश्र एवं कुबेरनाथ राय ने निबंध को अपनी प्रमुख विधा बनाया। हजारी प्रसाद द्विवेदी ने निबंध

को नया स्वरूप प्रदान किया, इस विधा को उनसे शक्ति प्राप्त हुई किंतु उनका लेखन बहुमुखी रहा। आज निबंध को लालित्य और जीवन-रचना की केंद्रीय विधा बनाने वालों में प्रमुख नाम तीन ही हैं—हरिशंकर परसाई, विद्यानिवास मिश्र और कुबेरनाथ राय। लेकिन इन तीनों में भी जब संवेदनात्मक ज्ञान और ज्ञानात्मक संवेदना, सामाजिक जीवन से बहुआयामी परिचय तथा सही जीवन-दृष्टि का सवाल पैदा होता है तो हरिशंकर परसाई अकेले रह जाते हैं। विद्यानिवास मिश्र और कुबेरनाथ राय के पास अतीत के प्रति अतिरिक्त रागात्मकता तो है किंतु वह चयन-दृष्टि नहीं जो सार-सार को गह कर थोथे को उड़ा देती है। दूसरी बात यह है कि उनका सामाजिक जीवन से उतना व्यापक परिचय नहीं है जितना कि परसाई जी का है। डॉ. रामविलास शर्मा ने एक स्थान पर लिखा है, 'कलाकार के लिए एक मूल वस्तु है संवेदना, सामाजिक जीवन से व्यापक परिचय, अपने पात्रों से उचित अनुपात में सहानुभूति या घृणा। इनके साथ सही जीवन-दर्शन भी हो तो कहना ही क्या।' परसाई जी को ये सारी बातें एक बड़ा रचनाकार बनाती हैं।

परसाई जी ने जीवन की आलोचना के लिए व्यंग्यात्मक स्वर का वरण किया जा सकता था। जैसे हिंदी में उपन्यास, कहानी और कविता की एक विश्वरूप कृति के भीतर उसकी अपनी छवि है उसी तरह निबंध के पीछे विश्वस्थिति होते हुए भी हिंदी में उसका व्यक्तित्व अपनी तरह का है, हिंदी में वह एक निबंधकार का निजी जीवन होते हुए भी साधारणीकरण के सिद्धांत को नहीं छोड़ता। उसके निजी हृदय में लोक हृदय बोलता है। आचार्य रामचन्द्र शुक्ल ने निबंध के वैशिष्ट्य पर प्रकाश डालते हुए लिखा है, 'संसार की हरेक बात और सब बातों से संबद्ध है। अपने-अपने मानसिक संघटन के अनुसार किसी का मन किसी संबंध सूत्र पर दौड़ता है, किसी का किसी पर। ये संबंध सूत्र एक-दूसरे से नथे हुए, पत्तों के भीतर की नसों के समान चारों ओर एक जाल के रूप में फैले हैं। तत्त्वचिंतक या दार्शनिक केवल अपने व्यापक सिद्धांतों के प्रतिपादन के लिए उपयोगी कुछ संबंध सूत्रों को पकड़कर किसी ओर सीधा चलता है और बीच के ब्यौरे में कहीं नहीं हँसता। पर निबंध लेखक अपने मन की प्रवृत्ति के अनुसार स्वच्छंद गति से इधर-उधर फूटी हुई सूत्र-शाखाओं पर विचरता चला है। यही उसकी अर्थ संबंधी व्यक्तिगत विशेषता है।' निबंध की इसी प्रकृतिगत स्वच्छंदता तथा व्यापकता के प्रति आकर्षित होकर परसाई जी ने व्यंग्य के लिए इस विधा को चुना। इधर-उधर फूटी हुई सूत्र-शाखाओं पर विचरने की स्वच्छंद गति को परसाई जी के निबंधों में साफ देखा जा सकता है, जो उनकी लालित्य-सृष्टि का मुख्य कारक रहा है। फर्क यह है कि जहाँ दूसरे निबंधकारों ने व्यक्तिगत

विशेषता के दायरे में या तो भाव वैचित्र्य दिखाने की चेष्टा की है या भाषा के कृतिम माधुर्य का चमत्कार पैदा करने की, जबकि परसाई जी ने कभी इतनी स्वच्छंदता नहीं ली कि उनकी अनुभूति का लोक सामान्य स्वरूप तिरोहित हो जाए। मसलन, उनके एक निबंध 'राम का दुख और मेरा' को देखें, जिसमें लेखक ने इस विषय की लगभग सभी सूत्रशाखाओं पर विचरण कर हमारे सामाजिक एवं नागर-संबंधों की विकृतियों को उजागर किया है। वे विषय की रोचक पीठिका से आरम्भ करते हैं और उस माध्यम से ऐसी-ऐसी जगहों तक मार करते हैं, जहाँ पढ़ने पर ही यह मालूम पड़ता है कि इस विषय का एक संबंध सूत्र यह भी हो सकता था। विषयांतर की कला का इतना सटीक, सजीव एवं ज्ञानपरक उपयोग शायद ही किसी अन्य हिंदी लेखक ने किया हो। परसाई जी की यह कला यह भी निर्देशित करती है कि हमारे जीवन के वैशिष्ट्य उतने अलग नहीं हैं जितने कि हम मानते हैं। जीवन की हरेक बात दूसरी से संबद्ध है। कारण और कार्य में बहुत दूरी भी हो सकती है : कारण कहीं हो और कार्य कहीं।

'राम का दुख और मेरा' निबंध पढ़कर कोई भी आसानी से इस बात को जान सकता है कि स्वतंत्र भारत में नागरिकों के पारस्परिक संबंध मित्रता और इत्मीयता के नहीं है। उनके निर्माण में व्यावसायिकता का जितना योग है उतना मानवता का नहीं। निबंधकार परसाई के शब्दों में व्यावसायिक आधार का सूत्र है कम लागत, घटिया माल, अधिक दाम।...व्यावसायिक आधार पर तो हम रोज पिट रहे हैं। व्यावसायिक आधार वालों का बस चले तो वे हमारी नसों का गर्म रक्त निकाल कर उनमें पानी भर दें।' आजादी के बाद हमारे देश में बढ़ती हुई इस व्यावसायिक मनोवृत्ति से उत्पन्न संकीर्णताओं, विकृतियों और विरूपताओं को जितना परसाई जी ने उद्‌घाटित किया है, उतना किसी दूसरे साहित्यकार ने नहीं। वे विदूपता का कोना-कोना झाँक आए हैं। इसी व्यावसायिक मनोवृत्ति का परिणाम है कि जीवन की सचाई को दिखाने का दावा करने वाले क्षेत्र भी इससे अछूते नहीं रहे। वे अपनी व्यवसाय-वृद्धि के लिए रूढ़ियों की रक्षा करते हैं। पत्रकारिता एक ऐसा ही क्षेत्र है लेकिन स्वतंत्र भारत में विकसित पूँजीजीवी पत्रकारिता ने हमारे उन अंधविश्वासों, रूढ़ियों की सुरक्षा की है जो हमारे समाज में घुन की तरह लगे हुए हैं। पूँजीपति वर्ग की सत्ता की पक्षधर ऐसी पत्रकारिता पर परसाई जी की टिप्पणी देखने लायक है, पर जब फिर भी पानी आना बंद न हुआ तो हम सब परेशान हुए कि आखिर पानी आता कहाँ से है। किसी अखबार को मालूम हो जाता तो वह छाप देता कि भगवान का चमत्कार देखो, पत्थर में जलधारा प्रकट हो रही है। श्रद्धालुओं की भीड़ के डर से हमने यह

चमत्कार प्रकट नहीं होने दिया। हमें याद था कि कुछ ही साल पहले एक भेड़ चराने वाले लड़के का चमत्कारी बालक के रूप में प्रचार करके पत्रकारों ने लाखों की भीड़ जमा कर दी। वहाँ हैजा हो गया और कई श्रद्धालु वहीं अंधविश्वास की वेदी पर बलि हो गए।'

मकान के टपकने से संबंधित एक अन्य सूत्र है—देश की इंजीनियरिंग शिक्षा का। व्यावसायिक मनोवृत्ति का ही कमाल है कि हमारे यहाँ इंजीनियर तो खूब बन रहे हैं लेकिन 'मनुष्य' नहीं। परसाई जी ने इस वास्तविकता को कितनी अच्छी तरह दिखला दिया है, 'मैं समझ गया कि ज्यों-ज्यों देश में इंजीनियरिंग कॉलेज खुलते जा रहे हैं, त्यों-त्यों कच्चे पुल और तिड़कने वाली इमारतें क्यों अधिक बनते जा रहे हैं। और जब हर जिले में इंजीनियरिंग कॉलेज हो जाएगा, तब हम लोग कहाँ रहेंगे।'

आजाद भारत में जरूरत इस बात की थी कि जनता का दृष्टिकोण वैज्ञानिक बनता, पर इसके विपरीत सत्ता और नौकरशाहों के आचरण ने चमत्कार और वैचित्र्य को प्रोत्साहित किया जिसके फलस्वरूप चमत्कारवादियों की प्रतिष्ठा हुई और सहज की अप्रतिष्ठा। सब जगह व्यावसायिकता 'आधार' रही। पेशेवर रामायणियों ने एक-एक चौपाई के दस-दस अर्थ निकाले हैं। ऐसे चमत्कारवादियों से परसाई जी ही कह सकते हैं, जिसकी बात के एक से अधिक अर्थ निकलें वह सन्त नहीं होता, लुच्चा आदमी होता है। संत की बात सीधी और स्पष्ट होती है और उसका एक ही अर्थ निकलता है।'

कहने का तात्पर्य यह है कि रामचरितमानस की चौपाइयों के दस-दस अर्थ निकालने वाले रामायणी हों या फिर किराए पर देने के लिए कम लागत और घटिया माल से मकान बनाने वाले मकान-मालिक हों या जनता में अंधविश्वास को सुदृढ़ करने वाले पत्रकार हों या कच्चे पुल और तिड़कने वाली इमारतों के निर्माता इंजीनियर हों—ये सब एक ही मर्जी से ग्रस्त हैं जिसे नए और स्वतंत्र भारत की पूँजीवादी अर्थव्यवस्था ने पैदा किया है। पूँजीवादी अर्थव्यवस्था में इन्सान की जान से अधिक कीमत वस्तुओं की होती है। इस व्यवस्था में आदमी को भी उसकी कीमत से पहचाना जाता है।

यह तो परसाई जी के निबंध-लालित्य की एक बानगी मात्र हैं। जीवन के अन्य पक्षों से संबंधित ऐसे अनेक निबंध उन्होंने लिखे हैं जिनमें उनकी निबंध-कला का वैशिष्ट्य देखा जा सकता है। वे स्थिति को रूपांतरित करने के लिए लिखते हैं। उन्होंने विद्यानिवास मिश्र और कुबेरनाथ राय की तरह नहीं

लिखा है, जो केवल अतीत-संस्कृति की गुदगुदी पैदा करके रह जाते हैं। परसाई जी विकृतियों से आँख बचाकर नहीं निकलते। मिश्र और राय हमारे रूढ़िबद्ध संस्कारों को सहलाते हैं, जब कि परसाई जी उनके उन पक्षों को उद्घाटित करते हैं, जिनके बंधनों के रहते हुए पूर्ण मुक्ति संभव नहीं। उदाहरण के लिए, पिता और पुत्र के संबंधों को स्पष्ट करने वाली अनेक कथाएँ हमारे जीवन में प्रचलित रही हैं। इनसे हमारे संबंधों की व्याख्या की जाती रही है किंतु ज्यों-ज्यों विकास होता जाता है, उत्पादन की नई प्रणालियाँ विकसित होती जाती हैं, जागरूकता बढ़ती जाती है, त्यों-त्यों उन पुराने संबंधों की बुनावट में परिवर्तन होता जाता है। पुरानी अवस्थाओं, रूढ़ियों और अंधविश्वासों से चिपके रहने वाले लोग नवीनताओं का विरोध करते हैं। 'कंधे श्रवणकुमार के' शीर्षक निबंध में नई पीढ़ी की जागरूकता के ऐसे अनेक संकेत देखने को मिलते हैं, जो परसाई जी के सही जीवन-दर्शन के प्रमाण हैं। देखने की बात यह है कि वे ऐसी नवीनता के पक्षधर नहीं हैं, जैसी कि हमारे आधुनिकतावादी समाज में देखने को मिल रही है। जहाँ एक विकृति के स्थान पर दूसरी तरह की विकृति आ रही है। जहाँ-जहाँ पूँजीवादी समाजों का निर्माण हुआ है, वहाँ-वहाँ विज्ञान से उत्पन्न नई चकाचौंध तो बढ़ी है, किंतु ऐसे समाजों में मानवीय रिश्ते कायम नहीं हुए हैं। परसाई जी की जागरूक जीवन-दृष्टि जहाँ एक ओर हमारे संस्कारों की पुरानी रूढ़ियों का विरोध करती है, वहीं उन आधुनिकतावादियों का भी, जो प्रदर्शन और आडंबरप्रियता से नए होने का ढोंग फैलाते हैं। श्रवण कुमार की 'काँवड़' को एक प्रतीकार्थ प्रदान करके परसाई जी ने हमारे समाज पर रूढ़ियों के भार की असलियत को कितने कलात्मक ढंग से आँक दिया है—'कितनी काँवड़ें हैं—राजनीति में, साहित्य में, कला में, धर्म में, शिक्षा में। अंधे बैठे हैं और आँख वाले उन्हें ढो रहे हैं।' लेकिन पूरे समाज की स्थिति एक जैसी नहीं होती। एक चेतना संपन्न वर्ग पैदा होता है, जो रूढ़ियों को स्वीकार नहीं करता—'मगर काँवड़ें हिलने लगी हैं। ढोने वालों के मन में शंका पैदा होने लगी है। वे झटका देते हैं तो अंधे चिल्लाते हैं—अरे पापी! यह क्या करते हो।'

यहाँ पर सवाल उठता है कि काँवड़ों को हिलाने वाला कौन-सा चेतनासंपन्न जागरूक वर्ग है? क्या यह वह वर्ग है जो आजकल सबसे अधिक फैशनेबुल दिखता है? परसाई जी कहते हैं—नहीं। इस वर्ग के युवा काँवड़ों को उतार फेंकने की सामर्थ्य नहीं रखते। आडम्बरी, ढोंगी और प्रदर्शन-वृत्ति वाला वर्ग यथास्थिति का ही पोषक होता है। वह तो पूँजी और प्रभुता का प्रदर्शन इस रूप में करता है कि दृष्टिहीन सामाजिक वर्ग उसे हमेशा आधुनिक मानने की गलती करता है।

परसाई जी इस समस्या को बहुत गहरे में जाकर समझते हैं, 'राजनीति, साहित्य आदि तो बड़े प्रगट क्षेत्र हैं। अप्रगट रूप से भी, विभिन्न क्षेत्रों में श्रवणकुमार काँवड़ें उतारने के लिए हिला रहे हैं। वे किन्हीं विश्वासों की आरी से चिरने को तैयार नहीं हैं। मैं कॉफी हाउस के कोने में बैठे उस युवक की बात नहीं कर रहा हूँ, जिसने गुस्से में दाढ़ी बढ़ा ली है, जैसे उसकी दाढ़ी एक खास साइज और आकार की होते ही क्रांति हो जाएगी। बढ़ी दाढ़ी, डुन पाइप और 'सो ह्वाट' वालों से यह नहीं हो रहा है। चुस्त कपड़े, हेयर स्टाइल और 'ओ वण्डरफुल' वालियों से भी यह नहीं हो रहा है। ये तो न विश्वास में सच्चे, न शंका में। यह बिना प्रदर्शन और शोर-शराबे के घरों और परिवारों में हो रहा है। सुशील, विनम्र और आज्ञाकारी युवक-युवती काँवड़ें उतारने लगे हैं, किसी के विश्वास के आरे से कटने से इनकार करने लगे हैं। ये चंद वाक्य स्वतंत्र भारत के नवधनाढ्य वर्ग के युवक-युवतियों की मानसिकता का पूरा चित्र खींच देते हैं और यह भी साफ कर देते हैं कि समाज में आज तक जो परिवर्तन हुए हैं, वे प्रदर्शनधर्मी वर्ग की वजह से नहीं हुए। इसके साथ यह भी स्पष्ट हो जाता है कि ऐसी नई पीढ़ी की जड़ें हमारे जातीय जीवन में नहीं हैं। विजातीय मानसिकता से निर्मित व्यक्तित्व वाले युवा फैशनपरस्त तो हो सकते हैं, रूढ़ियों-अंधविश्वासों से संघर्ष करने वाले सच्चे मुक्तकामी नहीं। कहने की आवश्यकता नहीं कि आजादी के बाद ऐसे वर्ग में निरंतर वृद्धि हुई है पर परिवर्तन का काम करने वाले लोग और ही होते हैं। उनकी एक नैतिकता होती है, आदर्श होता है। वे अक्सर-परस्त, चाटुकार और कैरियर की परवाह करने वाले नहीं होते।

जो लोग यह मानते हैं कि परसाई जी के पास केवल विध्वंस करने की कला है, रचने की कला नहीं, उन्हें उनकी रचनाओं को बहुत गौर से पढ़ना चाहिए। उनके विध्वंस की यह विशेषता है कि वह सदैव रचना का आगामी होता है। जहाँ कहीं रचनात्मकता है, उसको उन्होंने हमेशा रेखांकित किया है। प्रसिद्ध रूसी साहित्यकार चेखव और गोर्की के साहित्य में जीवन की कटुताओं का आधिक्य है। चेखव की कला के संबंध में गोर्की ने लिखा है, 'ओछी जिंदगी से चेखव की शत्रुता थी। वह सारी उम्र उससे संघर्ष करते रहे, उसका मजाक उड़ाते रहे, अपनी तेज लेखनी से उसका पर्दाफाश करते रहे, चेखव ओछेपन की कमी वहाँ भी ढूँढ़ लेते थे, जहाँ पहली नजर में लगता था कि सब कुछ बहुत अच्छा है, सुविधाजनक है, यहाँ तक कि शानदार है।' इस अनुच्छेद में चेखव के स्थान पर हरिशंकर परसाई लिख दिया जाए तब भी इसका वही अर्थ निकलेगा, जो चेखव ने उन्नीसवीं शती के उत्तरार्द्ध में रूस के यथार्थ को चित्रित किया। परसाई जी

ने ठीक सौ बरस बाद के भारतीय जीवन की वास्तविकता को अपनी पैनी और प्रगतिशील दृष्टि से देखा है। वस्तुतः आज के यथार्थ को व्यंग्य की नजर के बिना नहीं देखा जा सकता। उल्लेखनीय है कि पिछले सौ बरसों में व्यंग्य के बिना कोई बड़ा रचनाकार नहीं हुआ। परसाई जी ने उसे साहित्य की प्राणधारा होने का गौरव दिलाया। गोर्की के साहित्य में भी कारुणिक और दुःखद प्रसंगों का आधिक्य है। जब उनका ध्यान इस तथ्य की ओर दिलाया गया तो उन्होंने स्वयं इस बात को स्वीकारा कि 'यदि बुरा और बेजायका शहद ही जीवन में ज्यादा मिला हो, तो उसे मीठा और जायकेदार कैसे और क्यों कहा जाए?' यही बात परसाई जी के साथ रही है। आधुनिक काल में हिंदी का हरेक बड़ा रचनाकार इसी अनुभव से गुजरा है। पर उसने रचनात्मकता के प्रयोजन से ही यह सब किया है। परसाई जी व्यक्ति एवं सामाजिक मनोविज्ञान के अद्‌भुत पारखी हैं। यह सामर्थ्य उनमें इतिहास की सही समझ, मानवीय मूल्यों से संपृक्ति, वर्तमान जीवन से व्यापक परिचय, भले-बुरे की वस्तुनिष्ठ पहचान तथा वैज्ञानिक जीवन-दृष्टि ने पैदा की है। उनकी विशेषता यह है कि वे किसी व्यक्ति-वैचित्र्य संबंधी मनोविज्ञान को न दिखाकर पूरी प्रवृत्ति को उघाड़ते हैं जिससे उसका सामाजिक प्रभाव बन सके। इसलिए वे अपने निजी जीवन से भी उन्हीं प्रसंगों का चुनाव करते हैं, जिनकी प्रकृति सामाजिक रही है। व्यक्ति का जीवन सामाजिक परिवेश की अभिव्यक्ति है। इसे परसाई जी ने अपने लेखन से सिद्ध किया है। उनके यहाँ जैसे सब कुछ व्यक्तिगत है, निजी है और कुछ भी व्यक्तिगत नहीं। ये दोनों अनुभव एक साथ होते हैं। जिस मनोविश्लेषण में द्वंद्वात्मकता नहीं होती वह दो कौड़ी का होता है। द्वंद्वात्मकता का इतना सफल निर्वाह बिरले रचनाकार कर पाते हैं। अधिकतर तो व्यक्तिगत अनुभव मात्र व्यक्तिगत होकर रह जाते हैं, संप्रेषण की दुविधा तभी पैदा होती है। परसाई जी का सारा व्यक्ति-अनुभव प्रवृत्तिगत है और जीवन के विस्तृत क्षेत्रों से संबंधित है। वर्तमान में उच्च और मध्य वर्ग की संकीर्णताएँ, ओछापन और नैतिक पतन सर्वविदित है। इनका वर्गीय चरित्र परसाई जी की साहित्य-वस्तु है। उच्च वर्ग को पतनशील राजनीति तथा मध्य वर्ग के व्यवसायी चरित्र ने जीवन को विरूपित किया है। उच्च वर्ग के लोग अपने आलसी, निठल्ले और निष्क्रिय जीवन को सामाजिक और व्यक्तिगत जीवन के प्रतिमान के रूप में स्थापित करते हैं तथा मध्य वर्ग का एक बड़ा समुदाय इसका अनुकरण करता है, तो एक देश का पूरा जीवन प्रभावित होता है। उसमें विसंगतियाँ जन्म लेती हैं। आपाधापी पैदा होती है। इसी का परिणाम होता है कि आदमी, आदमी नहीं रह जाता। आदमियत के रक्षा-भाव ने परसाई जी को व्यंग्य का हथियार थमाया

है। आदमियत के लिए इतनी बड़ी चिंता का भाव प्रेमचन्द और मुक्तिबोध के बाद परसाई जी में ही देखने को मिलता है। इसी प्रयोजन से वे मानव प्रवृत्तियों की तह में जाते हैं। उनके साहित्य में विभिन्न व्यवसायों से जुड़े हुए लोगों का सामूहिक चरित्र मिलेगा। जैसे शिक्षा, चिकित्सा, न्याय, साहित्य, राजनीति, वित्त व्यवस्था, परोपकार, संस्कृति आदि अनेक पहलू हैं, जो परसाई जी ने चुने हैं। हमारे देश में न्याय-प्रक्रिया और उससे संबंधित मनुष्य के जीवन की वास्तविकता जाननी है तो परसाई जी का अकेला निवन्ध 'कचहरी जाने वाला जानवर' पढ़ लेना चाहिए। इस निबंध के ढाई पृष्ठों से हमारे न्याय-संसार की असलियत का जितना पता लग सकता है, उतना बड़े-बड़े उपन्यासों से भी नहीं। रीतिकालीन कवि बिहारी के संबंध में प्रचलित उक्ति 'देखने में छोटे लगें, घाव करें गंभीर' परसाई जी के संदर्भ में अधिक सार्थक है। वास्तव में अनुभव और विचार के ये ऐसे दस्तावेज हैं जो बीसवीं शती के उत्तरार्द्ध के भारतीय जीवन का सच्चा इतिहास प्रस्तुत करते हैं।

परसाई जी के साहित्य का मुख्य स्वर व्यंग्यात्मक होने के कारण इन्हें केवल हास्य-व्यंग्य मानना ठीक नहीं। ये गंभीर वैचारिकता से ओत-प्रोत हैं। विचार और रंजन का एक साथ इतना सफल निर्वाह अन्यत्र नहीं। दूसरी बात यह है कि इनके भीतर वैज्ञानिक विचारधारा अनुस्यूत है। उल्लेखनीय है कि कहीं भी उस विचारधारा की पारिभाषिक शब्दावली नहीं, उसका कोई प्रदर्शन और शोर शराबा नहीं। यही लालित्य है विचारधारा का, जो बहुत कम साहित्यकारों में देखने को मिलता है। इस लालित्य की सृष्टि के लिए परसाई जी ने तैयारी की है। जीवन के व्यापक अनुभव के साथ अपनी साहित्य-परंपरा के जीवंत तत्त्वों को आत्मसात् किया है। साहित्य में मात्र निबंध की परंपरा नहीं अपितु कविता-कहानी की परंपरा को भी उन्होंने अपनी सूक्ष्म एवं पैनी दृष्टि से जाँचा है।

निबंध की उल्लेखनीय एवं जीवंत परंपरा परसाई जी से पहले हिंदी में रही है। भारतेन्दु युग इसकी मिसाल है। आचार्य रामचंद्र शुक्ल ने भाव एवं मनोविकारों पर निबंध लिखकर हिंदी-निबंध का विकास किया। परसाई जी ने जहाँ एक ओर बालकृष्ण भट्ट और बालमुकुन्द गुप्त की परंपरा को विकसित एवं समृद्ध किया है, वहीं दूसरी ओर आचार्य शुक्ल द्वारा प्रवर्तित मनोविज्ञान की धारा को भी। 'निन्दा रस', 'सहानुभूति', 'सहानुभूति के रंग', 'तीसरे दर्जे के श्रद्धेय' आदि कई निबंध हैं जो शुक्ल जी द्वारा प्रवर्तित से सैद्धांतिक परंपरा को व्यावहारिक रूप प्रदान करते हैं। व्यंग्य उनकी आत्मा है जो उन्हें परसाईत्व प्रदान करती है। 'निंदा-रस' निबंध से परसाई जी की विशुद्ध वैचारिकता का

एक उदाहरण लीजिए—'निंदा का उद्‌गम ही हीनता और कमजोरी से होता है। मनुष्य अपनी हीनता से दबता है। वह दूसरों की निंदा करके ऐसा अनुभव करता है कि वे सब निकृष्ट हैं और वह उनसे अच्छा है। उसके अहं की इससे तुष्टि होती है। बड़ी लकीर को कुछ मिटाकर छोटी लकीर बड़ी बनती है। ज्यों-ज्यों कर्म क्षीण होता जाता है, त्यों-त्यों निंदा की प्रवृत्ति बढ़ती जाती है। कठिन कर्म ही ईर्ष्या-द्वेष और इनसे उत्पन्न निंदा को मारता है। इन्द्र बड़ा ईर्ष्यालु माना जाता है क्योंकि वह निठल्ला है।'

परसाई जी चेखव की तरह ओछेपन को वहाँ भी खोज लेते हैं जहाँ सामान्य व्यक्ति की नजर में सब कुछ बहुत अच्छा, सुविधाजनक और शानदार दिखाई देता है। हमारे देश में ऐसी भावपूर्ण स्तुतियाँ अनेक अवसर पर गाई जाती हैं जिनका सारतत्त्व यह होता है कि ईश्वर ने, मात्र उनका स्मरण करने से अनेक पापियों का उद्धार किया है। सामान्यतः ऐसा कहकर परमात्मा का वैशिष्ट्य प्रकट किया जाता है। पर इससे समाज में पाप करने की भयानक महामारी लग जाएगी, इस वास्तविकता की ओर कोई नहीं देख पाता। मध्यकाल में इस वास्तविकता को कबीर ने देखा है। एक बानगी 'स्नान' शीर्षक निबंध से लीजिए :

'एक बार मैं प्रयाग में तीन दिन रहकर बिना गंगा नहाए लौट आया, तो जिसने सुना, उसने थूका। लोगों की कल्पना से यह परे है कि कोई इतना अभागा भी होगा, जो प्रयाग जाए और त्रिवेणी में स्नान न करे। लोग तो बिना टिकट जाते हैं, रेलवे कर्मचारियों की गाली सुनते हैं, सण्डास में छिपकर उनसे बचते हैं और गंगा-स्नान करके आते हैं, तो निहायत उजले लगते हैं। गंगा पाप-विनाशनी हैं। तमाम पापियों को स्वर्ग भेजती हैं :

कोऊ नहीं तारे तिन्हें तारे तुम गंगा मैया
जेते तुम तारे तेते नभ में न तारे हैं।

—पद्‌माकर

ऐसी स्तुतियों से गंगा की महिमा बढ़ती है या पाप करने का प्रोत्साहन मिलता है? गंगा है तो बेखटके पाप करो और उसे धमकाते जाओ :

ए रे दगादार मेरे पातक अपार तोहे
गंगा की कछार में पछार छार करिहों।

अर्थ की तह में जाकर उसका ऐसा उद्घाटन परसाई जी ही कर सकते हैं। जीवनोद्धार के सबसे सस्ते नुस्खों पर शताब्दियों से हमारा जीवन चला आ रहा है। किसी ने इनके सस्तेपन को दिखाने का साहस नहीं दिखाया। साहित्यकारों में भी बहुत कम इस मार्ग पर चले हैं, लेकिन जो चले हैं वे कालजयी बन गए हैं। जीवन में कभी साहस न दिखाने वाले तथा अपने समय की वास्तविकता की अनदेखी करने वाले कालजयी नहीं हो सकते। जीवन के वास्तविक सौंदर्य की सृष्टि के कारण वाल्मीकि, कालिदास और भवभूति कालजयी हैं, कबीर-सूर-तुलसी कालजयी हैं, प्रेमचंद, निराला और मुक्तिबोध कालजयी हैं। साहित्यकार तो और भी बहुत हैं लेकिन वे अपने समय तक सीमित रहने वाले साहित्यकार हैं। समयबद्ध होकर समय का अतिक्रमण करने वाले साहित्यकार ज्यादा नहीं होते। परसाई जी की गिनती ऐसे ही साहित्यकारों में होगी उन्होंने अपने समय की वास्तविकता को बेधड़क होकर चित्रित किया और हर समय मानवता के मानक स्थलों से प्रतिबद्ध रहे।

निबंध को शुक्ल जी ने 'गद्य की कसौटी' कहा है। आज हिंदी में गद्य के अनेक रूप दिखाई देते हैं किंतु उनमें भारतेन्दु युगीन गद्य जैसी उत्फुल्लता, संवेदनशीलता, जीवनपरकता, प्रवहमानता और संप्रेषणीयता उतनी नहीं जितनी कि साहित्य की विविधता। भाषा को कृत्रिम माधुर्य से प्रतिष्ठित करने वाले तो आज बहुत हैं किंतु उसके बोलचाल वाले स्वरूप से उसे विभववान् बनाने वाले अधिक नहीं। हिंदी में गद्य के प्रतिमान आज भी प्रेमचंद हैं। उनके जैसा गद्य परसाई जी ने लिखा और उसे आज तक की चेतना के विभिन्न रूपों से आविष्कृत भी किया। जिनके पास कहने को कुछ नहीं होता, वे गद्य-भाषा को बिगाड़ते हैं। इसके विपरीत जिनके पास कहने को बहुत कुछ है, वे ही कहने के ढंग में स्पष्ट एवं प्रभावी होते हैं। यह बात साफ है कि जिनका जीवन से व्यापक परिचय रहा है, उन्हीं का गद्य अपनी संपन्नता और कथन-शैली के विविध आयामों का प्रभाव पाठक पर छोड़ता है। ऐसे गद्य में वाक्य बहुत छोटे होते हैं। कहने की जरूरत नहीं कि परसाई जी का गद्य इसी कोटि का है। इसके अतिरिक्त प्रसंग के अनुसार गद्य-रूपों का जितना वैविध्य परसाई जी में मिलेगा, उतना दूसरे लेखकों में नहीं। निबंध और व्यंग्य दोनों की प्रकृति ही कुछ ऐसी है कि यदि लेखक की भाषा पर मजबूत पकड़ नहीं है, उसके जितने आयाम हो सकते हैं, उन सभी से यदि लेखक का निकट परिचय नहीं है, तो इन रूपों में सफलता मिलना मुश्किल होता है। कल्पनाशीलता के अभाव में भी अच्छे गद्य

की सृष्टि नहीं हो सकती। कहना न होगा कि परसाई इस दृष्टि से एक भरे-पूरे गद्यकार हैं। जीवन के व्यापक अनुभवों ने उनके गद्य को अनेकाथामी भंगिमाएँ दी हैं। एक लेखक के जीवनानुभवों की व्यापकता और गहराई का पता उसकी भाषा से चलता है। तत्सम शब्दों से भरी एकरस भाषा विद्वत्ता का प्रमाण तो होती है, जीवंतता का नहीं।

परसाई जी का गद्य एक सक्रिय रचनाकार का गद्य है। वह एक ऐसे लेखक का गद्य है, जो श्रम को जीवन का सबसे बड़ा मूल्य मानता है। यह आकस्मिक नहीं कि उसके बिम्बों की सृष्टि क्रियाशीलता से भरी है, 'पवित्रता ऐसी कायर चीज है कि सबसे डरती है और सबसे अपनी रक्षा के लिए सचेत रहती है। अपने पवित्र होने का अहसास आदमी को ऐसा मदमाता बनाता है कि वह उठे हुए साँड़ की तरह लोगों को सींग मारता है, ठेले उलटाता है, बच्चों को रगेदता है। पवित्रता की भावना से भरा ये बक उस मोर जैसा होता है, जिसके पाँव में घुँघरू बाँध दिए गए हों। वह इत्र की ऐसी शीशी है जो गंदी नाली के किनारे की दुकान पर रखी है। यह इत्र गंदगी के डर से शीशी में ही बंद रहता है।'

कहने की जरूरत नहीं कि ये परसाई जी के जीवनानुभव ही हैं जो उनके गद्य में मूर्त हो रहे हैं। उनकी यह भाषा कोरी किताबी भाषा न होकर जीवन की भाषा है, जो अनुभव से आती है। इसीलिए तो कबीर ने कहा था 'पोथी पढ़ि पढ़ि जग मुआ पंडित भया न कोय।' परसाई जी ने तो ढाई आखर 'प्रेम' को पढ़ा है, इसी से वे साहित्य और भाषा के पंडित हुए हैं। यह उनका 'प्रेम' ही है, जो बड़े से बड़े आदमी की विसंगति को भी नहीं बख्शता। इतना साहस और निडरता लोक साहचर्य से आते हैं। लोकानुभव से उनकी गद्योक्तियाँ कहीं-कहीं कविता का रूप ले लेती हैं। उनकी अनेक उक्तियाँ अनुभव का निचोड़ प्रस्तुत करती हैं जैसे तुलसी की चौपाइयाँ। उनका गद्य जीवन का लोकसंगीत है।

प्रेम दुबे

लड़ाकू मानसिकता का रचना-शिल्प

'रचना' शब्द का प्रयोग जब हम 'कला' या 'साहित्य' के संदर्भ में करते हैं तो मेरा ख्याल है उसका मतलब लिया जाना चाहिए 'पुनर्रचना'। साहित्यकार अपनी रचना में दरअसल अपने को ही सिजता है फिर से, जो कुछ माहौल में देखकर और भोगकर उसके अंदर अनजाने में सिरज गया है उसे ही। इस तरह दुनिया से इंद्रियों के जरिए जो कच्चा माल उसके अंदर जेहन में आया है, उसे गढ़कर, उसमें अपना रंग मिलाकर, उसमें प्राण फेंककर वह जो अपनी पुनर्रचना करता है उसे ही दुनिया 'रचना' के नाम से जानती है। 'रचना' कारखाने से निकले हुए माल की तरह है। जिस प्रक्रिया से गुजरकर या गुजारी जाकर कोई चीज हमारे सामने नए रूप में, 'रचना' बनकर सामने आती है उस प्रक्रिया को, उस तकनीक को ही साहित्य और कला की भाषा में 'रचना-शिल्प' कहकर संबोधित किया जाता है। इस तरह 'रचना शिल्प' से आशय केवल कृति की ऊपर से नजर आने वाली खूबियों को खतिया कर रख देना नहीं है, उसका मतलब है कृति की बाहरी खूबियों की परख के साथ ही उस प्रक्रिया से गुजर जाना, जिससे होकर आपका प्रिय लेखक या कलाकार अमुक 'कृति' या 'रचना' के रूप में आपके हाथों तक पहुँचा है।

परसाई के रचना-शिल्प का जिक्र आते ही अंदर किसी कोने में एक ऐसे आदमी की सूरत उभरने लगती है जिसका चेहरा एक ओर से निहायत संजीदा और गमगीन नजर आता है और दूसरी तरफ से जो खूब फक्कड़ाना अंदाज में मुस्कुरात और जब तब ठठाकर हँसता पाया जाता है। एक तरफ से वह किसी मसखरे के अंदाज में ताबड़तोड़ हँसाता और किसी चाकू की तेज धार की तरह हर चीज, हर बात जो उसके सामने पड़ जाए अपनी हँसी से काटता, तहस-नहस करता दिखाई पड़ता है और दूसरी तरफ से देखिए तो उसमें एक ऐसे प्रौढ़ दार्शनिक की झलक मिलेगी जिसका दिमाग इंसानी जिंदगी के किसी

पहलू को भी अपनी सोच के दायरे से बाहर नहीं होने देता। बस यह समझ लीजिए कि यही चेहरा परसाई की असली शकल भी है; और वह शकल भी, जो उसके 'अंदाजे-बयाँ' से पढ़ने वाले के मन में उभरती है। परसाई की शकल ऐसी क्यों है? इसका जवाब यही हो सकता है कि समसामयिक समाज को उसकी सारी अच्छाइयों और बुराइयों के बीच एक संघर्षरत मध्यमवर्गीय बुद्धिजीवी की तरह उसने जिया है, गोकि बुद्धिजीवी की कल्पना से परसाई को नफरत है और उसकी जगह वह अपने को शायद सब कुछ हारे हुए आम आदमी, मेहनतकश के बीच पाना ज्यादा सुखद महसूस करता है। बुद्धिजीवी होकर भी बुद्धिजीवी कहलाना परसाई को शायद इसलिए पसन्द नहीं कि 'बुद्धिवाद' एक रोग के रूप में समसामयिक समाज में पनपा है। 'बुद्धिवाद' को कपड़ों की तरह लपेटकर आज का पढ़ा-लिखा तबका जिस तरह अंदर से खोखली और दिखावटी जिंदगी जी रहा है, जिंदगी की असलियत से कटा हुआ, उससे परसाई को नफरत है। उनकी इस नफरत को 'बुद्धिजीवी' नामक उनकी कहानी में देखा जा सकता है, जहाँ उन्होंने आज के 'टिपिकल बुद्धिजीवी' की तस्वीर उसकी पूरी बारीकियों के साथ खींचकर रख दी है।

बनावट और लीपापोती से परसाई को घोर अरुचि है कुछ वैसी ही, जैसी मध्ययुग में कबीर और उनकी तरह के सन्तों को थी जो जिंदगी से बनावट और ढोंग को समूल नष्ट करने पर तुल गए थे। 'सुनो भाई साधो' या 'बैठे ठाले' के जरिए परसाई इसीलिए कबिरा के तेवर में वर्षों अपनी बात कभी इस अखबार के, और कभी उस अखबार के जरिए लोगों तक पहुँचाते रहे, कि कबीर के फक्कड़ व्यक्तित्व, कबीर की लड़ाकू मानसिकता के बहुत निकट उन्होंने अपने को खड़ा पाया है।

अगर सत्य ईश्वर है तो इस सच को स्वीकारने में किसी को आपत्ति नहीं होनी चाहिए कि वह आज नंबर दो की दुनिया में कैद है। खतरा इस कदर है कि कल को पूरी संभावना है इस बात की, कि पूँजीपतियों का मल्टीनेशनल अंडरवर्ल्ड खुद को भगवान की जगह बिठा दे। ऐसी हालत में सत्य की रक्षा के लिए असत्य को बेनकाब करने के लिए परसाई की चिंता कबीर की चिंता से कम अहमियत नहीं रखती। कहीं उन्होंने भगवान से पूछा भी है, आपके नाम से जो धर्मगुरु और शास्त्रकार पैदा हुए हैं उन सबने सच्चे श्रम को हीन बनाया है और निठल्ली विलासिता की पूजा का विधान किया है। इससे अनाचर, बेईमानी, क्रूरता फैली है। आप आखिर पूजा कराते क्यों हैं? अगर पूँजीपतियों का भगवान

ही सही है—चुपचाप सब कुछ देखने-सहने वाला, तो उसकी परेशानी जायज है। जिसके तहत वह सोचता है कि इस पोंगे भगवान को कैसे छुड़ाऊँ जो बाजार में मुनाफाखोरी की मर्यादा से बँध जाता है और थाने की पुलिस की धाँधली की मर्यादा से। (रिटायर्ड भगवान की कथा, कथा यात्रा, जून, 80, पृ. 45, 471) इस तरह परसाई कहने भर को नहीं, सचमुच ही सोच और अप्रोच दोनों में कबीर की जिन्दा मिसाल हैं।

परसाई के सारे लेखों, सारी कहानियों के पीछे एक ही मिशन है—बनावट और ढोंग की बखिया उधेड़ना। 'सदाचार का ताबीज', 'जैसे उनके दिन फिरे', 'ठिठुरता हुआ गणतंत्र', 'शिकायत मुझे भी है', 'रानी नागफनी की कहानी', 'अपनी-अपनी बीमारी', 'वैष्णव की फिसलन' तथा 'विकलांग श्रद्धा का दौर' आदि रचनाओं से लेकर 'और अंत में' तक, सब में इस बात को आमतौर पर देखा जा सकता है। वह अच्छाई भी हो सकती है और बुराई भी। जो नीति और सदाचार के कायल हैं वे तो परसाई और उनके अंदाजे-बयाँ के बारे में यही कहेंगे कि इसमें आखिर बनता क्या है? लेकिन पूर्वग्रह मुक्त होकर अगर आप देखें तो पाएँगे कि उसी में बहुत कुछ बनता है। परसाई का ख्याल कुछ ऐसा ही है कि बनावट और विसंगतियों को आप हटा दें, तो जो शेष रहेगा वही सत्य होगा। ऊपर से लादने का दंभ और लीपा-पोती की चेष्टा हम क्यों करें? स्पष्ट है कि यह चेष्टा उपचारात्मक है विधायक नहीं।

दरअसल परसाई की यह दृष्टि ही उस 'तकनीक' या 'अन्दाजे-बयाँ' का मल है जिसे 'व्यंग्य' कहा जाता है, और जिसके बारे में हिंदी वाले अभी अनिश्चय में हैं कि उसे साहित्य को एक तकनीक, शैली मात्र ही माना जाए या एक स्वतंत्र शाखा यानी विधा। जो हो यह तो तय है कि चोंच, ऊँट, बेढब, संपूर्णानन्द, केशव प्रसाद वर्मा आदि के जरिए हिंदी में जो विशुद्ध हास्य-लेखन की परंपरा चल रही थी उसे जीवन से जोड़कर परसाई ने एक रचनात्मक अर्थवत्ता दी।

जिनका साहित्य शास्त्र से थोड़ा भी परिचय है वे जानते हैं कि 'व्यंजना भाषा की सबसे बड़ी शक्ति है। शब्दों का, भाषा का ऐसा प्रयोग कि अपरंपरागत अर्थ और संकेतों को भी वे पकड़ लें 'व्यंजना' का सही इस्तेमाल है। परसाई की तकनीक को यह कमाल हासिल है कि उसने न केवल 'व्यंजना' के इस सामर्थ्य को अपनी पुनर्रचना का वाहक चुना है वरन् उसे इस पूर्णता तक पहुँचाया है कि हिंदी में वह एक प्रवृत्ति के रूप में, स्वतः समर्थ लेखन के रूप में उभरकर सामने आया है।

'व्यंग' को और 'परसाई' के लेखन की सबसे बड़ी खूबी है कि 'कहीं पे निगाहें कहीं पे निशाना' वाली बात उसमें प्रस्तुत होती है, लेकिन लक्ष्य उसका होता है अप्रस्तुत। 'रानी नागफनी की कहानी' पर एक नजर डालिए। पढ़िए शुरू से आखिर तक, बड़ा मजा आएगा। लेकिन जब अप पाएँगे कि जिन लोगों, स्थितियों, आदर्शों और घटनाओं के बीच आप जी रहे हैं वह उसी की कहानी है फैण्टसी और हँसी के मूड में ढली हुई, तो आपको सोचना पड़ेगा कि आपकी दयनीयता हँसने और खुश होने लायक है या रोने और विचार करने के काबिल। क्या यह सच नहीं है कि हमारी जिंदगी भी ऊपरी तौर पर पाउडर-स्नो पुती, चमक-दमक भरी रूमानी जिंदगी है। एक नजाकत, लताफत और रोमांस से भरपूर रानी की मानिन्द, लेकिन अंदरूनी तौर पर जब उसे हम भोगते हैं, मुखातिब होते हैं उससे, तो वहीं नागफनी की तरह हमारे लिए कँटीली चुभनदार हो जाती है। सब मर्जी की एक दवा : पेनिसिलीन पर टिके डॉक्टर, बाजारू नोटस पर अवलंबित और हर हालत में शिक्षा और शिक्षक पर दोषारोपण करने वाले छात्र, शाम को 'सा' से आलाप शुरू करके सुबह 'नौ' पर पहुँचने वाले गवैये, नए-नए प्रेमियों की तलाश में लगी और एयरकंडीशंड कमरे में विरह की आहें भरती नागफनी, एकबारगी कौआ, केंचुआ और केंचुल को ऊल-जलूल ढंग से जोड़कर कविता का दर्शन रचने वाला युवा कवि, मौत, दुर्घटना और चमत्कारों की तलाश में भटकते पत्रकार आखिर हमारी नागफनी की दोहरी जिंदगी के ही तो अंग हैं, जहाँ बाहर रोमांस है और अंदर चुभन।

अब आदमी की कमजोरियों की क्या कहिए जिसने अपनी नजर खो दी है और विज्ञापन की नजर से चीजों को परखता है। 'कथा फिर कही गई' की उस हव्वा की कल्पना कीजिए जो मॉडलिंग के जरिए सेव का विज्ञापन करके आदम के बाग का सारा सड़ा सेव ऊँची कीमतों पर मिनटों में बिकवा देती है।

यह कतई जरूरी नहीं कि आँख जो देखे और बुद्धि जो समझे उससे पूरी तौर पर आप सहमत हों। हो सकता है कि पक्के गाने या मॉडर्न आर्ट की परख या पकड़ परसाई में नौसिखिए सी ही हो, लेकिन इतना जरूर है कि परसाई में मिलावट नहीं है। जो कुछ है साफ बेलाग है। परसाई में विवाद की गुंजाइश हो सकती है लेकिन बेईमानी की नहीं। सफाई, बेलागपन और ईमानदारी की कीमत पर किसी समझौते की गुंजाइश परसाई में नहीं, फिर चाहे वह आर. एस. एस. माइंडेड लोगों की लिजलिजी भावुकता हो जो मनचीती न होता देखकर तुरत-फुरत हाथ में डण्डा उठा लेती है, या सत्ता के द्वारा परोसी गई कुर्सी हो जिस पर अच्छे-अच्छे खाँ न्यौछावर हो जाते हैं।

सारांश यह है कि आदमी के अंदर और उसके माहौल में जहाँ भी विसंगतियाँ हैं परसाई की तीखी आँख पहुँच जाती है। उसकी भाषा टूटे-थके आदमी को पहले गुदगुदाती है, बहलाती है, ताकि वह भाग न जाए, और फिर धीरे से उस आईने के सामने ला खड़ा करती है जहाँ वह अपने नंगेपन को अच्छी तरह निहार सके। वह महज हँसाती नहीं, हँसी के परदे में आपने जो कुंठाएँ दबा रखी हैं, मुस्कान के भीतर जो आँसू छिपा रखे हैं उन्हें उजागर कर देती है।

जैसा कि साफ नजर आता है और जैसा कि मैंने संकेत किया है रूहानी तौर पर परसाई की रचनाएँ सभी एक-सी हैं—मुलम्मे को छीलकर असलियत को उघाड़ने वाली, लेकिन जिस्मानी तौर पर यानी फार्म की दृष्टि से उनकी रचनाओं में बनावट का अंतर है। 'रानी नागफनी की कहानी' में परसाई अगर फैंटेसी में ढलकर सामने आए हैं तो 'बेताल की अट्ठाइसवीं कथा' में इतिवृत्त-कथन या किस्सागोई का अंदाज उन्हें भाया है। बुद्धिजीवी या 'एक मध्यवर्गीय कुत्ता' में अगर वे सीधे-सीधे अनुभवकथन या संस्मरण के अंदाज में बातें करते दीख पड़ते हैं तो 'सुनो भाई साधो' के कॉलमों वे फक्कड़ाना अंदाज के साथ मध्ययुगीन संतों के बानक में संक्रमित हो जाते हैं। हाल ही प्रकाशित 'और अंत में' संकलन में उन्होंने चिट्ठियों के जरिए ही सारी बातें अपने पाठकों तक पहुँचाई हैं। मजे की बात यह है कि प्रिय कहते हुए वे बात शुरू करते हैं और धीरे-धीरे आपके अंदर और बाहर जो सारा अप्रिय है उसके सामने भाप को ला खड़ा करते हैं।

यह समझ लेना बहुत जरूरी है कि 'व्यंग' खुद लक्ष्य नहीं है, उसका लक्ष्य है आदमी और उसकी जिंदगी। 'व्यंग्य' की कसौटी ही यह है कि सफर की बोझिल थकान से मुसाफिर को वह दूर रखे और धीरे-धीरे उस मंजिल पर ले जाए जहाँ मानवीय संवेदनाओं का, सत्य का, करुणा का ठिकाना होता है। परसाई अपनी तकनीक में इस मानी में सफल हैं कि मानसिक और सामाजिक विसंगतियों के कारण हैवानियत में ढल गई चेतना को वापस आदमीयत तक पहुँचाने का आर्ट उन्हें आता है।

डॉ. रामकृपाल पांडेय

सांप्रदायिकता से संघर्ष

परसाई हिंदी के उन थोड़े से लेखकों में हैं जो न केवल अपने सामाजिक दायित्व के प्रति पूरी तरह निरंतर सजग रहे हैं, अपितु अपने व्यावहारिक जीवन में भी उसका निर्वाह करने में निरंतर तत्पर रहे हैं। उनका विचार है कि 'लेखक मानवीय मूल्यों की स्थापना के लिए लिखता है, मानव-संस्कृति की रक्षा के लिए लिखता है, मानव-जाति के उज्ज्वल भविष्य के सपने देखता है, जीवन के प्रति आस्था और श्रद्धा उत्पन्न करता है, भावनाओं का उदात्तीकरण करता है, एक बेहतर मनुष्य बनाना और न्यायपूर्ण समाज-व्यवस्था स्थापित करना चाहता है।' (परसाई रचनावली, खंड 6, पृ. 395)। कहने की आवश्यकता नहीं कि परसाई का सांप्रदायिकता विरोधी लेखन भी इन्हीं गम्भीर उद्देश्यों से प्रेरित एवं संवलित है।

सांप्रदायिकता ने हमारे देश के टुकड़े कर दिए। देश-विखंडन का उसका गंभीर प्रयास अब भी जारी है। अपने विरोध में सीना तानकर खड़ा देख उसने महात्मा गांधी जैसे महान मानववादी की जान ले ली। गणेशशंकर विद्यार्थी जैसे न जाने कितने मानववादी लेखकों और समाज-सेवकों को उसने देखते-देखते निगल लिया। लाखों निर्दोष साधारण भोले-भाले मनुष्यों का जीवन वह चाट गई और उसका यह कार्य क्रम अब भी जारी है। श्रीमती इंदिरा गांधी और अवकाश प्राप्त जनरल वैद्य की क्रूरतापूर्ण नृशंस हत्याएँ उसी शृंखला की महत्त्वपूर्ण कड़ियाँ हैं।

ऐसी राष्ट्रघातक एवं मानवता-विरोधी सांप्रदायिकता के विरुद्ध सीना तानकर खड़े होने और उस पर निर्भीकतापूर्वक आक्रमण करने का क्रम भी जारी है और जारी रहेगा। परसाई का सांप्रदायिकता विरोधी लेखन इस महिमामयी परंपरा की गरिमामयी कड़ी हैं। उनका यह लेखन सांप्रदायिक शक्तियों को बौखला देने वाल है। यही कारण है कि इन शक्तियों ने उन पर शारीरिक हमले तक किए हैं। इन सब घटनाओं से हिंदी-जगत भली-भाँति परिचित है।

परसाई का सांप्रदायिकता विरोधी लेखन मानवीयता, निर्भीकता, निष्पक्षता एवं स्वाधीन विवेकशीलता के गुणों से ओतप्रोत है। अतः वह जिस अनुपात में सांप्रदायिक शक्तियों में बौखलाहट पैदा करता है उसी अनुपात में गैर-संप्रदायिक मानववादी शक्तियों को ऊर्जा और बल भी प्रदान करता है।

जनता पार्टी के शासनकाल में संघटित जगशेदपुर के दंगे में मारे गए प्रसिद्ध उर्दू लेखक जकी अनवर की हत्या की परिस्थितियों और उनके भाववादी व्यक्तित्व का उल्लेख परसाई ने इस प्रकार किया है—'उन्होंने मुसलमानों के मुहल्ले में अपने मकान को बेचकर हिंदुओं के मुहल्ले में मकान खरीदा और वहाँ रहने लगे। उन्होंने इस मुहल्ले का नाम, गांधीनगर, रखा। उनका विश्वास था कि हिंदुओं और मुसलमानों की मिली-जुली आबादी होनी चाहिए। इसके बिना सांप्रदायिक सद्भाव पैदा नहीं होगा। दंगे के दौरान उन्हें सलाह दी गई कि वे मुसलमानों के मुहल्ले में चले जाएँ या पटना चले जाएँ। पर वे वहीं रहे और अपने एक मित्र वर्मा के साथ सांप्रदायिक शांति के लिए अनशन पर बैठे। 13 घंटे बाद उन्हें अनशन खत्म करने पर मजबूर होना पड़ा। रात को जकी अनवर मार डाले गए और उनकी लाश कुएँ में डाल दी गई।' (परसाई रचनावली, खंड 6, पृ. 395)। इसे पढ़कर पाठक का मन इतना उद्विग्न हो जाता है कि वह मनुष्यता के अस्तित्व तक पर सन्देह करने लगता है और उसका यह संदेह उसे मनुष्यता की खोज करने, उसकी रक्षा करने तथा उसका पोषण और विकास करने के लिए प्रेरित करता है।

सांप्रदायिकता के विरुद्ध संघर्ष करने के लिए लेखकों का आह्वान करते हुए परसाई ने उनसे कहा कि उन्हें 'मरने के लिए भी तैयार रहना होगा।' (परसाई रचनावली, खंड 6, पृ. 395 के आधार पर)। पता नहीं दूसरे लेखकों ने इतना साहस किया या नहीं, पर इसमें कोई संदेह नहीं कि परसाई ने सांप्रदायिकता के विरोध में 'मृत्युवरणाय तत्परो भूत्वा' ही लिखा है। जिस प्रकार उन्हें कबीर के मार न डाले जाने पर उनकी साहसपूर्ण कटूक्तियों को देखते हुए अत्यंत आश्चर्य होता है, उसी प्रकार मुझे परसाई पर आश्चर्य होता है।

परसाई के समस्त लेखन में भावुकता एवं बौद्धिकता के संतुलन का अद्भुत सौंदर्य पाया जाता है। उनके सांप्रदायिकता विरोधी लेखन में भी यह सौंदर्यपूर्ण रूपेण विद्यमान है। उनका करुणामूलक क्रोध या सात्त्विक आवेश जिस स्थल पर प्रस्फुटित होता है, वह अत्यंत प्रभावशाली होता है। गैर-जिम्मेदार पत्रकारों पर आक्रमण करते हुए वे लिखते हैं—'अशिक्षित, अर्द्धशिक्षित, विश्वासहीन, निष्ठाहीन, विचारहीन, गैर-जिम्मेदार इन पत्रकार बुद्धिजीवियों ने ज्यादातर सांप्रदायिक भेद

और उन्माद पैदा किया। XX मेरठ के दंगे के समय के अखबारों की प्रदर्शनी दिल्ली में लगी थी। जिन्होंने उसे देखा वे कहते हैं कि वे अखबार पत्रकारों का मुँह काला करने के लिए काफी हैं।' (रचनावली, खंड 6, पृ. 40) उनके इस प्रकार के आक्रमण से किसी भी प्रकार का बुद्धिजीवी नहीं बचा। महाविद्यालयों और विश्वविद्यालयों के आचार्यों की दशा जरा निहारिए—'विश्वविद्यालयों के देदीप्यमान दीपक जो अंधकार फैलाते हैं। XX इन्हें 'नाटो' और 'वारसा' संधि शक्तियाँ समझ में नहीं आतीं, बाह्मण और कायस्थ गुटों का शीत और गर्म युद्ध समझ में आता है। ये इसी विश्वयुद्ध को लड़ते रहते हैं। (रचनावली, खंड 6, पृ. 40) अंततः समस्त बुद्धिजीवी समुदाय को उन्होंने इस प्रकार अभिशिक्त किया—'सुविधाभोगी, कायर, अवसरवादी लेखक, पत्रकार, अध्यापक, बुद्धिजीवी वर्ग ने इस देश और उसकी जनता के साथ बड़ा धोखा किया और करते जाते हैं।' (रचनावली, खंड 6, पृ. 40)

हमारे देश में तीन प्रकार की सांप्रदायिकताओं ने बेहद खतरनाक रूप धारण कर लिया है। वे हैं—मुस्लिम सांप्रदायिकता, हिंदू सांप्रदायिकता और सिक्ख सांप्रदायिकता। परसाई ने अपने सांप्रदायिकता-विरोधी लेखन में इनमें से किसी के भी साथ जरा भी रियायत नहीं की है और उन सब पर भरपूर प्रहार किए हैं। यह आप उनकी रचनावली की संबद्ध रचनाएँ पढ़कर देख सकते हैं। यहाँ पर उनके संक्षिप्ततम प्रस्तुतीकरण के लिए भी अवकाश नहीं है। अतः मैं मात्र अकाली आंदोलन विषयक उनके कुछेक विचारों को प्रस्तुत करता हूँ।

अकाली आंदोलन की प्रकृति सुनिश्चित करते हुए परसाई ने लिखा कि अकाली आंदोलन फासिस्टी और देशघातक है। सन्त भिण्डरावाला और सन्त लोंगोवाल द्वारा उद्घोषित 'धर्मयुद्ध' को उन्होंने मुस्लिम लीग के 1946 के 'डाइरेक्ट ऐक्शन' जैसा घातक बताया जिसमें हजारों लोग मारे गए थे और लाखों घर उजड़ गए थे। तत्कालीन प्रधानमंत्री से उन्होंने अनुरोध किया कि 'वे माँगों पर तो सहानुभूति से विचार करें, परंतु इस पृथकतावादी उग्र फासिस्टी कार्यवाही से बहुत कठोरता के साथ निपटें।' (रचनावली, खंड 6, पृ. 392) और उन्हें चेतावनी भी दी कि—'इसमें नरमी देश के लिए घातक होगी।' (रचनावली, खंड 6, पृ. 392) कहना न होगा कि यह बहुत सही और सामयिक चेतावनी थी।

अकालियों के वर्तमान और भावी मनसूबों पर प्रकाश डालते हुए आलंकारिक शैली में परसाई ने लिखा—'साधो, स्वर्ण मंदिर, नानक निवास, दूसरे गुरुद्वारे मानो दूसरे दुश्मन-राज्य के किले हैं। इसमें सेनापति हैं, कमाण्डर हैं, सिपाही हैं। ऐसा लगता है, जैसे इन किलों से भारत गणराज्य पर हमला किया जा रहा है

और वह भी मध्ययुगीन तरीके से। ये संत और ज्ञानी शायद इस कोशिश में हैं कि पंजाब को जीत लिया जाए, भारत की सरहद पर एक राज्य बन जाए। तब भारत को पाकिस्तान और इस अकाली राज्य से निपटना पड़ेगा।' (रचनावली, खंड 5, पृ. 236) यहाँ पर परसाई की क्रांतिदर्शिता सुस्पष्ट है।

संत भिण्डरावाला के विषय में परसाई ने लिखा था—'सबसे सफल और महान सन्त इस समय जरनैल सिंह भिण्डरावाला हैं। उन पर लाला जगत नारायण की हत्या का आरोप लगा, गिरफ्तारी वारंट निकला, तो वे स्वर्ण मंदिर में गुरु नानक निवास में छिप गए। उनके उन्मादी चेलों में भी जो हत्या या दूसरा अपराध करता है, भागकर नानक निवास में छिप जाता है। गोया गुरु नानक ने एक किला बनवा दिया है अपने प्रताप से, जिसमें हत्यारा, चोर, तस्कर, बलात्कारी छिप जाए तो गुरु उसकी रक्षा करेंगे।' (रचनावली, खंड 5, पृ. 236)।

धार्मिकता की नकाब को हटाकर परसाई ने दो-टूक शब्दों में बताया—'साधो धर्म का मामला यह बिल्कुल नहीं है। धर्म को तो ये गंदी नाली में डाल चुके। गुरुग्रंथ साहब के पन्ने भी फाड़कर फेंक दिए। इन्हें चाहिए चण्डीगढ़, इन्हें चाहिए राजस्थान और हरियाणा के भू-भाग, इन्हें चाहिए पंजाब में से बहने वाला सारा पानी—चाहे उसमें सन्त लोग डूब जाए, इन्हें चाहिए तस्करी, चार-सौ-बीसी का धंधा।' (रचनावली, खंड 5, पृ. 237) ऐसी स्पष्टवादिता और निर्भीकता कबीर के बाद परसाई में ही दिखती है।

अकाली सांप्रदायिकता और अमेरिकी साम्राज्यवाद की साठगाँठ को उजागर करते हुए परसाई ने लिखा कि सन्त भिण्डरावाला एवं सन्त लोंगोवाल आदि भारतवासी सन्तों ने अभी तक उस डॉक्टर जगजीत सिंह चौहान का प्रतिवाद नहीं किया है, जिसने भारत से बाहर स्वतंत्र 'खालिस्तान' की माँग की है और खुद उसका राष्ट्रपति हो गया है। इस षड्यंत्र को अमेरिका मदद दे रहा है। इसका सबूत यह है कि सब देशों से भगाए गए डॉक्टर जगजीत सिंह को अमेरिकी प्रशासन ने कृषि विशेषज्ञ के रूप में अपने देश में बुला लिया है। मजाक यह है कि डॉक्टर जगजीत सिंह कृषि विशेषज्ञ नहीं हैं, डॉक्टर ऑफ मेडिसिन याने चिकित्सक हैं। डॉ. जगजीत सिंह हिंद महासागर में एक द्वीप खरीदकर खालिस्तान सरकार की स्थापना करेंगे और अंतर्राष्ट्रीय दबाव याने अमेरिकी 'ब्लैकमेल' से पंजाब को भारत से अलग करेंगे। जरूरत हुई तो अमेरिका की मदद से भारत पर हमला भी करेंगे।' (रचनावली, खंड 5, पृ. 237)

मुस्लिम सांप्रदायिकता के कारण भारत से पृथक् पाकिस्तान बना था। सिक्ख सांप्रदायिकता के कारण खालिस्तान भारत के गर्भ में है। पता नहीं, वह

जन्म ले सकेगा या नहीं, पर गर्भ में तो है। अगर समय रहते 'एबोर्शन' की कार्यवाही न हुई तो उसका जन्म स्वाभाविक है। परसाई का सांप्रदायिकता-विरोधी लेखन देश के कर्णधारों का भी मार्ग प्रदर्शन कर सकता है। लेकिन जिनकी आँखें पाकिस्तान के बन जाने पर भी, भारत के टुकड़े हो जाने पर भी, न खुली हों, उनके वंशजों की आँखें गर्भस्थ 'खालिस्तान' से खुलेंगी—इसमें मुझे संदेह है।

परसाई के सांप्रदायिकता-विरोधी लेखन में उनके निबंध 'सांप्रदायिकता : प्रकृति, कारण और निदान' का सर्वाधिक महत्त्वपूर्ण स्थान है। इसमें उन्होंने सांप्रदायिकता का वैज्ञानिक विवेचन किया है।

सांप्रदायिकता को प्रायः गुण्डों की हरकत, असामाजिक तत्त्वों के कार्य, सिरफिरों के पागलपन या उन्माद आदि के रूप में ही देखा जाता है। परसाई ऐसी धारणा को 'आत्मवंचना की रेत में सिर छिपाना' (रचनावली, खंड 6, पृ. 401) कहते हैं। उनकी दृष्टि में यह 'नंगा फासिस्टवाद' है। उन्होंने लिखा है—'इसे हम 'पागलपन', 'उन्माद', 'सिरफिरापन जैसे नासमझी' के अर्थहीन निर्दोष शब्दों से परिभाषित नहीं करते। हम इसे सीधा 'फासिस्टवाद' कहते हैं, जो संगठित सुनियोजित अमानवीयता, बर्बरता है।' (रचनावली, खंड 6, पृ. 396)

यहाँ पर परसाई ने 'फासिज्म' शब्द को कमजोर पाकर एक नया जोरदार शब्द गढ़ा है—'फासिस्टवाद'। यह शब्द बहुत जम रहा है। भारत में कम्युनिस्ट आंदोलन की दशा देखते हुए मेरा विचार है कि आधुनिकता उसे कम्युनिज्म न कहकर 'कम्युनिस्टवाद' कहना उपयुक्त होगा। जितने तरह के कम्युनिस्ट दल, उतने ही तरह के 'कम्युनिस्टवाद'। 'फासिस्टवाद' से यह ध्वनि निकलती है कि यह भारतीय 'फासिस्टवाद' यूरोप के ऐतिहासिक फासिज्म से मिलता-जुलता होकर भी अपनी निजी विशेषताएँ रखता है। उससे यह भी ध्वनित है कि जितनी तरह की सांप्रदायिकताएँ उतनी ही तरह के फासिस्टवाद स्वाभाविक हैं।

हिंदू-मुस्लिम सांप्रदायिकता के कारणों पर परसाई ने विस्तार से विचार किया है। इस संदर्भ में कतिपय कटु किंतु सत्य वास्तविकताओं का उद्घाटन करते हुए उन्होंने बताया है : (1) 'अभी भी हिंदू मन में एक विजित जाति की हीनता की भावना है। मुसलमान में भी यह भावना है कि हम विजेता जाति के हैं और हमने इन पर हुकूमत की है।' (रचनावली, खंड 6, पृ. 396)। (2) 'हारे हुए निराश हिंदू मन ने अपने प्राचीन गौरव की याद की, उसका सहारा लिया और उस 'यूटोपिया' में जीकर आधुनिकता का विरोध किया। उसने पुरातनवाद में जातीय गौरव की रक्षा खोजी। इस भावना ने उसे संकीर्ण, ज्ञान-विज्ञान विरोधी, अतीतजीवी और

क्षुद्र बनाया। उधर मुसलमान के हाथ से हुकूमत अँग्रेजों ने छीनी। उसे गुलाम बनाया। वह हीनता की भावना से ग्रस्त हुआ तो उसे भी इस्लामी अतीत की याद आई कि उसने यूरोप और एशिया को रौंद डाला था। इस्लामी बिरादरी की याद आई। वह भी बुनियादी इस्लाम में पहुँचा और 7वीं सदी के मक्का मदीना में रहने लगा। वह ख्वाब देखने लगा फिर इस्लामी साम्राज्य की स्थापना के, क्योंकि 'उठता है फिर मुसलमाँ हर करबला के बाद।' (रचनावली, खंड 6, पृ. 397)

इन उद्धरणों में पहले से मैं पूरी तरह सहमत हूँ। दूसरे उद्धरण के उतरार्द्ध से भी मैं पूरी तरह सहमत हूँ, किंतु उसके पूर्वार्द्ध में कही गई परसाई की इस बात से मैं पूरी तरह सहमत नहीं हूँ कि हिंदू मन को अपने प्राचीन गौरव की याद ने आधुनिकता विरोधी, ज्ञान-विज्ञान विरोधी, अतीतजीवी, संकीर्ण और क्षुद्र बनाया। वास्तव में हिंदुओं का प्राचीन गौरव न तो ज्ञान-विज्ञान विरोधी था, न विकास विरोधी, न संकीर्ण, न क्षुद्र और न ही पूरे यूरोप और एशिया को रौंदने की बर्वरता से संपन्न। अतः उसकी याद ने हिंदुओं को वैसा ही नहीं बनाया जैसा कि परसाई ने बतलाया है तथा कुछ अन्य लोग भी बतलाया करते हैं। सत्य यह है कि भारत का प्राचीन गौरव इतना मानवीय एवं भव्य है कि उसे याद कर न केवल हिंदू अपितु सारी मानव जाति संकीर्णता से मुक्ति पाने, ज्ञान-विज्ञान की ओर अग्रसर होने और हृदय से हृदय मिलाने की प्रेरणा पाती रही है और पाती रहेगी। फिर भी परसाई के कथन में आंशिक सत्यता अवश्य है। यह स्वीकार करना ही पड़ेगा कि अपने प्राचीन गौरव की याद ने कुछ कुशिक्षित एवं कुसंस्कृत हिंदुओं को आधुनिकता कता-विरोधी और ज्ञान-विज्ञान विरोधी बनाया है।

परसाई ने दूसरी बात यह बताई कि 'हमारे देश में सांप्रदायिक द्वेष की जड़ मध्ययुग का इतिहास है, जो अर्द्धसत्य और गलत नजरिए से प्रचारित किया जाता है और पढ़ाया जाता है। XXX ऐसा बताया जाता है कि पूरे मध्य युग में 6-7 सौ साल तक इस देश में एक ही काम हुआ—हिंदू-मुसलमान की लड़ाई। खेती, व्यवसाय वगैरह कुछ नहीं। XX मुसलमान शाहों-सुल्तानों का काम हिंदू राजाओं पर हमला करना, मंदिर तोड़ना, मूति खण्डित करना, लूटना, हिंदुओं पर अत्याचार करना—बस इतना ही था।' (रचनावली, खंड 6, पृ. 397)

इतिहास और उसकी पढ़ाई के बारे में परसाई का उपर्युक्त कथन बिल्कुल सही है। साथ ही उनका यह कथन भी बिल्कुल सही है कि जब तक वैज्ञानिक दृष्टि से धार्मिक द्वेष से मुक्त तथ्यपरक इतिहास नहीं पढ़ाया जाएगा, तब तक सांप्रदायिक द्वेष जा नहीं सकता।' (रचनावली, खंड 6, पृ. 398) लेकिन समस्या

यह है, जैसा कि स्वयं परसाई कहते हैं, 'जब भी इस प्रकार के इतिहास को लिखने और पढ़ाने का प्रयास किया जाता है, सामंतवादी पूँजीवादी ताकतें उसे रोक देती हैं।' जनता पार्टी की सरकार के जमाने में इस तरह की तीन इतिहास पुस्तकों पर प्रधानमंत्री मोरारजी देसाई ने राष्ट्रीय स्वयंसेवक संघ के नेता नानाजी देशमुख के कहने से प्रतिबन्ध लगा दिया था।' (रचनावली, खंड 6, पृ. 197)

परसाई जिस प्रकार के इतिहास के लिखे जाने और पढ़ाए जाने की वकालत करते हैं, उस इतिहास का नमूना क्या है? उन्होंने बताया है कि 'वास्तव में महमूद गजनवी ने सोमनाथ का मंदिर इस्लाम के लिए नहीं, हीरे-जवाहरात और सोने के लिए लूटा था।' (रचनावली, खंड 6, पृ. 397) यह बात तो इतिहास में पहले भी पढ़ाई जाती थी। वास्तव में महमूद गजनवी और नादिरशाह जैसे हीरे-जवाहरात और सोने-चाँदी के लुटेरों के प्रति वैज्ञानिक इतिहास भी नफरत ही पैदा करेगा, सहानुभूति नहीं। गैर-सांप्रदायिक मानववादी दृष्टि और मानसिकता के लिए आवश्यक यह है कि प्रत्येक भारतीय, वह चाहे हिंदू हो या मुसलमान या कुछ और, महमूद गजनवी और नादिरशाह जैसों को लुटेरा और आक्रामक माने तथा दुनिया के भूत, वर्तमान और भावी समस्त महमूदों और नादिरशाहों से घृणा करे।

आगे परसाई ने कहा है कि—'औरंगजेब मंदिरों को दान देता था।' (रचनावली, खंड 6, पृ. 397) औरंगजेब द्वारा मंदिरों को दान देने के एक नहीं, सैकड़ों अभिलेख भी उसकी कट्टरता, नृशंसता और बर्बरता पर पर्दा नहीं डाल सकते। अतः आवश्यकता फिर उसी मानवीय दृष्टि की है जिससे सभी हिंदू-मुसलमान औरंगजेब और अलाउद्दीन जैसों की कट्टरता और बर्बरता को हेय समझें। आगे परसाई ने बताया है कि 'जहाँगीर और शाहजहाँ अत्यंत उदार थे। अकबर शायद भारत का सबसे महान् शासक था—अशोक से भी बड़ा—जिसने एक गणराज्य की कल्पना की थी।' (रचनावली, खंड 6, पृ. 397) मुझे इतिहास की इतनी जानकारी नहीं है कि मैं अशोक महान् और अकबर महान् की महानताओं को तोल सकें किंतु इतना अवश्य कहना चाहूँगा कि जहाँगीर की उदारता और अकबर की महानता पर उन अवैज्ञानिक इतिहासकारों ने भी संदेह नहीं किया है जिन्हें सांप्रदायिक द्वेष उभारने का दोषी माना जाता है।

परसाई का कहना है कि सांप्रदायिकता समाप्त करने के लिए न केवल नए सिरे से इतिहास लिखना, पढ़ना और पढ़ाना आवश्यक है, अपितु 'भाषा और साहित्य की पाठ्य-पुस्तकों से भी सांप्रदायिक रचनाएँ निकालनी होंगी।' (रचनावली, खंड 6, पृ. 398)। उनका यह प्रस्ताव बिल्कुल सही है। उनका यह आरोप भी सही हो सकता है कि उत्तर भारत में स्कूलों में पढ़ाई जाने वाली

हिंदी भाषा की पाठ्य-पुस्तकों में रचनाओं का चयन सांप्रदायिक दृष्टि से किया जाता है। लेकिन जब वे कहते हैं कि मुझे समझ में नहीं आता, अलाउद्दीन खिलजी और पद्मिनी की कथा को इतना महत्त्व क्यों दिया जाता है। सुलतान को सुंदर औरतों की तो कमी थी नहीं। वह लड़ाई तो राजनैतिक थीं, सुंदरी रानी पद्मिनी के लिए नहीं।' (रचनावली, खंड 6, पृ. 398) तो यही लगता है कि सही सिद्धांत प्रस्तुत करना और उसे व्यवहार में सही तरीके से लागू करना एकदम अलग-अलग बातें हैं। अलाउद्दीन और पद्मावती की लोक-प्रचलित कथा को लेकर महान सूफी कवि मालिक मुहम्मद जायसी ने 'पद्मावत' नामक अमर महाकाव्य की रचना की है और अपनी महान मानवतावादी दृष्टि का परिचय दिया है। आचार्य शुक्ल ने उनकी और उनके काव्य की भूरि-भूरि प्रशंसा की है। इतना ही नहीं उन्होंने जायसी को तुलसीदास के बाद हिंदी का सबसे बड़ा कवि माना है। जायसी आदि सूफी कवियों की महत्ता को लक्ष्य कर उन्होंने लिखा है—'इन्होंने मुसलमान होकर हिंदुओं की कहानियाँ हिंदुओं की ही बोली में पूरी सहृदयता से कहकर उनके जीवन की मर्मस्पर्शिनी अवस्थाओं के साथ अपने उदार हृदय का पूर्ण सामंजस्य दिखा दिया। कबीर ने केवल भिन्न प्रतीत होती हुई परोक्ष सत्ता की एकता का आभास दिया था। प्रत्यक्ष जीवन की एकता का दृश्य सामने रखने की आवश्यकता थी, वह जायसी द्वारा पूरी हुई।' (त्रिवेणी, आचार्य शुक्ल, पृ. 2) अलाउद्दीन और पद्मावती की कहानी का जो ट्रीटमेंट जायसी का है, वह सांप्रदायिक द्वेष उभारने वाला नहीं, अपितु समस्त मानव हृदयों को जोड़ने वाला है। उनका अलाउद्दीन माया-रूप होने से हिंदुओं और मुसलमानों सभी की दृष्टि में हेय है। अलाउद्दीन और पद्मिनी की कहानी को पाठ्यक्रम से निकाल देने से लोग अलाउद्दीन को भूल नहीं जाएँगे। मेरा विचार है कि आज जायसी की उदार मानववादी परंपरा को जीवित रखने और विकसित करने की बहुत बड़ी आवश्यकता है। आज औरंगजेब को प्रगतिशील सिद्ध करने की उतनी आवश्यकता नहीं है जितनी इस बात की कि कोई जायसी पैदा हो और औरंगजेब को माया या इविल फोर्स (evil force) के रूप में चित्रित कर हिंदुओं और मुसलमानों के हृदय को एक कर दे।

सांप्रदायिकता के आर्थिक आधार पर भी परसाई ने पर्याप्त प्रकाश डाला है। उनका कहना बिल्कुल ठीक है कि नौकरियाँ, धंधे, प्रॉपर्टी के मामले में जब हिंदू-मुस्लिम-स्पर्धा और झगड़ा होता है, तो उसे सांप्रदायिक रूप दे दिया जाता है।' (रचनावली, खंड 6, पृ. 398)। अलग-अलग स्थानों पर हुए दंगों के आर्थिक आधार को उन्होंने स्पष्ट रूप से पाठकों के समक्ष रखा। उदाहरणार्थ—

(1) 'अलीगढ़ का पिछला दंगा जमीन पर कब्जा करने के लिए हुआ था, जिस पर मुसलमानों की झोपड़ियाँ थीं। इसमें ताले के धंधे की आर्थिकता भी थी।' (2) 'मुरादाबाद में झगड़ा बर्तनों की कमाई को लेकर था। लगभग एक अरब रुपयों के बर्तन यहाँ से अरब मुल्कों को बिकते हैं।' XX (3) मेरठ में दंगा शुरू हुआ जमीन के एक टुकड़े को लेकर।' (4) फीरोजाबाद में दंगा हुआ था, चूड़ियों के व्यवसाय के कारण।' (1, 2, 3, 4, रचनावली खंड 6, पृ. 399)

सांप्रदायिकता के राजनैतिक कारणों पर प्रकाश डालते हुए परसाई ने लिखा है–'इतने सालों में न समाजवाद आया न आर्थिक विपदा मिटी। महँगाई बढ़ती गई। XX सत्ता के सारे वादे झूठ पड़ गए। लोग गहरे 'फस्टेशन' (विफलाशा) और अंधकार में जीते हैं।' (रचनावली, खंड 6, पृ. 399)। ऐसी परिस्थिति का फायदा सांप्रदायिक शक्तियाँ उठाती हैं–'राष्ट्रीय स्वयंसेवक संघ और उसका राजनैतिक मोर्चा भारतीय जनता पार्टी निराश, त्रस्त हिंदू मानस को यह बताते हैं कि इस दुर्गति का कारण मुसलमान हैं।, XX इसी तरह मुसलमानों के सांप्रदायिक नेता जैसे जमाइते इस्लामी और जमाइते तुलबा के लोग मुसलमानों को समझाते हैं कि इस दुर्गति का कारण इस्लाम का कमजोर होना है। इस्लामी हुकूमत के बिना खुशहाली हो नहीं सकती।' (रचनावली, खंड 6, पृ. 399)

इस संदर्भ में परसाई ने दूसरी बात यह कही है कि 'पूँजीवाद और सामंतवाद अपनी रक्षा के लिए जाति और संप्रदायगत द्वेष कायम रखते हैं। इसलिए जब-जब ये देखते हैं कि सांप्रदायिक सद्भाव बन रहा है, तभी ये दंगा भड़काते हैं।' (रचनावली, खंड 5, पृ. 99) राजनैतिक कारण राष्ट्रीय एवं अंतर्राष्ट्रीय दोनों होते हैं। अंतर्राष्ट्रीय राजनैतिक कारण का भी एक नमूना देखिए–'अमेरिका इस क्षेत्र में चीन, पाकिस्तान और जापान के साथ मिलकर रूस का घेराव कर रहा है। इसमें भारत शामिल नहीं हो रहा है तो भारत का भी घेराव किया जा रहा है। इसके साथ ही देश के भीतर उपद्रव और अस्थिरता की कोशिश की जा रही है।' (रचनावली, खंड 5, पृ. 100)।

परसाई ने सांप्रदायिकता की समस्या को उसके वास्तविक जटिल रूप में ही प्रस्तुत किया है, उसे सरलीकृत नहीं किया है।

सांप्रदायिकता को खतरनाक हद तक बढ़ने देने की जिम्मेदारी परसाई बहुतों पर डालते हैं, पर उनकी दृष्टि में बहुत बड़ी जिम्मेदारी राजनैतिक पार्टियों के दोगलेपन पर है।' (रचनावली, खंड 6, पृ. 399)। वामपंथी पार्टियाँ भी इस पाप से बरी नहीं हैं। कांग्रेस के बारे में उनका कहना है कि 'कांग्रेस ने, जो अपने

को धर्म निरपेक्ष और समाजवादी कहती है, सांप्रदायिकता को बढ़ावा दिया है। XXX आधे से अधिक कांग्रेसी सांप्रदायिक हैं, चाहे वे हिंदू हों या मुसलमान। कांग्रेसी भी दंगे कराते हैं।' (रचनावली, खंड 6, पृ. 399)।

परसाई ने सांप्रदायिक शक्तियों को फासिस्ट कहा है। अतः उन्हें कांग्रेस को अर्द्ध फासिस्ट ताकत 'अवश्यमेव' कहना चाहिए था, क्योंकि आधे से अधिक कांग्रेसी सांप्रदायिक हैं और वे भी दंगे कराते हैं। लेकिन उन्होंने जहाँ तक मुझे ध्यान है कांग्रेस को 'अर्द्ध फासिस्ट' कहीं नहीं कहा है। मेरा विचार है कि यह आधे से अधिक सांप्रदायिक लोगों वाली कांग्रेस सत्तारूढ़ और शक्तिशाली होने के कारण विशुद्ध किंतु दुर्बल सांप्रदायिक शक्तियों से कहीं अधिक खतरनाक है और सांप्रदायिकता को बढ़ाने या उसे न रोक पाने के लिए सर्वाधिक जिम्मेदार है। अतः आर.एस.एस., भारतीय जनता पार्टी, मुस्लिम लीग एवं जमायते इस्लामी आदि संगठनों को तो राजनैतिक दृष्टि से अछूत मानना और कांग्रेस को सवर्ण या प्रगतिशील मानकर खुले या छिपे तौर पर सहयोग करना या समझौते के रास्ते खुले रखना असंगत प्रतीत होता है। वामपंथी दलों को अर्थात् सच्चे अर्थों में सांप्रदायिकता विरोधी दलों को इनमें से किसी के भी साथ साधारण परिस्थितियों में किसी प्रकार का समझौता या सहयोग नहीं करना चाहिए। डॉ. राममनोहर लोहिया ने बहुत पहले गैर-कांग्रेसवाद का व्यावहारिक दर्शन विकसित किया था। वामपंथियों ने, विशेषकर कम्युनिस्टों ने गैर-सांप्रदायिकतावाद का दर्शन इधर विकसित किया है। मेरा ख्याल है कि इन दोनों के समन्वय से ही सही वामपंथी राजनैतिक दर्शन विकसित या निर्मित हो सकता है।

वामपंथियों के बारे में परसाई ने बिल्कुल ठीक लिखा है कि 'वामपंथी ट्रेड यूनियनों ने मजदूरों से सिर्फ आर्थिक लड़ाई लड़वाई है। बोनस, महँगाई भत्ता, वेतन वृद्धि और ओवरटाइम की लड़ाई लड़वाई है। वे 'अर्थवाद' (इकोनामिज्म) के चक्कर में फँसे हैं, जिसकी लेनिन ने निंदा की है। (रचनावली, खंड 6, पृ. 400) सारांश यह कि वामपंथी ट्रेड यूनियनों ने भी मजदूरों को क्रांति विरोधी बना रखा है। अतः प्रश्न यह उठता है कि ऐसी दशा में परसाई जैसे कुछ लोगों के गला फाड़कर चिल्लाने या कागज पर क्रांति करने और सांप्रदायिकता का विनाश करने के आह्वान से भला क्या होगा?

लेकिन परसाई निराश नहीं हैं। उनका कहना है कि (1) 'निराशा की कोई बात नहीं है। आशा के लक्षण दिख रहे हैं। एक बहुत अच्छी बात तो यह हुई कि वामपंथी नेतृत्व में वामपंथी लोकतांत्रिक मोर्चे बन रहे हैं, जिनसे सांप्रदायिक दल दूर रखे गए हैं। इससे सांप्रदायिक राजनीति वहिष्कृत अछूत की तरह हो

गई।' (रचनावली, खंड 6, पृ. 401)। (2) 'बहुत बड़ी आशा की बात यह है कि पिछले 5-6 सालों में प्रगतिशील विश्वासों वाले लेखक सक्रिय एवं संगठित हुए हैं। अनगिनत नए तरुण लेखक प्रगतिशील संगठनों से संबद्ध हुए हैं और वे न केवल लेखन में बल्कि सामाजिक क्षेत्र में भी प्रगतिशील चेतना का प्रसार कर रहे हैं। राजनैतिक संगठनों से ज्यादा प्रगतिशील लोक-शिक्षण इस समय लेखक कर रहे हैं।' (रचनावली, खंड 6, पृ. 402)।

परसाई निराश नहीं हैं—यह उचित ही है। निराशा उन्हें शोभती भी नहीं, पर इस संबंध में उन्हें कोई गलतफहमी भी नहीं है। वे भलीभाँति जानते हैं कि सांप्रदायिकता सामाजिक परिवर्तन के साथ मिटेगी।' (रचनावली, खंड 6, पृ. 405) अर्थात् प्रगतिशील चेतना के प्रसार मात्र से काम नहीं चलेगा सामाजिक परिवर्तन करना होगा। लेकिन प्रश्न यह है कि जब सामाजिक परिवर्तन की शक्तियाँ ही पथ-भ्रष्ट हो चुकी हों तो कौन करेगा सामाजिक परिवर्तन? अतः सबसे पहले आवश्यक है न्यायपूर्ण सामाजिक परिवर्तन की वाहिका वामपंथी शक्तियों को अर्थवाद के दलदल, क्षेत्रीयतावादी रुझानों, अन्य संकीर्णताओं और तरह-तरह के अवसरवाद से उन्मुक्त करना, भ्रष्टाचार में लिप्त आत्मकेंद्रित बुद्धि-जीवी समुदाय को यथासंभव विश्वचेतस बनाते हुए परिवर्तन की शक्तियों का सहचर बनाना।

यह भी ध्यातव्य है कि मध्ययुगीन इतिहास वाली सांप्रदायिकता की जड़ ने पाकिस्तान, भारत और बँगलादेश के रूप में सांप्रदायिक विद्वेष के स्थायी आधुनिक केंद्र निर्मित कर लिए हैं। अतः सांप्रदायिकता के स्थायी निदान की पहली बुनियादी शर्त होगी—पुनरेकीकृत महान भारत। मात्र खण्डित भारत के भीतर आंतरिक सामाजिक परिवर्तन से काम नहीं चलेगा।

निष्कर्ष यह कि सांप्रदायिकता की समस्या देश की बेहद जटिल समस्या है। उसे तब तक स्थायी रूप से सुलझाना संभव नहीं होगा, जब तक कि आज के भारत, पाकिस्तान और बँगलादेश में अलग-अलग या एक साथ सामंतवाद एवं पूँजीवाद विरोधी जनवादी-समाजवादी क्रांतियाँ संपन्न नहीं की जातीं और अंततः एकीकृत महान भारत का निर्माण नहीं होता। सांप्रदायिकता की नींव पर आधारित देशविभाजन की भूल को मिटाना ही होगा। सांप्रदायिकता के विनाश और मनुष्यता के विकास के उद्देश्य से प्रेरित होते हुए हमें सुसंगठित प्रयत्नों द्वारा एकीकृत महान समाजवादी भारत के निर्माण की लम्बी और अत्यंत कठिन यात्रा तय करनी ही पड़ेगी। इससे पूर्व सांप्रदायिकता मिटने वाली नहीं है।

अलखनारायण

एक उज्ज्वल व्यतिक्रम

समाज में बराबर कुछ ऐसे मनुष्य पैदा होते रहे हैं जो अपनी समस्त जीवनी-शक्ति से हमारे चतुर्दिक जो घोर कुटिल, हिंस्र परिपार्श्व है, उस पर तुमुल आघात करके लगभग संघर्ष की स्थिति पैदा कर देते हैं। जीवन के संबध में, मानव-जीवन से संबंधित किसी प्रश्न के बारे में, जो कुछ भी अमंगल, अमानवीय, शोषणमूलक, रूढ़िग्रस्त है उसका मूलोच्चाटन करने, जीवन को एक सुंदर-सुखमय वासस्थल बनाने अर्थात् मानवता से पूर्ण परिवेश का निर्माण करने में जो सदा निमग्न होते हैं—वे हमारे लिए स्मरणीय और सदा के लिए अविस्मरणीय हो जाते हैं। जीवन से प्रेम करने और उसे सहस्र पुष्पों के रूप में विकसित होने देने की रक्तक्षयी प्रबल कामना से अनुप्रेरित ऐसे मानवदरदी मनुष्य निर्विवाद रूप से अग्नि-पथ के यात्री होते हैं। कोई राजनीतिक क्षेत्र में जुलूसों और सभाओं में हजारों-लाखों हाथों की तनी हुई मुट्ठियों के बीच सीना तानकर खड़ा होता है और कोई अस्त्रों से हजार गुना शक्तिशाली कलम को चुन लेता है और कोई जनगण से एकाएक होकर जनगीतों के माध्यम से पुष्पगंधी अग्निमय लोकशक्ति का आह्वान करता है और कोई तुली धारण कर एक-एक बूँद खून-पसीना का अर्घ्य देकर प्रकृत मानव-जीवन को रूपाकार प्रदान करता है।

प्रख्यात व्यंग्यकार-कथा-शिल्पी हरिशंकर परसाई इसी अग्नि-पथ के एक अन्यतम परिव्राजक हैं। मैंने उन्हें देखा नहीं, इस कारण उनकी बाह्याकृति को कोमलता या कठोरता के बारे में कुछ कहने की स्थिति में नहीं हूँ किंतु उनकी रचनाओं की—अंतर्वस्तु, कथ्य, भाषा, शिल्प कुल मिलाकर उनकी कथन-पद्धति के आधार पर कह सकता हूँ कि उनकी रचनाओं के भीतर झाँकते ही आँखों के समक्ष सहस्र झरनों का संगीतमय माधुर्य दृश्यमान हो उठता है, पौरुष के परुषता का एक दृढ़बंध भी उनकी रचनाओं का शृंगार करता है। वे सतत् बजते हैं,

सातों स्वरों में बजते ही चलते हैं जिनमें उनके पौरुषयुक्त व्यक्तित्व की छवियाँ झिलमिलाती होती हैं।

परसाई जैसे शिल्पी को, जो अपनी रचनाओं में जीवन यथार्थ के नाना रूपों का रूपायन करने को प्रतिबद्ध हैं, समाज के जटिल प्रश्नों से टकराकर कातर होना ही पड़ेगा। किसी मनुष्य को दासत्व की हीनता और शोषण की मार के साथ ही जीने की विवशता क्यों झेलनी पड़ती है? क्यों उसे पेट पर हाथ रखकर कुत्ते की तरह दौड़ना पड़ता है? यह आँधी कब तक चलेगी? 'पड़ोसी के बच्चे' कहानी कहानी की वण्य-वस्तु यही है। मनुष्य को पशुओं और मुर्दों की तरह जीवन खपते देखकर परसाई बौखलाते हैं और छः के बाद भगवान की दया से जुड़वाँ लड़के के जन्म से अंधविश्वासी रामा के खुश होने पर भगवान तथा इस सड़ी व्यवस्था की भर्त्सना करते हैं : 'लोग समानाधिकार की बात करते हैं। आदमी आदमी की समानता की बात तो अभी दूर है, पशु के समान तो अधिकार मिल जाए आदमी को।' आदमी और पशु के इन चित्रों पर गौर कीजिए, परसाई जी का आशय एकदम स्पष्ट हो जाएगा। (1) बड़ा लड़का एकदम डाकू। अड़ोसी-पड़ोसी बच्चों के हाथ में से मिठाई, लैया, बिही, चिवड़ा, केला झपटकर खा लेता है। ताकता रहता है बगुले की तरह। कोई बच्चा खाने का सामान लेकर निकला कि यह डाकू पहुँचा। एकदम थूक देता है उस पदार्थ पर। और जब वह बालक उस थूक भरे पदार्थ को जमीन पर फेंक देता है तब यह लड़का उसके कण-कण बीन कर खा लेता है। कणों के आसपास लिपटी धूल को भी वह नहीं झाड़ता, क्योंकि शायद धूल-कण पेट में पहुँचकर खाली जगह भरने में मदद करते हैं। जब यह लड़का दूसरों का माल छीन कर खाता है तब उसे कोई कितना ही पीटे। पीठ पर धप्प पड़ते हैं, तमाचे मारे जाते हैं, पर वह जरा भी विचलित नहीं होता। बड़ी मनस्विता से धूल भरे दाने बीन कर सुख में डालता जाता है।' चित्र (2) 'ले! सबेरे गाय के लिए लाई थी, ये गुड़, ये सोंठ थोड़े से बच गए हैं। जो उबाल कर पिला दे बहू को।'

लगभग पैंतीस वर्ष पूर्व लिखी इस कहानी के पाठ से एक दुर्लभ अभिज्ञता का स्वाद मिलता है; अनिवार्यतः तब जब हम समकालीन कहानी की उस छवि को सामने रख लेते हैं जो वाणिज्यिक दृष्टि से पण्य पदार्थ में रूपांतरित होकर एक ओर अधिक मुनाफा कमाने तथा दूसरी ओर पाठक-वर्ग के मानस जगत में अस्वस्थता और विकृति का संक्रमण करने में भागीदार बनती रही है।

हरिशंकर परसाई ने इसके विपरीत रुदन, हाहाकार और दुर्विपाक और शोषण-लांछना, बेकारी और घूसखोरी, चोरी और सीनाजोरी, सांप्रदायिकता और

धर्मान्धता की चतुर्दिक विडंबनाओं को बहुत करीब से देखा-परखा है तथा इनकी चपेट में आए मनुष्यों की व्यथा और अपमान को देख कर रोये हैं और क्रुद्ध भी हुए हैं। फिर इसी परिप्रेक्ष्य में लिखी गई रचनाओं के लिए पीटे भी गए हैं। किंतु पिटाई और सामाजिक उपेक्षा उन्हें अपनी सोद्देश्य लेखन की नीति से विरत नहीं कर पाती। वे अपनी कहानियों की आँच-ताप से इन व्यथित मनुष्यों को अग्रगमन की प्रेरणा देते हैं, उनके रौद्र-दुग्ध माथे पर पिता का स्नेह और माँ की करुणा बरसाते हैं। किंतु उत्तेजना के वशीभूत अतिकथन वा अतिउत्साह का शिकार नहीं होते, इसके विपरीत रोग को एक्सपोज करके पाठक वर्ग का ध्यान आकृष्ट करते हैं ताकि वह इसके निदान का उपाय खोज सकें।

'सेवा का शौक' कहानी का रामनाथ बुढ़िया माँ, विवाह योग्य बहन, घर में आटा-दाल नहीं रहने की चिंता में हँसना भूल गया है या कहें वर्तमान व्यवस्था ने उसकी हँसी छीन ली है। वह बच्चों को हँसती हुई मुद्रा में पढ़ा नहीं पाता। रामनाथ की इस विवशता को सेवा का शौकीन सामंती रंग-ढंग में रचा-बसा पंडित मातादीन कैसे समझ सकता है। मालिक होने की हैसियत से वह रामनाथ को डाँटता है : 'आप भी अजीब आदमी हैं। रोनी सूरत बनाए हैं। आपको हँसने में भी शर्म आती है। परसाई की जगह कोई अतिउत्साही, जनमते ही आचार्य बन जाने वाला कहानी लेखक होता तो रामनाथ के हाथ में डंडा या जूता थमा देता और फिर सामंत मातादीन के गुंडों द्वारा उसकी बहन के साथ बलात्कार की घटना द्वारा कहानी को वाणिज्यिक सफलता की ओर ढकेल देता। परसाई ऐसा नहीं करके कहानी में कृत्रिम भाव मूत की। सृष्टि करने की समस्त वाणिज्यिक कौशल को धता बताते हैं।

हमारे समकालीन समाज में दहेज के अभाव में लड़कियों को जला डालने, रद्दी की टोकरी की तरह छतों से फेंक देने या जहर खिलाकर मार डालने की घटनाएँ आम बात-सी हो गई हैं। परसाई जी की 'भीतर का घाव' कहानी में दहेज प्रथा के घिनौने रूप का बड़ा ही मार्मिक प्रतिफलन है। आज के अर्थप्रधान समाज में भावनाओं का कोई मूल्य नहीं रह गया है, संबंधों की पवित्रता खत्म हो चुकी है। पैसे के आधार पर संबंधों की भीत खड़ी होती है या भरभरा कर गिर पड़ती है। आज अर्थसत्ता का प्रभाव इतना बढ़ गया है कि पढ़े-लिखे पति अपनी पत्नियों को, अपनी पदोन्नति या भौतिक संपन्नता हासिल करने के लिए, सर्वविदित लम्पट नव-धनाढ्यों वा सामंतों के पास भेज देने में कोई संकोच नहीं करते बल्कि निस्संकोच भाव से ऐसा करने के लिए उन्हें प्रेरित-उत्साहित करते हैं। नमिता सिंह की कहानी 'गलत नम्बर का जूता' इस संदर्भ की एक उल्लेख्य

रचना है। खैर, परसाई जी ने चर्च्य कहानी में दहेज प्रथा के उस घृण्य रूप को प्रस्तुत किया है जिसमें लड़की पति द्वारा लांछित-अपमानिन नहीं की जाती। अपितु यह अपकर्म सास-ससुर द्वारा किया जाता है। और यह लड़की है कौन? 'गाँव के एक गरीब प्राइमरी स्कूल के शिक्षक की बेटी जो ससुराल में, सबेरे से आधी रात तक काम करती है। किंतु इस बहू से सास-ससुर प्रसन्न नहीं रहते, बहुत सताते हैं। कारण वही, पिता के घर से दहेज में कुछ नहीं लाना। समाज में देवता समझा जाने वाला उसका पति माता-पिता की निगाह में 'नालायक' था क्योंकि उसने बिना दहेज लिए शादी कर ली थी। सास बात-बात में उसे डाँटती और ससुर दिन में दो-चार बार उसके खानदान को नीच कहता। एक और ढोंगी विधवा चचिया सास थी, (जो निश्चित रूप से बदचलन रही होगी) वह निर्जला एकदशी करती और नवदुर्गा में एक लौंग खाकर उपवास करती है, वह भी रोज उसे सौ गालियाँ देने के पहले जल ग्रहण नहीं करती। यह सबेरे से आधी रात तक काम करने वाली बहू एक दिन बिस्तर पकड़ लेती है। स्कूल मास्टर पति सब कुछ भूलकर पत्नी के इलाज में लग गया किंतु विडंबना ही मानें कि दहेज लोलुप सास क्या गजब करती है, इधर पति दवा लाकर देता है, उधर सास उसे आलमारी में फेंक देती है, दवा की जगह पानी पिला देती है। दिन-ब-दिन बहू की हालत खराब हो रही है और सास पड़ोसिनों से कहती—'अरे बाई, बह ढोंग करती है ढोंग। कोई बीमारी हो तब तो।' इसी बीच एक नीचता और हो रही थी उस घर में। बहू मौत के पास पहुँचती जा रही थी और सास-ससुर बेटे की दूसरी शादी की बातचीत कर रहे थे : 'अब तो यह दो-चार दिन की मेहमान है, तुम तो बात पक्की कर लो, (सास)...'पर लड़का गँवार है। कहीं पहले की तरह अड़ गया तो? पाँच हजार देने को तैयार हैं मिसर जी।' (ससुर) राक्षसों के ये वंशज दवाइयाँ नाली में बहाकर बहू की मौत की प्रतीक्षा कर रहे हैं पाँच हजार दहेज के लिए। इस भीषण दानवत्व का साक्षात्कार कर ऐसे सास-ससुर के प्रति किसका मन घृणा से भर जाएगा। कहानी का अंत ऐसा है कि कोई सहज ही कह सकता है : पूर्व के हरिशंकर परसाई भाववाद की चपेट में थे, आदर्शवाद से ग्रस्त थे, उत्तरार्द्ध के परसाई की तरह विकृतियों पर हमला करने की प्रवृत्ति का अभाव है। इससे असहमत हुए बिना कहानी में व्यंजित टीस से भी असहमत नहीं हुआ जा सकता, कहानी की वस्तुगत प्रासंगिकता से तो और भी नहीं।

परसाई की कहानियाँ दुविधा वा द्वित्व से एकदम मुक्त हैं। वे निरालम्ब भटकने वाले कहानीकार नहीं हैं न ही कला कैवल्य के घटाटोप से आक्रांत। यही कारण है कि उनकी प्रतिनिधि कहानियाँ पाठक के विवेक को उकसाती

हैं, सामाजिक बदलाव में भागीदारी के लिए आमंत्रित करती हैं। अभिप्राय यह कि वे एक यथार्थवादी-प्रतिबद्ध लेखक हैं। वे पाठकों को सीधे संबोधित करते हैं—पंचतंत्र, हितोपदेश, सिंहासन बतीसी, शुकसरिता वा नेताल कथाओं की कथन-पद्धति की तरह। और ठीक इसी कारण इनकी कहानियाँ कभी रेखाचित्र, आत्मकथा तो कभी संस्मरण के प्रक्षेपण की प्रतीति देती हैं। परसाई की कहानियों से यह शिकायत नहीं की जा सकती कि उनमें कथातत्त्व वा कथा-रस का अभाव है। वास्तविकता तो यह है कि जिस तरह उन्होंने 'व्यंग्य' संबंधी परम्परित अवधारणा का सुलोच्चाटन किया उसी तरह कहानी के ढाँचे में भी परिवर्तन उपस्थित किया है किंतु कथातत्त्व की बलि चढ़ाए बिना। उनकी कहानियों का यही वैशिष्ट्य उन्हें प्रेमचन्द-परंपरा का प्रकृत प्रतिनिधि सिद्ध करता है। अकलात्मक होने का खतरा उठा कर भी, परसाई अपने समकालीनों से ढाँचा व निर्माण की दृष्टि से पृथक् भूमि पर खड़े हैं और जनता के बीच अधिक लोकप्रिय भी हैं।

'व्यंग्य' की तरह ही उनकी कहानियों का उद्देश्य साधारण जनगण के जागरण और अभ्युत्थान की दिशा में प्रेरणा बनना भी है, इस सिलसिले में अप्रतिरोध्य प्राण की निर्झरिणी, उनकी प्राण-शक्ति की सत्ता एवं एकाग्र भाव से किया गया यथार्थ का आहरण पाठक वर्ग को आश्वासन प्रदान करता है, संवेदना का विस्तार करता है। यह कहना अतिशयोक्ति का आश्रय करना नहीं है कि लु शून और चेखव की कहानियों की तरह परसाई की कहानियाँ 'वास्तविक जीवन दशाओं, और व्यक्तियों वा वर्ग पर केंद्रित हैं' अर्थात् उनकी कहानियाँ सत्यान्वेषण का माध्यम हैं।

परसाई तथाकथित चिरंतन सत्य की मान्यता के कायल नहीं हैं। वे सब कुछ को, सारी मान्यताओं, मंतव्यों और अवधारणाओं को जाँचने-परखने के पक्षपाती हैं। वे मनुष्य के भीतर की अनंत संभावनाओं के प्रति आस्थावान हैं। वे इस तथ्य को स्वीकार करते हैं कि जो 'पंडित' हैं वे पांडित्य वा युग-संचित ज्ञान के अधिकारी हैं।

किंतु जो उस पांडित्य के साथ अपनी विश्व चिंता को जोड़ सकता है, पंडितों के बीच वही बुद्धिजीवी है अर्थात् आविष्कृत ज्ञान भण्डार की कुंजी जेब में रखना ही यथेष्ट नहीं है बल्कि अनाविष्कृत ज्ञान के प्रति उन्मुखता भी होनी चाहिए। ज्ञान के स्वीकृत वर्गीकरण को मानते हुए भी लोकतांत्रिक रचनाकार को दूसरे विकल्पों के बारे में सोचना चाहिए। परसाई ने इस संदर्भ में अनगढ़ चिंताएँ नहीं की हैं।

राष्ट्र के नायक और कर्णधार समाज के प्रचलित रूप को बनाए-बचाए रखना चाहते हैं। मौलिक परिवर्तन तथा पृथक् विश्वदृष्टि से भयभीत रहते हैं, उसे संदेह की दृष्टि से देखते हैं। यदि राष्ट्र या समाज के प्रति इस अनड़ता को नष्ट नहीं किया जाता तो समाज की अग्रगति असंभव है। जिस तरह शासक-शोषक वर्ग समाज की सड़ी-गली व्यवस्था को बरकरार रखने के लिए स्थिरता और शांति का जाप किया करता है उसी तरह प्रभुत्वशाली संस्कृति के पोषक साहित्यकार समाज और मानव-विकास के इतिहास को निरपेक्ष होकर देखते हुए अवसाद, निषेध, संत्रास, निवसन, घुटन, मृत्युबोध आदि को कहानी का विषय बनाकर लेखकीय स्वाधीनता वा रचना की आटोनामी की आड़ में समाज में व्याप्त शोषण-दोहन, अन्याय, अभाव तथा सामूहिक संघर्ष का बहिष्कार करते हैं एवं शुद्ध साहित्य-सृष्टि के नाम पर यथास्थिति का पोषण करते हैं। प्रश्न है कि यह लेखकीय परम स्वातंत्र्य और शुद्ध साहित्य क्या है? जाहिर है, यह परम स्वतंत्रता और कुछ नहीं पूँजीवादी अर्थात् अराजकतावादी मुहावरा है क्योंकि दर्शन के रूप में अराजकता उलटी हुई पूँजीवादी विश्वदृष्टि ही है, शुद्ध साहित्य की परिकल्पना इसी विश्वदृष्टि की उपज है। लोकतांत्रिक विचारधारा में आस्था रखने वाला साहित्यकार अभिकेंद्र (सेंटिपेटल) समाज में अपकेंद्र (सेंट्रिफ्यूगल) शक्ति का धारक होता है और साहित्य में यथास्थिति को अस्थिर बना देता है। इसका कारण है वह यह कि कहानीकार या कोई भी साहित्यकार अपकेंद्रिक शक्ति का प्रयोग मात्र केंद्र को हिलाने के लिए नहीं करता बल्कि पुराने केंद्र से नए केंद्र की ओर भी अभिकेंद्रिक शक्ति का प्रयोग विशेष अभिप्राय से करता हैं। प्रेमचन्द और निराला का उदाहरण हमारे सामने हैं। यहाँ गोर्की के उस कथन को याद करना चाहिए : 'अतीत का जो घृण्य उत्तराधिकार है उसका भीतर तथा बाहर से भी उच्छेद करना होगा। ऐसा किए बिना आप पुरानी परिपाटी का ध्वंस नहीं कर सकते। उसकी शक्ति सिर्फ तोड़ने की नहीं है, सिर्फ निर्माण करने की नहीं है अपितु युगपत-गिराने और उठाने, तोड़ने और बनाने की है।

हरिशंकर परसाई ने अपनी रचनाओं के माध्यम से यही किया है यानी कहानी और व्यंग्य-लेखन के क्षेत्र में अस्थिरता पैदा की है। शायद यही कारण है कि उनकी कहानियों को 'अतिसरलीकृत', 'उग्रपंथी', 'अकलात्मक' आदि तिरस्कार सूचक शब्दों से याद किया गया। वास्तविकता यह है कि परसाई की कहानियाँ समय की चाप से उपजी कहानियाँ हैं। यथार्थ निरपेक्ष सौंदर्यशास्त्रीय प्रेरणा से उन्होंने कुछ भी नहीं लिखा; इस कोण से प्रेमचन्द ने जिस सौंदर्यशास्त्र की नींव रखी थी उसी रास्ते चलकर उसमें कुछ ईंटें जोड़ी हैं। कहना चाहिए,

जिस तरह नागार्जुन ने हिंदी कविता में अकेले जितने प्रयोग किए हैं। किसी घोषित प्रयोगवादी या नई कवितावादी ने नहीं किए, उसी तरह परसाई ने अकेले कहानी के रूप विधान और संरचना के क्षेत्र में अनेक प्रयोग किए हैं। परसाई जी की कहानियों में किस्सागोई तथा कलात्मकता का विरल संयोग घटित होता है। इस परिप्रेक्ष्य में 'भेड़े और भेड़िये', जैसे 'उनके दिन फिरे', 'रमता जोगी हैं', 'चार बेटे' जैसी कहानियाँ देखी जानी चाहिए।

इस तथ्य को स्वीकार किया जाना चाहिए कि परसाई की कहानियों में घटनाएँ और कथ्य साधारण, सहज, सीधे हैं किंतु ध्यातव्य हैं इस सहजता और साधारणता के बीच छिपी हुई आग, भोग और आत्मभोग। मुक्तिबोध ने लिखा है—'आज के कथा-लेखन में स्वानुभूति का जितना निरादर है, उतना कभी नहीं हुआ।' मुक्तिबोध के इस अभियोग के पीछे कौन-सा कारण है? कारण यह है कि, कथा-क्षेत्र के तत्कालीन कई प्रतिभाशाली रचनाकर यह मानकर चल रहे थे कि पाठक-वर्ग में सिर्फ उनकी शैली का ही आनंद उठाना चाहता है या उसे सिर्फ शिल्प का ही आनंद उपलब्ध करना चाहिए यानी ये कथाकार शैली को उपलब्ध करने के लिए कथ्य की बलि चढ़ा रहे थे, चमकते शिल्प की ललक में वस्तु तत्त्व की उपेक्षा की जा रही थी। कलात्मक कहानी के ब्याज से ऊद, खीझ, तनाव, अजनबीपन, आत्महीनता की तरफदारी की जा रही थी। अभिप्राय यह कि स्वानुभूति का अनादर किया जा रहा था। इसी महौल में परसाई ने सही यथार्थयुक्त सामग्री पर अपने अनगढ़ शिल्प का चुस्ती के साथ इस्तेमाल किया एवं समकालीन मनुष्य की मुकम्मल तस्वीर पेश की। ये कहानियाँ अनुभव के सहृदय वर्णन के कारण पाठकों को गंभीर रूप से नैकट्य प्रदान करती हैं; लू शुन की तरह परसाई भी पाठकों का हाथ पकड़कर अपने अनुभव के भीतर से होते हुए उन्हें एक गंभीर सचाई तक पहुँचा देते हैं। लू शुन की 'आयरनी दीप्त' कहानियों की तरह परसाई की व्यंग्यबिद्ध कहानियाँ समकाल की विसंगतियों, विडंबनाओं, जीवन-मरण से जूझते मनुष्यों का जो बिम्ब प्रस्तुत करती हैं वे हमारे चित्त पर गंभीर रूप में उभरते हैं अर्थात् कभी विच्छिन्न प्रतीत नहीं होते।

निर्मल वर्मा जिस 'तिल तिल कर मार देने वाली खास हिंदुस्तानी गरीबी' की बात करते हैं और जिसका अता-पता उनकी कहानियों में कहीं नहीं है, उसकी समग्र अभिव्यक्ति की दृष्टि से परसाई जी की कहानियाँ देखी जानी चाहिए। 'भूख का स्वर' स्वाधीनता के चालीस वर्षों के बाद भी आज उसी तरह बज रहा है—बच्चे भूख से तड़प रहे हैं, लाखों-करोड़ों लोगों को चौबीस-चौबीस घंटे तक खाना मयस्सर नहीं हो रहा है, हजारों की नौकरियाँ छूट रही हैं और लाखों

को मिल नहीं रही हैं। विडंबना तो यह है कि उस प्रबल शत्रु की हम सख्ती से शिनाख्त नहीं कर पा रहे हैं जिसने 'तीसरी दुनिया' को बरकरार रखने का व्रत ले रखा है। परसाई की कहानियाँ अंशतः यह काम करती हैं।

सामाजिक सचाई को अस्वीकार कर अपने लिए एक किस्म की आत्म-पराजय की दुनिया बनाना, अपने लिए एक राक्षसी दुनिया बनाना है। इसी वजह से परसाई अकुंठ रूप में इस सचाई को स्वीकार करते हैं कि किसी महत मानवीय अनुभूति के मंत्र जाप से साधारण जनगण का कल्याण-साधन हो जाएगा। विसंगति विडंबना और आत्मोपहास को तार-तार करती मैं नरक से बोल रहा हूँ कि इन पंक्तियों पर गौर कीजिए : 'और भई, यह तुम्हारा मृत्युलोक तो है नहीं जहाँ फरियाद नहीं सुनी जाती, जहाँ फरियादी को दंड दिया जाता है, जहाँ लाल फीते के कारण आग लगने के साल भर बाद बुझाने का आर्डर आता है...। आखिर मेरी मौत भी जिस दिन आई उस दिन अट्टालिका के उस पार वाले रईस के लड़के की शादी थी। बड़ा अमीर था। सारा गाँव जानता था कि उसके पास हजारों बोरा अन्न था, पर कोई कुछ नहीं कहता था। पुलिस उसकी रक्षा करती थी और ठीक उसी दिन मेरी मौत धीरे-धीरे काला पंजा बढ़ाती आती थी। मेरे पेट में ऐंठ आई, आँखें धुँधली पड़ीं। दीवारों के उस पार से पकवानों की सुगंध आ रही थी। संतोष रहा कि पकवानों के बीच मौत हुई।...ऐसी सफाई से मरा कि किसी को कष्ट न हुआ।...बारात पहुँच गई थी, गोले छूट रहे थे और इधर अपर्याप्त लकड़ी के अभाव में मेरी हड्डियाँ चटचटा रही थीं।' लेखन की सोद्देश्यता की दृष्टि से, जनशिक्षण के कोण से, प्रचार करती हुई भी 'प्रचारात्मकता' की शिकायत से दूर वर्ग बंटित समाज की छवि प्रस्तुत करती ऐसी पक्तियाँ परसाई की कहानियों में कम नहीं हैं : 'तू दीवार लाँघ नहीं सकता था? दीवार तोड़ नहीं सकता था? पाप-पुण्य के झमेले में पड़ने वाले कायर। वह दीवार क्या मेरी बनाई हुई है। तमाम दीवारें आदमियों ने खड़ी की हैं।'

हमारे लिए वह लेखक हमारा 'अपना आदमी' है; जनगण का अपना लेखक है जो किसी लाग-लपेट से दूर जनता की सरल-सीधी भाषा में, यहाँ तक कि तथाकथित गँवारों की भाषा में बोलता हो क्योंकि यह कोई आसान काम नहीं है। कथन-पद्धति की यह रीति वही लेखके अपना सकता है जिसने भाषा पर अपना अधिकार जमा लिया हो और अपने लेखकीय जीवन में संघर्ष को स्वीकार करते हुए भाषा को ऊपर-नीचे से ठोक-बजा कर देख लिया हो। 'एक हाथ से ताली बजने' और 'हँसी के रोने' का रहस्य इसी अधिकार क्षेत्र के भीतर का है। परसाई ने कहानी के क्षेत्र से भाषागत फेमनिज्म को खदेड़ दिया है।

मुक्तिबोध ने 'एक साहित्यिक की डायरी' में नई कहानी के बारे में लिखते हुए कहा है : 'नई कहानी में आधुनिक मानव की जो विचित्र मनोदशा है उसको अगर आप उसके सारे संदर्भों से काटकर—उस मनोदशा को मानो अधर में लटकाकर—चित्रित करेंगे तो मनोदशा के नाम पर (कहानी में) एक धुंध समा जाएगी। कहानी में अगर सिर्फ भीतरी धुंध हो, और सिर्फ वही वह रहे, और उसी की इतनी प्रधानता हो कि वस्तु-सत्यों के संवेदनात्मक चित्रों का प्रायः लोप हो जाए, तो आप वही गलती करेंगे जो नई कविता ने की। मैं चाहता हूँ कि साहित्य में मानव की पूर्ण भूति (वह फिर चाहे जैसी हो) स्थापित की जाए।' शुद्ध नई कविता ने स्पष्टतः जो गलती की थी वह यह कि उसने जीते-जागते आदमी से, अपनी इतर खूबियों के बावजूद, अपना रिश्ता तोड़ लिया था, उसके कवि यह नहीं मानते थे कि वातावरण और व्यवस्था को बदले बिना मनुष्य के व्यक्तित्व का विकास असंभव है; वर्ग विभाजित समाज में वर्ग-संघर्ष को नीतिगत दृष्टि से अस्वीकृत कर दिया था; वास्तविकता की जटिलता को किनारे ठेल दिया था। 'दूसरी परंपरा' में परिगणित किए जाने वाले कहानीकारों को छोड़कर नई कहानी में भी लगभग यही हुआ। हरिशंकर परसाई की कहानियों में हमने साधारणजनों का क्रोध-आक्रोश, आचार-रीति के साथ ही स्पष्टता, बलिष्ठता और स्वाभाविकता को समग्रता में प्रतिफलित होते देखा। यह ठीक है कि मानिक बंद्योपाध्याय की 'आत्महत्या का अधिकार' तथा 'समुद्र का स्वाद' जैसी कहानियों की भाँति परसाई की कुछ कहानियों में निराशावाद व दुःखवाद की चरम व्यंजना है। किंतु उनकी मूल चेतना परिवर्तकामी है, प्रगति की विजय ही है। लेकिन विजय को यह आशा रूमानी या कोरी नारेबाजी नहीं है।

'अच्छा हूँ' कहानी में एक ऐसे जीते-जागते मनुष्य का चरित्रांकन है जो अप्राण चेष्टा के बावजूद तिल-तिल कर मार डालने वाली गरीबी से मुक्त नहीं हो पाता। यहाँ कहानीकार ने विद्रूप और तिर्यक भंगिमा के माध्यम से समाज के उच्च वर्ग की सभ्यता के अभिमान और नैतिकता पर कठोर प्रहार करते हुए उसकी अंतःसारशून्यता को बेपर्द किया है। मानव संबंधों की, मानवी मर्म की तस्वीरें उभारी हैं। 'सुधार, क्रांति हो गई' जैसी कहानियाँ अवसरवादी सोच की धज्जियाँ उड़ाती हुई साधारण जनता को इसके विरुद्ध उकसाती हैं। प्रेमचंद की तरह परसाई ने भी सांप्रदायिकता, जातिवाद, अंधविश्वास, धार्मिक ढोंग जैसे सामंती उपकरणों की तीव्र भर्त्सना की है। 'मौलाना का लड़का : पादरी की लड़की', 'राग-विराग', 'फेमली प्लानिंग' कहानियाँ इस संदर्भ की उल्लेख्य कहानियाँ हैं जो पाठकों के भीतर हलचल पैदा करके उन्हें अस्थिर बना देती हैं।

'दवा', 'उपदेश', 'दुःख' जैसी हल्की-फुल्की व्यंग्य-कथाएँ भी लिखी हैं परसाई जी ने, इनकी तुलना में 'दण्ड' 'खून', 'इक्कीसवीं सदी में' अपेक्षाकृत अधिक आधुनिक-बोध से युक्त हैं यानी इनमें यथार्थ का निरूपण महज फोटोग्राफिक नहीं है। 'स्वर्ग में नरक' कहानी मिलावट को आधार बनाकर लिखी गई है जिसमें समाज की गिरावट, मूल्यबोध के चरम पतन को उजागर किया गया है। यह कहानी इसी विषय पर लिखी मंटो की बहुचर्चित कहानी की याद ताजा कर देती है। परसाई की ऐसी कहानियाँ नैतिकता के घटियापन तथा पूँजीवादी संस्कृति के छद्म को नंगा करती हैं।

'साड़ी का रंग', 'रमता योगी', 'मौलाना का लड़का : पादरी की लड़की' तथा 'क्या कहा?' प्रेम कहानियाँ हैं, जिनमें प्रेम की परम्परित परिभाषा तथा प्रकृति प्रेम की तुरियावस्था नदारद है। जिस प्रकार गहन अंधकार में प्रकाश की प्रथम झलक आँखों को चौंधिया देती है, उसी प्रकार इन कहानियों का प्रथम पाठ अनेक पाठकों को चकित करेगा और वे भी अपने को 'क्या ऐसा?' की हतचकित स्थिति में पाएँगे। इसके अतिरिक्त इन कहानियों में यह तथ्य कहीं अदृश्य नहीं रह पाता कि अर्थतंत्र, धर्मतंत्र पर अथवा उन सभी तंत्रों पर जो हमारे समाज के नियामक तत्त्व हैं, उन पर चढ़ बैठता है।

परसाई जी के यथार्थवाद का स्रोत है उनका राष्ट्रप्रेम, साधारण जन के लिए सहानुभूति और प्रखर ममत्वबोध तथा सर्वोपरि पूँजीवाद से घृणा। कारण, पूँजीवाद का अर्थ है : एक ओर पूँजी का बटोर और दूसरी ओर भुखमरी का फैलाव। और यह भी कि पूँजीवादी कारखाने में भुखमरी रूपी मशीन की सहायता से वेश्या नामक वस्तु हर वक्त ढाली जाती है। हमारे देश में पूँजीवाद के विकास और सामंती अवशेष के अमानवीकरण की प्रक्रिया की सटीक अभिव्यंजना के संदर्भ में परसाई की कहानी 'एक लड़की पाँच दीवाने' देखी जा सकती है, जहाँ एक छरहरी, सुंदरी गरीब लड़की का पाँच दीवाने आनंद उठाना चाहते हैं जिससे इस सचाई की पुष्टि होती है कि पूँजीवादी समाज में एक ओर पूँजी बटोरी जाती है दूसरी ओर भूख मिटाने के लिए स्नेह और ममता से भरी नारियाँ रंडी बनती हैं।' डॉ. रामविलास शर्मा के इस कथन के साथ ही यहाँ हमें मार्क्स की उस विख्यात उक्ति की याद आ रही है जिसमें उन्होंने कहा है कि स्त्री को सामूहिक वासना का माल और दासी समझने वाली दृष्टि पूँजीवादी समाज के अधःपतन का द्योतक है। चाहे हमारे देश में पूँजीवाद पूरे रूप में न आया हो किंतु वह अधःपतन अवश्य आ गया है। जिसको कहती हुई परसाई की कहानी है : 'एक ठण्डा शरीफ आदमी'। सामंती पूँजीवादी व्यवस्थाजन्य अमानवीयता ने मनुष्य को

संवेदनशून्य, निर्मम और कठोर बनाकर पशुता की ओर ढकेल दिया है। भौतिक संपन्नता की ललक ने उसे अपनी पत्नी तक के बिक जाने के बोध के प्रति नितांत उदासीन व निस्पृह बना दिया है। नव धनाढ्यों द्वारा प्रचारित अपसंस्कृति के प्रभाव में इस मनुष्य ने सामाजिक और असामाजिक मनुष्य की संवेदना की भिन्नता को मिटा दिया हैं, लुच्चई और अपहरण की, विधायक मार्या और मंत्री प्रिया के समागम से निर्मित संस्कृति को माया के सामने घुटने टेक दिए है। 'सदाचार का तावीज', 'भोला राम का जीव' और 'इंसपेक्टर मातादीन चाँद पर' कहानी-कला के वैशिष्ट्य के लिए उतना समादृत नहीं है जितना करुणा, आत्मोपहास, प्रकृत यथार्थ के व्यंग्यार्थ, लेखक की सहज सामाजिक संपृक्ति व कटोक्तियों के लिए।

समकालीन समाज में अपसंस्कृति के विजयोल्लास में मग्न लोगों की परसाई की कहानियाँ खिल्ली उड़ाती हैं, त्रिशंकु संस्कृति के विधायकों की व्यक्तिवादी सोच और झूठे आश्वासनों की पोल खोलती हैं, उन्मादित और काम विभोर (मेनका का तपोभंग) मानसिकता का रहस्योद्घाटन करती हैं। अभिप्राय यह कि आज के वर्ग, इतिहास और काल-सचेतन कथाकार की हैसियत से परसाई समाज के हर स्तर की सभी स्वीकृत मान्यताओं के सड़-गल जाने के कारण यौन-बोध के पाप-बोध का प्रतीक बनाकर प्रस्तुत किए जाने की नव-औपनिवेशिक प्रवृत्ति को खारिज करते हैं। मिथ और फैंटेसी से युक्त रचनाओं में भी समग्र मानवी सत्ता के ज्वलंत प्रश्नों का ही प्रामुख्य है, उनमें न तो मनमानी दृष्टिकोणों की मिलावट है न ही तत्त्व और रूप का वल्गराइजेशन। यहाँ भी हम अभिव्यक्ति के खतरों से बेपरवाह परसाई को आलोचनात्मक यथार्थवाद की रौ में व्यवस्था से उलझते देखते हैं, अनकहे को कहते पाते हैं।

संक्षेप में यह कि हरिशंकर परसाई के कथा-साहित्य में विद्रोह, घृणा, व्यंग्य मिश्रित आक्रोश की जो बातें आई हैं उनके पीछे अस्वीकृतिमूलक भावुकता एकदम नहीं है बल्कि यह उनके लेखन का Stand Point है अर्थात् उन्होंने उन आदर्शों के लिए, उन मानव-मूल्यों के लिए संघर्ष किया है जिनके लिए संघर्ष जारी है और तब तक चलता रहेगा जब तक इस देश में समतामूलक समाज व समताविधायनी संस्कृति अस्तित्व में आ नहीं जाती।

अंत में यह कि परसाई जी जितने पढ़े गए, उतने चर्चित या आलोचित न हो सके। इसके अनेक विचारधारात्मक व साहित्यिक-असाहित्यिक कारण हो सकते हैं, सो रहें। असली बात यह है कि अब तक जो भी चर्चाएँ हुईं, वहाँ उनकी विषय वस्तु, भाषा-शैली एवं रूप-विधान की अनगढ़ता और बेडौलपन को ही रेखांकित

किया गया यानी चर्चा अधूरी रह गई। उनकी सर्जनात्मक अंतर्दृष्टि अर्थात् उनकी सोच, विश्वदृष्टि, अंतर्विरोध, सौंदर्यात्मक सफलताओं-असफलताओं की चर्चा से ही यह प्रमाणित हो सकता है कि किस तरह उनकी रचनाओं में स्वाधीनोत्तर भारत पूरे राग-रंग के साथ प्रतिबिम्बित हुआ है, यह पक्ष अनदेखा रह गया। मानव के प्रति अगाध विश्वास और प्रेम, निःपीड़ित जनों के प्रति प्रखर ममत्व बोध व मुक्ति कामना और कुल मिलाकर इस संदर्भ की अंतःयथा की सावलील अभिव्यक्ति की पहचान और परख से ही यह प्रमाणित-अप्रमाणित हो सकेगा कि उनका कथा-साहित्य एक जीवित विवेक का मूर्तिमान बन सका है और यह भी कि, क्या परसाई जी सचमुच अपने समकालीनों में एक उज्ज्वल व्यतिक्रम हैं?

जवरीमल्ल पारख

वर्गीय प्रवृत्ति की खोज

हरिशंकर परसाई उन सीमित अर्थों में व्यंग्यकार नहीं हैं, जिन अर्थों में पत्र-पत्रिकाओं में व्यंग्य का स्तंभ लिखने वाले अधिकांश व्यंग्यकार हैं। आमतौर पर व्यंग्य लिखने वाले स्तंभकार रोजमर्रा की राजनीतिक घटनाओं पर चुटीली टिप्पणियाँ करते हैं। इन टिप्पणियों का उद्देश्य तात्कालिक असर पैदा करना होता है। इसके लिए व्यंग्यकार घटना या चरित्र के ऊपरी विरोधाभास का सहारा लेता है और उस घटना या चरित्र में निहित वास्तविक अंतर्विरोध को भुला देता है। इसका कारण शायद यह है कि अधिकांश व्यंग्यकारों के पास अपनी स्पष्ट और जनोन्मुखी जीवन-दृष्टि नहीं है। इसीलिए ये व्यंग्यकार कई बार तो केवल भाषा के खिलवाड़ द्वारा व्यंग्य पैदा करने की कोशिश करते हैं।

परसाई जी का व्यंग्य-लेखन अन्य व्यंग्यकारों से कई अर्थों में भिन्न है और इस भिन्नता ने ही उन्हें अपनी तरह का अकेला व्यंग्य-लेखक बनाया है। इसका अर्थ यह नहीं है कि परसाई जी ने व्यंग्य की कोई नितांत नई और मौलिक शैली ईजाद की है। और न ही इसका अर्थ यह है कि परसाई जी की परंपरा उन तक ही सीमित है। परसाई जी जिस तरह के जीवनानुभवों से प्रेरित होकर व्यंग्य-लेखन की ओर उन्मुख हुए, वे अनुभव व्यंग्य-लेखन के ही प्रेरक बनते हों, ऐसा नहीं है; वरन् वे जनपक्षीय, प्रगतिशील और मानवीय करुणा से ओत-प्रोत लेखन के आधार होते हैं। दूसरी बात यह है कि सिर्फ निजी अनुभवों से उत्पन्न तल्खी किसी लेखक को महान रचनाकार नहीं बनाती, जब तक कि वह अपने उन अनुभवों को सामाजिक वास्तविकताओं के परिप्रेक्ष्य में रखकर नहीं जाँचता-परखता। जब रचनाकार अपने अनुभवों को इस प्रक्रिया से गुजारता है तो उसे व्यापक जीवन-यथार्थ का बोध होता है। उसे सामाजिक जीवन में व्याप्त विषमताओं, असंगतियों और कटुताओं का गहरा अहसास होता है और इस अहसास से उसकी निजी पीड़ा निजी न रहकर सामाजिक पीड़ा में रूपांतरित

होती है। रूपांतरण की इस प्रक्रिया में ही उसमें सामाजिक समस्याओं का एक वृहद् और सापेक्षिक जाल आकार लेने लगता है। अगर उसकी दृष्टि निजबद्ध और पूर्वग्रही नहीं बनाई जा चुकी है तो इस प्रक्रिया में वह वैचारिक मंथन के एक दौर से स्वाभाविक रूप से गुजरता है। वह समस्याओं को पारस्परिक संबद्धता और सापेक्षता को जैसे-जैसे समझने की कोशिश करता जाता है, उसके सामने एक ऐसी व्यवस्था रूपाकार लेने लगती है जिससे अदृश्य हाथों में इन समस्याओं के सूत्र जाकर खत्म होते हैं। जाहिर है, यह पूरी वैचारिक प्रक्रिया न तो एकांतिक होती है और न ही सिर्फ मानसिक। यह तो एक सामाजिक प्रक्रिया है जो निरंतर चलती रहती है। दूसरी बात यह है कि रचनाकार इस प्रक्रिया को जिस स्तर पर ही रोक लेता है वहीं तक उसकी चेतना यथार्थ को समझने में सक्षम हो पाती है। अपनी इस अधूरी विकसित चेतना को ही पूर्ण मानकर यथार्थ की आधी-अधूरी तस्वीर लेखक पेश करता रहता है। जिस रचनाकार की चेतना जितनी ही निजबद्ध होगी, उसकी रचना वस्तुगत यथार्थ का भी उस सीमा तक ही उद्घाटन करने में सक्षम होगी। और तब उस सीमित यथार्थ के अंतर्विरोधी पहलू भी उस सीमा तक ही उसकी नजर में आएँगे। जबकि वह लेखक जो सामाजिक यथार्थ को निजबद्धता से पूर्णतः मुक्त होकर देखता-समझता है, उसके विभिन्न पक्षों के जटिल अंतःसूत्रों को पहचानने में सक्षम होता है और तब वह यथार्थ के अंत विरोधी पहलुओं को भी अपनी पूर्णता में व्यक्त करने में सक्षम होता है।

लेकिन रचना की यह प्रक्रिया यहीं तक सीमित नहीं होती बल्कि इससे आगे भी जाती है। लेखक के सामने जब यथार्थ का अंतर्विरोधी चरित्र उद्घाटित होता है। तो उसके प्रति एक प्रतिक्रिया भी पैदा होती है। यह प्रतिक्रिया भी यथार्थ को उसकी अवलोकन प्रक्रिया से तय होती है। अगर उसकी चेतना निजबद्ध है तो प्रतिक्रिया भी निजबद्ध होगी और उसकी अभिव्यक्ति आक्रोश और कुंठा में होगी। इसके विपरीत, अवलोकन प्रक्रिया अगर निजबद्धता से मुक्त है तो प्रतिक्रिया भी व्यापक सामाजिक मूल्यों से प्रेरित होगी। तब लेखक में जो आक्रोश पैदा होगा, वह भी व्यक्तिबद्ध नहीं होगा, और जब आक्रोश व्यक्तिबद्ध नहीं होगा तो उसका समाहार वैयक्तिक कुंठा में न होकर सामाजिक दायित्व-बोध में होगा।

रचना में व्यंग्य का जन्म यथार्थ में निहित असंगति और अंतर्विरोध की पहचान और उनकी अभिव्यक्ति के माध्यम से होता है। लेकिन जैसा कि ऊपर के विश्लेषण से स्पष्ट है, यथार्थ में अंतर्विरोध की पहचान सरल नहीं होती क्योंकि यथार्थ जितना अधिक जटिल है, उसके अंतर्विरोधी पहलू भी उतने ही अंतर्ग्रथित होते हैं। इसलिए लेखक के लिए यह आवश्यक है कि वह यथार्थ की जटिलता

को उसकी संपूर्णता में समझे। वह यह काम तभी कर सकता है, जबकि उसकी दृष्टि निजबद्धता से मुक्त हो। यह निजबद्धता सिर्फ वैयक्तिकता नहीं है वरन लेखक की वह संस्कारबद्ध चेतना है जो यथार्थ को एक खास दृष्टि से ही ग्रहण करती है। इसलिए निजबद्धता से मुक्त होकर यथार्थ को उसके वस्तुपरक रूप में पहचानने का अर्थ है—अपनी संस्कारबद्ध चेतना से मुक्त होना।

तात्पर्य यह है कि लेखक चाहे वह व्यंग्य-लेखन करे या अन्य किसी तरह का, यथार्थ की जटिलता के पहचान की आत्मसंघर्षी प्रक्रिया से उसे गुजरना ही होता है। जब रचनाकार के सम्मुख यथार्थ की जटिलता उद्‌घाटित होने लगती है तो वह उस जटिलता के कारणों को पहचानने की ओर अग्रसर होता है। लेकिन लेखक के लिए सिर्फ इतना ही पर्याप्त नहीं है, इससे आगे जाकर उसे उन कारणों को भी खोजना होता है जो अंतर्विरोधों को उत्पन्न करने और सक्रिय करने में मददगार होते हैं। यहाँ यह भी जानना जरूरी है कि जिस ऐतिहासिक प्रक्रिया में सामाजिक अंतर्विरोध उत्पन्न होते हैं, उसमें एक वर्ग ऐसा होता है जिसके लिए यथार्थ का यह अंतर्विरोधी चरित्र उसके हित में होता है। लेकिन वह वर्ग यह भी जानता है कि अगर सामाजिक यथार्थ की वास्तविकता उद्‌घाटित हो जाती है तो उसके हितों की रक्षा तो नहीं ही होगी, प्रभुवर्ग के रूप में अपने अस्तित्व को बनाए रखना भी मुश्किल होगा। इसलिए वह सचेत या अचेत रूप से अंतर्विरोधों पर पर्दा डालने या मिथ्या अंतर्विरोधों को उत्पन्न करने की चेष्टा करता है। इस काम में उसकी मदद जहाँ पूर्व वर्ग समाजों में उत्पन्न संस्थाएँ और धारण ाएँ करती हैं तथा जिन्हें नए समाज में भी बरकरार रखने की कोशिश प्रभु वर्ग करता है ताकि अपने प्रभुत्व को सुरक्षित रख सकें।

वर्ग समाज में दो तरह के अंतर्विरोध होते हैं; एक, मूलभूत और दूसरा, कृत्रिम। वर्ग-समाज में शोषक और शोषितों के बीच मूलभूत अतर्विरोध होते हैं। लेकिन प्रभुवर्ग इस अंतर्विरोध पर दो तरह से पर्दा डालता है। एक तो वह इसे मूलभूत नहीं मानता, यानी कि वह इसे नकारने की कोशिश करता है। दूसरे, वह धर्म, जाति, भाषा या क्षेत्र के अंतर्विरोधों को स्थायी और शाश्वत मानकर पेश करता है ताकि जनता की सम्मिलित ताकत को अपने खिलाफ होने से रोक सके। प्रभुवर्ग इन अंतर्विरोधों का प्रयोग उन्हें बाँटने और आपस में लड़ाने के लिए करता है। जाहिर है, सत्ता पर काबिज होने के कारण प्रभुवर्ग के लिए ऐसी स्थितियाँ पैदा करना आसान होता है जबकि जनता सत्तावर्ग की इन चालाकियों को मुश्किल से पहचान पाती है। यह इसलिए भी कि जिस तरह की अनुकूल परिस्थितियाँ होनी चाहिए, वे उसे मुहैया नहीं होतीं। लेकिन जनता अपने अनुभवों

से धीरे-धीरे प्रभुवर्ग की चालाकियाँ और चरित्र समझने लगती है। उसके इस काम में सहायता जनपक्षीय राजनीति भी करती है और जनपक्षीय लेखन भी।

जनपक्षीय लेखन जनता की चेतना को वैचारिक और संवेदनात्मक स्तर पर जागरूक बनाने का सूक्ष्म कार्य करता है। वह लोगों के अपने ही संस्कारों से लड़ने के उनके आत्मसंघर्ष में हिस्सेदार बनता है। इस प्रकार एक यथार्थवादी रचनाकार अपने रचना-कर्म के द्वारा यथार्थ से उद्घाटन करने का कार्य ही नहीं करता, वरन् उसका अंपूर्ण रचना-कर्म एक राजनैतिक कर्म भी बन जाता है।

ऊपर के इस लंबे विश्लेषण को प्रस्तुत करने का उद्देश्य यह बताना है कि एक यथार्थवादी रचनाकर किन प्रक्रियाओं से गुजरकर रचना-कर्म की ओर प्रेरित होता है। अगर हम परसाई जी के रचना कर्म को देखें तो यह स्पष्ट हो जाएगा कि परसाई जी मूलतः यथार्थवादी रचनाकार हैं। परसाई जी भी यथार्थवादी रचनाकार की तरह यथार्थ के उद्घाटन द्वारा उसके अंतर्विरोधी चरित्र को सामने लाते हैं। लेकिन इस प्रक्रिया में व्यंग्य के जिस शिल्पगत वैशिष्ट्य का वे प्रयोग करते हैं, उसका प्रयोग प्रत्येक यथार्थवादी रचनाकार हमेशा और ठीक इन्हीं रूपों में नहीं करता। लेकिन प्रायः सभी यथार्थवादी रचनाकार यथार्थ के अंतर्विरोधी चरित्र का उद्घाटन करते हुए व्यंग्य का सहारा लेते हैं। हिंदी का ही उदाहरण लें तो भारतेन्दु, प्रेमचंद से लेकर आज के प्रगतिशील और जनवादी रचनाकारों में भी हम व्यंग्य की इस तीक्ष्ण धार को देख सकते हैं। सचाई यह है कि जब रचनाकार की दृष्टि यथार्थ के उद्घाटन की प्रक्रिया में, उसमें निहित असंगतियों, अंतर्विरोधों और विषमताओं पर जाती है और साथ ही जब वह उन प्रयासों को भी देखता है जिनके द्वारा प्रभुवर्ग इन पर आवरण डालने की कोशिश करता है तो वह इन स्थितियों में निहित विडंबना को पहचानता है और उसके अंदर गहरा आक्रोश जन्म लेता है। यही आक्रोश रचना में व्यंग्य बनकर फूटता है।

प्रायः व्यंग्य लेखक यथार्थ में निहित असंगति के ऊपरी अर्थों को ही पकड़ता है और उसके ऐसे पक्षों को जो सामाजिक यथार्थ के अन्य पक्षों से संबद्ध होते हैं, को प्रायः अनदेखा कर देता है। इसके विपरीत, परसाई जी सामाजिक यथार्थ के चाहे जिस विषय को अपनी रचना का विषय बनाएँ, रचना का रूप देते हुए, उसे व्यापक सामाजिक यथार्थ के परिप्रेक्ष्य में ही प्रस्तुत करते हैं। उनके यहाँ छोटी-से-छोटी और मामूली-से-मामूली घटना भी इसीलिए किसी बड़े और व्यापक सामाजिक सत्य का उद्घाटन करने में सक्षम होती है क्योंकि वे अपनी रचनात्मक क्षमता के बल पर उसके प्रवृत्तिगत या प्रतिनिधिक रूप को पहचान लेते हैं। और कोई भी घटना चाहे वह बड़ी हो या छोटी, साधारण हो या असाधारण,

अपनी प्रातिनिधिकता और प्रवृत्ति में एक-सी हो सकती हैं। किसी घटना या व्यक्ति की यह प्रातिनिधिकता या प्रवृत्तिगत विशिष्टता ही उसके चरित्र का निर्माण करती है। जाहिर है, अपने चरित्र में एक-सी प्रवृत्तियों का प्रतिनिधित्व करने वाले एक-से अधिक चरित्र, अपने बाह्य रूपों में भी सर्वत्र एक से नजर आएँ, यह जरूरी नहीं है। कई बार किसी चरित्र को केंद्रीय प्रवृत्ति उसके बाह्य प्रकाशनों में ऐसे छद्म रूप में व्यक्त होती है कि उससे उसके चरित्र की नितांत भिन्न तस्वीर दिखाई देती है और ऐसे चरित्र अपनी वास्तविक प्रवृत्ति को छुपाने में सफल हो जाते हैं।

यहाँ हम परसाई जी की दो कहानियों की तुलना द्वारा इस अंतर को समझ सकते हैं। ये हैं: 'एक तृप्त आदमी की कहानी' और 'रामदास'। 'एक तृप्त आदमी की कहानी' एक स्कूल मास्टर नंदलाल शर्मा की कहानी है। वह ईमानदार है, नैतिक है, आत्मसंतोषी है और ईश्वर-भक्त भी है। राजनीति से अलग रहता है, हड़ताल में भाग नहीं लेता। जाहिर है, ऐसा व्यक्ति जो पूर्ण संतुष्ट हो, नैतिक और ईमानदार हो, अपने अच्छे होने की सामाजिक मान्यता प्राप्त कर लेता है। इसीलिए उसके बारे में कहा जाता है, 'ऐसा आदमी दुर्लभ है। दुनिया में निराशा, विकलता, पिपासा और कुण्ठा के पुतले ही देखने में आते हैं। तृप्त आदमी 'आउट ऑफ स्टॉक' होता जाता है। एन.एल. मास्टर झरना है, रेगिस्तान का। उसे देख लेने से ऐसा लगता है कि जैसे तीर्थस्नान कर लिया हो। वह पूर्ण तृप्त आदमी है। उसे कोई भूख नहीं है। लेकिन क्या सचमुच ऐसा व्यक्ति हमारे गर्व का अधिकारी है? क्या अभावों में ही संतुष्ट रहने वाला व्यक्ति, अपने अधिकारों से निरपेक्ष रहने वाला व्यक्ति, सामाजिक दायित्व से विमुख रहने वाला व्यक्ति सचमुच आदर्श हो सकता है? एन.एल. मास्टर जैसे चरित्र को अच्छा मानने की धारणा हमारे समाज की परंपरावादी मान्यताओं में है। जिसके अनुसार, गरीबी वरदान है और संतोष सबसे बड़ा सुख। जहाँ भौतिक जरूरतों को पूरा करने का अर्थ माया के जाल में फँसना है। इस तरह का सोच व्यक्ति को सामाजिक बेहतरी के लिए किए जाने वाले संघर्ष से विमुख कर देता है, जिसका सीधा लाभ प्रभुवर्ग को मिलता है। जो व्यक्ति अपने अधिकारों के प्रति सचेत नहीं है, जिसमें एक सुखी जीवन जीने की आकांक्षा नहीं है, जो अपने घर-परिवार के लोगों को अभावों और कष्टों से मुक्त कराने के लिए अपनी ही तरह के अन्य लोगों के साथ मिलकर संघर्ष करने को तैयार नहीं है, उसकी वैयक्तिक नैतिकता का क्या मूल्य! सामाजिक प्रगति और दायित्व की दृष्टि से तो उसका जीवन अनैतिक और विरूप ही है। कोई भी स्वस्थ मानसिकता वाला व्यक्ति इस तरह का जीवन

स्वीकार नहीं कर सकता। इसीलिए परसाई जी अपनी तरफ से टिप्पणी करते हुए ऐसे व्यक्ति को 'बीमार' कहते हैं।

इस कहानी की रचना करते हुए परसाई जी अपनी ओर से कहानी के अंत में सिर्फ एक वाक्य में टिप्पणी करते हैं। एन.एल. मास्टर का जो चरित्र वे निर्मित करते हैं, उस निर्मिति में ही उस चरित्र के अंतर्विरोधी रूप को उजागर करते जाते हैं। लेकिन ऐसा करने के लिए वे अपनी ओर से टिप्पणी नहीं करते वरन् मास्टर के जीवन का ऐसा खाका खींचते हैं जिससे कि यह कार्य स्वतः ही संपन्न हो जाता है–'वे मेहनत से पढ़ाते हैं। न खुश होते हैं, न नाराज। न हँसते हैं, न डाँटते हैं! न प्रेम करते हैं, न घृणा। न हेडमास्टर को किसी बात में शंका करते हैं, न अपने से छोटों को सलाह देते हैं।'

'ठीक समय पर पढ़ाते हैं। ठीक समय पर कोर्स पूरा कर देते हैं। कापियाँ ठीक समय पर जाँचते हैं, हिसब ठीक बनाते हैं। हर आदेश को ठीक समय पर पूरा कर देते हैं।'

अगर हम उपर्युक्त वाक्यों का विश्लेषण करें तो पाएँगे कि लेखक ने एन. एल. मास्टर के चरित्र के नकारात्मक पहलू को अत्यंत कुशलता से प्रस्तुत किया है। 'वे मेहनत से पढ़ाते हैं' वाक्य मास्टर के चरित्र के सकारात्मक पक्ष को उजागर करता है, 'न खुश होते हैं, न नाराज' उसके चरित्र को दृढ़ता की। आगे के दो वाक्य भी चरित्र के सकारात्मक पक्ष को ही रखते हैं। लेकिन जब उसी क्रम में लेखक लिखता है, न हेडमास्टर की किसी बात में शंका करते हैं तो चरित्र की मूलभूत कमजोरी पर ही जैसे उँगली रख देते हैं और इस एक वाक्य के प्रकाश में इसके पूर्व के सभी वाक्यों के अर्थ में एक नई भंगिमा जुड़ जाती है। यह है भी व्यंग्य की भंगिमा। ठीक यही प्रक्रिया हम इससे अगले वाले पैरा में भी देख सकते हैं। जहाँ 'हर आदेश को ठीक समय पर पूरा कर देते हैं।' वाक्य अपने से पहले के वाक्यों को नई अर्थभंगिमा देता है। इस तरह यह कहानी एक साथ दो स्तरों पर गतिशील दिखाई देती है। एक एन.एल. मास्टर के चरित्र का वह रूप जो सामाजिक स्वीकृति में व्यक्त हुआ है और दूसरा वह रूप जो लेखक व्यंग्य के द्वारा उद्घाटित करता है। एन.एल. मास्टर के चरित्र को केंद्रीय प्रवृत्ति जो एक निष्क्रिय और असामाजिक व्यक्ति का प्रतिनिधित्व करती है, उसके आचरण के बाह्य रूपों में बदल जाती है और मिथ्या प्रवृत्ति के रूप में व्यक्त होती है। लेखक उसके चरित्र के इस मिथ्या रूप को ही व्यंग्य द्वारा उद्घाटित करता है।

अब प्रश्न यह उठता है कि परसाई जी ने इस तरह के चरित्र को व्यंग्य कहानी का पात्र क्यों बनाया। एन.एल. मास्टर एक मामूली अध्यापक है, जिसका वेतन सिर्फ नब्बे रुपये मासिक है। उसके परिवार को अभावों और कष्टों का जीवन जीना पड़ता है। स्वयं उसके जीवन में भी कड़ी मेहनत और मशक्कत के बाद भी कोई सुख नहीं है। लेकिन उसने दुःखों में ही संतोष के साथ जीना सीख लिया है। लेखक को उसके जीवन के इस रूप से कोई शिकायत नहीं है। शिकायत है, इस संतोष और तृप्ति की असामाजिकता से। उसमें आगे बढ़ने की इच्छा भी समाप्त हो गई है, उसने यथास्थिति को स्वीकार कर लिया है। यानी कि एक सामाजिक के रूप में वह न केवल निष्क्रिय है बल्कि उसकी निष्क्रियता यथास्थिति को बनाए रखने में सहायक भी है। प्रश्न एन.एल. मास्टर नामधारी व्यक्ति का नहीं, इसी निष्क्रिय प्रवृत्ति का है। और यही प्रवृत्ति सामाजिक अधिकारों के लिए होने वाले संगठित संघर्षों में लोगों को भागीदारी से रोकती है। जाहिर है, जो रचनाकार परिवर्तन का पक्षधर होगा, वह समाज में व्याप्त इस तरह की प्रवृत्ति के परिवर्तन विरोधी चरित्र को कभी आदर्श नहीं मानेगा और ऐसी जनविरोधी प्रवृत्ति की सामाजिक स्वीकृति का भी दृढ़तापूर्वक विरोध करेगा। इस तरह हम देखते हैं कि यह कहानी एक मामूली से चरित्र के माध्यम से एक बड़े सामाजिक सत्य को उद्‌घाटित करती है। परसाई जी ने निष्क्रियता की इस असामाजिक प्रवृत्ति की आलोचना अपनी अन्य कई कहानियों में भी की है। जिनमें 'वह क्या था' और 'ठंडा शरीफ आदमी' विशेष उल्लेखनीय हैं। ये दोनों कहानियाँ यद्यपि उसी एक प्रवृत्ति का उद्‌घाटन करती हैं जिसका प्रतिनिधित्व एन.एल. मास्टर करता है, लेकिन कुछ भिन्नता के साथ। यानी इनमें निष्क्रियता के दो भिन्न आयाम उद्‌घाटित हुए हैं।

इन तीनों कहानियों के विपरीत 'रामदास' कहानी को लें। रामदास का बाह्य चरित्र एन.एल. मास्टर से बहुत भिन्न नहीं है। वैसा ही गरीबी और अभावों से घिरा जीवन। न ही वह सामाजिक दायित्व के प्रति जागरूक है। वह भी ईमानदार है, मेहनती है, अपने कर्म के प्रति पूरी निष्ठा है। लेकिन फिर भी वह एन.एल मास्टर नहीं है। और जो प्रवृत्ति इन दोनों चरित्रों में बुनियादी फर्क लाती है वह है रामदास का सपने देखना। एक सुखद भविष्य का सपना। उसका भी एक घर होगा जब वह अपने बीवी-बच्चों को लाकर अपने साथ रख सकेगा और यही सपना उसे हर तरह अभावों और कष्टों को झेलने की ताकत देता है। ये सपने ही उसकी जीवन-शक्ति हैं और इनसे ही उसके नितांत मामूली जीवन में

लेखक मानवीय गरिमा का संचार करता है। इसी कारण लेखक की सहानुभूति और संवेदना रामदास के साथ है और यही प्रवृत्ति न होने के कारण एन.एल. मास्टर घृणा का पात्र है। एन.एल. मास्टर के प्रति घृणा इसलिए भी है कि वह पढ़ा-लिखा शिक्षक है, समाज को दिशा देने का दायित्व उस पर है जबकि रामदास इन सबसे वंचित रहा है। इसलिए उससे ऐसी आशा भी नहीं है।

लेखक जानता है कि रामदास को कभी 'अच्छा-सा मकान' नहीं मिलेगा। परंतु लेखक यह भी जानता है कि सपना देखने वाला व्यक्ति अपने वर्तमान को स्वीकार नहीं कर रहा है। आज रामदास के सामने कोई मार्ग नहीं है अपना सपना पूरा करने का। लेकिन रामदास जैसे लोगों के सपने ही इस समाज को बदलने की जरूरत के पीछे ताकत बन खड़े होते हैं। इसी अर्थ में रामदास न सिर्फ एक सकारात्मक चरित्र है वरन् भविष्य के प्रति आशावादी दृष्टिकोण को भी व्यक्त करता है, जिसका एन.एल. मास्टर में नितांत अभाव है। रामदास से कई अर्थों में भिन्न 'मनवीजी' के चरित्र को भी लेखक इसीलिए सहानुभूति देता है कि उसकी वर्तमान निष्क्रियता में भी मानवीय गरिमा नजर आती है। क्योंकि उसकी निष्क्रियता असामाजिक नहीं है बल्कि यह उसकी बहुआयामी सक्रियता की असफलता से उत्पन्न हुई है। सब काम कर देखें और जब कोई नहीं बना तब मनीषी ने सोचा कि कोई काम नहीं करना ही अच्छा है। लेकिन काम न करते हुए भी हमेशा दूसरे की सहायता के लिए तत्पर रहना, खुद भूखे सोकर भी दूसरे का पेट भरने की चिंता करना अर्थात् निराशा और असफलता के बावजूद मनीषीजी के व्यक्तित्व की विशेषताएँ खत्म नहीं होतीं। उसकी जिंदादिली और हृदय की उदारता व्यक्तित्व को जीवंत बनाए रखती हैं। एक और विशेषता जो मनीषीजी में है वह है भविष्य के लिए नित नई योजना बनाना। यानी कि भविष्य के प्रति वही आशावादी दृष्टिकोण जो रामदास की विशेषता है और यही वह प्रवृत्ति है जहाँ से उन्हें जीवन-रस प्राप्त होता है। इसका अर्थ यह नहीं है कि ये दोनों चरित्र लेखक की नजर में आदर्श चरित्र हैं। नहीं, इनमें कई नकारात्मक प्रवृत्तियाँ भी हैं लेकिन जो सकारात्मक प्रवृत्ति उनमें मौजूद है उसके बिना सामाजिक परिवर्तन को संभव नहीं बनाया जा सकता और यही कारण है लेखकीय सहानुभूति का।

आमतौर पर परसाई जी ने अपनी कहानियों में ऐसे चरित्र पेश किए हैं जो ऐसी प्रवृत्तियों का प्रतिनिधित्व करते हैं, जो सामाजिक परिवर्तन के लिए घातक हैं। जिनके प्रति उनमें गहरा आक्रोश, घृणा और नफरत का भाव है। ऐसी प्रवृत्ति या चरित्र के वास्तविक स्वरूप को उद्घाटित करने के लिए वे व्यंग्य के शिल्प का सहारा लेते हैं। लेकिन जब वे किसी ऐसी प्रवृत्ति या चरित्र को अपनी कहानी

का विषय बनाते हैं जिसकी सकारात्मक भूमिका है तो वहाँ कहानी में व्यंग्य उन सामाजिक स्थितियों में व्यक्त होता है जिनके बीच वे चरित्र जी रहे हैं। रामदास या 'मनीषीजी' जैसी कहानियों में व्यंग्य का आघात उन सामाजिक परिस्थितियों पर ही है। रामदास के छोटे-से सपने को पूरा न होना और धीरे-धीरे उसके घर-परिवार का ढहते जाना सारी स्थिति पर तीखे व्यंग्य की तरह है जो कहानी की इन अंतिम पंक्तियों में व्यक्त हुआ है, 'पर उसे कभी अच्छा-सा मकान नहीं मिलेगा और वह यहीं बैठा-बैठा कानपुर से चिट्ठियाँ पाता रहेगा कि अब दूसरा लड़का नहीं रहा, अब लड़की भी नहीं रही और अब स्त्री भी नहीं रही।' यह अकेले रामदास के जीवन की ही विडंबना नहीं है, स्वतंत्र भारत की सामाजिक प्रगति की विडंबना भी है। निश्चय ही रामदास उसका उत्तरदायी नहीं है। ठीक यही स्थिति मनीषीजी के साथ है। लगातार फाके के बीच चैन की बाँसुरी बजाते मनीषीजी की विडंबना सामाजिक स्थितियों पर व्यंग्य है। 'तट की खोज' इस तरह की सर्वोत्तम रचना है।

'तट की खोज' का केंद्रीय चरित्र शीला है जिसे लेखक की सहानुभूति भी प्राप्त है। शीला के जीवन की त्रासदी से ही लेखक में वह आक्रोश जन्य व्यंग्य फुटता है जो महेंद्रनाथ पर गहरा आघात करता है। महेंद्रनाथ का चरित्र ऐसी नकारात्मक प्रवृत्ति का प्रतिनिधित्व करता है जो शाब्दिक क्रांति में विश्वास करती है, लेकिन व्यवहार में सामाजिक भय की दहलीज लाँघने का साहस भी नहीं जुटा पाती। ऐसे लोगों के लिए प्रगतिशीलता और क्रांति की बड़ी-बड़ी बातें करने का उद्देश्य एक ही होता है, अपने को सफलता की उन ऊँचाइयों तक पहुँचाना जहाँ धन और ऊँचा पद प्राप्त होता है। चरित्र की यह दैवता तभी तक छुपी रहती है जब तक कि सामाजिक व्यवहार में उसके फलीभूत होने का अवसर नहीं आता। और जब ऐसा अवसर आता है तो महेंद्रनाथ का असली चेहरा एक ही झटके में सामने आ जाता है। शीला का महेंद्रनाथ के प्रति मोह भंग इसी छद्म आधुनिकता के प्रति मोहभंग है। लेकिन शीला की विडंबना यह है कि महेंद्रनाथ से भिन्न होते हुए भी मनोहर शीला के व्यक्तित्व की केंद्रीय अर्थवत्ता को समझ नहीं पाता। वह शीला के पास सहानुभूति और दया लेकर जाता है। वह दुःख और पीड़ा में उसका हमदर्द बनना चाहता है और इसके लिए उसमें इतना साहस भी है कि वह घर-परिवार और समाज के विरोध के बावजूद उसे अपनाने को तैयार है। लेकिन यह सब करने की प्रेरणा उसी दयाभाव से उत्पन्न हुई है जो शीला की करुण स्थिति को देखकर उपजी है। शीला नारी के स्वाभिमान का प्रतिनिधित्व करती है। वह अपने को पूर्ण मानुषी माने जाने का दावा करती है।

महेंद्रनाथ के प्रति उसके मन में गहरी घृणा है, कटु आक्रोश है, लेकिन मनोहर का व्यवहार उसके लिए पीड़ादायक है और ऐसे में वह अपने स्वाभिमान और मनुष्य माने जाने के संघर्ष के लिए अकेले जीने का संकल्प करती है।

'रामदास', 'मनीषीजी' और 'तट की खोज' जैसी रचनाएँ इसीलिए परंपरागत व्यंग्य-कथाओं से भिन्न हैं क्योंकि वे व्यंग्य के जाने-पहचाने धरातल से उठकर सामाजिक यथार्थ के ऐसे छोर तक अपने को ले जाती हैं जहाँ आक्रोश और करुणा, प्रेम और घृणा, विडंबना और विद्रूपता के सिरे एक दूसरे से घुलते-मिलते और टकराते नजर आते हैं।

परसाई जी अपनी कहानियों में चरित्रों को गढ़ते हुए जो बात विशेष रूप से ध्यान में रखते हैं, वह यह कि वह चरित्र किस जमीन पर खड़ा है। 'एक तृप्त आदमी की कहानी' और 'वह क्या था' जैसी कहानियों के चरित्रों की विशेषताएँ ऐसे व्यक्तियों का प्रतिनिधित्व करती हैं जिन्होंने सामाजिक संघर्षों और खतरों से बचने के लिए अपने को निष्क्रियता और स्थित प्रज्ञता के साँचे में ढाल लिया है। लेकिन कोई चरित्र अगर इनके विपरीत अशांत, बेचैन और विकलता के जीते-जागते पुतले हैं तो भी वे परसाई जी के लिए आदर्श चरित्र नहीं हो जाते। क्योंकि, उनके चरित्र की ये बाहरी विशेषताएँ भी, हो सकता है, उनके चरित्र की आंतरिकता को ढूँढ़ने का काम करती हों। अगर कोई व्यक्ति जिसने अपने व्यक्तित्व का मूल्यांकन अपनी क्षमताओं से बढ़-चढ़कर किया हो और उसके अनुकूल स्थान समाज में नहीं मिल पाया हो तो ऐसा व्यक्ति भी समाज के प्रति कटुता और आक्रोश से भरा होगा। उसकी ये प्रवृत्ति सामाजिक परिवर्तन के लिए कम घातक नहीं है क्योंकि ऐसे चरित्रों के लिए किसी भी कार्य के अच्छे या बुरे होने का एक ही पैमाना है, स्वयं उनकी स्वार्थसिद्धि। इसी तरह वे लोग भी हर समय तनावग्रस्त और परेशान नजर आते हैं जो इस अहंकार में जीते हैं कि वे ही दुनिया को बदल सकते हैं, उनके पास ही वह बौद्धिक क्षमता है, लेकिन लोग ऐसे मूढ़मति हैं जो उनकी क्षमता को पहचान नहीं पाते। ये भी एक भिन्न तरह के असामाजिक प्राणी हैं। इनका भी सारा आक्रोश निजी असफलता से उत्पन्न हुआ है। मनीषीजी की असफलता से ऐसे लोगों की असफलता इसीलिए भिन्न है कि मनीषीजी असफलता के बावजूद जीवन-संघर्ष से भागते नहीं। उनका समाज के प्रति नकारात्मक रवैया नहीं है। परसाई जी ने अपनी रचनाओं में इस बात को बार-बार आग्रह के साथ कहा है कि दुनिया को वे ही लोग बदल सकते हैं जो जीवन को स्वीकार करते हैं और अपनी पूरी ताकत और जिंदादिली के साथ जीते हैं, जो इस अहंकार में नहीं जीते कि दुनिया में वे ही श्रेष्ठ हैं, उन्हीं

के पास मौलिक बौद्धिक क्षमता है। इसीलिए अपने को दूसरों से श्रेष्ठ समझने वाले, अपनी असफलताओं के लिए सारी दुनिया से नफरत करने वाले, अपने ही स्वार्थ को एकमात्र जीवन सत्य मानने वाले लोगों पर उन्होंने तीखी चोटें की हैं। 'असहमत', 'पुराना खिलाड़ी', 'एक घंटे का साथ', 'कोई सुनने वाला नहीं है' जैसी कहानियाँ ऐसे ही चरित्रों को सामने लाती हैं।

परसाई जी की कहानियों में व्यक्त जिन चरित्रों की ऊपर चर्चा की गई है उनमें से अधिकतर मध्यवर्गीय चरित्र में जो द्वैतता और छद्म होता है, परसाई जी ने अपनी कहानियों में उसको अनावृत्त किया है। इस तरह की रचनाओं का क्षेत्र भी व्यापक है। धर्म, संस्कृति, राजनीति, साहित्य और शिक्षा के विभिन्न क्षेत्रों में सक्रिय ऐसे द्वैत चरित्र वाले लोगों को उन्होंने अपनी रचनाओं में चित्रित किया है जो अंततः इस व्यवस्था को बनाए रखने में सहायक बनते हैं। लेकिन इसके साथ ही उन्होंने समाज के उस प्रभुवर्ग को भी अपनी रचनाओं का आधार बनाया है जिन्होंने वर्गीय स्वार्थों के लिए समाज को ऐसी विद्रूप स्थिति में पहुँचा दिया है। इस तरह के चरित्रों के प्रति लेखक में किंचित् भी सहानुभूति नहीं है। ये चरित्र अमानवीयता, क्रूरता, स्वार्थपरता के साक्षात् मूर्तिमान रूप हैं। इसीलिए इनके प्रति लेखक में अपार घृणा है। और वही घृणा व्यंग्य को तीक्ष्ण धार के रूप में सामने आती है। यहाँ आक्रोश है, विद्रूपता है, घृणा है, नफरत है। इसीलिए ऐसे चरित्रों को पेश करते हुए परसाई जी की कलम में तेजी, गति और प्रवाह आ जाता है, किसी तरह की झिझक और शंका यहाँ नजर नहीं आती। आत्मविश्वास से परिपूर्ण। लेकिन ये चरित्र भी व्यक्ति-चरित्र नहीं बल्कि वर्गीय चरित्र हैं। इनका एक ही धर्म है, अधिकाधिक लाभ कमाना जिसके लिए वे कुछ भी कर सकते हैं। 'आइल किंग', 'वैष्णव की फिसलन', 'मुफ्तखोर', 'राजनीति का बँटवारा' जैसी कहानियों के चरित्र ऐसे ही वर्ग के प्रतिनिधि चरित्र हैं। परसाई जी ने यहाँ भी वर्गीय प्रवृत्तियों को ही कहानी रचना का आधार बनाया है। 'वैष्णव की फिसलन' में पूँजीपति की उस धनलिप्सा पर व्यंग्य किया गया है जो इसके लिए धर्म की अपनी सुविधानुसार व्याख्या करता है। 'आइल किंग' में धर्म के मद में डूबे व्यक्ति का चित्र है जो धन से राजनीतिक और सामाजिक ताकत खरीदता है। इस तरह की कई अन्य कहानियों में इस वर्ग की वर्गीय विशेषताओं को व्यंग्य का निशाना बनाया गया है।

शासक वर्ग के राजनीतिज्ञ और नौकरशाह भी इसी व्यवस्था के अन्य महत्त्वपूर्ण हिस्से हैं। परसाई जी की रचनाओं में इनके प्रति भी वैसी ही कटुता और आक्रोश व्यक्त हुआ है, जैसा मुनाफाखोर पूँजीपति वर्ग के प्रति हुआ है। इन

सभी पर उन्होंने अलग-अलग रचनाएँ तो की ही हैं 'रानी नागफनी की कहानी' में इनका एक साथ भी चित्रण हुआ है।

'रानी नागफनी की कहानी' की रचना उन्होंने फंतासी शैली में की है। इस लघु उपन्यास की संरचना पर विचार करते हुए हम उनकी व्यंग्य कहानियों की संरचना को समझ सकते हैं। जैसा कि पहले भी कहा जा चुका है कि परसाई जी चाहे अति साधारण चरित्र लेते हों या मामूली घटना, उनका ध्येय उस चरित्र या घटना में निहित वर्गीय प्रवृत्ति को खोजना होता है और यही आधार होता है जिससे वे उस चरित्र या घटना के प्रति अपना वैचारिक दृष्टिकोण तय करते हैं। वस्तुतः परसाई जी के लेखन की यही केंद्रीय ताकत है जिससे उनकी रचना को ऊर्जा प्राप्त होती है और उनकी रचनाएँ तात्कालिक घटनाओं से प्रेरित होते हुए भी तात्कालिकता से बँधी नहीं रहतीं। साथ ही, उनकी रचनाएँ किसी एक प्रवृत्ति या अवधारणा तक ही अपने को बाँधे नहीं रखतीं, बल्कि रचना के पूरे विकास क्रम में जहाँ भी संभव होता है, वे अन्य असंगति या अंतर्विरोध को भी उजागर करने से नहीं चूकते जिससे संपूर्ण रचना एक साथ कई स्तरों पर अपना प्रभाव डालती है। उनकी रचनात्मकता की यह विशेषता अपने पूरे प्रभाव और ताकत के साथ 'रानी नागफनी की कहानी' में देख सकते हैं।

इस उपन्यास में केंद्रीय कथा तो नागफनी और अस्तभान की प्रेमकथा ही है। लेकिन इसके साथ ही कई प्रासंगिक कथाएँ भी चलती हैं जिनमें मुफतलाल की डिप्टी कलक्टरी की कथा, राजा निर्बलसिंह के विवाह की कथा, राजा राखड़सिंह के अमात्य की कथा, प्रमुख हैं। उपन्यास का तीसरा स्तर छोटे-छोटे प्रसंगों के रूप में प्रस्तुत हुआ है। जैसे जोग प्रपंचगिरि, अस्तभान और नागफनी की आत्महत्याओं का प्रसंग; लेखकों, कवियों, पत्रकारों, डॉक्टरों, चित्रकारों के प्रसंग, युद्ध का प्रसंग आदि कुछ ऐसे ही प्रसंग है। इन तीनों तरह के छोटे-बड़े प्रसंग मिलकर व्यवस्था के जटिल चरित्र को उद्घाटित करते हैं। फंतासी की शैली यथार्थ की जटिलता और बहुआयाम चारित्रिकता की रक्षा करते हुए उसके उद्घाटन का काम करने में सफल हो जाती है। परसाई जी की विशेषता यह है कि वे सिर्फ एक प्रसंग से दूसरे प्रसंग की ही सृष्टि नहीं करते बल्कि कथा की रचना के दौरान भाषा के स्तर पर भी यथार्थ में निहित चरित्र को किसी असंगति को व्यंग्य में व्यक्त करने का अवसर नहीं चूकते। जैसे इस कहानी के चरित्रों के नाम जिनमें निहित व्यंग्यात्मक अर्थवत्ता बहुत स्पष्ट है। इसी तरह वाक्य-रचना में ही व्यवस्था के किसी पक्ष का व्यंग्यात्मक उद्घाटन कर देने की क्षमता। जैसे, निम्न वाक्य :

'मरीज तो वस्तु का उपभोक्ता (consumer) है। उसे पूरा लाभ हो जाएगा तो दवा की बिक्री बंद न हो जाएगी!'

'पागलपन को गर्वपूर्वक वहन करना है तो उसे किसी दर्शन का आधार अवश्य चाहिए।'

ऐसे वाक्यों में हम देख सकते हैं शब्दों का चयन स्वयं व्यंग्य की सृष्टि करने में समर्थ है। मरीज तो वस्तु का उपभोक्ता है। इस वाक्य में उपभोक्ता शब्द पूँजीवादी समाज में मनुष्य के उपभोक्ता बना दिए जाने की नियति पर एक तीखी टिपाणी करने में सक्षम है। फिर यह पूरा प्रसंग तो उपभोक्ता संस्कृति की विद्रूपता को अनावत्त करता ही है। जहाँ डॉक्टर दवा का निर्धारण बीमारी से नहीं, बाजार में दवा के स्टॉक से तय करता हो, वहाँ अगर मरीज मरीज न रहकर मात्र उपभोक्ता मान लिया जाए तो क्या आश्चर्य! परसाई जी पुँजीवादी समाज की किसी प्रवत्ति को जब अपने व्यंग्य का निशाना बनाते हैं तो उसे कुछ अतिरंजित रूप दे देते हैं। परंतु यह अतिरंजना यथार्थ को पूरी ताकत से संप्रेषणीय बनाने के लिए होती है, न कि उससे हास्य उत्पन्न करने के लिए। इसी प्रसंग पर विचार करें तो हम आसानी से समझ सकते हैं कि पूँजीवादी समाज की यह उपभोक्ता संस्कृति आज सभी मानवीय भावनाओं को कुचलने में सफल हो रही है। इसी का नतीजा है कि बाजार में ऐसी दवाइयाँ धड़ल्ले से बेची और खरीदी जा रही हैं जो लाभ की बजाय हानि ही पहुँचाती हैं। विज्ञापनों, डॉक्टरों को मिलने वाले कमीशन और शासक वर्ग की शह पर वे बिक रही हैं।

ठीक यही स्थिति उन जनविरोधी विचारधाराओं और कला आंदोलनों की है जिनका अतार्किक, जनविरोधी चरित्र बहुत स्पष्ट है लेकिन जो भ्रामक शब्दजालों के बल पर शिक्षित जनता के एक बड़े हिस्से को अपने प्रभावक्षेत्र में लेने में सफल हो जाते हैं। परसाई जी ने ऐसे काव्य और कला आंदोलनों पर भी तीखा प्रहार किया है। 'रानी नागफनी की' कहानी में ही नहीं, अन्य रचनाओं में भी उन्होंने इन्हें व्यंग्य का विषय बनाया है। विशेष रूप से और 'अंत में' के अंतर्गत 'कल्पना' में लिखे गए निबंध उल्लेखनीय हैं।

परसाई जी के व्यंग्य-लेखन की यह विशेषता है कि जब वे किसी खास प्रवृत्ति की यह धारणा या मूल्य को व्यंग्य के लिए चुनते हैं तो उनके सामने सिर्फ वह प्रवृत्ति, धारणा या मूल्य ही नहीं रहता बल्कि उनसे संबंधित व्यवस्था का पूरा ढाँचा स्पष्ट रहता है। इसीलिए वे छोटे-से प्रसंग को भी व्यापक अर्थ-संदर्भ दे देते हैं। 'रानी नागफनी की कहानी' में हम ऐसे कई प्रसंग देख सकते हैं। जब

राजकुमार अस्तभान और मुफतलाल राजा राखड़सिंह के मुख्य अमात्य से मिलते हैं तो वह प्रसंग संसदीय राजनीति की एक फंतासी बन स्वतंत्र कथा का रूप ले लेता है। इसी तरह मुफतलाल की डिप्टी कलक्टरी के पद पर चुनाव हमारे यहाँ रोजगार के क्षेत्र में चलने वाले भ्रष्टाचार के तंत्र को अनावृत्त करता है। बहुत मामूली से प्रसंगों में भी पत्रकारिता शिक्षा, चिकित्सा, काव्य और कला आदि के क्षेत्रों की व्यापक गतिविधियों पर टिप्पणी कर देते हैं। पत्रकारिता का प्रसंग तो अत्यंत संक्षिप्त है। बुर्ज्वा पत्रकारिता के वास्तविक उद्देश्यों को यह मामूली-सा प्रसंग भी गैर-मामूली अर्थ दे देता है। अस्तभान द्वारा राष्ट्रों के बीच युद्धों के वास्तविक उद्देश्यों का उद्‌घाटन अंतर्राष्ट्रीय राजनीति और राष्ट्रीयता के निहितार्थों को प्रकट करता है।

परसाई जी मामूली से प्रसंगों को बड़े अर्थ-संदर्भ इसीलिए देने में समर्थ होते हैं क्योंकि उनके लिए व्यंग्य-लेखन किसी सीमित रचनात्मक उद्देश्य से प्रेरित नहीं होता। चूँकि उनके सामने हमेशा सामाजिक परिवर्तन का महान उद्देश्य दृष्टि में रहता है इसीलिए वे जीवन के प्रत्येक प्रसंग को उसी नजरिए से परखते हैं। वैचारिक प्रतिबद्धता और जननिष्ठा के कारण उनके सम्मुख ऐसे अवसर कम आए हैं जब बाहर की घटनाओं ने सही और गलत के विवेक को गड़बड़ाया हो। लेखन के आरंभिक दौर की भावुकता से मुक्त होने के बाद वैचारिक परिपक्वता के साथ प्रायः उनका सारा लेखन जननिष्ठा और सही वैचारिक प्रतिबद्धता पर खरा उतरा है। लगातार रोजमर्रा के राजनीतिक-सामाजिक घटनाचक्रों पर टिप्पणियाँ लिखते हुए भी उनके सामने आतात् काल के दौर को छोड़कर शायद कभी दुविधा नहीं आई। यहाँ तक कि चीन और पाकिस्तान के साथ युद्धों के दौर में भी वे राष्ट्रवाद की अंधी दौड़ में शामिल नहीं हुए वरन् किस तरह प्रभु-वर्ग इन युद्धों को भी अपने लाभ-लोभ के लिए इस्तेमाल करती हैं, को भी अपने व्यंग्य का निशाना बनाया। आपातृकाल और उसके बाद के कुछ काल तक उनकी कलम अवश्य राजनीतिक घटनाचक्रों पर टिप्पणी करते हुए उतना तीक्ष्ण असर पैदा नहीं कर सकी; क्योंकि उस अल्पकाल में उन्होंने शासक पार्टी कांग्रेस के बचाव का भी यदा-कदा प्रयास किया, चाहे वह अप्रत्यक्ष रूप में ही किया हो। इसी तरह जनता पार्टी के शासन के दौर में आपातृकाल के विरुद्ध जनता के संघर्ष के दौर की उपलब्धियों को पहचानने में भी वे असफल रहे। लेकिन इस पूरे दौर में भी जब उन्होंने बुर्ज्वा राजनीति की अवसरवादिता, सांप्रदायिक ताकतों के खतरनाक खेल और निहित स्वार्थों के जनविरोधी चरित्र को अनावृत्त

किया है तो उनकी कलम में वैसी ही तीक्ष्णता और प्रहार-शक्ति नजर आई है, जैसी पहले नजर आती थी।

हरिशंकर परसाई ने अपने लेखन में सांप्रदायिक ताकतों पर लगातार प्रहार किया है जो उनकी वैचारिक निष्ठा के अनुकूल ही है। लेकिन, इसके साथ ही उन्होंने सामंती समाज के सड़े-गले मूल्यों को भी अपने व्यंग्य-प्रहार का निशाना बनाया है, विशेषतः धर्म के नाम पर जो पाखंड, लूट और अनाचार व्याप्त है, उन पर उन्होंने गहरी चोट की है। इसके लिए उन्होंने धर्म के कथित ज्ञान पक्ष (दर्शन और अध्यात्म) को भी नहीं बख्शा है और अध्यात्म के नाम पर फैले अज्ञान और अंधविश्वासों का नग्न रूप दिखाया है। जहाँ तक धर्म के कर्मपक्ष का सवाल है, उन्होंने पुराणपंथी पाखंड से लेकर नए योगियों और भगवानों के प्रपंच का वास्तविक चरित्र भी उद्घाटित किया है। ऐसा करते हुए उन्होंने इस बात पर बल दिया है कि आज धर्म धनवानों और शोषकों की सेवा कर रहा है, उससे गरीब और दुःखी प्राणी का भला असंभव है।

लेकिन परसाई जी ने 'धर्म' का एक और प्रयोग भी किया है। इसे धर्म का नहीं वरन् धार्मिक कथाओं, पुराणों और मिथकों का प्रयोग कह सकते हैं। यह है उनका शिल्पगत प्रयोग। धार्मिक चरित्रों, कथा, प्रसंगों और विश्वासों को उन्होंने अपनी बात को संप्रेषित करने के लिए संरचनात्मक ढाँचे के तौर पर भी इस्तेमाल किया है। कहीं राम, हनुमान, कृष्ण जैसे चरित्रों को आधुनिक अर्थ देकर तो कहीं रामायण, महाभारत और अन्य ग्रंथों के प्रसंगों को आधुनिक अर्थ-संदर्भ देकर। उन्होंने आत्मा के अस्तित्व, ताबीज से इलाज जैसे धार्मिक विश्वासों का भी संरचनात्मक उपयोग किया है। ऐसा करते हुए वे अपने कथ्य को संप्रेषणीय बनाने में तो सफल होते ही हैं, इन चरित्रों, प्रसंगों और विश्वासों को लौकिक अर्थ-संदर्भ से जोड़कर उनकी धार्मिकता (या चमत्कारिता) के आवरण को चीर डालते हैं। परसाई जी ने न सिर्फ धार्मिक और पौराणिक प्रतीकों का इस्तेमाल किया है बल्कि लोककथाओं, पंचतंत्र और हितोपदेश के पात्रों का भी इस्तेमाल किया है और इस प्रकार अपनी बात को हरसंभव माध्यम से प्रभावशाली ढंग से प्रस्तुत करने का प्रयास किया है।

परसाई जी ने व्यंग्य-लेखन के द्वारा उन बातों को भी सीधे और साफ ढंग से कहने का अवसर प्राप्त कर लिया था जो कहानी या निबंध लेखन के अन्य रूपों में संभव नहीं होता। इस व्यंग्य-विधा ने यह अवसर भी उन्हें दिया कि वे कहानी या निबंध के प्रचलित ढाँचे को तोड़ते हुए नए ढाँचे का निर्माण कर

सके। इसीलिए उनकी कहानियों में निबंधों की-सी वैचारिक तीव्रता और निबंधों में कहानियों-सा कथा-रस मिलता है। उनके लेखन के एक बड़े हिस्से के बारे में यह तय करना भी मुश्किल है कि उन्हें ठीक-ठीक किस विधा में रखा जाए। लेकिन क्या इसकी आवश्यकता भी है! परसाईजी ने व्यंग्य को वह ऊचाई दी है जो यथार्थवादी रचनाकार, अपनी रचना को यथार्थवाद की ऊँचाइयों तक पहुँचाने के लिए व्यंग्य का सहारा लेकर देता है। हमें यह नहीं भूलना चाहिए कि स्वयं प्रेमचन्द की कई महान कहानियाँ—जैसे 'कफन', 'शतरंज के खिलाड़ी' और महानतम उपन्यास 'गोदान' में यथार्थ की विद्रूपता और विडंबना से उत्पन्न रचनात्मक ताकत व्यंग्य के माध्यम से ही व्यक्त हुई है। बाद में यशपाल की भी कई कहानियाँ जैसे 'महाराजा का इलाज', 'परदा' आदि व्यंग्य के शिल्प का सहारा लेती हैं। कविता में निराला, नागार्जुन, रघुवीर सहाय, धूमिल और आज के भी कई प्रगतिशील और जनवादी कवियों में व्यंग्य की यही तीक्ष्ण धार देख सकते हैं। यही बात हम आज के कई कहानीकारों में देख सकते हैं। जिनकी कई प्रख्यात कहानियाँ व्यंग्य की शैली में लिखी गई हैं। ज्ञानरंजन, स्वयंप्रकाश असगर वजाहत, उदयप्रकाश आदि कई कहानीकारों को इस दृष्टि से उल्लिखित किया जा सकता है। कहने का तात्पर्य यही है कि हरिशंकर परसाई की परंपरा निराली और अद्वितीय नहीं है। वस्तुतः यह यथार्थवाद की ही परंपरा है जो यथार्थ की विद्रूपता और विडंबना को व्यंग्य की ताकत से व्यक्त करती है। परसाई जी ने यथार्थ को व्यक्त करने की व्यंग्य की ताकत को महान कलात्मक ऊँचाई और गहरी वैचारिक निष्ठा प्रदान की है और इन्हीं अर्थों में वे दूसरे व्यंग्यकारों से अद्वितीय हैं।

रवीन्द्रनाथ त्यागी

एक ऑफिस नोट

(एक) समझ में नहीं आ रहा कि बात कैसे लिखूँ। यदि परसाई जी की निंदा करता हूँ तो आप लोग बुरा मानेंगे और यदि तारीफ करता हूँ तो वह मुझे अच्छा नहीं लगेगा। बहरहाल।

(दो) मैं परसाई जी का बहुत पुराना प्रशंसक हूँ। जब वे 'कल्पना' व 'नई कहानियाँ' में अपना कॉलम लिखा करते थे तो मैं अगले अंक की प्रतीक्षा आँखें फाड़-फाड़कर किया करता था और सोचा करता था कि क्या 'कल्पना' में (जिसमें वे 'और अंत में' लिखा करते थे) ऐसा नहीं हो सकता कि केवल अंत ही अंत हो, आरंभ और मध्य हो ही नहीं। वे 'धूमकेतु' की भाँति चमके और सब पर छा गए। ऐसा होना स्वाभाविक ही था। तुझे हम शायरों में क्यों न 'अकबर' मुंतखित समझे, बयाँ ऐसा कि दिल माने, जब ऐसी कि सब समझें। गालिब तक ने परसाई जी की चर्चा की है, हम लोग तो चीज ही दया हैं?

(तीन) परसाई जी ने कहानी, उपन्यास और निबंध सब कुछ लिखा है। अपने उपन्यास को छोड़कर (जिसमें उन्होंने पात्रों के नाम करेलामुखी वगैरह रखे हैं) वे कहीं भी अगंभीर नहीं हुए। उनके व्यंग्य ग्रंथों की संख्या लगभग पच्चीस होगी क्योंकि बाईस पुस्तकों के नाम तो मुझे ही मालूम हैं। उनकी कुछ श्रेष्ठतम रचनाओं के नाम हैं : वैष्णव की फिसलन, आधी बरखा बहार, एक तृप्त आदमी, लघुशंका न करने की प्रतिष्ठा, भोलानाथ का जीव, हम बिहार से चुनाव लड़ रहे हैं, इंसपेक्टर मातादीन चाँद पर और इसी प्रकार की कोई सौ और रचनाएँ। अपने साहित्यिक कृतित्व के आधार पर उन्हें 'पद्मश्री' से अलंकृत किया गया। 'विकलांग श्रद्धा का दौर' पर उन्हें अकादमी एवार्ड मिला। जिस किताब पर यह एवार्ड वापस लिया जाएगा, वह उन्हें अभी लिखनी है। काफी मेहनत करनी पड़ेगी। प्राप्त करने की अपेक्षा त्याग करना सदा से कठिन होता आया। त्याग के बारे में त्यागी जी नहीं जानेंगे तो और कौन जानेगा?

(चार) परसाई जी एक उच्च कोटि के साहित्यकार हैं—इसे साबित करने के लिए मैं अब कुछ गवाह पेश करूँगा। गवाह तो सैकड़ों हैं पर मैं पेश दो-तीन ही करूँगा। श्रीलाल शुक्ल को अज्ञेय के निकट बताने के संदर्भ में रघुवीर सहाय ने कहा कि 'जो कुछ तोड़ने लायक है, परसाई जी उसको तोड़ ही डालने के कायल हैं।' अपने को पूरा एक पृष्ठ देते हुए इंद्रनाथ मदान ने अपनी एक पुस्तक में परसाई जी को चार और लेखकों के साथ रखा और कहा कि 'इन लेखकों ने सामाजिक और राजनीतिक विसंगतियों और विकृतियों पर सीधी-तिरछी चोट की है और इनके व्यंग्य का स्वरूप में जो हुआ है।' धनंजय वर्मा का कहना है कि 'वार करते हुए परसाई जी किसी को नहीं बख्शते चाहे वह उनका मित्र या प्रशंसक ही क्यों न हो। व्यंग्यकार किसी का आदमी नहीं होता, वह सिर्फ आदमी होता है। व्यंग्य का मकसद सुधार करना होता है, आपके दृष्टिकोण को स्वस्थ दिशा की ओर मोड़ना होता है और इस लिहाज से परसाई का व्यंग्य बेमिसाल है। परसाई पूरे धैर्य और विश्वास के साथ आप पर चौतरफा वार करते हैं। उनकी हँसी के पीछे गहरी मानवीय संवेदना होती है। परसाई के व्यंग्य की यही आत्मा है।'

(पाँच) गवाहों के बाद अब मैं खुद मुलजिम को आपके सामने पेश करता हूँ। हालाँकि गवाही के कानून के मुताबिक यह शायद एकदम ठीक नहीं है। परसाई जी सबसे पहले चेखव के मुँह से कहलवाते हैं कि 'सुखी आदमी दुःख का साहित्य लिखता है और दुखी आदमी हास्य और व्यंग्य लिखता है।' वे प्रत्यक्ष रूप से व्यंग्यकार की (और अप्रत्यक्ष रूप से अपनी) तुलना कबीर से करते हैं। इधर नागार्जुन भी कबीर होने का दावा करने लगे हैं। वे कहते हैं कि व्यंग्य एक विधा नहीं है मगर एक 'स्पिरिट' है।' जब लोग उन्हें राजनीतिक पक्षधर (या प्रतिबद्ध), लेखक कहते हैं तो परसाई जी जवाब देते हैं कि 'यह तो एक प्रशंसा है। राजनीति ही तो आजकल मनुष्य को नियति तय करती है। जो लेखक कहते हैं कि वे राजनीति के शिकार नहीं हैं, वे गंदी से गंदी राजनीति के शिकार हैं।' ज्यादा उद्धरण नहीं दूँगा। अनन्तपारं किल शब्द शास्त्रम्...

(छः) परसाई जी को वर्षों से ध्यानपूर्वक पढ़ने के बाद मैं स्वयं जिन निष्कर्षों पर पहुँचा हूँ वे इस प्रकार हैं—मैं सिर्फ सच बोलूँगा, ईश्वर मेरी सहायता करे :

(क) एक व्यंग्यकार को जिस दुःख, प्रभाव और पीड़ा की पृष्ठभूमि आवश्यक है, वह परसाई जी के पास जरूरत से ज्यादा है। इस दिशा में उनकी तुलना मैं बुकर.टी. वॉशिंग्टन से करता हूँ।

(ख) हिंदी में परसाई जी ही वे व्यक्ति हैं जिन्होंने व्यंग्य को प्रतिष्ठा दिलाई। उनसे पहले भी व्यंग्य लिखा जाता था पर उनके बाद तो यह एक संक्रामक रोग हो गया। यहाँ मुझे एडम स्मिथ की याद आती है। देयर वर इकोनॉमिक डिस्कशंस बिफोर एडम स्मिथ, बट फ्रॉम एडम स्मिथ वी डिस्कस, इकोनॉमिक्स (अलेग्जेंडर ग्रे)

(ग) उन्होंने सामयिक समस्याओं को लेकर ही लिखा मगर हमें यह नहीं भूलना चाहिए कि सामयिकता ही शाश्वतता का सच्चा नाम है। जैसा कि प्रेमचंद ने प्रसाद जी से कहा था : जो व्यक्ति वर्तमान को नहीं देखता, वह भविष्य को क्या देखेगा?

(घ) उनका सारा लेखन समस्यामूलक है, हास्य तो मात्र माध्यम है। वे एक सच्चे सुधारक और समाज सेवक हैं और मैं उनकी तुलना वाल्तेयर से करने के तैयार हूँ (बशर्ते कि फ्रांस के लोगों को कोई आपत्ति न हो)। उनकी हर रचना को पढ़कर पाठक अपने को एक बेहतर इंसान बनाने की सोचता है। एक व्यंग्यकार को और क्या चाहिए?

(ङ) आजादी के बाद हिंदी में गद्य में मात्र दो ही शैलीकार पैदा हुए। एक थे 'रेणु' जिन्होंने भाषा को पार्श्व संगीत दिया और दूसरे हैं परसाई जी जिन्होंने हथौड़े की चोट की तरह निहायत साफगोई, ईमानदारी और बेतकल्लुफी से काम लिया। उन्होंने हिंदी की स्त्रैणता और नामर्दी को दूर किया और इस संदर्भ में मैं उनकी तुलना बाल्ज़क से कर सकता हूँ बशर्ते कि परसाई जी को कोई आपत्ति न हो।

(च) उनके पास कच्चा माल अनंत है पर शिल्प सीमित है। अश्क जी के शब्दों में यदि परसाई की दृष्टि और श्रीलाल शुक्ल का शिल्प एक-दूसरे से मिल जाएँ तो हिंदी-व्यंग्य आसमान छू सकता है। असमान छूने के बाद क्या होगा यह आप अश्क जी से पूछिए जिन्होंने किराने की दूकान फिर खोल ली है। बहरहाल आसमान भी शायद सात हैं। सितारों से आगे जहाँ और भी हैं...।

(छ) उनमें कमाल की विविधता है। राजनीति हो चाहे समाज, साहित्य हो चाहे संस्कृति, जहाँ भी भ्रष्टाचार है, वहाँ परसाई जी मौजूद हैं। कभी-कभी तो लगता है जैसे भ्रष्टाचार और परसाई जी एक ही वस्तु के दो पहलू हैं। इस संदर्भ में मुझे जार्ज बर्नार्ड की याद सताने लगी।

(ज) वे मूलतः एक सज्जन और सात्विक किस्म के व्यक्ति हैं। बुरा आदमी उनके जैसा लेखन कर ही नहीं सकता। इस संदर्भ में मुझे गोल्डस्मिथ का नाम

याद आता है हालाँकि वैसे वह बदसूरत आदमी था और देखने में भी बेवकूफ ही लगता था।

(झ) डॉ. से मुएल जानसन की भाँति परसाई जी भी पीड़ित साहित्यकारों की मदद करते हैं चाहे वह मुक्तिबोध हों या केशव पाठक, अपने समकालीनों को जो शाबासी वे देते हैं वह क्या किसी को अज्ञेय, महादेवी या नामवर सिंह से मिल सकती है? उन्होंने कई बार मुझे लिखा है कि काश वे मेरी जैसी भाषा लिख सकते! परसाई जी की बात पर विश्वास करना प्रत्येक आलोचक का प्रथम धर्म है। ब्रह्मवाक्यं जनार्दनः।

(ञ) कबीर की भाँति वे भी निर्भीक हैं। कुछ असंतुष्ट लोगों ने एक बार उनके शरीर पर ध्यान दिया था। कबीर के साथ तो ऐसा प्रायः होता था। कबीर के प्राण एक बार एक भूमिहार ब्राह्मण ने बचाए थे। बिहार व पूर्वी उत्तर प्रदेश में त्यागी लोग भूमिहार कहलाते हैं (जो दूसरे की भूमि का हरण कर ले वह भूमिहार...)

(ट) 'उनकी भाषा साहित्यकार की भाषा नहीं है बल्कि पत्रकार की भाषा है। पर इससे क्या फर्क पड़ता है? तुम वहन कर सको जन-मन में मेरे विचार, वाणी मेरी चाहिए तुम्हें क्या अलंकार?' (पंत)

(ठ) वे भावुकता-विरोधी हैं पर इस विरोध के करने में वे स्वयं कितने भावुक हो जाते हैं, इसका उन्हें पता नहीं। विस्तार के लिए वह पढ़िए जो सुकरात ने प्लेटो के बारे में कहा था।

(ड) जो कुछ टूटने लायक है फ्या तोड़ने लायक है, उसे तोड़ना ही चाहिए यह परसाई जी का प्रमुख नारा है। इस संदर्भ में मुझे पं. कालराम शास्त्री की याद आती है जिन्होंने 'आर्य समाज की शव परीक्षा' व 'आर्य समाज की अंत्येष्टि' नाम के दो बेहद दिलचस्प ग्रंथ लिखे। (पं. कालराम शास्त्री यदि धर्म के चक्कर में न पड़ते तो प्रथम श्रेणी के हास्यकार माने जाते)

(सात) जिस महान पुरुषों के नाम मैंने परसाई जी के संदर्भ में लिए हैं, भगवान उनकी आत्मा को शांति दे (वक्त कम था नहीं तो मैं स्टालिन, नेपोलियन और राबिनहुड की चर्चा भी जरूर करता)।

(आठ) अब मैं वे स्वर्ण वाक्य उद्धृत करता हूँ जो मैंने कभी गलती से परसाई जी के बारे में लिखे थे :

'परसाई जी की रचनाएँ राजनीति, साहित्य, भ्रष्टाचार, आजादी के बाद का ढोंग, आज के जीवन का अंतर्विरोध, पाखंड और विसंगतियों को हमारे सामने

इस तरह खोलती हैं जैसे कोई सर्जन चाकू से शरीर काट-काट कर गले अंग आपके सामने प्रस्तुत करता है। उनका व्यंग्य मात्र हँसाता नहीं है, वरन् दिल मिलता है। और सोचने को बरबस बाध्य कर देता है। कबीर जैसी उनको अवधूत और निरूसंग शैली उनकी एक विशिष्ट उपलब्धि है और उसी के द्वारा उनका जीवन चिंतन मुखर हुआ है। उनके जैसा मानवीय संवेदना में डूबा हुआ कलाकार रोज-रोज पैदा नहीं होता।

'...आजादी के पहले का हिंदुस्तान जानने के लिए जैसे सिर्फ प्रेमचंद पढ़ना ही काफी है, उसी तरह आजादी के बाद के भारत का पूरा दस्तावेज परसाई की रचनाओं में सुरक्षित है। चश्मा लगाकर 'रामचंद्रिका' पढ़ाने वाले पेशेवर हिंदी के ठेकेदारों के बावजूद, परसाई का स्थान हिंदी साहित्य में हमेशा-हमेशा के लिए सुरक्षित है।'

(नौ) इन दिनों परसाई जी 'गंगा' में अपनी आत्मकथा प्रवाहित कर रहे हैं। और मैं 'रहा किनारे बैठ' की स्थिति में उसे पढ़ता जा रहा हूँ। बच्चन की तीन पंक्तियाँ याद आती हैं। कोई पार नदी के गाता। सदा इसे मैं सुनता जाता, सदा इसे वह गाता जाता। आपमें से कुछ क्षुद्र-बुद्धि लोग कहेंगे कि भला कहीं ऑफिस नोट में भी कविता उद्धृत की जाती है! बंदा परवर यदि हाईकोर्ट के जज अपने फैसले में शेर और शायरी लिख सकते हैं तो मैं ऑफिस नोट में गीत क्यों नहीं उद्धृत कर सकता? (और बच्चन का और सरकार का तो आजकल वैसे भी काफी नजदीक का रिश्ता है। गलत तो नहीं कह रहा मैं?)

रचनाकाल 4-5-87

नामवर सिंह

एक अविस्मरणीय चरित-नायक

हिंदी गद्य का निर्माण स्वाधीनता संग्राम के जुझारूपन और लड़ाकूपन के बीच हुआ। संघर्ष के हथियार के रूप में। प्रताप नारायण मिश्र, बालकृष्ण भट्ट, बालमुकुन्द गुप्ता की पीढ़ी के बाद प्रताप के संपादक गणेशशंकर विद्यार्थी और उनकी पीढ़ी के अन्य अनेक पत्रकार उसी परंपरा का विकास करते हैं। निराला और प्रेमचन्द के गद्य को धार इसी पत्रकारिता के वातावरण में मिली। इधर के लेखकों में हरिशंकर परसाई के गद्य में मुझे उसी परंपरा का विकास मिलता है।

मुझे अफसोस है कि मेरा ध्यान उस हद तक नहीं गया, परसाई जी तो व्यंग्य के लेख भी लिख रहे थे, लेकिन वे शुरू में कहानियाँ भी लिख रहे थे। उन्हीं आरंभिक दिनों की उनकी 'भोलाराम का जीव', 'भूत के पाँव पीछे', 'जैसे उनके दिन फिरे' जैसी चीजें आई थीं, यद्यपि मैं इनकी चर्चा नहीं कर सका उन दिनों; क्योंकि मैंने एक लम्बी योजना बनाई थी और सोचा था कि कुछ कहानियों के इर्द-गिर्द लेख लिए जाएँ, जो पूरी नहीं हो सकीं। तो उस समय परसाई जी का इन कहानियों की ओर ध्यान जाना चाहिए था...वो दरअसल यशपाल की व्यंग्य करने वाली, चोट करने वाली कहानियों की परंपरा में, लेकिन किसी सपाट फार्मूले के मुताबिक लिखी गई कहानियाँ वो नहीं थीं जैसे कि यशपाल की कहानियों में साफ मालूम होता है कि वर्ग-भेद संबंधी जिंदगी की समस्याओं का एक फार्मूला तैयार है उनके पास और उन्होंने चोट की इसके तहत।' तो टेकनीक तो वही थी, परंपरा भी वही थी, लेकिन परसाई जी जिन चीजों को ले रहे थे, उनकी और कहानियों में कई और भी चीजें ऐसी थीं जिनकी व्याख्या जरूरी थी और वह मैं कर नहीं पाया।...परसाई जी के बारे में एक बात मैं कहूँ जिसकी जाँच की जानी चाहिए कि वे क्रमशः कहानी की दुनिया को छोड़ते हुए उन निबंधों की ओर बढ़ने लगे जो घटनाओं को केवल उदाहरण के रूप में लिया करते थे। मुख्यतः उनका ध्यान निबंधों की ओर गया। इसलिए उनकी रचनाधर्मिता की अच्छी तरह

जाँच की जानी चाहिए कि आखिर वह कौन-सी चीज रही है जो परसाई जी को कहानियों की दुनिया से निबंधों की ओर ले गई। निबंध अपने-आप में कोई कम महत्त्वपूर्ण विधा नहीं है। परसाई जी को आज भी याद किया जाएगा तो उनके तेज-तर्रार, चुटीले निबंधों के कारण किया जाएगा, यशपाल की शानदार परंपरा में। लेकिन कोई तो बात रही होगी, कहानीकार से अपेक्षा जिसकी की जाती है, उस दुनिया को छोड़ करके परसाई जी चले आए। कहानियाँ कम लिखी हैं उन्होंने। बहुत कम। ज्यादातर कहानियाँ उन्होंने लिखी हैं जिनको मैं 'इलस्ट टिव' कहानियाँ कहूँगा। एक बात का उदाहरण देने के लिए उन्होंने घटना चुन ली। XX परसाई जी ने कम कहानियाँ लिखी हैं, लेकिन वे उल्लेखनीय हैं और अपनी अलग पहचान भी बनाती हैं। लेकिन कभी-कभी साहित्य की दुनिया में हुआ करता है और वो यह कि किसी लेखक का समूचा व्यक्तित्व उसकी रचना से बड़ा हुआ करता है। परसाई जी ने जो काम किया है, शायद कोई अकेला एक लेखक अपने दौर के लेखकों में नहीं कर सका है। उन्होंने बहुत बड़े पैमाने पर पढ़े-लिखे समुदाय को अपने आस-पास की सचाई के बारे में सजग किया है, शिक्षित किया है, एक नई चेतना पैदा की है। यह इतना बड़ा काम है जिसकी तुलना में परसाई जी की कुछ कहानियाँ ही अपना अर्थ प्राप्त करती हैं, अपना महत्त्व ग्रहण करती हैं। अकेले उन तमाम रचनाओं से अलग करके केवल कहानियों का मूल्यांकन आप करने लगे तो परसाई जी का महत्त्व शायद उतना प्रकट न हो और उतना महत्त्वपूर्ण न भी माने। मेरी यह समझ है उनकी रचनाओं के बारे में। यानी मैं कहूँगा कि परसाई जी के समूचे लेखन का जो चरित-नायक है—परसाई व्यक्ति नहीं, परसाई अपने संपूर्ण लेखन के एक 'कैरेक्टर' हैं और वह 'कैरेक्टर' जितना 'सिमिटिक'...मैं तो कहूँगा कि स्वयं मुक्तिबोध की रचनाओं में उनका एक 'मैं' नाम का जो 'कैरेक्टर' बनता है, जो भूमिका अदा करता है, आमतौर से हमारी नजर से ओझल हो जाता है...परसाई की समस्त रचनाओं में वह तेज, पैनी नजर वाला एक व्यक्तित्व है, जो इस दुनिया को तार-तार करके देखता है, चिकोटी काटता है, झकझोरता है, चुनौती देता है, वह उनके संपूर्ण लेखन का सबसे महत्त्वपूर्ण चरित्र है, जैसे किसी उपन्यास का होना चाहिए। अपनी समग्रता में वह चरित्र बहुत महत्त्वपूर्ण है। परसाई जी की सबसे बड़ी सृष्टि, मैं कहूँगा, वह व्यक्तित्व : रचनात्मक और 'क्रिटिकल'। वह अविस्मरणीय चरित्र है और इस चरित्र के रूप में याद किया जाएगा वह आदमी। परसाई जी का संपूर्ण साहित्य जैसे एक विशाल 'फिक्शन' है और इस फिक्शन के अंतर्गत वह आदमी एक 'कैरेक्टर' है। XX आजादी के बाद के मोह को तोड़ने में मुक्तिबोध और

परसाई इन दोनों लेखकों ने जो भूमिका अदा की है, 'डिमिस्टिफाई करने में जो भूमिका अदा की है हिंदी के और किसी भी दूसरे लेखक ने यह भूमिका अदा नहीं की है। हम लोग एक मोह के दौर से गुजर रहे थे और उस मोह से मोहभंग हो भी रहा था लोगों का, लेकिन धक्का देकर के, हस्तक्षेप करके उस मोह को इन लेखकों ने तोड़ा। एक मायालोक था, जिसे मैंने 'नेहरू-युग का माया-लोक' कहा है। उस दौर में भारत की कम्युनिस्ट पार्टी उसमें पूरी की पूरी मुब्तिला थी। आश्चर्य है कि इन दोनों लेखकों ने उस मायालोक को, उस मोह को तोड़ा। इसलिए परसाई और मुक्तिबोध केवल उस मोहभंग की अभिव्यक्ति करने वाले लेख के नहीं हैं, उस मोह को तोड़ने वाले भी हैं। अब उस मोह को तोड़ने के साथ...अगर इतना ही वे करते तो निषेधात्मक कार्य होता। उस मोह के टूटने के दौरान जो पीड़ा हुई, जो खीझ पैदा हुई, जो गुस्सा पैदा हुआ, ऐसे चरित्रों को लेकर भी इन दोनों ने लिखा। यहाँ मैं एक और भी प्रीतिकर आश्चर्य की चर्चा करूँ, जिसका अहसास मुझे तब नहीं हुआ था, बाद में हुआ कि ये दोनों लेखक ऐसे हैं जो मूलतः कहानीकार नहीं हैं। न मुक्तिबोध मूलतः कहानीकार हैं और न परसाई मूलतः कहानीकार हैं।

(साक्षात्कारों से संकलित)

संकलन-आशुतोष तिवारी

पूछिए परसाई से

'पूछिए परसाई से' एक बहुपठित और अत्यंत लोकप्रिय साप्ताहिक प्रश्न कॉलम है। अत्यंत साधारण जन से लेकर भीषण प्रबुद्ध जन तक विस्तरित। विगत कई वर्षों से मध्य प्रदेश के सुविख्यात हिंदी दैनिक 'देशबंधु' का यह सबसे अधिक पढ़ा और गुना जाने वाला कॉलम है।

इस कॉलम के माध्यम से परसाई जी जिज्ञासु पाठकों के सामाजिक, राजनीतिक, सांस्कृतिक प्रश्नों का उत्तर देते हैं। ये प्रश्नकर्ताओं की जिज्ञासाओं का सिर्फ समाधान ही नहीं करते बल्कि उनकी सामाजिक, राजनीतिक चेतना का परिष्कार भी करते हैं। एक सजग योद्धा की तरह वे जीवन की विरूपताओं पर प्रहार करते हैं। मानवघाती संकीर्ण राष्ट्रवादी, सांप्रदायिक मंसूबों को चकनाचूर कर जन-चेतना को सुसंगत वैज्ञानिक आधार पर विकसित करने का प्रयास करते हैं ताकि एक युद्धविहीन, शोषणरहित, लोक-लोक आलोक पूरित सुंदर विश्व का निर्माण संभव हो सके।

—संपादक

राजनॉदगाँव से नरेन्द्र डाकलिया

प्रश्न—क्या आपको भारतीय भगवानों, संतों व नेताओं का मखौल उड़ाने में आनंद की अनुभूति होती है?

इन तथाकथित भगवानों, संतों, चमत्कारियों, योगियों, नेताओं का मजाक उड़ाने में मुझे मजा नहीं आता—दुःख होता है और गुस्सा होता है। किन पाखंडियों और झूठे बेईमानों के हाथों में 60 करोड़ देशवासियों ने अपना भाग्य सौंप रखा है। मैं जो इन पर लिखता हूँ सो इस कारण कि जनमानस को इस संबंध में जगाऊँ। लोगों को शिक्षित करूँ और इन पाखंडियों का वास्तविक रूप उघाड़कर बताऊँ जिससे लोग इन ठगों से अपनी रक्षा कर सकें।

इतने विश्वविद्यालय हैं। इतने कॉलेज हैं। इनको काम करना चाहिए। छात्रों को वैज्ञानिक दृष्टि देनी चाहिए पर आचार्यगण यह काम नहीं करते। करें क्या? वे खुद इन अंधविश्वासों के शिकार हैं। पर यह काम लोकशिक्षण का किन्हीं को तो करना है। तो मुझ जैसे इक्का-दुक्का छोटे लोग यह काम अपनी क्षमता के हिसाब से करते हैं।

(8 जन, 84)

नंदिनी नगर से राजेन्द्र सोनबोइर

प्रश्न–(1) मार्टिन लूथर किंग की हत्या किसने करवाई और क्यों?

प्रश्न–(2) क्या नेहरू जी और गांधीजी के बीच कुछ वैचारिक मतभेद थे?

मार्टिन लूथर अमरीका में अश्वेतों के नीग्रो लोगों के नेता थे। वे अश्वेतों के लिए बराबरी के अधिकारों तथा विकास के समान अवसरों की माँग करते थे। वे गांधीवादी थे। उनका आंदोलन अहिंसक था। जिस गलत विश्वास ने गांधी जी की हत्या करवाई उसी ने मार्टिन लूथर किंग की हत्या की। यह विश्वास है–जाति विशेष की उच्चता या उन्माद। गांधीजी को हिंदू फासिस्ट उन्माद ने मारा। मार्टिन लूथर किंग को गोरों के फासिस्टी उन्माद ने। हत्या किसने की यह पता नहीं चला। अमरीका में ठेके पर हत्या करवाने वाला ताकतवर संगठन हैं–'माफिया'। गोरों ने माफिया को डॉलर देकर हत्या करवा दी या उनकी हत्या सी.आई.ए. ने की होगी।

(2) पंडित नेहरू और गांधीजी के बहुत मतभेद थे। गांधीजी परम आस्तिक थे और नेहरू नास्तिक। डॉ. लोहिया भी नास्तिक थे। पंडित नेहरू को इतिहास और ऐतिहासिक शक्तियों की गहरी समझ थी। गांधीजी में इसका अभाव था। वे व्यवहारिक फैसले लेते थे। गांधीजी अपनी आत्मा की आवाज को प्रामाणिक मानते थे। नेहरू ऐतिहासिक गति और वास्तविकताओं से निर्णय लेते थे। नेहरू जी वैज्ञानिक दृष्टि से संपन्न थे, गांधीजी ईश्वर में आस्थावान और अवैज्ञानिक थे। वे तो बीमारी का इलाज 'रामनाम' मानते थे। नेहरू औद्योगिकीकरण के पक्षधर थे, गांधीजी इसके विरुद्ध थे। नेहरू समाजवादी थे, गांधी समाजवाद के बारे जिज्ञासा भी नहीं करते थे। नेहरू संपत्ति और उद्योगों का राष्ट्रीयकरण चाहते थे, गांधीजी पूँजीपतियों को समाज के 'ट्रस्टी' बनाना चाहते थे। गांधीजी पूँजीवाद से समझौता कर उसका विकास चाहते थे और गरीबों को 'दरिद्रनारायण' बनाकर उन पर धनियों की कृपा करके उन्हें भी सुखी बनाना चहते थे। नेहरू एक वर्ग के हाथ से आर्थिक सत्ता छीन लेना चाहते थे। वे समानता के आधार पर

अर्थव्यवस्था चाहते थे। गांधीजी के विचार मध्ययुगीन थे। नेहरू के आधुनिक विचार थे। बिहार में जब भयंकर भूकंप हुआ तो गांधीजी ने बयान दिया कि दक्षिण भारत में ब्राह्मण हरिजनों पर जो अत्याचार करते हैं उस पाप के कारण बिहार में भूकंप हुआ। नेहरू ने इसका खुला खंडन किया–यह धारणा गलत और अवैज्ञानिक है। भूकंप के कारण वैज्ञानिकों ने खोज लिए हैं। फिर दक्षिण के ब्राह्मणों के पाप का फल बिहार के लोगों को क्यों मिला? बहुत मतभेद थे। पर यह मत समझिए कि गांधी कोई रामनामी भक्त मात्र थे। वे यथार्थवादी थे। बहुत चतुर और काइयाँ आदमी थे। वे बड़े कूटनीतिज्ञ थे। कूटनीति में वे उस्तादों को पानी पिलाते थे। फिर इस देश के आदमी की नब्ज वे पहचानते थे कि लँगोटी पहने बिना और रामधुन के बिना इस देश के आदमी को अपने पीछे चलाना कठिन है। वे महान जननेता थे।

(29 जनवरी, 84)

अनूपपुर से मो. युसूफ भाई

प्रश्न–कम्युनिस्ट धर्म विरोधी हैं फिर भी प. बंगाल में मार्क्सवादी सरकार दुर्गापूजा इतने उत्साह से क्यों मनाती है?

मुश्किल यह है कि मार्क्सवाद में धर्म के बारे में जितनी तरह से जितने चिंतकों ने सोचा और लिखा है, वह सब शायद ही किसी ने पढ़ा हो! सब कार्ल मार्क्स का एक ही वाक्य उड़ाते फिरते हैं–धर्म जनता के लिए अफीम है। मार्क्स, एंजिल्स, लेनिन ने धर्म के बारे में बहुत कुछ लिखा है। इसको कौन पढ़ता है? क्रांति के बाद लेनिन ने धर्म संबंधी क्या नीति अपनाई? यह भी बहुत कम लोग जानते हैं। क्रांति के नए उन्माद में जब कुछ मस्जिदों में तोड़-फोड़ की गई तब लेनिन ने आदेश दिया कि तुरंत उसकी मरम्मत कराई जाए जिन्हें मस्जिद, गिरिजाघर जाना हो जाएँ। जिन्हें निरीश्वरवाद रहना है रहें, मगर धर्म के नाम से संप्रदाय न बनाए जाएँ और उनके द्वारा फूट और झगड़े न पैदा किए जाएँ। हमारे देश में धार्मिक उन्माद क्या कहर ढा रहा है यह हम लोग देख ही रहे हैं। कभी दंगा, घृणा, द्वेष, अविश्वास, दुश्मनी। अकाली अतिवादी आतंकवादी जो कर रहे हैं 'धर्म' के नाम से ही कर रहे हैं। 1947 के पहले मुस्लिम लीग कत्लेआम करती थी बदले में धर्म के नाम पर ही हिंदू मुसलमानों का कत्लेआम करते थे। भारत के विभाजन के समय दस लाख हिंदू मुसलमानों की हत्या हुई थी। यह धर्म के नाम से गठित सांप्रदायिकता और धर्म के नाम पर आर्थिक और राजनीतिक लाभ के लिए हुआ। अगर धर्म से यह सब कराया जाता है तो वह

अफीम हुआ या नहीं आप ही सोचिए। धर्म मनुष्य का व्यक्तिगत विश्वास है। इसके अनुसार व्यक्ति पूजा-पाठ, ध्यान, प्रार्थना करे। किसी को क्या एतराज है?

धर्म के बारे में मार्क्सवाद में जो विचार हैं वे काफी जटिल हैं। वे परिस्थिति के अनुसार लागू किए जाते हैं!

अँग्रेजी में दो शब्द हैं–एथीस्ट, एग्नास्टिक। एथीस्ट वह है जिसे पूर्ण विश्वास है कि ईश्वर नहीं है। परलोक नहीं है। स्वर्ग नहीं है। पुनर्जन्म नहीं है। एग्नास्टिक वह है जो मानता है कि यह सिद्ध नहीं किया जा सकता है कि ईश्वर है। मगर यह भी सिद्ध नहीं किया जा सकता है कि ईश्वर नहीं है। इसी तरह पुनर्जन्म, स्वर्ग-नरक को न सिद्ध कर सकना न उनका नहीं होना सिद्ध कर सकते। अधिकतर लोग एग्नास्टिक होते हैं, 'नास्तिक' नहीं पर वे नास्तिक माने जाते हैं।

जहाँ तक बंगाल के मार्क्सवादी मंत्रियों का दुर्गोत्सव अब सामाजिक और सांस्कृतिक उत्सव है, हमारे इधर भी गणेशोत्सव, दुर्गोत्सव, होली भी सांस्कृतिक और सामाजिक उत्सव हैं। इनमें सब हिस्सा लेते हैं। कोई मार्क्सवादी अगर वह सच्चा है, अपनी संस्कृति से अपने को जोड़ता है उससे मुकरता नहीं है।

(22 जनवरी, 84)

प्रश्न–बिलासपुर से बजाज प्रेमदीप, परिवार नियोजन पर प्रधानमंत्री बहुत जोर दे रही हैं, हिंदुओं को एक से अधिक पत्नी रखने का अधिकार नहीं है, पर मुसलमान 3-4 पत्नियाँ रख सकता है। ऐसे में एक दिन हिंदू अल्पसंख्यक नहीं हो जाएँगे?

जो आप कह रहे हैं वह विश्व हिंदू परिषद् और आर.एस.एस. का प्रचार है। आपको कई भ्रमों में फँसा लिया गया है। इस देश पर सात सौ साल मुसलमानों का शासन रहा है फिर भी हिंदू कम नहीं हुए। अभी हिंदू 85 फीसदी हैं। मगर हिंदू हैं कौन? अंततया नीची जाति के लोग क्या हिंदू हैं? ये हिंदू हैं तो ऊँची जाति के लोग इन्हें छूते क्यों नहीं? इन्हें सामूहिक रूप से क्यों मारते हैं? इनके झोपड़े क्यों जलाते हैं? हिंदू कोई नहीं है–ब्राह्मण हैं, कायस्थ हैं, अग्रवाल हैं, बढ़ई हैं, नाई हैं, भंगी हैं, चमार हैं।

एक बात सोचिए, हजारों साल से हिंदू इस देश में हमेशा करोड़ों रहे हैं और हमला करने वाले सिर्फ हजारों। मगर हारे हिंदू ही हैं। नादिरशाह के पास सिर्फ एक हजार सिपाही थे। अगर हिंदू पत्थर मारते तो भी वे मर जाते। दस हजार अँग्रेज तीस करोड़ भारतीयों पर राज करते रहे। संख्या से कुछ नहीं होता।

आप सौ मुसलमानों का यों ही पता लगाइए। इनमें कितनों की तीन-चार बीवियाँ हैं आपको किसी की नहीं मिलेगी! हजारों में से कोई एक मुसलमान एक से ज्यादा बीवी रखता है। बाकी सब एक ही बीवी रखते हैं। मुसलमान नसबंदी कराते हैं। मुसलमान औरतें भी ऑपरेशन कराती हैं। अभी संख्या जरूर कुछ कम है।

अच्छा हिंदू बढ़ाने के लिए संतति निरोध बंद कर देते हैं और हर हिंदू को 3-4 पत्नियाँ रखने का अधिकार दे दें तो बेहिसाब हिंदू पैदा होंगे। पर आम हिंदू के 15-20 बच्चे होंगे। उन्हें वह कैसे पालेगा? क्या खिला सकेगा? कपड़े पहना सकेगा, शिक्षा दे सकेगा? ये भुखमरे, मरियल अशिक्षित करोड़ों हिंदू होंगे या कीड़े और केंचुए? क्या कीड़े और केंचुए से किसी जाति की उन्नति होती है।

आबादी बढ़ती गई तो कितना ही उत्पादन हो, हम भूखे और गरीब रहेंगे। मगर हिंदू-मुसलमान दोनों के सांप्रदायिक नेता अपनी जाति बढ़ाने के लिए कहते हैं। जो बात विश्व हिंदू परिषद् वाले और आर.स.एस. वाले हिंदू से कहते हैं। वैसी ही बात मुल्ला मुसलमानों से कहते हैं—नसबंदी मत कराओ। मुसलमान बढ़ाओ। अब मुसलमानों की गरीबी, अशिक्षा आदि देखो। शैतान धार्मिक नेताओं और सांप्रदायिक राजनीति वालों ने यह सिखा दिया है कि हिंदू और मुसलमान दोनों के जीवन का एकमात्र उद्देश्य और महान राष्ट्रीय कर्म एक दूसरे को दबाना है। यह हद दर्जे की बेवकूफी और बदमाशी है। ऐसा सिखाना देशद्रोह और राष्ट्रद्रोह है। हमें भारतीयता के नजरिए से सोचना चाहिए।

(5 फरवरी, 84)

भाटापारा से नागेन्द्र कुमार वादेर

प्रश्न—धर्म का प्रभाव कम होने से नैतिकता बढ़ रही है या धर्म का प्रभाव कम होने पर ही लोग नैतिकता का महत्त्व समझ रहे हैं।

7 धर्म का कोई संबंध नैतिकता या अनैतिकता से नहीं है। धर्म पराजित आत्मा का अर्तनाद है या धर्म लोभी का भिखमंगापन है। ईश्वर के प्रति भक्ति पुरोहितों द्वारा बनाए गए कर्मकाण्ड में बदल जाती है और धर्म पाखंड हो जाता है।

नैतिक मूल्य समाज-व्यवस्था से बनते हैं। नैतिकता मनुष्य के भीतर से नहीं बाहर से आती है। ऐसा नहीं है कि किसी आदमी की आत्मा में ईमानदारी की मशीन लगी हो और किसी की आत्मा में बेईमानी की। हमारी पूँजीवादी व्यवस्था है। इसमें जीवन-मूल्य एक ही है—किसी भी तरह धन कमाना। इसीलिए

आप भ्रष्टाचार, घूस, बेईमानी, तस्करी, कालाधन, छीन-झपट, कालाबाजारी, मुनाफाखोरी देखते हैं। बिना मेहनत के धन कमाना ही जीवन-मूल्य हो गया हैं। ऐसी व्यवस्था में आस्तिक और नास्तिक दोनों अनैतिक काम करेंगे।

(19 फरवरी, 84)

जसवन्तपुर से डॉ. एन.के. दत्त

प्रश्न–लम्बा पत्र है। दो-तीन बातें कही गई हैं एक तो यह कि मैं अमरीका के प्रति दुराग्रह ग्रस्त हूँ और रूस का पक्षधर। दूसरी यह कि मैंने जो कभी लिख दिया था कि यूरोप के चोर, लुटेरे, डाकू अमरीका जाकर बस गए। तीसरे, रूस भी जासूसी करता है, दूसरे देशों के मामलों में दखल देता है, लेखकों को प्रताड़ित करता है। यहाँ जनतंत्र नहीं है आदि-आदि।

मेरा यह मतलब नहीं था कि सारे के सारे चोर, लुटेरे ही अमरीका में जा बसे। ये गए जरूर और इनके द्वारा मूल निवासियों को मारने की फिल्में अमरीका खुद दिखाता है। ऐसी फिल्मों को वेस्टर्न कहते हैं वहाँ। इस कारण कई तरह के लोग वहाँ यूरोप से गए कारीगर, तकनीशियन, व्यापारी, साधारण नागरिक सब गए।

मैं यह नहीं कहता कि अमरीका के लोग असभ्य और असंस्कृत हैं। आम अमरीकी लोग भले होते हैं। मैं आलोचक सरकारों का हूँ और उस मिलिटरी इंडस्ट्रियल काम्पलेक्स का जो वास्तविक शासन करता है।

मैं जार्ज वाशिंगटन का प्रशंसक हूँ जिनके नेतृत्व में लड़कर अमरीका ने अपने को ब्रिटिश आधिपत्य से मुक्त किया। मैं लिंकन का भी बड़ा प्रशंसक हैं। अमरीका को विज्ञान और तकनीकी में उन्नति की प्रशंसा करता हूँ हालाँकि अधिकांश वैज्ञानिक विदेशी रहे।

मैं दूसरे महायुद्ध के बाद के अमरीकी शासन का आलोचक हूँ। दूसरे महायुद्ध के बाद यूरोप के साम्राज्यवादियों की जगह अमरीका ने ले ली। वह ब्रिटिश साम्राज्यवाद की जगह पर आ गया। वह नए प्रकार का साम्राज्यवादी हो गया है। डॉलर, फौज और षड्यंत्रों द्वारा दुनिया भर के राष्ट्रों पर आधिपत्य जमाना चाहता है। 1945 तक तो अमरीका भारत की भी स्वाधीनता का समर्थक था पर 1947 के बाद उसे भारत की स्वाधीनता अखरने लगी।

अमरीका ये काम कर रहा है सोवियत रूस उसके साथी समाजवादी राष्ट्र तथा उनके मित्र जैसे भारत की घेराबंदी। दूसरे-तीसरी दुनिया के विकासशील

देशों का शोषण, उनमें अंदरूनी तोड़फोड़, वहाँ कठपुतली सरकारें बैठाना, छोटे देशों को लड़ाकर हथियार बेचना, सी.आई.ए. द्वारा हर जगह उपद्रव कराना। तीसरे अपार अणुशस्त्रों को यूरोप में लगाना तथा इन शस्त्रों से लैस जहाजी बेड़ों को दुनिया भर में समुद्र में तैनात करना।

मैं अमरीका को पूँजीवाद की रक्षा के लिए समूची मनुष्य जाति का नाश करने की तैयारी का दोषी मानता हूँ। अमरीका में ही लाखों लोग इसके विरुद्ध प्रदर्शन करते हैं। पूरे यूरोप में इसके विरुद्ध प्रदर्शन हो रहे हैं।

जासूसी रूस भी करता है। जासूसी एक अंतर्राष्ट्रीय तथ्य है। हर देश जासूसी करता है। भारत भी जासूसी करता है। पर रूस की के.जी.बी. जानकारी हासिल करती है गुप्त रूप से और इसमें वह सी.आई.ए से आगे है पर वह घोर शर्मनाक काम नहीं करती जो सी.आई.ए. करती है।

वियतनाम में अमरीका को फौज भेजने की क्या जरूरत थी? क्यूबा को स्वतंत्र राष्ट्र क्यों नहीं रहने देता? क्यूबा और वियतनाम को रूस ने उनकी स्वाधीनता के लिए मदद की। यह गलत हस्तक्षेप नहीं हुआ।

रूसी शासनतंत्र तथा समाजवादी लोकतंत्र समझने के लिए 1973 का रूस का संविधान पढ़िए।

बाकी बातें इस स्तम्भ में मैं समझा चुका हूँ। मैं निश्चित रूप से अमरीकी साम्राज्यवादी और जमाखोर नीति के विरुद्ध हूँ और रूस की शांति की नीति का समर्थक। मेरा विश्वास समाजवाद में है, पूँजीवाद का मैं विरोधी हूँ।

(8 जुलाई, 84)

दुर्ग से द.वि. आप्टे

प्रश्न–मार्टिन लूथर किंग, जॉन ऑफ आर्क, डॉ. ब्रूनो निकोलस कॉपरनिकस और गैलीलियो जैसी महान विभूतियों को जीवित जला देने की आज्ञा देने वाले महामहिम पोप द. अफ्रीका की गोरी सरकार को ईसाई धर्म-विरोधी घोषित नहीं कर सकते क्योंकि बाईबल का अपमान हो रहा है।

जिन महापुरुषों का आपने नाम लिया उनमें मार्टिन लूथर पादरी थे लेकिन धार्मिक पाखंड का विरोध करते थे इस कारण उन्हें जिंदा जलाया गया। ब्रूनो ने यह खोज की कि पृथ्वी सूर्य के आसपास चक्कर लगाती है। पादरियों की अदालत ने इसे धर्म विरुद्ध माना और ब्रूनो को जला दिया। हर धर्म में पुरोहित वर्ग समाज में अज्ञान, अंधविश्वास, भाग्यवाद का प्रचार करता है। 'धर्म राजसत्ता

से मिल जाता है और आम जनता का दोनों मिलकर शोषण करते हैं। भारत में भी यह होता आया है और अभी हो रहा है। हमारे यहाँ इतने योगी, ब्रह्मचारी, साधु समाधि लेने वाले तांत्रिक ये सब शोषण की ताकतों के साथ हैं।'

ईसाई धर्म में दो पंथ हैं—रोमन कैथोलिक और प्रोटेस्टेंट। रोमन कैथोलिक के सबसे बड़े धर्मगुरु पोप इटली में 'वेटिकन' में अपने अलग राज्य में रहते हैं। पोप अराजनीतिक नहीं होते। वे आमतौर पर पश्चिम यूरोप और अमरीका की राजनीति करते हैं। आपको शायद पता नहीं है कि ईसाइयों में भी रंगभेद, नस्लभेद व वर्णभेद होता है। काले ईसाई को गोरा पादरी घटिया समझता है। अपने देश में ईसाई हो जाने पर भी वर्णभेद निभाया जाता है। कोई ब्राह्मण से ईसाई होता है, कोई गौड़ से ईसाई होता है। मैंने ऐसे मामले देखे हैं जब किसी परिवार की लड़की से दूसरे परिवार के लड़के की शादी का प्रस्ताव किया गया। ईसाई लड़की के ईसाई बाप ने कहा हम अपनी लड़की उस लड़के को नहीं ब्याह सकते। मुसलमानों में भी भेद है। सैयद मोमिनों में विवाह संबंध नहीं करेगा। इस तरह रोम के पोप की सहानुभूति दिखाने के लिए तो सारी मनुष्य जाति से है और वे काले अफ्रीकी ईसाइयों को भी आशीर्वाद देते हैं लेकिन तरफदारी द. अफ्रीका की गोरी सरकार की करते हैं।

दूसरी बात यह है कि अफ्रीका के स्वाधीन संग्रामों के अधिकतर नेता वामपंथी हैं। पोप हो या इमाम, शंकराचार्य या सारे धर्मगुरु साम्यवाद विरोधी होते हैं। पोप नहीं चाहते कि अफ्रीका में साम्यवाद आ जाए इसलिए वे अफ्रीका की गोरी सरकार की तानाशाही की निंदा नहीं करते।

(8 मार्च, 84)

लालमाटी जबलपुर से भी मसेन पटेल

प्रश्न—(लंबे पत्र का संक्षेप) तुलसीदास जातिवादी, ब्राह्मणवादी, भाग्यवादी नारी-विरोधी, शूद्र-विरोधी थे फिर भी आप उन्हें जीवन विवेक का महान चिंतक कवि क्यों मानते हैं?

मैं अवतारवाद में विश्वास नहीं करता। राम और कृष्ण को ईश्वर का अवतार नहीं मानता। ये कथानायक हैं। मैं व्यास, वाल्मीकि, तुलसीदास को महान कवि मानता हूँ। इनके काव्य में कुछ इतिहास, काफी कल्पना और गंभीर चिंतन है।

यह सही है कि तुलसीदास ने विप्र का पक्ष लिया, वे वर्ण-व्यवस्था पर विश्वास करते थे, नारी पर भी उनके आक्षेप हैं, उनमें भाग्यवाद भी हैं। इन सबके

लिए तुलसीदास की आलोचना होनी चाहिए। आप ठीक कहते हैं। पर काव्य रचना के बारे में एक जरूरी बात समझना चाहिए। हर कवि अपने युग के संदर्भ में लिखता है। अपने समय पर खड़ा होकर यथासंभव भविष्य देखता है। कोई कवि अपने समय की व्यवस्था से पूरी तरह मुक्त नहीं हो सकता। तुलसीदास के चिंतन पर अपने समय की सामाजिक, धार्मिक, नैतिक व्यवस्था के बंधन हैं। तुलसीदास का व्यक्तित्व कबीरदास सरीखा नहीं था जो सब कुछ को तोड़ता था। इस कारण तुलसीदास के इन विचारों से न मैं सहमत हूँ न आप, पर तुलसीदास में भी अंतर्विरोध है, दो उदाहरण देता हूँ :

हुई है सोई जो राम रचि राखा,
को करि तरक बढ़ावहि साखा। (भाग्यवाद)
कर्म प्रधान विश्व करि राखा
जो जस करहि सो तस फल चाखा। (कर्मवाद)
फिर देखिए :
ढोल गँवार सुद्र पसु नारी,
सकल ताड़ना के अधिकारी। (नारी-विरोधी)
मगर
कस विधि नारी रचेध जग माहीं,
पराधीन सपनेहु सुख नाहीं। (नारी के प्रति सहानुभूति)

संतुलित दृष्टि से किसी काव्य को पढ़ना चाहिए, पूर्वाग्रह या दुराग्रह से नहीं।

अब जीवन विवेक की बात। आप रामचरितमानस ध्यान से पढ़िए तुलसीदास से घृणा करेंगे तो आपके पल्ले कुछ नहीं पड़ेगा। आप रामचरितमानस में देखिए जीवन के अनुभवों का विशाल भंडार है और जीवन की हर स्थिति में विवेकपूर्ण कर्म क्या है? इसका संकेत है। आप देखेंगे हर दूसरी चौपाई या दोहे में जीवन के किसी प्रसंग के लिए शिक्षा है। उपदेश ही उपदेश भरे पड़े हैं, पूरे महाकाव्य में।

हिंदू समाज के पथभ्रष्टक आर्य समाजियों द्वारा लिखी गई है। आर्य समाज ने समाज-सुधार के बहुत काम किए हैं पर बाद में वे भी दकियानूस हो गए। सांप्रदायिक द्वेष से ग्रस्त हो गए। वैदिक साहित्य में हिंदू शब्द है ही नहीं। हिंदू समाज भी नहीं है। ये नाम बाद में विदेशियों ने दिए। हिंदू धर्म नाम का कोई धर्म नहीं है। पथ बहुत से हैं इसी तरह जिसे हिंदू समाज कहते हैं वह भी कई जातियों और नस्लों के मेल से बना है।

आप बालकांड से शुरू कीजिए। जहाँ भी जीवन संबंधी, आचरण संबंधी कोई विवेकपूर्ण उपदेश मिले। नोट करते जाइए। इतना करके फिर अपने ही प्रश्न पर विचार कीजिए।

संतोष न हो तो मैं परदेसी नहीं। आकर बात कर लीजिएगा।

(8 अप्रैल, 84)

जशपुर नगर से विद्युत कुमार चार्वाक

प्रश्न–आर.एस.एस. को पूँजीपतियों की पैदल सेना क्यों कहा जाता है?

आर.एस.एस. पूँजीवादी व्यवस्था की समर्थक है। यह युग पूँजीवाद के पतन का हैं। पूँजीवाद की रक्षा के लिए ही अमरीकी शासन इतने खतरनाक आणविक हथियार बना रहा है और तैनात कर रहा है। पूँजीवाद आखिरी लड़ाई फासिस्टवादी ताकतों की मदद से लड़ता है। जर्मन में नाजी पार्टी ऐसी ही फासिस्ट पार्टी थी जिसने दूसरा महायुद्ध कराया। जर्मन-फासिस्टवाद भी अपनी जाति और नस्ल की श्रेष्ठता की भावना पर पनपा था। आर.एस.एस. भी हिंदू जाति, धर्म और नस्ल और रक्त की श्रेष्ठता और पवित्रता के आधार पर गठित हुआ है। पूँजीवाद को नाश का खतरा साम्यवाद से है। इसलिए आर.एस.एस. घोर साम्यवाद विरोधी है। इस संगठन में निम्न मध्यम वर्ग, अध्यापक, क्लर्क, छोटे दुकानदार के लड़के जाते हैं। यह कितनी हास्यास्पद बात है कि पूँजीपतियों द्वारा शोधित ये लोग अपने शोषकों की रक्षा के लिए जान लेने और देने को उतारू हैं। इनके दिमाग में।

(31 मई, 84)

रायपुर से सुनील कुमार

प्रश्न–अंतरराष्ट्रीय घटनाक्रम के बारे में अखबारों और रेडियो में जो खबरें आती हैं उनसे अंतर्राष्ट्रीय स्थिति का अनुमान किस हद तक लगाया जा सकता है? क्या ये माध्यम शीतयुद्ध से बचे हुए हैं?

किसी भी अंतरराष्ट्रीय माध्यम पर या किसी भी देश के प्रसार माध्यम पर पूरी तरह विश्वास नहीं किया जा सकता। पश्चिम की दो समाचार एजेंसियाँ मुख्य हैं रायटर और एसोशिएट प्रेस। ये दोनों एजेंसियाँ अमरीकी और पश्चिमी यूरोप के प्रभाव में हैं। ये साम्यवादी देशों विशेषकर रूस के बारे में झूठा प्रचार करती हैं, और शीतयुद्ध को बढ़ावा देती हैं। यही नहीं ये एजेंसियाँ तीसरी दुनिया के

गुटनिरपेक्ष देशों के खिलाफ भी झूठा प्रचार करती हैं। इसी तरह 'वायस ऑफ अमरीका' और 'बी.बी. सी.' का हाल है। यह ठीक है कि कई खबरें सबसे पहले और तथ्यात्मक रूप से बी.बी.सी. से मिलती हैं, पर कुल मिलाकर समाचार प्रसार तथा टिप्पणियों में पश्चिम की राजनीति होती है। इसलिए गुटनिरपेक्ष देशों ने अपनी अलग से न्यूज एजेंसी बना ली है। अब विभिन्न देशों के अपने प्रसार माध्यम हैं। ये भी अपने विरोधियों के बारे में कुछ झूठ अवश्य बोलते हैं। रेडियो पाकिस्तान भारत की अंदरूनी हालत के बारे में झूठ बोलता है, और विघटनकारी शक्तियों को प्रोत्साहित करता है। अपनी आकाशवाणी भी पाकिस्तान की हालत के बारे में झूठ बोलती है, चाहे कम बोलती हो।

(20 मई, 84)

नवागढ़ से नंदनी दीवान

प्रश्न–कुछ लोगों का कहना है कि हिंसाहीन मार्क्सवाद ही गांधीवाद है, तो क्या हिंसायुक्त गांधीवाद को मार्क्सवाद कहा जा सकता है?

यह गांधीवाद और मार्क्सवाद का अति सरलीकरण है। जो वाक्य आपने लिखा है वह गांधीवादी चिंतक जे.सी. कुमारप्पा ने कहा था पर कुमारप्पा प्रगतिशील दिमाग के थे, वे उन पहले गांधीवादियों में से थे, जो विश्व शांति आंदोलन में सक्रिय हुए और अमरीकी साम्राज्यवाद के कुछ आलोचक थे।

मार्क्सवाद एक संपूर्ण दर्शन है। गांधीवाद दर्शन नहीं, व्यक्ति और समूह की नैतिक आचरण पद्धति है। गांधीजी मानवतावादी शांति प्रेमी और सबका कल्याण चाहने वाले थे। वे हृदय परिवर्तन में विश्वास करते थे। वे पूँजीवाद के साथ ही सर्वहारा के कल्याण की कामना करते थे।

मार्क्स का दर्शन वैज्ञानिक था। उन्होंने अतिरिक्त मूल्य का सिद्धांत दिया जिसने पूँजीवाद की जड़ काटी। वे वर्ग-समाज के व्याख्याता थे, और वर्ग-संघर्ष की अनिवार्यता मानते थे। वर्ग-संघर्ष में हिंसा एक आवश्यक बुराई है। हिंसा के लिए हिंसा नहीं है। गांधीजी का 'ट्रस्टीशिप' का सिद्धांत अव्यवहारिक और धोखा है। पूँजीपति स्वेच्छा से अपने शोषण के हथियार नहीं छोड़ता इसलिए वर्ग-संघर्ष जरूरी है।

गांधी और मार्क्स में 'हिंसा' को लेकर भेद करना दोनों को गलत समझना है।

संघर्ष के गांधीवादी तरीके जरूर कहीं-कहीं काम में लाए जा सकते हैं जैसे-सत्याग्रह, धरना, अवज्ञा आदि।

अब गांधी का उपयोग पूँजीवादी शोषण पद्धति की रक्षा के लिए हो रहा है, और मार्क्स के विरोध में उन्हें खड़ा कर दिया गया है। जबकि दोनों का चिंतन एक ही बात से शुरू हुआ था—मानवीय न्याय और गरीब वर्ग की पीड़ा। मार्क्स ने वैज्ञानिक दर्शन दिया और मनुष्य की मुक्ति तथा खुशहाली के लिए क्रांति का मार्ग सुझाया। उन्होंने वैज्ञानिक समाजवाद दिया। गांधी समन्वय और समझौता के पक्षधर थे। इसका नतीजा है, अनन्तकाल तक शोषण। मार्क्स क्रांति से शोषण को समाप्त करना चाहते हैं।

(1 जुलाई, 84)

अकलतरा से प्रशांत बैस

प्रश्न–क्या हमारा वर्तमान लोकतंत्र या इंदिरा जी का चुनावी समाजवाद कभी देश को बिड़ला, टाटा से मुक्ति दिला पाएगा? या हम 90 फीसदी लोग कुल मिलाकर भी दस फीसदी बड़े लोगों से नीचे बने रहेंगे?

कांग्रेस जब स्वाधीनता की लड़ाई लड़ रही थी तब भी स्वतंत्र होने पर कैसी अवस्था होगी, इसके बारे में उसने कुछ नहीं किया था। कांग्रेस में नेहरू व जयप्रकाश जैसे समाजवादी थे और एस.ए. डांगे जैसे साम्यवादी भी। परंतु जब 1929 में जवाहरलाल नेहरू कांग्रेस के अध्यक्ष हुए तब उन्होंने अपने भाषण में कहा—हमारा लक्ष्य स्वाधीनता के बाद समाजवाद की स्थापना है। परंतु कांग्रेस में पूँजीवादी समर्थक और समाजवाद-विरोधी बहुमत में थे। इसलिए जब स्वाधीन भारत का सविधान बना तो वह समाजवादी व्यवस्था लाने के उद्देश्य से नहीं बना। आजादी के बाद समाजवाद को लेकर नेहरू तथा उनके समर्थक कांग्रेस संगठन में बहुमत में नहीं थे। इसलिए नेहरू भाषणों में तो वैज्ञानिक समाजवाद लाने की बात करते थे, पर कांग्रेस संगठन ने कई साल तक 'समाजवाद' शब्द अपने प्रस्ताव में आने ही नहीं दिया। पहले 'सोशलिस्टिक पेटर्न' शब्द आया बाद में समाजवाद। पर भारतीय जनता के दिमाग में समाजवाद इतना जम गया है कि भारतीय जनता पार्टी जैसी प्रतिक्रियावादी पार्टी को भी अपने घोषणा-पत्र में समाजवाद लाना पड़ा है।

नेहरू की योजना थी सार्वजनिक उद्योग लगातार बढ़ता जाएगा, व्यक्तिगत तथा कंपनी पूँजीवाद घटता जाएगा। एक दिन सार्वजनिक उद्योग क्षेत्र देश की अर्थव्यवस्था पर अधिकार कर लेगा। पर ऐसा हुआ नहीं। समाजवाद के नाम से पूँजीवाद ही बढ़ रहा है। भारत के प्रधान न्यायाधीश चंद्रचूड़ ने अपने एक भाषण में कह दिया कि इस संविधान से समाजवाद कभी नहीं आ सकता।

अब दो ही सूरतें हैं। एक तो यह वर्ग-संघर्ष हो और कम्युनिस्ट पार्टियों के नेतृत्व में केंद्रीय सरकार बने। दूसरा रास्ता यह है कि वामपंथी दल इतने भारी बहुमत से संसद में पहुँचे कि संविधान को बदलकर उसे समाजवादी बना दें।

(15 जुलाई, 84)

रायपुर से सुशील वर्मा

प्रश्न–प्रमुख भारतीय उद्योगों पर कुछ गिने-चुने औद्योगिक घरानों के आधिपत्य से औद्योगिक क्षेत्र में स्वस्थ प्रतियोगिता का अभाव-सा है, इससे कई किस्म की बुराइयाँ पैदा होती हैं। आप्रवासी भारतीयों को पूँजीनिवेश का मौका देकर क्या कोई बेहतर स्थिति प्राप्त की जा सकती है?

मोनोपोल (एकाधिकार) के नियंत्रण के लिए कानून हैं मगर मोनोपोली बढ़ती ही जाती है। अब तो औद्योगिक घराने बहुराष्ट्रीय कंपनियाँ हो गई हैं। ये यूरोप और अमरीकी कंपनियों की तुलना में छोटी हैं पर एशिया, अफ्रीका के देशों में इन्हें ठेके बहुत मिलते हैं क्योंकि शर्तें रियायती हैं।

मिश्रित अर्थव्यवस्था में मोनोपोली खत्म नहीं हो सकती। पंडित नेहरू का वह सपना साकार नहीं हुआ कि सार्वजनिक क्षेत्र बढ़ते-बढ़ते अर्थव्यवस्था पर कब्जा कर लेगा। पूँजीवाद ही बढ़ रहा है।

आपका मतलब स्वराज पाल जैसे, अप्रवासी भारतीयों के पूँजीनिवेश से हैं। स्वराज पाल ने कार्पोरेट सेक्टर की बहुत पोल खोली। उसने 'एस्कार्ट्स' और 'डी.सी.एम.' के शेयरों का बाजार भाव बढ़ा दिया। दो फीसदी पूँजी लगाकर उद्योगपति पूरे उद्योग पर कब्जा किए हैं। स्वराज पाल ने जो यह नाटक किया इसे वह 'नौ करोड़ का कैबरे' कहता है। पर इस तरह पूँजी लगाने से भी क्या होगा? शेयर यहाँ से वहाँ चले जाएँगे। 'बोर्ड ऑफ डाइरेक्टर्स' बदल जाएगी। मगर व्यवस्था वही पूँजीवादी होगी और लाभ कमाना उद्देश्य होगा! समाजवादी अर्थव्यवस्था तो लागू हो नहीं रही।

(12 अगस्त, 84)

भाटापारा से शीला

प्रश्न–1. अमरीका में राष्ट्रपति चुनावों में विदेश नीति को जितना महत्त्व दिया जाता है वैसा दूसरे देशों में क्यों नहीं दिया जाता?

प्रश्न–2. रिपब्लिकन कहते हैं कि इस बार के चुनावों में महत्त्वपूर्ण या मध्य अमरीका संबंधी विदेशी नीतिगत मसलों का कोई जोर नहीं उनकी जगह पूरी तरह से घरेलू मुद्दों ने ले ली है। आपका क्या कहना है?

विदेश नीतियों यों तो हर देश के लिए प्रमुख मुद्दा है। भारत गुटनिरपेक्ष देशों का नेता है। समाजवादी देशों से ज्यादा घनिष्ठ संबंध है, अमरीका की कृपा है नहीं—ऐसी स्थिति में भारत को भी बहुत महत्त्वपूर्ण फैसले विदेश नीति के मामले में लेने पड़ते हैं, जैसे अफगानिस्तान के मामले में।

अमरीका में राष्ट्रपति के चुनाव में विदेश नीति पर जोर देना स्वाभाविक है। एक तो अमरीका तथाकथित 'फ्री वर्ल्ड' या गैर-साम्यवादी दुनिया का नेता और रक्षक है। दूसरे, अमरीका पूँजीवाद और साम्राज्यवाद का दुनिया भर में प्रसार कर रहा है। इसके लिए दबाव डालने को उसने जहाँ-तहाँ सैनिक अड्डे और समुद्रों में जंगी बेड़े तैनात कर रखे हैं। तीसरे, उसे तीसरी दुनिया के देशों का बहुराष्ट्रीय कंपनियों द्वारा शोषण करना है। चौथा, अमरीका को हर देश के भीतर मामलों में दखल देना है, उसे अस्थिर करना है, अंततः वहाँ अपनी कठपुतली तानाशाह बिठाना है। पाँचवौ, उसे साम्यवाद का प्रचार रोकना है। छठवें, अमरीका को सोवियत रूस से टकराव की तैयारी करनी है। उसने यूरोप में मिसाइलें लगा रखी हैं।

इसलिए राष्ट्रपति के चुनाव के मौके पर यह सबसे महत्त्वपूर्ण हो जाता है कि कैसी विदेश नीति होगी जिससे दुनिया के अमरीकी हितों की साधना होती रहे।

रिपब्लिकन राष्ट्रपति रीगन विदेश नीति में बुरी तरह असफल हुए हैं। मध्यपूर्व में इसराइल का समर्थन देकर अमरीका ने कभी खत्म न होने वाला युद्ध चालू रखा है। वहाँ अमरीका के प्रति इतनी नफरत है कि पिछली बार जब ब्रिटेन और फ्रांस के साथ-साथ अमरीकी सिपाही भी 'शांति' स्थापना के लिए बेरूत गए थे तब लगभग चार सौ 'शांतिदूत' अमरीकी सिपाही मार डाले गए थे। आखिर अमरीकी सेना को वहाँ से लौटना पड़ा। उधर लेटिन अमरीकन देशों में स्थापित सरकारों को रीगन उखाड़ना चाहते हैं। वहाँ वामपंथ का जोर बहुत है। वामपंथी सरकारें भी हैं। पर रीगन की नासमझी की हद है कि उन्होंने निकारागुआ के तटीय समुद्र में बारूदी सुरंगें बिछा दीं। यहाँ से अमरीका के मित्र देशों के जहाज भी निकलते हैं। फ्रेंच और ब्रिटिश जहाजों को नुकसान भी पहुँचा है। उधर यूरोप में अमरीकी मिसाइलों की तैनाती के खिलाफ जनआंदोलन तीव्र हो रहे हैं। सबसे बड़ी बात यह है कि रिपब्लिकन राष्ट्रपति रीगन रूस में कई बार मात खा चुके हैं। विदेश नीति पूरी तरह फेल हो गई है। इसलिए रिपब्लिकन चाहते हैं कि चुनाव का मुद्दा विदेश नीति न बने।

(12 अगस्त, 84)

गोंदिया से गोबिद रामचन्द्र देशमुख

प्रश्न–भारत में मुसलमान सांप्रदायिक हैं, ईसाई सांप्रदायिक हैं, सिख सांप्रदायिक हैं–तब बेचारे हिंदू ही क्यों धर्मनिरपेक्ष रहें?

जो बात आप कह रहे हैं वह हिंदुओं में सघन सांप्रदायिक प्रचार का नतीजा है। मैंने विश्वविद्यालयों के प्रोफेसरों, डॉक्टरों, अफसरों के मुँह से यह बात सुनी है।

पहली बात तो यह है कि सारे मुसलमान, ईसाई, सिख सांप्रदायिक नहीं हैं। यदि सारे सिख सांप्रदायिक होते तो पंजाब में कांग्रेस की सरकार न बनती। सारे मुसलमान सांप्रदायिक होते तो चुनाव में हिंदू उम्मीदवार बहुत कम जीतते। जिस अनुपात में मुसलमान सांप्रदायिक हैं उससे ज्यादा अनुपात में हिंदू पहले से ही सांप्रदायिक हैं।

दूसरी बात यह है कि संकीर्णता दुर्गुण है। उदारता सद्गुण हैं। आप संकोर्णता को सद्गुण समझते हैं, चाहते हैं। हिंदू भी संकीर्ण हो जाए। इस देश का भला उदारता, सहिष्णुता और धर्मनिरपेक्षता पर है। लेकिन धर्म एक अधिरचना है आधारभूत रचना नहीं। मगर धर्म का उपयोग साधारण मनुष्यों को बहकाने के लिए इस तरह किया जाता है गोया इस्लाम या हिंदू धर्म से ही आर्थिक, सामाजिक समस्याएँ सुलझ जाती हों। सही यह है कि धर्म शोषक वर्ग के हाथ में बहुत धारदार हथियार है। पाकिस्तान इस्लाम के लिए नहीं बना। वह पंजाब के जमींदारों और उत्तर प्रदेश के रईसों द्वारा शोषण की सुविधा के लिए बना।

धर्म पर आधारित राष्ट्र-राज्य में लोकतंत्र नहीं रहता। किसी इस्लामी देश में लोकतंत्र नहीं है। हिंदू राष्ट्र अगर हुआ तो तानाशाही होगी। हिंदू को सांप्रदायिक बनाने की साजिश वे शक्तियाँ करती हैं, जो सामंतवाद और पूँजीवाद को जीवित रखना चाहती हैं।

आप इस तरह बात को रख रहे हैं, जैसे हिंदुओं का धर्मनिरपेक्ष होना कोई सजा हो। जैसे यह कोई बुराई हो। यदि बहुसंख्यक हिंदू भी सांप्रदायिक हो जाएँगे तो उनका नाश तो होगा ही साथ ही देश में लोकतंत्र भी नहीं रहेगा, और न हम स्वाधीन राष्ट्र रह सकेंगे।

(16 सितंबर, 84)

गोढ़ी से कमलेश कुमार वर्मा

प्रश्न–धर्मनिरपेक्षता का क्या मतलब है? वर्तमान स्थिति को मद्देनजर रखते हुए क्या धार्मिक स्वतंत्रता देना उचित होगा?

धर्मनिरपेक्षता अँग्रेजी 'सेकुलर' का हिंदी कर लिया गया है। पर 'सेकुलर' का अर्थ इहलौकिक है। यह यूरोप में टेम्पोरल (धार्मिक पर लौकिक) के विरुद्ध एक आंदोलन यूरोप में मध्ययुग से चला आ रहा है। 'सेकुलर' आंदोलन का उद्देश्य ईसाइयों के जीवन पर चर्च के शासन को खत्म करना रहा है।

भारत में अनेक धर्म हैं। धर्म के आधार पर बने सांप्रदायिक आंदोलन ने ही पाकिस्तान बनवाया। खालिस्तान का आंदोलन भी धर्म पर आधारित हैं। अकाली राजनीति धर्म पर आधारित है। आर.एस.एस. का हिंदू राष्ट्र भी धर्म पर आधारित है।

धर्मराज्य लोकतांत्रिक नहीं रह जाता। उदाहरण हमारे सामने है–पाकिस्तान तथा बहुत से अरब राष्ट्र। यहाँ इस्लाम के नाम पर या तो तानाशाही है, या राजशाही।

भारत के संविधान निर्माताओं ने देश को धर्मनिरपेक्ष राज्य रखा–यानी राज्य का कोई धर्म नहीं होगा। धर्म के कारण नागरिक अधिकारों में कोई भेद नहीं होगा। इसका मतलब 'सर्वधर्म समभाव' नहीं है। यानि शासन द्वारा दीवाली, ईद, क्रिसमस सब मनाना नहीं है। वास्तविक मतलब है–धर्म और उसके कर्मकांडों से राष्ट्र का सर्वथा मुक्त होना। धर्म व्यक्तिगत मामला है, सामूहिक या राष्ट्रगत नहीं। इस दृष्टि से राष्ट्रपति, प्रधानमंत्री, मुख्यमंत्री का हर धर्म के उत्सव में चले जाना; मंदिर, मस्जिद और चर्च में चले जाना गलत है। एक धर्म के प्रतीकों को राज्य द्वारा ग्रहण करना भी गलत है।

(16 सितंबर, 84)

शहडोल से वीरेन्द्र मोहन

प्रश्न–इंदिरा गांधी की राजनीतिक हत्या है। ऐसी हत्या का उद्देश्य क्या होता है तथा हत्या के बाद क्या योजना होती है?

हमारे समय में बहुत राजनैतिक हत्याएँ हुई हैं और लगभग सब अमरीकी संगठन सी.आई.ए. ने कराई हैं। अफ्रीका के नवजागरण के नेता पेट्रिस लुलुम्बा की हत्या, चिली के राष्ट्रपति साल्वाडोर एले दे की हत्या, बँगलादेश के मुक्तिदाता शेख मुजीब की हत्या, राष्ट्रसंघ के महासचिव डाग हेमर शोल्ड की हत्या। हत्या राजनीतिक उलटफेर के लिए, नीतियाँ बदलवाने के लिए, न्यायोचित आंदोलन

खत्म करने के लिए अपनी कठपुतली सरकार स्थापित करने के लिए की जाती है।

इसके लिए योजना होती है। चिली में जनरल पिनोशे और कांगो में मोबूत का सत्ता पर कब्जा करा दिया गया। भारत में इंदिरा गांधी की हत्या का उद्देश्य नीतियों की हत्या करना था—विशेषकर विदेश नीति की। इंदिरा गांधी साम्राज्यवादी दबाव के आगे झुक नहीं रही थीं इसलिए उनकी हत्या की गई। सिख उन्मादियों को ही हत्या के लिए तैयार करने का उद्देश्य था भारत में गृहयुद्ध की स्थिति पैदा करना, पंजाब में बँगलादेश जैसा अलगाववादी संघर्ष कराना और इस अनिश्चय तथा अराजकता की स्थिति में एक कठपुतली सरकार दिल्ली में बिठा देना।

कुछ तथ्य ध्यान देने लायक हैं। अमरीकी राजदूत ने इकतीस अक्टूबर को ही दिन के बारह बजे दूतावास बंद कर दिया। राजदूत ने अमरीकी कर्मचारियों को आदेश दिया कि वे दो घंटे की नोटिस पर भारत छोड़ने को तैयार रहें। इकतीस अक्टूबर को ही फारस की खाड़ी में स्थित अमरीकी जंगी बेड़ा चलकर अरबसागर में हमारी जल सीमा से सिर्फ डेढ़ किलोमीटर दूर खड़ा था। इधर सीमा पर पाकिस्तान में जबरदस्त फौजी हलचल पैदा हो गई थी।

अभी भी षड्यंत्र चल रहे हैं और लगातार चलते रहेंगे।

(9 दिसम्बर, 84)

भिलाई से सुमन चौधरी

प्रश्न—दूरदर्शन पर एक अँग्रेजी सीरियल दिखाया जाता है 'जानी एण्ड हिज फ्लाइंग रोबोट'। इसमें तमाम तरह की हिंसा, बदला लेने को भावना और क्रूरता भरी होती है। एक तरफ सेंसर के नाम पर अच्छी फिल्मों को तहस-नहस करके और दूसरी तरफ दूरदर्शन पर ऐसे सीरियल दिखाने का क्या मतलब हो सकता है?

दूरदर्शन जिन लोगों के हाथ में है उन्हें क्या मतलब सामाजिक उपयोगिता से। उनकी समझ और रुचि भी सीमित है। वे मनोरंजन, सनसनी पर ध्यान देते हैं। किसी वक्त हिंसा भरी फिल्म—शोले दिल्ली में बहुत दिखाई जाती थी। मैंने सुना किसी पार्टी या संगठन की दिल्ली में रैली असफल करवानी हो तो प्रसारण मंत्री हुक्म देते थे कि 'शोले' फिल्म लगवा दो। जनता पार्टी वाले 1977 में कहते थे कि रामलीला मैदान में हमारी विजय रैली फेल कराने के लिए विद्याचरण शुक्ल ने उसी वक्त 'शोले' फिल्म लगवा दी।

आपने जिस फिल्म का जिक्र किया वह हमने नहीं देखी मगर कमाल दिल्ली केंद्र से भी होता है। कुछ फिल्में तो विज्ञापन की होती हैं। जिस फिल्म की आपने शिकायत की वह शायद किसी चीज के विज्ञापन की है।

इधर एक दिन दिल्ली केंद्र से 'संतोषी माँ' फिल्म आ गई। मुझे लगता है उस रात टेलीविजन के सामने कई नारियल फूटे होंगे, आरती की गई होंगी। विश्वविद्यालयों के अध्यापकों के एक सम्मेलन में प्रधानमंत्री सार्वजनिक रूप में संतोषी माँ के खिलाफ बोल चुकी हैं। मगर उनका टेलीविजन उसे दिखाता है। तर्क दिया जाएगा जनता की माँग—जनरुचि। सवाल है—जनता को सही माँग कौन सिखाएगा?

सही बात यह है कि टी. वी. के बड़े अफसरों की घरवालियों की रुचि ऐसी है फिर वे दिशाहीन भी हैं।

(30 सितम्बर, 84)

बालाघाट से रवींद्रनाथ वर्मा

प्रश्न—आप सारिका में 'तुलसीदास चंदन घिसें' स्तंभ लिख रहे हैं आपने कबीरदास को क्यों छोड़ दिया?

कबीरदास को छोड़ा नहीं है। कबीर के नाम से भी 'सुनो भाई साधो' स्तंभ लिखता हूँ। सारिका में मैंने 1974 से 76 तक ढाई साल 'कबिरा खड़ा बाजार में' लिखा था। इस बार संपादक ने ही 'तुलसीदास चंदन घिसें' शीर्षक दे दिया। मैंने लगा स्वीकार किया। मुझे लगा तुलसीदास भी घुटे हुए हैं, सूरदास भी। भक्ति आंदोलन मानवीकरण का आंदोलन था और प्रगतिशील था। तुलसीदास लोकमंगल और जीवन-विवेक के महानतम कवियों में हैं।

(9 दिसंबर, 84)

डोंगरगढ़ से हरजिंदर

प्रश्न—स्वामी विवेकानंद ने कहा था कि गीता पढ़ने से अच्छा है फुटबॉल खेलना। यह किस सदर्भ में था?

स्वामी विवेकानंद का यह कथन बहुत सार्थक है। यह उनके फुटकर विचारों में से है। इसका अर्थ है कि इस देश में धार्मिक पोथी पढ़ना, मंदिर जाना, पूजा-पाठ, भजन-कीर्तन, धार्मिक कर्मकांड में ही लोग लगे रहते हैं, कर्म नहीं करते और भाग्यवादी हो गए हैं। उन्हें इससे बरी होकर एक आत्म-सम्मानपूर्ण ताकतवर, संघर्षशील जाति बनना चाहिए।

विवेकानंद के इस तरह के विचारों का भंडार है। वे क्रांतिकारी विचार के हैं। मगर वे जिन दकियानूस पुनरुत्थानवादी लोगों के हाथ में पड़ गए उन्होंने उन्हें केवल एक वेदांती, संन्यासी, पुनरुत्थानवादी और धर्म का रक्षक बना दिया।

विवेकानंद का आधार वेदांत था पर वे वेदांत के सिवा वस्तुगत और चेतना भी मानते थे। वे वस्तुवादी, चैतन्यवादी दार्शनिक थे। प्रकृति या पदार्थ या जगत तथा चेतना की स्वतंत्र सत्ता को मानने के कारण वे केवल ब्रह्म या परलोक के बारे में नहीं सोचते थे। वे समाज के बारे में, मनुष्य जीवन के बारे में, मानव शक्ति के बारे में, मनुष्य के सुख-दुःख के बारे में सोचते थे। वे सामाजिक, आर्थिक क्रांति चाहते थे। वे जातियों की स्वाधीनता के समर्थक थे। वे साम्राज्यवाद, विरोधी थे। यूरोप में एक भाषण में कहा–'आप गोरे लोग जहाजों में सिपाही, बंदूक, तोप भरकर अफ्रीका के निवासियों के बीच भेजते हैं। आप जानवर की तरह उन अफ्रीकियों का कत्ल करते हैं और उन्हें लूटते रहते हैं। आप लोभी और क्रूर हैं। आप ईसा की बात क्यों करते हैं।

अमरीका के बारे में उन्होंने दिलीप कुमार राय को लिखा–'मैं तो बड़ी आशा से यहाँ आया था। पर यहाँ के लोग तो अति संपन्नता के कारण सांस्कृतिक मूल्यों की अवहेलना करके पतन की ओर जा रहे हैं। इनका अमानवीकरण हो रहा है।'

एक भाषण में विवेकानन्द ने कहा–'मैं वास्तव में समाजवादी हूँ।' आप लोग विवेकानन्द साहित्य ध्यान से पढ़ें। उनके पत्रों का संग्रह मिलता है, वह भी पढ़ें।

(24 फरवरी, 1985)

डोंगरगढ़ से हरजिंदर एस. मोल्ले

प्रश्न–कलाकार भगवान की देन है या समाज की।

कोई मनुष्य भगवान की देन नहीं है। कला भी कोई भगवान नहीं देते। सारी कलाएँ जीवन की वास्तविकता और द्वंद्व से पैदा होती हैं। हर मनुष्य में सौंदर्य-चेतना होती है। सौंदर्य-चेतना के कारण कलाकार जीवन का सौंदर्य ग्रहण करता है और रचना करता है।

(20 सितम्बर, 85)

भिलाई नगर से चन्दन प्रसाद गोयल

प्रश्न–गोर्की का कथन प्रसिद्ध है कि परिश्रम में जो मदभरा आनंद है, उससे अधिक मीठी और प्यारी चीज कोई हो सकती है, तो वह स्त्री का आलिंगन ही है, इस कथन से आप कहाँ तक सहमत हैं?

यह कथन बिल्कुल सही है। कर्म और प्रेम दोनों साथ चलना चाहिए। प्रेम और क्रांति भी साथ चलते हैं। गोर्की रूसी क्रांति के समय क्रियाशील थे, वे कहना चाहते थे कि कठिन कर्म में आनन्द है जिससे निर्माण होता है, यही आनन्द स्त्री के आलिंगन में है, पर कल्पना कीजिए किसी आलसी आदमी की जो कुछ काम ही नहीं करता और स्त्री के आलिंगन का सुख ही चाहता है, मेरे रुपाल में कर्म ही मनुष्य का सुख और आनंद है।

(3 मार्च, 85)

रायपुर से अशोक शर्मा

प्रश्न–श्री पुरुषोत्तम नागेश ओक ने पाठ्य-पुस्तकों के विपरीत भारतीय इतिहास पर कुछ पुस्तकें लिखी हैं जिससे मैं पूर्ण रूपेण सहमत हूँ। आपकी उन पुस्तकों ('भारतीय इतिहास की भयंकर भूलें', 'भारत में मुस्लिम सुल्तान' आदि) के विषय में क्या राय है?

इतिहास एक विज्ञान है, भौतिक विज्ञान की तरह। हिंदू इतिहास और मुस्लिम इतिहास नहीं होता। ओक के लेख मैंने पढ़े हैं। उनके लेखों, पुस्तकों पर गंभीर इतिहासकारों ने कोई ध्यान नहीं दिया। ओक सांप्रदायिक पूर्वाग्रह से ग्रस्त हैं। वे इतिहास को हिंदुओं का कीर्तन और मुसलमानों की निंदा मानते हैं। उनकी दृष्टि अवैज्ञानिक है। ऐतिहासिक शक्तियों की पहचान उन्हें है नहीं। सांप्रदायिक रुझान के लोगों के सिवा ओक को गंभीरता से कोई नहीं लेता। हाँ, कभी हिटलर पैदा हुआ तो जरूर इन पुस्तकों का उपयोग फासिस्टवाद के लिए करेगा।

(9 जून, 85)

नवापारा राजिम से सैयद शफीउल्ला

प्रश्न–महर्षि महेश योगी एवं आचार्य रजनीश के विचारों में क्या अंतर है, क्या दोनों में कुछ समानताएँ भी हैं?

मैंने इन दोनों को बहुत नहीं पढ़ा है। महेश योगी योगदर्शन का प्रतिपादन करते हैं। पतंजलि का योगसूत्र आधार है और पश्चिमी मानस को अच्छे लगने वाले लटके हैं। महेश योगी के विचार कुछ नहीं हैं, उनका संगठन है। रजनीश

सारे योगियों, भगवानों, अवतारों में सबसे ज्यादा पढ़े हैं। मैं इन्हें व्यक्तिगत रूप से जानता हूँ। उन्होंने धर्म, दर्शन, मनोविज्ञान आदि पर लिखा है। बहुत-सा अपने पहले के चिंतकों का लिया है। मौलिक कुछ खास नहीं है। रजनीश के पास इतिहास-दृष्टि का पूरी तरह अभाव है। इस कारण वे विश्वसनीय नहीं होते, गलत अर्थ निकालते हैं। दोनों अमरीका और पूँजीवादी यूरोप के भगवान हैं।

(31 मार्च, 85)

खुर्सीपार से भोजराज पांडे

प्रश्न–एक व्यंग्यकार किसी भी राज्य के लिए खतरनाक होता है जिसे निकाल फेंकना ही अच्छा है यह किसका कथन है? और क्यों?

मुझे पता नहीं यह किसका कथन है पर यह काफी हद तक सही है। व्यंग्यकार किसी भी प्रतिष्ठान के लिए खतरनाक होता है, राजनैतिक प्रतिष्ठान के लिए भी। राजसत्ताएँ उसे निकाल भी फेंकती हैं। फ्रांस में क्रांतिपूर्व वाल्तेयर नायक लेखक हो गए हैं। वे चर्च, पादरी वर्ग और सामंतशाही पर बहुत कटु व्यंग्य करते थे। इन्हें नंगा कर देते थे। राजसत्ता और चर्च सत्ता उनसे बहुत परेशान थी। वाल्तेयर को दो बार देशनिकाला हुआ और दो बार जेल की सजा हुई।

(28 अप्रैल, 85)

दुर्ग से अशोक साहू

प्रश्न–अमरीका के वाल स्ट्रीट अखबार की राय है कि राजीव गांधी इतने ही हर दिल अजीज हैं जितने कि किसी जमाने में अमरीका के युवा राष्ट्रपति कैनेडी थे।

अमरीकी शासन और अमरीकी पूँजीपति राजीव गांधी को पटाने में लगे हैं। 'बाल स्ट्रीट' वैसी ही है जैसी बम्बई की 'दलाल स्ट्रीट'। अमरीका की बहुराष्ट्रीय कंपनी वाले पूँजी लगाने वाले राजीव गांधी के बजट से खुश हैं। उन्हें ऐसा भरोसा है कि राजीव निजी पूँजी को भारत में लगने देंगे।

उनका अनुमान ठीक भी है। राजीव ने विदेशी पूँजी को भारत में आमंत्रित भी किया है। अमरीकी आर्थिक और शासकीय क्षेत्रों में यह आशा है कि राजीव समाजवाद का नाम भी नहीं लेंगे। सार्वजनिक क्षेत्र को और कम कर देंगे तथा निजी उद्योगों को बढ़ावा देंगे इसलिए ये लोग बाँसों उछल रहे हैं और राजीव की तुलना जॉन कैनेडी से कर रहे हैं जो 44 साल में राष्ट्रपति हुए थे।

(5 मई, 1985)

दुर्ग से मीनाक्षी

प्रश्न—हमारे देश में पब्लिक स्कूलों की शुरुआत कब से हुई। इन्हें पब्लिक स्कूल क्यों कहा जाता है, जबकि अत्यंत महँगी शिक्षा के कारण आम जनता (पब्लिक) इनके नाम से ही बिकती है?

अँग्रेजों ने भारत में पब्लिक स्कूल शुरू किए। ये इंग्लैंड के उच्चवर्गीय स्कूलों की पद्धति पर हैं। इंग्लैंड में साधारण आदमियों के लिए ग्राम स्कूल होते थे, इसमें कितनी क्रूरता होती थी, इसे चार्ल्स डिकिन्स के उपन्यास (डेविड कापरफील्ड) में पढ़िए। पब्लिक स्कूल का मतलब पब्लिक से बिल्कुल नहीं है। आर्थिक अर्थ में उच्चवर्गीयों के लिए ये स्कूल हैं। यहाँ ऊँची फीस और चंदे लगते हैं, लड़के मूँगफली नहीं 'नट्स' खाते हैं। सबसे अच्छे और तरह-तरह के भोजन भारतीय उपमहाद्वीप में बनते हैं, कितनी तरह की मिठाइयाँ हैं, उत्तम और विविध प्रकार का भोजन सभ्यता और संस्कृति से आता है। यूरोप में तो मक्खन से घी भी नहीं बनाते। वहाँ भोजन के अंत में मिठाई का एक टुकड़ा खाते हैं। यह बड़ी नियामत है, इसे डीजर्ट कहते हैं। इधर दो महीने के लिए आए एक अमरीकी प्रोफेसर मेरे साथ घूमते थे। उन्होंने एक बड़ी हलवाई की दुकान पर सजी मिठाइयाँ देखीं। पूछा—व्हाट इज आल दिस। मैंने कहा—दिस इज अवर डीजर्ट। उसे चक्कर आने लगा। बोला—जीसस क्राइस्ट आल दिस इज डीजर्ट।

यह अलग बात है। पब्लिक स्कूल पश्चिम सभ्यता सिखाते हैं। मिठाई नहीं 'डीजर्ट' खिलाते हैं। ये स्कूल शासक वर्ग पैदा करते हैं, स्मार्ट, महत्त्वाकांक्षी, घमण्डी। प्रजा मामूली स्कूलों में पढ़ती है।

शिक्षामंत्री कृष्णचंद्र पन्त ने अपने पहले ही भाषण में इन स्कूलों की वकालत की थी। उन्होंने कहा हम डेमोक्रेटिक एलीट पैदा करेंगे, मतलब उच्चवर्गीय शासक वर्ग बनाएँगे, और बेशर्मी से उसे लोकतांत्रिक भी कहेंगे। इनमें अफसर कंपनियों के एक्सक्यूटिव, नेता, इंजीनियर, डॉक्टर बनेंगे, बाकी स्कूल में क्लर्क और चपरासी।

(25 अगस्त, 85)

रायपुर से छविराम तुलवानी

प्रश्न—भावना और विचार में क्या अंतर है?

मोटे रूप में लोग कह देते हैं कि भावना का संबंध हृदय से है और विचार का दिमाग से। पर ऐसा है नहीं। शरीर में हृदय सिर्फ खून पंप करने वाला

स्टेशन है। मनोवैज्ञानिक दृष्टि से वास्तविकता का अनुभव मनुष्य की चेतना से आता है, तब चेतना उसे अर्थ देती है, जिससे विचार का जन्म होता है, इसी के साथ आवेग-संवेग आदि पैदा होते हैं। स्त्री से प्रेम करता है, यह भावना है, स्त्री के बारे में सोचता है, यह विचार है। शरीर में कुछ ग्रंथियाँ होती हैं, जिनसे संवेग पैदा होते हैं।

(8 सितम्बर, 85)

कोरबा से आनन्द राम बुधवानी

प्रश्न–बी.बी.सी. की स्वतंत्रता के बारे में लेकर उठे विवाद के बारे में आपकी क्या राय है, क्या आप बी.बी.सी. को एक स्वतंत्र और निष्पक्ष प्रचार माध्यम मानते हैं?

इसका जवाब मैं दे चुका हूँ। बी.बी.सी. ने खुद यह विश्वास पैदा किया कि वह एक स्वतंत्र कारपोरेशन है, निष्पक्ष है, और सरकार का उस पर कोई दबाव नहीं है, पर पिछले दिनों एक आयरिश नेता के प्रसारण को ब्रिटिश सरकार ने रोक दिया था। बात यह है, बी.बी.सी. ब्रिटिश सरकार के पैसे से चलती है, और उसके बहुत से अधिकारी ब्रिटिश गुप्तचर विभाग से संबद्ध हैं।

निष्पक्षता का यह हल कि बी.बी.सी. साम्राज्यवादी शक्तियों का समर्थक है, रूस विरोधी है, वह एशिया, अफ्रीका के विकासशील नवस्वतंत्र देशों के विरुद्ध है। इसके प्रसारण इस मामले में निष्पक्ष नहीं होते। पंजाब में आतंकवाद को बी.बी.सी ने प्रोत्साहित किया है। अफ्रीका में अल्पमत गोरों के शासन को बी. बी.सी. परोक्ष समर्थन देती है।

(6 अक्तूबर, 35)

बालोद से हेमराज साहू

प्रश्न–सन् 1975 में लागू अपात्काल उचित था या अनुचित?

सन् 1975 में ये परिस्थितियाँ विपक्षी दलों ने बनाई थीं। ये दक्षिणपंथी दल थे। सन् 72 के चुनाव में ये दल बुरी तरह से हारे थे। सन् 1969 में मोरारजी के नेतृत्व में दक्षिणपंथी कांग्रेस से बाहर चले गए थे। सन् 71 में बँगलादेश युद्ध के पहले भारत-रूस सहयोग संधि हो गई थी। यह मूल रूप से मैत्रिक संधि थी जिससे भारत-पाक युद्ध में अमरीकी हस्तक्षेप रुका। 74 में देशव्यापी रेल हड़ताल हुई जो फर्नांडीज के हठ के कारण बहुत लंबी खिंची। देश में हिंसा का वातावरण था। अस्थिरमति जयप्रकाश को दक्षिणपंथियों ने नेता बना लिया था। आंदोलन

की बागडोर आर.एस.एस. के हाथ में थी। जयप्रकाश ने संपूर्ण क्रांति आंदोलन शुरू किया। इसके संयोजक संघ के नेता नानाजी देशमुख थे।

राजनैतिक हत्याओं की बात हो रही थी। तोड़-फोड़ की योजना थी। विधायकों और संसद सदस्यों की जबान रोककर संसदीय पद्धति नष्ट करने की योजना थी। जयप्रकाश पुलिस और सेना को उकसा रहे थे कि वे सरकार का आदेश न मानें। इसके पहले चिली में चुने गए समाजवादी सरकार के राष्ट्रपति अलेंदे को जनरल पिनोशे के नेतृत्व में अमरीकी समर्थक प्रति क्रांतिकारियों ने मारकर सत्ता पर कब्जा कर लिया। इंदिरा गांधी ने फिदेल कास्त्रो से कहा था—'मुझे भी एलेंदे की तरह मार डाला जाएगा।' कास्त्रों ने यह बात बताई। वास्तव में जयप्रकाश के नेतृत्व में एकत्र दक्षिणपंथी भारत की रूस से मित्रता की नीति व इंदिरा के साम्राज्यवाद विरोध के खिलाफ थे। वे विदेश नीति बदलवाना चाहते थे। जयप्रकाश ने कई बार कहा था और जेल डायरी में लिखा भी है—'सरकार में सब बोल्शेविक बैठे हैं।' संपूर्ण क्रांति क्रांति नहीं थी बल्कि दक्षिणपंथियों की प्रतिक्रांति थी।

ऐसे संकटकाल में आपातूकाल लागू करने का प्रावधान हमारे संविधान में है। यदि साधारण कानूनी प्रक्रिया से ऐसे संकट से नहीं निपटा जा सकता तो सरकार आपातूकाल लागू कर सकती है। ऐसा करना आवश्यक है या नहीं इसका निर्णय सरकार करती है। इंदिरा गांधी ने यह निर्णय लिया कि आपतूकाल जरूरी है। मेरी दृष्टि में आपातूकाल लगाने की परिस्थितियाँ तो थीं पर कुछ समय के बाद प्रशासन और पुलिस ने मनमानी की और इदिरा जी को कुछ मालूम ही नहीं होता था क्योंकि अखबारों पर सेंसर था।

(5 जनवरी, 86)

दुर्ग से राजेन्द्र वर्मा

प्रश्न—मनुष्य उत्पत्ति के संबंध में आदम हव्वा का उदाहरण दिया जाता है? यह कहाँ तक तर्कसंगत है?

आदम और हव्वा इस्लामी विश्वास के अनुसार है। वास्तव में यह 'मिथ' है जिसमें जीव तत्त्व की 'उत्पति व विकास' की व्याख्या है। ईसाई धर्म में आदम और ईव है। ईसाई धर्म की बहुत-सी मिथें इस्लाम में भी हैं। पैगंबर व फरिश्ते भी काफी एक हैं। कल्पना यह है कि ईश्वर ने सृष्टि की। बाइबल में है कि ईश्वर ने कहा—प्रकाश हो और प्रकाश हो गया। इस्लाम में शब्द ध्वनि 'कुन' से

सृष्टि आरंभ हुई। भारतीय विश्वास है कि 'ऊँ' से सृष्टि की उत्पत्त हुई। स्वर्ग की कल्पना इन सब धर्मों में है। स्वर्ग में देवता रहते हैं। कुछ श्रम नहीं करते बस ईश्वर की खुशामद करते रहते हैं। दूसरों से ईर्ष्या करते हैं। दूसरों को गिराने में लगे रहते हैं। तुलसीदास ने देवताओं के बारे में कहा है :

ऊँचे निदास नीच करतूती,
देख न सकहि पराई विभूती ।

स्वर्ग में दूध-दही की नदियाँ बहती हैं। अमृत मिलता है पीने को। पेड़ सारे पूरे साल फल से लदे रहते हैं। सुख ही सुख है। काम कुछ नहीं। मैंने कहीं लिखा है—'देवताओं को पसीना सिर्फ गर्मी और डर से आता है। श्रम का पसीना वे नहीं जानते।'

ईश्वर ने पहले आदम बनाया और उसकी हड्डी से हव्वा बनाई। आदम और ईव—नर और मादा। ईसाई विश्वास से स्वर्ग में सेव का पेड़ था। ईश्वर का आदेश था कि यह वर्जित फल है इसे मत खाना। पर भाव के बहकाने से आदम सेव तोड़ लाया और ईव के साथ खाया। यह सृजन उत्पादन का फल है। ईश्वर को पता चला तो उसने आदम और ईव को स्वर्ग से निकाल दिया। इस्लामी विश्वास में जन्नत में आदम और हव्वा ने गंदुम (गेहूँ) खा लिया। उसके दस्त की गंध से खुदा को पता चल गया और दोनों को जन्नत से निकाल दिया।

यह सब कल्पना है। सृष्टि की कल्पना है। अल्लामा इकबाल ने इसे अर्थ दिया है कि मनुष्य गेहूँ खाएगा तो गेहूँ पैदा भी करेगा। वह श्रम करेगा, श्रम से उत्पादन करेगा और खुद स्वर्ग बनाने लगेगा। इसलिए द्वेष के कारण आदम और हव्वा को जनन से निकाल दिया।

रायपुर से हरिस्त्त शर्मा

प्रश्न—परसाई इतने गंभीर चिंतक होते हुए भी आपने व्यंग्य को अपनी विधा बनाया, उसका क्या रहस्य है? निःसंकोच बताएँ?

व्यंग्य एक गंभीर चीज है इसके पीछे वितन होता, है मनुष्य के लिए चिंता होती है। व्यंग्य मसखरापन, हँसोड़पन, जोकपन नहीं। मैं आपको बताऊँ कि मैं बहुत गंभीरता से मनुष्य और समाज के बारे में सोचता हूँ। अन्याय, असमानता, पीड़ा, शोषण, अत्याचार से मैं बेहद दुखी होता हूँ। मुझे क्रोध भी आता है। मैं इन बुराइयों से नफरत करता हूँ और एक न्यायपूर्ण मानव समाज की स्थापना

चाहता हूँ। मेरे व्यंग्य के पीछे करुणा की अंतर्धारा होती है। आप मेरा व्यक्तित्व और नजरिया समझ गए होंगे।

(8 फरवरी, 87)

रायपुर से यशवंत साहू

प्रश्न–'मोरारजी देसाई ब्रिटिश शासन के गुंडे थे' क्या यह कथन सत्य है?

मैं नहीं जानता कि यह कथन किसका है। मैं कुछ नहीं कह सकता। मैं इतना जानता हूँ कि मोरारजी भाई रणछोर भाई देसाई अँग्रेजों के शासन में डिप्टी कलेक्टर थे। वे सूरत में थे, तब वहाँ हिंदू-मुस्लिम दंगा हुआ। दंगे के बाद जो जाँच हुई उसमें ऊपर के अफसरों ने मोरारजी पर आरोप लगाया कि एक शासकीय अधिकारी होते हुए उन्होंने सांप्रदायिक रोल अदा किया। इस पर उन्हें नौकरी छोड़नी पड़ी या वे निकाले गए। मगर मोरारजी का कहना है कि मैंने स्वाधीनता संग्राम में भाग लेने के लिए नौकरी को लात मार दी।

(24 मई, 87)

अंबिकापुर से मनीष अवस्थी

प्रश्न–'सार्थक बात को विशिष्टता से कह पाना कविता की पहली शर्त है। दूसरे शब्दों में यही विशिष्टता कविता का प्राण है। आधुनिक कवियों में एक बड़ा वर्ग ढाँचे में शब्द और अर्थ फिट करने का प्रयास करने वाला है।'

उक्त कथन पर आपके विचार। वर्तमान में लिखी जा रही अच्छी कविता के क्या-क्या प्रमुख गुण हैं? कृपया जानकारी दें।

कविता की परिभाषाएँ कई हैं। भारतीय काव्यशास्त्र में कहा गया है–'वाक्य रसात्मक काव्य'। रसमय वाक्य काव्य होता है जिसमें रस नहीं, वह काव्य नहीं। रस नौ माने जाते हैं। यह रस सिद्धांत भारतीय काव्यशास्त्र का आदि सिद्धांत है। कविता की और भी परिभाषाएँ हैं। एक है–'पोएट्री इज किंग इन इमेजेज', बिम्बों में सोचना काव्य है। काव्यशास्त्र के अनुसार अलंकार, छंद आदि आवश्यक माने गए हैं। कविता में सौंदर्यानुभूति होना जरूरी माना गया है। कविता में विचार का निषेध नहीं है। कला की शर्तों के साथ विचार कविता में आ सकता है। आपने जो बाक्य लिखा है उसका प्रयोजन यही है कि कोई उपयोगी विचार एक शैली से आए। जहाँ तक ढाँचे में शब्द फिट करने की बात है, सब भाषाओं की कविता में एक दौर ऐसा आता है जब प्राणहीन छंद और शब्द कौतुक रह

जाता है। हिंदी काव्यधारा में इसे रीतिकाल कहते हैं। देव, बिहारी, केशवदास, पद्‌माकर आदि रीति कवि हैं। गालिब के जमाने में उर्दू कविता भी रीतिबद्ध हो गई थी। प्राणहीन तुकबंदी होने लगी थी। गालिब ने इस रीति को तोड़ा।

आज की कविता में सौंदर्यबोध है और सामाजिक चेतना भी। उसमें जीवन की आलोचना भी होती है। मुक्तिबोध की पंक्तियाँ हैं :

क्या किया? जीवन क्या जिया?
भूतों की बरात में बन गए बराती
लिया बहुत, दिया बहुत कम
मर गया देश, जीवित रहे तुम

सांप्रदायिकता पर यह सरल कविता :

हसन नाम जानलेवा हो सकता है
अमृत—यह नाम भी निरापद नहीं रहा
बहुत सुरक्षित नहीं हैं आप
महँगू नाम के साथ
बलबीर सिंह नाम के खतरे तमाम हैं
इस तंत्र में सिर्फ आपका नाम

हत्या का सबब हो सकता है (देवी प्रसाद मिश्र)

(23 जुलाई, 89)

अम्बिकापुर से मनीष अवस्थी

प्रश्न—'अंदाजे बयाँ' और ठीक यही बात गालिब के साथ-साथ क्या दुष्यंत के लिए नहीं कही जा सकती है? गालिब की शायरी तथा दुष्यंत की गजलों के उपयोगी व महत्त्वपूर्ण तथ्यों के बारे में कृपया जानकारी दें।

गालिब की 'अंदाजे बयाँ' याने कहने की शैली तो उर्दू गजल में नई ही थी। उनकी शायरी में मन की बारीक भावनाएँ हैं। इश्क है, विरह है, भोगे हुए दुःख हैं। गालिब की शायरी में प्राण है। उनका शब्द और मुहावरे का चमत्कार अद्‌भुत है जैसे :

मैं बुलाता तो हूँ उन्हें मगर ए जज्बए दिल
उनपे बन आए कुछ ऐसी कि बिन आए न बने

असल में गालिब के जमाने तक उर्दू कविता का रीतिकाल आ चुका था। रदीफ, काफिया दुरुस्त। मगर प्राण नहीं। एक तरह की पच्चीकारी जैसे ये शेर :

आप जाते भी नहीं हमको बुलाते भी नहीं
वायदे तर्के मुलाकात बताते भी नहीं
खूब पर्दा है कि चिलमन से लगे बैठे हैं
साफ छिपते भी नहीं सामने आते भी नहीं

गालिब ने इस रीतिवाद को तोड़ दिया। यह काव्य में क्रांति थी। गहरी मार्मिक भावना, सच्चा गहरा दुःख और साथ में बंदिश, शब्द और मुहावरे का चमत्कार। गालिब ने कहा :

हमने माना कि तगाफुल न करोगे लेकिन
खाक हो जाएँगे हम तुमको खबर होने तक
दिल ही तो है न संगो-ख़िश्त दर्द से भर न आए क्यूँ
रोएँगे हम हजार बार कोई हमें रुलाए क्यूँ
गालिबे खस्ता के बगैर कौन से काम बंद हैं
रोइये जार-जार क्या कीजिए हाय हाय क्यों

गालिब ने जिंदगी भर दुःख भोगा। हमेशा कर्ज में रहते। सात बच्चे हुए पर सब मर गए। वे कहते हैं :

मुझको दयारे गैर में मारा वतन से दूर
रख ली खुदा ने मेरी बेकसी को शर्म

गालिब पेंशन के लिए दौड़-धूप करते थे। दरबारी हो गए थे पर आजादी की भावना बुलंद थी :

गालिब वजीफाखोर हो, दो शाह को दुआ
वो दिन गए कि कहते थे नौकर नहीं हूँ मैं

गालिब में आधुनिकता थी। जब दिल्ली के यमुना पुल से पहली बार रेल गुजरी तो गालिब खुश हुए और इस पर एक नज्म लिखी। गालिब ने सर सैयद अहमद को आधुनिकता-बोध दिया। कहा—सैयद साहब, जमाना साइंस का है।

दुष्यंत कुमार हिंदी के बहुत अच्छे कवि थे। उनके पहले काव्य-संग्रह 'सूर्य का स्वागत' की बहुत तारीफ हुई। बाद में उन्होंने गजलें लिखीं जिनमें नए और क्रांतिकारी खयालात डाले। ये गजलें बहुत लोकप्रिय हैं :

कैसे कैसे मजर सामने आने लगे हैं
गाते-गाते लोग चिल्लाने लगे हैं
कहाँ तो तय था चिरागाँ हर एक घर के लिए
कहाँ चिराग मयस्सर नहीं शहर के लिए

परंतु भाषा की एक परंपरा, एक ईडियम होती है। दुष्यंत इसमें रचे हुए नहीं थे। वे उर्दू परंपरा के शायर नहीं थे। गजलें तो काजी नजरूल इस्लाम ने भी बँगला में लिखी हैं। उर्दू के विद्वान दुष्यंत की गजलों की यह कमजोरी बताते हैं। गालिब ने भी पहले फारसी में बहुत लिखा पर फारसी के वे बड़े कवि नहीं माने जाते। वे ईरान में नहीं रहे इसलिए फारसी का 'ईडियम' उन्हें ठीक नहीं आता था। फारसी में अमीर खुसरो को बड़ा कदि माना जाता है।

(16 अप्रैल, 89)

पल्लव

विडंबना का विद्रूप : हरिशंकर परसाई की कहानियाँ

प्रेमचंद हिंदी के कथा सम्राट हैं तो हरिशंकर परसाई आजाद भारत के सबसे बड़े गद्यकार। निबंध, कहानी, कॉलम और यहाँ तक कि पाठकों के छोटे-बड़े सवालों के जवाब देते परसाई जिस गद्य की रचना करते हैं वह जड़ताभंजक और क्रांतिदर्शी है। यह वह गद्य है जिसमें भारत के एक सामान्य नागरिक के जीवन से जुड़े तमाम पहलुओं का विवेचन है—दर्शन है। जाहिर है जो रचनाकार प्रतिज्ञापूर्वक जनपक्षधर्मी है उसका लक्ष्य मनुष्य जीवन को कुंद करने वाली प्रतिगामी शक्तियों से मुठभेड़ होगा। परसाई अपनी रचनाओं में यही करते हैं और ऐसा करते हुए वे न कला के रूप की परवाह करते हैं और न चली आ रही सांस्कृतिक मिथकीय चेतना की। उनकी कहानियाँ कहानियाँ ही हैं या निबंध या वे मामूली लोगों के रोजनामचे हैं—कहना मुश्किल है। यही कारण है कि नई कहानी के दौर में लिखी जाने पर भी उनकी कहानियाँ नई कहानी के दायरे में नहीं आतीं। स्वयं परसाई को भी नई कहानी की लघुत्रयी—राकेश, कमलेश्वर, राजेन्द्र यादव या बृहत्रयी जिसमें अमरकान्त, शेखर जोशी, भीष्म साहनी के साथ मन्नू भंडारी को भी सम्मिलित कर लिया जाता है—में शामिल नहीं किया जाता।

फिर भी कोई तो वजह होगी कि प्रेमचंद के हामिद और बूढ़ी काकी की तरह परसाई के भोलाराम और इंस्पेक्टर मातादीन पाठकों के भीतर स्थायी निवास बनाए हुए हैं। क्या परसाई की व्यंग्य-शैली इसका कारण हो सकती है? नहीं। व्यंग्य का आश्रय लेकर किस बड़े कथाकार ने कहानियाँ नहीं लिखीं? यशपाल से लगाकर ज्ञानरंजन तक याद किए जा सकते हैं। भोलाराम और इंस्पेक्टर मातादीन का पाठकों के मन में घर बना लेने का कारण परसाई के व्यंग्य में निहित करुणा की अजस्र धारा है जो पाठक को इन चरित्रों से अभिन्न करती है। स्वतंत्र भारत में भला कौन नागरिक बचा है जो दफ्तर के बाबुओं से सताया न गया हो? कौन है जिसका काम पुलिस थाने से पड़ा हो और केवल इसी बात से उसे संताप न

हुआ हो? परसाई का जादू यह है कि वे बेहद मामूली जीवन-स्थितियों को वृहत्तर सचाइयों के सापेक्ष रखकर पाठक को लाजवाब कर देते हैं। इस प्रक्रिया में उन्हें बहुत अधिक वर्णन, पात्रों और घटनाओं की भी जरूरत नहीं होती, वे बहुत थोड़े में सारी बात कह देने की कला जानते हैं।

उनकी कुछ महत्त्वपूर्ण कहानियों की चर्चा इस आलेख का उद्देश्य है। एक अतिसक्रिय रचनाकार के विशाल सृजन संसार में कुछ कहानियों की सीमा कठिन और चुनौतीपूर्ण है। फिर वह रचनाकार भी ऐसा है कि जिनके पाठक असंख्य हैं। प्रशंसक और आलोचक भी। प्रयास यह किया गया है कि उनके कहानी-लेखन के सभी रंग इस आलेख में दिखाई पड़ें।

'भोलाराम का जीव' वह कहानी है जो हिंदी पाठकों को अत्यंत प्रिय है। कहानी की बुनावट ऐसी है कि परसाई सीधे-सीधे साफ-साफ सब कुछ कह रहे हैं, कोई रहस्य-गोपन नहीं और पाठक को लगता है इससे ज्यादा सही बात हो नहीं सकती। मामला यह है कि यमराज के दफ्तर में मृतात्माओं का हिसाब रख रहे चित्रगुप्त परेशान हैं कि भोलाराम के जीव ने पाँच दिन पूर्व देह त्यागी और यमदूत के साथ रवाना भी हुआ, पर अभी तक दोनों लापता हैं। आखिर मामला सुलझाने स्वयं नारद धरती पर जाते हैं और अंततः भोलाराम का जीव उन्हें अपनी पेंशन फाइल से चिपका मिलता है। उसका कहना है—'मैं तो पेंशन की दरख्वास्तों में अटका हूँ। यहीं मेरा मन लगा है। मैं अपनी दरख्वास्तें छोड़कर नहीं जा सकता।' कहानी के बीच-बीच में ऐसी बातें आती हैं जो भारतीय जीवन के दैनंदिन भ्रष्टाचार और विडंबनापूर्ण चलन पर टिप्पणियाँ करती हैं। कहानी के प्रारंभ में चित्रगुप्त कहते हैं—'आजकल पृथ्वी पर इस प्रकार का व्यापार बहुत चला है। लोग दोस्तों को कुछ चीज भेजते हैं और उसे रास्ते में ही रेलवे वाले उड़ा लेते हैं। हौजरी के पार्सलों के मोजे रेलवे अफसर पहनते हैं। मालगाड़ी के डिब्बे के डिब्बे रास्ते में कट जाते हैं। राजनीतिक दलों के नेता विरोधी नेता को उठाकर बंद कर देते हैं।' यह टिप्पणी क्या सतह तक फैल चुके नैतिक पतन का चित्र नहीं है? विडंबना यह है कि आजादी के लिए हमारे देश ने जो लड़ाई लड़ी थी, वह केवल दासता के विरुद्ध ही नहीं थी अपितु उस राष्ट्रीय आंदोलन में सामाजिक, नैतिक और राजनीतिक मूल्यों की स्थापना पर भी जबरदस्त बल था।

वहीं जब नारद भोलाराम की पत्नी से मृत्यु का कारण पूछते हैं तो वह कहती है—'क्या बताऊं? गरीबी की बीमारी थी। पाँच साल हो गए, पेंशन पर बैठे। पर पेंशन अभी तक नहीं मिली। हर दस-पंद्रह दिन में एक दरख्वास्त देते थे, पर वहाँ से या तो जवाब आता ही नहीं था और आता तो यही कि तुम्हारी पेंशन

के मामले पर विचार हो रहा है। इन पाँच सालों में सब गहने बेचकर हम लोग खा गए। फिर बरतन बिके। अब कुछ नहीं बचा था। फाके होने लगे थे। चिंता में घुलते-घुलते और भूखे मरते-मरते उन्होंने दम तोड़ दिया।' तो चाहे प्रेमचंद हों या फकीर मोहन सेनापति, रेणु हों या तकषी शिवशंकर पिल्लै, गरीबी और भूख ही सबके लिए बड़ी बीमारी है जिनसे भारत की जनता को लड़ना है। परसाई इस बीमारी को नजदीक से पहचानते हैं क्योंकि वे ही थे जो यह कह सकते थे—'मैं एक समाज का अंग हूँ। लेखक और मजदूर की राशन की दुकान एक ही है। इसलिए मैं प्रतिबद्ध हूँ, उन लोगों से जो मेरी ही राशन की दुकान से अन्न लेते हैं।...मैं लेखक के नाते सारे समाज के क्रांतिकारी परिवर्तन के लिए अपना दायित्व मानता हूँ। इस जनसामान्य के संघर्ष में मैं साथ हूँ, इसीलिए प्रतिबद्ध हूँ।' यह प्रतिबद्धता भूख, गरीबी और अन्याय से लड़ रहे मामूली लोगों के साथ खड़ा रहने वाला लेखक ही दर्शा सकता था।

अकारण नहीं है कि परसाई की कहानियों में शिल्प की वह पच्चीकारी नहीं दिखाई पड़ती जो नई कहानी के अन्य पुरोधा लेखकों के यहाँ थी। इसका कारण उनकी प्रतिबद्धता में ही है। यह प्रतिबद्धता अन्याय और ढोंग को उघाड़ती है और जब समूची लड़ाई ही गोपन के विरुद्ध हो तो वह हमारे मिथकों को कैसे छोड़ सकती है? परसाई ने भारतीय वाङ्मय के तमाम धार्मिक-सांस्कृतिक मिथक चरित्रों पर लिखा और उन्हें नई पहचान दी। उनकी कहानी 'सुदामा के चावल' इसका उदाहरण है। सुदामा की पारंपरिक कथा में दो मुट्ठी चावल के बदले कृष्ण द्वारा दो लोकों के दान का उल्लेख मिलता है। परसाई इसे उलट देते हैं। यहाँ सुदामा की 'डायरी' से परसाई वह प्रसंग निकालकर पाठकों के समक्ष रख देते हैं। इस प्रसंग के निहितार्थ गहरे हैं। वे यहाँ राजसत्ता और सामान्य मनुष्य के द्वंद्व को खूब अच्छी तरह दिखाते हैं। दो-तीन उदाहरण देखने योग्य हैं। सुदामा कृष्ण के महल के कर्मचारी से 'भाई' कहकर प्रवेश करने का ढंग पूछ रहा है तब कर्मचारी क्या कहता है—'बहुत भोले हो। आगे किसी राजकर्मचारी को भाई मत कहना। वह मनुष्य होने में अपनी अप्रतिष्ठा समझता है। उसे 'देवता' कहना चाहिए।' फिर आगे जब प्रहरी सुदामा से 'खुरचन' माँगते हैं तब सुदामा का कथन देखिए—'बंधु, मैं तो ग्रामवासी हूँ। शासन हमारे पास केवल कर वसूल करने पहुँचता है। भला राजधानी की रीति-नीति मैं कैसे जान सकता हूँ?' राजसत्ता और सामान्य नागरिक के भेद को हमसे आसान भाषा-मुहावरे में भला कब व्याख्यायित किया गया था? ध्यान देने की बात है, यह स्वातंत्र्योत्तर भारत की कथा है, पात्र भले पौराणिक हों। इसी संदर्भ में वह बात भी याद

करें जब कृष्ण ने सुदामा से कहा कि वे अपनी दिव्य दृष्टि से देख चुके हैं कि उनके लिए सुदामा के गमछे में चावल हैं। सुदामा का पक्ष है—'मेरा मन हुआ कि कह दूँ कि हे मेरे राजमित्र, जिस दृष्टि से तुम मित्रों की पत्नियों को पति के गमछे में चावल बाँधते देखते रहते हो, उससे लोगों की गरीबी और भुखमरी क्यों नहीं देखते?' यह है मिथक का जनतांत्रिकीकरण। कहना न होगा कि इसमें विचारधारा की क्या भूमिका है। यह विचारधारा का ही कमाल है कि परसाई कृष्ण के चावल खाने का कैसा अद्भुत चित्र खींचते हैं—'कृष्ण चावल खाने के लिए बहुत उत्सुक था। उसका आग्रह प्रेम के कारण कम था, इस कारण अधिक था कि आसपास चित्रकार लोग चावल खाते हुए महाराज का चित्र खींचने के लिए तैयार खड़े थे। चित्र खींचकर उसके नीचे लिखा जाता, 'दीनबंधु एक दीन के चावल खाते हुए।' अभिजनवादी मनोवृत्ति का मुकाबला ऐसे उपहास से ही किया जा सकता है। परसाई इस काम में निडर हैं और उनकी बेलाग भाषा आगे बढ़कर मखौल उड़ाती है।

देखना चाहिए कि व्यंग्य की आड़ में परसाई की कहानियाँ स्त्री के प्रति क्या निगाह रखती हैं। जिस हिंदी संस्कृति में हँसी-मजाक का सबसे सुविधाजनक विषय स्त्रियाँ हों वहाँ तो व्यंग्यकार के लिए यह चुनौती ही है कि स्त्री के साथ उसका ट्रीटमेंट औचित्यपूर्ण हो। परसाई की लंबी कहानी है—'तट की खोज', इस कहानी में वे शीला, मनोहर और महेन्द्रनाथ के चरित्रों की मार्फत असल में स्त्री-मुक्ति के प्रश्न पर विचार करते हैं। कहानी के प्रारंभ में वे लिखते हैं—'विद्या प्राप्ति के लिए सौ में से दस ही पढ़ती हैं। शेष इसलिए पढ़ती हैं कि पढ़ना उनकी मजबूरी है। शिक्षा उस पॉलिश की तरह प्रयुक्त होती है, जो चीज को चमकदार बनाता है तथा ग्राहक को आकर्षित करता है। जब तक पिता कोई वर तलाश न कर ले, तब तक वे बेचारी कॉलेज के 'वेटिंग रूम' में बैठी-बैठी इंतजार करती रहती हैं।' फिर यह भी कि शीला की माँ का निधन हो चुका है—'बिना माँ की जवान लड़की ऐसी फसल होती है जिसका रखवाला नहीं है और जिसे वासना के उजाड़ पशु चरने को स्वतंत्र हैं।' कहानी इस तेजस्वी युवती शीला की है जिसे कॉलेज प्रोफेसर महेन्द्रनाथ का प्रणय निवेदन मिलता है, तभी एक मामूली दुर्घटना में महेन्द्रनाथ की कायरता का उद्घाटन होता है। शीला के चरित्र पर मुहल्ले के लोगों द्वारा सवाल उठाने के साथ ही शीला के पिता सदमे से चल बसते हैं। अकेली शीला अपने जीवन का आश्रय महेन्द्रनाथ में खोजती है लेकिन महेन्द्रनाथ मुँह फेर लेता है। शीला कहती है—'मेरी अप्रतिष्ठा मेरी मजबूरी थी, उनकी प्रतिष्ठा उनकी मजबूरी है।' वह महेन्द्रनाथ को फटकारकर चली आती

है। उधर उसकी सहेली विमला और उसका भाई मनोहर शीला को सहारा देते हैं लेकिन मनोहर के परिवार में भी शीला को लेकर हिचक है। लेकिन यह शीला ही है जो कह सकती है—'स्त्री होना बहुत-सी असमर्थताओं को भुगतना है। अबला कहा है तो उसे अबला बनाकर ही छोड़ेंगे। जो अबला बनने से इनकार करेगी, उसे कुलटा बनाएँगे।' अंत में शीला नए जीवन की खोज में जाने का निर्णय लेती है—'एक लहर मझधार में ले जाकर डुबा देती है तो दूसरी उछालकर किनारे लगा देती है। मैं दूसरी लहर में जा रही हूँ। मैं तट की खोज में हूँ।' यह तेजस्वी युवती 'त्यागपत्र' की मृणाल से आगे है जो जीवन को नष्ट नहीं होने देना चाहती। ऐसा प्रगतिशील स्त्री-चरित्र स्त्रीवादियों के यहाँ भी दुर्लभ है। स्त्रियों के संबंध में परसाई लगातार स्पष्ट और दो टूक हैं। उन्हें भावुक-गिजगिजेपन से लिथड़ी कमजोर अबलाएँ नहीं, निर्णय लेतीं और साहस के साथ अपना रास्ता खोजने वाली स्त्रियाँ मिलती हैं। 'एक लड़की, पाँच दीवाने' की वह गरीब परिवार की लड़की देखें तो मालूम होता है कि अपने चरित्रों की सृष्टि में परसाई कितने सावधान हैं। पाँच प्रेमी भी अद्भुत हैं। अद्भुत इसलिए कि वे हमारे वाङ्मय में दीवानों की बनी-बनाई (या पिटी-पिटाई) छवि को भंजित करते हैं। क्या पीले दाँत, गंदी चड्डी, मैल से काली पड़ी बनियान में जलेबियाँ छानता हलवाई भी दीवाना हो सकता है? क्यों नहीं। यह परसाई की दृष्टि है कि वे असामान्य नहीं बल्कि बेहद सामान्य लोगों की तलाश करते हैं। एक साक्षात्कार में उन्होंने कहा था—'व्यक्ति को रोटी चाहिए, कपड़े चाहिए, सेक्स चाहिए। साहित्यकार को मनुष्य मानना चाहिए। पर रचना में साहित्यकार को व्यक्तिगत कुंठाओं से बाहर निकलकर सामाजिक संघर्ष को लिखना चाहिए।' यह सच्ची प्रगतिशीलता है जहाँ लेखक आखिरी आदमी की संभावना को पहचानने का हौसला रखने को तैयार है। यदि लोलुपता से भरा गंदा हलवाई लड़की को घूर रहा है तो इसकी सामाजिक सचाई को समझे बिना उस कुंठित व्यक्ति को खलनायक मान लेना बचकानापन होगा। बहरहाल यह लड़की इन पाँच दीवानों के बीच रहकर अपना जीवन-मार्ग तलाश करने में सफल होती है। ऐसे ही याद आता है कि परसाई के यहाँ साधारण कामकाजी घरेलू स्त्रियाँ भी कम तेजस्वी नहीं। फिर से सुदामा की पत्नी को याद करें। वह सुदामा को पड़ोसिन से पाव भर चावल उधार लाकर देती है। 'वह जानती थी कि राजपुरुष बिना भेंट लिए किसी का कोई काम नहीं करते।' भोलाराम की पत्नी जिस तरह नारद को फटकारती है वह भी अविस्मरणीय प्रसंग है।

परसाई ने फैंटेसी के शिल्प का भी अपनी कहानियों में उपयोग किया है। 'इंस्पेक्टर मातादीन चाँद पर' इसका श्रेष्ठ उदाहरण है। हमारी पुलिस व्यवस्था के नितांत भ्रष्ट आचरण और उसके जनविरोधी, विज्ञान-विरोधी चरित्र को यह कहानी बहुत अच्छी तरह उद्‌घाटित करती है। इंस्पेक्टर मातादीन को भारत की तरफ से सांस्कृतिक आदान-प्रदान के अंतर्गत चाँद पर भेजा गया था। मातादीन धरती पर रहकर जो काम कर रहे थे ठीक वही काम वे चाँद पर भी करते हैं। क्या उनके धरती वाले कामों से ही कहानी नहीं बन सकती थी? नहीं, क्योंकि उनके धरती वाले काम हमें इस कदर स्वीकार्य हो चुके हैं कि उनसे कोई शिकायत ही नहीं होती। भाई! पुलिस वाला बेईमान न होगा तो भला कौन होगा? भगवान पुलिस से बचाए। ये सूक्तियाँ इतनी प्रामाणिक हो गई हैं कि इन पर कोई सवाल ही नहीं हो सकता। ऐसा भयावह अनुकूलन (या प्रतिकूलन?) पुलिस व्यवस्था ने अर्जित कर लिया है। बहरहाल इंस्पेक्टर मातादीन चाँद पर जाकर सबसे पहले पुलिसकर्मियों की तनख्वाहें घटाते हैं ताकि वे 'मुस्तैद' होकर काम करें। 'ऊपर से आदेश है' हमारी व्यवस्था के इस अमर आप्त वाक्य का ऐसा अद्‌भुत प्रयोग परसाई कहानी में करते हैं कि वह तर्कातीत हो जाता है। सारी कार्यप्रणाली बदल देने के बाद अंततः भारत के 'रामराज' में भेज दिया जाता है। कहना न होगा कि यह बदलाव कितना जन-प्रतिकूल था।

अपने अधिकारों के लिए लड़ना जागरूक होने का लक्षण है लेकिन इसके लिए हिंसा का सहारा लेना क्या उचित है? परसाई की लोकप्रिय कहानी 'चूहा और मैं' के साथ यह सवाल उठ खड़ा होता है। खुद परसाई ने कहा है—'यह अजब बात है बल्कि षड्यंत्र है कि जब शोषित लोग लड़ने लगते हैं तब ही यह शोर हो जाता है कि हिंसा हो रही है। शोषक वर्ग की हिंसा सिर्फ लॉ एंड ऑर्डर प्रॉब्लम कहलाती है। शासन की हिंसा संवैधानिक बन जाती है।' कहानी में चूहे का सिर पर चढ़कर भोजन माँगना उसके अधिकार-चेता होने का प्रमाण है और कथावाचक का यह कहना—'आदमी क्या चूहे से भी बदतर हो गया है? चूहा तो अपनी रोटी के हक के लिए मेरे सिर पर चढ़ जाता है। मेरी नींद हराम कर देता है। इस देश का आदमी कब चूहे की तरह करेगा?' ध्यान से देखा जाए तो सत्ता के लिए सामान्य नागरिक की हैसियत चूहे से अधिक नहीं है और परसाई इसके बावजूद बार-बार सत्ता के समक्ष इसी सामान्य नागरिक की हैसियत को स्थापित करने में जुटे हैं। यहाँ उनकी चिंता लोकतंत्र को बचाने की भी है। यह सहज समझने की बात है कि लगातार कुचला गया मामूली आदमी भी अंततः प्रतिरोध

में हथियार उठा लेगा, हिंसा का सहारा लेगा और तब निश्चय ही लोकतंत्र को धक्का लगेगा।

प्रकृति का क्रोध मनुष्य जीवन पर भारी पड़ता है चाहे वह बाढ़, तूफान, भूकंप या सूखे के किसी भी रूप में क्यों न हो। फिर इस क्रोध में व्यवस्था अपने मुनाफे के लिए शामिल हो जाए तो इसे कितनी बड़ी विडंबना कहेंगे। परसाई इस विडंबना को विद्रूप के मार्फत उघाड़ते हैं। 'अकाल उत्सव' का पहला वाक्य है—'दरारों वाली सपाट सूखी भूमि नपुंसक पति की संतानेच्छु पत्नी की तरह बेकल नंगी पड़ी है।' फिर आगे है—'पास ही एक गाय अकाल के समाचार वाले अखबार को खाकर पेट भर रही है। कोई 'सर्वे' वाला अफसर छोड़ गया होगा। आदमी इस मामले में गाय-बैल से भी गया-बीता है। गाय तो इस अखबार को भी खा लेती है, मगर आदमी उस अखबार को भी नहीं खा सकता जिसमें छपा है कि अमरीका से अनाज के जहाज चल चुके हैं।' इस अकाल को लोग उत्सव की तरह मना रहे हैं जैसे स्वाधीनता दिवस और गणतंत्र दिवस मानते हैं। दिक्कत यह है कि ये उत्सव तो अपने आप आते हैं मगर अकाल के लिए बड़ी प्रार्थनाएँ, बड़े अनुष्ठान करते हैं। ये कौन हैं जो इतना तप कर रहे हैं—जमाखोर, मुनाफाखोर, स्मगलर, इंजीनियर की पत्नी, तहसीलदारिन, नायबाइन, ओवरसियरन, विधायक-भार्या, मंत्री-प्रिया सब अनुष्ठान में लगे हैं कि अकाल हो। इस अकाल से कौन खुश नहीं है, कवि अकाल की स्तुति में गीत गा रहे हैं तो मंत्री स्वागत भाषण दे रहे हैं। इनके बीच ऐसे लोग भी हैं—'हड्डी ही हड्डी। पता नहीं किस गोंद से इन हड्डियों को जोड़कर आदमी के पुतले बनाकर खड़े कर दिए गए हैं। यह जीवित रहने की इच्छा गोंद है। यह हड्डी जोड़ देती है।' आगे वे पूछते हैं—'ये जीवित क्यों है?' उत्तर है—'ये मरने की इच्छा को खाकर जीवित हैं। मरने की इच्छा में पोषक तत्त्व होते हैं।' भारत की भूख-निर्धनता का ऐसा अकृत्रिम, गैर-रोमांटिक और निष्ठुर चित्र वही रचनाकार खींच सकता था जो इनकी दुर्दशा से घनघोर व्यथित हो। आगे वे लिखते हैं—'अन्न ही ब्रह्म है, गुरु!' यह आकस्मिक नहीं हो सकता है कि हिंदी भाषा में इस निर्धन जनता के सबसे बड़े कवि नागार्जुन भी अन्न को ब्रह्म कहने वाली कविता लिखते हैं। हिंसा का संकेत इस कहानी में भी है जो परसाई की दूरदृष्टि का परिचायक ही है। आज देश में नक्सलवाद और अन्य चरमपंथी आंदोलनों का गहरा उत्स इस भूख, निर्धनता, शोषण और लूट में ही मिलता है।

'बैताल की छब्बीसवीं कथा' को कथा प्रविधि का एक ढंग मानना चाहिए जहाँ परसाई का व्यापक दृष्टिकोण प्रकट होता है। यह व्यापकता बेईमानी,

भ्रष्टाचार, चापलूसी, ढोंग और पाखंड के विरुद्ध सर्वत्र है। चाहे वे राजनेता हों या कॉलेज के अध्यापक, परसाई किसी को नहीं बख्शते। वे भलीभाँति जानते हैं कि मामूली और निर्धन लोग भी दुर्गुणों के मारे हैं और इन्हें ढककर-छिपाकर तो कतई स्वस्थ समाज का निर्माण नहीं हो सकता। 'आमरण अनशन' में व्यापारी और छोटे-बड़े राजनेताओं का पाखंड है। राजनीति के दलदल में धँसे एक धूर्त नेता का जो रूपक परसाई की कहानियों-निबंधों में 'भैया साहब' की शक्ल में निर्मित हुआ है वह स्थायी है। इन भैया साहब का भाषण तो देखिए—'दोस्तो, आपका कर्तव्य यह है कि आप तुरंत एक शांति समिति बनाएँ जो पहले हमें मालाएँ पहनाए और फिर यहाँ घी के दीप जलवाकर अखंड 'रामधुन' का प्रबंध करे। शांति समिति का कर्तव्य है कि वह इस उपवास का प्रचार करे और साथ ही यह भी देखे कि हम तीनों अनशन के नियमों का पालन कर रहे हैं या नहीं। सबसे जरूरी काम यह है कि शांति समिति अभी हममें से हरएक से पूछ ले कि वह किसके हाथ से मुसम्मी का रस लेकर उपवास तोड़ेगा। जहाँ तक मेरा प्रश्न है, मैं अभी तक लगभग 73 बार आमरण अनशन कर चुका हूँ और कभी भी मैंने मुख्यमंत्री से नीचे के आदमी के हाथ से मुसम्मी का रस नहीं पिया।' हम भारतीयों की अजर अनुष्ठान आस्था पर परसाई व्यंग्य किए बिना रह ही नहीं सकते थे। 'अकाल उत्सव' में भी वे इस अनुष्ठान प्रेम की खबर लेते हैं। मनुष्य यदि रूढ़ियों से लड़ेगा नहीं तो रूढ़ियाँ अंततः उसी के अस्तित्व पर काबिज हो जाएँगी। वैज्ञानिक दृष्टिकोण वाला लेखक इन पर चोट करता है तो वह जनहित का काम करता है।

'वैष्णव की फिसलन' मिथकों का सहारा लेने वाली उनकी अत्यंत चर्चित और लोकप्रिय कहानी है जो मिथकों की आड़ में ढोंग कर रहे संभ्रांत वर्ग की खबर लेती है। 'वैष्णव की फिसलन' का प्रारंभ है—'धर्म धंधे से जुड़ जाए, इसी को योग कहते हैं।' एक परम वैष्णव अत्यंत भक्ति भाव वाले हैं और करोड़पति हैं। जब उनके पास नंबर दो का बहुत पैसा हो गया तो समझ न आया कि क्या करें? वे प्रतिदिन दो घंटे विष्णु पूजा करते हैं। पूजा के बाद उनकी शुद्ध आत्मा से आवाज आती है—'अधम! माया जोड़ी है तो माया का उपयोग भी सीख। तू एक बड़ा होटल खोल।' अब होटल है तो वहाँ नॉनवेज भी आएगा, शराब भी, कैबरे भी और अंततः 'मन बहलाने को कुछ' चमत्कार यह है कि वैष्णव प्रत्येक सुविधा का इंतजाम करते हैं और इसके लिए प्रभु की आज्ञा लेना नहीं भूलते। आखिर सोमरस, रास और प्रकृति-पुरुष संयोग जैसी बातें तो हमारे वाङ्मय-पुराणों में भी हैं। अंत में परसाई लिखते हैं—'अब वैष्णव का होटल खूब

चलने लगा। शराब, गोश्त, कैबरे और औरत। वैष्णव धर्म बराबर निभ रहा है। इधर यह भी चल रहा है। वैष्णव ने धर्म को धंधे से खूब जोड़ा है।' ध्यान दीजिए, यह कोई एक उदाहरण नहीं है। आखिर क्यों पूँजीपति-मायावी धनाढ्य सबसे पहले हमारे धर्मस्थानों की ओर दृष्टि करते हैं? क्या वे जन-स्वभाव में रचे-बसे धार्मिक विश्वासों का दोहन नहीं करते जिनके अनुसार भगवान की भक्ति करने वाला व्यक्ति निश्चय ही भला है। परसाई इस पाखंड को खूब जानते हैं इसलिए इसे तोड़ना जरूरी समझते हैं और दरेरा देकर तोड़ते हैं। मजे की बात वैष्णव यह कहता है—'चुपचाप इंतजाम कर दिया करो। जरा पुलिस से बचकर, पचीस फीसदी भगवान की भेंट ले लिया करो।' अर्थात् इस भ्रष्ट खेल में वैष्णव ने प्रभु को भी धकेल दिया। यह धर्म और अध्यात्म का पाखंड है जिसे समझना चाहिए और परसाई बगैर कटु हुए पाठक को वह समझ दे जाते हैं।

परसाई के गद्य की भाषा पर अलग से बात करना अनुचित है क्योंकि यहाँ भाषा, भाव, विचार और विचारधारा में कोई द्वैत नहीं है। जीवन-अनुभवों से तपे समर्थ रचनाकार ही अपने पात्रों के मुख से ऐसे वाक्य कहलवा सकते हैं जो सूक्ति बन जाएँ। परसाई में यह सामर्थ्य है। बारीक व्यंग्य करने में उनका कोई सानी नहीं। इंस्पेक्टर मातादीन ही थे जो कह रहे थे—'ये वैज्ञानिक केस का पूरा इनवेस्टिगेशन नहीं करते। उन्होंने चाँद का उजला हिस्सा देखा और कह दिया, वहाँ जीवन नहीं है। मैं चाँद का अँधेरा हिस्सा देखकर आया हूँ। वहाँ मनुष्य जाति है।' और तत्क्षण परसाई का बयान है—'यह बात सही है क्योंकि अँधेरे-पक्ष के मातादीन माहिर माने जाते हैं।'